[清]饶佺 修 旷敏本 纂

乾隆衡州府志

(一)

湖湘文库编辑出版委员会
岳麓书社

《湖湘文库》编辑出版领导小组

《湖湘文库》编辑出版领导小组办公室

《湖湘文库》编辑出版委员会

出版说明

湖湘文化源远流长，博大精深，是中华文化中独具地域特色的重要一脉。特别是近代以来，一批又一批三湘英杰，以其文韬武略，叱咤风云，谱写了辉煌灿烂的历史篇章，使湖湘文化更为绚丽多彩，影响深远。为弘扬湖湘文化、砥砺湖湘后人，中共湖南省委、湖南省人民政府决定编纂出版《湖湘文库》大型丛书。

《湖湘文库》编辑出版以『整理、传承、研究、创新』为基本方针，分甲、乙两编，其内容涵盖古今，编纂工作繁难复杂，兹将有关事宜略述如次：

一、甲编为湖湘文献，系前人著述。主要为湘籍人士著作和湖南地区的出土文献，同时酌收历代寓湘人物在湘作品，以及晚清至民国时期的部分报刊。

二、乙编为湖湘研究，系今人撰编。包括研究、介绍湖湘人物、历史、风物的学术著作和资料汇编等。

三、乙编中的通史、专题史，下限断至一九四九年。

四、甲编文献以点校后排印或据原本影印两种方式出版。

五、除少数图书以外，一律采用简体汉字横排。

六、每种图书均由今人撰写前言一篇。甲编图书前言，主要简述原作者生平、该书主要

内容、学术文化价值及版本源流、所用底本、参校本等。乙编图书前言，则重在阐释该研究课题的研究视角和主要学术观点等。

七、对文献的整理，只据底本与参校本、参校资料等进行校勘标点，对底本文字的讹、夺、衍、倒作正、补、删、乙，有需要说明的问题，则作出校记，一般不作注释。

八、甲编民国文献中的用语、数字、标点等，除特殊情况外，一般不作改动。乙编图书中的标点、数字用法、参考文献著录规则等均按现行出版有关规定使用和处理。

《湖湘文库》卷帙浩繁，难免出现缺失疏漏，热望社会各界批评指正。

《湖湘文库》编辑出版委员会

前言

李龍如

衡州府，其地古屬三苗、揚越，戰國屬楚，秦屬長沙郡。漢初屬長沙國，又分屬桂陽郡。後漢屬長沙、桂陽郡地。公元二二〇年，孫吴於長沙郡東南設置湘東郡，郡治設在今酃縣；於長沙郡西部設衡陽郡，郡治設在今湘鄉，下轄蒸陽（今衡陽縣）、重安（今衡南縣）、湘南、湘西（今衡山、衡東、南嶽區）、湘鄉、益陽等縣。公元五八九年，隋滅陳，改郡爲州，廢湘東、衡陽郡，設衡州，將臨蒸改爲衡陽縣，州城、縣城均在今江東岸。唐朝天寶年間改稱衡陽郡，乾元元年復稱衡州。宋朝復爲衡陽郡。元朝改衡州路。明洪武二年（一三六九）改爲衡州府。清乾隆二十二年（一七五七），析衡陽東南境置清泉縣。於是，衡州府轄衡陽、清泉、衡山、耒陽、常寧、安仁、酃縣七縣。

衡陽縣、清泉縣，其區域大約即現在的衡陽市區、衡陽縣、衡南縣地。

衡山縣，其區域大約即現在的衡山縣、衡東縣及南嶽區地。

耒陽縣，其區域大約即現在的耒陽市地。

常寧縣，其區域大約即現在的常寧縣地。

安仁縣，其區域大約即現在的安仁縣地。

酃縣，其區域大約即現在的炎陵縣地。

歷代關於整個衡州府範圍的志書（不含縣志），現已亡佚失傳的，據文獻記載有九種，即：

㈠《衡陽郡記》。（齊）顧憲之（［四三六—五〇九］，字士思，吴郡吴人，齊衡陽内史，《南史》、《梁書》有傳）纂。

㈡《（祥符）衡州圖經》。（宋）李宗諤（〔九六四—一〇一二〕，字昌武，深州饒陽人。由鄉舉第進士，累拜右諫議大夫，《宋史》有傳）纂。

㈢《衡州圖經》三卷。（宋）劉清之（劉清之〔？—一一九〇〕，字子澄，臨江人，進士，孝宗時差權發遣衡州，《宋史》有傳）修，廖行之（字天民，衡陽人。淳熙十一年進士，官岳州巴陵尉）纂。

㈣《衡州圖志》。佚名纂。

㈤《衡陽圖志》。（宋）張敦頤（字養正，婺源人，紹興八年（一一三八）進士。歷知舒、衡二州。著有《六朝事蹟編類》）纂。

㈥《（衡州）地志》。佚名纂。

㈦《（衡陽）舊志》。佚名纂。

㈧《衡陽志》。（宋）宋剛仲（字伯潛，衡陽人）纂。

㈨《元（衡州路）志》。（元）佚名纂。

衡州府之志書，傳世至今，尚能見到原書的有：

㈠（嘉靖）《衡州府志》九卷。（明）楊珮纂修。明嘉靖十五年（一五三六）刻本。

楊珮，字璞庵，明雲南太和（今雲南大理市）人。進士。明嘉靖十四至十五年（一五三五—一五三六）任衡州府知府。

是志爲往昔所刻舊志（二卷）並集下屬州邑事類續編而成。『太和璞庵楊先生以郡志訪於岳亭子，告之曰：「志，記也，記郡事也。不患無文，而患無實事，得其實，因其文而述之，斯爲志多。」璞庵乃出郡中往昔所刻通志二卷，並檄下屬州邑，得事實若干條，岳亭子爲續次之』（見《衡州府志·原志》）。『亭遂杜門殫力，凡兩閱月始刻成編』（見嘉靖十五年楊珮《序》）。

全書共九卷，内分諸目，曰《天文》、《地理》、《建置沿革》、《風俗》、《郡邑》、《職官》、《山川名勝》、《古今亭館》、《城池》、《公署》、《郵驛》、《關梁》、《坊鄉》、《食貨》、《廩餼》、《惠政》、《祠祀（陵墓附）》、《學校》、《選舉》、《鄉賢》、《節孝》、《名宦（流寓附）》、《兵防》、《祥異》、《藝文》、《寺觀》、《仙釋（雜志附）》。

該志現藏寧波天一閣。一九六三年上海古籍書店據寧波天一閣藏本影印出版。

㈡（萬曆）《衡州府志》十五卷。（明）林兆珂、伍讓等纂修。明萬曆二十一年（一五九三）刻本。

林兆珂，明福建莆田人（今福建莆田市）人。進士。明萬曆二十一年至二十四年（一五九三—一五九六）任衡州府知府。伍讓，衡陽人，明萬曆甲戌（一五七四）進士，累官至江西南贛道副使。《四庫全書存目》曰：『是書成於萬曆乙酉。舊本僉題宏治《衡州府志》，誤也。凡十一門，又各有附録。然如併「天文」於「地理」，用《漢書》例可也。統祠章於學校，是何例乎？其「沿革門」云：「以衡陽湘東爲王國，不知宋時衹衡陽國爲衡州地。」又云：「唐天寶元年，改爲衡陽郡」，不知先已改衡山郡。大抵草略成編耳。』

該志現藏日本國會圖書館。

㈢（康熙）《衡州府志》二十三卷。（清）張奇勛修，周士儀纂。清康熙十年（一六七一）刻本。

張奇勛，清河南滎陽（今河南滎陽市）人。清康熙五至九年（一六六六—一六七〇）任衡州府知府。周士儀，字令公，號藿園，湖南衡陽人。清順治貢生。順治十六年（一六五九）郡守李東園曾聘其編纂《衡州府志》未果。張奇勛任衡州府知府時，仍聘其爲編纂。

全書爲二十三卷，列目十三，曰《封域》、《營建》、《賦役》、《學校》、《風土》、《秩官》、《選舉》、《武備》、《人物》、《列女》、《藝文》、《祥異》、《外志》。

該志現藏國家圖書館藏其卷一至卷二，卷五至卷十，卷十七至卷二十三。

㈣（康熙）《衡州府志》二十三卷，（清）張奇勛修，周士儀纂，譚弘憲續修。清康熙二十一年（一六八

二）增修康熙十年本。

譚弘憲，清直隸（今河北）文安縣人。進士。康熙二十年（一六八一）任衡州府知府。因舊志多毀殘於兵燹，仍延聘周士儀爲之續纂。雖曰續纂，但『是役也，仍而不改者半。正其譌，芟其蕪，與增而續之者亦半』（見康熙二十一年周士儀《序》）。

該志現國家圖書館藏其卷一至卷二十，卷二十二至卷二十三。湖南圖書館藏其卷一至卷五，卷九至卷十一，卷十八至卷二十三。

㈤（乾隆）《衡州府志》三十卷，首一卷。（清）饒佺修，曠敏本纂。清乾隆二十八年（一七六三）刻本。

饒佺，清江西豐城（今江西豐城市）人。監生。乾隆二十一年至三十年（一七五六—一七六五）任衡州府知府。

曠敏本（一六九九—一七八二），字魯之，號岣嶁。湖南衡山人。雍正十年（一七三二）舉人，乾隆元年（一七三六）進士，選庶吉士，官翰林。因病歸里，不復出。乾隆十九年（一七五四）始任岳麓書院山長。衡州府知府饒佺主修（乾隆）《衡州府志》時，延聘爲編纂。

饒佺任衡州府知府時，深感該府之志，已八十餘年未修，而雍正十年（一七三二）『世宗憲皇帝念桂陽州壤地遼闊，生童就試維艱，改桂陽爲直隸，割臨、藍、嘉禾以屬』。乾隆二十一年（一七五六），『皇上又以衡陽地廣事繁，析東南境分設清泉。今之衡州，非昔之衡州也，而志仍昔衡州之志，官斯者何以諳因革？生斯者何以廑則效耶？佺下車即有志從事，兼聞前舒首曾定議，嗣以憂去，留捐貲以襄斯役，佺何能不亟蕆厥事！特以莅郡之初，簿檄勾稽旁午，卒卒未遑。數年以來考棚式廓，庠序聿新，郡之有關文教者，漸次修舉。今壬午（乾隆二十七年）之秋，始分延郡紳士能文者司其事，採擇搜訪，選匠開雕，剋日而書告成』（饒佺《重修衡州府志序》）。即乾隆二十八年（一七六三）刊印成書。

是書卷首爲《重修衡州府志序》、《原序》、《凡例》、《原序》、《目録》、《衡州府修志姓氏》。正文爲卷三十有三，曰《星野》、《沿革》、《輿圖》、《形勢》、《疆域》、《山川》、《古蹟》、《城池》、《津橋》、《公署》、《驛舖》、《藩封》、《户口》、《田賦》、《倉貯》、《學校》、《壇祀》、《風俗》、《物産》、《兵防》、《職官》、《循良》、《選舉》、《人物》、《列女》、《游寓》、《陵冢》、《寺觀》、《祥異》、《藝文》。

該志是上述現存衡州府志書中比較好的一部。

首先是，所列類目全面、詳細、恰當，卓然可觀，不失郡志體裁。

其次是，輿圖芟除常有的『八景』，而於衡嶽特置專圖。『志必有圖，八景之繪昉自潘安仁，而楊用修訾之謂域中安得有如許景，今但圖郡城諸切要者，餘從芟。』『衡郡以山得名，今圖衡嶽諸峰於端』。『七十二峰雖有數峰隸他邑者，統入衡山山川志中』（見《凡例》，下同）。

第三，於内容的編纂以及有關史料的搜集，亦有其特點，如：注重大的沿革，『桂陽改隸，清泉新設，沿革之大者，開卷瞭然，八十年未修之書，即此以成完帙』。田賦『凡捏墾加攤等累，屢奉減免，尤當備載』。選舉『除進士、舉人、貢生暨監生吏員已出仕外』，餘者『今概不叙列』。『宋元鄉舉，府縣舊志多未載入，今就有可稽考者開載，以免湮没』。藝文『惟束其關政治、闡幽潛者，其吟咏繫於此邦山水者亦登之，若寺觀碑記及游人贈答雜文，均在所汰』。人物史料的搜集，以前所修《湖廣通志》及《湖南通志》，都因『地方遼闊，諮訪難周』，乃命『時局中司事人得各舉所真知灼見者采入』；而『今郡志未便委之司事，必均由縣結報，以期確實』。

該志現藏國家圖書館、湖南圖書館、湖南省博物館等，並收入《湖南省古籍善本書目》。

該志又於清光緒元年（一八七五）補刻重印。據衡州府知府武廷珍云：『珍癸酉（同治十二年〔一八七三〕）冬，忝守此邦，下車伊始，檄取各縣志書，惟府志獨無，推詢其故，板片既多遺失，字跡尤多模

糊，爰丐邑紳楊賡雲廉訪搜求家藏舊本，雖其中仍不無缺略之處，而規模嚴謹，體制詳明，洵善本也。查是書由饒公主稿，本擅著作之才，其相與參酌者，如周君、鄒君，皆一時名宿，故能綱舉目張，足備掌故焉。亟須續而修之，惜各屬縣志未能彙齊，爲之悉然者久之。念新輯既尚需時，而舊志復任其散軼，亦守土者之耻也，因與楊廉訪及諸紳相商，先取缺略者爲之增補，漫滅者爲之訂正』（見光緒元年七月知府武廷珍《序》）。

光緒本卷首之末，增有清湖南臬司秦瀛於嘉慶六年（一八〇一）所作《辨誣》及明王穉登《故中丞秦公傳》等文，爲秦瀛之先祖前明湖廣巡撫秦燿辨誣。秦瀛因朋黨之争，於萬曆十九年（一五九一）被屬吏衡州府同知沈鈇誣劾，因而獲遣，抑鬱至死。沈鈇則『以糾參大府，負剛直名』，被前修《衡州府志》『載入名宦，具其事，省志採府志，亦列入焉』。新修志書删去了沈鈇之事，並於卷首刊專文辨誣，亦爲其他志書所罕見。

該刻本現國家圖書館、湖南圖書館、湖南師大圖書館等均有收藏。

《湖湘文庫》這次影印出版《衡州府志》，即選取了上述（乾隆）《衡州府志》清光緒元年（一八七五）補刻重印本，作爲底本。

目録

上册

重修衡州府志序

統薄海内外之民而甄陶之聿臻道

一風同之盛者

聖天子之事也領一郡一邑之寄而整齊

化導其民人者有司之責也將監於

成憲俾罔所愆可資以厚民生而正

民德者大之一統之志小之郡邑之

乘也衡之為郡居楚上游倚嶽枕湘

雄深阻固周遭豈惟千里蓋屹然重

鎮也仰惟

熙朝德洋恩溥聲教覃敷絶徼極邊咸開

為郡縣幅員之廣數萬里而遥自唐

虞三代以来未有如今日之大一統

者顧地濶則教化難周人衆則撫字

不易雍正十年我

世宗憲皇帝念桂陽州壤地遼濶生童就試

維艱改桂陽為直隸割臨藍嘉禾以

屬乾隆二十一年我

皇上又以衡陽地廣事繁析東南境分設

清泉今之衡州非昔之衡州也而志

仍昔衡州之志官斯者何以諳因革

生斯者何以歷則效耶佺下車即有

志從事無聞前舒守曾定議嗣以憂

去留捐貲以襄斯役佺何能不亟蕆

厥事特以莅郡之初簿擻勾稽旁午卒卒未遑數年以来考棚式廓庠序聿新郡之有關文教者漸次修舉今壬午之秋始分延郡紳士能文者司其事採擇搜訪選匠開雕剋日而書告成竊郡志之不修八十餘年矣前

此渠無一籌及此者毋亦鞅掌於簿書而未之逮舒守議已定而又以故去纂輯之事不幾難乎因念志通於史所以資治而志與史微異史主作而志主述也顧仍舊之志主述而刱始之志則述而兼作惟志以紀實無

取文飾每援此義互相啓告幸諸紳士虛衷集益周咨博訪不漏不誣凡上而象緯下而山澤錢穀兵農師儒典禮羅羅若掌紋俾八十餘年之缺軼聿成完編官斯者可以資經濟生斯者可以深仰止而於古者太史陳

詩之旨其庶有當焉若曰以供騷人詞客尋幽弔古之資其末焉者已志中編纂節目既已具各條其體製又已略見凡例中無庸複縷姑為述其成之由如此云

乾隆二十八年歲次癸未孟夏月知

湖南衡州府事加二級豐城饒佺譔

原序　　張奇勛

考九州各有星土玉衡主荊州又祝融爲天南巨鎮衡郡之得名以此夫衡平也不平不可以爲治惟明之末造連歲用兵其間震蕩虔劉人文風物凋喪畧盡衡之失太平於今三十禩不平甚矣我

朝休養生息又若而年然猶桑麻不藝井竈蕭條是何耗斁之易而樂利之難也丁未冬余自晉陽擢守兹土受事之始日貽心惘思爲起敝維衰之計儆昔之操刀而割績著此邦者烹鮮若何製錦若何以爲吏治師庶得其所以平之者乃搜掌故而索遺文竟如

象罔之探珠求其零篇賸字不可得噫嘻喆人既逝典型失墜余安所取衷哉因欲廣蒐傍討集郡士大夫共裒所聞勒爲一書以垂永遠久之未逮也已而隱君周子令公開衣褐見相與揚搉故實屬以纂修周子逡巡以舊志未獲爲辭會庠生王生之變購得之持以進予乃輾然喜遂上其事于　大中丞盧公與　藩臬諸大人俱報可且謂余于衡罷罷焦思奔馳蝟蹶之未遑而議及緣飾藻繪之事向得以俗吏目之哉余唯唯謝不敏爰差穀旦執簡以授周子且聘文學鄒生章周共襄厥事昉于庚戌之秋仲報感

於辛亥之首夏爲卷三十有三總目十三分類九十有奇舉凡星野沿革錢糧兵農師儒禮樂風俗物產以及人才之彬蔚災眚之修救嶽音闡及於閨壼末品弗遺夫湽黃亦既脩矣而余竊有感焉攷舊志之作在明萬歷之癸巳寥絕疎曠迄今七十有九年其間豈無簪筆之碩彥與好文之長吏足以徵文考獻乃至中更大變祖龍灺燼舊聞放失駸駸悠悠以迄茲日然後以修明之責寄之余與二三子意者時會之適然耶夫典籍者政術之藉也賦役不定則不知杼柚之空也學校不興則不知教化之起也風俗不審則不識貞淫之所由別也官師不述則不解歌思怨讟之何以作也多士逸于楚武備弛于彊何以光賓興之舉壯干城之衛也前賢之風徽不著壼德之幽貞不彰何以發景行之慕厲節烈之操也氛祲不嘶于五行攘斥不加于二氏何以盡消弭之道立先聖之閑也苟思更化必先言俗苟思善俗必先宜民披圖覽籍政教于是乎出焉將所謂平之者在是歟後之保釐此邦者于此取衡則格人元龜之助也寧僅作湘中風土記已哉

原序　　鄒章周

庚戌八月梧露初下 章方芘鉛槧提籌冀舌稽之亦有秋也 太守張滎陽夫子庶績底成將登典故備憲章以討實之責責書幣於郊廬惟 章之業夙在詩也詩曰維桑與梓必恭敬止古人于鄉之草木猶懼有隕越焉矧一郡之文獻是毗卽乞霍靈爲觚把湘沅爲滴恐不克修明稱塞 上大夫之幣命豈僅若畏一枝之卽戾已耶抑聞之張茂先至瑯嬛石室各有奇書一室則歷代史一室則萬國志一室則玉京紫微金眞七瑛丹文秘字也夫國志且與紫微秘籍並珍瑯嬛匪徒爲傳世之策矣 章何人斯以溝斷犧青黃閒雖爨無淸人安敢不經營內熱懼而益之以慼也蘭臺之史尙本子駿詹事之書取資彥伯故簡具燼荒邈無托則懼謬廢墜幾八十年郡無月存日秩之老卽偶出田閒亦鄙俚無當周咨則懼疏淸議如綳一行失稽非疑有報德卽誣以索米則懼謗實則後已名則先人比比而是苟廉不方以憲孝不方以參非公爭爲投牒卽私恤以門戶則懼媮此四者其大約也至於所感則觸類而興誠不知其自來也販章如故也昔井舍之芘黍今爲蒿原矣昔叢阜

之金魚今在人間矣高深不易觀乎考工取新也仙宫梵宇紺碧漸復壯矣經閣講堂瓦礫猶難除矣先後不失序乎竭蹶而繇者彼自亡蹶于下損戸而障者已且失障于上則其賦難而治賦之尤難也樹黄茂者非沃壤則易枯治稂莠者雖瘠土亦易薙則育士難而士目盲之尤難也縷篕朱紘君子且以爲濫矣而市井窮金珠之飾何底乎觴豆衽席君子嘗惡其犯矣而衣冠成淩捽之風何始乎實治亂之由也卓茂朱巳之禁濶矣破觚爲圜而罔漏吞舟之名奚失乎王溫舒嚴延年之聲烈矣威隳姦起而揚沸救

火之術奚得乎實安危之本也考賓興則氣塞風雲選徒御則聲如虓虎豈文匿而武過覲耶詢士行則青簡有暈晤幽儀則彤管殊勞豈陽伏而陰不愆耶文藝之古淳而今漓古藴而今盡也則世運漸遙也禨祲之示祥而移災示凶而移吉也則人事自邇也若夫瞿曇老莊之言滛泆桎梏且欲奪濂洛關閩之席于吾衡爲尤甚仁山太虚密齋學爻諸先進而後莽莽殆百年安得有仲尼之徒辭而闢之廓如乎此尤感極而欲憤者也范蔚宗嘗自述其撰書之意謂欲因事發論以正一代之得失章何人斯幸厠筆從涉園周先生後編次之餘感及而論每妄及之其有感而未論者則涉園與伯兄定之阜敏已分及之至正也或以爲懼近葸感近狂葸與狂章皆不敢任章之懼與感也要歸於敬桑梓而已敬則正正則或可以報　上大夫矣雖然章固習授兎園册者也瑯嬛石室則有俟乎後之君子

殘篇憮焉與慼慮是非頓失於陽秋而直道終灰于
秦熖也爰咨掌故仍以殺青授簡於 儀 而 儀 不忍棄
成勞尤不敢忘前事再起受命因折柬以招鄒子共
續舊緒池之日戈廻而手沐之斯固幹蠱庚張之一
侯也乃吾衡出汙染之餘其待維新者非一事而郡
乘其嚆矢也乎我 郡侯襟宇春融逌然以禮樂濯
俗庶幾乎文翁之化蜀固非儒俗吏能逮其萬一者
儻由此而推行盡利使一 郡之敝者剔墜者舉治道
蒸蒸有完無刓聅諸此矣聞 侯之筮仕于蔡也亦
首以邑乘爲務乃知文章爾雅之彥不矻矻于程簿
書而汲汲于樹風教其意蓋已遠矣是役也仍而不
改者半正其譌艾其蕪與增而續之者亦半一以存
滎陽公之舊蹟一以闡今大夫之新猷至于紀事敷
詞寧質毋華衡品程人寧覈毋僞一念不敢阿所好
一字不肯狥所私視昔倍爲謹凜嶄不違于三古之
遺直者是則 儀 可自信以信于同志者也蓋 儀 從事
于志乘也數矣癸丑濈筆于瀦水戊午訂定于鹽官
雖風尚不齊而條例弗異今歸而肆考以落其成其
僉有所取衷也夫

凡例

一志重沿革桂陽改隸清泉新設沿革之大者開卷瞭然八十年未修之書卽此以成完帙

一志必有圖八景之繪昉自潘安仁而楊用修嘗之謂域中安得有如許景今但圖郡城諸切要者餘從芟

一衡郡以山得名今圖衡嶽諸峯於端

一山川除各屬界畫井然應從分列外其七十二峯雖有數峯隸他邑者統入衡山山川志中衡山縣原以嶽得名也

一田賦自前明隨糧素爲民困幸我

朝

聖聖相承凡捏墾加攤等累屢奉減免尤當備載以

紀

皇恩

一選舉除進士舉人貢生暨監生吏員已出仕外其監生及椽吏考職人員通志未經編入各縣志亦有無不等今槩不敘列

一宋元鄉舉府縣舊志多未載入今就有可稽考者開載以免湮沒

一現在官師雖有惠政不在紀述之科以近諛與誦功德者無異故畱以竢來茲久而益信耳

一人物特由采訪從前修湖廣通志及近修湖南通志以地方遼闊諮訪難周時局中司事人得各舉所眞知灼見者采入今郡志未便委之司事必均由縣結報以期確實

一節婦未奉　旌表者例不當載然有苦節而力未逮者詎忍竟歸湮沒覈實錄之以發幽潛

一志中稱謂自制撫以下皆稱名以郡邑志爲一統志權輿尊

帝制也其篇首備末敘論則稱謂從便

一志通於鑑所以資治藝文之選惟柬其關政治闡幽潛者其吟咏繫乎此邦山水者亦登之若寺觀碑記及游人贈答雜文均在所汰

衡州府志目錄

衡州府志目錄

衡州府修志姓氏

鑒定

太子少保兵部尚書都察院右都御史總督湖廣等處提督軍務糧餉加五級愛必達

太子少傅兵部右侍郎都察院右副都御史巡撫湖南等處地方提督軍務兼理糧餉加五級陳宏謀

同鑒定

特授湖南等處承宣布政使司布政使加三級來 朝

特授湖南等處提刑按察使司按察使加三級五諾璽

特授湖南糧儲道加三級劉秉愉

特授湖南驛鹽長寶道兼水利加三級淑 寶

特授湖南衡永郴桂道加三級孔傳祖

纂修

特授湖南衡州府知府加二級饒 佺

同修

湖南衡州府糧鹽總捕通判加一級席 綺

分修

湖南衡州府衡陽縣知縣陶 易

湖南衡州府清泉縣知縣江 恂

湖南衡州府清泉縣知縣鄒 健

湖南衡州府衡山縣知縣張何衢

湖南衡州府耒陽縣知縣沈惠[illegible]

湖南衡州府常寧縣知縣朱丕烈

湖南衡州府安仁縣知縣李玉樹

署湖南衡州府酃縣知縣朱鑒昌

編撰

翰林院庶吉士加一級曠敏本

叅閱

進士原任大足縣知縣李 德

進士分發江西候補知縣蔣一璁

舉人臨湘縣教諭何 泰

舉人桂東縣教諭劉漢猷

舉人揀選知縣鄭 球

舉人段丞孝

進士原任寶慶府教授謝 才

恩貢生候選教職譚泰遠

董理

衡州府教授黃之偉

衡州府訓導羅士坊

分校

衡陽縣教諭周世宅

清泉縣訓導尹 光

對勘

增　生趙萬程

舉人臨武縣教　諭馬崧齡

廩　生馮　琳

歲　貢　生陳朝簡

督刻

衡州府經　歷沈成鎧

辨誣

先中丞公以都察院右副都御史撫湖廣爲屬吏衡州府同知沈鈇誣劾獲譴抑鬱以卒當世士大夫無不知公之寃而鈇以糾叅大府負剛直名衡州府志載入名宦具其事省志採府志亦列入焉是不可以不辨公舉禮部試張江陵相國實爲座主公以才受知江陵奪情時方以給事中居母憂服闋補刑科改吏科江陵勢方盛然終江陵之世未嘗有殊擢江陵敗忌者論公與江陵密公陳辨忌者沮累遷京卿擢都察院右僉都御史撫南贛以平蠻平妖功神廟璽書褒獎并書擒獲有功四字以賜公嘗命工繪圖紀事今圖尚藏於家其事蹟具長洲王百穀先生穉登所爲傳中閲三年進撫湖廣屬大旱公疏請蠲賑全活數十萬人見全楚奏議救荒録武昌郭文毅正域爲之序無何御史郭實復追論江陵事得旨解職會南贛勘功疏上將推用忌者益思有以中之而代撫楚者又素與公有郤乃嗾鈇摭公使匿贖鍰公費事劾奏公竟得罪烏虖公之被誣蓋始終以江陵故耳江陵當軸綜覈名實海內晏然縱以奪情冒不韙而功在社稷無論公無所阿比即如言官所論列後世當有諒公者有明中葉朋黨之勢成廟堂水火互

相齮齕而國是亦以日非是可痛也且鈇所列公罪狀尤有不可不辨者方公移鎮全楚楚中例撫臣歲以罰鍰五千兩餉邊公至則前此一年者未解也衙門公費歲以一千兩爲額公至則後此一年者已預支也歲荒民困公方力爲補苴而鈇藏悉檢括誣公侵匿銀一萬五千兩鈇之言曰貪婪撫臣被劾回籍垂涎十五府庫藏盜括萬餘金乞追贓正法而其所條舉者俱係檄取之罰鍰公費而於貪婪之跡侵匿之實皆不能有所指名試思巡撫果肆貪婪何難廣通賄賂而止取贏於罰鍰公費耶且公當時已奉旨解職矣如欲侵匿何敢以被劾之官擅用檄文耶今鈇疏現刊志中觀其所論列鍛鍊文致固不待知者而後知矣公廢後相國張文端位上疏議時政言公冤嘉興支公大綸著編年史亦載鈇誣公事鈇旣以劾公擢九江府知府冢宰孫恭毅丕揚惡之卒以貪褫職後坐罪論死其父自經代公者亦敗公素骯髒旣遭汙衊嘗建漢壽亭侯廟于吾邑之崇安寺爲文自陳公沒而鈇父子之禍作殆公之靈已得請於帝惟以先世累有功德於楚具著史乘而公獨不幸爲鈇所汚至今不得白此文毅序中所欲指九天以爲正而百穀所歎息痛恨於譖人者也嘉慶六年瀛司

臬湖南爰取文毅全楚奏議序及百穀所爲傳鋟諸板以俟後之續楚志者試與鈇疏參觀之其是非自見文毅爲前明名臣所稱當不妄百穀先生名列明史文苑傳入世孫瀛謹述

按先端敏及先中丞先後撫楚湖廣通志及湖南通志官職內載先端敏而遺先中丞又先虹洲公諱梁嘗按察湖廣先端敏由分守大梁遷山東右布政使未嘗一任楚臬也通志並載入湖廣按察使而端敏列虹洲公後年代倒置虹洲公官終江西右布政使今江西通志遺焉聞修志者以題名碑爲據碑字漫漶處卽缺之蓋志之不足信如此并識

江南通志本傳

秦燿字道明無錫人隆慶辛未進士選庶吉士歷兵刑吏三科給事中進太常少卿移光祿擢僉都御史巡撫南贛岑岡賊李佩者李文彪遺孽王守仁城洌時所未平也釁結三世矣燿入境甫三日出不意傾其巢南雄妖僧圓朗以白蓮符誘衆翕聚閩粵虔山岡燿設計殪其渠而散解其衆先後事聞皆賜金進級燿歆然不居摹守仁抑抑堂石刻懸廳事拔士之秀者餼於濂溪祠而勤課之晉撫全楚楚大旱疫撫輯盡致爲怨者論罷歸已而怨者尋敗

故中丞秦公傳

王穉登

嗚呼君臣之際豈易言哉古大臣忠誠貫金石勳業震天壤而放流竄斥不保功名者往往而有命實爲之謂之何哉今如無錫秦公者內則補闕拾遺外則宣勞禦侮雖遭讒讀謫而實非其罪士大夫莫不爲之搤擘而痛惜余爲之傳乃稱故中丞云公名燿字道明人稱舜峯先生秦蓋出宋龍圖閣直學士少游先生後少游子湛倅常州因家焉十三傳至處士雌楨徙無錫又六傳至都察院都事鏜鏜從弟端敏公金爲嘉靖間名臣鏜生辰谿令淮祀辰谿名宦淮生永昌守禾禾生公十二能屬文旋補博士弟子二十一登賢書二十八成進士由庶吉士授給事中歷太常少卿翰林院提督四夷館既進太僕光祿二卿擢都察院僉都御史巡撫南贛又進右副都御史撫全楚被誣得罪罷公在諫垣歷諸卿寺皆能其官前後奏疏數十萬言其在南贛擒逋寇李文彪孫李佩及妖僧圓朗先後事聞皆賜金進級其在楚則賑饑掩骼施藥療貧民疫癘者捐鏹濟諸生凍餒者所全活不翅數十萬人黜墨吏素黠薦牘者一人捕劇盜出沒襄陽者數十人曰吾所黜宦而盜者也吾所捕盜而盜者也居亡何言者以江陵故相波及因解職

江陵蓋公座師也部吏沈某鷙而善訐自比遷客好使氣陵人上官皆憚之莫敢問他日在坐中極詆郎撫公呵之迫公去楚日夜伺其短不得會大僚有憾公者嗾之遂以交際濫費官錢劾公于是命下逮公公單車詣闕議罰當城旦昔李牧邊城郡將耳日收市租椎牛饗士不聞吏議媒孽之者中丞擁旄秉鉞爲縣官禦侮勘亂僅取贖鍰爲公費何物小子欲快其私憤言不待三紆且投矣是皆淺夫曲士皦皦以博名高徇小廉而昧大體設有猝然之變即斗粟束芻倉皇莫辦况欲行千金之賞萬金之間哉所謂其帥可縛而致也一旦天子

知公寃以病放歸田里浮雲去氛翳消大明中天魑魅屏伏則公之寃白而公之心亦慰矣方公之歸也屏跡公府有園在惠山之麓曰寄暢雅得泉石池臺之勝每集名流嘉客觴咏其中然每念其先端敏嘗撫楚平郴桂叛苗以功名終而已獨不幸爲屬吏所誣感憤鬱伊竟以是卒嗟嗟青蠅點而白璧汚貝錦興而賢人厄忠臣孝子擯斥放流身名俱隕者何限讒人之禍罔極矣初沈某以訐公當大僚意大計日名在卓異太宰孫公丕揚怫然曰是固好訐人以小臣擠中丞者耶卒以貪褫職後坐養寇殺人抵法其父懼罪自經視公禍尤烈

全楚奏議序

郭正域

中丞秦公來撫吾楚屬楚三年大旱米豆百錢道殣相望公下車問所疾苦凡請蠲請賑請留他稅以備緩急章累上咸報可諸以便宜行事凡發窌廩出帑銀恤生徒獎義士施藥餌掩胔骼不及疏請或下所司議諸郡邑議或議自所司暨諸郡邑請成事于公而公報可者又不可更僕數縉紳先生父老子弟入見未嘗不顰蹙而問政五六月之間步禱于雩壇浹旬乃已百姓嘖嘖聚觀已而麥再熟穀半熟米價不踴流亡者歸田里民間有果然之色亡何公謝事去閭巷老弱以爲公實長我禾黍公實生我奈何棄我去則思謀諸豐碑大碣以志公不朽而公謝不可廼楚之士大夫謂公之精神與楚民相貫注者有疏在朝有文在公府請壽之梓不佞披而讀之其爲官常者十之三而其爲歲事者十之七見民生之榮悴焉見吏治之得失焉見公私之虛實焉見廟堂之俞咈焉蓋不佞嘗有慨乎杜征南之鎮楚也礱二碑一沈萬山之水而一立峴山之上以爲陵谷變遷而姓名不朽身後之計亦長矣乃今千餘年而其在山者剝落而無文在水者沈溺而不可見獨當時所論律令攷課藉田常平軍旅諸疏一展卷而昭如日星然

則陳對之語奏之殿庭下之有司而流之蔀屋者爲最久也公以楚大瘵之後無所用重典與諸司約務在休養生息今讀其言藹如春溫凡所爲徒跣以救我孑遺者其創鉅而其言苦蓋朝夕之不暇小民之心遑恤其他哺我而卹我者廼爲天耳今公去矣安得以此鞠凶之故而指九天以爲正乎夫以杜征南之勤勞而于中朝有戒心焉功名之際明哲者所不保此賢者所以嘆息于公而讀公奏議尤爲之流連而不能忘公也

辨誣論書後

廉訪秦小峴先生爲前明中丞公作辨誣論以正楚志之誤廉訪之於中丞公裔孫也其知公自深於楚人又附王百穀先生所爲公本傳與郭文毅全楚奏議序於後以明其言之不私而公之誣乃白於二百載以後公神宗朝侍從臣敭歷封疆蠧奸剔弊政績卓著其撫楚救荒奏議文毅實親見而序之所立如此竟以贓被劾是履伯夷晏嬰之潔而疑其有竊疾也顧公有德於楚甚大不桐鄉於楚反奉其讐而崇之而并入其疏於志幾於助之蟻矣由此觀之諸詠之蔽明而紀載之失實可勝嘆哉按本傳載沈鈇劾公事起於取贖鍰爲公費一節蓋前明時士大夫雅重通財位望通顯分甘貸潤遠近屬目而中葉以後疆事尤劇公秉鉞重臣不以時撫接文武開示恩信則一方之澤壅而不流豈天子付任公之意哉故以贖鍰爲調護之力居多小人巧乘其隙耳夫公者之疑於私與者之疑於取銖兩之疑於鈞石羨息之疑於庫藏猶以墨點繢雜粟於粺雖至明者不能一見決之是以其言易售嗟乎新息侯之於光武其君臣相與之分豈不深

十

哉三夫搆煽一朝爵絕薏苡珠犀果有絲毫之似否耶就使取貨交趾如讒者所云初非有關國計況以國計動人主乎此公所以不免城旦之辱也今卽鈇疏觀之其險計某府應如干數某州縣應如干數者捕風係景不足深辨惟衡永二府差票乃鈇近屬似非無據意公任內所行未及裁撤者耶官所恃爲信者符印耳有符印乃有差票公解職矣果何務之操乎印不能假諸人而票又非可以尺素行也其所指殊謬至稱經過岳常武昌等處假餽爲名皆有徵索此道聽塗說之見卽有之亦公任內之隨時繳取者耳不然三日京兆威不行一掾吏矧退休之上官而能響應如此哉且又安得此胥徒數十輩蹴百城而輕千里也然鈇不指任內劾公者何也交際者君子之常儀和衷者大臣之盛節國雖示儉無老死不相往來之太古也劾公適所以自儆惟一切指爲解任之所盜取則斂醵之費盡出無名而橐橐之謀萬無可解杼不容以不投奚故曰以國計動人主巧之巧者也愚又竊計是時下石者不獨一鈇攻本傳云公先時黜墨吏一人曰吾所黜官而盜者也此其府怨之由乎黜一人則類是者懼不免又激而怒之是故目語肘接而成是獄知此可以斷公之誣矣鈇旣暴

十一

著直聲於楚旋獲右遷嗚呼爝火方熾公且不能回太陽之光以與之爭又何怪楚志去取之謬乎然觀傳與序之所述則當時正人名宿敬公之德而悲其遇至今撫卷有生氣而獨未有以諗於楚人天之牖民固會有時耶故謹推原公用財之正被謗之由與鈇疏之險譎易見者附於廉訪辨誣之末使吾人知之他日將進請於廉訪以釐志乘而傳公是其必權輿於此抑更有爲吾楚幸者廉訪下車之初深心念祖必能倣中丞公之治楚者以生楚人江漢之詩曰名公是似讀是篇可以知其志矣嘉慶六年蒲月下浣原任甘肅寧朔令湘陰

周錫溥謹跋

起楠獲侍廉訪公公莅湖南五閱月仁心及物勤勤於扶傷哺窮不獨慮囚詳讞獄無冤濫而已嘗語起楠以世德之遠並拜其先中丞公畫像而示以所著辨誣論半帆周君爲文書後自是中丞公撫楚本末較然明白起楠再拜而起曰中丞之德吾楚人世被之而尚留劾者之姓氏及疏汚之簡牘此固楚人所痛心者盍削之謀於同人僉曰然竟削之存公是也附識數語於此石溪後學孫起楠

衡州府志卷之一

知衡州府事豐城饒佺重編

星野

太乙辰居環拱惟星在天成象在地成形仰觀俯察占步有經三垣攸列九野斯憑南楚入軫自昔所稱惟天道遠惟人祇承上名天和爰致休徵庶民異好能勿兢兢

分野考

左傳鶉尾爲楚

史記翼軫荆州

春秋元命苞軫星散爲荆州

西漢志翼軫楚之分野今之南郡長沙皆楚分也

費直周易起張十三度至軫七度爲鶉尾荆州分

蔡邕月令章句起張十二度至軫六度謂之鶉尾

班固三統歷自張十七度至軫十一度爲鶉尾於辰在巳分野屬荆州

陳卓郡國躔次自張十七度至軫十一度爲鶉尾於辰在巳

皇甫謐世紀自張十八度至軫十一度曰鶉尾之次於辰在巳謂之大荒落於律爲夷則斗建在申今楚分野

星經南宮赤帝其精朱鳥爲七宿井首鬼目柳喙張嗉翼翮軫尾司夏司火司南嶽

唐書天文志翼軫鶉尾也初張十五度餘千七百九十五秒二十二太中翼十二度終軫九度自房陵白帝而東盡漢之南郡江夏東達廬江南部濱彭蠡之西得長沙武陵又逾南紀盡鬱

林合浦之地自沅江上流西達黔安之左皆全楚之分自富昭度象龔繡容白廉州以西亦鶉尾之墟古荆楚鄖鄀羅權巴夔與南方蠻貊之國翼與咮張同象當南河之北軫在天關之外當南河之南其中一星主長沙逾嶺徼而南爲東甌青丘之分安南諸州在雲漢上源之東陽宜屬鶉火而柳七星張皆當中州不得連負海之地故麗於鶉尾

邢昺爾雅疏長沙軫十六度今長沙寶慶衡州岳州所屬巴陵臨湘平江等地

按晉書云桂陽入軫六度長沙入軫十六度而漢費直蔡邕班固魏陳卓及唐書皆未有以楚屬軫十度者而爾雅邢昺疏則又分註鑿鑿焉爲識之以俟參稽

星考

軫宿步天歌四星似張翼相近中央一箇長沙子左轄右轄附兩星軍門兩黄近翼是門西四箇土司空門東七烏青丘子青丘之下名器府器府之星三十二已上便是太微宫黄道向上看取是

史記荆州麗北斗權星

廣雅荆屬衡星

星經熒惑主霍山荆揚交州

史記天官書軫爲車主風其旁有一小星曰長沙星

正義軫四星主冢宰輔臣又主車騎亦主風占明大則車騎用長沙一星在軫中主壽命占明則主長壽子孫昌

張衡周天大象賦爰周翼軫厥土惟荆驅風驛之千乘奏雲門之六英長沙明而獻壽車轄明而陳兵青丘藏於韓貊器府總於琴笙軍門坐甲於軍闕司空掌土於司平

後漢書天文志北斗玉衡第四星主荆州常以五卯日候之癸卯爲長沙

唐天文志南紀之東至南河之南爲荆楚得純乾之位故鶉尾直建巳月内列太微爲天廷其分野自南河以負海亦純陽地也布太微之政而在巽維外者鶉尾也故爲列山之墟斗杓謂之外廷陽精之所布也杓以治外故鶉尾爲南方負海之國其神主於衡山熒惑位焉

按傳曰天道遠人道邇星野之説原極微茫故各省郡邑志於星野一條闕焉其亦歐公書人不書天歟顧保章之法相沿已久而星士之精可資修省今仍述之惟於翼軫加詳焉而諸志之旁摭遠引者固可不備載也

衡州府志卷之二

知衡州府事豐城饒佺重編

沿革

郡乘不修垂九十年因革損益與時遞遷罷侯置守厥任孔專皇哉

昭代地闢人繁桂陽割隸增設清泉岣嶁池遷蒸湘洄沿政有沿革道無偏全求民之瘼尙監古先

衡州府

禹貢荆及衡陽惟荆州衡州古荆州南境也春秋屬楚秦屬長沙郡漢初屬長沙國嗣分長沙爲桂陽郡又分長沙爲零陵郡蜀漢時吳孫權分長沙立湘東郡領縣曰酃曰臨烝曰新平曰新寧曰茶陵曰利陽曰陰山（酃爲今府屬臨烝爲今衡陽清泉地新平新寧爲今常寧縣地茶陵利陽陰山者非今府屬）又立衡陽郡領縣曰烝陽曰重安曰湘南曰湘西曰湘鄉曰連道曰新康曰益陽（烝陽爲今衡陽縣地重安爲今清泉縣地湘南湘西爲今衡山縣地連道新康益陽皆非今府屬）晉永嘉初立湘州長沙零陵桂陽衡陽湘東並改隸焉梁天監七年分湘州幷廣州之地置衡州陳天嘉元年分衡州之始

興安遠二郡爲東衡州爲廣州地而西衡州爲湘州地隋大業初改西衡州爲衡山郡領縣曰衡山耒陰湘潭新寧（湘潭非今府屬）唐武德初爲衡州衡山郡天寶初改爲衡陽郡屬江南西道領縣曰衡陽衡山常寧攸縣茶陵耒陽（攸縣茶陵皆非今府屬常寧本新寧天寶元年更名耒陽本耒陰武德四年更名）宋屬荆湖南路爲衡州衡陽郡領縣曰衡陽來陽常寧安仁茶陵（來陽郎耒陽）元爲衡州路屬湖南宣慰司領縣曰衡陽安仁酃縣以衡山屬天臨路陞耒陽常寧爲二州明置衡州府隸湖廣布政使司領州曰桂陽縣曰衡陽衡山耒陽常寧安仁酃縣臨武藍山嘉禾

本朝康熙三年改屬湖南布政使司雍正十年陞桂陽州爲直隸州改臨武藍山嘉禾三縣屬之乾隆二十一年析衡陽置淸泉縣今府領縣七

衡陽縣

漢置酃縣承陽縣屬長沙國東漢改承陽曰烝陽屬長沙國蜀漢時吳置湘東郡領縣七（七縣中臨烝爲衡陽縣地）又置衡陽郡領縣九（九縣中烝陽重安爲衡陽縣地）晉平吳仍吳舊太元二十年省酃縣入臨烝陳大

建元年割臨烝東鄉爲新城縣隋平陳省臨烝新城重安三縣爲衡山郡唐武德四年復置臨烝縣武德七年省重安新城入焉開元二十年改曰衡陽（衡陽縣之名始此）元至元三年因衡陽繁劇復分東鄉爲新城縣明洪武初省新城入衡陽

本朝因之

清泉縣

漢置烝陽縣屬長沙國東漢改烝陽爲重安屬長沙郡蜀漢時吳爲重安縣屬衡陽郡陳大建元年置新城縣隋省臨烝重安新城爲衡山郡

唐武德四年復置臨烝縣開元二十年改名衡陽元至元三年復分衡陽之東鄉置新城縣明洪武初復省新城入衡陽隸衡州府

本朝乾隆二十一年析衡陽東南鄉置清泉縣

衡山縣

古麋子國也漢爲湘南縣屬長沙國蜀漢時吳分長沙爲衡陽湘東二郡衡山屬衡陽郡隋廢衡陽郡改置衡山縣并舊衡陽郡之衡山湘鄉湘西三縣入焉屬長沙郡唐神龍三年改屬衡州晉天福五年屬潭州俄復屬衡州宋乾德三年復屬潭州元屬天臨路明屬衡州府

本朝因之

耒陽縣

耒陽在耒水之陽邑以水得名也秦爲長沙郡地漢置耒陽縣屬桂陽郡隋更曰涞陰屬衡山郡唐武德四年復名耒陽屬衡州衡陽郡宋因之改耒爲來元至元十九年陞爲耒陽州屬嶺北湖南道明復爲縣屬衡州府

本朝因之

常寧縣

常寧本新寧也漢爲耒陽縣地蜀漢時吳爲新平新寧二縣地屬湘東郡晉以新平併入新寧唐天寶元年改曰常寧屬衡陽郡元陞爲常寧州屬嶺北湖南道明復爲縣屬衡州府

本朝因之

安仁縣

漢爲湘南縣地晉爲衡山縣地唐武德中爲安仁鎮屬潭州五代唐割衡山之宜陽熊耳二鄉爲安仁場宋乾德二年陞安仁場爲縣屬衡州元屬衡州路明屬衡州府

本朝因之按湖廣通志云宋陞安仁塲爲縣屬潭州長沙郡

酃縣

漢茶陵縣地屬長沙國東漢屬長沙郡蜀漢時吳屬湘東郡宋嘉定四年析茶陵軍之康樂雲陽常平三鄉置酃縣屬茶陵軍元屬衡州路明屬衡州府

本朝因之

衡州府志卷之二

衡州府志卷之三

知衡州府事豐城饒佺重編

輿圖

周官職方千古遺模阪章式廓一統車書

聖皇建極萬邦作孚維兹衡郡屹爾奥區桂陽雖劍依然雄圖五峯焉峙三湘焉瀦回鴈蜿蜒石鼓環郛式展縑素比戸相於

衡州府圖

南嶽圖

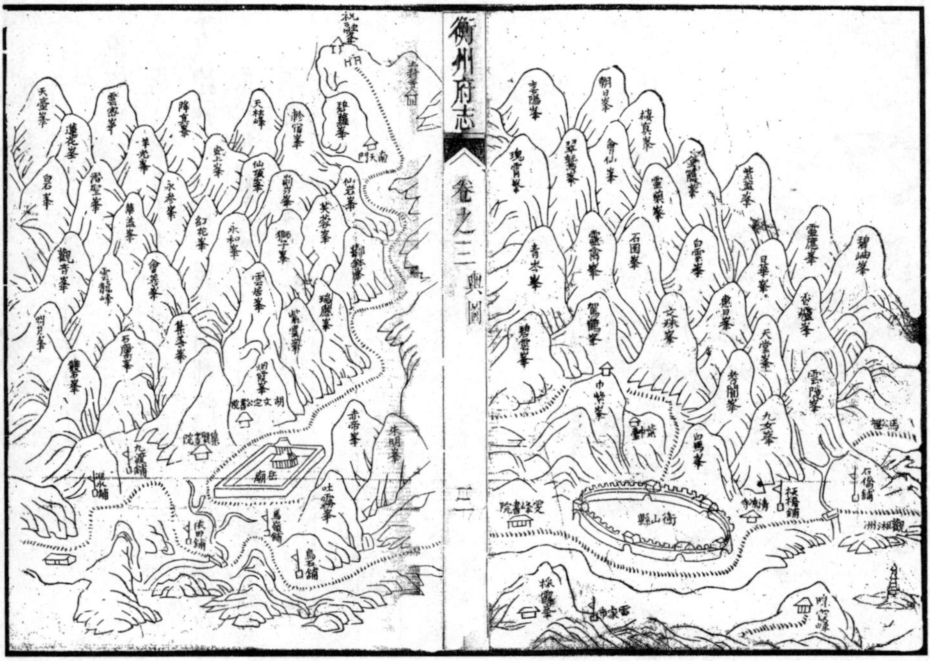

衡州府志　卷之三　輿圖　三

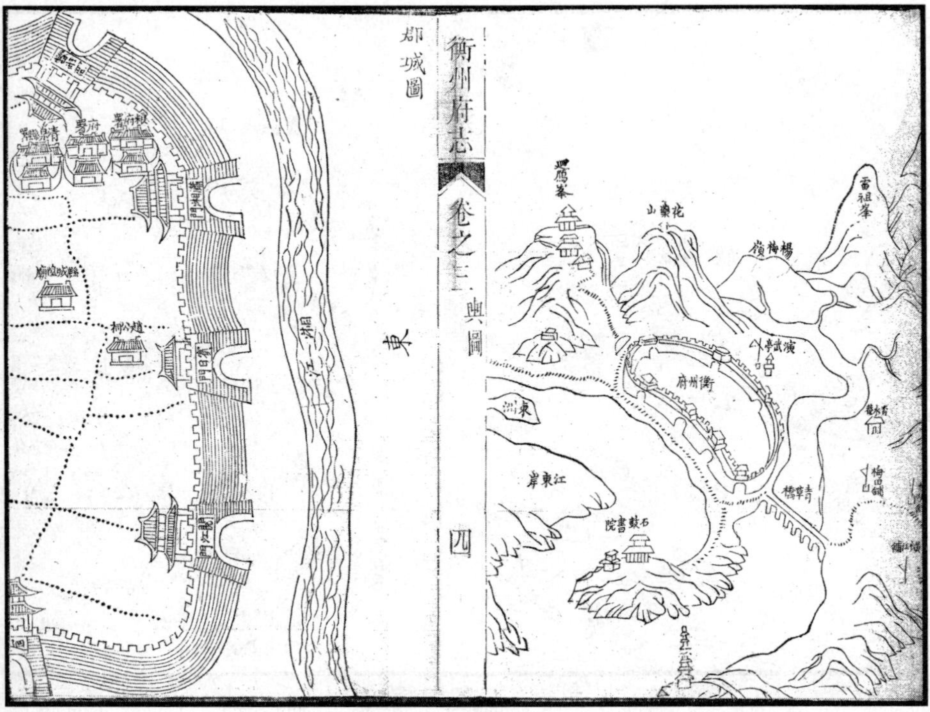

郡城圖

衡州府志　卷之三　輿圖　四

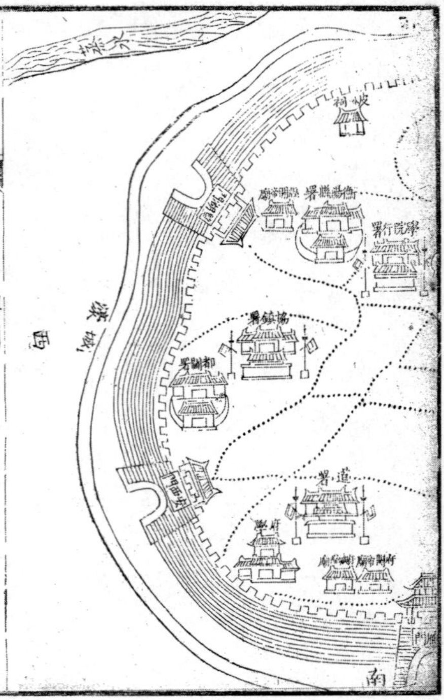

衡州府志　卷之三　輿圖　五

府署圖

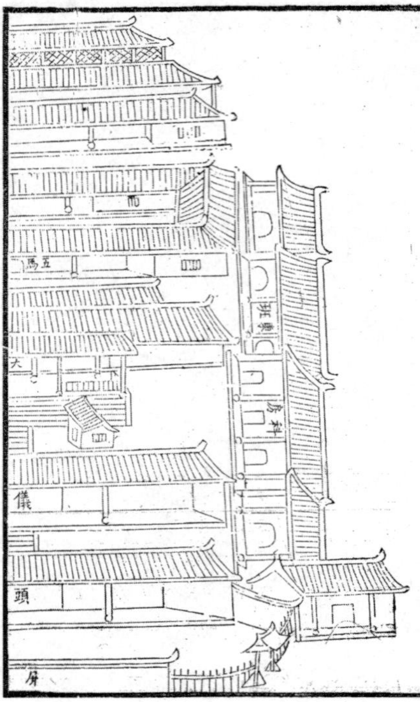

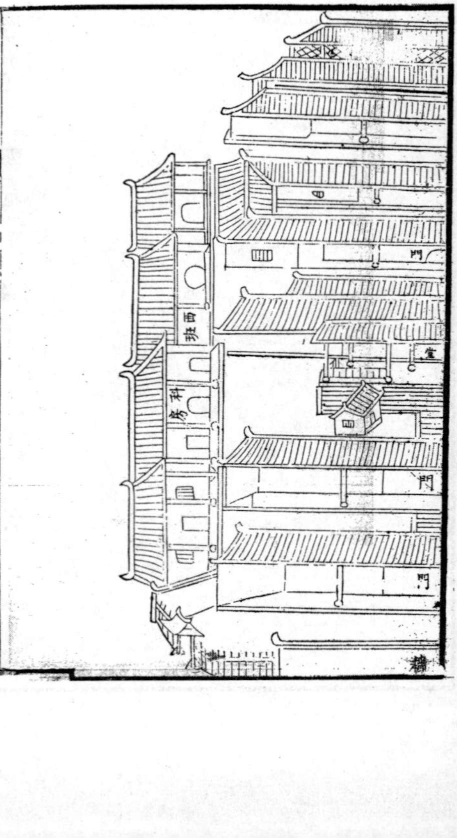

衡州府志　卷之三　輿圖　六

衡州府志　卷之三　輿圖　九

衡州府志　卷之三　輿圖　十

棲流所圖

衡州府志卷之四

知衡州府事豐城饒佺重編

形勢

礪山帶河式彰形勢設郡作邑控制攸繫險要阨塞蜿蜒經緯物土之宜爰資吏治因勢利導嫣人集事衡稱巨鎮實擅地利水衍三湘峯聯七二愼固封守詎誇雄麗

衡州府附郭衡陽清泉縣

郡之鎮曰南嶽嶽發脈於岷山由蜀入黔南方之幹也自騎田嶺入楚蘊祟菀積起而爲衡嶽

其勢蜒蜿從岣嶁峰走郡西郭至花藥山委折而下結爲郡治左直鴈峰右帶湘水烝流迴注耒水滙之東洲浮其前石鼓蹲於側隔岍望之形如偃月雖非天險之邦而縈紆透迤秀色巃蔥亦寰中之佳麗者也

衡山縣

後負巾紫前俯湘江左挹曉霞右縮龍隱東距甌吳西接交廣兩水環滐千峰疊擁爲永衡之北門控潭鄂之十游

耒陽縣

南引郴廣西控衡沙北帶茶攸東連吉贛金紫峰岡巒秀特表出南鄉㫄衍五六十里至縣治之江南爲虎踞山其北則馬阜蟠結數十里鹿岐峙其左樟樫列其右東西二湖夾洲渟畜紫流青麓婉衍奇麗

常寧縣

湘江繞於西北黃尚諸山列於西南宜水從塧山流抱於邑鹵硋石水瀠洄於治後二水相合注於湘江而興泉樟木兩峰聳秀環拱

安仁縣

邑踞衡嶽上游溪清峽秀廣袤百有餘里鳳岡東來騰翥飛舞熊峽南起萃嵂偉岍江行其中左右襟帶凝望邑境萬山有如圭立

酃縣

湖南居楚上流逆溯至酃固已托處天際筆峰插雲橋嶺亘地其險四塞雖東通吉贛上接宜韶皆一綫鳥道而俯瞰茶攸又如高屋之建瓴水斜瀨一渡怒石齒齒險於瞿塘象馬不利舟楫殆古所云山國者乎

附關隘

衡陽清泉二縣附郭同

鐵關在縣南四十里路出常寧縣又上關在縣南二里下關在縣北三里

樟木關在縣北三十里路出衡山縣

江東鎮在縣南湘江東岸舊有廵司

寒溪鎮在縣西一百里九域志縣有寒溪西渡泉溪白竹四鎮

渣江鎮在縣西北八十里乾隆二十一年移縣丞駐此縣志蒸武二水合處

水口堡在縣西八十里慕化鄉

沙坪堡在縣西一百里長樂鄉

三合橋堡在縣西北一百里舊志水口沙坪三合橋三堡爲衡陽祁陽湘鄉邵陽四達之路一郡之要害也

柏坊在縣南七十里接常寧縣界產煤舊志元至正間紅巾寇起縣人王汝榮督義兵萬人守禦羣盜莫敢入舊有驛今裁

泉溪市在縣東三十里瀨耒水又茶阜市在縣東五十里小江市在縣東八十里新城市在縣東九十里路達耒陽陰陂市在縣西四十里又臺源市一名紫霞市在縣西五十里又金塘市在縣西一百四十里車江市在縣南三十里松柏市在縣南七十里和田市在縣東南三十里路出耒陽縣

衡山縣

草市廵司在縣東南一百里接攸縣界

永壽廵司在縣西南嶽廟前

楊梅砦在縣北十里舊志馬殷將歐陽顥立寨以禦南漢遺跡尚存

雷家市在縣南十里湘江北岸又吳集市在縣東南又有草市白果市石灣市俱在縣北大埠市在縣西南八十里井泉市在縣東北七十里相近有霞流市又縣西北三十里有嶽市在南嶽廟前四方人民環廟而居爲嶽市

耒陽縣

羅渡鎮在縣西南五十里舊有廵司今裁

平陽戍在縣西南五十里今爲平陽鋪唐書地理志衡州有戍分洞口平陽三戍一統志洞口在常寧戍分無考

鵶公砦在縣西四十里元末置
竹塔市在縣東二十里竈頭市在縣南八里地産煤炭當往來通衢多商賈貿易黄岡市在縣南二十里上堡市在縣南四十里地多岡陵産鉛錫有錫坑三十餘所肥田市在縣北四十里大陂市在縣東北卽故縣治也又新城市在縣北五十里接衡陽縣界古新城縣宋爲鎮九域志縣有新城鎮
方田舊驛在縣北唐以前梅嶺路未開赴嶺者道必出此故置驛以通往來蓋在新城市地今

廢
常寧縣
象江堡在縣東五十里接耒陽縣界
白沙堡在縣東南七十里接耒陽縣及桂陽州界
杉樹堡在縣西四十里爲諸峒猺要路
客舖市在縣東二十里又有梅埠橋市在縣東三十里産錫衡頭市烟竹湖市皆在縣東五十里焦源市陽隔洲市皆在縣東六十里河洲市在縣西二十五里舊有河洲驛今裁回龍市在縣南六十里産錫栢坊市在縣北二十里江口市在縣西北三十里
安仁縣
安平鎮在縣南三十里方輿紀要舊有廵司
潭湖鎮在縣北三十里
曹婆山砦在縣南五十五里方輿紀要山勢險峻而路僻
楊梅峰砦在縣西北十里一統志五代馬殷將歐陽頵於此立砦以備南漢宋沈通亦保障於此元至元間流冦起沈濟才立砦設備率民聚居賊不能犯

杉坊市在縣東南四十里彭蠡市在縣西南三十里相近有古城市又渌田市在縣北二十里接長沙府攸縣界
酃縣
湘山砦在縣西二里
月嶺砦在縣西三十里一統志明正德十六年峒賊竊發縣人羅宓明設砦於嶺東南面冦至發藥矢斃渠魁三人賊大懼遁去
松木坪在縣東南一百里萬陽山與江西吉安

府龍泉縣交界

牛頭嶂在縣東南一百八十里與江西龍泉縣交界

黄烟堡在縣東三十里四面皆山惟東路稍平接江西吉安府永寧縣界明天順中設兵戍守後裁

烟竹堡在縣南一百里接郴州桂東縣界羣山崩岩中分一道溪澗相接舊設千户駐守後裁

衡州府志卷之五

知衡州府事豐城饒佺重編

疆域

度地居民我里我疆土圭是測遠近攸彰道里有至期會有常原隰以辨兆庶用康名伯廵歷化洽甘棠畢公保釐政罔不臧緊我衡郡大風泱泱肇于磐石固于苞桑

衡州

府治在長沙府南三百六十里東至江西吉安府永寧縣界三百四十里西至寶慶府邵陽縣界一百二十里南至桂陽州界一百六十里北至長沙府湘潭縣界一百三十五里東南至郴州治三百里西南至永州府治三百五十里東北至吉安府治八百七十里西北至湘潭縣界一百六十里由府治北至

京師四千九百里東西廣四百六十里南北袤二百九十五里

衡陽縣

縣治附府東至清泉縣治一里西至邵陽縣界一百二十里南至祁陽縣界一百里北至衡山

縣界五十五里東南至清泉縣界七十里西南至邵陽縣界一百二十里東北至清泉縣界五十里西北至湘鄉縣一百里

清泉縣

縣治附府東至耒陽縣界一百里西至衡陽縣治一里南至常寧縣界七十五里北至衡山縣界八十里東南至耒陽縣界九十里西南至祁陽縣界八十五里東北至安仁縣界一百一十五里西北至衡陽縣界四十里

衡山縣

縣治在府治西北一百里東至長沙府攸縣界一百三十里西至衡陽縣界四十五里南至衡陽縣界五十里北至長沙府湘潭縣界三十五里東南至安仁縣界一百二十里西南至衡陽縣界四十五里東北至長沙府醴陵縣治一百七十里西北至長沙府湘鄉縣治一百九十里

耒陽縣

縣治在府東南一百五十里東至安仁縣界八十里西至常寧縣界六十里南至郴州永興縣界五十里北至衡陽縣界五十五里東南至永

興縣治九十里西南至桂陽州治一百八十里東北至酃縣治一百八十里西北至衡陽縣界六十里

常寧縣

縣治在府西南一百二十里東至耒陽縣界五十里西至永州府祁陽縣界三十里南至桂陽州界五十里北至衡陽縣界三十里東南至桂陽州治一百五十里西南至永州府新田縣治一百五十里東北至安仁縣治一百六十里西北至寶慶府邵陽縣界一百二十里

安仁縣

縣治在府東一百五十里東至長沙府茶陵州界二十五里西至衡陽縣界三十里南至郴州永興縣界五十里北至衡山縣界三十里東南至酃縣界八十里西南至耒陽縣界七十里東北至長沙府攸縣界九十里西北至衡山縣治一百四十里

酃縣

縣治在府東三百里東至江西吉安府永寧縣界三十三里西至安仁縣界七十五里南至郴州桂東縣界一百五里北至長沙府茶陵州界十五里東南至吉安府龍泉縣界一百十里西南至郴州興寧縣界八十里東北至永寧縣治一百四十里西北至茶陵州治七十里

衡州府志卷之五

衡州府志卷之六

知衡州府事豐城饒佺重編

山川

粤若虞巡封濬攸傳載稽夏奠高山大川興雲作雨澤潤滋蕃是曰地險國之屏藩匪供遊屐豈資吟壇吾衡重鎮嶽峙湘環含珠蘊玉蔚爲大觀高人傑士定產其間

衡陽縣

金鰲山在城內爲府學舊址

大托山在縣西四十里

廟山在縣西六十里

道山在縣西九十里

小雲山在縣西九十里

踼岡山在縣西一百里山半有甘泉佳石又有版築林善慶堂吸雲亭萬歲山紫雲宮諸勝

聚湖山在縣西一百里俯瞰烝水有石脊旁無草木

大雲山在縣西一百十里一名七星山又名耶薑山接永州府祁陽寶慶府邵陽二縣界

船山在縣西一百二十里山有石似船

桃塢山與船山接

石盤山在縣西一百二十里山有盤石

黃龍山在縣西一百二十里跨長衡界袤延百餘里

伊山亦名桓山在縣北三十里爲晉桓伊讀書處

寄龍山在縣西一百二十里

石獅嶺在縣西與大雲山接

百丈嶺在縣北四十里

大漢嶺在縣北六十里

分水嶺在縣北一百三十里

塔嶺

牧雲峰在縣西一百里中有蘭若

三座峰在縣西一百里

石廪峰在縣北五十里其陰隷衡山

佩石峰在縣西一百二十里

棲真峰在縣北四十里

岣嶁峰在縣北五十里接衡山縣界洽聞記云岣嶁山有響石呼喚則應如人共語湘水記云衡山南有峰曰岣嶁東西七十里南北三十里

頂有雷池湘中記云岣嶁上有玉牒禹案其文以治水上有禹碑舊志云岣嶁峰衡山主峰也故衡山亦稱岣嶁

雷祖峰與岣嶁峰相聯

永樂峰在縣北三十里

白石峰在縣北八十里

雲麓峰在縣北三十五里高數百尋土名石牛嶺舊志云常有白雲起山腰次日即雨山半有石泉味甘香四時不涸飲之解溽暑

仙上峰

採藥峰在縣北五十里俗傳懶殘採藥至此下有碧雲庵

紅花峰在採藥峰之右

黃龍岡在縣西北三十里通志云相傳昔有黃龍見此

靈壽岡在縣西北三十里岡多靈壽木

曾青岡在縣西北七十里岡產曾青可入藥

靖居巖在縣西三里有飛泉古木及羅漢果

珍珠巖在縣西一百里巖形如木魚寬可三丈許外有壁盤旋入從石徑環繞入方見巖門

蓑衣巖去珍珠巖不遠

乳石巖亦近珍珠巖

紫雲巖在縣西一百二十里下爲太初觀一山壁立樹木叢翳人跡罕到

雷洞在岣嶁峰

妙喜洞在岣嶁峰

湘水在縣北源出廣西海陽山分爲二水南爲灕北爲湘湘由零陵祁陽達清泉烝水入焉會流於石鼓之下羅君章湘水記云湘水之出於陽朔則觴爲之舟至洞庭日月若出入其中也

烝水在縣西烝古作承水經注云出重安縣西邵陵界耶薑山東北流至重安縣又東北逕重安縣南故零陵之鍾武縣武水入焉至湘東臨烝縣北注於湘謂之烝口郡國志云西俯烝水水氣如烝故名臨烝

清陽水在縣西三十五里會烝水可通小舟

柿江水去縣一百六十里出雲阜山入於烝按柿江即柿花一名豉江縣志載在縣西三十五里今依舊志

上瀵水在縣北三十里出岣嶁峰屈曲流六十

里入湘

下横水在縣北入湘

梁江水在縣西一百里源出寶慶府邵陽縣界北流入烝

白塘河水出清化鄉入烝

演陂水在縣西一百里源出金蘭鄉北入烝

武水在縣西南一百二十里自永州府祁陽縣流入東北入烝今名白唐河水經注云武水東流至鍾武縣故城南東北流至重安縣注於承水

白露江在縣北入湘

西湖在縣西學宮前

東湖在縣西六十里通烝水

三湖在縣西九十里湖之南有縣故址

將軍潭在縣西八十里潭深不可測

石馬潭在縣西一百二十里

青龍潭在縣西一百二十里通志云潭在山半石崖上凡三級每級寛可二丈餘俱深不測泉從石穴上注潭中一級至三級次第流滴其聲鼕鼕然中嚴鼓之節數里猶聞之天旱則無

晏公潭在縣北來鴈塔前

七星潭在縣北九十里

暑塘在縣西九十里周廻十里許水經注云承水東合暑塘

石江泉在縣西一百里

金烏井在縣西北十五里井在道旁泉出石罅不竭不盈

丹源井在縣西一百二十五里平田湧出水香冽冬溫可浣盥夏立井旁寒氣襲人

太平井在慕化彰福村右泉甘而香遇旱益溢湧

江河灘在縣北十里

七里灘在縣北三十里

馬橋灘在縣西九十里

石門灘在縣西百里

龍口灘在石門灘之上

石灰灘在縣西百里

清泉縣

清泉山在城東三十五里其下有泉溉田千餘頃山上有古城寺明成化間自城中移建於此詳營建志

石鼓山在城東北瞻嶽門外一里烝湘合流其下前有潭深不可測水經注蒸承有石鼓高六尺湘水所徑鼓鳴則主有兵革之事羅君章云扣之聲聞數十里此鼓今無復聲祥符圖經俗傳盧龍推鼓入於潭水舊有尋眞觀唐刺史齊映建合江亭於山之右麓其後又名綠淨閣取

韓詩綠淨不可唾之句元和間士人李寛結廬讀書其上刺史呂溫嘗訪之有詩見藝文刺史宇文炫於山之東題曰東巖西題曰西谿宋至道間郡人李士眞創書院賜額石鼓書院與睢陽白鹿嶽麓稱四大書院沿谿山麓舊有磵道久湮知縣江恂重開編栽竹樹由書院外迤西循谿行而北抵合江亭昌黎題詩爲南軒張子所書碑立亭上昔遊合江亭者必由書院入每滋喧雜今於亭側闢門上嵌合江亭石額攬勝者從磵道直達一時稱便亭後有朱陵後洞崖上有詩並唐宋以來題識甚夥朱子題爲一郡佳處大觀樓會講堂武侯祠李忠節祠並在其上

興龍山在城東二里

營盤山在城東十里其下有營壘相傳乃土寇所築

石窩山在城東三十里湘水記昔有人掘山作穴高十丈長里許溪水經其下

仙坪山在城東七十里高數百尋上有清流昔傳仙人遊憩即尸解於此故名土人稱仙子坪

界浦山在城東一百里

雨母山在城南二十里後漢郡國志湘東記曰縣東雨母山周迴四百里湘中記舜南巡經此上有帝舜祠每祭常有雲氣荆州記山有壇每祈禱雨澤立降順治九年侍讀白允謙祭舜陵以道梗望祭於此

接龍山在城南廻雁峯左爲郡脈過峽創挖黃泥者幾傷峽處康熙間縣丞周燮倡修祠宇祀關侯文昌招僧禁護並建焚字爐白骨塔乾隆初知縣謝錫佐倡建正殿兩廊及四圍土塹移

建白骨塔拾字檢骸如故山脉盆藉禁護
花藥山在城西南二里東晋黃葛二仙煉藥地有五色禽嘗栖於牡丹樹下有光孝報恩寺寺後石磴斗絶上有擷翠亭臨高一望則城池闤闠覽不盈掌江煙嶽色縈帶可收明崇禎間張同敞顔其亭曰嶽屏秋碧葢勝槩也
花光山在城西南十五里有花光寺白雞泉宋僧仲仁居此號花光老人善畫梅黃庭堅有詩又杜公祠思杜亭皆在其上
東山在城南二十里每歲勸農於此有東山寺

馬鞍山在城南三十里形如馬鞍上有木神祠
觀音山在城南三十里山極聳峻以形似名下有砂山
雲阜山在城南三十五里相傳道人申泰芝棲此有妙寂觀詳營建志
七里山在雲阜山側延袤二十里産煤炭居民咸取給焉
神農山在城南四十里上有神農祠
霞山在城南四十里有女神祠傳爲唐天后居民祈祠

盤古山或稱盤古嶺在城南四十五里下有盤古庵
京山在城南五十里
蜘蛛山在城南五十五里塍埒縈帶如蛛網明司空王詔祖塋在焉
太湖山在城南六十里
西山在城南七十里明崇禎間僧遼谷建有西山蘭若
七寶山在城南七十五里下有雲臺庵
探山在城南七十五里昔有碑記云舜南巡使

使者登此山探望程途故名今碑字漫滅不可辨
呆山在城西南八十里竹樹森鬱明時建佛寺於上
岐山在城西南一百二十里巖壑頗勝冨於竹木中有叢林
石盤山在城西南一百二十里上有石盤
會善峰在城東[illegible]里古云毛女峰一云即女善峰下有會善寺相傳十八高僧相會處
九嶺峰在城東三十五里有雲覆其上即兩郷

人望雨每以之爲驗

巨庇峰在城東七十里高數百尋石磴盤亙林木周遮峰頂有池曰天池冬夏不涸唐昭宗時復圓禪師於祝融夜見此峰頂有天燈下垂始建寺相傳每夜有天燈燭之明萬曆初兵巡邊維垣同守道郭賞遊此有詩刻之厓石或作鉅麓指峰之左峰以實之雍正間建雲麓寺然城北另有雲麓峰今寺名誤甚

九蓮峰在城東一百里桑田

雙石峰在城東北[illegible]里雙峰能仁二寺在其

下

廻雁峰在城南廻雁門外唐杜荀鶴詩猿到夜深啼嶽麓雁知春信別衡陽葢雁避寒至南已暖過此者少耳上有雁峰寺卽梁天監中乘雲寺無量壽佛嘗駐錫於此今有壽佛殿前爲望嶽亭宋時故蹟下有煙雨池天欲雨則煙從池中出峰頭北望則湘嶽諸勝在眉睫間而煙雨空濛尤爲奇絶

華靈峰在廻雁峰右舊傳漢華陀築臺[illegible]藥百歲顏如童

碧雲峰在城西南二里花藥寺側下有道觀

石牛峰在城南四十里天聖巖側巔極高聳登之左烝右湘悉在顧盼

玉屏峰在城南五十里自鐵岡蜿蜒而南至盤古山後起頂與城基峰對峙高秀甲一方遠望衆山磊落俱拱出其下林木葱蘢每值晴明翠黛青嵐倍增佳勝

城基峰在城南五十里怪石層叠若城基然

楊梅峰在城南六十里

馬祖峰在城南九十里

聯峰在城南九十里數峰相聯故名遠望形如

蓮花又名蓮峰

石子嶺在江東岸距城三里

茶山嶺在城東十五里花江莊

九江嶺又名九江凹在城東一百一十里卽九江鋪安仁交界

天台嶺在城西南廻雁峰左或稱南臺又稱疊陀俗訛饅頭

黃茶嶺在城南廻雁峰後俗謌茶爲巢邑人吉士有爭棲鵲噪黃茶嶺扶醉人歸白蠟橋之句

神山嶺在城西南四十里

小石鼓嶺在城西南五十里烝江白塘河二水交會處下有深潭名將軍潭

愁思岡一名愁思嶺在縣東四十里湘水記其岡高峻行旅登其上輒易慼懷故名

馬嶺岡在城東南五十五里高二百丈周廻五里其形類馬

鐵岡在城南四十里連雨母雲阜諸勝奇峰峭壁雄峙一方有寺在山腰詳營建志

虎崖在城東八十里怪石怒立高可十丈玲瓏

森挺有若屏障黃荆生其上大徑合抱右有石壁峭列中通一縫纔容人度著藤亂竹蒙茸蔭覆靈異之跡殆稱天闕惜遊人罕到未經題咏名勝莫傳有緇流數輩構屋居之

大石巖在城東九十里麥園町上巖高丈餘寬八九丈左有寶圓六尺水出溉田千畝相傳土人以煙熏竇中輒從三數里外穿口出也

穿口亦巖洞之類在城東九十里峭壁横亘中忽空洞豁然如橋梁徑數十丈濶十餘丈高五六丈傳爲蛟龍所穿其內石乳懸垂錯列瑰異

洞口有石鐘其追紐儼若鑄成爲一境名勝有泉若碧澄沏溉田數百畝左有古刹詳營建志

天聖巖在城南四十里雲阜山之右巖下有小龜凡禱雨龜出雨輒至白雲眞人申泰芝修眞於此丹龜在焉其下有仙人跡伍讓有詩

朱陵後洞在石鼓山合江亭側舊有泉從洞中出今湮道書謂南嶽爲朱陵洞天相傳有仙從此入南嶽朝往暮歸有窺之者以石塞之

麥園洞在城東九十里洞本無名因其地初皆種麥故名洞在山上高丈餘宏敞十餘丈儼若

廳事左有石室二右横衍如廊廡中有石人偃卧日睡仙別有石榻長八九尺高三尺其上鍾乳四垂種種名像暗泉自左至右流成圳道入於地伏行遠至洞外半里許山壁閘出溉田甚衆霖雨水漲則有魚從泉出說者謂洞泉自石閒浸淫滴瀝何自有魚必伏入處乃深潭也又右壁一穴僅容傴身持炬入入者數十步每以黑暗無所見多怖而出其實莫測其終竟也至後穿頂一牕豁然開耶照徹一洞殆别有天焉

桑田洞在城東百里九蓮峰後稍左山上洞凡

三重秉炬俯伏而入寛廣容數百人鍾乳冊狀紛錯復由一徑若峽曲折而入俯臨幽谷石勢嶄岁别具異境再入廓然開朗其上石平如砥高可舉手旁一小竇劣可通人莫窮其所至凡兹幽勝皆以地處僻遠僅供里人遊攬世罕知者爲可惜云

湘江自常寧縣入縣東界至縣西入衡陽界

耒水在城東北水出郴州桂陽縣耒山北流至耒陽縣又西北過其亭永與之西經耒陽縣治復北流入本縣界入湘謂之耒口

梅江水在城東三十里源出龍岡南流十里會耒水又西北流二十里至耒口會湘今泉溪渡是

斜陂水在城東四十里源出石翁山北流入於湘

烝水

清陽水在城南二十里亦曰小柿江水出雲阜山入烝

柿江水在城南三十里其源有三一出泉湖一出河塘灣一出小泉至永遠橋合流入烝

白塘河水在城南八十里亦曰清化河其地舊清化都也水出呆山流六十餘里至新橋河口入於烝

栗江水在城南七十里源出祁陽界屈曲九十里入湘

石鼓潭在石鼓山下

銅坑潭在城東六十里水流陸堡河邊溉田數百畝

馬口潭在城東八十里耒之馬水流至小江口入耒江有潭深不可測

祇龕潭在城東九十里地名大年冲山上有巖覆石丈如仙人俯視其下蔭田千畝每夏境人牲醴祈祀如常雩焉

三角潭在城東百里潭水黑靜幽異禱雨有驗

雲集潭在城南二十里新塘球下每雲出則雨

將軍潭在城西南五十里小石鼓嶺下

龍祖潭在城南百里每春漲巨鱗沿湘而上已而東下土人謂之朝龍漁人多網得之

茶溪在城東五十里茶埠市市左山曰龍右山曰虎兩山相對市夾其中龍山外有小溪流入

市中有港達於耒水文獻通考稱縣有茶溪蓋
即指此
黃溪見唐呂溫詩今黃茶嶺花光寺車江大路
間周皆低凹若陂障然舊有井名黃溪深十餘
丈與湘水通井今爲民居已湮
楊埠灘在城東三十里耒水灘也
犬嘷灘在城南二十里湘江中岸有廟唐乾寧
中張璟爲廟神草奏即此地
鑵子灘一名煥紫灘在城西南水程五十里烝
水灘也烝水灘甚多此其險者

茅葉灘在城南水程五十五里
黃沙洲在新城市西南距市八里洲方廣數十
里中有小峽俗名金線繫葫蘆又名撞船凹以
水抱洲灣環幾六七十里其峽祇距隔七八丈
凡大艘商賈過逆水風阻每登蹄於峽處待舟
而漁人小舟若乘上流則徑拖船過峽以免撐
上昔有過客將斷其峽劚之而峽出赤水如血
惶懼乃止刑家謂此洲繫新城水口乃天造耒
可以人力鑿也洲與耒境毗連清耒居人亦於
此爲市焉

東洲在城南十里湘水中其上居民饒魚鱻蔬
筍梵宇爲明藩府所建舊有東洲書院邑貢生
蔣文誘欲圖復建臨歿以五百金屬其子一琝
等倡衆建置
白沙洲在城南十里丁氏聚族於此
潙頭渡亦洲也在城南七十里連洲之下二里
許又名大潙灣又二里許有洲名小潙灣北岸
即常寧地渡在大潙實爲湘水或隈字之訛俗
增偏旁猶之漣洲漣水亦不在本境也
小漁洲在城南九十里

漣洲在城南百里湘水中
酃湖在城東十里耒水所過可溉田數十百頃
後漢郡國志荊州記曰湖周迴三里取湖水爲
酒酒極甘美湘中記湖水深八尺湛然碧色昔
晉武帝嘗薦醽醁酒於太廟吳都賦飛瓊觴而
酌醽醁即此水經注湖中有洲湖邊尚有酃縣
故治
按湖已淤淺多爲民田而郡中衡酒猶著名如
昔雖非湖水然釀者取湘江之水亦止閱江門
至賓日門之水可用或其地脉猶與湖相通云

泉潤在西南七十三里水由石沙涌出可溉田千畝雖極旱不竭夏秋間水面烟浮天必雨其地有泉湖市

烟雨池在廻雁峰之麓近朱紫巷天將雨則前一日雲興池中遥望如烟衡人每以此占晴雨故名涓流潺湲經夏不涸池畔有亭榭遊人踵至自明季燬於兵故蹟遂堙壽爲民屢屢謀開濬 國朝雍正九年桂陽牧張攝郡篆紳士以請上聞各大吏捐俸屬縣令何重濬廣四丈縱三丈環堤以石前建高坊左右碑亭周繚以垣

闢門以道於峰該僧綱司啟閉登臨稱勝

龍泉一在江東岸龍泉寺下一在新城都龍泉觀側

木瓜泉在城東七十里溉田千餘頃

堵泉在城東七十里

石江三泉在城東北八十里有上中下三泉

莫步泉在城東北八十里

靈蔭泉在城東九十里石潭泉自石巖零星四出爲堰蔭田二百餘畝雖旱不竭

梅泉在城東一百里桑田流入火陂堰可溉田千餘畝

白雞泉在花光寺右後山詳營建志

小泉在城南四十里天聖巖之下泉自沙中涌出廣畝許雖旱不竭順瀉而下可溉田數千畝旁達谿澗不數里即可通舟由紫江市江以入於烝

大泉在城南七十里沙地廣五畝許中有泉騰沸盛夏涼氣襲人溉田數百畝

湘泉井在瀟湘門外河干水清漣可解炎熱痊疫病

義水井在城東二十里零泉鄉道旁

靈照井在城南太平寺後相傳龎蘊居此其井爲蘊女靈照所常汲者水甚清甘今堙

烟雨井在烟雨池右朱紫巷正向回雁門原名原泉

春溪井在花藥山下

蘸僊井在城南二里泉清潔汲者不絕王昌齡詩昨臨蘸躭井復向衡陽求

羅家井在城南三里味甘冽暑月邑人爭汲

滄漢井在城南二十五里水甘潔異於他井俗

名檀木井音之訛也

衡山縣

衡山在縣西三十里爲五嶽之一脈發岷山由蜀入黔南方之幹也自騎田嶺入楚蘊結磅礴突起南嶽高聳九千餘丈寰宇志云宿當翼軫上應璣衡故云衡山南嶽小錄周職方氏曰南嶽之鎮曰衡以其分當翼軫光輔紫宸鈐二氣之根均五靈之德上列注生之宿下符長育之功稱物平施故謂之衡星經云玉衡主荊州而長沙一星在軫之中主壽長子孫昌亦曰壽昌之次衡嶽舊屬長沙故又謂衡嶽爲壽嶽也山海經云衡山一名岣嶁徐靈期云南嶽周迴八百里水經注云湘水又北逕衡山縣東山在西南丹水遡其左澧泉流其右東南二面臨映湘川自長沙至此湘江七百里中有九背故漁者歌曰帆隨湘轉望衡九面荊州記云南嶽朱陵之靈臺太虛之寶洞上承冥宿銓德鈞物故名衡山下踞離宮攝位火鄉故號南嶽赤帝縮其顯祝融宅其陽威神堂堂蔭映峩峩是以宅藪神靈寶宇仙羅三禮義宗云南嶽謂之霍霍者護也言陽氣用事盛夏之日護養萬物也

按爾雅以霍山爲嶽又疏云衡與霍一山二名皆非也衡霍本二山霍乃衡之輔故霍亦稱南嶽

祝融峯在縣西三十里乃七十二峯之最高者舊志云道書二十四福地也峯在諸峯之北羣峯攢簇即芙蓉天柱亦在履舄閒湘水環帶山下五折乃北去依稀見洞庭焉上有祝融君廟峯畔有靑玉壇即俗謂試心橋也路幷石仄足以入前崖挺出下臨萬仞之壑魏夫人在此仙去峯顚有風穴雨將作陰風自穴而發其東爲

望日臺瀑下五鼓登臺而望萬[illegible]長候[illegible][illegible]人閒尙夜而此處已見朝霞橫亘天際俯視海內若可越而越也須臾旭日出自海底若金之在鎔上下蕩漾祥雲五色良久山下始曉其西有望月臺人閒夜色已沈而此處淸光自若蓋良久而後沒也昔鐵脚道人採藥衡山夜半登祝融峯觀日出仰天大叫曰雲海盪吾心胸

按七十二峯有數峯在他縣境而衡山縣特以嶽得名峯皆屬嶽故備列七十二峯於前而臚諸名巖洞於後其他山嶺之不勝紀者從畧焉

紫蓋峯在嶽廟東諸峯皆朝祝融獨此峯勢轉東去上有鶴泉仙人池翠鹿巖及鶴鳴天寶等臺又有飛泉直注山下

石廩峯與紫蓋相接方輿記云形如倉廩有二戸一開一闔湘中記云閉則歲豐開則歲儉在衡陽衡山閒詳衡陽山川志

天柱峯在嶽廟西北兩山端聳如柱亦名柱括下有魏夫人石壇九域志云名山三百六十中有八柱此爲第六柱也

芙蓉峯在嶽廟後上有飛泉瀑布下灌田畝荆州記云衡山三峯極秀一紫蓋一石囷一芙蓉

赤帝峯在嶽廟後古名煉玉峯上有惠車子尸解處

最爲竦傑非晴不見

朱明峯在嶽廟後舊志云昔有曠仙修眞於此一日偶游羅浮騎牛入朱明洞不復出云此南嶽前洞

獅子峯在嶽廟後下有靈源時聞石閒泠泠而不見水

煙霞峯在嶽廟右煙霞入望浮動可愛

擲鉢峯在嶽廟後世傳思大和尚擲鉢於此赴陳主之召故名下有隱身巖卓錫泉又有船石其狀如船人因呼爲飛來船

香爐峯在嶽廟左峯形如香爐

彌陀峯在嶽廟左東北有巖虛險而暗古木怪藤蔭蔽其閒下有彌陀院寺柳子厚爲之記

架鶴峯在嶽廟左上有架鶴亭

軫宿峯枯祝融南上當軫宿

瑞應峯在嶽廟西北昔年有大木枝柯擁腫隆然而起如龜龍狀

紫雲峯在嶽廟右峯旁爲胡文定書院湛甘泉精舍

集賢峯在嶽廟右唐李泌張九齡舊遊地有集賢書院宋胡文定與子致堂五峯朱晦菴張南軒講學其中

華蓋峯在嶽廟後

天堂峯在嶽廟右

安上峯在嶽廟西上有舜廟舜洞舜溪舊志云舜南廵寓此故名峯下多古刻不可辨其可識者曰筆爐曰琴臺曰蟾石又峭壁上題曰舜樟字大如斗莫知所謂豈峯爲舜經行處當時尚有古木存者如秦松漢柏耶

下和峯在嶽廟右

觀音峯在嶽廟右下有羅漢臺

雲居峯在嶽廟西南下有退道坡

紅花峯在嶽廟西南

雲龍峯在嶽廟右漢青城道士王谷神皮玄曜修眞處後唐董奉先繼之今誦經石并石像猶存

明月峯在嶽廟右

雙石峯在嶽廟西南下有雙石能仁二寺

岣嶁峯在衡陽衡山閒詳衡陽山川志

潛聖峯在嶽廟西昔有高僧希遷遊南嶽尋芳廣寺訪惠海尊者一日見精舍號方廣遇尊者止宿送出返顧人宅俱無

妙高峯在嶽廟西中有平坦一區相傳爲梁惠海尊者誦經處

天台峯在嶽廟西有智者顗禪師拜經臺址

蓮花峯在嶽廟西下有方廣寺山水繚繞如蓮花擁出有宋徽宗題天下名山四字

青岑峯在嶽廟後

白馬峯在嶽廟東山海經云昔大禹廵狩至殺白馬祭天

永叅峯在嶽廟西南

仙頂峯在永叅右

會善峯在嶽廟西南下有會善寺爲十八高僧相會處

白石峯在嶽廟西衡陽衡山閒詳衡陽山川志

廻雁峯在郡城南詳清泉山川志

朝日峯在嶽廟東

惠日峯在嶽廟東昔有高僧憩此隨賜號惠日因以名峯

瑰霄峯在嶽廟東

碧蘿峯在祝融下

靈藥峯在嶽廟東昔新野先生採藥於此

會仙峯在嶽廟西昔鄧郁之註經於此舊有白雲先生堂

降眞峯在嶽廟西

文殊峯在嶽廟北

金簡峯在嶽廟後東有大禹巖吳越春秋云禹傷父功不成乃於衡山血馬祭天夜夢一人自稱元夷蒼水使者曰欲得我神書者齋禹乃齋遂獲金簡玉字之書

雲密峯在嶽廟西有桃花源及仙人石室

棲眞峯在嶽廟後其下產雲母石昔武陽洞人遇異人身毫長寸餘驚而走異人曰吾地仙也素服蒼耳二百餘歲矣吾教汝服之指示此草忽失所在在衡陽衡山閒詳衡陽山川志

仙巖峯在嶽廟西北下有石巖爲劉根煉神朝斗之所

翠鷲峯在嶽廟北

石囷峯在嶽廟北有二圓石石室在焉

崱屴峯在嶽廟北世傳惠車子修行處

祥光峯在嶽廟西北有靈田常有光如飛燭

雷祖峯當祝融之麓中有雷池能興雲布雨故名在衡陽衡山閒詳衡陽山川志

碧雲峯在嶽廟北上有紫金臺雲氣如黛在衡陽衡山閒詳衡陽山川志

白雲峯在嶽廟東

九女峯在嶽廟東

靈禽峯在嶽廟西北唐薛幽棲於此前眞有靈鳥羣飛羽毛鮮異紅碧相間聲如笙簧棲於峯上

雲隱峯在嶽廟東

耆闍峯在嶽廟北

喜陽峯居祝融左見日最先故名

靈應峯在嶽廟東

鳳凰峯在嶽廟東北南嶽記云上有峻坡生梧桐朱鳥鳶瑞馬融賦云惟梧桐之所生兮在衡山之峻坡

採霞峯在嶽廟[illegible]

曉霞峯在嶽廟東每旭日衡山丹霞掩映

巾紫峯在嶽廟東上有紫金臺峯多杜鵑花狀若紫巾

吐霧峯與巾紫相連霧合則雨開則晴

瑨岫峯在嶽廟北

屏嶂峯在嶽廟北

日華峯在嶽廟東

嶽麓峯亦名雲麓在長沙之西圖經云是南嶽之足

按峯七十二彌陀不與而沿稱已久今存之此外尚有馬鞍彌勒高奇三峯附識於此

楊山在縣東南即武陽山也文獻通考云衡山縣有武陽山

靈山在縣南

西嶺在天柱峯側南軒記云出西嶺過天柱

南嶺在縣南今名橫嶺

開雲嶺在縣西上有開雲樓韓文公過此值陰雨公默禱雲開

羅漢嶺在縣西

拋石嶺在縣東

弛馬嶺在縣西路通湘鄉路山多苦竹林深泥滑馬艱於行故名

大禹巖在雲密峯下傳禹治水致齋於此

聖燈巖在金簡峯舊傳此山夜有雲光上下如人秉燭狀又稱爲天燈

黃帝巖在金簡峯下

懶殘巖在煙霞峯後唐異僧懶殘居此懶殘名明瓚衡嶽寺執役僧也性懶而食殘故號懶殘李泌讀書衡山夜謁懶殘懶殘撥火出芋泌

唉之謂泌曰勿多言領取十年宰相

伏虎巖在雲隱峯

把鍬巖在祝融峯

觀音巖在碧蘿峯下羅念菴先生嘗宿此巖畔有念菴松

祖師巖在祝融峯下

田眞藥巖在喜陽峯唐田艮逸修行於此

劉根藥巖在九仙觀側巖深邃劉根居此

聽月巖在講經臺下

白雲巖在九仙觀西司馬承貞號白雲先生修行於此

九子巖在九女峯

上清巖在嶽廟後

爛柯巖在煙霞峯下

隱身巖在擲鉢峯

夕陽巖在紅花峯

夜光巖在祝融峯

獅子巖在天柱峯

拾穗巖在雙石峯

淨瓶巖在煙霞峯

白鶴巖前爲白鶴寺

朱陵洞在嶽廟東石刻朱陵太虛四字爲道家第三洞天有泉懸若垂簾亦名水簾洞朱子詩云詩成天柱峯頭月酒醒朱陵洞裏風

舜洞在安上峯洞前石壁有靈巖二字

靈境洞在黃庭觀右

元明洞在觀音巖

九眞洞在碧岫峯下

白雲洞在白雲峯下

毘盧洞在芙蓉峯後舊志云往往有佛光現於望日亭見之甚明山形似洞故以洞名周遭五十餘里相傳即古禹王城也

妙喜洞在岣嶁峯

玉清洞在嶽廟後

雷洞在岣嶁峯

靜谷在巾紫峯右爲明忠誠伯茹瑺遊息處

隱眞坪在雲密峯坦而潤可五里許相傳爲神仙遨遊地

黃華坪黃華老人隱居處有詩刻石臨武鄺祖詩劉亨甲建道一堂

飛仙石在黃庭觀魏夫人飛昇處

洗衲石相傳爲梁惠海尊者洗衲石

定心石一在祝融峯一在擲鉢峯

試心石在會仙橋青玉壇下一石突出下臨萬仞

頭巾石在嶽路旁

沖退石在朱陵洞前刻沖退醉石四大字在洞門石浪中

懸鐘石去白果二里

壽字石字方廣丈餘宋三山黃桂書

福字石吳從心書

船石在擲鉢峯狀如船人呼爲飛來船

湘江在縣東自永州府祁陽縣流入常寧縣西北界又東北入衡陽縣界又東北入衡山縣南界又北入長沙府湘潭縣界

茶陵江在縣東即洣水也自長沙府攸縣西流至縣東出靈山經吳集市至雷家埠入湘江

興樂江授衡陽諸小溪水入於湘張南軒南嶽唱酬詩序乾道丁亥十有一月與晦菴聯騎渡興樂江宿霧盡卷諸峯玉立心目頓快

白果河在縣西北山後諸泉皆匯此河流逕花石入湘潭縣

西溪在縣西里許源出巾紫峯東入湘

舜溪在安上峯亦名舜井

禹溪在雲密峯

夕陽溪在紅花峯

玉版溪在寶善山房

止觀溪在嶽廟溪二里

石門溪在嶽廟南十里

甘溪在縣東出武陽入於洣

苦溪與甘泉近出武陽入於洣

靈淵在縣西北源出天柱峯懸注而下流三十餘里入興樂江山田受溉俱爲沃壤

壽澗出紫蓋峯經嶽廟靈壽橋灌田可五百頃上有壽嶽二字傳爲宋嶽宗筆

洞眞源在縣西北源出朱陵洞灌田千餘畝

斷石源在縣西北隱眞坪水源有石高數丈瀾數丈而中斷上鐫字云此有丹砂水如乳甚甘香有人得掬飲之壽可千歲遊者但聞石下有流水聲而不可得見

虎爬泉在祝融峯側
甘泉在嶽廟東
九曲泉在縣西流杯池池側又有一環偃月垂練諸泉
貫道泉在湘南寺後
洗心泉在縣北水簾洞前
太陽泉在上封寺右
白龜泉在縣北壽寧宮故址泉自巖竇迸出清泚甘冽其色早晚兩變飲之無疾中有白龜大如泉隱於石竇間人罕得見

白鶴泉在白龜泉側泉滴瀝巖間聲泠泠如絃有白鶴廻翔其上如舞
卓錫泉在擲筆峯
娑羅泉在方廣寺後上有娑羅樹覆之
雷池在祝融峯
流杯池去巿紫峯半里許石上九曲可流觴今湮舊有翠微館超然亭
老龍池在前男峯右每春月各色蝦蟇聚池中凡六七日而去
墨池在安上峯水色如墨

絡絲潭在嶽廟後受壽澗水匯爲潭
黑沙潭在縣西八十里蓮花峯下巨浸在石洞中捫穴而入深廣不可測前露其半渟淵數畝湛碧異他水色每禱雨輒應潭上又有白沙黃沙二潭
萱洲在縣南四十里
觀湘洲在縣北十里湘水中泝流南向上有文峯塔及書院僧寮竹樹叢茂爲一邑之勝
鰲洲在縣北二十里
石灣浦在縣東發源鳳凰山入湘

夏浦在縣治南
層田浦在縣南
雷家浦在縣南三十里
荆陂港在縣東北三十里出雲密峯下入湘
烏石港在縣西南十里源出嶽東入於湘
白茅港在縣東北一百三十里
白沙港在縣東北一百七十里
龍隱港在縣西二十五里一名龍隱江源出嶽廟東繞廟北又東南流過縣南入湘

耒陽縣

虎踞山在縣東七里岡巒秀麗狀如虎踞
馬阜山在縣北盤踞二十餘里爲縣城後扆葢一邑之鎮也
侯計山在縣東七十里亦名候憩山水經注云漢水東出侯計山
舉山在縣東三十里
侯曇山在縣東八十里一名侯堂山接安仁縣界山險峻獨出不與衆山相連
五四山在縣西二里五嶺逶迤爲縣之勝
鶩山在縣東北四十里山色聳秀不群有類鶩狀故名或云鶖訛鶩

五姥山在縣東南五十里
石臼山在縣西二十里山上有石臼及巨人跡舊傳蘓眈嘗遊此蘓仙在焉
文冲山在縣東六十里
天柱山在縣南六里聳秀甲諸山
九女山在縣東北八十里
白雲山在縣南一十五里當衡郴[illegible]道
鶩公寨山在縣西四十里
南塔山在縣南四十里上有二石井下有祗公房旁有石塔
盟山在縣西四十里
石峯山在縣南六十里
八仙巷山在縣西七十里
龍源山在縣南五十里峯廻嶂合古木蓊醬一徑入微有泉從怪石湧出中有寺一名黃沙亦名太平
五雷山在縣南六十里
金錢山在縣南六十里
青麓山在縣東北形勝環抱爲水口捍門

獅寶山在縣南六十里
明月山在縣東北四十里山形如月因名
羅帶山在縣西觀音巖後
相公山在縣東北四十里通志云漢相諸葛亮嘗駐兵於此因名
南塘山在縣南六十里
大門山在縣東南四十里上有石巖中有流泉祈雨多應
城岡山在縣西北五十里東西有銀瓶毘帽二峯若拱若翼峯北有青溪

觀音嶺在縣西五十里

障隍嶺在縣南二里

母子嶺在縣南六十里

石獄嶺在縣西南三十五里嶺產土薑

香爐峯在縣東

金紫峯在縣南五十里峯壁立秀拔

鹿岐峯在縣東南五里舊志云隔江南上二峯頂有仙亭相傳爲宋蘓耽憩息處四望山形如如筆俗呼爲筆架山一名童子山一名羊角仙掌掌中有刹刹側有井中刻八卦泉冽而香名

蘓耽井

獅子巖在縣西三十里巖内石乳滴成獅形

直釣巖在縣南六十里唐無械仙翁修煉處巖下有洞曰飛龍巖西南石壁有浦南佳處四大字

觀音巖在縣東北有石洞深數十丈高數仞雲霞斐亹一邑勝境

龍泉洞在縣西南三十里洞幽邃奇僻石壁削空透光朗徹下垂寶幢森森有石爲水滴形如老僧趺坐冬藏蝙蝠無數大者如鴉

五色石載杜綰雲林石譜今邑内並無此石

耒水在縣東南源出耒山自郴州永興縣流入又北至衡陽縣東北耒河口又西北入湘一名日華水

淯江在縣東五十里源出安仁縣界西北經鷲山鄉大陂市繞流而西南入耒水又名大别水水經注云十三州志曰大别水南出耒陽縣太山北至鄾縣入湖

按名勝志以大别爲大陂之訛葢别陂聲近理或然也

肥水在縣東南六十里發源侯計山西流入耒水經注云耒陽縣有漢水東出侯計山其水清澈冬溫夏涼西流謂之肥川隋書云耒陰有肥水

馬水在縣東北七十里源出馬木鄉西流入耒水爲小江口有潭深不可測亦名馬口潭

大别水在縣東三十里

宜水

小江在縣東北八十里

鴉江在縣西五十里

東江在縣西五十里
象江在縣西六十里
東湖在耒水之東周環三四里可溉田百畝
西湖在耒水西二里其廣僅東湖之半夏有芙蓉掩映爲縣奇觀
靴州在縣東耒水中一名花洲通志云俗傳葬杜甫遺靴於洲上明解縉詩蔡倫池上霧如紙杜老祠前秋日黃爲問靴洲江上水流船三日到衡陽
銅鑼洲在縣東北五里卽鷲山口舊志云耒水

北流太直藉此一洲周廻十里以爲邑障
蔡子池在縣西南二里荆州記云蔡倫故宅旁有池名蔡子池倫始以魚網造紙縣人今猶多能作紙蓋蔡倫之遺業也舊志云蔡子池南有石臼卽倫舂紙臼唐别駕李懸以臼入貢今池存宅廢臼跡猶存
湯池在縣東六十里平陵鄉其水春夏溫秋冬沸俗呼湯頭源有男女二池
紫流灘在縣北五里土色赤水映之作紫色
石牌灣在縣北十里灣水逆流環抱至此方入耒順流
白羊灣在縣北二十里
皂莢浦在縣北二十五里
金牛浦在縣城東通津門外
朱紫浦在縣南二十里
白沙浦在縣南十五里
黃泥浦在縣北三十里
銅環浦在縣北四十里
清水浦在縣南六十里
雨瀨在縣西南耒水中荆州記耒陽有雨瀨歲

旱壅塞之則雨若一鄉獨壅雨亦偏應

常寧縣

湘山在縣東亦名盤龍山舊志云半在城內山腰一井名通湘云與湘水通山麓三十里有桃源洞
大義山在縣東三十五里一名東山舊志云有毘盧峯金剛嶺集賢臺朝源堤諸勝
逍遙山在縣東南六十里
田山在縣南五十里
坡山在縣西三里

洛山在縣西六十里

太平山在縣西五里與坡山對峙

液麻山在縣西四十里爲湘山左輔之外垣

東山在縣西三十里居液麻之東爲湘山左輔之內垣

大凹山在縣南五十五里

塔山在縣南六十里通志云山腰有阿育王疊石搭舊志云東跨大小猛洞西連夠石洞南拱洄洲砦北抱湘江宜水從山麓而下

台山在縣南五里三峯疊翠形如三台故名

石羊山在縣南六十里

烏髭山在縣東北十五里

環秀山在縣北五里

棲霞山在縣北二十里山多松柏

風仙山一名鳳仙山上有石人高三丈

盟山在縣北七十里山右五里有新盟峯

白面山在縣北三十里爲一邑水口山產白石可爲礎舊志云衡產魚秧必經此山下乃得活穀雨後湘人以麻巾爲囊取之

毘帽峯在縣東六十里高數千尋

玉女峯在縣西五里

白竹峯在縣西十五里高三里許聳拔尖秀如卓筆絕頂有洞風颯然從中出夏涼冬溫峯產小笋四時不絕色白如玉味極甘美

鹿角峯在縣北高峯插天亘十餘里

小東峯在白竹峯拖北十里高千餘丈南眺邑治城郭宛然北窺湘流煙水如帶

憩峯在縣北三十里

盤古峯在縣西十五里自小東峯逆折而西五里許聯峯壁立如刻畫屏與白竹峯對峙相傳盤古嘗登此絕頂有巨石平闊可一畝凡坐其上萬化寅合悠然與灝氣俱下有盤古菴祀盤古像

獅子峯在縣西自東山折而西二峯峭拔下瞰杉木江水有巖懸其巔巔負而下陡昂如獅頭觀者悚慄其陰盤踞雄偉項背尾足具備故名有浮屠精舍產茶甚佳

泉峯在縣南三十里蜿蜒聳秀直上五里許峯頂有泉甚潔

白瀑峯在縣南六十里有飛瀑如練

興泉峯在縣東南形勢聳秀峯頂可坐百人中有清泉故名
大吉嶺在縣北二十五里
東角嶺在縣東一里又名春亭嶺
仙嶺在縣東七里
蓮花嶺在縣東一十五里
黄石嶺在縣東北四十里
鵞湖嶺在縣西二里山勢自白竹峯迤邐而北二十餘里乃逆折而南岡巒秀麗林木蒨葱宜江經其陽水環如玦其陰有池廣數十畝曰鵞

湖宋儒王習隱從學張南軒歸立精舍於此教授生徒故以名其書院及其嶺云
神仙嶺在縣南三十里
蚺蛇嶺在縣西二十里蜿蜒曲折凡數里
平山嶺在縣南三十里
崇柏嶺在縣東四十五里瞰芰源河高數里
石壁嶺在縣西北十里
金盆嶺在縣西三十里
石嶺在縣東二十里
桃嶺在縣西北十五里

界牌嶺在縣西三十里
陽荷嶺在縣西十五里
金仙嶺在縣西十五里嶺高二里許
桊花嶺在縣西三十里
七里嶺在縣西北三十里舊志云宜江諸水會於縣後縈紆曲折六十里始經嶺下又數折乃入於湘嶺自麓至巔皆赤石方正層疊而成斬然百尋儼如城郭右岸一峯似華表屹立相向爲縣治門戸
石嶺在縣東北六十里
虎形嶺在縣東負郭

紫衣巖在縣西三十里俗名巖頭觀舊志云奇峯崱屴上矗雲霄巖懸峯頂壁立千尋遊者攀緣竹樹乃得陟其嶺古木虬偃藤蘿交蔭遠眺東南諸山若拱若翼
粟田巖在縣南三十里
雲巖在縣南十五里南向塔山泉峯岡巒掩映爲縣之勝
謝仙巖在泉峯觀山頂
天倉巖在縣南五十里

獅子巖在縣西二十里

滴水巖在縣西十五里

金龍巖在縣南五十里中有古觀因石架梁棟巖秀麗爲一縣甲

銅錢巖在縣西五十里

藍江洞在縣西十五里

官陂洞在縣南二十里

雙蹲石在縣南門外舊學後奇石對峙如蹲踞狀

虎頭石在縣西五里

湘江在縣西三十里旋遶南西北三面

滋陂江在縣東五十里

泉江在縣南二十里

藍江在縣西由文家橋入於宜江

黃沙江在縣西四十里

象江在縣東北五十里

舂水在縣東今名茭源河自桂陽州流入逕道遙山東又自縣東北折而西逕盟山及鳳仙山北入湘水經注云舂水又北逕新寧縣東又西北流注於湘水隋書云新寧有舂江

東江水在縣東一名潭水元和志云常寧縣東臨潭水通志云潭水源出桂陽軍流至常寧縣與宜水會舊志云東江水源出天倉巖亦名源石水透迤而北遶縣治北亦名北河西會西江水入湘

西江出塔山逕縣西入於湘

茭源河在縣東南六十里入湘

歸水在縣東合茭源河入湘

吳水在縣西源出永州祁陽縣北流經縣界入湘

宜水在縣西一名宜溪水水經注云宜溪水出湘東郡之新寧縣西南新平故縣東衆川瀉浪共成一津西北流東岸山下有龍穴宜水經其下天旱則擁水注之便有雨降又西北注於湘隋書云新寧有宜溪水通志云宜江之源分而復合順流百餘里貫闤闠之中又七十里鑿石爲九曲達其流於湘江葢神禹之遺跡也舊志云宜水源出塔山一名宜溪至縣西名西江北與東江合流

碓石水會宜水入湘

樟水會宜水入湘
上白水在縣南西流入於湘
龍泉湖在縣東四十五里
煙竹湖在縣東三十里
倒湖在縣東一里
琉璃湖在縣東四十里
鹽湖在縣東二十里
沙磯湖在縣東四十五里
小湖在縣東三十里
石臺湖在縣東四十五里

鵞湖在縣西一里舊志云六十餘里清如鑑舊
有寺
菱潭在舊學宮左
曲潭在縣東五里
龍祖潭在縣北白面山下舊志云相傳有老嫗
於潭畔拾二大卵歸以鷄伏之得蛇乃龍子也
仍送潭中後嫗死忽湘水大至沙壅其尸作墳
因名潭曰龍祖至今沙消輙水至水退沙仍壅
高如墳
虎頭潭在縣西五里

憩峯潭在縣北三十里柏房市西深不可測
四十八池在縣東十五里
鍋底潭在縣西十里
應龍池在縣城南三巔四時不涸
靈龜泉在城東門內舊志云有石龜口足皆泉
迸出
逢源泉在縣東
知時泉在縣南夏冽冬溫
滑石灘在縣南二十里水勢搏擊險不容舟
七里灘在縣北三十里當北河西入西江處淺

流飛瀉勢若呂梁灘長七里
鯿魚灘在縣北六十里
陽隔洲在縣東南七十里
桃花洲在城西江上舊有書院
灣洲在縣南三十里
麻洲在縣西四十里隋新寧故城在此
浯洲在縣西北四十里
河洲在縣西北三十里
南苑港在縣南十里
大浦在縣西五十里

通湘井在縣東湘山井前
冽井在南門內
蠟樹井在縣南二十里

安仁縣

鳳凰山在縣東南二里一名鳳岡山山少林木上有嶺其形類鳳
金紫山在縣西八里日映之色如金紫
侯王山在縣西十里
大湖山在縣南六十里下有大湖
仙山在縣南七十里一名九女仙山舊志云相

傳九女結屋此山修道後羽化有女仙廟
排山在縣東南七里山形綿亘如排比
軍山在縣北十里岑巒森列如軍屯
寶塔山在縣東南五里山上有石堆望如塔
大松山在縣東南三十里山舊多奇松
江夏山去大松里許
曹婆山在縣東南五十五里山徑嶮巇路極幽僻
熊耳山在縣東南五十里其山高峻狀如熊上有雙峯並峙

大均山在縣西南十五里
侯曇山在縣西南四十里上有唐南霽雲雷萬春祠
白竹山在縣西二十里
玉峯在縣東二十里三峯疊起形如筆架石色多白
楊梅峯在縣西二十里
黃龍嶺在縣東二十里
覆船嶺在縣南二里以形似名
竹篙嶺在縣南十五里

寶塔嶺在縣東南十里
大石嶺在縣東南十里嶺石巉巖行人喘汗
黃牛嶺在縣東南十五里
長岡嶺在縣南四十里　仙斗嶺東南四十里
風仙嶺在縣東南二十五里
大嶺在縣西南二十里
西岡嶺在縣西北二十里
夾石嶺在縣南五十里
巨人跡石在大石嶺溪畔石上舊志云有足跡二尺許五趾宛然

白牛石在縣西南三里有白石類牛在塘中

永樂江在城南源出郴州永興縣流經縣境北

北流逕衡山義塘合洣水入於湘

小江水在縣南源出郴州北流經縣界至衡陽

鄉與茶陵洣水合西入於湘

白沙江水在縣三十里

三角湖在縣南十里

潭湖在縣北三十里

桒湖在縣東南四十里

淸溪在縣西南

月潭在寶塔山下永樂江之上潭中有洲特起

形如月雖水漲不沒深不可測

壢袍洲在城南

狀元洲在永樂江右

青石灘在縣北十五里

排山港在縣東五里源出茶陵州大市鎮西流

至鳳岡橋入永樂江

油陂港在縣南三十五里源出永興縣北流至

和山港入永樂江

浦陽港在縣南七十里源出興寧縣界北流至

黄沙田合油陂港

灘頭港在縣東南二十里源出酃縣北流二十

里入永樂江

宜陽港在縣西南源出耒陽縣界東北流至草

塘橋入永樂江

潔愛泉在縣北門外二里泉從田間湧出噴瀑

如珍珠數十道浮於水面

金紫泉在縣南

甘井在縣西北慧日寺側水甘冽汲之者多

德泉井在縣西南

酃縣

青臺山在縣北十里羣峯攢翠狀若樓臺逍遥

三十里亦名筆架峯

團蒼山在縣東七十里有泉自石罅流注小池

不盈不竭

吾登山在縣西二里舊名湘山嘉靖四年知縣

易宗周改名

崖陰山在縣西十五里

白鶴山在縣西十里

泰和山在縣西十五里

雷山在縣南八十里自山麓盤屈而上鳥道揷
天
五雷山在縣南三里
萬洋山在縣東南八十里亦名萬陽山綿亘三
百里中多古木怪石接江西吉安府龍泉縣永
寧縣南安府崇義縣長沙府茶陵州郴州桂東
縣界
羊橋山在縣南十五里
大株山在縣南接桂東縣界
黄楊山在縣西南四十里通志云兩峯相對如

幢盖
雲秋山在縣西南四十里周八十里通志云煙
雲黯淡如秋寰宇記云常有雲屯其上經日不
散
降背山在縣南八十里
九潭山在縣西南六十里炎陵志云下有九龍
潭洣水繞山而下
高郞山在縣東八里
楊梅山在縣南
惠口山

大風嶺在縣東四十里
方石嶺在縣西二十里
月嶺在縣西三十里四面險阻其下寬平
夾石嶺在縣西三十里接安仁縣界
鵞公嶺在縣南七十里
犂壁嶺在縣北三十里峭拔隆起狀如犂背嶺
北即長沙府茶陵州界
茅花嶺在縣西南四十里
牛嶺接郴州興寧縣界
新開嶺在縣西北四十里接安仁縣及茶陵州

界
橋陽嶺在縣西北二十五里接長沙府茶陵州
界四面斬絕鳥道羊腸約十里許爲往來要衝
炎陵志云嶺爲酃邑門戶有棲雲亭
橋頭峯在縣北
天河巖在縣治北有神祠
飛鳳巖在縣東南七十里
鷄冠巖在萬洋山西十里峯巒層疊如鷄冠
按郡縣舊志俱止有鷄冠巖而通志分載山巖
俱有鷄冠之號其所稱道里形勢又了不異則

山疑卽嶽之重出也今因舊志但存嶽名、
千畝坪距炎陵五里炎陵志云平闊千畝間有
碪磴之跡
鹿原坡在縣西三十里炎帝陵所在炎帝志云
炎帝葬長沙在潭州世紀云帝崩於長沙之茶
鄉葬於茶鄉之尾茶爲潭邑鄙舊屬於茶今陵
尙有二百餘冢坡上林樹茂密數里不可入石
麟石馬兩杉著然逾四十圍兩杉而上陵也古
木陰翳蒼藤盤結盛夏生寒前臨洣水紆縈如
帶宋禁樵採置守陵五戶明洪武四年遣官致

祭列於祀典
龍頭石在炎陵前臨洣水炎陵志云鹿原偃伏
如龍修項蜿蜒石其首也高數丈
沔渡水在縣東源出萬洋山西北流至縣北名
洮水入長沙府茶陵州界
洣泉水在縣西洣水上流也源出縣東桃花沖
西南流合泰和山水又北會河漠渡水通志云
洣泉在酃縣東其水合雲秋水北流入長沙府
茶陵縣境
斜瀨水在縣西二十里源出桂東縣大桂山由

衡州府志卷之七

知衡州府事豐城饒佺重編

古蹟

名賢過化後先踵武流風遺澤景物如覩詞客騷人于焉吊古翠然高望山厓水滸碣斷碑殘多歷年所蘚剝苔蝕存能幾許後之覽者低徊延佇生不同時居非此土

衡陽縣

鐘武故城在縣西八十里

承陽故城在縣西一百七十里

禹碑在岣嶁峰下雷祖殿後碑高丈濶四五尺刻蝌蚪鳥跡文下有石座碑有柄入石座中可稍前却而不崩圯摹墨刻須立竹木架禹貢至於衡山蓋指岣嶁峰也長沙嶽麓亦有禹碑疑臨此而翻刻者

周濂溪太極圖碑在縣學前今無

朱子手書敬以直內義以方外八大字碑在府學

朱子上帝臨汝毋貳爾心八大字碑在縣學今無

朱子手書上蔡語碑明嘉靖太守李循義刻石湮沒已久未載入志乾隆二十六年修郡學得於四配座下析而為三旋接完好竪於府學

張敬夫禮義廉耻四大字碑在府學

張安國書盧坦碑在府學明倫堂今無

府學文廟銅爐明宏治九年製張獻忠兵欲遷去爐隱隱有聲因不敢移至今在故處

桓伊書屋在城西伊山寺晋桓伊讀書於此

龍圖閣學士鄭向宅在城西今為衡陽儒學

愛蓮亭為濂溪愛蓮處在縣學前西湖塘中今圯址尚存

雙練亭在城北來雁塔下今廢

華遠堂在城西宋鄭莗故宅今廢

清流閣在城西宋鄭莗故宅今廢

府學魁星樓在府學前乾隆二十五年府學庠生李幹重建

來雁塔在城北三汲磯上凡七級巋然與石鼓雁峰鼎峙

清泉縣

鄙縣故城在郡東十二里漢置

新城廢縣在郡東一百二十里陳置隋省入衡山

唐東巖二字在石鼓山東巖上

西谿二字在西谿石壁字大徑八寸與東巖字皆貞觀中刺史宇文元書今東巖字無存

合江勝□四大字在東巖半山間題識漫滅然結體嚴密非唐以後書

釣臺二字在東厓之北水中一石正方高四尺字刻於石面大徑尺餘相傳唐人書泐殆甚水涸始見

朱陵後洞在洞左右壁下字大徑尺唐人書

向公祠碑在祠內胡寅撰今祠廢碑在開福寺

石鼓書院碑朱子文並書明末火燬今有二碑俱重刻

武侯祠記在石鼓山南軒張子撰

韓昌黎詩碑在合江亭嵌置壁間南軒張子楷書字大二寸許碑下截五字剝落

廉勤公正四字碑至正間衡州路總管推官史秉彝書於聽事爲銘以自警郡人爲之勒石今佚惟四字摹本猶有存者結密勁秀人多重之

合江亭圖並詩文碑在亭後正德十一年湖廣督儲柳州計宗道立刻分四截其上繪圖次書昌黎原詩又次和韻其下爲記俱小楷

鐘樓在府署前之右今圮

鼓樓在府署前之左今圮

麗居士宅在城南新街居士麗蘊之住宅也麗公出世時命曰無生菴上有七景曰高風亭弄九洞要語碑麗婆石煙雨臺金龜山仙鶯嶺明郡守蔡汝楠有碑諸景歲久頹落門存遺址蔡碑亦斷缺

國朝康熙間僧逸菴重建

讀書堂在石鼓山舊爲尋眞觀唐刺史齊映建合江亭於山之右麓元和士人李寬結廬讀書其上刺史呂溫嘗訪之有題尋眞觀李秀才書院詩

南唐廣德間建元結記詳藝文志

在石鼓山蒸湘合流處唐刺史齊映建呂溫

愈有詩宋南軒張子書碑

峰寺前唐采訪使韋虛舟建明嘉靖間

義訪遺址更建邑人劉黻記

書院宋時建南軒張子有賦

書院宋俞琰建

[illegible]柱亭在城南花光山詳祠記

思政堂

浮香堂

珠玉堂

濯清堂

綠陰堂

與春堂

以上六堂俱在府治後宋時建

譽文堂宋端平間衡州戸掾許■介之建於東溪之濱以爲講道著書地取詔詞中夙有譽處且嫺文辭之語以名詳藝文志

碧雲堂在城西南碧雲峰下

來鹿亭在瀟湘門外明知府劉春建

己公亭在南鄉崇勝寺因杜甫遊湘江有訪己公詩後人慕之建亭

煙雨臺在廻雁峰南新街麗居士宅詳見前

竹院在雁峰寺有此君軒嘉靖中通判黃廷用有詩

會講堂在石鼓書院

禹碑亭在石鼓書院

[illegible]觀樓在石鼓書院

[illegible]雪堂在花藥寺僧憨山有詩

擷翠亭在花藥山後明中書舍人張同敞題曰嶽屏秋碧

繡衣第在城南仙姬巷內明湖廣廵按毛伯溫爲御史甯欽立

楚觀在湖南憲圃

湘春樓在楚觀後見宋趙汝燧楚觀歌

望雁樓在廻雁峰

廻瀾堂在石鼓大觀樓下以石爲柱簷牙嶔空流丹若虹稱爲壯麗鄧雲霄有記

敬義堂在石鼓書院睢陽張一霽建

主靜定性二齋在石鼓書院知府蔡汝楠立

衡山縣

金簡玉書碑吳越春秋言禹治水獲此書刻石山之高處今未有見者

玉砂石刻在金簡峰石高濶數丈而中斷之下有水聲冷冷欲瀉崖間刻字云玉砂之水如乳其香入符一吸地久天長然人跡罕到未有見者

壽嶽碑二字刻在祝融峰下巨石上爲宋徽宗御筆

壽字碑一字刻在祝融峰下大徑丈宋三山黃桂書

七十二峰碑舊有碑刻七十二峰圖久裂草莽中吉水鄧淮取而彌完之覆以亭在祝融頂上

祝融位直離宮以配火德乃祝融君游息之所道書所稱二十四福地也

舜洞洞前石壁有靈嵓二字

瑪瑙甕高辛時丹丘國獻瑪瑙甕以盛甘露舜遷甕於衡山之陽故南嶽有寶露壇舜於壇下起月館以望夕月舜南巡至衡山百辟皆得寶露之賜時有雲氣生於壇

斷石源在隱真坪水源有石高數丈濶數丈而中斷上有鐫字云此有丹砂水如乳甚甘香有人得掬飲壽可千歲長壽遊者到此但聞石下有流水聲在右邊聽卽落右在左邊聽卽左罕有得者

銅柱在縣西北一百二十里漢建安二十年後漢將軍關雲長與吳將都督程普分長沙地共鑄銅柱爲誓

石柱在縣西五十里高五六尺有字磨滅舊可識者天寶十一年五字

錦石洞在縣東[illegible]江有錦石數片傳[illegible]遺錦於此化爲石

武侯誓蠻碑在縣東五里

李泌故居在烟霞峰下李泌爲李輔國所譖隱衡山

肅宗詔爲泌治精廬於山中

胡安國故居在嶽山西南安國以寶文閣學士退居衡山

鬧雲嶺在縣城內唐韓愈自郴至衡欲登南嶽值陰雨晦冥乃爲詩禱於此山曰我來正逢秋雨節陰氣晦昧無清風潛心默禱如有應豈非正氣能感通旣禱而陰雲忽開旹人因以名其嶺有樓曰鬧雲樓

懷素墖在縣東五里僧懷素於此草書傍有墨池筆塚

流杯池亭在縣南有泉四日一環曰九曲曰偃月曰
垂練知縣王三畏建亭於其上
觀物亭在巾紫峰下知縣彭簪建有記載藝文
翠微館在流杯池知縣彭簪建
超然亭在流杯池
綉壁亭在流杯池
一覽亭在巾紫峰上
瀉洪亭在巾紫峰下
飛瀑亭在巾紫峰下泰和劉魁建
望雲亭在南嶽路去縣十五里

紫金臺在巾紫峰左禹南巡登其上望九嶷祭舜即
此臺也

耒陽縣

桂陽郡城在縣治西漢建武中自鰲山口徙治於此
即今西門城基
金州城在縣北八十里今不可考
淶陰城在鰲山口今夷為大陂市
新城縣即縣東新城市元時為縣屬耒陽州
方田驛即杜工部阻水泊舟所
蔡倫宅在縣南蔡子池邊湘中記載池南有石臼即
倫舂紙臼唐別駕李懸以臼入貢今池存宅廢臼
跡猶存

環秀樓一名望江樓洪武時建學士解縉書額
金牛浦在城隍廟前世傳浦中有牛夜出光耀如金
淘之者得金
真武像在縣署左有真武廟初邑人鑄像屢鎔不成
適有道人云如我像鑄之當成乃披髮跣足端坐
於冶工之旁工睇視想像定胚鎔鑄鑄成宛然肖
像倏失道人所在語云顯靈在武當真像在耒陽
今像如舊
周倉刀在縣治西邊有關夫子祠嘉靖丙辰里人譚
仁夜宿其中醉後唱大江東呼周倉拿刀來周倉

忽應聲旋以刀斬其髮離顋僅一膜耳

誓蠻碑在縣東五里三國時諸葛武侯斬雍闓擒孟獲回軍經此立石紀功歲久字不可辨邑令張應星過此認出爲漢丞相武侯紀功誓蠻碑十字餘則模糊曾云後有功高於吾上者宜立石於左至宋狄青擒孟獲非此地所誓之蠻今不可考

龍巖在義興鄉巖寬而平可容數百人有石牀石柱生成石鼓擊之有鏜鞳聲

石臼在縣西山有石臼巨人跡舊傳蘇耽常遊此上有蘇仙祠

石鎭在縣南雲峰鄉劍塚兩石高數尺隔江對峙故老云故李忠卿立此爲鎭

石鏡在縣東南大義鄉龍窟中有石如鏡可以鑒物

爐塘在縣東十里水通銅鑼浦口昔有孽龍生於斯許眞君至此治之遺跡尚存

龍窟在縣南相傳昔人常見一白鹿往來窟邊喫葛葉欲射之矢不敢發尋入窟倏不見乃知爲龍遇旱汲窟水禱之即雨

觀音像在縣東環水有巖二如屋中有石觀音砂水滴成如塑巖前有石鐘後爲兵毀

寨下字在縣南四十里里人呼爲寨下仙有石峰二一如屏一如筆對峙入雲山頂有菴石池六七穿爲張飛寨山之四峭壁千尋上有兩行大字古篆文不可識傳爲司馬懿所題

九貞太守碑在城外杜公祠前

常寧縣

吳新寧故城在邑南三十里三尚口

新平故城在邑北三十五里白面山右地名故城

隋新寧故城在邑西四十里地名麻洲

宋奬中砦在邑東南七十里地名銅盆嶺

龔王二先生讀書故宅即今雙蹲書院地

迎旭樓在東門外春亭嶺上每歲迎春東郊於此行禮萬歷二十四年建

仰廉樓在宜江西廉政橋北萬歷十九年邑侯陳勲建

雲程塔在舊學宜江西岸萬歷間建

阿育王塔在縣南六十里塔山之腰白石七級宛如梵砌下濶上銳高可十尋藏典云昔阿育王壘石建佛舍利寶塔其在南贍部洲者十有九此其第九塔也詳山川志

白羊塔在縣西三十里白羊寺側石笋屹立高數十尋攀緣而上望甚遠相傳塔頂有白羊二時沿古藤而下入寺盜食瓜菓僧覺之斷其藤遂不復見

永安故壘在縣東南六十里詳疆域志

學巖在茭潭東岸平石壁立數仞多昔人題刻遠視則明近視則暗近水有巖側入深不可測其上有亭臺爲士大夫徃來游詠之所今遺址猶存邑侯張芳有記見藝文志

雙蹲石在舊學後奇石對峙如蹲踞狀上鐫雙蹲二字結搆遒勁類晋人筆意有詩見藝文志

虎頭石在縣西里懸石丈餘下瞰宜江猙獰突兀絕類虎頭上多遊人題識有詩

自鳴鐘在湘山寺重千餘觔爲唐時古物霜晨叩之獅吼鯨鏗聞十數里遇有兵警輙自鳴累日邑人以此卜休咎焉

魯班枋在湘山寺佛殿左盤龍柱上相傳造殿時有匠人不操斧斤惟主繩墨將成乃手製一枋頭雲樣安柱上殿中欂櫨榱桷皆飾丹青惟此枋頭不受采色迄今千餘年宛如新製

安仁縣

安仁舊治在宜陽鄉

楊栴古寨在縣北十里馬殷將歐陽顥立寨以避南漢遺跡尚存

衡陽故城在縣西八十里舊經云歐陽將軍所築按湘水記將軍名星疑區星也

酃縣

紫荊園在縣西二十里晉尚書歐幼郎故居至今有基巋然

駱賓王碑在縣東六十里瓜寮山唐駱丞爲盧陵之難潛身至此賦詩其上鄉人尹樸爲鐫之石明末吉水李司馬陳玉過此猶見有小八荒三字

符王廟古鐘後唐莊宗同光二年鑄造每值大旱祭之輒雨

靈鼓灘下有潭似鼓鳴輕重有節宋岳武穆提兵討曹成餘黨逐之山下大戮之相傳爲山靈感公忠義爲助兵威至今廟猶存焉

胭脂石在七都女子廟前女子不知爲何神或云炎帝之妃從葬於此者廟前溪流一石方廣中一池貯水經旱不涸昔鄉人早漁於溪遙見水影中一女子盛服靚飾理髮石上至今呼爲胭脂石

衡州府志卷之七

衡州府志卷之八

知衡州府事豐城饒佺重編

城池

陟巘降原廟居攸寧升虛望楚景山與京憑陵險阻是曰金城亙垣而濠湯池以名百堵屹屹一水盈盈北門鎖鑰衆志共成週遭完甃雞犬無驚責在守土加意經營

衡州府城

唐以前無考周顯德間始立木柵宋咸平絡興版築工未畢景定中知州趙興說始成之明洪

武初指揮麗虎督工繕修成化間知府何珣廓而增之高二丈五尺周一千二百七十丈八尺合七里三十步甃以石蓋以串屋為門者七曰回雁門今南曰閱江門今鐵爐曰賓日門今柴埠曰瀟湘今仍名曰安西門今大西曰望湖門今小西曰瞻嶽門今北各建樓其上崇禎十五年復興城工增高五尺培厚六尺役甫竣而張獻忠陷衡城樓燬

本朝順治十八年巡撫袁廓宇知府李光座通判呂之繹重修嗣康熙八年至二十年知府張奇勛譚宏憲先後增修雍正七年知府陳沆知縣姚僉翼乾隆二十六年衡永道孔傳祖知府饒佺知縣陶易江恂奉文重修城圍計一千二百七十丈八尺自南門東至北門計六百七丈屬清泉縣經管自南門西至北門計六百六十三丈八尺屬衡陽縣經管城故有濠自南而西至北門袤八百二十六丈深四尺闊一十三丈環西南而匯流於東北池東則湘水旋繞爲塹萬歷二十一年郡人士因灰土塡積濠水壅閼呈請疏濬知府陸志孝條開濬之議於上憲既得請檄衡陽知縣王崇本等增設吊橋於南門之東導濠水會於湘得不壅自萬歷濬濠後距康熙庚戌垂八十載城

南吊橋悉列廛肆而南濠遺址幾不可尋治及西濠淺隘易盈每春霖水漲西城往往以傾圮告康熙庚午知府崔鳴鸑據紳士呈請飭各捐貲疏濬嚴諭居民毋得戶外堆積壤礫濠始復舊顧自康熙庚午至今又多歷年所濠滋塞矣官斯土者與居斯土者其加之意焉

衡陽縣附郭

淸泉縣附郭

衡山縣城

縣自唐神龍三年移治白茅鎭郎今治也縣故

無城明正德十二年知縣鄒岡始築土城嘉靖元年大水城圮三年冬知縣彭簪甃以石高二丈四尺周四百九十六丈中廣一百二十丈袤一百一十丈覆以串樓爲門者六南曰迎恩北曰朝天東南曰觀湘曰通津曰便民西北曰望嶽崇禎十七年燬於兵

本朝康熙八年知縣王家賢重修五十二年大水城圮幾半知縣葛亳臣復修乾隆二十年知縣黃宮奉　文重修

耒陽縣城

縣城自元有之後遭兵燹傾圮明正德六年知縣王睿建土城內外砌以磚石高一丈七尺周五百五十丈厚一丈二尺爲門者五東曰環秀西曰迎恩南曰振武北曰興文東南曰通津嘉靖二年知縣黃鶩復加修葺

本朝康熙五十四年知縣張應星重修乾隆二十七年知縣沈恩祖奉　文重修

常寧縣城

縣故無城明洪武十八年峒猺攻刼時衡州衛副千戶鄧旺始設木柵正統八年旺子鄧英易柵築城天順八年副千戶胡綱甃以石成化二十二年正千戶方政重修萬曆元年知縣陶敬圖復加修築內外俱用青石上用蓋石爲永久計周六百七十四丈高一丈五尺厚一丈二尺爲門者四東曰青陽西曰西江南曰臨桂北曰望湘萬曆四十三年春水泛漲西北一帶崩塌知縣劉自省修復之崇禎十一年礦賊攻刼城樓燬燼

本朝康熙七年知縣張問明重修

安仁縣城

縣初爲鎮塲無城明成化二十一年知縣吳興始築土城後圮正德五年知縣王鑰復築十二年知縣韓宗堯始拓其地甃以石至萬曆二年知縣袁逵繼之乃畢工周四百五十五丈高一丈九尺爲門者五東曰郇高西曰觀瀾南曰來熏曰啟秀北曰迎恩明季盡圮

本朝康熙三十三年知縣陳黃永築東南北三面城樓於西城則建一小樓名東門曰春禧南曰延熏北曰承恩西曰龍鎮乾隆二十七年知縣李玉樹奉　文重修

酃縣城

縣故無城明正德六年知縣陳釧始議版築十二年知縣陶璐興工未竣嘉靖二年知縣易宗周繼之乃訖工周四百八十丈高一丈五尺覆以瓦屋四百八十間爲門者四東曰宏文西曰安濟南曰迎恩北曰鎮武明季城圮

本朝康熙三十一年知縣龔佳蔚依舊址築土墻高二丈寬二尺

附街巷

郡城衡陽清泉二縣附郭

街

中正街在城內後度爲王城因廢

東街自南門內直達北門

府學前街自南門內呂祖閣達兵備右

西街由兵備司右達縣前

府前街自府治達鐘樓

鼓樓前橫街自瀟湘門達范衙嶺

縣前街自布政司巷口抵小西門

四牌樓十字街自閱江門至安西門

察院司街

大街自南門達迴雁峰下

永安街在南門外轉西濠

大馬頭街由大街東至渡口

太平寺街由大街東至渡口

新街在城南由南增嶺達萬壽宮

打線坪街在城西南花藥寺前

兩路口街在城外西南通祁陽常寧路

河街自石板頭至臨蒸驛廣盈倉

臨蒸驛橫街自北門渡達青草橋

牌頭街由小西門外達三井頭

瓦子坪街由三井頭左通寶慶路

驛頰街由三井頭右抵蒸水岸

桑園在青草橋南衡陽米販多居此

草橋前街由橋右沿河達塔下

草橋後街由橋至旃檀林通衡山路

江東岸街自南渡頭沿江至陽林廟

南渡頭橫街安仁耒陽二處大路

巷

由城內東街東分者四

布政司巷　馬草巷

歐陽巷　生祠亭巷

由南門城外大街東分者二

珠瑯巷　駱駝巷

由南門城外大街西分者四

鮮羊巷由巷口達石墩頭　灰土巷

僊姬巷舊傳何仙姑曾居此　朱紫巷

由河街東分者二

乾魚巷在瀟湘門上　水東巷在瀾江門下

由南門河街西者二

水環頭巷　龍船巷

由安西門外西南分者三

牛角巷　蘇家井巷

五通巷

江東岸

丁家巷在丁家馬頭

衡山縣

四牌坊十字街　瓦行頭街

朝天街　學前街

行祠街　北望橋街

兩路口街　甘棠橋街

喻家巷　周家巷

白石巷　金家巷

耒陽縣

城內十字街　南門外正街

西門忠靖祠街　東門化龍橋街

金牛巷

常寧縣

縣前正街　臨桂門十字街

西江橋街　東下闌橋街
後街　西門外上街
西門外下街　南社橋街
北門外新街　阮家巷
安仁縣
馬井頭街新南門內　學前街
起鳳橋南門外　蔡家書院街東門
十字街西門　三官殿街
北角亭街北門　油窄巷
酃縣

西門正街　縣前街
店街　東門正街
南門正街　學前街東門外
龍王井巷　五馬坊巷
伏家冲巷在城外
附坊表
郡城衡陽清泉二縣附郭
宮保尚書坊原在府治
八元坊
五桂坊

七鳳鳴衢坊
冬卿坊為工部尚書王詔立
六鰲騰漢坊為嘉靖戊午科舉人歐希稷曾朝節譚偀伍讓廖汝佰侯智周立在城內正街
宣風百里坊為連山知縣黃光立
四藩開府坊為福建兩廣江西巡撫劉堯誨立
大京兆坊為應天府府尹李冊立
留樞參贊坊為南京兵部尚書劉堯誨立
一品榮祿坊為南京兵部尚書劉堯誨立在城北五里牌
江水一覽坊陝西左布政祝詠立在城北三十里樟木關後
方岳重臣坊

世美坊為劉昊立在易賴街
蓬萊坊
青宮元老坊為左春坊諭德曾朝節立
朱氏佳城坊在陝西左布政朱炳如墓旁距城北二十五里
奕葉書香坊在江東岸為舉人綦紳立
四牌坊在柴埠門正街久圯
青雲獨步坊為曾鳳儀立
步踪濂洛在城西五里牌白草塘為理學甯咸墓旁今圯
文章司命坊為北直提學御史陳宗契立
元門高弟坊為御史歐陽復立在西湖觀今圯

容臺正卿坊 為太常寺正卿陳宗契立
興建坊 為義民歐陽梧立
遺愛坊 為知府劉璣立久圯
世朝恩榮坊 為給事余守觀立

衡山縣

宮保坊 為忠誠伯茹瑺立　狀元坊 為選貢茹瑺立
解元坊 為解元袁添祿立　四牌坊
步雲坊 為舉人陳弼忠立　雲梯坊 為舉人劉紹先立
步月坊 為舉人蒞大材立　進士坊 為進士袁添祿立
攀桂坊 為舉人盧得立　雲路坊 為舉人周道衡立

鳴鳳坊 為舉人羅誠立　折桂坊 為舉人胡添祐立
擢桂坊 為舉人金艮立　拔萃坊 為舉人許璦立
登科坊 為舉人廖子謐立　翀霄坊 為舉人蕭智立
凌雲坊 為舉人林粲立　登雲坊 為舉人廖鏞立
青雲坊 為舉人賀讓立　步蟾坊 為舉人畢文斌立
文振坊 為舉人歐陽光立　亞魁坊 為舉人吳紀立
雙鳳坊 為舉人吳維立　世榮坊 為舉人陳憲立
進士坊 為進士楊遵立　起鳳坊 為舉人陳能立
雙鳳翱翔坊 為舉人周廷系康時升立　龍門振鬣坊 為舉人康時亨立
雙桂聯芳坊 為舉人康元積康元和立　鵬翮萬里坊 為舉人趙繼孝立

通津坊　安仁坊
待賢坊　岳境坊
觀湘坊　迎恩坊
北直坊

耒陽縣

雙鳳坊 為舉人謝文善謝文祥立　登第坊 為舉人鄭璽立
累世科名坊 為舉人鄭維岳立　世榮坊 為進士李璽舉人李麟李仕和立
憲臺坊 為按察使李璽立　青雲接武坊 為舉人李麟立
丹桂聯芳坊 為進士李璽舉人李麟立　折桂坊 為舉人蔣能立
擢桂坊 為舉人袁顯立　登瀛坊 為舉人楊文明立

登薦坊 為舉人匡瓚立　進士坊三 為進士謝文祥謝諮胡文璧立
奕世科名坊 為舉人謝必賢謝文善謝文祥謝諮謝訥謝諠謝思本立
亞魁坊 為舉人張誥立　毓秀坊 為舉人段金立
文魁坊 為舉人劉貫立　畫錦坊 為知縣鄧畬立
掇科坊 為舉人陳効忠立　湖南柱史坊 為御史謝文祥立
三俊坊 為舉人謝如尚李思昱曾鳳儀立　春官坊 為禮部郎曾鳳儀立
科甲聯雲坊 為舉人曹三省謝英周訓廖司南立
橋梓聯芳坊 為舉人廖司南廖應亨立
興文坊　振德坊
勵賢坊　善政坊

澄清坊　通津坊
積善坊　泰來坊
尚義坊

常寧縣

世科坊　紹芳坊
儒林坊　承流坊
宣化坊　忠義坊
澄清坊　集賢坊
潤澤坊　中和坊
孝敬坊　平政坊

文潤坊　貞節坊為貞婦鍾氏立
善民坊

安仁縣

進士坊為歐陽復立　鳳鳴坊為羅坤立
奎燦坊為李旭立　青雲坊為歐陽弼立
聯魁坊為唐孟宣孟璋立　世科坊為鄧先立
步蟾坊為譚澄立　世顯坊為李濬立
騰芳坊為譚澄立　繼芳坊為譚珂立
擢科坊為歐陽涵立　叢桂坊為謝帶謝鏞謝一海父子祖孫立
青雲坊為侯湘立　亞魁坊為周善儁立

攀桂坊為謝帶立　傳桂坊為謝鏞立
襲桂坊為謝海立　瀛魁坊為鄧奇偉立
中興科第坊　鳳翔千仞坊為侯習周立
恩榮坊為周濬立　貢耀坊為譚有德立
東井坊　文慶坊
臨春坊　太平坊
仁義坊　清輝坊
進賢坊　迎恩坊
承流坊　宣化坊
澄清坊

酃縣

勅命坊為江寧知縣扶忠立　登雲坊為宋給事中譚湘立
五馬坊為知州陳翔立　褒光坊為勅贈郎中劉公泰立
少卿坊為大僕劉隱立　風憲名臣坊為按察使賀一孝立
鳳彩坊為舉人陳翔立　麟祥坊為舉人陳叔員立
折桂坊為舉人陳慎言立　鹿鳴雙唱坊為舉人彭祖達譚復彬立
兄弟進士坊為宋尹邦正尹邦俊立　旌節坊為節婦譚氏立
解元坊為宋解元廖[illegible]立　錫命坊
崇德坊　世美坊
興仁坊　易侯坊

明八景

郡城衡陽清泉二縣附郭

雁峰烟雨　花藥春溪

東洲桃浪　嶽亭雪霽

西湖荷花　青草漁家

石鼓江山　朱陵後洞

石鼓八景

吚唔書聲　春風沂水

東巖曉日　棧道孤藤

西谿蜺壁　淮尊藏雪

曲水流觴　朱陵後洞

衡山縣八景

開雲曉鐘　峰腰雨注

流杯曲水　桐岡歸牧

曉霞晴嵐　觀湘返照

湘江夜雨　雷溪月色

耒陽縣十景

馬阜晴嵐　鹿岐晚障

西湖蓮舶　易口漁家

杜陵烟雨　蔡池夜月

花洲春漲　耒江夕照

青麓廻瀾　高岡芳草

常寧縣八景

天開石榜　地拱魁星

湘寺曉鐘　菱潭晚雨

桃洲春浪　泉峰夕照

西橋秋月　南嶺霽雪

安仁縣八景

鳳岡紫氣　熊峽紅霞

泉亭珠湧　洞溪蛟騰

玉峰琴韻　文閣鴻聲

月潭夜色　雪嶺晴光

酃縣八景

梅岡朝旭　青臺暮嵐

醽醁泉香　桃花春漲

白雲靈谷　天半曉鐘

湘利夾流　秋山遠靄

衡州府志卷之八

衡州府志卷之九　知衡州府事豐城饒佺重編

津橋

粤稽夏令十月成橋水涸弗成春秋取喻脫輈以濟小惠鄭僑修理橋梁律有明條冥冥雨夕皚皚霜朝盈盈衣帶望洋心怬長虹屹屹舟子招招造舟纍石利涉蒸瀟

衡陽縣

北門馬頭

易賴渡在縣西五里

柘里渡在縣西十里

北注渡在縣北十二里

太石渡在縣北十五里

七里渡在縣北四十里

九里渡在縣西六十里

臺源市渡在縣西六十里

朱石渡在縣西八十里

紅羅廟渡在縣西九十里

馬廟河渡在縣西一百一十里

青草橋在縣北一里跨蒸水上即古青草渡也宋淳熙中建木橋明嘉靖中易以石名永濟國朝康熙五十八年僧海岸圖本募鏹二千七百餘兩重修雍正二年知府孫元捐立欄杆乾隆二十七年水傾五墩橋脚面石欄杆多壞知府饒佺知縣陶易署縣江恂倡邑民周敬菴熊明俊等募衆成之費千餘金仍稱青草橋

中江橋在縣北十五里

楊梅橋在縣北三十里

上横江橋在縣北三十里一名通濟橋前明桂藩建有碑乾隆二十八年北岸剎損知縣陶易倡士民張嘉會陳時夏等重修

下横江橋在縣北三十五里一名順濟橋水圯乾隆二十六年清泉民朱子吉捐費重修

王木橋在縣北三十五里知府饒佺捐建石橋

龍潭橋在縣北五十里

大町橋在縣北六十里

石柱橋在縣北六十里

三合橋在縣西北八十里

馬橋在縣西北九十里唐氏建

歐公橋在縣西北九十里

松亭橋在縣西十里舊爲渡康熙元年知府張奇勳倡修嗣經鄉民易廷

募僧海岸道士黃漢勉兩次募修乾隆二十七年知縣陶易率紳民蔣紹禹許繼堯褚縉唐蕭九河僧定衡等募貲重修

板橋在縣西十五里

大橋在縣西三十里

倉庫橋在縣西四十里

杉橋在縣西四十里有上中下三橋

坪山橋在縣西四十里

楊柳橋在縣西五十里

赤水橋在縣西六十里

陡江橋在縣西六十里乾隆二十六年被水傾圮二十七年知縣陶易率附近士民重修

渣江橋在縣西八十里卽武水入蒸處也

鹽田橋在縣西六十五里乾隆十八年衆姓置田施茶以濟行人

獅子橋在縣西一百里

寶西橋在縣西七十里邑人張子述子元倡建

赤石橋在縣西六十里

更樓橋在縣西七十五里趙氏捐建

乾溪橋在縣西八十里

三華橋在縣西八十五里

西渡橋在縣西五十里康熙五十四年僧游岸募修知府金依堯知縣高清率闔邑士民咸之乾隆二十八年重修

濱陂橋在縣西九十里

金潭橋在縣西一百里

庫中橋在縣西一百里

金溪橋在縣西一百里邑人李維藩倡建

仙人橋在縣西一百十里橋下巨石仙跡可驗

寒峰橋在縣西一百二十里

巡口橋舊載存口在縣西百二十里乾隆二十六年水圮士民趙萬程左德溥陳紹英歐陽剛蕭永祿賀允任等現在募修

洪陽橋縣西一百二十五里明庠生劉洪陽建

東山湖橋在縣西南八十里

銅坑橋在縣西南一百里

唐公橋縣西南百二十里明末舉人郭鳳躚李跨鰲卜築隱此

清泉縣

鐵爐門馬頭

柴埠門馬頭

瀟湘門馬頭

南渡頭

丁家馬頭

粟家馬頭

高家馬頭

譚家馬頭

浮橋馬頭浮橋今廢

九岡渡在縣東二十里

泉溪渡在縣東三十三里知縣江恂率縣民唐思策倡捐義渡置田贍渡子

新渡頭在縣東三十五里

靈保渡在縣東南十里

陽步渡在縣東南二十里

白楊渡在縣東南七十里

龍溪渡在縣東五十里

水口渡在縣東六十里

瓦窑渡在縣南五里

東陽渡在縣南二十里乾隆二十年耒陽士民設義渡置田贍渡子

潙頭渡在縣南七十里

瀝江渡在縣南八十里

柏坊渡在縣南八十里

瀟湘浮橋在縣東久廢

白沙水口橋在縣南十里

桐橋在縣南十五里

零陂橋在縣南十五里

車江橋在縣南三十里

竹了橋在縣南三十里

金公橋在縣南

東橋在縣東二里

周公橋在縣二里

板橋在縣東十里

高橋在縣東三十里

觀音橋在縣東四十五里

杜陵橋在縣東五十里相傳杜工部經宿於此

合溪橋在縣東六十里

小江口橋在縣東七十里

梅塘橋在縣東八十里

車陂橋在縣東八十里

川口橋在縣東八十里

黃田橋在縣東八十里乾隆二十六年知府饒佺知縣江恂倡捐

龍陂橋在縣東八十里

龍盤橋在縣東九十里

富橋在縣東一百五十里

玉泉橋在縣東南十五里

錫我橋在縣東南五十里
市江橋在縣西南十五里
鰲陂橋在縣西南六十里
因果橋在縣西南四十五里
平林橋在縣西南
大冲橋在縣西南六十里
張家橋在縣西南六十里
輪度橋在縣西南六十里
蒲真橋在縣西南七十里
小溪橋在縣西南六十五里

平政橋在縣西南八十里

衡山

上渡在縣西溪
中渡在縣前
下渡在水次倉前
大源渡在縣南三十里
豐洲渡在縣南五十里
楊山渡
龍隱橋在縣南三十里
通泰橋在縣前

甘棠橋在縣南城外
清流橋在縣北城外
西溪橋在縣南
清涼橋在縣北
北望橋在縣西入南嶽廟路
司馬橋在縣西三十里嶽廟左明兵部尚書劉堯誨建
西橋在縣西三十里嶽廟右
南橋在縣西三十里嶽廟前
青龍橋在縣西三十里嶽廟左

將軍橋在縣西三十里嶽廟右
接龍橋在縣西三十里嶽廟後
中鎮橋在縣西三十里嶽廟右
止觀橋在縣西三十五里嶽廟南
玉版橋在縣西三十五里由嶽廟登峰經此今俗訛呼庠班
寧陂橋在縣西三十五里由嶽廟登峰經此明工部營繕司郎中張嘉言修并修順流橋共十四座又修廟前至頂峰石路二十五里凡處砌石路一千五百六十四丈

會仙橋在縣西五十里祝融峰側
來駕橋在縣西二十里入嶽廟路
師古橋在縣西十五里入嶽廟路明工部郎中
建孫祖黃曾孫本星續修知縣高應逑重修
七姊妹橋在縣西北三十里
楓木橋在縣西三十里
仙人橋在縣東三十里
石橋在縣北二十里
板橋在縣北十里
烏石橋在縣南十里

九觀橋在縣西南六十里
花橋在北四十里
獅塘橋在縣東南四十里邑人顏文麟序生蕭
先春倡募重修
荊花橋在縣東南五十里
楊四橋在縣東南三十里
鎮嶽橋
治平橋
白石橋
車路橋

龍王橋在三十都
石盤橋
賀家橋
吉利橋

耒陽縣

水東渡在縣東
泗洲渡在縣東
易口渡在縣南
車水渡在縣南五里
新渡在縣南

肥江渡在縣南
白沙渡在縣西
白馬渡在縣西
化龍橋在縣學前
望仙橋在縣儀門外即蕭禪和飛昇處
金牛橋在縣通津門下
通水橋在縣東
石牌橋在縣東
義亭橋在縣東南邑人周澗建
饒源橋在縣東南

泉井橋在縣東南
五馬橋在縣東南明洪武間李忠卿建
雙江橋在縣東南
華橋在縣東南
石坡橋在縣東北
觀音橋在縣東北乾隆二十四年里民李艮臣
重建
六冲橋在縣東北邑人諭士德建
流仙橋在縣南
石牛橋在縣西北

朱紫橋在縣南二十里邑人劉志伊重修
孝思橋在縣南三十里
逼津橋在縣南
鐵關橋在縣南
杉木橋在縣西三十五里
南冲橋在縣西四十五里
青陂橋在縣西四十里
江坡橋在縣西南
小水橋在縣西南
化龍橋在縣北

伍相橋在縣北世傳伍員過此上有子胥祠
洞陽橋在縣北杜陵祠東亦名杜公橋
思量橋一在縣北一在新塘鋪
荊紫橋在縣北
普通橋在縣北四十里
銅鑼橋在縣北
義渡橋
水東橋
竹塔橋
金相橋

石橋
上嫁橋李忠卿建
紙橋相傳爲蔡倫造紙處
猪婆橋
朱彭橋
珮公橋
白沙橋
湖橋
南橋
折橋

白羊橋
三升橋
劉家橋
水西橋
肥田橋
龍灣橋
太丘橋
接武橋
新渡橋庠生伍啟玉伍啟琢建
新渡上泊橋監生劉祈章庠生劉科士里民劉

騰非等建
獅橋
三架橋在縣北五里
楓林橋在縣東九十里邑人周本南建
仁濟橋在縣東
永思橋在縣南三十里僧雲福募建

常寧縣

栢坊渡在縣北三十里知縣朱永烈倡率士民
修造渡船置田三十二畝以作渡夫工食
河洲渡在縣西北三十里

白馬渡在縣東五十五里
衡頭渡在縣東五十五里
暘隅洲渡在縣東南七十里
下耙渡在縣南八里節婦張道淮之妻段氏捐
銀一千兩建立石橋名南關橋
煙竹市渡在縣南二十五里
唐家灣渡在縣西北十五里
江口渡在縣西北六十里
廉政橋在縣西門外為往來衡衢宋淳祐中建
元皇慶中重建明成化中知縣謝廷舉重新之

萬歷中知縣陳勳續修天啟中知縣樊來聘復
修乾隆二十年知縣王粤麟倡率紳士重修
薛公橋在縣北
步雲橋在縣北門外
曲檀橋在縣東五里乾隆二十一年知縣江恂
倡率紳士重修
小陂橋在縣東四十里知縣陶敬圖造
寧石橋在縣南舊學宮左久廢
見龍橋在縣舊學宮右久廢
銀蟾橋在縣南五十里庠生李賓李繼白造

朱家橋在縣南三十里
沅山橋在縣西五里
興隆橋在縣西十五里千戶方政造
土坡橋在縣西三十里邑黃廉政重修
文家橋在縣西三里千戶方政造
踏陪橋在縣西五里
杉木橋在縣西十里
洪濘橋在縣北十五里知縣許昇重造知縣張
問明復修

太橋在縣北十五里
板橋在縣北三十里
袁家橋在縣北四十里庠生鄧爵臣造
雙橋在縣北四十里
東渡橋在縣北四十里邑人李鶴糾衆造
李祖橋在縣北四十生監李　李奕白造
山坊橋在縣東十里邑人賀正賢募造後地庠
生李長舒募修
大馬橋在縣東十里庠生李賓捐造
李遷橋在縣東十里邑人李日瑞捐造
金沙橋在縣東北十五里庠生李　造

化龍橋在縣東三十五里貢生廖棟造
南石橋在縣南一里知縣謝廷舉重修
伍家橋在縣南五里
泉江橋在縣南二十里邑人黃廉政造
廣濟橋在縣南三十里庠生白碩造
通津橋在縣西門外
李廣橋在縣西一里
金架橋在縣西五里
壽江橋在縣西三十五里庠生江宏造
青湘橋在縣西五十里邑人王化理糾衆造

安仁縣
南渡
臺頭渡
新濟渡
紅沙渡在縣西南通耒陽縣及郴州之永興
中渡
西渡
新渡
烏坡渡
草堂橋在縣西六里

騰蛟橋在縣南門外
黄路橋在縣南十里
蒼龍橋在縣南二十里
鳳仙橋在縣南三十里
黄甲橋在縣南三十里
平山橋在縣南四十里
富上橋在縣西三里
魏公橋在縣西門外
軍山橋在縣北十里
女英橋在縣北十五里

白沙橋亦名思餘橋在縣北三十里
龍鳳橋在縣北二十里
客泉橋在縣西五里
永濟橋
長郭橋在縣北二里
石磯橋在縣北十五里
濟人橋在縣北二十里
義橋在縣北二十里
港口橋在縣北二十五里
張家橋在縣北二十八里

梅穇橋在縣北三十里
大石橋在縣東南十里
花橋在縣東南三十里
樟橋在縣南三十里
官橋
潭湖橋在縣北三十里
里佳山橋在縣南六十里
絞籬橋在縣南
牛角坵橋在縣南
大塘鋪橋二座在縣南

廣濟橋在縣東南五里
曲江橋在縣東南八里
黄龍橋在縣東南二十里
洪山橋在縣東南二十里
南堂橋在縣西南十里
遍濟橋在縣西南十五里
量田橋在縣西南四十里
永利橋在縣西南四十里
白塘橋在縣東北二十里
普口橋在縣西北二十里

鳳岡橋在縣東南二里

鄠縣

渼津在縣東

南橋在縣南

安濟橋在縣西

衡州府志卷之十

知衡州府事豐城饒佺重編

公署

署號官府厥宇隆隆南面嚮明義取寬洪軒昂爽塏廊其有容毋曰傳舍廳事玲瓏臨民出政一秉至公洞開重門民見我衷訟庭草生桁楊塵封退思補過進思盡忠

衡州府署

宋代建於城東北隅元末燬於兵明洪武三年知府高從訓始建正統中知府鄒亮重修成化間知府何珣復新之萬歷二十一年知府陸志

孝大修明末經寇氛諸廨署悉燬燼惟府後廨僅存

本朝順治十二年知府范明宗始營葺正堂及左右六房順治十五年知府李光座營後堂五間扁曰居敬康熙初知府張奇勛增修康熙十八年知府于養性復修雍正六年知府孫元又修

督學使者署

在府署西南乾隆二十四年重建知府饒佺倡捐並前知府舒成龍留捐金及各屬紳士協力助費知縣陶易江恂監督修造規制閎厰堂廡深嚴圍墻號舍棹凳俱各堅實完備

分守衡永郴桂道署

在南門內府學後

按明代設分巡道駐衡州

本朝康熙六年裁分巡道九年復設分守衡永郴道初駐永州府康熙十九年移駐衡州府

通判署

在府署儀門東康熙二年通判呂之繹建

衡州府學教授署

在府學宮旁

衡州府學訓導署

在府學宮旁

經歷司署

在府署西久廢今賃民居

衡州協署

在大西門內

衡陽縣署

在府城小西門內明洪武初建正統七年知縣林鏞重修萬歷十七年知縣胡遵化大修明末

燬於兵
本朝順治十五年知縣余天溥重建康熙四十年知縣陳大音重修乾隆二十六年知縣陶易重修大堂曰中和堂二堂曰思補堂二堂東爲崇文閣知縣陶易乾隆二十五年建二堂西爲冬愛軒又西爲惜陰書屋知縣陶易重修又買回署後官塘一區並基地建草堂其上題曰買池軒學政吳鴻有詩詠其事

縣丞署

在渣江舊在瀟湘門內乾隆二十一年移駐

教諭署

在縣學宮旁後改瀟湘門內府署左乾隆二十七年移建於此

清泉縣署

在府城東北府署右乾隆二十一年知縣江恂建大堂扁曰維新二堂扁曰觀我堂東有樓題曰遲鴈樓堂西爲客廳題曰看奕軒

按府署左舊有同知署乾隆二十一年裁同知設清泉縣卽移同知署材料添造縣署

訓導署

在縣學宮旁

按乾隆二十一年設清泉移衡陽縣學訓導爲清泉縣學清士子卽共衡學宮肄業

衡山縣署

在南門內明洪武六年知縣陸伯艮建正統十年知縣龔俔重修成化十七年火十九年知縣劉熙修復嘉靖九年大水浸圮知縣彭簪再建萬歷四十年知縣何登高重葺
本朝康熙六年知縣王家賢改建十三年知縣孫維震重修三十八年知縣郭延彩復修乾隆二十

一年知縣黃宮增修

教諭署

在學宮旁

訓導署

在明倫堂內

典史署

在北門內

耒陽縣署

在北門內明洪武二年知縣徐盤建嘉靖間知縣黃鏊馬宣相繼增修萬歷中知縣朱學忠復

修
本朝康熙二十二年知縣楊又時重建厥後知縣時
習張應星相繼修
教諭署
在學宮旁
訓導署
在學宮旁
典史署
在縣署東
常寧縣署

在西門內明正統初知縣趙忠建成化二十二年知縣謝廷舉重修萬曆元年知縣陶敬圖攻建崇正十一年燬於兵知縣徐兆奎重建
本朝順治十二年知縣張芳重修康熙九年知縣張問明大修二十二年知縣顧奕芳二十九年知縣吳祥生四十六年知縣邱如升五十五年吳樹相繼復修雍正九年知縣侯國正增葺
教諭署
在學宮旁
訓導署
在學宮旁
典史署
在縣署東
安仁縣署
在南門內安仁昔爲塲宋乾德八年陞爲縣縣治在宜陽鄉咸平五年知縣高茜徙於永安鋪之香草坪即今縣治也明洪武元年知縣章衡新立縣署宏治四年知縣賀俊重修嘉靖間知縣張宥增修萬曆間知縣李繼宏又修
本朝悉仍舊制

教諭署
在學宮旁
訓導署
在學宮旁
典史署
在縣署左
酃縣署
在縣城正中宋嘉定四年置縣至明洪武初知縣朱璣始建縣治規制初備天啟府知縣莊大化增葺歲久頹敝

本朝康熙元年知縣李朝事修建二十三年知縣汪

曾𡋯重修乾隆十年知縣吳嗣正復修

教諭署

在學宫傍

訓導署

在學宫旁

典史署

在縣署西

衡州府志卷之十

衡州府志卷之十一

知衡州府事豐城饒佺重編

驛鋪

傳舍有掌郵亭有職地當交馗於焉設驛步遞馬馳憑茲一檄緩急攸分事關軍國粵稽撢人道通九譯欣逢
聖代化覃遐逖風流令行萬里咫尺按日計程無爽晷刻

驛站

衡陽縣

縣站在城原額馬三十五匹乾隆二十四年奉文暫行抽調馬十五匹現在存額馬二十匹馬夫十名

額設夫四十三名

衡山縣

黃岺驛在城原額馬三十五匹乾隆二十四年奉文暫行抽調馬十五匹現在存額馬二十匹馬夫十名

額設夫四十三名

鋪遞

衡陽縣

西路

柘里鋪　溪田鋪
大橋鋪　倉庫鋪
靈瑞鋪　赤水鋪
雷忠鋪　演陂鋪
白佛鋪　金華鋪
雲山鋪　磨石鋪

北路

灣塘鋪　埜田鋪
橫江鋪　迴水鋪
九渡鋪

西北小路

查江塘

清泉縣

本城總鋪

祁陽路

上青鋪　栁江鋪
煙竹鋪　大石鋪
路口鋪　白石鋪

易頭鋪
耒陽路
小塘鋪　桐橋鋪
東陽鋪　栗田鋪
赤水鋪　白楊鋪
界牌鋪　廖田鋪
郭門鋪
安仁路
路口鋪　斗嶺鋪
泉溪鋪　石塘鋪

伍塘鋪　上溪鋪
東郊鋪　竹橋鋪
黄田鋪　梅塘鋪
九江鋪
常寧路
畔沙鋪　東陽鋪
魏家鋪　雲集鋪
侍郎鋪　平陽鋪
栗江鋪
衡山縣
縣前總鋪
北路
板橋鋪　石橋鋪
柘塘鋪
南路
烏石鋪　馬嶺鋪
攸田鋪　萱州鋪
耒陽縣
本城總鋪
東路

東塘鋪　龍塘鋪
通水鋪　彭家鋪
和水鋪　牌浩鋪
小塘鋪　東橋鋪
南路
赤陂鋪　高茛鋪
肥江鋪　鹽沙鋪
田心鋪
西路
松林鋪　鬱中鋪

傍陂鋪　藍冲鋪
城上鋪　城下鋪
北路
覌塘鋪　石羊鋪
石塘鋪　荆紫鋪
春江鋪
常寧縣
縣前總鋪
東路
金塘鋪　東冲塘

沙江鋪
南路
大陂鋪　長冲鋪
黄茅鋪　石盤鋪
彌勒鋪
北路
玉水鋪　藍田鋪
栢坊鋪
安仁縣
縣前總鋪

南路
太石鋪　山口鋪
梅橋鋪　赤塘鋪
江東鋪　大坪鋪
大塘鋪
北路
新渡鋪　梅椶鋪
潭湖鋪
東路
大田鋪　黄石鋪

西路
青路鋪　彭蠡鋪
酃縣
縣前總鋪
石鼓鋪　斜瀨鋪

衡州府志卷之十二　知衡州府事豐城饒佺重編

藩封

粤稽有虞班瑞特隆周室啓宇義重剪桐由漢以來聿著藩封分茅胙土推恩酬庸表裏山河莫不來同衡居上游屏翰攸崇近如勝國尚留遺蹤固如盤石垂之無窮

漢

衡山王吳芮

按吳芮秦時番陽令也沛公攻南陽遇芮之將梅鋗與偕攻析酈降之及項羽相王立芮爲衡山王都邾

衡山王勃淮南厲王子文帝十二年分淮南地以勃爲衡山王即吳芮舊封地

承陽侯景長沙刺王子元始五年封

六朝

宋

衡陽王義季文帝第七皇弟元嘉元年封

桂陽王休範文帝子孝武帝孝建三年封

重安縣子王敬則太始元年封

齊

衡陽元王道度太祖長兄建元二年追加封謚

桂陽王鑠世祖子

衡陽王子峻世祖子建武元年封

湘東王子建世祖子永明八年封

衡陽郡公蕭諶建武元年封

衡陽王子坦永泰元年封

湘東王寶晊永元元年封

梁

衡陽嗣王元簡高祖四弟暢子暢仕齊卒天監

元年追封衡陽郡王元簡襲封

湘東郡王繹武帝子天監十三年封

衡山縣侯恭南平王偉子

陳

衡陽獻王昌高祖第六子拜長城國世子與高祖俱遷關右高祖即位頻遣使請於周人許之而未遣天嘉元年二月昌發自安陸百僚上表議以昌爲湘州牧封衡陽郡王詔可三月入境令緣道迎接丙子濟江於中流船壞以溺薨謚曰獻無子世祖以第七子伯信爲嗣

湘東郡公徐度安陸人天嘉元年以平王琳功
封
湘東郡公徐敬成天嘉年閒封
重安縣侯華皎天康元年封
重安縣公陳靈洸光太元年封
湘東王叔平高宗第二十子至德元年封
重安縣侯陳文季至德元年封以子饗襲封
唐
衡陽王成義睿宗六子宮人柳生搗惠莊太子
本名成義初生武后以毋賤欲不齒以示浮屠

萬回回諦曰此西方樹神宜兄弟后喜乃畜之
垂拱三年封
衡王絢順宗子永貞元年封
衡王憺憲宗子
五代
梁
衡王友諒大祖兄
唐
衡陽王馬希聲長興三年追封
明

衡山王允熞興宗第四子建文元年封未就藩
衡陽莊和王貴煐簡王第十一子永樂二十二
年封
衡山恭惠王貴燮簡王第十九子
雍王祐橒憲宗第七子成化二十三年封建藩
府於郡城金鰲山宏治四年之國
常寧王幹岷憲王二子以子企鏜襲爵追封岷
常寧王幹冲憲王第四子萬歷十五年封
桂端王常瀛神宗第七子天啓七年封建藩府
於雍王舊址

安仁王由櫻桂王世子早卒以次子由櫻嗣崇
正時封未幾卒弟由榔襲封

衡州府志卷之十三

知衡州府事豐城饒佺重編

戶口

普天之下分毛踐土稽古獻數拜登天府民爲邦本計口編戶周宣料民事不師古漢算口錢生子弗舉洪惟我
朝仁恩斯溥丁額日增丁錢勿取民無夭札永慶生聚

衡陽縣

闔縣城鄉煙民共四萬一千一百八十八戶合計大小男婦共二十五萬一千八百八十一丁口

清泉縣

闔縣城鄉煙民共四萬一千八百七十三戶合計大小男婦共二十五萬四千五百八十三丁口

衡山縣

闔縣城鄉煙民共四萬一千八百七十三戶合計大小男婦共二十五萬四千五百八十三丁口

耒陽縣

闔縣城鄉煙民共一萬八千六百一十五戶合計大小男婦共一十一萬三千五百二十八丁口

常寧縣

闔縣城鄉煙民共一萬八千二百一十七戶合計大小男婦共一十萬一千九百九十七丁口

安仁縣

闔縣城鄉煙民共一萬八千三百六十四戶合計大小男婦共八萬二千九百四十一丁口

酃縣

闔縣城鄉煙民共一萬三千四百八十三戶合計大小男婦共六萬七千一百四十八丁口

衡州府志卷之十三

衡州府志卷之十四

知衡州府事豐城饒佺重編

賦役

任土作貢九等布數惟正之供周徹商助相沿弊生徵求無度賣絲糶穀嗸嗸待哺政拙心勞又恐貽誤用一緩二民力差舒明代苦役更甚於賦莫善我

朝法惟雇募

闔府田賦總數

原額田地塘三萬四千二百五十五頃三十三畝八分六釐零除荊棘荒蕪冲洗失額其田地塘一千九十九頃九十一畝九分二釐零實成熟田地塘三萬三千一百五十五項四十一畝九分四釐零各則科徵不等

原額秋糧官民米並科增零尾共糧米一十七萬五千五百一石四斗四升三合零除荒蕪無徵失額減則糧九千五百一十石七斗二升五合零實成熟糧一十六萬五千九百九十石七斗八合零

衡陽安仁酃縣三縣秋糧內派夏稅米三千四

百三十四石九斗九合零

桑絲一千二百九十觔一兩一分二釐零內安仁縣原入秋糧內帶派桑絲二百六十五觔七兩六分六釐在內

原額條絲銀並科增零尾共銀九萬二千三百五十兩一錢六釐零除荒蕪無徵並失額減則銀四千二百二十二兩四錢二分八釐零實徵銀八萬八千一百二十七兩六錢七分八釐零

額外

丈出並開墾共田地塘七百三十頃六十九畝七分六釐零除荒蕪失額田地九頃六畝七分七釐零實成熟田地塘七百二十一頃六十二畝九分九釐零每畝科則不等

該糧一千八百二十五石七斗四升四合除荒蕪無徵失額減則糧一千三百六十六石五斗七升九合零

該條絲銀八百六十三兩六錢五分七釐零除荒蕪無徵失額減則銀六十三兩九錢四分五釐零外實徵銀七百九十九兩七錢一分二釐零

另派

原額九釐餉銀除科減零丁外實徵銀五萬一千一百二十一兩七錢一分一釐零除荒蕪無徵失額減則銀二千六百四十八兩六錢二分六釐零外實徵銀四萬八千四百七十三兩八分五釐零

丈出並首墾額外九釐餉銀五百二十七兩八錢六分八釐零除荒蕪無徵失額減則銀一百二十七兩三錢四分一釐零外實徵銀四百兩五錢二分六釐零

以上闔府民賦額內額外共成熟糧一十六萬七千三百五十七石二斗八升七合零

實徵條絲九釐餉銀一十三萬七千八百一兩一釐零（丁銀不在此內應加民賦實徵丁銀帶派合關起存等欵）

起運項下

戶禮工光四部寺地丁條銀及冗欵並順治九年起至康熙六年止奉裁充餉以及額外條餉等銀除無徵失額減則外實徵銀一十一萬七百九十七兩八錢一釐零

實徵解費銀四百六十七兩九錢一分五釐零

存留項下

撥運存留官俸役食驛站均徭夫馬祭祀復留花紅旂匾等銀除無徵失額減則外實徵銀一萬七千九百六十七兩九錢七分七釐零

會裁修理亭仗刑具心紅紙張草料倉監喂馬各渡江哨歲科應朝備用迎送皂隸吹手府縣歲貢巡檢官役科舉正費燈夫驛丞官俸役食民壯工食等銀除無徵失額減則外實徵銀二千五百一十四兩一錢二釐零

兵部江濟水夫正損銀除無徵失額外實徵銀四千三百三十一兩六錢八分六釐零（奉文協濟驛道

衡驛開銷）

隨漕等銀除無徵失額外實徵銀八千一百八十三兩二錢一分七釐零

實徵解費銀八兩五錢四分五釐零

漕糧項下

兌軍本色正米二萬五千六百三十九石四斗五升（每石耗米四斗）

正耗共米三萬五千八百九十五石三斗六升二合零除失額無徵減則外實徵並丈出首墾共米三萬四千四百二十六石四斗一升七合

零
里納米二千三百七石四斗六[illegible]合零除失
額無徵減則外實徵並丈出首墾共米二千二
百一十三石三升六合零
贈貼米五千一百二十七石九斗一升五合零
除失額無徵減則外實徵並丈出首墾共米四
千九百一十八石五升九合零

南糧項下

解南本色正米二萬九千六十一石二斗（每石耗米二斗五升）
正耗共米三萬六千三百二十六石八斗四升
七合零除失額無徵減則外實徵並丈出首墾
共米三萬四千八百六十九石八斗二升六合
零
里納米四千三百五十九石一斗八升（每石折銀一兩）
該折銀四千三百五十九兩二錢二分一釐零
除失額無徵減則外實徵並丈出首墾共銀四
千一百八十四兩四錢一毫零

各衛所田賦（衡長茶三衛并寧溪桂陽二所）

原額丈出首墾額外屯田地塘堰共四千五百

三十八頃一十七畝七分三釐零（各衛科則不等）除荒
蕪失額田四十九頃一十七畝九分一釐外實
成熟田地塘四千四百八十八頃九十九畝八
分二釐零
額糧二萬七千一百七十八石五斗一升三合
零除失額荒蕪減則糧九百一十五石一斗三
升二合零外實成熟糧二萬六千二百六十三
石三斗八升一合零
額屯餉銀一萬四千一百五十七兩一錢五分
四釐零除失額無徵減則銀二百六十五兩七
錢四分八釐零實徵銀一萬三千八百九十一
兩四錢五釐零

丁糧外派

麂皮京摃額銀七兩六錢一分四釐除失額無
徵減則外實徵銀六兩二錢六分六釐零

湖洲雜課

漁舫城壕地塘各稅黃蔴熟鐵線膠等銀六百
六十五兩六錢七釐零（遇閏月之年加徵閏銀一十七兩八錢一釐零）
衡陽衡山二縣原額更名基租銀六百六十七
兩六錢除荒蕪無徵外實徵銀二百四十三兩

六錢二分
衡陽縣西鄉長樂永伏金蘭三處竹山八十五
項六十三畝九分六釐零此項不派秋糧只照稅認納貴州司庫米折一項
額徵貴州司庫米折正費銀三百六十四兩五
分八釐零奉文改解本省充餉

班匠

現存班匠一百六十七名每名每年正徵帶閏該銀六錢共該
銀一百兩二錢除荒蕪無徵並水冲失額外實
徵銀五十七兩五錢九分八釐零奉文均入田賦內攤徵

以上闔府民屯地丁條銀一十五萬九千八百
七十七兩七錢二分九釐零
另派不准優免奉裁充餉實徵銀八百七十六
兩八錢四分四釐零
鹽引額銷二萬四千二十六引每引納稅銀二分
牙雜稅銀九十兩五錢九分三釐零
當鋪三座每座納稅銀五兩共該稅銀一十五兩
田房牛驢二稅歷係儘徵儘解原無定額

衡陽縣

按衡陽縣於乾隆二十一年事繁難治案內分
設清泉縣將東南二鄉地土丁糧撥歸清泉該
二縣實徵起運存留俸工等欵均係新定額數
逐細開載用昭遵守至其餘各邑率由舊章止
載欵項總數以省繁瑣
原額田地塘一萬四千三十五項四十七畝八
分八釐零各則科糧不等除失額五十三項三十六畝
三分五釐實成熟田地塘一萬三千九百八十
二項一十一畝五分三釐零
額科秋糧米六萬六千一百二十一石八斗六
升六合零除失額減則外實成熟糧米六萬二

千八百三十四石一斗八升七合零
夏稅米二千二百八十三石三斗四升五合零
秋糧內帶派
桑絲二百五十五觔九兩三錢五分八釐零
額徵條絲銀並新加顏料除科減零尾實額銀
三萬一千九百九十二兩九分九釐零除失額
減則外實徵銀三萬一千三百八兩九錢六分
八釐零

額外

丈出並開墾田地塘六百三十五項七十四畝

三分七釐零每畝科不等

科糧一千四百二十六石五升二合零除減則

外實成熟糧九百八十四石二斗一升零

額徵條絲銀六百九十兩七分零除減則外實

徵銀六百四十四兩一錢八分八釐

另派

原額九釐餉銀除科減零尾實徵銀二萬七百

七兩四錢一分三釐零除失額減則外實徵銀

一萬九千七百六十一兩四錢六分五釐零

丈出並開墾九釐餉銀四百四十六兩五錢九

分七釐零除減則外實徵銀三百二十三兩七

錢一釐零

以上額內額外條餉共銀五萬三千八百三十

六兩一錢七分九釐零除失額減則外實徵銀

五萬二千三十八兩三錢二分二釐零丁銀不在此內

應加民賦實徵丁銀派合徭開起存等欵

起運派下

戶禮工光四部寺地丁條銀及冗欵九釐餉並

順治九年起至康熙六年止奉裁充餉以及額

外條餉等銀除無徵丁銀失額減則外實徵銀

四萬一千一十三兩五錢五分三釐零

實徵解費銀一百九十七兩五錢八分四釐零

存留項下

撥運存留官俸役食驛站均徭祭祀復留花紅

旗匾等銀除無徵丁銀失額減則外實徵銀七

千三十八兩七錢四分九釐零

會裁條理亭仗刑具心紅草料紙張倉監喂馬

各渡江船歲科應朝備州迎送吹手府縣歲貢

巡檢官役科舉正費燈夫民壯等銀除無徵丁

銀失額減則外實徵銀七百五十六兩九錢五

分一釐零

兵部江濟水夫銀除失額減則外實徵銀一千

五百一十二兩六錢七分八釐零此項銀兩奉文協濟驛道衡驛閒銷

隨漕淺船等銀除無徵丁銀失額減則外實徵

銀三千九百九十九兩一錢零

實徵解費銀三兩三錢八分一釐零

隨漕項下

兌軍本色正米一萬三千三百石每石耗米四斗

正耗共米一萬八千六百二十石除失額無徵

減則及科減零尾外實徵並丈出開墾共米一萬七千九百七十一石三斗四升四勺零

里納米（每正米一石另納盤脚米五升）該米一千一百九十七石除失額減則外實徵並科收零尾及額外丈出開墾共米一千一百五十五石三升八合零

贈貼米（每正米一石加耗米二斗）該米二千六百六十石除失額減則外實徵並科增零尾額外丈出開墾共米二千五百六十七石三斗三升四合零

南糧項下

解南本色正米一萬二千九百八十三石二斗

（每石加耗米二斗五升）

正耗共米一萬六千二百二十九石除失額無徵減則及科減零尾外實徵並丈出額外開墾共米一萬五千六百六十三石六斗三升四合零

里納米（每正米一石另納船驅脚米一斗五升）該米一千九百四十七石四斗八升（每石折銀一兩）該銀一千九百四十七兩四錢八分除失額無徵減則外實徵並科增零尾額外開墾共銀一千八百七十九兩六錢三分四釐零

衡州衛田賦

原額屯田地塘堰二千一百一頃三十七畝一釐零（每畝科糧六升）除失額田九十四畝三分外實成熟田地塘堰二千一百頃四十二畝七分一釐零

額糧一萬二千二百四十五石四斗四升九合零

額屯餉銀六千六百八十二兩三錢五分六釐零除失額無徵減則外實徵銀六千六百一十六兩二分五釐零

額外

丈出并首墾屯田塘六十一頃七十三畝九分一釐零（每畝科糧六升）

該糧一百七十石九斗一升七合零

該屯餉銀一百四十九兩七錢七分三釐零

茶陵衛田賦

原額田塘一頃七畝八分七釐零（每畝科則不等）

該糧六石五斗

實徵屯餉銀二兩五錢七分七釐零

丁糧外派

鹿皮京損額銀一兩七分九釐除失額無徵減
則外實徵銀一兩七錢六分一釐零

湖洲雜課

路府魚舫銀二百七十二兩四錢八分
本縣城壕鈔銀六兩六錢四釐零（遇有閏月之年加徵閏銀四錢三分佃壕戶出辦）
原額更名基租銀六百六十四兩除無徵外實
徵銀二百四十兩二分（佃基地人出辦）
西鄉長樂永伏金蘭三處竹山八十五頃六十
三畝九分六釐零（此項不派秋糧只照畝認納貴州司庫米折一項）
額徵貴州司庫米折正費銀三百六十四兩五
分八釐零（奉文改解本省充餉）

班匠

原報存班匠七十一名（每名每年正徵帶閏該銀六錢）該班價
銀四十二兩六錢（全荒無徵）
以上闔縣民屯額內額外條丁九釐餉帶徵鹿
皮京損等項並加屯丁閑丁丁銀共實徵銀六
萬二千二百四十二兩二錢六分八釐零
另派不准優免奉裁充餉實徵銀三百四十九
兩二錢二分五釐零

乾隆二十一年分設清泉縣除將東南邨地土
丁糧撥歸清泉外實在起徵總數
原額民賦田地塘六千四百九十四頃九十七
畝一分六釐三毫四絲九忽二微七塵三纖九
渺六漠
額徵條銀一萬六千七百一十兩三錢三分八
釐五毫八絲二忽六微八塵二纖九渺九漠三
茫九沙三漂（每石糧並新加顏料等項派徵四錢八分一釐六毫七絲七微八塵九纖九渺三漠謂之條銀）
額徵九釐餉銀一萬八百六十七兩四錢一分

三釐六毫七絲四忽二微四塵九纖一渺七漠
五茫七沙（每石糧派徵九釐銀三錢一分三釐一毫七絲四微三塵九纖三渺謂之九釐銀又日遼餉又日洪餉此項係萬曆四十六七八三年加增每畝九釐正損餉銀國初以此項為前明權宜之徵即蠲去之順治十二年洪經畧進勦雲貴軍需孔亟每石復借徵餉三錢一分有奇時名日洪餉謂蕩平後仍減免之今相沿為例矣述府志）
額徵絲銀七十九兩三錢八分四釐三毫二絲
四忽八微七塵九纖七渺五漠九茫八沙五漂
五灰（每石糧派徵桑絲銀二釐一毫五絲五忽九微六塵六纖四渺謂之絲銀）
額徵驢脚銀一千二十七兩二錢七釐三毫九
絲九微三塵八纖四渺一沙八漂（每正米一石另派里納驛）

驢脚米一斗五升奉文每石折銀一兩內八錢充餉二錢給解役此江南儀眞縣壩上不通過河故用驢脚解役

康熙三十年丈量案內額外丈出田地塘四百四十二頃七十九畝五分五釐五絲一忽八微七塵七渺

額徵條銀四百七十五兩六錢九分九釐五毫一絲九忽三微七塵二纖一渺六漠二茫四沙

額徵九釐餉銀三百九兩二錢八分八釐一毫二絲一忽五微三塵二纖五渺一漠

額徵絲銀二兩一錢二分五釐九毫七絲五忽九微一塵二纖五渺九漠一茫

額徵驢脚銀二十九兩八分五釐一毫二絲三忽七微五塵六纖二渺七漠五茫

康熙三十九年清丈田畝等事案內復丈出西鄉新額外成熟中田八十八畝一釐七毫九絲五忽一微三塵四渺四漠

額徵條銀二兩九錢八分八毫七絲八忽七微一塵七纖八渺四漠一茫

額徵九釐銀一兩九錢四分三釐二毫九絲五忽四塵七纖八渺八漠五茫

額徵絲銀一分三釐三毫六絲九忽九微二塵六纖八渺一茫六沙

額徵驢脚銀一錢八分二釐七毫六絲一忽九微八塵八纖三渺九漠一茫

康熙四十五年民墾新額外荒地一十五畝三分八釐三毫

額徵條銀一錢一分五釐一毫四絲四忽二微七塵八纖九渺七漠三茫五沙七漂

額徵九釐餉銀七分四釐八毫六絲三忽九微六塵三纖四渺六漠九沙九漂

額徵絲銀四釐八毫七絲二忽五微六塵五纖二渺五漠

額徵驢脚銀七釐四毫七微六塵六纖五渺七漠六茫二沙

雍正七年首墾額外田塘八十五畝四分二釐二毫五絲

額徵條銀一兩七錢一分八釐八毫六絲九忽六微三塵六渺五漠三茫三沙七漂三灰

額徵九釐餉銀一兩一錢一分七釐五毫六絲六忽五微三塵八纖二茫九沙五漂三灰

額徵絲銀七釐六毫二忽三微六塵三纖七渺
二漠三茫八沙八漂六灰
額徵蘆脚銀一錢五釐一毫四忽三微八纖七
渺一漠九茫八漂三灰
以上額內額外田地塘六千九百三十九頃六
十五畝五分三釐七毫四絲六忽二微七塵五
纖一渺內除康熙五十年夏被水災冲洗失額
田地塘五十三頃二十畝三分五釐
實在成熟田地塘六千八百八十六頃四十五
畝一分八釐七毫四絲六忽二微七塵五纖一

渺
共額徵條銀一萬七千一百九十兩八錢五分
二釐九毫九絲四忽六微八塵二纖六渺二漠
四茫二沙七漂三灰內除水冲失額無徵銀一
百六十九兩三錢四分四釐九毫七絲八塵四
纖五渺六漂又除減則銀二百八十一兩三錢
八分一釐四毫二絲八忽八微九塵九纖五渺
一茫一沙二漂
實徵條銀一萬六千七百四十兩二錢二分六
釐六毫五忽六微九塵八纖六渺二漠三茫九

漂三灰
共額徵九釐餉銀一萬一千一百七十九兩八
錢三分七釐五毫二絲一忽三微三塵一纖三
漠四茫六沙四漂三灰內除水冲失額無徵銀
一百一十兩一錢三釐九毫一絲二忽八微一
塵二渺四漠六茫又除減則銀四百八十五兩
三錢七分三毫三忽七微六塵四纖三渺五茫
六沙二漂
實徵九釐餉銀一萬五百八十四兩三錢六分
三釐三毫四忽七微五塵六纖四渺八漠三茫

二漂三灰
共額徵絲銀八十一兩五錢三分六釐一毫四
絲五忽六微四塵八纖一渺二漠六茫三沙四
漂一灰內除水冲失額無徵銀七錢七分六釐
三毫四絲二忽七微六纖三渺一漠又除減則
銀六兩一錢六分七釐九毫八絲五忽九微六
塵三纖四渺五漠六茫三沙七漂
實徵絲銀七十四兩五錢九分一釐八毫一絲
六忽九微七塵八纖三渺五漠九茫九沙七漂
一灰

其額徵驢脚銀一千五十六兩五錢八分七釐四毫二絲一忽七微五塵八纖三渺六漠一茫四沙六漂三灰內除水冲失額無徵銀一十兩三錢五分四釐九毫九絲五忽六微三塵五纖二渺一茫又除減則銀四十七兩九錢八分二釐三毫六絲三忽一微五纖八渺二漠二茫二沙二漂

實徵驢脚銀九百九十八兩二錢五分六絲三忽一塵七纖二渺三漠八茫四漂三灰

一人丁銀

原額舊管人丁六千八十一丁

額徵丁銀三千三百三十九兩五錢四分四釐一絲二忽五微九塵內除逃亡人丁三千六百七十八丁無徵銀二千二十兩七錢三分三釐四毫四絲七忽五微二塵五漠六茫

實在人丁二千四百三丁

實徵丁銀一千三百一十八兩八錢一分五毫六絲五忽六微九纖九渺四漠四茫自雍正七年奉文隨糧帶徵餘詳戶口志

歸併衡州衛

原額田地塘九百五十三頃九十一畝七分三釐六毫一絲七忽八微三塵

額徵屯餉銀三千三百三十三兩四錢五分七釐二毫一絲四微六塵九纖九渺四漠

康熙三十年丈糧案內額外丈出屯田地塘二十四頃四十八畝八分六釐一毫四絲四忽八微六塵六纖屯田無各則俱以下則起科每畝科糧六升其地塘堰則二畝算畝荆墾與成熟一例起科每石派徵餉銀五錢三分

額徵屯餉銀七十七兩八錢七分三釐七毫九絲四忽六塵七纖三渺八漠八茫

雍正十二年首報額外屯田塘二十九畝九分五釐二毫七絲五忽

額徵屯餉銀九錢五分二釐四毫九絲七忽四微五塵

以上額內額外共田地塘九百七十八頃七十畝五分五釐三絲七忽六微九塵六纖內除康熙五十年水冲失額田九十四畝三分

實共成熟田地塘九百七十七頃七十六畝二分五釐三絲七忽六微九塵六纖

額徵屯餉銀三千一百一十二兩二錢八分三

釐五毫一忽九微八塵七纖三渺二漠八茫內除水冲失額無徵銀二兩九錢九分八釐七毫四絲又除減則屯餉銀四十七兩三錢五分七釐二毫八絲七忽六微九塵九纖八渺九漠五茫六沙六漂

實徵屯餉銀三千六十一兩九錢二分七釐四毫七絲四忽二微八塵七纖四渺三漠二茫三沙四漂

一屯丁銀

原額屯丁一十一丁

實徵丁銀二兩二錢自雍正七年奉文隨糧帶徵餘詳戸口志

丁糧另派

額徵麂皮京摃銀一兩一錢七釐七毫四絲九忽六微三塵八纖六渺六漠八茫二沙七漂五灰內除水冲失額無徵銀七釐七毫三絲八忽一塵二纖三渺四漠九茫又除逃亡無徵並減則共銀一錢六分四釐七毫四忽八塵六纖八渺八漠六沙九漂二灰

實徵銀九錢二分五釐三毫七忽五微三塵九纖四渺三漠八茫五沙八漂三灰

優免丁銀一百七十九兩三錢三分五釐三毫四絲五忽六微五塵五渺四漠五沙九漂內除應徵給詳覆各生優免本身丁銀八十九兩六錢六分九釐八毫一絲五忽六微一塵三纖四渺以濟公用外

實徵充餉銀八十九兩六錢六分五釐五毫三絲三塵七纖一渺四漠五沙九漂

優免糧銀九十六兩八錢六分九釐三毫八絲二忽八微六塵三纖三渺九漠六茫三沙九漂

內除水冲失額無徵銀一兩六分五釐四毫八忽六微七塵三纖四渺九漠二茫

實徵充餉銀九十五兩八錢三釐九毫七絲四忽一微八塵九纖九渺四茫三沙九漂

二共丁糧充餉銀一百八十五兩四錢六分九釐五毫四忽二微二塵七纖四漠四茫九沙八漂

南糧

額徵南糧正耗並丈出額外開墾共米八千八百四石九斗一升一合二勺三抄七撮五圭二

粒八粟內除水冲失額並逃荒無徵及減則共
米四百八十六石一斗四升五勺三抄八撮二
圭八粒
實徵米八千三百一十八石七斗七升六合九
抄九撮二圭四粒八粟
驢脚
額徵驢脚米（每正米一石另派驢脚米一斗五升）折銀一千五十
六兩五錢八分七釐四毫二絲一忽七微五塵
八纖三渺六漠一茫四沙六漂三灰內除水冲
失額並減則共銀五十八兩三錢三分七釐三

毫五絲八忽七微四塵一纖二漠三茫二沙二
漂
實徵銀九百九十八兩二錢五分六絲三忽一
微七纖三渺三漠八茫二沙四漂二灰（奉文每一兩內八錢充餉二錢給解役）
漕糧
額徵漕糧正耗米一萬一百二石一斗三升六
合五勺三抄四撮二圭四粒九粟五顆內除水
冲失額並減則共米五百五十七石七斗六升
九合三勺七抄六撮九圭一粒四粟

實徵米九千五百四十四石三斗六升七合一
勺五抄七撮三圭三粒五粟五顆
額徵二耗贈貼米一千四百四十三石一斗六
升二合三勺八撮一圭四粒七粟五顆內除水
冲失額並減則共米七十九石六斗八升一合
二勺八抄五撮六圭七粒一粟
實徵米一千三百六十三石四斗八升一合二
抄二撮四圭七粒六粟五顆
額徵里納盤船脚米六百四十九石四斗二升
二合九勺九抄三撮九圭六粒二粟內除水冲
失額並減則共米三十五石八斗五升二合一
勺六抄八撮九圭六粒二粟

實徵米六百一十三石五斗七升八勺二抄五
撮
丁糧外派
班價額銀二十二兩六錢逃亡無徵
湖州雜課額銀三十二兩七錢三分九釐五絲
一忽九微七塵五纖（遇閏加銀一兩八錢九分）
內魚觔銀四兩八錢六分五釐原議每觔加派
銀二分該銀二兩一錢八分五釐給解戶盤費

今照例入戶部充餉
內蔴鐵線膠即魚油銀一十九兩八分五釐
內壕鈔銀六兩六錢四釐一毫五絲仝存衡邑
西鄉長樂永伏等里竹山八十頃四十二畝二分五釐六毫八絲七忽此項不派秋糧米只照畝認納貴州司庫一項額徵司庫米折正賫銀三百四十一兩八錢八分八毫六絲二微八纖三渺一漠二茫
更名基租銀即王庄原額六百六十四兩查舊書刊載原係租課及雍府地基並營房空地湘春書院塘稅及西南門等處地基解納今地基房屋毀敗

塘地荒塞順治十四年報過認租不等共納租銀二百四十兩二分入戶部充餉述舊志今除分清泉衡存一百四十四兩七錢六分一釐內除荒蕪銀一百一十一兩八錢二分實徵銀三十二兩九錢四分一釐
闔縣通共民屯額內額外田地山塘堰七千九百九十八頃七十八畝三分四釐四毫七絲九徵七塵一纖一渺內除水沖失額田地塘五十四頃一十四畝六分五釐
實在成熟田地山塘堰七千九百四十四頃六十三畝六分九釐四毫七絲九徵七塵一纖一渺

民屯成熟共糧四萬一千八百三十七石四斗二升四合七勺八抄一撮六圭八粒九粟內除失額糧三百五十七石二斗三升六合二勺四抄三撮一圭一粒七粟又扣抵墾報原旱塘糧一千九百七十三石八斗二升四合九勺四抄一撮一圭一粒一粟
實成熟糧三萬九千五百六石三斗六升三合五勺九抄七撮四圭六粒
額徵民屯地丁正雜等項共銀三萬六千六百九十二兩四錢六分五釐一毫七絲二忽七微

一塵九纖九渺九漠一茫九沙七漂五灰內除水沖失額並逃亡無徵及減則共銀三千三百一十八兩二錢二分九釐六毫一絲八忽九微六塵二纖七漠五茫六沙八漂二灰
實徵銀三萬三千三百七十四兩二錢三分五釐五絲三忽七微五塵七纖九渺一漠六茫二沙九漂三灰
起運
戶部項下
江南農桑絹衡存一百六疋每疋正銀五錢五分損銀一錢五分

共額銀七十四兩二錢
盛京富戶衡存二名每名銀二兩每兩損銀二分
共額銀四兩八分解費每兩二分該銀八分一釐六毫
派剩太倉米衡存一千七十一石三斗每石折銀六錢
該額銀六百四十二兩七錢八分每兩損銀一分二釐該
銀七兩七錢一分三釐三毫六絲解費每兩二分該銀
一十三兩九釐八毫六絲八忽
抵編沔陽州額派北京乾魚正銀衡存五兩一
錢三分八釐每兩損銀九釐該銀四分六釐一毫七絲
七忽二微解費每兩二分該銀一錢三釐五毫三絲九

忽五微四塵四纖
江南乾魚正銀衡存八錢六釐每兩京損銀九釐該銀
七釐二毫五絲四忽解費每兩二分該銀一分六釐二
毫六絲五忽八塵
江南戶口鈔本折正損衡存額銀五十八兩五
錢四分七釐六毫五絲二忽二微四塵帶閏銀
在內一兩九錢五分一釐五毫九絲二忽二微
七塵一纖解費每兩二分該銀一兩一錢七分九釐一
毫五絲三忽四塵四纖
南糧正米一石折蘆蓆猫竹圈頭籮扒等銀二分

一釐六毫衡該銀一百五十兩四錢一分一釐二毫
九絲
部解南兊運糧官盤費銀衡該一十六兩一錢
宗祿本折額銀衡該三千二百四十兩六錢九
分九釐五毫八忽九塵解費銀六十一兩七錢
三分二毫八絲九忽六微六塵三纖四渺
茶價額銀衡該六十三兩三錢九分六釐解費每兩
二分該銀一兩二錢六分七釐九毫二絲
民校工食等額銀衡該二百五十一兩
摘裁賦役冗欵銀衡該三千六百三十兩五錢

五分五釐六毫三絲八忽一微六塵一纖五渺
一漠
原額九釐正損餉銀衡該一萬一千二十三兩
一錢四分五釐四毫八絲五忽四塵三纖七渺
七漠六茫五沙七漂
康熙三十年至四十五年以後丈增報墾額外
條銀九釐銀衡實存一千一兩五錢九分一釐
六毫五絲二忽七微九塵三纖一渺二漠六茫
一沙七漂七灰
歸併衡衛額內外地丁屯餉銀三千六十四兩

一錢二分七釐五毫

丁糧外派

更名基租銀除荒蕪缺額外衡存三十二兩九錢四分一釐入戶部充餉

西鄉示伏長樂等里竹山認納貴州司庫米折銀衡實存銀三百四十一兩八錢八分一釐

湖課魚舫銀衡存四兩八錢六分五釐庫議每舫加派二分該銀二兩一錢八分五釐給解戶盤費今照例入戶部充餉

本城壕鈔銀六兩六錢四釐一毫五絲全存衡邑遇閏

加銀四錢三分

以上戶部項下民屯地丁正雜等項共額銀二萬四千七百六十三兩四錢二分一釐八毫三絲七忽四微五塵六纖四渺五漠三茫七沙四漂七灰內除水冲失額逃亡無徵減則共銀一千七百一兩七錢四分一釐六毫三絲二忽五微一塵三纖八渺七茫七沙五漂五灰

實解銀二萬三千六十一兩六錢八分二毫四忽九微四塵二纖六渺四漠五茫九沙九漂二灰損銀解費在內

禮部項下

北京藥味正價額銀衡存五兩八錢八分六釐五毫一絲二忽七微每兩損銀四分該銀二錢三分五釐四毫五絲八忽解費每兩二分該銀一錢一分七釐七毫三絲

江南藥味正價銀衡存八錢二釐三毫四絲四忽原無損解

以上禮部項下衡共存銀七兩四分二釐四絲四忽七微內除水冲失額並減則外實解銀五兩五錢三分二釐七毫一忽三微五塵八纖四渺三漠九茫五沙六漂五灰

兵部項下

江南江濟水夫衡存額銀六百一十七兩五錢七分四釐七毫六絲二忽五微四纖七渺九漠三茫四沙三漂五灰內除水冲失額並減則共銀一十三兩三分六釐三毫三絲四忽五微四塵四纖六渺四漠四茫三沙一灰

實解銀六百四兩五錢三分八釐四毫二絲七忽九微六塵一渺四漠九茫一沙三漂四灰於順治十六年奉文協解驛道衡驛開銷

工部項下

緞疋正銀衡存四十三兩損銀六兩四錢(每兩加京損銀九釐)該銀四錢四分四釐六毫(解費每兩二分)該銀九錢九分六釐八毫九絲二忽

猫竹正損銀衡存三十八兩三錢五分(解費每兩二分)該銀七錢六分七釐

軍器銀衡存八十六兩六錢七分七釐七毫八絲(解費每兩二分)該銀一兩七錢三分三釐五毫五絲五忽六微

都水司料銀衡存五百九兩二分九釐(每兩京損銀九釐)該銀四兩五錢八分一釐二毫六絲一忽(解費每兩二分)該銀十兩二錢七分二釐二毫五忽二微二塵

熟鐵正銀衡存一百三十七兩七錢七分二釐七毫佩絲(每兩京損銀九釐)該銀一兩二錢三分九釐九毫五絲四忽六微六塵

生銅正銀衡存一兩三錢(每兩京損銀九釐)該銀一分一釐七毫

熟銅正銀衡存一兩七分五釐六毫(每兩京損銀九釐)該銀九釐三毫九絲四忽二微

線彤正銀衡存六兩四分四釐(每兩損銀九釐)該銀五分四釐三毫九絲六忽(遇閏加銀八錢一分六釐二毫五絲每年帶徵共銀三錢二分六釐五毫每項解費每兩二分)該銀二兩九錢四分九釐五毫三絲五忽五微八塵五纖

德安倉米銀奉文抵編漢川縣額派白麻正銀衡存四十一兩三分(每兩損銀九釐)該銀三錢六分九釐二毫七絲(解費每兩二分)該銀八錢二分七釐九毫八絲五忽四微

本色起運

白硝鹿皮衡存二百六張(每張價銀四錢京損銀二錢)共銀

一兩二十三兩六錢(解費每兩二分)該銀二兩四錢七分二釐(如遇折色之年每兩另加京損銀九釐)

丁糧另派

麂皮京損額銀衡存銀一兩一錢七釐七毫四絲九忽六微三塵八纖六渺六漠八茫二沙七漂五灰内除豁免丁銀並水冲失額減則共銀一錢七分二釐四毫四絲二忽九塵九纖二渺二漠九茫六沙九漂二灰

實解銀九錢三分五釐三毫七忽五微三塵九纖四渺三漠八茫五沙八漂三灰

丁漕外派湖州雜課

班價銀衡存二十二兩六錢逃亡無徵

黃麻熟鐵線膠鉚魚油銀衡存一十九兩八分四釐（遇閏加銀兩四錢六分）

以上工部項下共額銀一千六十三兩八錢六毫一絲九忽三微三纖六渺六漠八茫二沙七漂五灰內除水冲失額並逃亡無徵減則共銀二百三十九兩四錢二分八釐八毫五絲四忽三微一塵八纖七漠六茫九沙三漂三灰

實解銀八百二十四兩三錢七分一釐七毫六

絲四忽九微八塵五纖五渺九漠一茫三沙四漂二灰

光祿寺項下

甲丁庫供應等銀衡存六百二十九兩五錢（每兩京損銀二分）該銀一十二兩五錢九分二毫（解費每兩二分）該銀一十二兩八錢三分八釐八毫二絲八忽一微八塵二纖五渺二漠（內菓品京損銀一百二十七兩四錢七分八釐五毫二絲四忽六微七塵一纖牲口銀五十一兩七錢七分七釐五毫九絲五忽）

新加顏料蠟茶銀衡存五百七十兩九錢七分八釐六毫五絲六忽八微一塵七纖四渺八漠

以上光祿寺項下額銀一千二百二十五兩九錢七釐六毫八絲五忽內除水冲失額並逃亡無徵及減則共銀二百七十兩一錢三分三釐六絲八微二纖九渺一漠七茫一沙三漂三灰

實解銀九百五十五兩七錢七分四釐六毫二絲四忽一微九塵七纖八漠二茫八沙六漂七灰

隨漕項下

楞木松板銀衡存二十七兩五錢二分四釐七絲

運糧官軍行月二糧米衡存一千八百一十六石八斗五升（每石折銀四錢）該銀七百二十六兩七錢四分

三陸耗蓆輕齎銀衡存一千二百七十二兩九錢二分（每兩解準損銀一分）該銀一十二兩七錢二分九釐二毫

淺船銀衡存九十兩五分一釐（解費每兩二分）該銀一兩八錢一釐二絲

以上隨漕各項共額銀二千一百三十一兩七錢六分五釐二毫九絲內除水冲失額減則銀

六十一兩一釐一毫四絲八忽三微八塵五纖六渺三漠五茫三漂二灰

實解銀二千七十兩七錢六分四釐一毫五絲一忽二微六塵七纖一漠三茫一沙一漂　內有楞木松板案奉部文松板全辦本色不用楞木亦改辦松板一并給弁丁帶解又有隨漕蓆片奉文於本色內酌減八釐以一分七釐徵收本色解交通倉嗣又遵乾隆六年部行將全解十分本色松板並楞木改徵松板俱止解一半本色其餘一半折收銀兩轉解通庫嗣於乾隆

十四年一件酌請暫行停征板片以節糜費事案內奉文湖廣江西等省現在應征板片暫行停征餘交折色銀兩解通庫以乾隆庚辰年爲始遵照在案

一無耗閏丁銀四兩六錢三分三釐二毫

歷年裁欵充餉項下

全裁本府刑具額銀二十兩　通判心紅紙張額銀二十兩　喂馬草料額銀一十二兩　本縣心紅紙張額銀二十兩　修理倉監額銀二十兩　各渡修船額銀一兩五錢　喂馬草料額銀一十二兩

原新設江哨巡船頭梢公八名工食額銀三十兩六錢三分九釐六毫五絲

提學歲科考府縣童生合用試卷供應給賞等銀四十兩　本縣應朝盤費額銀九兩　備用額銀二百一十五兩四錢　修理龍亭儀仗額銀二兩　迎送皂隸四十名工食額銀一百一兩六錢六分六釐五毫　吹手二十四名工食額銀一百七十二兩一錢二分七釐六毫

府學歲貢盤纏額銀一十五兩　縣學歲貢盤

纏額銀一十五兩

江東司俸薪額銀三十一兩五錢三分

皂隸工食額銀一十二兩

均徭巡司弓兵一十二名工食額銀四十八兩七錢九分九釐二毫五絲

通判燈籠夫二名工食額銀一十二兩

本縣燈籠夫四名工食額銀二十四兩

半裁科塲正費額銀六十六兩三錢九分一釐八毫

以上裁欵項下共額銀九百一兩四分四釐七

毫七絲二忽四微除水冲失額逃亡無徵及減則其鈌銀一百五十九兩二錢四分五釐二毫八絲三忽

實解充餉銀七百四十一兩七錢九分九釐九毫七忽以上各項裁款充餉衡清未分

存留撥運項下

時憲書銀四兩四錢四分五釐一毫五絲四忽內除扣災減則外實支銀三兩七錢四分三釐二毫八絲

半留充科場正費銀六十六兩三錢九分一釐

八毫內除扣災減則外實支銀五十五兩九錢一分五釐五絲衡清未分

新舊會試舉人以六名爲率每名給長夫額銀二十四兩共銀一百四十四兩二年分派每年該銀四十八兩內除扣災減則外實支銀四十兩四錢二分五釐五毫一絲八微四塵九纖六渺八漠二茫一沙三漂七灰衡清未分

驛站

編協辰州府屬羅舊驛馬銀一十九兩八錢四分每年帶徵銀三錢三分六毫　共銀二十兩一錢七分六毫

晃州驛馬五疋每疋銀三十一兩每年帶閏銀五錢一分六釐六毫　又零銀六兩二錢每年帶閏銀一錢三釐四毫　共銀一百六十三兩八錢八分六釐四毫

便水驛馬一十五疋每疋銀三十一兩每年帶閏銀五錢一分六釐六毫　又零銀一十八兩六錢每年帶閏銀三錢一分　共銀四百九十一兩六錢五分九釐

山塘驛馬一疋該銀三十一兩每年帶閏銀五錢一分六釐六毫　又零銀四兩八錢五釐每年帶閏銀八分六釐　共銀三十六兩四錢二釐二毫以上四項解費每兩一分五釐該銀一十兩六錢八分一釐七毫一絲三忽

排山驛馬一十一疋每疋銀三十兩每年帶閏銀五錢　共銀三百三十五兩五錢按季解衡陽驛轉發

排山驛支應銀五十兩司册載六十兩

排山驛館夫二名每名歲支正閏銀五兩八分三釐三毫　共銀十兩一錢六分六釐六毫

排山驛損夫四十五名每名歲支工食銀七兩二錢帶閏銀一錢二分　共銀三百二十九兩四錢

七里驛支應銀八十兩內扣銀一十兩八錢給中哨廵江官

七里驛館夫二名每名支正閏銀五兩八分三釐三毫　共銀一十兩一錢六分六釐六毫

七里驛站船水夫六名每名支工食銀六兩帶閏銀一錢共銀
三十六兩六錢自編協辰州府屬驛起至七里驛站止衡清未分
臨蒸驛支應銀衡存二百五十二兩八錢四分
九釐四毫四絲七忽五微三塵四纖五渺七茫
一沙一漂七灰
臨蒸驛館夫四名每名支正閏銀五兩八分三釐三毫共銀二十
兩三錢三分三釐三毫衡清未分
臨蒸驛站船水夫十名每名支工食銀六兩帶閏銀一錢共銀
六十一兩衡清未分
排夫五十六名內除本縣應役轎夫六名　抵

經制外實存走差五十名每名帶閏歲支工食
銀五兩五錢二分共銀二百七十六兩原註徵銀領給
今銀解驛道衡驛開銷
驛馬二十三疋每疋帶閏銀三十兩共銀六百九十兩原註
徵銀領給不許另討私幇今解驛道衡驛開銷
以上存畱撥運等項共額銀四千七百三十八
兩八錢三釐五絲四微三塵七渺一漠六茫三
漂六灰內除水冲失額無徵並減則共銀八百
一十二兩七錢三分六釐八毫四絲一忽七微
二纖八渺六漠七茫三沙六漂五影

實支銀三千九百二十六兩六分六釐二毫八
忽七微二塵七纖八渺四漠八茫六沙七漂五
灰五影
存畱本縣項下
知府俸薪額銀一百五兩內除扣災減則外實
支銀八十八兩四錢三分八毫四忽九微八塵
三纖六渺八漠四沙二漂四灰　內均攤實支
銀七十四兩七分二釐六毫八絲九忽六微一
塵八纖五渺五漠二茫九沙六漂九影六鏰五
銖餘解司銀一十四兩三錢五分八釐一毫一

絲五忽三微六塵五纖一渺二漠七茫四沙六
漂三灰三錙五銖
門子二名工食額銀一十二兩內除扣災減則
外實支銀一十兩一錢六釐三毫七絲七忽七
微一塵二纖四渺二漠五沙三漂四灰
知縣俸薪額銀四十五兩內除扣災減則外實
支銀三十七兩八錢九分八釐九毫一絲六忽
四微二塵一纖五渺七漠七茫七沙五漂三灰
內均攤實支銀三十一兩七錢四分五釐四毫
三絲八忽四微七纖九渺四漠二茫二沙六漂

實支銀三千九百二十六兩六分六釐二毫八忽七微二塵七纖八渺四漠八茫六沙七漂五灰五影

存留本縣項下

知府俸薪額銀一百五兩內除扣災減則外實支銀八十八兩四錢三分八毫四忽九微八塵三纖六渺八漠四沙二漂四灰 內均攤實支銀七十四兩七分二釐六毫八絲九忽六微一塵八纖五渺五漠二茫九沙六漂九影六錙五銖餘解司銀一十四兩三錢五分八釐一毫一

絲五忽三微六塵五纖一渺二漠七茫四沙六漂三灰三錙五銖

門子二名工食額銀一十二兩內除扣災減則外實支銀一十兩一錢六釐三毫七絲七忽七微一塵二纖四渺二漠五沙三漂四灰

知縣俸薪額銀四十五兩內除扣災減則外實支銀三十七兩八錢九分八釐九毫一絲六忽四微二塵一纖五渺七漠七茫七沙五漂三灰 內均攤實支銀三十一兩七錢四分五釐四毫三絲八忽四微七纖九渺四漠二茫二沙六漂

微四塵九纖六渺八漠二茫一沙三漂七灰全存衡邑

民壯衡存一十四名該工食額銀八十四兩內除扣災減則外實支銀七十兩七錢四分四釐六毫四絲二忽九微八塵六纖九渺四漠四茫三沙

庫子衡存二名該工食額銀一十八兩內除扣災減則外實支銀一十五兩一錢五分九釐五毫六絲六忽五微六塵八纖六渺三漠八沙一灰

斗級衡存二名該工食額銀一十八兩內除扣災減則外實支銀一十五兩一錢五分九釐九毫六絲六忽五微六塵八纖六渺三漠八沙一灰

轎傘扇夫七名工食額銀四十二兩內除扣災減則外實支銀三十五兩三錢七分二釐三毫二絲一忽九微九塵三纖四渺七漠一茫三沙七漂全存衡邑

禁卒八名工食額銀四十八兩內除扣災減則外實支銀四十兩四錢二分五釐五毫一絲八

微四塵九纖六渺八漠二茫一沙三漂七灰全存
衡邑
縣丞俸薪額銀四十兩內除扣災減則外實支
銀三十三兩六錢八分七釐九毫二絲五忽七
微八纖六漠九茫一沙一漂四灰
門子一名工食額銀六兩內除扣災減則外實
支銀五兩五分三釐一毫八絲八忽八微五塵
六纖二渺一漠七沙六漂七灰
皂隸四名工食額銀二十四兩內除扣災減則
外實支銀二十兩二錢一分二釐七毫五絲五

忽四微二塵四纖八渺四漠一茫六漂八灰
馬夫一名工食額銀六兩內除扣災減則外實
支銀五兩五分三釐一毫八絲八忽八微五塵
六纖二渺一漠七沙六漂七灰
典史俸薪額銀三十一兩五錢二分內除扣災
減則外實支銀二十六兩五錢四分六釐八絲
五忽四微五塵七纖九渺五漠八茫五沙一漂
門子一名工食額銀六兩內除扣災減則外實
支銀五兩五分三釐一毫八絲八忽八微五塵
六纖二渺一漠七沙六漂七灰

皂隸四名工食額銀二十四兩內除扣災減則
外實支銀二十兩二錢一分二釐七毫五絲五
忽四微二塵四纖八渺四漠一茫六漂八灰
馬夫一名工食額銀六兩內除扣災減則外實
支銀五兩五分三釐一毫八絲八忽八微五塵
六纖二渺一漠六漂七灰
松柏司巡檢奉裁改充督糧道庫大使俸薪額
銀三十一兩五錢二分內除扣災減則外實支
銀二十六兩五錢四分六釐八絲五忽四微五
塵七纖九渺五漠八茫五沙一漂

皂隸二名改充糧道庫役工食額銀一十二兩
內除扣災減則外實支銀一十兩一錢六釐三
毫七絲七忽七微一塵二纖四渺二漠五沙三
漂四灰
弓兵一十二名改充糧道庫子工食額銀四十
八兩七錢九分九釐二毫五絲內除扣災減則
外實支銀四十一兩九分八釐六毫三絲七忽
七微一塵五纖二渺三漠六茫八沙二漂八灰
縣學教諭俸薪銀一十五兩七錢六分內除扣
災減則外實支銀一十三兩二錢七分三釐四

絲二忽七微三塵八纖九渺七漠九茫二沙五漂五灰

齋夫一名半工食額銀一十八兩內除扣災減則外實支銀一十五兩一錢五分九釐五毫六絲六忽五微六塵八纖六渺三漠八沙一灰

門斗一名半工食額銀一十兩八錢內除扣災減則外實支銀九兩九分五釐七毫三絲九忽九微四塵一纖一渺七漠八茫五沙八漂五影

縣學廩生衡存十名餼糧額銀二十四兩內除扣災減則外實支銀二十兩二錢十分二釐七毫五絲五忽四微二塵四纖八渺四漠一茫六漂八灰五影

膳夫衡存一名工食額銀六兩六錢六分六釐六毫五絲內除扣災減則外實支銀五兩六錢一分四釐六毫四絲二微四塵八纖四漠二茫五沙七漂四灰五影乾隆元年奉部文各學廩生免其扣荒衡該補荒缺銀四兩八錢三分九釐二毫五絲四忽三微二塵七纖一渺一漠六茫二沙四漂七灰庫請領每年赴司

縣學歲貢花紅旗匾酒席脚力額銀二十兩每年給十兩內除扣災減則外實支銀每年八兩四錢二分一釐九毫八絲一忽四微二塵七纖一漠七茫二沙七漂八灰內除分清泉外衡實存銀四兩五錢四分四毫八絲一忽四微二塵七纖一漠七茫二沙七漂八灰內均攤實支銀三兩八錢八分一釐五毫　餘剩解司銀六錢五分八釐九毫八絲一忽四微二塵七纖一漠七茫二沙七漂八灰

復留府學歲貢花紅旗匾脚力銀共二十兩除扣災減則外實支銀一十六兩三錢三分五釐

一絲四忽五微一塵二纖五渺一茫八漂四灰乾隆二年奉蘇州巡撫部請均歲貢坊儀花紅旗匾銀兩照通省出貢名數均勻支給於乾隆三年府學每年每名給銀一十五兩五錢二分六釐外均攤餘銀八錢九釐一絲四忽五微一塵二纖五渺一茫八漂四灰每年具批解藩司彈收以補别縣歲貢不足之銀縣學出貢照例每年分領

鄉飲二次衡存銀六兩內除扣災減則外實支銀五兩五分三釐一毫八絲八忽八微五塵六

纖二渺一漠二沙六漂七灰

府縣兩學科舉生員三年盤纏衡存銀五十兩

內除加裁減則外實支銀四十二兩一錢九釐

九毫七忽一微三塵五纖八漠五茫八沙九漂

二灰

祭祀

文廟二祭 共銀五十兩雍正十二年奉文減十兩解補長沙府學

崇聖祠二祭 共銀一十兩乾隆十三年奉文減二兩

名宦鄉賢祠二祭 共銀一十兩仝上減二兩

山川壇二祭 共銀一十二兩仝上減二兩

石鼓書院五祠二祭 共銀一十八兩

釋菜二祭 共銀一十八兩 全裁

本府學倉香燭米折銀 一兩二錢六分

本縣學倉香燭米折銀 一兩二錢六分

邑厲壇三祭 銀一十五兩仝上減二兩

厲祭米折銀 一兩二錢六分

社稷壇二祭 銀十兩

以上祭祀共額銀一百四十六兩七錢八分內

赴司領補荒缺銀二十二兩五錢五分六釐六

毫七絲三忽七微二塵五纖九渺五漠五沙八

漂三灰又領補米折銀一兩二錢六分

實支銀一百二十二兩五錢五分六釐六毫七

絲三忽七微二塵五纖九渺五漠五沙八漂三

灰內補解長沙府祭祀銀四兩六分七釐六毫

七絲八忽二微八塵八纖一漠一茫六沙六漂

八灰核減祭祀銀二十六兩

實存祭祀銀九十二兩四錢八分八釐九毫九

絲五忽四微三塵七纖九渺三漠八茫九沙一

漂五灰

新奉文

關帝誕辰及春秋二祭共銀三十五兩七錢四分

二釐內分撥清泉外衡實存銀二十二兩三錢

七分一釐

先農壇一祭 銀二兩一錢五分六釐

雍正十二年奉文將耤田存貯餘穀糶售以作

祭費

雩祭壇每歲孟夏一祭向無經費乾隆十二年奉

巡撫楊題准請照湖北例每年祭祀給銀五兩

辦理祭品俟年終具文赴司請領公項補完

火神廟原無祭祀乾隆二十一年奉文設立春秋

二祭無銀支給衡清二縣每歲二祭合捐銀一十兩五錢八分

八蜡廟原有祭祀乾隆十三年奉文裁除迨十七年知縣德貴仍設春秋二祭後每祭衡清二縣捐銀六錢七分僅辦祭餼猪羊借供

孤貧衡存十五名布花口糧額銀三十一兩五錢內除扣災減則實支銀二十六兩五錢二分九釐二毫四絲一忽四微九塵五纖一渺四茫二漂七灰乾隆四年奉文照下江例每名每日給米一升折銀六釐共補給銀五兩八錢七分七毫五絲八忽五微四纖八渺九漠五茫九沙七漂三灰共銀三十二兩四錢每名歲支布花口糧銀二兩一錢六分

衡寶二路及總鋪共鋪司兵一百名工食額銀四百四十九兩六錢五分九釐三毫

又補荒缺工食銀八十四兩二錢六分四釐九毫二絲八忽四微二塵五纖一渺二漠七茫四沙三灰

衡寶總鋪共原額並補荒合共工食銀五百三十三兩九錢二分四釐二毫二絲八忽四微二

塵五纖一渺二漠七茫四沙三灰

各河渡夫衡存柘里西渡二渡工食額銀二兩一錢九分六釐二絲五忽一微六塵六纖八渺八茫二沙八漂八灰八影除扣災減則外實支銀一兩八錢四分九釐四毫六絲七忽一微二塵一纖三渺七漠二茫七沙八漂四灰八影

清泉縣

現在實徵銀米總數

闔縣四十二里東廂西廂雍和共四十五里外寧輸安插　原額熟墾田地塘共一萬四千六百一十六頃七十二畝八分零

原額田地塘糧共六萬三千八百一十三石八斗八升零

原額民屯地丁正雜共銀六萬二千五百九十一兩四錢九分零自乾隆二十一年奉文分宜清泉縣西北仍歸衡陽其東南隸於清泉東鄉自三十一都至三十九都南鄉自二十三都至三十都止並東廂雍和自正街以東寧輸安插本邑與衡各有分隸熟墾田糧餉本邑酌分末及一半開列於左

實在成熟田地塘七千七百三十一頃四十畝七分二釐三毫五絲九忽四微五塵六纖二渺四漠

實徵條銀一萬五千七十八兩八錢七分三釐七毫四絲六忽三微六塵四纖八渺七漠八茫一沙六漂七灰（每石糧並新加顏料等項派徵銀四錢八分一釐六毫七絲七微八塵九纖九渺三漠謂之條銀）

實徵絲銀五十九兩五錢五分六釐六毫一絲八忽五微四塵五纖八渺八漠五茫一沙四漂四灰（每石糧派徵桑絲銀二釐一毫五絲五忽九微六塵六纖四渺謂之絲銀）

實徵九釐餉銀九千五百兩八錢三釐一毫六絲八忽三微八塵九纖九渺八漠九茫四沙一漂（每石糧派徵九釐銀三錢一分三釐一毫七絲四微三塵九纖三渺謂之九釐銀又曰遼餉又曰洪餉此項係萬曆四十六七八三年加增每畝九釐正損餉銀國初以此項爲前明權宜之征即蠲去之順治十二年洪經畧進勦雲貴軍需孔亟每畝復徵餉三錢一分九釐有奇時名曰洪餉）

實在人丁二千一百二十二丁九分五釐二毫一微八塵六纖一渺六漠八茫（原每丁徵銀五錢六分零）

實徵丁銀一千一百六十四兩八錢六分五釐四絲六忽三微三塵七纖八渺九茫五沙五漂

自雍正七年奉文隨糧帶徵（每石糧帶徵丁銀四分四釐二毫一絲六忽）

一丁另派

額徵優免丁銀一百五十八兩二錢三分四釐七毫六絲五微三纖五漠九茫四沙一漂內除應徵給詳覆各生優免本身丁銀七十九兩一錢六分五釐二毫三絲七忽四微六塵三纖四渺以濟公用實徵充餉銀七十九兩一錢六分九釐五毫二絲三忽三塵九纖六渺五漠九茫四沙一漂

額徵麂皮京損銀八錢二分五釐八毫七忽七微一塵八纖五渺三漠八沙八漂一灰

一糧另派

額徵優免充餉糧銀八十四兩五錢八分六釐三毫九絲八忽五微六塵八纖七渺五漠九茫七沙四漂

額徵麂皮京損銀■錢■分■釐■毫零卽在丁另派項內分出併徵日久其數莫能分析

以上除丁銀徵存一半濟公用外二共丁糧充餉銀一百六十三兩七錢五分五釐九毫二絲

一忽六微八纖四渺二漠九茫一泌五漂

一丁糧外派

班價額銀二十兩零全係逃亡無徵

湖洲雜課額銀二百九十八兩三錢三分四釐一毫遇閏加銀二兩五錢一分七釐內魚舫銀二百六十五兩四錢二分九釐內蔴鐵線膠即魚油銀三十二兩九錢五釐一毫

竹山五項二十一畝七分五毫六絲二忽係三十六都有竹之山此項秋糧米只照畝認貴州司庫一項額徵司庫米折正費銀二十二兩一錢七分八

釐

更名基租原額六百六十四兩係租課及雍府地基並營房空地湘春書院塘租及西南門等處地租今地基房屋毀敗塘地荒塞順治十四年報過認租不等共納租銀二十四兩二分入戶部充餉本色分得五百一十九兩二錢三分九釐內除荒蕪無徵外實徵銀二百七兩七分九釐

外派銀共七百七十一兩三錢三分八釐六絲六忽七微九塵三渺五漠三漂一灰此不在丁糧內徵故曰外派

一歸併衡州衛屯賦實徵總數

實在屯田地塘一千一百八十四頃四十畝三分七釐四毫九絲一忽四微六塵五纖

實徵屯餉銀三千七百三兩八錢七分一釐二毫九絲九忽九微九塵八纖九渺九漠九茫存石糧派徵餉銀五錢三分

實在屯丁一十三丁

實徵丁銀二兩六錢自雍正七年隨糧帶徵

實徵閏丁銀五兩五錢六分六釐

一歸併茶陵衛屯賦實徵總數

實在屯田地塘一項七畝八分七釐六毫六絲五忽二微六塵九纖

實徵屯餉銀二兩五錢五分七釐八毫八絲一渺九漠七茫

屯丁銀無

闔縣民屯共成熟田地山塘堰八千九百二十二項一十畝六分八釐八絲一微九塵三渺四漠共成熟糧三萬六千六百七十一石九斗一合六勺一抄六撮五圭共實徵民屯地丁正雜

等項銀三萬二百九十兩四分四釐一毫一絲五微二塵五纖六渺五漠三茫七沙六漂二灰

一南糧

額徵南糧正耗並丈出額外開墾共米七千七百六十九石八斗七升四合六勺九抄二撮六圭五粒一粟三顆八糠八粃除水冲失額報墾減則外實徵米七千三百四十四石八斗六升四合九抄六撮一圭九粒八粟每熟墾糧一石派米二斗四升五合四勺四抄七圭三粒六粟在本縣給兵者收本色米支給他處者改折銀

解糧道衙門

一驢脚

額徵驢脚銀九百三十二兩八錢九分二釐六毫九絲七忽五微九塵二纖二渺二漠五茫三沙二漂除水冲失額並減則外實徵銀八百八十一兩三錢八分四釐八毫九絲八忽八微二塵八纖九渺四漠八茫每一兩內八錢充餉二錢給解役此江南儀真縣垻上不通河故用驢脚解役

一漕糧

漕糧正耗里納盤船脚二耗贈貼並額外丈增開墾共米一萬七百六十七石四升三勺四抄六撮九圭九粒二粟除水冲失額報墾減則外實徵米一萬一百七十二石五斗六升四合四勺九抄六撮三圭三粒九粟

內派兌軍本色正米六千一十九石二斗六升六合六勺五抄三撮八圭三粒六粟五顆五糠（每熟墾糧一石派徵正米二斗一合一勺四抄三撮三圭二粒一粟）

內每正米一石派四耗米四斗共該米二千四百七石七斗六合六勺六抄一撮五圭三粒四

粟二顆（每熟墾糧一石派徵四耗米八升四勺五抄七撮四圭九粒七粟）

內每正米一石派二耗贈貼米二斗共該米一千二百三石八斗五升三合三勺三抄七圭六粒七粟二顆五糠（每熟墾糧一石派徵二耗米四升二勺二抄八撮七圭四粒及粟）

內里納盤船脚共米五百四十一石七斗三升七合八勺五抄二圭一粟（此項米石照例支給運岳船戶食米及兌旂十斛三尖篩颺折耗並盤灘剝淺之用每熟墾糧一石派徵里納米一升八合一勺三撮三圭五粒四粟）

一起解存留半留實數

起解

戶部項下

江南農桑絹九十八疋一丈四尺三分八釐七毫每疋正銀五錢五分損銀一錢五分共該額銀六十八兩九錢二分七釐五毫五絲

盛京富戶二名每名銀二兩每兩損銀二分該銀四兩八分解費每兩二分該銀八分一釐六毫

派剩太倉米九百二十六石一斗每石折銀六錢該銀五百五十五兩六錢六分每兩損銀二分二釐該銀六兩六錢六分七釐九毫二絲解費每兩二分該銀一十一兩二錢四分六釐五毫五絲八忽

抵編沔陽州額派北京乾魚正銀四兩四錢三分五釐五毫每兩損銀九釐該銀三分九釐九毫一絲九忽五微解費每兩二分該銀八分九釐五毫八忽三微九塵

江南乾魚正銀六錢九分六釐每兩損銀九釐該銀六釐二毫六絲四忽解費每兩二分該銀一分四釐四絲五忽三微八塵

江南戶口鈔本折正損共銀五十兩六錢一分二釐五毫六絲六忽二微帶閏銀一兩六錢八分七釐八絲一忽六微七塵七纖解費每兩二分該銀一兩一分二釐二毫五絲一忽三微二塵三纖

部解兌糧官盤纏銀八兩三錢四分六釐

南糧正米一石折蘆蓆猫竹囤頭籮扒等銀二分一釐六毫該銀一百三十兩二分五釐九毫三絲

部解南糧盤纏銀一十三兩九錢

宗祿本折額銀二千八百一兩四錢八分三釐五毫一絲六忽五微二塵解費銀五十三兩三錢五分五釐二毫四絲五忽七微七塵二纖八渺

茶價額銀五十四兩八錢四釐解費每兩二分該銀一兩九分六釐八絲

民校工食等額銀二百一十七兩

摘裁賦役冗欵銀三千一百三十八兩五錢二釐三毫四忽三微八塵七纖七渺三漠

原額九釐正損銀九千六百八十四兩二錢六分八釐三毫九絲四忽二塵五渺五漠八茫四沙三漂康熙三十年至四十五年以後丈增報墾額外條銀九釐銀本邑實分二千七百二十六兩四錢三分九釐九毫四絲四忽一微二塵

五滲九漠三茫一沙一漂五灰

歸併衡茶二衛額內外地丁屯餉銀三千七百七十一兩五錢六分一釐八毫

丁糧外派

更名基租銀五百一十九兩二錢三分九釐

竹山司庫米折銀二十二兩一錢七分八釐

湖課魚舫銀二百六十五兩四錢二分九釐

以上戶部項下民屯地丁正雜等項共額銀二萬四千四十五兩九錢八分四釐六毫九絲四微二塵五纖八滲八漠一茫五沙四漂五灰內

除水冲失額逃亡無徵減則共銀一千八百三十七兩一錢八分五釐六毫六絲二忽八微二塵一纖七滲九漠一沙三漂七灰實解銀二萬二千二百八兩七錢九分九釐二絲七忽六微四纖九漠一茫四沙八漂損銀解費在內

禮部項下

北京藥味正價額銀五兩二錢一分七釐一毫九絲四忽一微每兩損銀四分該銀二錢八釐六毫八絲七忽七微解費每兩二分該銀一錢八釐五毫一絲七忽六微三塵六纖

南藥味正價銀六錢九分三釐五毫三絲一忽

以上禮部項下共銀六兩一錢一分九釐四毫一絲二忽八微內除水冲失額並減則外實解銀五兩四分五釐一毫七絲六忽八塵二纖一滲八漠七茫九沙四漂四灰

兵部項下

江南江濟水夫額銀九百二十七兩七錢三分九釐七忽四微九塵五纖二滲六茫五沙六漂五灰內除水冲失額並減則外實解銀九百八兩一錢四分一毫四絲七忽八微八塵六纖九

滲三漠三茫六沙三漂八灰於順治十六年奉文協解驛道衡驛開銷

工部項下

緞疋正銀三十七兩一錢六分損銀五兩六錢每兩加京損銀九釐該銀三錢八分四釐八毫四絲解費每兩二分該銀八錢六分二釐八毫九絲六忽八微

貓竹正損銀三十三兩一錢五分解費每兩二分該銀六錢六分三釐

軍器銀七十四兩九錢三分四毫解費每兩二分該銀一兩四錢九分八釐六毫八忽

都水司料銀四百四十兩四分（每兩京損銀九釐）該銀
三兩九錢六分三毫六絲（解費每兩二分）該銀八兩八
錢八分七忽二微
熟鐵正銀一百一十九兩一錢八毫一絲（每兩京損銀九釐）該銀一兩七分一釐九毫七忽二微九塵
生銅正銀一兩一錢（每兩京損銀九釐）該銀九釐九毫
熟銅正銀二兩五錢二分（每兩京損銀九釐）該銀二分
二釐七毫一絲九忽六微
線膠正銀六兩九錢一分（每兩京損銀九釐）該銀六分
二釐一毫九絲（遇閏加銀七錢五釐六毫二絲每年帶徵共銀二錢八分二釐二毫四絲八忽）

改抵沔陽州額派黃蔴正銀一十八兩八分一
釐六毫九絲五忽六微七塵（每兩京損銀九釐）該銀一
錢六分二釐七毫三絲五忽二微七塵（遇閏加銀一兩五錢五分九釐七毫每年帶徵銀六錢二分三釐八毫八絲五項解費每兩二分）該銀
二兩九錢八分三毫八絲四忽六微六塵七纖
二渺
德安倉米奉文抵編漢川縣派白蔴正銀三十
五兩四錢七分（每兩京損銀九釐）該銀三錢一分九釐
二毫三絲（解費每兩二分）該銀七錢一分五釐七毫八
絲四忽六微
本色起運
白硝麂皮一百七十九張（每張價銀四錢京損銀二錢）共銀
一百七兩四錢（解費每兩二分）該銀二兩一錢四分八
釐如遇折色之年每兩另加京損銀九釐
綾紗紙價銀二百四兩九錢二分七釐四毫三
絲五忽二微（此項候部文到之年方派不必每年帶徵）
丁糧另派
麂皮京損額銀九錢七分一釐二毫五絲三微
一纖三渺三漠一茫七沙二漂五灰內除逃亡

無徵減則及水冲失額外實徵解銀八錢二分
五釐八毫七忽七微一塵八纖五渺三漠八沙
八漂一灰
丁糧外派湖洲雜課
黃蔴熟鐵線膠卽魚油銀三十二兩九錢五釐
一毫（遇閏加銀二兩五錢一分七釐）
以上工部項下共額銀九百四十一兩三錢三
分七釐五毫九絲七忽三微二塵一纖三渺二
漠一茫七沙二漂五灰內除水冲失額並逃亡
無徵及減則外實解銀七百七十六兩七錢三

分九釐七毫九絲四微五塵一纖八渺九漠二沙五灰

光祿寺項下

甲丁庫供應等銀五百五十四兩二錢一分每兩京掯銀二分該銀一十一兩八分一釐一毫解費銀每兩二分該銀一十一兩二錢五釐八毫二絲二忽

內菓品正掯銀一百一十兩二錢一釐一毫八絲四忽一微三塵六纖

牲口銀四十四兩七錢六分五釐七毫三絲八忽

新加顏料蠟茶銀五百兩二分四釐五毫

以上光祿寺項下額銀一千六十五兩三錢一分五釐六毫一絲五忽內除水冲失額逃亡減則外實解銀八百八十五兩六錢八分三釐九毫八絲七忽五微四塵九纖三渺七漠七茫九沙三灰

隨漕項下

楞木松板銀二十五兩六錢八分七釐九毫五絲

運漕官軍行月二糧米一千六百九十五石四合零每石折銀四錢該銀六百七十八兩一釐六毫四絲六忽零

三六耗蓆輕齎銀一千一百八十七兩五錢八分每兩解准掯銀一分該銀一十一兩八錢七分五釐七毫三絲

淺船銀八十四兩二分五毫一絲二忽一微三塵解費每兩二分該銀一兩六錢八分四毫一絲

以上隨漕項下共額銀一千九百八十八兩八錢四分九毫八絲零內除水冲失額減則無徵外實解銀一千九百三十一兩七錢一分七釐

三毫六絲一忽七微八塵三纖八漠四茫四沙四漂二灰內有楞木松板奉部文松板全辦本色不用楞木亦改辦松板一並給弁丁帶解又有隨漕蓆片奉文於本色內酌減八釐以一分七釐徵收本色解交通倉嗣又遵乾隆六年部行將全解十分本色松板並楞木改徵松板俱止解一半本色其餘一半折收銀兩轉解通庫乾隆十四年奉文湖廣江西等省現在應徵板片暫行停徵交折色銀兩解庫以乾隆庚辰年爲始遵照在案

無耗閑丁銀五兩五錢六分六釐

存畱撥運項下

時憲書銀九兩四錢八分一釐三毫三絲三忽八微五塵四纖六渺八漠一茫二沙九漂二灰八影內除扣災減則外實支銀七兩九錢八分五釐五毫六絲四忽八微一塵六纖八渺五漠七茫六沙四漂

按察司表夫銀一兩九錢五分內除扣災減則外實銀一兩六錢四分二釐二毫八絲六忽三微七塵八纖二渺六漠八茫五沙四漂九灰乾

隆二十年奉文停止存銀解司充餉

各部寺解費額銀九十九兩三錢三分二釐一毫一絲一忽二微二塵七纖五渺二漠三茫八沙五灰內除扣災減則外實解銀九十五兩三錢六分七釐四毫一忽八微五塵一纖八漠五茫五沙八漂三灰（每兩派解官盤費銀二分）

驛站項下

臨蒸驛支應銀一百四十七兩一錢五分五毫五絲二忽四微六塵五纖四渺九漠二茫八沙八漂三灰

本府遞運所紅船一隻水夫工食並修船銀七十七兩八錢八分

排夫分派一百四十四名（每名帶閏歲支工食銀五兩五錢二分）

共銀七百九十四兩八錢八分

脚馬四十二匹（每匹帶閏銀三十兩）共銀一千二百六十兩

以上四項原係徵銀給領今銀解驛道衡站開銷

以上驛站共銀二千二百七十九兩九錢一分五毫五絲二忽四微六塵五纖四渺九漠二茫

八沙八漂三灰內除扣災減則外實徵解銀一千八百七十三兩四錢九分九釐二毫二絲一忽七微二塵五纖二渺一茫二沙三漂五灰

存畱本縣項下

原本府斗級一名今改縣斗級工食額銀六兩內除扣災減則外實支銀五兩五分三釐一毫八忽八微五塵六纖二渺一漠四沙三漂

本府斗級二名工食額銀一十二兩內除扣災減則外實支銀一十兩一錢六釐三毫七絲七忽七微一塵二纖四渺二漠八沙七漂一灰

奉裁同知俸薪今改本縣俸薪額銀二十四兩內除扣災減則外實支銀二十兩二錢一分二釐七毫五絲五忽四微二塵四纖八渺四漠一茫六漂八灰

同知皂隸十二名今改縣皂隸工食額銀七十二兩內除扣災減則外實支銀六十兩六錢三分八釐二毫六絲六忽二微七塵四纖五渺二漠四茫二沙五漂

通判俸薪額銀二十四兩五錢四分內除扣災減則外實支銀二十兩六錢六分七釐五毫四

絲二忽四微二塵一纖九渺九漂七灰

門子二名工食額銀內除扣災減則外實支銀一十兩一錢六釐三毫七絲七忽七微一塵二纖四渺二漠五沙三漂四灰

仵作一名工食額銀六兩內除扣災減則外實支銀五兩五分三釐一毫八絲八忽八微五塵六纖二渺一漠二沙六漂七灰

本縣民壯十二名工食額銀七十二兩內除扣災減則外實支銀六十兩六錢三分八釐二毫六絲六忽二微七塵四纖五渺二漠三茫六沙

八漂四灰

原民壯改補仵作一名工食額銀六兩內除扣災減則外實支銀五兩五分三釐一毫八絲八忽八微五塵六纖二渺一漠三沙二灰

原奉裁民壯三名工食額銀一十八兩內除扣災減則外實徵銀一十五兩一錢五分九釐五毫六絲六忽五微六塵八纖六渺三漠九沙一灰解司充餉

庫子一名工食額銀六兩內除扣災減則外實徵銀五兩五分三釐一毫八絲八忽八微五塵

六纖二渺一漠二沙六漂七灰

斗級一名工食額銀六兩內除扣災減則外實支銀五兩五分三釐一毫八絲八忽八微五塵六纖二渺一漠二沙六漂七灰

府學教授訓導俸薪額銀三十一兩五錢二分內除扣災減則外實支銀二十六兩五錢四分六釐八絲五忽四微五塵七纖九渺五漠八茫五沙一漂

齋夫二名工食額銀二十四兩內除扣災減則外實支銀二十兩一錢一分二釐七毫五絲五

忽四微二塵四纖八渺四漠一茫六漂八灰

門斗三名工食額銀二十一兩六錢內除扣災減則外實支銀一十八兩一錢九分一釐四毫七絲九忽八微八塵二纖三渺五漠七茫一沙六漂一灰

府學廩生四十名餼糧額銀九十六兩內除扣災減則外實支銀八十兩八錢五分一釐二絲一忽六微九塵九纖三渺六漠五茫二沙七漂二灰

膳夫四名工食額銀二十六兩六錢六分六釐

七毫內除扣災減則外實支銀二十二兩四錢五分八釐六毫四絲五忽二微一塵一纖九渺八漠三茫九沙六漂五灰

分撥縣學訓導俸薪額銀一十五兩七錢六分內除扣災減則外實支銀一十三兩二錢七分三釐四絲二忽七微二塵八纖九渺七漠九茫二沙五漂五灰

分撥訓導齋夫工食額銀一十八兩內除扣災減則外實支銀一十五兩一錢五分九釐五毫六絲六忽五微六塵八纖六渺三漠八沙一灰

分撥門斗工食額銀一十兩八錢內除扣災減則外實支銀九兩九分五釐七毫三絲九忽九微四塵一纖一渺七漠八茫五沙八漂五影

縣學廩生十名餼糧額銀二十四兩內除扣災減則外實支銀二十兩二錢一分二釐七毫五絲五忽四微二塵四纖八渺四漠一茫六漂八灰五影

膳夫一名工食額銀六兩六錢六分六釐六毫五絲內除扣災減則外實支銀五兩六錢一分四釐六毫四絲二微四塵八纖四漠二茫五沙

七漂四灰五影

縣學歲貢花紅旗扁酒席脚戶額銀四兩六錢八釐七毫四絲四微三塵八纖七渺三漠一茫六沙七漂五灰內除扣災減則外實支銀三兩八分一釐五毫

鄉飲二次額銀六兩內除扣災減則外實支銀五兩五分三釐一毫八絲八忽八微五塵六纖二渺一漠二沙六漂七灰

府縣兩學科舉生員三十名盤纏額銀五十兩內除扣災減則外實支銀四十二兩一錢九釐

九毫七忽一微三塵五纖八渺五茫八沙九漂
二灰
孤貧十五名口布花口糧額銀三十一兩五錢
内除扣災減則外實支銀二十六兩五錢二分
九釐二毫四絲一忽四微九塵五纖一渺四茫
二漂七灰
祁常安耒四路及總舖共舖司兵一百八十八
名工食額銀八百一十二兩一錢七分三釐八
毫三絲六忽八微一纖三渺四茫四沙六漂二
灰又領補荒鈌工食銀一百五十二兩六分三

釐五毫三絲四忽七微七塵三纖五渺六漠八
茫一沙三漂五灰
四路總舖共原額並補荒合共銀九百六十四
兩三錢三分七釐三毫七絲一忽五微七塵四
纖八渺七漠二茫五沙九漂七灰
各河渡三處渡夫工食銀二兩七錢七分四釐
二毫六微八塵二纖五漠九茫一沙七漂七灰
二影又領補荒銀五錢一分九釐七毫七絲四
忽一微五塵一纖一渺三漠二茫五沙三漂四
灰二共銀三兩二錢九分三釐九毫七絲四忽

零
撥補項下
安仁縣原編同知額俸改歸知縣俸銀二十一
兩内除扣災減則外實支銀一十六兩六分五
釐四毫八絲九忽七微二塵九纖一渺九茫八
沙一漂三灰每年於安仁縣關支
今前坐編本縣存留項下知縣二共實徵俸銀
三十六兩二錢七分八釐二毫四絲五忽一微
五塵三纖九渺五漠八沙八漂一灰内均攤實
支銀三十一兩七錢四分五釐四毫五絲八忽

四微七纖八渺六漠一茫二沙六漂八灰九影
八錙五銖餘解司銀四兩五錢三分二釐八毫
六忽七微四塵六纖八漠九茫六沙一漂二灰
一錙五銖
同知門子二名改歸縣役工食額銀一十二兩
内除扣災減則外實支銀九兩六錢四分九釐
三毫六絲四微五塵二沙五漠二茫每年於耒陽縣關支
同知步快八名改歸縣馬快工食額銀四十八
兩内除扣災減則外實支銀三十五兩四錢八
分五釐三毫七忽三微七塵一渺二漠三茫每年

於鄧縣關支

同知轎傘扇夫七名改歸縣役工食額銀四十二兩內除扣災減則外實支銀三十三兩七錢七分二釐七毫七絲四忽一微七塵五纖八渺八漠五沙每年於耒縣關支

本府禁卒工食內改撥縣庫子一名工食額銀六兩內除扣災減則外實支銀四兩四錢三分五釐六毫六絲三忽四微二塵一纖二渺六漠五茫每年於鄧縣關支

原府禁卒改撥縣斗級一名工食額銀六兩內

除扣災減則外實支銀四兩四錢三分五釐六毫六絲三忽四微二塵一纖二渺六漠五茫每年於鄧縣關支

府禁卒八名改歸縣役內坐編衡山縣六名工食額銀三十六兩內除扣災減則外實支銀三十二兩一錢二絲五忽四微二塵八纖八渺九漠七茫每年於衡山縣關支二名坐編鄧縣工食額銀一十二兩內除扣災減則外實支銀八兩八錢七分一釐三毫二絲六忽八微四塵二纖五渺三漠一茫每年於鄧縣關支

奉裁司獄司俸銀撥給典史俸薪額銀三十一兩五錢二分內除扣災減則外實支銀三十一兩四錢八分五釐三毫二絲八忽每年於嘉禾縣關支

府禁卒工食內改撥典史門子一名工食額銀六兩內除扣災減則外實支銀四兩四錢三分五釐六毫六絲三忽四微二塵一纖二渺六漠六茫每年於鄧縣關支

府禁卒改撥典史馬夫一名工食額銀六兩內除扣災減則外實支銀四兩四錢三分五釐六毫六絲三忽四微二塵一纖二渺六漠六茫每年

於鄧縣關支

司獄皂隸改撥典史皂隸二名工食額銀一十二兩內除扣災減則外實支銀一十一兩九錢八分六釐八毫每年於嘉禾縣關支

奉設新城司巡檢俸薪銀三十一兩五錢二分編武陵龍陽縣存留項下

皂隸二名工食銀十二兩坐編武陵龍陽二縣

弓兵十二名工食七十二兩動支司庫地丁銀兩

雩祭銀五兩

山川壇春秋二祭銀一十兩

社稷壇春秋二祭銀一十兩
邑厲壇三祭銀一十三兩
又厲祭米折銀一兩二錢六分
以上祭祀共銀三十九兩二錢六分除關支安仁縣餘存實徵同知俸銀二十六兩七錢七分五釐八毫一絲六忽二微一塵五纖一渺八漠三茫二漂二灰致祭外應赴司請領清安二縣原編同知荒俸銀一十二兩四錢八分四釐一毫八絲三忽七微八塵四纖八渺一漠六茫九沙七漂八灰補足不敷祭祀之用

關帝誕辰及春秋二祭共銀三十五兩七錢四分二釐內除存衡陽外本邑實支銀一十三兩三錢七分一釐
先農壇一祭銀二兩一錢五分六釐
雍正十二年奉文將藉田存貯餘穀糶售以作祭費
火神廟原無祭祀乾隆二十一年奉文設立春秋二祭衡清二縣每歲二祭合捐銀一十兩五錢八分
八蜡廟原有祭祀乾隆十三年奉文裁革迨十七年知縣德貴仍設春秋二祭後衡清二縣捐祭

一耗羨
加火耗銀三千二十兩五錢三分八毫五絲九忽
內應解三分公項銀九百六兩一錢五分九釐二毫五絲
該七分養廉銀二千一百一十四兩三錢七分一釐六毫內除坐支
知縣養廉銀一千二百兩
典史養廉銀六十兩
巡檢養廉銀六十兩

應解七分養廉銀七百九十四兩三錢七分一釐六毫

衡山縣

原額田地塘八千七項一十三畝八分二釐零各則科糧不等
除失額二十八畝三分四釐零外實成熟田地塘八十六項八十五畝四分七釐零
額秋糧夏稅米除科減零尾實額糧米三萬一千三百七十九石三斗三勺零除失額外實成

熟糧三萬一千三百七十八石三斗五升三合
零
桑絲三十九觔一十兩二錢五分三釐零
額徵條銀並新加顏料除科減零尾實額銀一
萬八千一百一十兩四錢八分三釐零除失額
外實徵銀一萬八千一百九兩九錢三分九釐
零
另派
原額九釐餉除科減零尾實徵銀九千六十三
兩五錢四分三毫零除失額外實徵銀九千六

十三兩二錢六分七釐零
以上額徵條餉共銀二萬七千一百七十四兩
三分三釐零除失額外實徵銀二萬七千一百
七十三兩二錢六釐零（丁銀不在此內應加民賦實徵丁銀派合後開）
（起存等欵）
起運項下
戶禮工光四部寺地丁條銀及允欵九釐餉並
順治九年起至康熙六年止奉裁充餉等銀除
無徵失額外實徵銀二萬一千一十五兩六錢
五毫零

存留項下
撥運存留官俸役食驛站祭祀等銀除無徵失
額外實徵銀四千七百四十九兩四錢七分三
釐零
會裁修理亭仗心紅倉監草料修船備用歲科
應朝嶽廟祭祀巡江皂隸吹手盤纏科舉正貢
燈夫驛丞官俸役食民壯工食等銀除無徵失
額外實徵銀五百六十二兩二分五毫零
兵部江濟水夫銀除失額外實徵銀六百五十
二兩八錢一分三釐零（此項銀兩奉文協濟驛道衙驛開銷）
隨漕等銀除無徵失額外實徵銀一千七百二

兩九錢八分二釐零
實徵解費銀一兩五錢三分一釐零
漕運項下
兌軍本色正米五千五百二十石（每石耗米四斗）
正耗共米七千七百二十八石除失額無徵科
減零尾外實徵米七千七百二十七石七斗二
升二合零
里納米（每正米一石另納盤脚船米九升）該米四百九十六石
八斗除失額無徵及科減零尾外實徵米四百

九十六石七斗八升五合零

贍貼米（每石加耗米二升）該米一千一百四石除失額無徵及科減零尾外實徵米一千一百三石九斗六升三勺零

南糧項下

解南本色正米六千三百四十石六斗（每石加耗米二斗五升）正耗共米七千九百二十五石七斗五升除失額無徵及科減零尾外實徵米七千九百二十五石五斗一升一合零

衡州府志　卷之十四　田賦　七十九

里納米（每正米一石另納船脚米一斗五升）該米九百五十一石九升（每石折銀一兩）該銀九百五十一兩九分除失額無徵及科減零尾外實徵銀九百五十一兩六分一釐零

衡州衞田賦

原額田地塘堰二百一頃七十六畝五分一釐零（每畝科糧六升）

該糧一千二百一十石五斗九升一合零

實徵屯糧銀六百四十一兩六錢一分三釐零

長沙衞田賦

原額田地塘三十七頃二十畝四分七釐零（每畝科則不等）

該糧一百六十五石五斗三升二合零

實徵屯糧銀七十三兩五分七釐零

額外

首墾屯田二十六畝八分九釐（每畝科糧四斗一合零）

該糧七斗七升九合零

該屯餉銀三錢三分一釐零

茶陵衞田賦

原額屯田地塘七十一頃九十六畝九分七釐

衡州府志　卷之十四　田賦　八十

零（每畝科則不等）

該糧四百三十三石六斗四升六合零

實徵屯糧銀一百七十兩六錢四分八釐零

額外

首墾屯田一頃五畝八釐零（每畝科糧六升五合）

該糧六石八斗三升零

實徵屯糧銀二兩六錢八分七釐零

丁糧外派

麂皮京損額銀一兩四錢四釐除無徵失額外

實徵銀一兩一錢八分三釐零

湖洲雜課

魚觔稅銀一百三十三兩七錢四分四釐

本府商稅課鈔銀一十八兩遇閏月之年加徵閏銀一兩五錢

黃蔴熟鐵線膠共銀五十八兩五錢七分一釐零遇有閏月之年加徵閏銀五兩五錢八分三釐零魚戶出辦

更名基租銀三兩六錢佃基地人出辦

班匠匠戶出辦

現在班匠二十三名每名每年正徵帶閏該銀六錢實徵班價銀一十三兩八錢奉文均入田賦內攤徵

以上闔縣民屯額內額外條丁九釐餉帶徵鹿

皮京損班價等項並加民屯丁閏丁丁銀共十萬九千八百九十八兩九錢九分四毫零

另派不准優免奉裁充餉實徵銀一百五十四兩八錢九分五釐零

耒陽縣

原額田地塘五千五百八十九頃五十四畝九分九釐零各則科糧不等除荆棘沙堆荒蕪六百八十二頃三十八畝六釐零實成熟田地塘四十九百七頃一十六畝九分二釐零

科秋糧夏稅米三萬一千八百六十一石一斗二升三合零除荒蕪外實成熟糧二萬八千四百一十八石六斗六升四合零

桑絲五百九十五觔二分五釐零

實徵條絲銀並新加顏料除科減零尾實額銀一萬六千七百七十一兩八錢四分六毫零除荒蕪外實徵銀一萬四千九百九十六兩二錢六分七釐零

額外

首墾田一頃五十一畝一分四釐零每畝科則不等

該糧七石一斗五升七合零

實徵條絲銀三兩六錢九分二毫零

另派

原額九釐餉除科減零尾實額銀八千七百一十兩七錢五分三釐零除荒蕪外實徵銀七千七百六十九兩八錢八分五釐零

首墾額外九釐餉銀一兩九錢五分六釐零

以上額內額外條餉共銀二萬五千四百八十八兩二錢四分一釐零除荒蕪外實徵銀二萬二千七百七十一兩八錢零丁銀不在此內應加民賦實徵丁銀派合後開起存等款

起運項下

戸禮工光四部寺地丁條銀及冗欵九釐餉並順治九年起至康熙六年止奉裁充餉以及額外條餉等銀除無徵荒蕪外實徵銀一萬九千五百五十三兩一錢二分二釐零

實徵解費銀七十九兩八釐零

存留項下

撥運存留官俸役食驛站均徭祭祀等銀除無徵荒蕪外實徵銀一千八百六十八兩六錢七分七釐零

會裁修理亭仗心紅修倉草料修船備用歲科應朝歲貢祭操皂隸吹手科舉正費燈夫民壯工食等銀除無徵荒蕪外實徵銀三百七十六兩八錢九分三釐零

兵部江濟水夫銀除無徵荒蕪外實徵銀六百七十七兩三錢一分零此項銀兩奉文協濟驛道衡驛開銷

隨漕等銀除無徵荒蕪外實徵銀一千二百八十六兩三釐零

實徵解費銀一兩五錢九分六釐零

漕運項下

兌軍本色正米四千六百四十三石四斗每石耗米四升

正耗共米六千五百石七斗六升除無徵科減零尾外實徵並首墾共米五千七百九十九石八斗三升八合零

里納米每正米一石另納盤脚米九升該米四百一十七石九斗六合除無徵科減零尾外實徵並首墾共米三百七十二石八斗四升六合零

贈貼米每正米一石加耗米二升該米九百二十八石六斗八升除無徵科減零尾外實徵並首墾共米八百二十八石五斗四升八合零

南糧項下

解南本色正米六千六百三十四石二斗每石加耗米二斗五升

正耗共米八千二百九十二石七斗五升除無徵科減零尾外實徵並首墾共米七千三百九十八石六斗一升四合零

里納米每石另納艑臚脚米一斗五升該米九百九十五石一斗三升每石折銀一兩該米九百九十五兩一錢二分九釐零除無徵科減零尾外實徵並首墾共銀

八百八十七兩八錢三分三釐零

衡州衛田賦

原額田地塘堰共二百五十四頃九畝八分五釐零（每畝科糧六升）除荆棘沙堆田地塘四十七項三十八畝二分六釐零實成熟田地塘堰二百六頃七十一畝五分九釐零

額糧一千二百四十石二斗九升五合零

額屯餉銀八百八兩三分三釐零除無徵外實徵銀六百五十七兩三錢五分六釐零

額外

丈出屯田地塘堰共二十九頃八十八畝七分一釐零（照前則科徵）

該糧一百七十九石三斗二升二合零

該屯糧銀九十五兩四分一釐零

茶陵衛田賦

原額屯田地塘共一項六十六畝四釐零（每畝科則不等）

科糧一十石

實徵屯糧銀三兩九錢三分五釐零

歸併寄庄

桂陽州撥歸原併桂陽所屯田八項九十一畝三分六釐零（每石科糧六升）

該糧五十三石四斗八升一合零

實徵屯餉銀二十八兩三錢四分五釐零

丁糧外派

麂皮京損銀一兩七錢七分六釐零除無徵外實徵銀一兩四錢三分二釐零

湖洲雜課

湖課鈔銀一十七兩四錢四分三釐零（遇有閏月之年加徵閏銀一兩三錢七分四釐零）

黃蔴熟鐵線膠共銀四十三兩八錢三分六釐零（遇閏月之年加徵閏銀三兩五錢四分九釐零漁戸出辦）

班匠

現在班匠三十一名（每名每年正徵帶閏該銀六錢）實徵班價銀一十八兩六錢（奉文均入田賦內攤徵）

以上闔縣民屯額內額外歸併寄庄條銀九釐餉帶徵麂皮京損班價等項並加屯丁閑丁丁銀共二萬四千七百一十四兩一錢六分七釐零

另派不准優免奉裁充餉實徵銀一百八十六

兩六錢九分四釐零

常寧縣

原額田地塘二千三百七十四頃四十九畝三分六釐零各則科糧不等

額科秋糧夏稅米九千六百一十一石一斗九升六合零

桑絲四十二觔二兩六錢四分零

額徵條絲銀並新加顏料正增收零尾共銀四千七百三十八兩四錢一分六釐零

額外

丈出桑地三頃五十三畝七分一釐零

實徵條絲銀一兩九錢八分七釐零

首墾田二頃九十五畝三分一釐零每畝科則不等

該糧六石九斗四升九合零

實徵條銀三兩三錢九分二釐零

另派

原額九釐餉並科正增收零尾共銀二千七百三十八兩五釐零

首墾額外九釐餉銀一兩九錢七分九釐零

以上額內額外條餉絲銀七千四百八十三兩七錢七分九釐零丁銀不在此內應加民賦實徵丁銀派合後開起存等款

起運項下

戶禮工光四部寺地丁條銀及冗欵九釐餉並順治九年起至康熙六年止奉裁充餉以及額外條餉等銀除無徵外實徵銀五千三百七十六兩七錢二分七釐零

實徵解費銀一十八兩四錢三釐零

存留項下

撥運存留官俸役食驛站均徭祭祀等銀除無徵外實徵銀一千八百五十三兩五錢四分四

釐零

會裁修理亭使心紅倉監喂馬修船備用歲科應朝歲貢水手科舉正費燈夫民壯工食等銀除無徵外實徵銀二百九兩四錢七分八釐零

兵部江濟水夫正損額徵銀一百六十一兩一錢四分二釐零此項銀兩奉文協濟驛道衙驛開銷

隨漕淺船額銀除無徵外實徵銀四百四十五兩九錢七分二釐零

實徵解費銀四錢四分六釐零

漕運項下

兌軍本色正米一千四百三十七石三斗每石耗米四斗
正耗共米二千一十二石二斗二升零
又增減並首墾共米一石五斗九升九合零
二共米二千一十三石八斗一升九合零
里納米每正米一石另納盤船脚米九升該米一百二十九石三斗五升七合除科減零尾外實徵並首墾共米一百二十九石三斗五升九合零
贈貼米每正米一石加耗米二斗該米二百八十七石四斗六升
又科增並首墾共米二斗二升八合零
二共米二百八十七石六斗八升八合零

南糧項下
解南本色正米三千一百三石二斗每石加耗米二斗五升
正耗共米三千八百七十九石零
又科增並首墾共米二石八斗九升九合零
二共米三千八百八十一石八斗九升九合零
里納米每石另納驢脚米一斗五升該米四百六十五石四斗八升每石折銀一兩該折銀四百六十五兩四錢八分零
又科增並首墾共銀三錢七分零
二共銀四百六十五兩八錢五分零

衡州衛田賦
原額屯田地塘堰共一千四百五十七頃六十八畝五分二釐零每畝科則不等
該糧八千七百四十六石一斗一升一合零
實徵屯餉銀四千六百三十五兩四錢三分九釐零

額外

丈出並首墾屯田地塘二十六頃五十畝七分八釐零照前則科徵
該糧一百五十九石四升七合零
實徵屯糧銀八十四兩二錢九分五釐零

歸併寄庄
桂陽州撥歸原併桂陽所屯田七十五頃八十六畝七分五釐零每畝科則不等
該糧四百五十五石二斗五合
實徵屯餉銀二百四十一兩二錢五分八釐零

丁糧外派

鹿皮京頡銀四錢九分六釐零除無徵外實徵
銀四錢五分三毫零

湖洲雜課

本縣商稅鈔銀一十兩四錢二分三釐零

黃崗奉丈徭田山花銀一十五兩內除扣茶價
正頡外存銀七兩二錢二分二釐零

黃蔴熟鐵線膠共銀一十五兩二錢三分七釐
零魚戶出辦

班匠

現在班匠二十四名每名每年正徵帶閏該銀六錢實徵班價

銀一十四兩四錢奉文均入田賦內攤徵

以上闔縣民屯額內額外條丁九釐餉帶徵鹿
皮京頡班價等項並加屯丁閏丁丁銀共一萬
三千一百二十四兩三錢二分八釐零

另派不准優免奉裁充餉實徵銀九十三兩九
錢五分六釐零

安仁縣

原額田地塘三千一百五十八頃四十二畝五
分四釐零各則科糧不等除失額荊棘荒蕪共三百六
十三頃八十九畝一分五釐零實成熟田地塘
二千七百九十四頃五十三畝二分八釐零

科秋糧官民米二萬三千七百一十八石八斗
八升四合零除失額荊棘荒蕪外實成熟糧二
萬九百三十九石二斗四升三合零

夏稅米六百九十七石二斗一勺

桑絲二百六十五觔七兩八分六釐零

額徵條銀並新加顏料除科減零尾外實徵銀
一萬五千四十五兩三錢四分五釐零除失額
荊棘荒蕪外實徵銀一萬三千二百八十二兩
一錢六分五釐零

另派

額徵九釐餉並科正增收零尾共銀六千四百
九十六兩五錢五分四釐零除失額荊棘荒蕪
外實徵銀五千七百三十五兩一分七釐零

以上額徵條餉共銀二萬一千五百四十一兩
八錢九釐零除失額荊棘荒蕪外實徵銀一萬
九千一十七兩一錢八分二釐零丁銀不在此內應加民賦
實徵丁銀派合後開起存等欵

起運項下

戶禮工光四部寺條銀及冗欵九釐餉並胆治

九年起至康熙六年止奉裁充餉等銀除無徵失額荒蕪外實徵銀一萬六千一百三兩一錢一分八釐零

實徵解費銀六十六兩二錢八分五釐零

存留項下

撥運存留各官俸役食驛站均徭祭祀等銀除無徵失額荒蕪外實徵銀一千九百四十三兩五錢一分二釐零

會裁修理亭仗心紅舍監草料修船祭操歲科應朝歲貢備用皂隸吹手譚湖巡檢俸食科舉

正費燈夫安平司巡檢官俸役食民壯工食等銀除無徵失額荒蕪外實徵銀三百八十九兩九錢七分六釐零

兵部江濟水夫額銀除失額荒蕪外實徵銀八百一十七兩五錢九釐零（奉文協濟驛道衡驛關銷）

隨漕等銀除無徵失額荒蕪外實徵銀七百一十六兩二錢九分八釐零

實徵解費銀九錢三分一釐零

漕運項下

兌軍本色正米七百三十八石七斗五升（每百耗米四斗）

正耗共米一千三十四石二斗五升除失額無徵科減零尾外實徵米九百一十三石四斗三升九合零

里納米（每正米一石另納盤船腳米九升）該米六十六石四斗八升七合零除失額無徵並科減零尾外實徵米五十八石七斗二升零

贈貼米（每正米一石加耗米二斗）該米一百四十七石七斗五升除失額無徵並科減零尾外實徵米一百三十石四斗九升一合零

茶陵衛田賦

原額屯田地塘二百七頃一十六畝九分三釐零（每畝科則不等）除失額田八十五畝三分五釐外實成熟田地塘二百六頃三十一畝五分八釐零

實成熟糧一千二百四十二石七斗三升零

額屯餉銀四百九十一兩二錢二分二釐零除失額外實徵銀四百八十九兩三分九釐零

丁糧外派

麂皮京損額銀一兩四分七釐零除無徵失額外實徵銀七錢六分八釐零

湖洲雜課

塘地稅銀三兩二錢（佃戶出辦）

黄麻熟鐵線膠共銀一十四兩五錢六分九釐零（遇有閏月之年加徵閏銀九錢五分三釐零漁戶出辦）

班匠（匠戶出辦）

現在班匠一十六名（每名每年正徵帶閏該銀六錢）實徵班價銀九兩六錢除失額外實徵銀九兩五錢九分九釐零（奉文均入田賦內攤徵）

以上闔縣民屯地丁條餉帶徵麂皮京損班價等項並加屯丁二萬一百六十二兩八錢八釐零

另派不准優免奉裁充餉實徵銀九十二兩七分三釐零

酃縣

原額田地塘一千九百頃二十五畝三分一釐零（各則科糧不等）

額徵秋糧並科正增出零尾共糧一萬二千八百九石六升二合零

夏稅米四百五十四石三斗六升三合零（秋糧內帶派）

桑絲九十二觔三兩六錢六分六釐零

原額條絲並新加顏料科正增出零尾共額銀五千六百九十一兩九錢二分一釐零

額外

丈出首墾田地八十六項九十五畝一分九釐零（每畝科則不等）

除荒蕪地七項五十七畝七分四釐零又除失額田地一頃四十九畝三釐零實成熟田地七十七頃八十八畝四分二釐零

該糧三百八十五石五斗八升四合零除荒蕪無徵並失額外實徵糧三百六十八石二斗六升一合零

額條銀一百六十四兩五錢一分三釐零除荒蕪無徵並失額外實徵銀一百四十六兩四錢五分二毫零

另派

原額九釐餉除科正減去零尾實徵銀三千四百五兩四錢四分四釐零

丈出並首墾額外九釐餉銀七十七兩三錢三分四釐零除荒蕪無徵失額外實徵銀七十二

兩八錢八分八釐零

以上額內額外條餉共銀九千三百三十九兩二錢一分二釐零除荒蕪無徵並失額外實徵銀九千三百一十六兩七錢三釐零丁銀不在此內應加民賦實徵丁銀派合後開起存等欵

起運項下

戶禮工光四部寺地丁條銀及冗欵九釐餉並順治九年起至康熙六年止奉裁充餉以及額外條餉等銀除無徵失額外實徵銀八千三十五兩六錢七分八釐零

實徵解費銀一十五兩五錢二分九釐零

存留項下

撥運存留各官俸役食驛站均徭祭祀等銀除無徵外實徵銀九百二十四兩七錢二分二毫零

會裁修理亭仗心紅倉監喂馬修船霜降備用歲科應朝吹手歲貢科舉正費燈夫民壯工食等銀除無徵外實徵銀二百九兩八分二釐零

兵部江濟水夫銀五百一十兩二錢三分二釐零此項銀兩奉文協濟驛道衡驛開銷

隨漕淺船銀除無徵外實徵銀三十二兩八錢六分二釐零

實徵解費銀六錢五分七釐零

丁糧外派

鹿皮京墳銀八錢一分除無徵失額外實徵銀六錢七分三毫零

湖洲雜課

黃蔴熟鐵線膠共銀四兩五錢八釐零遇有閏月之年加徵閏銀四錢三分三釐零

班匠

現在班匠二名每名每年正徵帶閏該銀六錢實徵班價銀一兩二錢除失額外實徵銀一兩一錢九分九釐零

以上闔縣民賦額內額外條丁九釐餉帶徵鹿皮京墳班價等項共銀九千七百三十五兩一錢五分一釐零

附鹽政

衡陽縣

額鹽二千七百一十六引

清泉縣

額鹽二千七百一十七引

衡山縣

額鹽六千九百一十九引

耒陽縣

額鹽七千三百二引

常寧縣

額鹽二千六百八十五引

安仁縣

額鹽二千六百八十七引

以上六縣例食淮鹽

酃縣

例食淮鹽不拘引額

衡州府志卷之十四

衡州府志卷之十五

知衡州府事豐城饒佺重編

倉貯

維我楚南號稱米鄉吳越告糴風帆相望協濟鄰省本省或荒矧彼愚民厥慮不長覬幸屢豐鮮稽蓋藏常平倉穀原備青黃猶恐難周復有社倉民天攸繫積貯宜詳

衡州府倉貯

常平倉穀三萬二千八百五十五石零

府倉在府署側

衡陽縣倉貯

常平倉穀二萬七千四百六十八石零

社倉穀四千九百四十一石零

常平倉在縣署側計二十一間

社倉八所一在城內一在縣西延壽寺一在赤石寺一在唐福寺一在峴山寺一在大西林一在集福寺

清泉縣倉貯

常平倉穀二萬九千石

社倉穀四千二百七十三石零

常平倉在府署側計二十八間

社倉七所一在排山觀一在古祿寺一在隆興寺一在普賢寺一在高峰寺一在罐子街一在泉溪市

衡山縣倉貯

常平倉穀三萬七千九百一十八石零

社倉穀七千六百九十五石零

常平倉在縣署側

社倉十七所一在道福寺一在新橋一在南嶽市一在雲峰寺一在衣田舖一在西竹寺一在

大中寺一在石潭寺一在大悲庵一在石灣坪一在報恩寺一在靈官廟一在朱陵觀一在寒塘觀一在草市東一在草市西一在城隍廟

耒陽縣倉貯

常平倉穀一萬九千五百五十六石零

社倉穀九千八百四十三石零

常平倉在縣署左計九間

水次倉在縣北二里計十六間

社倉五所一在城南一在大義鄉一在興業鄉一在雲峯鄉一在敖山鄉

常寧縣倉貯

常平倉穀九千二百六十六石零

社倉穀八千四百五十九石零

常平倉在縣治東

社倉四所一在下液保一在西陽保一在官板保一在枯江保

安仁縣倉貯

常平倉穀一萬七千七百四十一石零

社倉穀三千二百七十石零

常平倉在縣治東

社倉三所一在和義鄉一在依仁鄉一在浦陽鄉

酃縣倉貯

常平倉穀一萬二千一百六十九石零

社倉穀三千一百四石零

常平倉二所一在縣署左計三十二間一在縣署右計十五間

社倉七所

按常平倉穀有官捐民捐商捐有捐監有採買有平糶盈餘有漕米易穀各項每年僅青黃不接出糶秋成買補舊例存七糶三乾隆七年定例惟視歲之豐歉不拘三七之例

衡州府志卷之十五

衡州府志卷之十六

知衡州府事豐城饒佺重編

學校

唐虞三代莫不立教化民成俗端由學校洪惟
聖朝尊儒重道
宸翰表章輝煌廟貌追封五世隆典有耀釐定從祀
人知則效化覃苗徭建學邊徼髦士蒸蒸有德
有造

歷代追封

漢元始元年追謚孔子曰褒成宣尼公

東漢永元四年改封孔子爲宣尊侯

隋開皇中贈孔子爲先師尼父

唐武德二年以周公爲先聖以孔子爲先師配享
貞觀二年以孔子爲先聖顏淵爲先師別祀周
公十一年詔尊孔子爲宣父開元二十七年追
謚孔子爲文宣王

宋大中祥符元年加謚孔子爲元聖文宣王

元大德元年加孔子號曰大成至大二年號大成
至聖文宣王

明嘉靖九年釐正舊號曰至聖先師孔子神位復
聖顏子宗聖曾子述聖子思子亞聖孟子之位
從祀十哲以下及門弟子皆稱先賢某子之位盡
左丘明以下二十九人皆稱先儒某子之位盡
罷公侯伯封爵改稱大成殿爲先師廟大成門
曰文廟特立祠祀叔梁紇稱啓聖公孔氏以顏
無繇曾點孔鯉孟孫激配稱先賢程珦朱松蔡
元定從祀稱先儒弁遵洪武十五年國子監規
制孔子以下易塑像爲木主擬定大小尺寸著
爲定式

本朝順治二年定謚號稱爲大成至聖文宣先師十

四年改謚號爲至聖先師孔子雍正元年追封
孔子五代王爵五世祖木金父公爲肇聖王高祖
祈父公爲裕聖王曾祖防叔公爲詒聖王祖伯
夏公爲昌聖王父叔梁公爲啓聖王改啓聖祠
曰崇聖祠三年奉
諭旨聖諱理應迴避毛詩及古文此字讀作期音者
甚多嗣後除四書五經外凡遇此字並加阝爲
邱地名並加阝旁爲邱讀作期音

康熙二十三年
御書萬世師表扁額

雍正元年
御書生民未有匾額
乾隆元年
御書與天地參匾額
廟位
至聖先師孔子神位正中南向
廟內東配西向
復聖顏子
述聖子思
廟內西配東向

宗聖曾子
亞聖孟子
廟內次東哲西向
先賢閔子損
先賢冉子雍
先賢端木子賜
先賢仲子由
先賢卜子商
先賢有子若
廟內次西哲東向
先賢冉子耕
先賢宰子予
先賢冉子求
先賢言子偃
先賢顓孫子師
先賢朱子熹
東廡
先賢蘧瑗
先賢澹臺滅明
先賢原憲

先賢南宮适
先賢商瞿
先賢漆雕開
先賢司馬耕
先賢梁鱣
先賢冉孺
先賢伯虔
先賢冉季
先賢漆雕徒父
先賢漆雕哆

先賢公西赤
先賢任不齊
先賢公良孺
先賢公肩定
先賢鄡單
先賢罕父黑
先賢榮旂
先賢左人郢
先賢鄭國
先賢原亢
先賢廉潔
先賢叔仲會
先賢公西輿如
先賢邽巽
先賢陳亢
先賢琴張
先賢步叔乘
先賢秦非
先賢顏噲
先賢顏何

先賢縣亶
先賢樂正克
先賢萬章
先賢周敦頤
先賢程顥
先賢邵雍
先儒穀梁赤
先儒伏勝
先儒后蒼
先儒董仲舒
先儒杜子春
先儒范甯
先儒韓愈
先儒范仲淹
先儒胡瑗
先儒楊時
先儒羅從彥
先儒李侗
先儒張栻
先儒黃榦

先儒眞德秀
先儒何基
先儒趙復
先儒吳澄
先儒許謙
先儒王守仁
先儒薛瑄
先儒羅欽順
先儒陸隴其

西廡

先賢林放
先賢宓不齊
先賢公冶長
先賢公晳哀
先賢高柴
先賢樊須
先賢高澤
先賢巫馬施
先賢顏辛
先賢曹卹

先賢公孫隴
先賢秦商
先賢顏高
先賢壤駟赤
先賢石作蜀
先賢公夏首
先賢后處
先賢奚容蒧
先賢顏祖
先賢句井疆
先賢秦祖
先賢縣成
先賢公祖句茲
先賢燕伋
先賢樂欬
先賢狄黑
先賢孔忠
先賢公西蒧
先賢顏之僕
先賢施之常

衡州府志 卷之十六學校 八

先賢申棖
先賢左邱明
先賢秦冉
先賢牧皮
先賢公都子
先賢公孫丑
先賢張載
先賢程頤
先儒公羊高
先儒孔安國

先儒毛萇
先儒高堂生
先儒鄭康成
先儒諸葛亮
先儒王通
先儒司馬光
先儒歐陽修
先儒胡安國
先儒尹焞
先儒吕祖謙

先儒蔡沈
先儒陸九淵
先儒陳淳
先儒魏了翁
先儒王柏
先儒許衡
先儒金履祥
先儒陳澔
先儒陳獻章
先儒胡居仁

先儒蔡清

崇聖祠舊名啓聖祠祀啓聖公叔梁紇我
朝雍正元年奉
旨追封孔子五代爲王改今祠王皆南向先中次左右輪挨爲序

肇聖王木金父
裕聖王祈父
詒聖王防叔
昌聖王伯夏
啓聖王叔梁紇

東配

先賢顏氏無繇

先賢孔氏鯉

西配

先賢曾氏點

先賢孟氏激

祠東廡

先儒周氏輔成

先儒程氏珦

先儒蔡氏元定

祠西廡

先儒張氏廸

先儒朱氏松

名宦祠

晉衡陽太守 劉翼

唐工部員外 杜甫

宋端明殿大學士 胡銓

潭州安撫參議 陳億孫

衡州刺史 趙逢龍

明衡州府知府 周瑛

衡州府知府 劉璣

衡州府知府 何珣

衡州府知府 蔡汝楠

衡州府知府 胡安

衡州府知府 游天庭

衡州府知府 張一霽

衡州府知府 丁孔璋

衡州府知府 陳珪

衡州府通判 丁旦

衡州府推官 鄒琨

衡州府通判 薛之奇

湖廣提學道 高世泰

本朝湖廣經畧 洪承疇

湖廣總督 吳琠

湖廣總督 丁思孔

湖廣總督 郭世隆

湖廣總督 額倫忒

湖廣總督 楊宗仁

湖廣提學道 彭而述

湖廣布政使陞任山東巡撫 邱永清

湖南巡撫　趙申喬
湖南巡撫　陳璸
湖南巡撫　李發甲

鄉賢祠

漢九眞太守　谷朗
尙書　胡騰
唐處士　趙知微
宋兩淮宣撫使贈太傅趙葵
淮東轉運使　趙淮
處士　劉凝之

處士　李士眞
南唐建州知州　廖凝
明廣西潯州府靈川縣知縣王仕達
浙江湖州府武康縣知縣易綱
監察御史　李繼宗
監察御史　甯欽
廣東道御史　劉黻
工部尙書　王詔
陝西布政司叅政　祝詠
浙江杭州府知府　蔣福陵

江西萍鄉縣訓導　徐廷相
四川成都府簡州知州歐世祿
雲南按察司僉事　易泉
江南揚州府儀眞知縣王　鑾
贈雲南道御史　朱希賢
應天府府尹　李珊
太僕寺卿　劉穩
福建汀州府歸化縣知縣彭艮臣
嘉靖辛酉科解元　王萬善
陝西布政使　朱炳如

南京兵部尙書　劉堯誨
廣西按察司僉事　張友舜
禮部尙書　曾朝節
貴州布政左叅政　伍讓
貴州提學叅政　陳聖典
太學生　甯欽
太常寺正卿　陳宗契
中書舍人　管嗣裘
崇正壬午科舉人王介之　鄒統魯
李國相　王夫之

本朝貢生　伍定相

妥名宦鄉賢於乾隆二十八年奉

撫憲陳　核正前代所有者照舊供祀

本朝名宦鄉賢照雍正三年咨　部銜名供祀不得

濫入以重祀典

釋奠每歲奉部文仲春秋上丁日致祭

陳設正位禮神制帛一白色白磁爵三牛一羊一豕

一登一太羹鉶二和羹簠二黍稷簋二稻粱籩十白餅黑餅鉶鹽槀魚鹿脯棗栗榛菱芡豆十脾肵豚胉鹿醢兎醢魚醢醓醢韭菁芹筍酒鐏一

四配每位禮神制帛一白色白磁爵三羊一豕一鉶

一簠二簋二籩八豆八酒鐏一

十二哲東六位六案禮神制帛一白色白磁爵各一

豕一鉶各一簠各一簋各一籩各四豆各四豕

首一西六位同獻官拜位東西各一壇每壇共獻爵三

東廡禮神制帛一白色銅爵各一豕三每案簠一簋

一籩四豆四西廡同獻官拜位每廡二壇每壇共獻爵三

崇聖祠每位禮神制帛一白色白磁爵三羊一豕一

鉶一簠一簋一籩八豆八酒鐏一

配位每位禮神制帛一白色銅爵三豕首一簠一簋

一籩四豆豕肉一

兩廡每位禮神制帛一白色銅爵三簠一簋一籩四

豆四豕肉一

名宦鄉賢祠同正殿兩廡

以上正殿廡祠制帛牲牢登鉶簠簋籩豆磁爵酒鐏均遵照雍正三年

欽定頒行圖册數目詳悉載入其登鉶簠簋籩豆所貲品物圖册未開者則查康熙二十年題定頒行典禮及闕里志開載品物注明

釋奠儀注前期二日齋戒前一日承祭官率陪祭

各官齊赴廟階下行一跪三叩頭禮滌器視牲

瘞毛血至期黎明各官衣朝衣齊集行禮

分獻陪祭各官入西門傍序立贊引導承祭官至盥洗處盥手畢引至臺階下立典儀唱

樂舞生就位執事官各司其事分獻官陪祭官

各就位贊引贊就位承祭官就拜位立分獻官隨後立典儀唱迎神

唱舉迎神樂奏咸平之章樂作贊引贊跪叩興承祭官分獻官及陪祭各

官俱行三跪九叩頭禮典樂止典儀唱奠帛行初獻禮唱舉初獻

樂奏寧平之章樂作贊引贊升壇導承祭官由東階上進殿左門贊引贊詣

至聖先師孔子位前承祭官至案前立贊引贊跪叩興承祭官行

跪一叩頭禮贊引贊奠帛捧帛以帛跪進承祭官接帛拱舉立獻畢贊引贊獻

爵執爵以爵跪進承祭官接爵拱舉立獻畢行一跪一叩頭禮典贊引贊詣讀祝

位承祭官詣讀祝位立讀祝官至祝案前一跪三叩頭捧祝立於案左樂止贊引贊跪

承祭官讀祝官分獻官陪祭各官俱跪贊引贊讀祝讀畢捧祝至正案左跪安帛匣內三

叩頭禮贊引贊退叩興承祭官及各官行三叩頭禮興贊引贊詣復聖顏
子神位前承祭官就案前立贊引贊跪叩興承祭官一跪一叩頭興贊引贊
奠帛捧帛跪進於案左承祭官接帛拱舉立獻案上贊引贊獻爵捧爵跪進於案
左承祭官接爵拱舉立獻案上行一跪一叩頭禮興贊詣宗聖曾子位前
如前儀贊詣述聖子思子位前如前儀贊詣亞聖孟子位
如前儀其十哲兩廡分獻官俱照前儀行禮畢贊引贊復位承祭官分獻官仍詣至
聖先師孔子神位前立樂止典儀唱行亞獻禮唱舉亞獻樂奏安
平之章樂作贊引贊升壇獻爵於右如亞獻儀贊引贊復位承祭官分獻官各復
位立樂止典儀唱飲福受胙贊引贊詣受福胙位承祭官至殿內
捧酒胙二員捧至正位案前拱舉至飲福胙位右旁跪接福胙二員在左旁跪贊引贊跪

承祭官跪贊飲福酒承祭官受爵拱舉授接爵員受福胙承祭官受胙拱
舉授接胙員贊引贊叩興承祭官三叩頭興贊復位承祭官復位立次行謝福胙禮
贊引贊跪叩興承祭官分獻官及陪祭各官俱行三跪九叩頭禮興典儀唱徹
饌唱舉徹饌樂奏咸平之章樂作徹饌訖樂止典儀唱送神唱舉
送神樂奏咸平之章樂作贊引贊跪叩興承祭官分獻官及陪祭各官皆行三
跪九叩頭禮興樂止典儀唱捧祝帛饌各詣燎位捧祝官捧帛官至各
位前一跪三叩頭捧起祝文在前帛次之捧饌官跪不叩頭捧起在後俱送至燎位承祭官退
至西旁立候祝帛饌過仍復位立典儀唱望燎唱舉望燎樂與送神同
樂作贊引贊詣望燎位導承祭官至燎位立祝帛焚訖樂作贊引贊禮畢
退闕里志燎位在北祭官至所北面立焚訖復拜位乃唱禮畢

釋奠祝文正殿曰惟
先師德隆千古道冠百王揭日月以常行自生民所未
有屬文教昌明之會禮節樂和之時辟雍鐘鼓
咸格薦以馨香泮水膠庠益致嚴於籩豆茲當
春秋仲祗率彝章肅展微忱聿彰祀典以復聖顏
子宗聖曾子述聖子思子亞聖孟子配
崇聖祠曰惟
王奕葉鍾祥光開聖緒盛德之後積久彌昌凡聲教
所覃敷悉循源而溯本宜肅明禮之典用申守
土之忱茲居仲春秋聿修祀事以先賢顏氏先賢

曾氏先賢孔氏先賢孟氏配
釋奠樂舞祭時樂舞生首領執麾旛列於兩階聽
唱樂舞生就位各依次立於殿庭奏樂之所
迎神樂奏咸平之章無舞
大哉
孔子先覺先知與天地參萬世之師祥徵麟紱韻答
金絲日月既揭乾坤清夷
初獻樂奏寧平之章有舞
予懷明德玉振金聲生民未有展也大成俎豆
千古春秋上丁清酒既載其香始升

亞獻樂奏安平之章有舞

式禮莫愆升堂再獻響協鼗鏞誠孚罍甗肅肅雍雍譽髦斯彥禮陶樂淑相觀而善

三獻樂奏景平之章有舞

自古在昔先民有作皮弁祭菜於論斯樂惟天牖民惟聖時若彝倫攸敘至今木鐸

徹饌樂奏咸平之章無舞

先師有言祭則受福四海黌宮疇敢不肅禮成既徹毋疏毋瀆樂所自生中原有菽

送神樂奏咸平之章無舞望燎同

鳧繹峩峩洙泗洋洋景行行止流澤無疆聿昭祀事祀事孔明化我蒸民育我膠庠

歌彈吹擊四部各照律呂奏樂舞者在殿外臺上中階兩邊對舞各有譜式六佾縱橫六八左手執籥右手秉翟舞蹈起伏隨所歌之音以象之舊頒行樂器式麾旛一首金鐘十六口玉磬十六面大鼓一面搏拊鼓二座笙六攢簫笛六枝塤二箇篪二管　舞器旌節二首羽籥三十六副　佾舞生三十六名樂工五十二名以上儀注祝文樂章等均遵照雍正二年乾隆八年　欽定頒行圖冊載入

按文廟陳設樂章原均有一定圖式但郡邑中或未能槩遵緣廟中禮器樂器多未及備其佾生樂工人數不無多寡不等卽郡邑志乘詎載圖冊詳畧亦未畫一而爾來春秋祀事官司矢敬矢誠薦馨昭假典禮固無或不肅也茲謹從各志中柬其敘述簡明查照

本朝歷頒圖式開載以備核稽

陳設圖

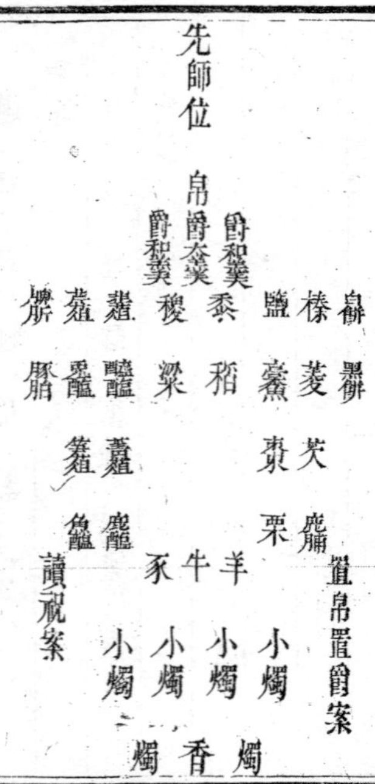

樂舞圖

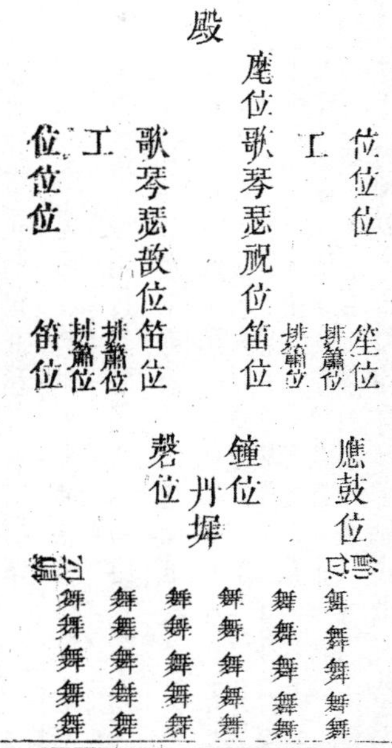

文廟祭器樂器向有定制衡郡獨積久未備乾隆四十一年知府玉德捐俸遵禮器圖並參考通志依式恭製鉅細咸備交府學敬謹收貯流傳交代每逢春秋丁日陳設以肅祀典所有祭器樂器等項開列於後

祭器

籩　豆　旛　旌　几　案

樂器

柷　敔　琴　瑟　編鐘　編磬　鼗鼓

應鼓

本朝頒發學宮經史典籍

十三經註疏十二函

二十一史五十函

明史十二函

日講四書二部各一函

周易折衷二部各二函

書經傳說彙纂二部各二函

詩經傳說彙纂二部各二函

春秋傳說彙纂二部各二函

性理精義二部各一函

朱子全書二部各四函

孝經註

御批通鑑綱目一部八套

唐宋文醇一部一套

淵鑑古文二部各四函

四書文二部各二函

資治通鑑綱目三編四本

三禮義疏

學徒

漢武帝時詔天下郡國立學校官置弟子員元始

三年詔郡國曰學縣道邑侯國曰校校學各置經師一人鄉曰庠聚曰序序庠各置孝經師一人

梁天監四年置五經博士立州郡學

唐開元以後京都學生八十人大都督中都督府上州各六十人下都督府中州各五十人下州四十人京縣五十人上縣四十人中縣中下縣各三十五人下縣二十人

宋慶曆四年詔諸路州軍監各令立學自是州郡無不有學始置教授以經術行義教導諸生掌其課試之士而糾正不如規者熙寧六年始詔諸路學官並委中書門下選差縣置博學助教各一人謂之主學官則由漕司聘署弟子無定員

元初設教授學正學錄學生額十五人其盛也至五十人受饌於學

明洪武十五年定在京府縣生員六十人在外府學四十人州學三十人縣學二十人日給廩膳仍免差徭二丁宣德中增廣生員數如正額而不給廩膳謂之增廣生正統十二年於廩增之外復選俊秀附學肄業謂之附學生

本朝乾隆九年奉

上諭向來州縣考取童生送學正衙門考試例有定額後因儒童日益衆多於康熙三十九年定例不必限定額數遵行在案今年禮部奏請照每學入學額數限定錄送之多寡以杜冒濫朕已允行今思各處赴試童生多寡不等若限以錄送數目恐有浮於額外而擯棄不取者亦有不足於額中而强取充數者未必俱能允當况該府州縣錄送學政衙門其去取全在學政並無

關於入泮之數應稍寬其途以鼓舞之亦廣育人材之道嗣後應照舊例不必限定考送之額但將文理不通者擯棄不錄可即傳該部將此
旨通行各省知之

衡州府學額進文童十七名武童十七名

按府學原額文武童生各進二十名因桂陽改為直隸州臨武藍山嘉禾三縣分隸桂陽遂將文武各進額撥歸桂陽三名以故現在進額較他郡為少

衡陽縣學額進文童十名武童八名

清泉縣學額進文童十名武童八名

按衡陽縣學原額文童進二十名武童十五名乾隆二十一年分設清泉奉　文衡清二縣各進文童十名武童八名但該二邑雖分縣治而幅隕遼濶多士奮興文武童生赴考者較他邑大學猶多惟俟將來邀
恩增額為多士勸

衡山縣學額進文童二十名武童十五名

耒陽縣學額進文童二十名武童十五名

常寧縣學額進文童十五名武童十二名新童三名

安仁縣學額進文童十二名武童十二名

酃縣學額進文童八名武童八名新童二名

學規

宋大觀元年詔布周官八行八刑之法於學宮令所在鐫刻淳祐六年御書白鹿教條頒天下學立石

明洪武二年太祖既詔天下立學遂令禮部傳諭立石於學謂之臥碑後再為刊定

一國家明經取士說書者以宋儒傳註為宗行

文者以典實純正為尚今後務將頒降四書五經性理通鑑綱目大學衍義歷代名臣奏議文章正宗及歷代誥律典制等書課令生徒誦習講解其有剿竊異端邪說炫奇立異者文雖工弗錄

一天下利病諸人皆許直言惟生員不許今後生員本身切己事情許家人抱告其事不干己輒便出入衙門以行止有虧革退若糾衆扛幫罵詈官長為首者問遺餘盡革為民

一習舉業即窮理之一端四書經文策論務要

說理詳明不許浮夸怪誕記誦舊文意圖僥倖

一生員考試不諳文理者廩膳十年以上發附近充吏六年以上發本處充吏增廣十年以上發本處充吏六年以上罷黜爲民未及六年發社

一有司朔望行香迎至明倫堂講書

一各省廩膳科貢各有定額南北舉人名數亦有定制近來奸徒利他處人才寡少詐冒籍貫或原係娼優隸卒之家及曾經犯罪問革變易姓名僥倖出身訪出拿問

一歲貢正統六年定府學一年貢一人州學三年貢一人縣學二年貢一人

一應貢生員文理不通另取補貢不許仍挨次濫補

一選貢隆慶二年題准不拘食糧淺深務取文行兼優者府學二人州縣衛學各一人以充恩貢

一補貢有闕查人文未經到部定限本年取文學優長者一人補

一科舉定以子午卯酉年秋八月各直省皆試士於鄉初九日初場試四書義三道經義四道文限六百字冗長者不得中式十二日第二場試論一道表一道判語五條十五日第三場試經史時務策五道初場須醇實典雅二三須明白條對空疎敷衍者不得中式

一學校無成皆因師道不立教官賢否不齊須先察其德行考其文學若學問疎淺怠於訓誨者一考再考無進不改送部別用其貪淫不肖者不必考其文學即送按察司問理

按乾隆二十四年定例初場四書義三道論一

道第二場經義四道五言排律八韻詩一首第三場策五道

本朝順治九年

欽頒學校臥碑

朝廷建立學校選取生員免其丁糧厚以廩膳設學院學道學官以教之各衙門官以禮相待全要養成賢才以供朝廷之用諸生皆當上報

國恩下立人品所有教條開列於後

一生員之家父母賢智者子當受教父母愚魯或有非爲者子既讀書明理當再三懇告使父

毋不陷於危亡

一生員居心忠厚正直讀書方有實用出仕必作良吏若心術邪刻讀書必無成就爲官必取禍患行害人之事者適以自殺其身常宜思省

一生員不可干求官長交結勢要希圖進身若果心善德全上天知之必加以福

一生員當愛身忍性凡有司官衙門不可輕入即有切己之事止許家人代告不許干與他人詞訟他人亦不許牽連生員作證

一爲學當尊敬先生若講說皆須誠心聽受如有未明從容再問毋妄行辯難爲師者亦當盡心教訓勿致怠惰

一軍民一切利病不許生員上書陳言如有一言建白以違制論黜革治罪

一生員不許糾黨多人立盟結社把持官府武斷鄉曲所作文字不許妄行刊刻違者聽提調治罪

康熙四十一年

御製訓飭士子文

國家建立學校原以興行教化作育人材典至渥也朕臨御以來隆師重儒加意庠序近復慎簡學使釐剔弊端務期風教修明賢才蔚起庶幾棫樸作人之意乃比年士習未端儒效罕著雖因內外臣工未能奉行盡善亦由爾諸生積錮已久猝難改易之故也茲特親製訓言再加警飭爾諸生其敬聽之從來學者先立品行次及文學學術事功原委有敘爾諸生幼聞庭訓長列宮墻朝夕誦讀寧無講究必也躬修實踐砥礪廉隅敦孝順以事親秉忠貞以立志窮經考業勿雜荒誕之談取友親師悉化驕盈之氣

文章歸於醇雅毋事浮華軌度式於規繩最防蕩佚子衿佻達自昔所譏苟行止有虧雖讀書何益若夫宅心勿淑行己多愆或蜚語流言脅制官長或隱糧包訟出入公門或唆撥姦猾欺孤凌寡或招呼朋類結社邀盟乃如之人名教不容鄉黨切齒縱倖脫褫扑濫竊章縫返之於衷寧無愧乎況鄉會科名乃掄才太典關係尤重士子果有實學何患困不逢年顧乃標榜虛名暗通聲氣夤緣詭遇罔顧身家又或改竄鄉貫希圖進取囂凌騰沸網利營私種種弊端深

可痛恨且夫士子出身之始尤貴以正若資厥拜獻便巳作姦犯科則異日敗檢踰閑何所不至又安望其秉公持正爲國家宣猷樹績應後先疏附之選哉朕用嘉惠爾等故不禁反復惓惓兹訓言須到爾等務期共體朕心恪遵明訓一切痛加改省爭自濯磨積行勤學以圖上進國家三年登造束帛弓旌不特爾身有榮即爾祖父亦增光寵矣逢時得志寧俟他求哉若乃視爲具文玩愒勿儆毀方躍冶暴棄自甘則是爾等冥頑無知終不能率教也既負栽培復干

咎戾王章具在朕亦不能爲爾等寬矣自兹以往內而國學外而直省鄉校凡學臣師長皆有司鐸之責者並宜傳集諸生多方董勸以副朕懷否則職業不修咎亦難逭勿謂朕言之不預也爾多士尚敬聽之哉

朱子白鹿洞規條

父子有親君臣有義夫婦有別長幼有序朋友有信　右五教之目堯舜使契爲司徒敬敷五教即此是也學者學此而已而其所以學之序亦有五焉其具於左

博學之審問之愼思之明辨之篤行之　右爲學之序學問思辨四者所以窮理也若夫篤行之事則自修身以至於處事接物亦各有要其別於左

言忠信行篤敬懲忿窒慾遷善改過　右修身之要

正其誼不謀其利明其道不計其功　右處事之要

己所不欲勿施於人行有不得反求諸己　右接物之要

學宮

衡州府學

學舊在石鼓山宋開慶間改建於郡城內之金鰲山元至正間遷於李芾故宅在金鰲山前之崇賢坊（即今府學址）元末燬於兵明洪武三年知府高從訓率訓導杜文德重建中爲先師廟東西兩廡前爲廟門門外爲泮池前爲欞星門後爲啟聖祠爲名宦鄉賢祠成化九年知府徐孚始遷明倫堂於廟左工未竟十六年知府何珣踵成之廟後建尊經閣厥後學宮漸圮嘉靖四十

三年知府金立愛重修隆慶四年知府周浩增
飭之萬歷中知府熊煒許倓陸志孝鄧以誥劉
春等相繼增修明季燬
本朝順治九年廵按御史李敬輿兵廵道張兆熊知
府陳起潛建大成殿東西廡增修廟門十四年
偏撫袁廓宇建明倫堂十六年知府李光座建
啟聖祠康熙二十二年分守朱士傑學使王孫
蔚修葺二十九年知府崔鳴鷟重修五十五年
知府金依堯增修雍正六年衡永道徐聚倫復
修乾隆二十七年知府饒佺衡陽縣知縣陶易

清泉縣知縣江恂倡率闔郡紳士鼎新衡山縣
知縣高應逑張何衢耒陽縣知縣沈悳祖常寧
縣知縣朱永烈安仁縣知縣李玉樹酃縣知縣
張錫組林愈蕃等先後共勷厥舉

衡陽清泉二縣學

學在城西門外宋開禧三年知縣唐壥建元季
燬明洪武初知縣周岳即舊址重建正統中知
縣林靖重修成化六年知府徐季重建萬厯庚
辰學宮圮壬辰同知沈鈇推官朱榆復建增置
尊經閣敬一亭癸巳知府陸志孝知縣王宗本
續新之崇正末燬
本朝康熙元年知府劉進禮重建四十一年知縣陳
大音重修五十五年訓導吳炯加修雍正四年
知縣張嵩八年知縣謝仲坃復修乾隆十八年
邑紳士與教諭王崇禮請於當事力謀鼎新閱
五載而役始竣廟廡崇煥視昔特倍先後董其
成者知府饒佺衡陽縣知縣歐陽純徐堂陶易
清泉縣知縣江恂

衡山縣學

學在縣治左唐開元末陸宰始建天寶中增飭

宋大觀元年學士鄭居中奏乞御書八行刻石
學宮元季燬明洪武三年知縣陸伯良即舊址
重建宣德五年知縣彭戢重修正統間知縣龔
俛以廟學湫隘購地拓而新之成化十五年知
縣游昂重修嘉靖五年知縣彭轄增學舍二十
四間爲文會堂與諸生講業隆慶二年遷於南
門外萬歷十一年復遷令所
本朝康熙十九年知縣孫維震增葺四十七年知縣
杜元勳遷建啟聖祠於大成殿後四十八年教
諭王大經建櫺星門易木以石五十九年鑿泮

池

耒陽縣學

學在縣治南舊學在縣治東漢耒陽長侯寘建宋元符二年江滋重建元季燬明洪武二年知縣徐煜移置縣治北天順中御史龔謙捐金命推官余敬重修成化五年知府徐孚復修嘉靖四十五年知縣蕭偉謀遷建尋以丁憂去任貽金四百兩貯待至隆慶己巳知縣劉太和始改建於南城外山川壇萬歷己亥知縣曾維慤增修

本朝康熙四十八年知縣張應星改建今所

常寧縣學

學在縣治北舊在南門外宋建爲州學元季燬明洪武三年改州爲縣八年縣丞金產和重創縣學成化十九年知縣謝廷舉修萬歷七年知縣吳景明重修四十三年知縣劉自省復建聖殿兩廡兩齋崇正九年知縣徐兆奎重修更建櫺星門周圍砌以石

本朝康熙十年知縣張問名改建今所二十一年知縣顧奕芬增修雍正十三年知縣傅學灝 王玏相繼加葺乾隆二十一年知縣江恂重建尊經閣

安仁縣學

學在縣治東舊在治西宋紹興中徙於城之西南隅嘉定五年遷東南隅明洪武三年知縣章衡建景泰四年知縣李恕施善相繼重修宏治七年僉事吳淑購地廣之萬歷九年知縣賴霖改建啟聖祠明倫堂二十八年知縣謝之藩改建於城西四十五年知縣張自省復建於東南

本朝康熙十九年知縣韓稷拓地修葺二十八年知

縣陳黃永重修雍正五年知縣鄭鼎勳始遷今所

酃縣學

學在縣治東舊在縣治西宋嘉定中建元至正中徙今所明洪武三年知縣朱璣訓導尹廷賓仍舊址重建天順七年知縣韓暄重修宏治四年知縣蕭源復新之嘉靖十六年知縣高址建敬一亭二十三年知縣胡子信建啟聖祠歲久多圮

本朝順治十八年知縣李朝事繕葺康熙八年建櫺

星門

學田

府學學田

四十一都六區原係政義一都六甲地名伊山寺府志載田三十畝納租穀二十七石今冊房單及學單俱載熟糧八斗六升五合庄名府學學單報納租穀一十七石六斗傳說水災推田候查確另載

四十一都十區原係政義一都十甲地名白日園丈冊載地名白龍潭冊房實徵冊載熟糧二石四斗九升三勺墾糧六升五合共熟墾糧二

石五斗五升五合三勺庄名黃府學學單報納租穀三十四石田畝候查

四十都九區原係政義二都　甲地名七里站冊房實徵冊載熟糧三石五斗一升一合四勺墾糧九升八合五勺共熟墾糧三石六斗零九合九勺庄名府儒學學單報納租穀六十八石田畝候查

三十九都二十四區原係零泉一都　甲地名耒河口冊房單載熟糧一斗六升五合五勺庄名陳學田學單報納租穀三石整田畝候查

四都一區原係長樂下一都一甲地名郭家園冊房單載熟糧二石九斗九升三合六勺四抄墾糧二斗五升一合共熟墾糧三石二斗四升四合六勺四抄庄名府學學單報納租穀四十石田畝候查

十四都　區原係永伏七都七甲地名小沖口冊房單載文冊熟糧三石五斗七升四合五勺六抄七撮荒糧八升七合七勺七抄一撮六圭五粒三粟學單載此田原係府學收售康熙四

十八年佃民林堂宇佔去候縣查

二十五都五區原係政平上三都　甲地名楓樹塘學單載康熙五十九年護道徐觀寶捐買楓樹塘田一十八畝七分熟糧九斗七升八合作府學節孝祠香火費後有謝繼經強佔前教授王大經將原發印契過戶糧單移前縣清追案存糧冊房未結候縣查

二十六都三區原係政平上一都三甲地名行山頭田五畝二分糧二斗六升五勺不知何庄名候縣查

二十三都十區原係清化三都 甲地名烏陂堰田一十七畝九分分滲糧八斗二升二合不知何庄名候縣查

五都二區原係長樂下二都二甲地名雷中鋪筧子塘田二十二畝二分糧一石五斗五升五合不知何庄名候縣查

學塘

雍和坊一區地名會課塘一口在府學右係前明理學甯咸置今册房載府學魚塘熟糧四斗九升二合六勺三抄五撮九圭學單報納稅銀

二兩

學署

教授署在學宮左　訓導署亦在學宮左與教授相連學地

雍和坊一區册房載庄名府學荒地糧四斗三升四勺三抄五撮五圭學單無候查

衡陽清泉二縣學田荷葉塘田收米七斛油麻凹五處田租穀一百六十二石又清化三都田收租一百六十石又二處陂塘一百七十六畝五分

衡山縣學田九十畝又塘店等收租應用又有書院田畝歸學開銷

耒陽縣學田在早禾田石臼仙花橋龍子潭株木塘火田三架橋南門洞共八處租一百九十七石八斗

常寧縣學田西陽保田六十畝又鴨婆塘租七石五斗石羊保田租三十五石又學塘五口

安仁縣學田共租一百二十一石三斗

酃縣學田三十八畝

鄉飲酒

國朝順治初令京府及直省府州縣每歲舉行鄉飲酒禮其酒於存留錢糧內支辦雍正元年

諭以所備筵宴不堪應加謹舉行

頒圖式於天下一如會典之制乾隆二年覆准嗣後鄉飲酒禮酒席坐次悉依定式陳設並刊儀注臨期分給賓僎執事人等遵照行禮其應讀律令即開載於儀注之後令讀律令者照例講讀其在省會令督撫委大員稽察監看其各府州縣亦令該地方官實心奉行如有違條越禮者

依律懲治定例主席在府知府在州知州在縣知縣如無正官佐貳官代大賓以致仕官爲之僎賓擇鄉里年高有德之人介以次長三賓以賓之次者爲之司正以教職爲之主揚觶以罰贊禮者以老成生員爲之

儀注　京府及直省府州縣每年正月十五日十月初一日於儒學行鄉飲酒禮前一日執事者於儒學之講堂依圖陳設坐次司正率執事習禮至日黎明執事者宰牲具饌主席及僚屬司正先詣學遣人速賓僎以下北至執事者先報曰賓至主席及僚屬出迎於庠門之外揖入主居東賓居西三揖三讓而後升堂東西相向立贊兩拜賓坐執事者又報曰僎至主席率僚屬出迎揖讓升堂拜坐如前儀僎介至既就位執事者唱司正揚觶執事者引司正由西階升詣堂中北面立執事者唱賓僎以下皆立唱揖司正揖賓僎以下皆揖執事者以觶酌酒授司正司正舉酒曰恭惟

朝廷率由舊章敦崇禮教舉行鄉飲非爲飲食凡我長幼各相勉勵爲臣盡忠爲子盡孝長幼有序兄友弟恭內睦宗族外和鄉里無或廢墜以

忝所生讀畢執事者唱司正飲酒飲畢以觶授執事執事者唱揖司正揖賓僎以下皆揖司正復位賓僎以下皆坐唱讀律令執事者舉律令案於堂之中贊禮生引讀律令者詣案前北面立唱賓僎以下皆立行揖讓如前讀畢復位執事者唱供饌案執事者舉饌案至賓前次僎次介次主三賓以下各以次舉訖執事者唱獻賓主起席北面立執事者酌酒以授主主受爵詣賓前置於席稍退贊兩拜賓答拜訖執事者又

斟酒以授主主受爵詣僎前置於席交拜如前儀畢主退復位執事者唱賓酧酒賓起僎從之執事者斟酒授賓賓受爵詣主前置於席稍退贊兩拜賓僎主交拜訖各就位坐執事者分左右立介及三賓衆賓以下以次斟酒於席訖執事者唱飲酒或三行或五行供湯又唱斟酒飲酒供饌三品畢執事者唱徹饌候徹饌案訖唱賓僎以下皆行禮僎主僚屬居東賓介三賓衆賓居西贊兩拜訖唱送賓以次下堂分東西兩行仍三揖出庠門而退

律令　凡鄉飲酒禮序長幼論賢良别奸頑其坐席間年高有德者居上年高淳篤者並之以次序齒而列其有違條犯法者不許干與善良之席違者罪以違制敢有喧嘩揚觶者必以禮責之

鄉飲酒禮圖

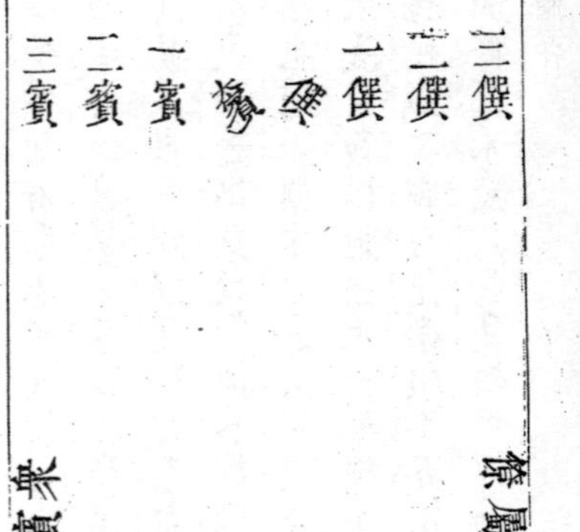

書院附郭衡陽清泉二縣

石鼓書院　在石鼓山舊爲尋眞觀唐刺史齊映建合江亭於山之右麓元和間士人李寬結廬讀書其上刺史呂溫嘗訪之有題尋眞觀李秀才書院詩太守宇文炫於山之東題曰東巖西題曰西谿

宋至道三年郡人李士眞援寬故事請於郡守卽故址創書院居衡之學者景祐二年集賢校理劉沆來守衡請於朝賜額曰石鼓書院遂與睢陽白鹿嶽麓稱四大書院焉是時天下未有

命敎蓋即以此爲州學淳熙中部使者潘畤提刑宋若水先後修葺而運帥林栗等咸捐金相之朱子有記見藝文開慶己未燬於兵刑獄使俞琰拓故鼎新一復舊制湯漢有記署云石鼓書院建於淳熙年今既七十餘載矣己未冬兵華過石燬焉疇昔碑板照耀掃滅無餘而朱子之記巋然獨立越明年刑獄使者俞侯下車拔瓜撫賓石而歎曰斯文之未喪非天哉掃地更新豈不在我乃命幕屬趙崇垶與撫山長李訪拓舊址扳成楷用錢粟以名丁役不數月燕居之祠會講之堂肄業之齋庖湢門廡煥然大備典籍所樓先賢所奉各適位置外則風雩諸亭映帶前後書復舊規大闢射圃將以暇日觀士之德又作祠以肖諸葛公之遺像厥既就緒侯則取明德新民之章爲諸生丕揚其義絕響再聞士風作振云提學黃幹出公帑易

茶陵田三百五十畝以贍生徒黃淸老有記元

李復燬

案文獻通考賜額在太平興國二年此言景祐恐誤或者太宗仁宗朝兩經頒賜亦未可知　又案宋史黃幹本傳勉齋未爲提學當時亦無此官名淸老記喋喋訟語殊不雅馴姑仍衡陽舊志編載

明永樂十一年知府史中始圖修復又更兵巡沈慶知府翁世資相繼營度至宏治初何珣知府事書院始成前爲櫺星門次爲禹碑亭亭之東西翼以號舍若干楹闢西劉璣守衡時所建亭後爲敬義堂睢陽張一霽甃循石磴而上中爲先聖燕居堂有宋時故像蓋肖之秘閣畫本者堂前露臺左右皆石磴再循而上爲風雩亭亭後爲講堂知府周詔建旁列主靜定性二齋知府蔡汝楠立堂後爲先賢祠祀昌黎晦菴南軒勉齋李寬李士眞六人萬歷中允曾朝節請祀周濂溪蓋七賢云祠後有砥柱中流一石坊坊後一祠祀寓賢湛甘泉若水鄒東廓守益程天津弘忠鄕賢祝峒嶁詠劉嶽亭黻劉仁山穩

王楚陽萬善亦爲七賢各肖其像乃同知沈鈇請於學使檄知府陸志孝聚實行之者又北爲仰高樓宋俞琰建樓下爲合江亭萬歷二十年同知沈鈇大書濯纓濯足於石置合江亭下又謂之滄浪亭蓋寓意於湘清蒸濁聽人自取以誨後學也迨至四十年巡按史記事觀察鄧雲霄度敬義堂後隙地建大觀樓樓下爲迴瀾堂以石爲柱鄧雲霄有記崇禎十五年提學高世泰重加修葺未幾以兵燹燬燼蕩爲瓦礫惟合

亭獨存

國朝順治十四年偏沅巡撫袁廓宇疏請重建命
知縣余天溥董其事中爲武侯祠前立大觀樓
樓下爲七賢祠右爲公署五楹兩廡各爲書舍
規制畧備康熙七年知府張奇勛於大觀樓崇
臺之下立號舍二十餘間拔衡士之儁者肄業
其中每月兩試之士風稱最盛十九年督學蔣
永修於書院後重建合江亭又創武侯祠及前
兩廡令衡陽訓導聶時賢董之乃於二十一年
江水暴漲書院前石路崩囓且盡知府譚宏憲
命工修砌歛商吳見賢前兵備吳甲周之從子

也與維楊易從周休寧程之儒捐金共修其後
石徑屢經水漲四十四年四十九年知縣張廷
相續修二十八年知府崔鳴鷟以書院應修仍
命邑令余天溥董之先是七賢神主皆列於大
觀樓而祠內反奉佛像乃新造神主仍入祠內
移佛像於祠後並查審劉滸和自輸路口舖田
一十一畝爲書院田並書院馬頸前地基一十
二間由馬頸至北門馬頭魚舫埠俱入充守書
院費四十一年知縣陳大音禁令居民不得侵
混四十九年巡撫趙申喬巡河至衡逐僧出佛
像委衡陽訓導吳炯遷居書院督師生課業查
各項租稅銀穀數目給資師生膳修炯任石鼓
三載陞任去迄雍正六年知府陳沆修理房舍
牆垣次年夏合江亭圮重建立石欄並砌張子
所書韓詩碑七年重建李忠節祠與武侯祠並
峙擴廊舍以居學者俱有碑記見藝文志乾隆二十
一年知府舒成龍議將修建會以憂去捐銀百
兩交典舖生息嚮爲諸生膏火存俟改建二十
四年知府饒佺卽七賢祠建樓又新祠後庖廚
三間並修整牆屋命清泉知縣江恂董之支前

府舒存銀支訖餘則捐貲成之

租稅

五門內外及旗纛廟兵馬司鎔銅廠共地基九
十間每年額徵稅銀四十三兩一錢五分其地
基餉銀八錢六分係佃地基人交完於每年區
長兌票實存銀四十二兩二錢九分

西關外上中下三濠每年額徵稅銀三十二兩
外縣徵餉銀六兩詳司係放魚人完納濠餉詳
見城池舫埠餉

石鼓書院前基地十間每年額徵稅銀二兩五

錢完餉銀七分亦係任地基人交完實存銀二
兩四錢三分
石鼓書院前魚舫二埠每年額徵稅銀八錢
以上四項共銀七十八兩四錢五分
路口鋪額租倉斛一十五石四斗屯熟糧六斗
九升在南鄉六區舊例佃民完納不扣租數
演武亭額租三十二石屯熟糧一石六斗八升
屯糧房革載康熙四十七年分列於東西南北
四鄉各區均各立莊名演武亭每莊糧四升二
合佃民完納不扣租數

康熙五十一年巡撫潘宗洛念石鼓肄業爲費
不支捐置買衡陽生員馬以俊控汪伯仁一案
地名柑子園水田六十四畝每年額租六十四
石奉丈民熟糧三石零四升六合在今十三都
四區即原永伏上四都并名府學每年除完正
餉南漕折米銀四兩八錢六分四釐實存租穀
盡付書院師生膳脩康熙五十五年汪伯仁復
控又奉巡撫李發甲審斷永歸義學以上三項
每年共實租穀一百一十一石四斗
康熙五十八年七月衡陽訓導吳焵陞任將以

上書院銀穀詳請巡撫王之樞奉批石鼓書院
設立租稅以資師生膳脩之用洵爲不磨盛舉
仰衡陽縣照依册開各欵鐫之貞珉以垂永久
將碑摹送查訓導吳焵陞任督課不可乏人該
縣酌議品行端方善於訓迪者另詳請示仍移
知該訓導繳焵並刊板示衡邑諸生
雍正七年奉文查學田租稅盡行充公知府陳
沆以此項銀穀爲衡邑古書院與賢育才之具
實教化之不可磨者詳請藩司趙城轉詳撫院
王國棟批允仍照前充書院師生膳脩在案

雍正九年知府陳沆捐買地名龍塘冲尾民熟
田一十五畝未墾荒田三分之一委教授方宏
博踏勘計田四十六坵半共塘九口每年納租
一十八石五斗民熟糧七斗零四合在今三十
九都十八區即原零泉一都□甲原莊名黃爾
如以爲石鼓書院供師生膳脩之費今每年給
看守書院人養膳
乾隆二十一年知府舒成龍清查出三濠路口
稅並七門基柑子園鍩銅廠兵馬司旗纛教場
魚舫等稅以作石鼓師生俸脩膏火其濠稅已

勒碑書院中詳見衡郡要務碑記
西湖書院　在望湖門外學宮右衡陽地講堂三間大門一座東西塾各十間廚竈僕役房數間其先以濂溪周子遺跡故有書院後建學宮而書院廢康熙間知縣高清每歲捐俸延師授課皆假館於明倫堂乾隆元年知縣傅學灝率紳士劉竣等重建以爲義學歲捐俸爲脩金乾隆十七年知縣德貴率邑紳士增修視舊加擴煥然一新更捐養廉置田並公捐田租以爲膏火二十一年分設清泉兩縣生童共肄業於此

兩縣復按朔月課之
租稅
乾隆十六年知縣德貴捐置西鄉荷包冲田種三十九號計一十六畝三分零大塘一口九畝七分零小塘一口一分茅莊一所三間共田塘糧九斗六升在十八都七區莊名西湖義學每年納市斗租穀二十二石
乾隆十六年知縣德貴勸紳士捐置北鄉段漢冲田種四十二畝糧二石六斗八升在北四區莊名縣義學每年納租五十六石內除二石作下河上倉脚錢裝穀船價限九月裝運赴城河下挑送縣倉
乾隆二十六年知縣陶易准萬德烺妻蕭氏現年八十四歲守節乏嗣願將雍正十三年接置鄧姓下半都莊田三石三斗額乾租三十石額糧一石一斗二升零在四十都七區莊名節孝祠萬阿蕭紀載縣志生前膳養沒後捐學
臨蒸書院　在城西北隅桑園乾隆二十八年知縣陶易率紳士興建職員萬希韶倡捐千金衆紳士共捐銀三百九十兩買里民李于懷瓦

屋一分改造其制大門一座外設屏柵大堂曰惜陰堂中爲景賢樓上奉
儒先神位又有後樓一棟共十五間上樓下屋皆肄業之所左右廊房作齋廚兩旁買左仲周劉三奇陳爾云共基地九間半各直長一十四丈五尺繚以墻垣建瓦屋四間看守院後買黃元亨左仲周池塘二口中架雙鑑亭整嚴寂靜稱經誦善地二十九年落成署知縣吳澐報銷案存禮房詳載碑記
田租

買賀輝倫田二十四畝七分地名新塘樓水塘錫子塘烟景塘用價三百兩租三十石

貢生劉高華捐田三十六畝地名小系塘租四十石

監生常[illegible]灝捐田三十三畝六分地名楊柳塘租四十七石

監生湯祖興捐田九畝地名禾塘坪租十三石五斗

貢生張啟偉捐田八畝四分地名望冲租十二石

貢生譚名三捐田二十八畝二分地名魯草塘租四十二石九斗

里民劉正衡捐田六畝七分八厘地名百落塘租八石五斗

里民徐聖若捐田五畝八分地名新塘尾租七石

里民賀輝倫捐田三畝一分五厘地名新塘租四石七斗

以上共租二百五石六斗

東洲書院　在城南東洲上舊爲明太僕卿劉穩別業地後桂藩改建萬壽宮當分置本邑之初知縣江恂以殿後廢基隙地頗曠思建書院乾隆二十六年邑貢生蔣一玭等呈稱父庠貢生蔣文誘遺命捐銀三百兩爲創修書院之資並捐田租以爲膏火邑紳士踴躍勸助二十八年詳明鳩工建置

租稅

乾隆二十六年知縣江恂准貢生蔣一玭等呈稱父庠貢生蔣文誘遺命將地名荷葉塘田種二十五畝莊房一所大小水塘一十一口譚家

冲等處田種一十二畝一分譚家大塘一口六分內管一分共田三十七畝一分額租四十一石每年佃民實納折租錢一十八千四百文額熟墾民糧一石七斗八升六合在二十一都七區捐爲東洲書院膏火之資又將地名祖師塘葛毛冲等處熟田二十七畝一分額租三十三石七斗莊房一所塘池山嶺隨田管業額熟民糧八斗四升六合在二十二都八區捐奉本縣學

先師聖誕祭祀之費今祭費已有重陽橋田租備辦

邑紳士稟請將祖師塘等處田租莊充東洲書院膏火更莊名東洲書院

乾隆二十八年知縣江恂准邑人王端臧生員王端偉呈將祖王鶴寧康熙間所置二十九都十一區地名會亞山墾田二十二畝共五十三坵水塘五口莊房一所熟糧一石零一合在册莊名王瑞鼎王瑞㬌各糧五斗零五勺每年額租行斗二十三石八斗外折迯新穀二斗共穀二十四石內捐入本郡學宮十二石以爲

聖誕祭費捐入本邑東洲書院十二石以佐膏火一

更莊名東洲書院一更名府學詳請立案

白沙書院　在城南五里零陂橋講堂三間曰致遠堂過堂一間齋房二間大門一座廻廊學舍六間東西兩廊學舍各五間後廳一間學舍二間廚竈僕役房二間康熙五十一年生員丁名瓚置爲白沙丁氏家塾人材稱盛丁一燾官編修爲名瓚孫乾隆壬午科鄉榜解元丁甡亞元丁正心亦皆名瓚曾孫於是其家郴州學正丁一烜生員丁一焯舉人丁希文監生丁元烈生員丁正城正本正景率族呈稱丙子科分縣

衡山縣

文峯書院一名雯峯書院在縣治南關明嘉靖中知縣彭簪建萬歷間知縣鄧國材重修舊名文昌書院

集賢書院在集賢峯下嘉靖間知縣彭簪建祀唐李鄴侯韓昌黎宋朱晦菴張南軒趙清獻周濂溪先是朱張有專祠在方廣後方廣祠毁郡人曾鳳儀遷主於集賢祀之明季知縣董我前修方廣故祠奉朱張二子而集賢合祀如故

鄴侯書院在嶽西福嚴寺側李泌隱衡山結廬

煙霞峯側名曰端居室舊稱明道山房

韋宙書院在縣南兜率寺左宙爲永州太守退居衡山創書院遺址尚在

清獻書院宋趙抃以資政殿學士致仕其子屼奉抃徧遊名山遂於衡山卜居有書院遺址明嘉靖三十六年副使程秀民重建

文定書院胡安國讀書衡山紫蓋峯下著春秋傳十五年不出二子寅宏創書樓明宏治間御史鄭惟恒建書院祀文定以二子配

南軒書院在嶽廟後張栻父浚謫相守永州栻

之始卽中式五人而蔣一璁領解其後數科鄉會蟬聯牲等兄弟又幸同登榜首此皆分縣以來文運之盛教育之隆蔣氏旣倡捐東洲書院烜等亦願另立一所以廣化道將祖置家塾並在上青火田二莊俱更名充公以爲闔邑書院丁氏子弟仍不禁其入內肄業等情知縣江恂詳請立案延師聚徒每月親課之

租稅

書院前上則熟田五十八畝水塘五口額租行斗一百石奉丈民熟糧六石在今二十八都十

九區冊載丁好學善學正學三莊今俱更名白沙書院發佃耕作莊房二所卽在書院左側

補遺

生員李幹捐堰塘坪田秧十四石昌塘田秧十二石入東洲書院

文童梁紹聞紹萬遵母黃氏述父職員世遜遺志捐長塘等處田九畝零四厘入白沙書院

往來省侍受業於五峯胡宏之門又與朱子同遊講學置書院今基存

甘泉書院在紫雲峯下湛若水年八十四遊衡山築室紫雲峯之麓與衡士曠世嘉等講學其中逾年乃歸後十年年九十四復來衡留數月時嘉靖甲寅也皓首童顏見者以爲神仙中人

白沙書院在甘泉書院之上湛若水早承白沙之學以白沙嘗寤寐衡嶽未至而卒遂構堂以祀之

東廓書院在南臺寺左明鄒守益字東廓講學

衡山建書院子善孫德溥先後遊南嶽

九龍書院在嶽路九龍泉明萬歷間知縣單仲禮建

觀湘書院在縣東觀湘洲康熙三年知縣王家賢建

文昌書院在縣東吳集乾隆十年紳士公建

東洲書院在縣東一百里乾隆十年紳士公建

白山書院在縣西白果市乾隆十一年紳士公建

耒陽縣

杜陵書院在縣北二里卽杜甫祠唐時建明嘉靖中知縣馬宣重建

白石書院在縣北卽龐公祠嘉靖中知縣馬宣建

青麓書院在縣東北乾隆二十年知縣徐聲龍建

常寧縣

芹東書院在縣學東明萬曆四年知縣陶敬圖重建更名集賢

鶖湖書院在縣西一里祀朱張二賢

雙蹲書院在縣南關康熙二十五年知縣顧奔

芬建

安仁縣

清溪書院在縣東南宋周必大讀書於此嘉定間知縣王槐建元至正中知縣王顯重修

潔愛書院在縣北康熙間知縣陳黃永建

酃縣

臺山書院在縣西二十里山高二千餘仞平曠如臺

列山書院在縣署西乾隆十九年知縣周仕魁重建

義學

衡陽清泉二縣義學卽西湖書院

衡山縣義學卽文峯書院集賢書院

耒陽縣義學在縣學後

常寧縣義學卽芹東書院

安仁縣義學在縣北門外

酃縣義學卽列山書院

按衡山義學向止文峯集賢二處乾隆十年知縣德詳奉巡撫楊增設觀湘文昌中洲文定明道白山六處並將觀湘田租三百六十

一石勻撥各書院以資膏火各處紳士亦捐置田租助費冀便子弟就近肄業乾隆二十一年奉巡撫陳檄縣歸併將六處租穀併入文峯集賢兩書院今義學仍止二處

衡州府志卷之十六

衡州府志卷之十七

知衡州府事豐城饒佺重編

壇祠

官稱守土祀事攸司封內山川舊典式瞻凡而明神敬恭有儀迺絜粢盛迺設壇壝重農貴衆秋報春祈亦有遺愛俎豆長垂桐鄉有祀畏壘有祠治民事神民和神怡

衡州府

社稷壇在府城北

風雲雷雨山川壇在府城南門外

先農壇在府東郊　龍神祠在府南郊

名宦祠鄉賢祠在學宮戟門左右

忠義孝弟祠在學宮側立牌祠前

節孝祠在學建坊祠前

關帝廟在府城內

火神廟在府城大西門內

城隍廟在府治南

郡厲壇在府城北

里社鄉厲二壇在府城外

旗纛廟在府城內

按已上自社稷至鄉厲諸壇廟祠府縣制皆同各縣俱不再述

諸葛武侯祠原在臨蒸驛左昭烈牧荆州時武侯駐臨蒸調賦以供軍實故廟食於此宋南軒張子有記後圮移祀石鼓書院

皮公祠公諱龍榮事載寓賢祠在府治北

先賢堂祠在城西宋郡守王亞夫建以祀李公昉張公齊賢劉公清之鄭公向胡公安國李公椿向公敏中王公巖叟李公邈寇公準劉公摯劉公安世鄒公浩陳公瓘胡公銓趙公汝愚凡十六賢都陽湯漢爲之記見藝文今廢

三賢祠在府學東宋丞相李公邈御史劉摯中書劉公攽皆以忠直謫衡故建祠祀之今廢

二守祠舊在朱陵道院宋郡守劉清之建以祀晉劉公翼宋王公應之嘉靖中遷建於石鼓山今廢

六賢祠在府治東宋劉清之建祀張九齡韓愈寇準濂溪周子胡安國名五賢祠明嘉靖中郡守蔡汝楠並繪劉清之像於內改爲六賢祠今廢

杜公祠在城南花光寺傍宋郡守劉清之登山東眺慨然思杜陵因爲立祠以黄庭堅與花光僧配焉又即其地立思杜亭今祠亭俱廢

向公祠在開福寺旁公諱子忞知衡州有善政民立祠祀之胡公寅有記見藝文志今廢

胡忠簡祠在府城西湖寺左公諱銓謫衡州講學於此後季子爲提刑始立祠焉繼以其地建濂溪書院移祠於學宫遂名曰濂溪祠而以胡忠簡聶遜二王配焉乾隆二十八年仍建祠於舊址

魯察院祠祥符圖經監察御史魯維周洛陽人乾德中通判衡州卒於官有遺愛衡民思之立祠祀焉今廢

鄒陳二公祠在花光山廣教寺宋鄒浩陳瓘俱以言事謫官經此留題寺中郡守劉清之立祠祀焉今廢

趙忠定公祠公諱汝愚寘衡詳事紀舊在江東開福寺明嘉靖間移祠瀟湘門内郡守蔡汝楠有記後廢康熙四十八年知縣張廷相請清舊址重建巡撫趙恭毅公有記五十年裔孫郡貢生趙仕鈊捐置西關外田並祠前舖店入祠奉祀詳請巡撫潘宗洛批准勒石

黄公端卿祠端卿宋茶陵知州爲郴寇所害淳祐七年詔進官蔭子立祠於衡

朱張二子祠在府學左今廢

李忠節公祠公諱芾事詳人物志舊祠在府學宫東偏元天歷中校官劉似建言立祠配以同時知縣穆演祖及沈忠像於旁元學士宋本有記明提學薛綱有詩祠即公居宅之旁地也後廢今立祠石鼓與武侯祠並在大觀樓外春秋祀之

曾公祠在府學後公諱大勲鄞人萬歷庚辰以兵巡兼視湖南學政藻鑑精瑩務崇奬勸一時俊髦蔚起咸思砥礪人服其公廌爲立生祠郡紳歐希稷有記今廢

七賢祠詳石鼓書院韓公愈李公寬宋濂溪周子紫陽朱子南軒張子及黄勉齋先生李公士眞

按七賢據府志原名先賢祀昌黎朱子張子勉齋李寬李士眞六人萬歷間曾朝節以石鼓先

賢祠增祀周子改名七賢
國朝康熙間偏沅廵撫袁廓宇疏請[illegible]七賢名氏濂溪道學淵源又嘗有依舅氏於衡之說固宜俎豆今祠主不知何時去濂溪而易以宋大儒豊川葉先生考明史葉釗豊城人弘治進士南京刑部主事武宗立應名陳言劉瑾怒削籍歸瑾誅起禮部員外郎未聞命卒學者祠之石鼓書院如此則葉公明人主題宋儒固悮而明史又不著所以祀石鼓之由今訪得葉公之家藏有文集並石鼓遐思錄始得其詳盖於嘉靖

二十一年入祀二十三年旦奉文塑像與諸賢像並列二書係其次子秩來衡徵刻板行豈曾公在萬歷間距葉公崇祀相後未三十年遂已茫昧若此而像亦毀耶袁撫愈在曾後自無憑詳察獨是撤去濂溪以副竹林放達之名此種謬戾則不得不歸諸後人耳知府饒佺因祠宇久廢於舊址重建仰高樓稟明
各憲增濂溪木主改葉公宋儒之稱并合後七賢祀寓賢湛廿泉鄒東廓程天津鄉賢祝詠劉黻劉穩王萬善共十五主崇祀於仰高樓上

後七賢祠在七賢祠後明同知沈鈇請於學使檄知府陸志孝覈實行之者今廢現與七賢祠各主共祀於仰高樓

按自諸葛武侯祠至後七賢祠俱關府縣公祭其地界雖分衡清二邑應均列入郡祀

衡陽縣

岣嶁壇在城西宋淳熙十四年知州劉清之建爲水旱祈禱之所今廢

神農殿縣丞舊署

伍子胥廟

伏波將軍廟在蒸江西岸漢馬援征交趾過衡後人立祠祀焉

娑羅廟即三閭大夫祠

八蜡廟在易賴街康熙五十年知縣高清捐建春秋有祀

新娑羅廟雍正六年建在城西牌頭包家巷

青山廟在小西門外

舜廟在城西仙上峯宋郡守劉清之命主簿穉洵重建唐僧無可有湘川弔舜詩見藝文志今廢

方伯祠在城北二十五里

金甲將軍廟在城北八十里相傳宋侍御王虎揚卒於衡之光政鄉葬將軍山立廟祀焉

清泉縣

水府廟在江東岸浮橋馬頭

按水神之祀會典載龍神江神皆有封號祭儀乾隆九年奉文飭直省舉行祀典本縣水神舊雖有廟數處若三聖三順楊林丁三之類皆民間私相崇奉其神號多屬不經非遵會典龍神江神之廟可比故守土亦無特祀

帝嚳祠在雨母山帝舜南巡即其地祀帝嚳後祠廢明邑人司空王詔重葺之

申包胥廟在城南打線坪正街

東武侯祠在城東七十里耒江右岸武侯督賦蒸湘常艤舟信宿於茲土人立祠於江皋名曰相公浦祠燬於兵僅存像里人奉像於家歲以次更遞迎奉祠前舊有三槐極古茂至今無敢剪伐焉

漢桓侯祠在城南二里

濂溪祠在瀟湘門內舊爲觀音菴康熙五十四年永州東安縣民張五台等倡建祀周子

宣靈廟在江東岸宋趙忠定公殯柩於開福寺後立廟祀之俗稱宣靈廟

張茂興祠在城東九江嶺下元兵剽掠鄉民茂興同弟德興率衆戰守鄉人德之爲立祠署曰義勇

衡山縣

南嶽廟在縣西北赤帝峯下虞夏殷周咸望祀焉秩視三公歐陽氏集古錄漢西嶽華山碑云孝武皇帝修封禪之禮廵省五嶽立宮其下宮曰集靈宮殿曰存仙殿門曰望仙門漢書郊祀志云南嶽灊山於灊此後遂以灊爲南嶽唐武德貞觀之制五嶽四鎮四海年別一祭各以五郊迎氣日祭之祀南嶽衡山於衡州復古制也天寶五載加王號宋乾德六年有司請祭南嶽於衡州從之大中祥符五年加帝號明正號曰南嶽衡山之神

本朝因之凡有大事皆遣官祭告廟制唐以前無考唐初建司天霍王廟開元十三年建南嶽眞君祠開元十五年廟火宋大中祥符五年立南嶽後殿紹興二十五年廟火帥司重修之元至正八年長沙府尹劉光祖奉命重修明成化六年廵撫都御史吳琛定議出公帑大修嘉靖二十一年分守衡永道潘九齡勸募修葺萬歷十年分守衡永道管大勳開復水道填接後龍

本朝順治五年正殿燬康熙四十四年廵撫趙申喬

奉
諭旨大修其制中爲正殿後爲寢殿注生宮轄神祠
後北門左右爲東西廊前爲
御書樓嘉應門
御碑亭正南門櫺星門聳橋香亭碑亭神厨四隅角
樓周遭圍墻康熙四十二年
御書區額曰光輔紫宸康熙四十七年
御書區額曰永峙南維雍正十年巡撫趙弘恩奉
旨重修雍正十三年
御書區額曰功宏育物乾隆十六年巡撫楊錫紱范
時紱奉
旨補修
御書區額曰靈曜南雲乾隆二十年湖廣總督開泰
檄行衡山縣知縣黃宮查案清出歲修田二百
九十五畝零共租三百四十二石九斗零報部
立碑充歲修之用
李鄴侯祠即明道山房在嶽廟後
韓文公祠在縣城內即開雲樓嶽廟前亦有韓
公祠
胡文定公祠即文定書院在紫雲峯下祀胡安

國父子
二賢祠在南嶽方廣寺右祀朱張二子
三賢祠在縣城內祀朱子張栻胡安國以胡宏
胡寅林擇之配每春秋二仲致祭
湛甘泉祠在嶽廟右紫雲峯下祀明兵部尚書
湛若水
蔣公祠在嶽廟前沙坪祀明知府蔣芳鏞
李公祠在嶽廟前祀明知府李燾
韓公祠在嶽廟前祀明知府
許公祠在南嶽實善山房祀明知府許倓
轄神祠在嶽廟後神元時蒙古人名阿兒思蘭
以忠顯校尉爲潭州總管監修嶽廟能以庶惠
集事廟成遂祀之
景行祠在嶽廟西街祀巡道張兆熊
康熙四十七年
御製重修南嶽廟碑
南嶽爲天南巨鎮上應北斗玉衡亦名壽嶽至
靈長於祿位綿福祚於子孫載在星經由來尚
已在歲專官致祭肅薦馨香復以廟貌傾頹勅
命修葺蠲吉蕆事鳩工庀材不斂閭左之錢不

廢公旬之後君臣歡忭庶民子來經始於四十四年七月訖工於四十六年九月不三歲而落成榱桷一新金碧重煥於時億萬臣民以茲嶽爲壬壽之山咸欲伸其愛戴之悃爲朕祀釐而督撫諸臣亦合詞籲請爲宜親頒文翰宣導輿情朕以萬乘爲懷踐祚以來殫思治理區畫周詳敬

天勤民不遑暇逸而於嶽瀆諸祀典禮必虔凡以治神人和上下也維茲南嶽靈爽斯憑亦期與吾民共樂雍熙同登仁壽大四海從風之治固萬年有道之基是則朕欽時錫福之至願云爾爰書重修歲月以示崇德報功之至俾勒之貞珉昭諸億禩焉

耒陽縣

伍子胥廟在縣北伍相橋側五員仕楚嘗居此立廟祀之

靈顯廟在縣北唐末盜起郴人廖思文弟思政思宥三人率鄉民保障寇莫敢犯因立祠祀之有禱輙應宋賜今額

忠靖廟在縣城西

羅含廟在縣西南四里西湖側

谷府君廟即丸真太守郎一處在堵十興業鄉馬水鄉共三處

隍廟在縣南門外祀漢羅訓

昭烈祠在縣西

龐統祠在縣西南四里統嘗爲縣令後人爲立祠每年春秋致祭

蔡倫祠在縣南蔡池上元知縣陳宗羲有記

杜少陵祠在縣北二里杜甫葬此因立祠每年春秋致祭

薛公廟在縣北五里相傳薛諱冶山西人事蹟莫考

常寧縣

盤古祠在縣西十里盤古峯下

三皇祠在縣南門外前殿祀三皇後有雨華臺

藥王廟在縣東

熒惑廟在縣南門外

忠臣廟在縣南門外舊學後祀元學士劉壽孫

安仁縣

四忠祠在縣東南三里明正德中建祀唐南霽雲雷萬春及宋周必大陳億孫嘉靖中改建爲清溪書院專祀周必大

周文忠祠在儒學左其地名盃相里宋丞相周必大嘗讀書處也明弘治中知府鄧淮建祠祀之

忠節祠在儒學右明成化閒學使薛綱立祠祀宋叅議陳億孫

高長官祠在縣西五里寗泉宋嘉祐閒建祀縣令高岳

尹公祠在城內明嘉靖閒知縣尹鳴商有惠政民立祠祀之

賴公遺愛祠在縣治北明萬曆閒建祀知縣賴霖

酃縣

炎帝廟在縣西三十里炎陵側宋乾德五年建廟六年以祝融配食九年詔移廟就縣去縣五里淳熙十三年仍移陵側每年春秋致祭炎陵志載乾德中遣官致祀并覆奏復立殿縣南以承大祀明嘉靖閒乃卜於其右址爲拓而新之中爲殿殿外建高閣寛廣如殿碑碣錯峙其閒閣下爲陞道丹墀如制東西兩廡各三閒周遭垣墻前列三門

李義祠在縣東康樂鄉通志載晉李義擊賊有

功邑人祀之

趙公祠在縣治南祀廵撫趙申喬

衡州府志卷之十七

衡州府志卷之十八

知衡州府事豐城饒佺重編

風俗

三湘七澤醲爲楚風詵云不𦳝由來稱雄典墳並索雅號能追屈宋崛起爲文人宗士㒸於宦人力於農信巫尚鬼乃俗相蒙幸沐聖化詩禮攸崇變昔藍縷而今雍容

雍正五年奉

上諭曰朕觀四民之業士之外農爲最貴凡士工商賈皆賴食於農以故農爲天下之本務而工賈

皆其末也今若欲於器用服玩之物爭尚華巧必將多用工匠以爲之市肆之中多一工作之人即田畝之中少一耕稼之人此遂末之所以見輕於古人也

上諭又曰父兄之教子弟當觀其才質如何若果穎悟恂謹可望有成則當使之就學而爲士若愚濁中下之資讀書難通即當早令改業歸農使之盡力於南畝以爲仰事俯育之資誠恐讀書不成而又粗識數字曠廢閒遊必致非分妄爲越禮犯法也

上諭又曰朕深撫人情物理之原知奢儉一端關繫民生風俗者至大故欲中外臣民黜奢驟未專力於本人人自厚其生自正其德則天下共享太平之樂矣昔人云由儉入奢易由奢入儉難不知奢者取用少而費力多儉者取用多而費力少則由奢入儉乃人人行之甚便者不可謂難也朕自身體力行爲天下先諸王內外大臣文武官弁與鄉紳富戶當深體朕心欽遵朕諭期共勉之勿視爲具文

記曰修其教不易其俗齊其政不易其宜

白虎通云民函五常之性其剛柔緩急聲音不同繫水土之風氣故謂之風好惡取舍動靜無常隨君上之情欲故謂之俗

程伊川先生論葬曰卜其宅兆卜其地之美惡也地之美者土色之光潤草木之茂盛乃其驗也而拘忌者惑於擇地之方位決日之吉凶不亦泥乎甚者不以奉先爲計而專以利後爲慮尤非孝子之用心

司馬溫公論葬曰先王制禮葬期遠不過七月又禮未葬不變服食粥倚廬哀親之未有所歸也

人之貴賤貧富壽夭繫於命賢愚繫於人於葬無與也即使果如葬師之言爲人子者方當哀痛之際何忍不顧其親之暴露乃欲自求福利耶

司馬温公論嫁娶曰世俗之貪鄙者將娶婦必先資粧之厚薄將嫁女先問聘財之多少婚娶必先論財是以生男則喜生女則戚至有不舉其女者用此故也然則議婚姻有及於財者皆勿與爲婚姻可也

蘇東坡曰吾蚤晚飲食不過一爵一肉有尊客至

則三之有召我者預以此告之主人不從而過是吾及是乃止一曰安分以養福二曰寬胃以養氣三曰省費以養財

按三代以下風俗之厚推西漢其時文景恭儉兢兢於農事之傷爲酒醪以糜穀者之衆

我

世宗憲皇帝躬行節儉爲天下倡屢頒

諭旨周悉懇勤誠以風俗之敝由於奢侈也孔子云奢則不遜爾來婚喪悖理總緣奢侈階厲韓子云風俗與化移易幸際

隆平沐浴

聖化誠使二三司牧與此邦士大夫相與革浮侈崇儉樸風俗之淳美可立臻也茲述風俗特恭臚

聖訓於前而備載名論於後以爲挽波靡之一助云

衡州府附郭衡陽清泉二縣

寰宇記有舜之遺風人多淳樸

宋書曰瀟湘有洙泗風

歐陽文忠公曰山川之秀麗稱衡湘其蒸爲雲霓其生爲杞梓人居其間得之爲俊傑

文文山曰衡之民務本而勤力衣食其耕桑儉而

不泰風氣淳厚

舊志安土重遷不能逐什一之利終歲勤動退而食士之毛公家之賦亦取足其中以故閭里絕無高貲富人

衡山縣

劉禹錫云瀟湘間無土山無濁水民秉是氣往往清慧而文

元義化書院記云晦庵南軒相與講道唱酬其間湖南道學於斯特盛

通志云朱張林胡數遊南嶽衡山遂有小洙泗之

稱述有明王陽明湛甘泉羅念庵先後接踵其間皆因先賢遺蹟講明正學以續文章之盛故濂洛關閩之傳迄今未墜

耒陽縣

劉宦縣令題名記云士好學尚禮民積漸逐末馳騖於後靡

常寧縣

舊志云樸茂殷厚嗇私用而僥公輸

常寧圖册云其民剛勁刀耕火種

舊志云土瘠田中下士雖貧而誦讀不衰其民苟

而樸

安仁縣

伍讓學記云山川秀傑安仁爲勝故魁人傑士往往出其間

舊志云風俗簡樸人多質實吉凶之禮多循古法以詩禮爲門戶者代不乏人

酃縣

舊志云俗尚質樸風氣淳厚以耕織爲本業不事商販婚姻尚門第喪禮六親男女俱赴弔登禮歲時合族祀先祖公稅早輸無抗粮積逋之憂貧不與訟公庭闃然獄無繫囚

附節序

正月一日爲元旦昧爽啓戶向吉方出行設香燭酒果拜祖宗然後少長以次拜賀飲屠蘇酒親友往來互相拜賀城市擇日列肆是日占風之方向以驗歲之登耗北主稔南主歉又觀天色明暗明多暘暗多雨

立春日宜晴暖是日剪綵爲鶯燕看土牛唐詩云土牛呈歲稔綵燕表年春

正月十五日剪紙爲燈或懸之庭戶或列之街衢

有龍燈鰲山諸戲街市遊觀午夜不禁

社日祭社神以祈穀是日宜雨諺曰春社無雨不種田秋社無雨不種園

寒食亦謂禁煙謂自去年冬至後數至今歲一百六日也

清明日掃墓修塋標紙錢於其上農人漬種諺曰二月清明莫在前三月清明莫在後蓋因時播種早則春寒未除也

上巳日或有踏青者有祓禊者漢儀季春上巳官及百姓皆禊於東流水上以祓除不祥

按朱書禮志云自魏以後但用三日不用巳
小寒至初五日一番風候日花信風梅花信最先
楝花風最後凡二十四番以至寒盡此後立夏
矣唐詩一百五日寒食雨二十四番花信風又
古詩苦楝花風吹日長亦農候也
四月八日爲浴佛節造烏飯謂之青精飯是日宜
晴諺曰四月八日晴打鼓唱大平四月八日雨
踏斷水車嵴
四月布穀鳴一曰郭公農家聽之犂耙入田
五月五日爲天中節亦稱地臘縣艾虎於門和雄

黃酒飲之小兒佩符蒜塗雄黃於額以祛病觧
毒裹糯米爲糭即角黍也坊市造龍舟競渡俗
謂屈原以此日沈汨羅人競以舟楫拯之
五月十三爲白龍生日宜晴諺曰五月十三下一
遭晒得南山竹也焦
夏至日宜北風諺曰北風吹向南無錢也去擔南
風吹向北有錢糴不得
六月六日俗謂半年節人家晒書及衣物是月早
稻熟有嘗新者殺用魚不用雞以餘饑字音近
也

七月七夕婦女穿七孔針陳瓜果於庭中以乞巧
有蟢子網於瓜上則以爲得巧
立秋日以赤豆七顆和水吞之以防瘧痢
七月十五爲中元節設羹飯薦祖先或剪紙爲衣
焚之僧家舉盂蘭盆會
八月十五日以月餅相餉設酒賞月是夕月明晦
占來歲元宵陰晴
九月九日士明登高飲茱萸酒蒸麪作餻
十月朔掃先塋如清明禮
冬至作赤小豆粥以禳疫

臘八日雜棗果煑粥曰臘八粥先臘一日大儺諺
云臘鼓鳴春草生村人並擊細腰鼓扮金剛力
士形以逐疫南方用八日作浴佛會周曰蜡漢
曰臘
臘月二十四日爲小年節祀竈甚謹俗傳竈神朝
天申人善惡於玉皇
二十五日俗傳玉皇下降察人善惡家焚香多持
清齋
除夕盛爆竹家人宴飲曰團年或圍爐達旦謂之
守歲杜詩云守歲阿戎家椒盤已頌花歐詩云

唷宫守夜沈香火楚俗驅神爆竹聲是夕祀先

祖立桃㼛於門戸畫神荼鬱壘以禦鬼

衡州府志卷之十九

知衡州府事豐城饒佺重編

物產

地不愛寶菁英鬱郁爰紀土宜特著天物維茲荆湘產分水陸杶榦栝柏厥貢攸肅物非供用國君弗錄齒革羽毛何如菽粟子輿論政鷄豚材木餐粒茹鮮寧美珠玉

闔府屬

按物產所在畧同七屬無庸分編惟物之間出爲各縣專產者析注於下

穀之類

紅秥俗作粘　白秥　稬秥
麻秥　童子秥　安南秥
四十秥　五十秥　六十秥
百日秥　江西早　雲南早
鐵脚早　團穀早　洗白早以上皆秥稻可爲飯者
紅稬俗作糯　白稬
早稬　遲稬　大稬
小稬以上稬稻可爲酒者　早粟　晚粟
包粟俗呼玉米　大麥　小麥
蕎麥　黃豆　青豆
紅豆　黑豆　綠豆
豌豆　蠶豆　扁豆俗呼娥眉豆
刀豆　高粱

雜糧之類

大薯　小薯　番薯有紅白二種窮民以當飱
蕨窮民掘其根擣成粉煑爲餅以給饔飱
芋　芝蔴有黃白黑三種

蔬之類

芥菜　白菜　莧菜有紅白二種

芹菜　苦菜　油菜
甕菜　菠菜　薺菜
莙薘菜　黃花菜即萱草　萵苣菜
蘿蔔　苦蕒　茄子
荳角　蒿　芫荽
冬莧　馬齒莧　冬筍
小筍　茭筍　薑
葱　蒜　韭
薤　藠

瓜之類

東瓜　西瓜　南瓜

王瓜　絲瓜　菜瓜

甜瓜　苦瓜　瓠子瓜

果之類

梅　杏　桃

李　棗　梨

柿　藕　菱

芡　石榴　白果

蓮子　林檎　楊梅

倭桃　櫻桃俗呼恩桃土人鮮知其味也山鳥爭食之

藥之類

烏藥　木瓜　地榆

黃精出衡山　菖蒲　柴胡

半夏　薄荷　荊芥

紫蘇　蒼耳　野艾

枳殼　地黃　山查

百部　車前　益母草

五加皮出常寧者佳　百合　何首烏出衡山者佳

茯苓　土茯苓　薏苡仁

草之類

苧　蘋　蓼

吉祥　黃藤生山坡所在有之輕生者服以圖賴治以雄鴨血白蠟若飲冷水則不治

花之類

蘭　蕙　桂

菊　蓮　葵

牡丹　芍藥　海棠

玉簪　臘梅　茉莉

山梔　芙蓉　鷄冠

水仙　山茶　杜鵑俗呼艷山紅

木槿　剪秋羅

木之類

松　柏　杉

楓　柏　樟

櫧　柞　桐

槐　柳　根俗作椰

樗　檀　柘

桑　椒　椿

冬青　白楊　皂角

萬年松出衡山高巖數寸許拔之弆笥中經數年取植之蒼翠如故

萬歲藤 出衡山藤多節有瘿瘤取之作杖曰壽杖　漆

竹之類

南竹　水竹　斑竹 小竹也并淚竹

苦竹　紫竹　叢竹

慈竹　箬 葉可作船蓬包角黍　蘆竹

千年竹 出衡山高數寸披而弃之

羽之類

鷄　鵝　鴨

鶴　鴈　雉

鶯　鵲　燕

鷗　鳧　鴿

鷹　鷂　烏

梟　布穀　鷓鴣

白鷺　子規　畫眉

鵪鶉　鵓鳩　鸕鷀

鶺鴒　鸜鵒　啄木

毛之類

馬　驘　驢

牛　羊　豕

犬　貓　虎

豹　獾　熊

狼　豺　鹿

麂　麞　猿

猴　兎　鼠

獺　狐狸　野豬 力能拔木虎亦避之

豪豬 周身皆箭其行颼然衡山爲多　山牛 出衡山一角類牛

黃斑 衡山多有之似狼而小能制虎尾虎而踞其背爪其皮肉見腹不休虎立斃

鱗之類

鱒　鯉　鱅

鯇 俗呼草魚　鯖 俗呼青魚　鯿

鯽　鮎　鱖

鱓　鰕

介之類

龜　鼈　蟛蜞 形似蟹

夾蛇龜 形與龜鼈了不異其殼中闢利如剪物觸之立斷蛇見之以爲龜鼈也附焉張其殼銜蛇節而解之　螺　蚌

蟲之類

蠶　蜜　蟬

螢　蚊　蝨

蜂　蠓　蛇

蝎　蜻蜓　螳蜋
蝴蝶　蜘蛛　蝙蝠
蝸牛　蚯蚓　螻蛄
蝦蟆　蟋蟀　蜈蚣

食貨之類

香蕈出衡山者佳　木耳　石耳
煙葉衡郡製賣　衡酒即酃酒　藕粉出衡陽
茶衡山爲多　葛出常寧者佳　苧
錫出耒陽常寧　鐵　柴炭
煤炭出衡山耒陽　石灰　草紙衡山爲多

綿紙耒陽爲多　棉花　蠟酃縣爲多
車貨出衡山車讀麻韻伐山木爲圓器盤盂杓形由心造歲販他邑其利常倍
香車餅出衡山車亦讀麻韻屑木成餅爲香條

衡州府志卷之十九

衡州府志卷之二十

知衡州府事豐城饒佺重編

兵防

揆文奮武軍政有經安內攘外建威銷萌巖巖衡郡嶽峙湘渟洪惟

聖武六宇昇平百年之內民不見兵雖則不用武備敢輕用戒不虞未雨丁寧營弁汎卒赳赳干城

明衡州衛指揮

按指揮使之名昉於宋明因之衡州有世襲指揮使五員指揮同知十三員指揮僉事七員均係世職無事歸衛有事聽調所轄屯丁即從戰

舊卒

本朝撤之履歷姓氏今仍備識

指揮使

常　得　東平人洪武初任濟南衛調衡州

崔　貴　鳳陽人調任衡州衛

王　禮　淮安人由靖難功宣德間調衡州衛

張大猷　上元人以征八排燕子窩有功由千戶陞任

劉　哈　蘇州人初名哈海元平章賜姓劉授千戶

指揮同知

邱　成　江夏人洪武時授

張　恭　丹徒人洪武時授

姚　貴　崐山人父金保靖難時陣亡永樂中以父功蔭職

劉　剛　順義人祖敬以靖難功授千戶至剛以征靖州功加陞

王　璘　高郵人以父諒征安南蔭職

閔　宣　泰州人成化中調衡州

李　夔　河南人以祖鎖兒靖難陣亡蔭職

朱　炳　靈璧人

張　斌　石城人祖呆提火者歸附子沙班以靖難功授指揮僉事斌班子也加同知

許　堂　常寧人祖永樂時千戶洪熙初調衡州至堂陞指揮同知

趙　瑛　信陽人以父麓川功蔭職

張國炳　上元人調衡州衛百戶以征八排燕子窩有功加陞

范　用　定遠人以靖難功授職

指揮僉事

段襲嶶　合肥人以征香爐山功授職

張　鉞　宛平人以靖難功授

顧　旺　江都人以靖難功授

劉　璽　濟寧人以祖驢兒靖難陣亡蔭職

張　晨　山陽人以父本征廣西陣亡蔭職

王　寧　麗水人由千戶征香爐山陞授

洪　海高麗人祖迭里初授百戶至海陞授

劉　海太陽人永樂初調本衛

本朝

武秩

順治四年設城守備一員　五年設副將一員十年兵部　題本協設立左右兩營都司二員守備二員千總二員把總四員馬步官軍駐劄本城　十二年奉　勅書管轄衡陽衡山耒陽常寧安仁酃縣桂陽七州縣其臨藍一營別設參將鎮守雍正十年陞桂陽州爲直隸州不在郡轄

康熙五年奉　文裁右營都司一員守備一員歸併左營二十七年又奉裁左營守備一員俱統於都司

副將

徐大受北直人順治四年任

余世忠江南人順治四年任

王世雍陝西人順治五年任

李昌齡榆林人順治六年任

周可得順治十年任

馬月正陝西人順治十一年任

高成旦陝西人順治十三年任

羅　岱陝西人順治十六年任

向文奇河南人順治十七年任

黃加品陝西人順治十七年任

張　瑋山東人順治十八年任

趙眞權山東人康熙元年任

潘　治康熙元年任

羅耿培山西人康熙二年任

蘇　龍福建人康熙十三年任

李廷獻遼東人康熙十三年任

陳　盛福建人康熙十九年任

金國正陝西人康熙三十八年任

呂九成北直人康熙三十九年任

王遐齡陝西寧夏人康熙四十四年任

朱士芝康熙四十六年任

白守仁康熙四十九年任

馬會伯陝西人康熙五十一年任

衛王建詳名宦志

胡有亮山東人康熙五十六年任

周一德山東金鄉人進士雍正二年任

崔起潛直隸正定人進士雍正七年任十二年陞永州鎮

王維一陝西人進士雍正十二年任

羅俊陝西寧夏人進士乾隆元年任

冶大雄四川成都人乾隆二年任

方偉男福建龍溪人進士乾隆六年任

譚五格滿洲鑲黃旗人乾隆八年任

哈俊德直隸河間人乾隆十四年任

葉霖直隸青苑人進士乾隆十六年任

馮過隆直隸獻縣人進士乾隆十七年任

長福滿洲正黃旗人侍衛乾隆二十年任

葉霖乾隆某年復任

現任周成謨貴州人乾隆二十五年任

都司

高振先遼東人順治十年任

萬自成遼東人順治十二年任

潘瑪河南人順治十四年任

張文照河南人進士順治十七年任

周奇河南開封人康熙九年任

焦金斗河南祥符人康熙十二年任

彭天祐遼東人康熙十八年任

馮貞陝西三原人康熙二十年任

楊明錦直隸天津人康熙二十二年任歷任最久以衛多火災植樹於廻雁峰以避火星遇災輒率先救之二十四年夏旱詣黑沙潭禱雨潭在山谷中極險惡重門晝晦中多蛇蝎寒氣逼人重裘跣足持篙刺筏躬入取水足爲之傷甘露立沛後陞任去人歌思之

賈重義遼東人康熙三十四年任

劉俊陝西人康熙四十二年任

賀爾熾陝西寧夏人舉人康熙四十三年任

田廷績北直定興人進士康熙四十八年任

夏林陝西寧夏人進士康熙五十二年任

張璽順天宛平人舉人康熙五十四年任

夏永振順天宛平人舉人

朱士樸陝西靈川人舉人康熙五十九年任

達澤陝西靈川人進士雍正八年任

陳翊直隸滄州人舉人乾隆二年任

王永山東鄒平人舉人乾隆十一年任

王元廣西馬平人乾隆十二年任

張承烈陝西寧夏人乾隆十六年任

何敦湖北荊門州人進士乾隆二十二年任

現任傅景麟宣化人乾隆二十七年任

千總

張永忠 順治四年任　張得功
黑希賢　王道煜
彭鶴年　張三才
姜啓元　方閏五
田　勇 陝西人　王之科
李繩龍　張伯美
李德裕 河南人　張明玉
劉再挺 河南人　張金泰
王國忠 本省人康熙四十三年任
潘士洪 康熙四十六年任

孫　雲 康熙四十八年任
張有福 康熙五十三年任
藍生福 康熙五十六年任
潘啟祥
鍾永昌 康熙六十年任
李如松 長沙人雍正四年任
余　凡 武陵人乾隆十二年任
現任 涂登科 廣東曲江人舉人乾隆二十四年任

左營守備

按以下守備皆裁員舊志未載今補載附後

寇承恩 順治十年任
單文光 順治十一年任
柏長春 山西人順治十二年任陞陝西都司
馬登科 北直人順治十八年任康熙五年奉裁右營以本職兼攝
欽　宣 康熙七年任
靳士英 滿洲鑲白旗人康熙十八年任
盧邦憲 黄岡人舉人康熙二十二年任

右營守備

陳正舉 遼東人順治十年任
吳四維 江南儀真人順治十二年任

孫永寧 順治十六年任
賈進才 順治十七年任

衛守備

徐陽和 北直人順治五年任
王天合 進士順治十三年任康熙三年復任
奚鼎鉉 黃岡人順治十八年任
李時蔭 北直宛平人進士康熙八年任
譚公國 茶陵人
楊光斗 亳州人進士康熙三十二年任

左哨把總

張金泰　張三才
宋元　丁世達
張振表　段景魁
李得玉
貳司把總
王之臣　劉泗勝
孫守法　閆泰
鄭崇魁　黃嘉印
右哨把總
黑希賢　唐子程

石進成　田玉
張繼良
貳司把總
孫進　驥友勝
孫友才　徐大衡
張勇　張伯美
劉再挺
衡陽汛千總乾隆二十一年分營
夏雨　武陵人
涂登科　廣東舉人乾隆二十四年任　現任

清泉汛把總
曾士璞　長沙人乾隆二十二年分防
衡山汛把總
余成蛟　胡左鳳
莫如德　陳國忠
耒陽汛把總康熙十七年以前無考
張文奎　賴子成
張伯美　張繼良
李得玉　劉再挺
汪祥　趙雲

熊光前　程自強
王國忠　楊朝
鄭國棟　趙德勝
藍生福　孫雲
程得勝　朱奉徵
王言　余志
吳起鵬
常寧汛把總
陳有功　王德
劉再挺　趙雲

鄭國棟　程得勝
李文孝　張有福
藍生福　王士元
王文明　朱泰徵
趙永盛　舒永正
安仁汛外委千總
何出圖　程宣
蔣忠
酃縣汛千總
張進　王國樞

畢希賢　閆泰
鄭崇魁　蘇明良
王有鳳　王德
蔣光仕　戈良相
張文禮　白世奇
文元　王詔
張立敬　趙永正

兵馬

經制額設馬步戰守兵丁除康熙二十二年以前奉　文抽調裁撥外實兵一千二百名馬一步九戰三守七　二十二年奉　文爲敬陳安插各省保泰裁兵之成議三案共裁馬步戰守兵四百七十名實兵七百三十名　三十四年爲欽奉
上諭事案内裁步戰兵二十九名實七百一名四十五年奉　文爲敬陳酌減等事抽調步守兵一十八名前赴鎮筸補伍見今實存馬步戰守兵丁六百八十三名并撥防塘汛兵丁二百四十八名

經制操坐馬一百五十二匹康熙二十二年奉

文爲安插裁兵等案共裁馬四十七匹　二十七年因武昌裁兵叛變奉　文爲陸營布置雖周等事案内撤調守備一員前去武昌新設水師營減去坐馬四匹實存坐馬一百一匹除抽去分防各縣外實存本城坐馬四十五匹

官俸兵餉

副將俸銀三百四十九兩六錢零
都司俸銀一百八十一兩五錢
千總俸銀
把總俸銀三十六兩

以上俸銀共

馬兵每季餉銀五兩九錢

步兵每季餉銀四兩三錢

守兵每季餉銀二兩八錢七分六釐

馬乾每匹春冬每季三兩六錢夏秋每季一兩五錢

以上共餉乾銀九千一十九兩四分

兵丁月米糧

每年共支米八百九十二石八斗

軍火器械

馬步戰守兵盔甲一百九十三副

弓箭一百二十四副

鉸鎗二百五稈

藤牌三十面

刷刀三十面

火砲二十一位

腰刀二百五十八口

以上各兵領執

武備庫

在賓日門內砲位火藥軍裝器具收貯於內一名火藥局

演武場

一在城西北一里許舊有樓扁曰觀德南立石坊曰節制當衢建閱武坊

塘汛

衡陽縣

梅田鋪塘　埜田鋪塘

横江鋪塘　迎水鋪塘

九渡鋪塘以上北路陸塘每塘汛兵四名

柘里鋪塘　溪田鋪塘

大橋鋪塘　倉庫鋪塘

臨瑞鋪塘　赤水鋪塘

雷忠鋪塘　演波鋪塘

白佛鋪塘　雲華鋪塘

雲山鋪塘　磨石鋪塘以上西路陸塘每塘汛兵二名

樟木市塘以上北路水塘汛兵三名

草橋塘　渣江塘以上西路水塘每塘汛兵二名

清泉縣

上青鋪塘　市江鋪塘

烟竹舖塘　大石舖塘
路口舖塘　白芍舖塘
易頭舖塘　白陽舖塘以上南路陸塘每塘汎兵四名
黄潮塘
茅葉灘塘　車江塘
新塘埠塘　新塘站塘
月堡塘　焦源河口塘
大魚灣塘以上南路水塘每塘汎兵三名
鹽沙洲塘　泉溪市塘
新渡頭塘　茶曹塘　耒河口塘

陸堡塘　小江口塘以上東路水塘每塘汎兵三名

衡山縣

板橋舖塘　石橋舖塘
栢塘舖塘以上北路陸塘每塘汎兵三名
烏石舖塘　馬嶺舖塘
依田舖塘　萱洲舖塘以上南路陸塘每塘汎兵四名
南嶽市塘
白果市塘以上西路陸塘每塘汎兵五名
雷家市塘　龍應港塘

霞流站塘　萱洲塘
渡江舖塘　大堡塘以上南路水塘每塘汎兵三名
石灣塘
三樟樹塘　油麻田塘以上北路水塘每塘汎兵三名
吴集塘
鉛錫坪塘　草市塘以上東南小河水塘每塘汎兵二名

耒陽縣

上市堡塘　淝江塘
大陂市塘每塘汎兵三名

常寧縣

乾沙港塘西路陸塘汎兵四名　管山塘
河口塘　栢坊塘
鯉魚塘以上水塘每塘汎兵三名

酃縣

女子廟塘南路陸塘　黄烟堡塘北路陸塘
斜瀨渡塘南路水塘　沔渡塘北路水塘汎兵二名

衡州府志卷之二十

衡州府志卷之二十一　知衡州府事豐城饒佺重纂

職官

維守與令新民之官令與民親守爲令先徵發期會臂指相聯邑有賢令民自不寃郡有賢守令亦罔愆門佐五馬祿石二千召父杜母盍亦勉旃率屬愛民御衆惟寬

分巡上湖南道

按分巡道駐衡州坊自有明

明

沈慶 餘杭人

裴斐 渭南人

吳淑 宜興人

徐觀

陳鳳梧 泰和進士與文學肅武備郡有詞華末玉號令條侯之頌

汪玉 婺源人進士

汪克用 永豐人進士

齊遇

楊淳 臨潼人進士

張九功 沁州人進士

金燦 嘉興人進士

陳塏

姜儀 南昌人進士督建青草橋

鄧承劵 全州人舉人

祩秀民 西安人進士

沈愷 華亭人進士

胡堯臣 安居人進士

林士元 瓊山人進士

陳覲 餘姚人進士禦寇有功

邊維垣 彭縣人進士

房柟 汝寧人進士

管大勲 鄞縣人視學政公明士心悅服開南嶽水道填塞後龍有記載嶽志

黃希憲 金谿人進士

章邦翰 南昌人進士

魏養蒙 北直人進士

井來 江南人進士

鄧雲霄 東莞人進士

吳中偉 海鹽人進士

張邦俊 韓城人進士

袁一驥 福建人進士

周泰時 大湖人進士

魏潽 松溪人進士

周士昌 內江人進士

向允賢 通江人進士

馬人龍 太湖人進士

朱明時 大興人進士

羅寬 光山人進士

周以典 南昌人進士

李嵩 東鹿人進士有平寇功

冒起宗 如皋人進士

金九陛 全椒人進士

王鼎鎮 西華人進士

陳象明 東莞人

嚴起恆 山陰人進士

戴古人 休寧人貢生

本朝

李懋祖 遼東人順治四年任

張兆熊 漢中人貢士順治六年任

李冲霄 絳州人順治十年任

張武烈 陝西人貢士順治十二年任

吳甲周 休寧人監生順治十四年任

彭而述 鄧州人進士順治十五年任

胡允 句容人進士順治十七年任

史必遵 孟縣人進士康熙元年任

分守衡永郴桂道

按康熙六年裁分巡道九年復設衡永郴分守道

黃而輝 同安人廕生康熙九年任

鄭秀 臨川人進士康熙十一年任

朱士傑 奉天人廕生康熙十九年任

董廷恩 鑲黃旗漢軍廕生康熙二十八年任

張仕可 江南人進士康熙四十一年任

王朝恩 鑲紅旗漢軍貢生康熙四十八年任

劉光業 鑲紅旗漢軍廕生康熙五十一年任

魯一輔 正紅旗漢軍監生康熙五十四年任

韓維翰 鑲紅旗漢軍監生康熙五十六年任

黃汝鈺 鑲白旗漢軍監生康熙五十七年任

劉章 鑲白旗漢軍監生康熙五十九年任

徐聚倫 仁和人進士雍正三年任

汪榯 休寧人進士雍正八年任

許登瀛徽州人監生雍正八年任

劉應鼎貴筑人附生乾隆三年任

侯嗣達金匱人舉人乾隆五年任

李愼修章邱人進士乾隆十年任

朱　陵歙縣人進士乾隆十二年任

王秉和會稽人進士乾隆十四年任

李　璿諸城人附生乾隆十六年任

現任孔傳祖鑲紅旗漢軍乾隆二十一年任

知府

按秦始置郡郡置守由漢以來曰太守曰刺史其稱不一衡爲郡在漢曰桂陽後或曰湘東曰衡陽稱亦不一今述自漢及唐分注郡守刺史至知府之稱昉於今自宋至今揔仍其稱

漢

楊　璆高祖時桂陽守

張　邈文帝時桂陽守

姚　猛平帝時桂陽太守

張　隆光武時桂陽太守

衞　颯修武人建武中桂陽太守見名宦志

茨　充南陽人桂陽太守見名宦志

鄧　彪顯宗時桂陽太守

許　荊陽羨人和帝時桂陽太守

夏　方和帝時桂陽太守

文　礱和帝時桂陽太守

欒　巴內黃人桂陽太守見名宦志

第五頡順帝時桂陽太守　廖　祈桓帝時桂陽太守

度　尚桓帝時桂陽太守擒賊有功　任　允桓帝時桂陽太守

陸　康吳郡人光和間桂陽太守

張羨 靈帝時桂陽太守

周昕

然溫 獻帝時桂陽太守

趙範 建安中桂陽太守

趙雲 建安中桂陽太守

蜀漢時吳

葛祚 桂陽太守

羊衜 桂陽太守

全柔 桂陽太守

晉

虞潭 元帝時湘東太守

劉翼 元帝時衡陽太守

常藹 湘東太守

范珧 成帝時湘東太守

宋

江夔 考城人高祖時衡州刺史

杜烈 成都人衡陽太守

蕭惠基 蘭陵人湘東太守

王應之

齊

蕭頴孚 蘭陵人湘東太守

曾斐 湘東太守

梁

蕭恭 天監中衡州刺史

蕭鄰 衡州刺史

宋季雅 衡州刺史

蕭象 湘州刺史　王奐 衡州刺史

元景隆 衡州刺史　王亮 衡陽太守

蕭昌 天監中衡州刺史　張綰 湘東太守

元略 普通中衡州刺史

元慶和 大通中衡州刺史

蘭欽 天監中衡州刺史

羊侃 大同中衡州刺史

韋粲 衡州刺史

丁道貴 簡文時衡州刺史

王懷明 元帝時衡州刺史

王琳 衡州刺史

謝答仁 元帝時衡陽太守

沈衆 衡州刺史

王勱 衡州刺史

庾肅之　湘東太守

錢　明　元帝時湘東太守

劉廣德　南陽人湘東太守

譚世遠　衡州刺史

周　廸　衡州刺史

侯　曉　敬宗時衡州刺史

陳

歐陽頠　衡州刺史

歐陽遂　衡州刺史　　沈君理　東衡州刺史

錢道戢　衡州刺史　　駱　牙　桂陽太守

陳伯信　衡州刺史　　王　勇　西衡州刺史

樊　通　衡州太守　　鄧　暠　西衡州刺史

唐

宇文元　貞觀中衡州刺史

李敬元　亳州人衡州刺史

李　皐　天寶中衡州刺史　　孔若思　衡州刺史

令狐峘　建中初衡州刺史　　李象古　衡州刺史

平　昌　永泰間治衡州見名宦志

許　稷　衡州刺史

韋之晋　大歷中衡州刺史

齊　映　高陽人衡州刺史建合江亭

陽　濟　大歷中衡州刺史

蔣　防　憲宗時衡州刺史

鄒[illegible]　逸其名衡州刺史昌黎過衡贈以詩今刻合江亭

呂　温　元和初衡州刺史見名宦

令狐楚　衡州刺史

蕭　鄴　宣宗時衡州刺史

徐　灝　僖宗時衡州刺史

周　岳　僖宗時衡州刺史　　楊師遠　衡州刺史

鄧進忠　昭宗時衡州刺史

後周

莫宏萬　顯德間衡州刺史

宋

李　昉　深州人建隆間任

張　勳　洛陽人

張文表　建隆間任

廖紹昇　安陸人開寶間任

陳文灝　太平興國間任

李虛已　咸平間任見名宦志

呂景和　酸棗人

劉　沆天聖間任見名宦志
楊　紘浦城人
孔平仲新喻人進士　裴　稟知衡州事
薛朋龜鄞人進士政和間任
劉安世魏人
向子忞見名宦志
張　枘徽宗時任
聶　昌靖康間任
劉清之紹興人進士見名宦志
王以詠建安人進士高宗時任

薛伯宣淳熙間任
孫德興嘉定間任
趙逢龍淳祐間任見名宦志
謝方叔威州人進士
蘇　渙
周　薰寧都人
徐　霖衢州人
蕭建功新淦人
王亞夫景定間任
楊文仲咸淳間任

石　彥進士宗寧間任
尹　穀德祐間任
孫昭克龍溪人

元

楊　倬濟南人至元三年任
尤　忠至正七年任

明

丁　玉洪武初任
吳景庸浙江人洪武間任
高從訓洪武間任見名宦志

周以先望江人洪武間任
史　中德化人永樂間任
陳　安福建人進士
鄒　艮樂安人正統間任
薛　理山東歷城人進士
吳　達德平人舉人景泰間任
翁世資福建莆田人進士天順四年任
鄭　寬樂平人進士成化元年任
徐　孚浙江黃巖人舉人成化四年任
周　瑛貴州興隆人進士成化十一年任

鄒震　江西貴溪人進士成化十二年任見名宦志
何珣　河南羅山人進士成化十四年任
陳哲　浙江山陰人進士成化二十二年任
孫安　浙江錢塘人進士弘治四年任
劉濟　直隸趙州人進士宏治四年任
金祺　浙江麗水人進士弘治十四年任
王鵬　河南祥符人舉人宏治十七年任見名宦志
劉璣　陝西咸寧人進士正德元年任見名宦志
俞穆　浙江寧海人進士正德二年任
喬瑛　雲南臨安人進士正德六年任

許宗道　廣西柳州人進士正德十二年任
葉夢洪　見山人正德間任
吳仕典　福建尤溪人進士正德十四年任
丁孔璋　山東聊城人進士嘉靖三年任
劉友仁　福建漳浦人進士嘉靖六年任
章僑　浙江蘭陵人進士嘉靖九年任
周詔　四川富順人進士嘉靖十一年任
吉棠　直隸丹陽人進士嘉靖十三年任
楊珮　雲南太和人進士嘉靖十四年任
李循義　浙江鄞縣人進士嘉靖十六年任

何彥　廣東順德人進士嘉靖二十年任
馮冠　南直常熟人進士嘉靖二十三年任
林允宗　福建莆田人進士嘉靖二十四年任
蔡汝楠　浙江德清人進士嘉靖二十八年任見名宦志
胡安　浙江餘姚人進士嘉靖三十二年任見名宦志
游大庭　福建鎮海人進士嘉靖三十八年任
金立愛　浙江臨海人進士嘉靖四十一年任
張一霽　河南睢陽人進士嘉靖四十三年任
周浩　浙江錢塘人進士隆慶二年任
艾可久　南直上海人進士隆慶六年任見名宦志

熊煒　江西建昌人進士萬曆五年任
李燾　廣東河源人進士萬曆八年任見名宦志
許倓　河南靈寶人官生萬曆十二年任
李安仁　直隸遷安人進士萬曆十六年任
陸志孝　浙江平湖人進士萬曆二十年任
林兆珂　福建莆田人進士萬曆二十四年任
薛承範　陝西韓城人舉人萬曆二十五年任
徐堯華　南直潛山人進士萬曆二十六年任
何懋官　浙江永嘉人進士萬曆二十七年任
丁孔璋　萬曆三十一年任

按丁孔璋已見上係山東進士此疑重出通志府志俱重載而履歷俱不詳姑仍之

鄧以誥 江西南昌人舉人萬歷三十三年任見名宦志

楊鍾英 進士

劉春 福建惠安人進士萬歷四十一年任

陳珪 福建建安人進士萬歷四十五年任名宦

楊嗣修 河南河內人進士萬歷四十七年任

蔣芳鏞 福建同安人進士天啓二年任

藺完植 河南偃師人進士天啓七年任

韓作楫 直隸高陽人舉人崇正元年任

楊應震 陝西華陰人舉人崇正三年任見名宦志

何廷相 廣西富川人進士崇正三年任

徐鴻起 南直宣城人舉人崇正六年任

吳廷楨 江西南昌人舉人崇正七年任

董嗣樸 山東萊陽人舉人崇正九年任

張任 陝西西安人貢生崇正十五年任

聶起濳 江西臨江人舉人崇正十七年任

朱瑆堝 宗貢崇正十七年任

本朝

鄭經 四川人貢生順治四年任

王登進 奉天人順治四年任

陳嘉允 順治八年任

程起潛 奉天人順治十年任

范明宗 浙江紹興人順治十二年任

李光座 河南開封人進士順治十五年任

張時 江南嘉定人貢士順治十七年任

劉進禮 奉天人康熙元年任

張奇勛 河南滎陽人恩貢舊志云涖衡有慈惠聲

佟國瑜 奉天撫順人廕生康熙十年任

按自康熙十三年甲寅正月以後衡爲逆藩竊據所授僞員槩削不載至康熙十八年二月郡邑反正仍以次載

于養性 奉天人廕生康熙十八年任

譚弘憲 直隸文安人進士康熙二十年任

張乃英 正黃旗漢軍廕生康熙二十五年任

崔鳴鸑 直隸任邱人進士康熙二十八年任

王奕曾 鑲紅旗漢軍監生康熙三十年任

張維垣 山東歷城人貢生康熙三十八年任

汪國正 正紅旗漢軍康熙三十八年任

孔興滋 山東曲阜人廕生康熙四十三年任

常學良 山西介休人歲貢康熙四十七年任

高　坦 直隸新安人廩生康熙五十年任

金仮堯 奉天人康熙五十四年任

孫　元 江南上元人舉人雍正二年任

汪　樹 江南休寧人進士雍正五年任

陳　沆 雲南石屏人進士雍正六年任

汪茗文 浙江歸安人貢生雍正十年任

黃與仁 浙江錢塘人貢生乾隆二年任

嚴宗喆 江西分宜人進士乾隆三年任

李昌棶 山西安邑人舉人乾隆八年任

張爲璁 山東掖縣人廩生乾隆十年任

黃岳牧 福建晉江人進士乾隆十六年任

張　沏 鑲藍旗漢軍監生乾隆十九年任

舒成龍 直隸任邱人監生乾隆二十年任

饒　佺 江西豐城人監生乾隆二十一年任 現任

郡貳

按郡貳始於秦在郡爲丞在邊爲長史漢設吏員治中別駕從事宋設通判推官元設同知歷代郡貳之名不一至明止存同知通判推官

國朝因之嗣將推官裁省

梁

孫　瑒 吳人衡州司馬

任　環 合肥人衡州司馬

隋

周法尚 汝南人衡州司馬

唐

李迥秀 衡州長史

田　晋 衡州司馬

李宗閔 衡州司馬

牛僧孺 衡州長史

孫　偓 衡州司馬

宋

魯維周 洛陽人衡州通判

張齊賢 曹州人衡州通判

汝　準 衡州司馬

韓　丕州人華州通判衢

錢　熙泉州人衢州通判

陳世卿南劍人衢州推官

王　古衢州別駕

趙令庛

鄒　浩晉陵人衢州別駕

喻　樗南昌人衢州通判

楊宏中福州人衢州通判

廖　視衢州通判

徐應龍衢州法曹

趙公卣衢州通判

王勤思

吳永中

袁　抗南昌人衢州推官

元

史秉彝衢州推官

撒的迷勢衢州同知

于守忠至元五年任

朱　敬至元間

趙宏偉衢州治中

馬克明衢州推官

右自梁迄元郡之僚屬每代所傳數人而止大都多遷謫者且名目雜見難爲縷列姑仍舊志統紀其大畧而已若由明而來迄於今官有定名則舉其人系於官秩之後不相淆也故與元以前有別

同知

按乾隆二十一年奉裁

明

李廷美 閩縣人洪武初任

高從訓

方素易 樂平人

李容

胡忠 江陰舉人

舒旻

海輔 上蔡舉人

趙哲 餘干舉人成化間任

鄧淮 吉水進士宏治二年任

柯溪 瀏陽進士

蔡坤 進士

汪越

郃遵道 都昌進士

封徵 嘉定舉人正統五年任

史學 四川成都人

宋昌隆 裕州舉人正德十二年任

葉夢淇 崑山監生嘉靖六年任

聶淳 新淦人

岳鼇 興安舉人嘉靖十三年任

張元 餘姚進士嘉靖十五年任

丁楫 廣平人嘉靖二十一年任

孫校 平湖進士嘉靖二十六年任

袁成能 閩縣舉人嘉靖二十九年任

黃時康 吉安舉人嘉靖三十四年任

侯楧 潛山舉人嘉靖四十一年任

朱憲 仁和舉人嘉靖四十四年任

沈橋 浙江長興舉人隆慶元年任

張鏞 河南舉人隆慶四年任

高起新 南昌舉人隆慶五年任

夏子雲 涪州舉人萬曆二年任

王京 上高進士萬曆三年任

陳葉 龍溪舉人萬曆九年任

賈緣 韓城舉人萬曆十二年任

張存鉅 樂清人萬曆十五年任

沈鈇 部安進士萬曆二十年任

盧洪遠

強有義 雲南舉人

尹　愉雲南舉人

張邦政河南進士天啓初年任

韓作楫高陽舉人天啓間任

吳震元江南舉人崇正二年任

金元錫全州舉人崇正四年任

張　恂東莞舉人崇正九年任

鄭逢元貴州舉人崇正十四年任

朱蘊金崇正十七年任

本朝

鄭爲霖江蘇江都貢生順治四年任

趙　燿直隸阜平選貢順治五年任

趙廷標浙江錢塘選貢順治七年任

羅廷章江蘇江都選貢順治十一年任

范永茂奉天選貢順治十三年任

廖文英廣東連州貢生順治十五年任

蔣尚膺廣西全州舉人康熙六年任

趙士龍直隸監生康熙十八年任

茹儀鳳順天宛平監生康熙三十三年任

遲　熵正白旗監生康熙三十六年任

王朝恩鑲紅旗漢軍歲貢康熙三十七年任

盧承德鑲黃旗漢軍歲貢康熙四十年任

王元封順天宛平監生康熙四十八年任

毛鳳綸正黃旗漢軍康熙五十年任

朱　鈞鑲白旗漢軍監生康熙五十五年任

張承明正藍旗漢軍康熙五十六年任

俞　欽浙江山陰監生康熙五十八年任

劉　斌正白旗漢軍監生雍正四年任

李夢熊江蘇如皋監生雍正七年任

李文炎直隸任邱貢生雍正十年任

吳承勳江南宿州監生乾隆四年任

商思敬順天宛平舉人乾隆七年任

熊　尉江蘇吳縣舉人乾隆九年任

蕭朝柱廣東東莞貢生乾隆十六年任

張景載鑲藍旗漢軍監生乾隆十七年任

通判

明

馬顒

高從訓 洪武初任

費德昭 海鹽人

李顯 金壇進士

史中 洪武間任

祝孟簡 臨川監生

唐敬 崑山監生

區彥行 南海舉人

高景 長壽舉人

郭艮 河南泌陽舉人

羅昇 江南舉人

李廷美 成化七年任

徐鳳 成化十四年任

嚴春 泰州監生成化二十一年任

花潤實 弋陽監生成化二十三年任

楊榮 永川進士

劉熙 南昌人

蔣弼 成都舉人

丁泰運 直隸舉人

吳浩 汝寧舉人

陳大用 廣東舉人

時中 直隸進士

王治 桂林舉人

岳琳 魏縣監生正德五年任

張廷用 靈石監生正德五年任

饒志岳 寧國監生正德六年任

范閏 直隸監生

葉葵 貴州赤水舉人

周墨 大倉進士

馬效才 永新恩廕

李文明 順德舉人

戴吉 婺源進士以正德間任

洪綸 山陰歲貢

郭集禮 萬安舉人嘉靖二年任

沈蓋 會稽舉人

林廷春 晉江舉人嘉靖七年任

汪玩 婺源舉人

崔詰 安仁監生嘉靖十三年任

賀朝賢 滿州監生嘉靖十四年任
楊美箎 鄞縣舉人嘉靖十九年任
王道 泰州舉人嘉靖二十年任
崔官 保寧進士嘉靖二十三年任
王珵 陽朔舉人嘉靖二十四年任
徐兆 泰和舉人嘉靖二十五年任
庾爵 靈川舉人嘉靖二十六年任
李初 餘于舉人嘉靖二十九年任
羅宏 桂林舉人嘉靖三十年任
黃廷用 莆田進士

聶文元 江西歲貢
林騰鯉 莆田舉人嘉靖三十六年任
羅應時 雲南舉人
伍翕 安福官生嘉靖三十七年任
王用楫 浙江歲貢嘉靖四十三年任
冏震 嵊縣舉人嘉靖四十四年任
山禹 崑山舉人嘉靖四十四年任
陽存愚 長壽舉人隆慶二年任
林炳章 莆田舉人隆慶二年任
羅現 劍州舉人隆慶六年任

蕭棟 宣化舉人萬曆元年任
陳有孚 餘姚監生萬曆四年任
黃文魁 光澤歲貢萬曆十一年任
歐陽守 廬陵監生
尤應祥 烏程選貢萬曆十一年任
丁旦 池州歲貢萬曆十二年任
柯鏵 建德歲貢萬曆十六年任
顧世家 上海歲貢萬曆十六年任
陳道淳 晉江舉人萬曆十七年任
後激 宣城歲貢萬曆十八年任

曾禮 瓊州歲貢萬曆二十年任
鄭人和 閩縣舉人萬曆二十一年任
安烈 泰安州監生萬曆二十三年任
徐孟豹 萬曆三十五年任
羅三達 馬平舉人萬曆三十六年任
張如玉 唐縣舉人萬曆三十九年任
簡懋爵 新淦舉人萬曆四十二年任
許世卿
陳允問 武宣選貢萬曆四十二年任
畢自勵 濟川選貢萬曆四十五年任

陳維智　南昌歲貢萬曆四十七年任
李一流　雲南舉人
浦光徇　太倉貢生天啓二年任
王世臣　江西舉人
吳文憲　海鹽選貢崇正元年任
楊枝新　楊州貢生崇正五年任
楊州金　黎平選貢崇正五年任
薛之奇　延長恩貢崇正五年任
吳應崑　富川選貢崇正七年任
郭九有　淮安貢生崇正九年任

范景伊　錢塘舉人崇正九年任
鄭爲霖　楊州貢生崇正十二年任
蔣三才　陝西貢生
凌于對　定遠選貢崇正十二年任
鍾映張　汀州貢生崇正十四年任
劉邦泰　武強舉人崇正十五年任
馬負圖　富順選貢崇正十六年任
盧　煒　貴州拔貢崇正十七年任
彭萬舉　貴州舉人崇正十七年任
朱从壽　江西清江選貢崇正十七年任

本朝

張粹蘊　山西蔚州恩貢順治四年任
馮　玕　山東人順治四年任
劉嗣昌　山西人順治七年任
董遂登　浙江金華舉人順治十年任
張思房　四川保寧人順治十四年任
劉芳洪　順天宛平貢生順治十六年任
呂之繹　順天廣宗拔貢康熙元年任
陳大受　浙江紹興監生康熙十八年任
李廷亮　直隸景州監生康熙十八年任

馬雲從　奉天人康熙二十九年任
謝允文　浙江人康熙三十六年任
張　陟　福建人
張　鼐　福建人康熙四十九年任
張廷棟　鑲紅旗漢軍
王志遴　江南上元歲貢康熙四十九年任
張廷棟　康熙五十四年復任
徐嘉惠　順天大興監生雍正二年任
賈　澤　河南武安附貢雍正八年任
華麟趾　江南宿州監生乾隆元年任

閔世勳　江西[illegible]永附貢　乾隆二年任

方國寶　江南桐城生員　乾隆四年任

蔣衡　江南吳縣監生　乾隆九年任

方國寶　乾隆十四年復任

賈慶祚　鑲黄旗漢軍監生　乾隆十七年任

張遐齡　錢塘人廕生　乾隆二十四年任

席綺　吳縣人　乾隆二十六年任

推官

按衡推官設自宋　本朝康熙六年裁

明

周及　四川成都舉人

王瀾　江西建昌舉人

周敔

陸瓛　吳縣進士　成化二十三年任

馬萱　無錫人

鄭禎

鄒斌　楊州舉人

毛鋭　東平監生

易梁　貴州監生

王烳　遂昌舉人　嘉靖間任

陳策　宜山舉人

魏夢哲　龍溪官生　嘉靖十三年任

熊論　江西豐城官生　嘉靖十九年任

呂岳　鄒平監生　嘉靖二十年任

陽佶　長壽舉人　嘉靖二十四年任

楊儲　江西廬陵舉人　嘉靖二十九年任

胡文孚　休寧舉人

郭郊 山東舉人

舒化 江西臨川進士嘉靖三十五年任

鄒崑 吳縣舉人嘉靖四十一年任

蔣文化 全州舉人嘉靖四十四年任

賴守中 江西豐城舉人隆慶二年任

趙世卿 歷城進士隆慶六年任

周良德 鉛山舉人萬曆五年任

吳之鵬 武進進士萬曆六年任

黃齊賢 山陰進士萬曆九年任

王鳳竹 唐山進士萬曆十六年任

唐守 盧龍歲貢萬曆十七年任

朱梯 山陰貢生萬曆二十年任

周著 江西南昌進士萬曆二十三年任

王大益 萬曆三十四年任

梁炫 南海進士

李汝登 舉人萬曆三十九年任

經邦訓 全州舉人

牛惟赤 山西舉人

鄭居愛

桂應瞻 池州舉人萬曆四十八年任

徐來禧 廣西舉人天啓間任

蔣有成 廣西舉人天啓間任

張國 直隸人天啓間任

師教隆 原武舉人崇正六年任

孫明孝 內江舉人崇正九年任

孫襄 宜城進士崇正十三年任

李子觀 山陰舉人崇正十五年任

劉明遇 重慶舉人崇正十六年任

朱議汆 寧藩宗貢崇正十七年任

本朝

楊起秀

胡貞開 浙江仁和舉人順治六年任

蔡完梅 山東舉人順治八年任

楊于先 福建晉江舉人順治十年任

劉夌興 河南祥符舉人順治十四年任

龔龍見 福建進士順治十七年任

黃肇熙 福建莆田舉人康熙元年任

文倬天 陝西三水進士康熙二年任

王仕雲 江南江寧進士康熙五年任

知縣

按漢唐以來曰令曰長其名不一宋以某官知某縣事知縣之名實肇自宋至明則曰某縣知縣

國朝仍之

衡陽縣 晉以前稱縣令後改爲郡稱內史梁仍改縣稱令宋稱知縣事今仍明舊曰知縣

吳

陸允 字敬宗凱之弟爲衡陽督軍都尉後徵爲西陵督封都亭侯

晉

楊邠

滕育

宋

何承天

王應之

齊

顧憲之

梁

周鐵武 又鐵虎

周宏直

陳

任忠

彭嵩

王冲

後梁

李濤

宋

姚鏞

張辟光 熙寧二年任

王淦 臨海人　　鄧忠臣

王定民 亳人元祐三年任　　張鈞

周章　　王光祖

王時升 紹興十八年任　　李修已

唐華 金華人開禧三年任

穆演祖 天彭人

陳繼周 寧都人淳祐中任

明

周嶽 望江人洪武元年任

林靖 岑溪舉人

劉鏜

徐試

孫橘

楊玉

彭宜 安福舉人

楊喬 蒼梧舉人

張球

周文

張勲 雅州舉人

趙秉貞 新建舉人

趙伸 桂林舉人

陳琦 莆田舉人

熊孜 蓬溪舉人

胡希定 桂林舉人

郭文習 福寧舉人

李秉忠 大理舉人

劉溦 九江監生

錢鑪 星子進士

盧尚賢 桂林舉人

劉昺 曲靖舉人

黃繼周 莆田舉人

丁一敬 丹陽舉人

張襄 桂林舉人嘉靖四十五年任

李孟春 無爲州舉人隆慶四年任

周希尹 宜山舉人

施邦佐 縉雲舉人萬曆八年任

金凌漢 馬平舉人

陳承翁 臨海舉人

胡遵化 上蔡進士萬曆十七年任

王宗本 休寧舉人

余文龍 進士

郝惟德 山西舉人

熊維新 江西舉人

蔣鑒偃 全州舉人萬曆四十二年任

羅夢暘

趙師世 安福舉人天啓間任

方以知 江西舉人

陳以蘊 南昌舉人天啓間任

梁志仁 鳳陽舉人崇正間任

羅斗章 浙江舉人崇正間任

全在玆 靈川進士崇正七年任

謝鳴珂 福建舉人

陸光裕　廣東舉人

張鵬翼　重慶貢生崇正十五年任

蔣維芳　全州舉人崇正十七年任

本朝

張流謙　進士順治四年任

張日浣　江南揚州進士順治六年任

李三益　江南副榜順治八年任

王名世　浙江山陰舉人順治十二年任

薛兆潛　陝西人順治十三年任

余天溥　江南上元貢生順治十五年任

阮　標　浙江山陰舉人順治十八年任

楊存聖　江南懷遠貢生康熙四年任

王鸞翀　直隸長垣進士康熙七年任

袁承煒　河南睢州進士康熙十一年任

李郃生　陝西岐山例監康熙十九年任

袁良牧　廣東東莞舉人康熙二十年任

孫都生　安徽宣城貢監康熙二十一年任

孔興瑄　山東曲阜舉人康熙二十五年任

姚克欽　山西夏縣進士康熙二十六年任

高其任　鑲白旗例監康熙二十九年任

張五策　直隸鉅鹿貢生康熙三十六年任

陳大音　江南六合人康熙三十九年任

張廷相　鑲白旗例監康熙四十三年任

王道宏　江南徽州貢生康熙五十年任

高　清　江蘇如皋捐貢康熙五十二年任

馮如雷　直隸順德舉人康熙六十一年任

王鳴琦　鑲白旗漢軍監生雍正二年任

張　嵩　山東萊蕪進士雍正三年任

李拔萃　山西絳縣舉人雍正五年任

姚奮翼　陝西潼關拔貢雍正六年任

何　衢　四川廣元舉人雍正八年任

傅學灝　浙江錢塘進士雍正十一年任

楊　純　江蘇崇明舉人雍正十一年任

羅如倫　陝西中衛拔貢雍正十二年任

李　澎　直隸靜海監生乾隆五年任

謝仲坃　廣東陽春舉人乾隆八年任

謝錫佐　順天通州舉人乾隆九年任

德　貴　正白旗滿洲舉人乾隆十二年任

歐陽純　雲南南安舉人乾隆十七年任

徐　堂　河南祥符進士乾隆二十年任

袁　鑄浙江平湖監生乾隆二十二年任
現任陶　易山東文登舉人乾隆二十四年任

衡山縣自晉至隋爲衡陽郡或稱太守或稱內史隋以後爲衡山縣乃稱令

晉

滕　育

習鑿齒

劉　翼

宋

殷景仁

劉期公

何承天

南齊

顧憲之

梁

鄭　惠

樊　通

夏侯溢

王　冲

陳

謝　哲

任蠻奴

宋

孫沔 會稽進士

魏瓘

丁倚 醴陵人祥符間任

唐績 元符間任

黃應龍 南城人寶祐時任

鄭遐

元

趙忠 至正間任

石抹允 至正間任

明

張輝 洪武二年任

陸伯艮 崇仁人洪武三年任

程士源 洪武七年任

梅用鼎 浙江人洪武十年任

嚴敏 洪武十四年任

柯應龍 晉江人洪武十九年任

張顯德 盧溪人永樂元年任

李幹 合州人永樂九年任

彭戢 無錫人宣德三年任

向義 建德人正統二年

龔倪 會稽舉人正統十年任

鄭堯 樂天進士天順二年任

劉鑑 南昌人天順六年任

劉熙 南昌人天順十七年任

李滴 舉人天順九年任

鮑德 舒城人成化四年任

吳宣 宏治五年任

周鏜 宏治十年任

范灤 宏治十二年任

龔嘉祖 雙流人宏治十三年任

祖璥 懷寧舉人宏治十七年任

虞金 建德舉人正德二年任

謝琇 普定舉人正德四年任

陳杲 海陽舉人正德七年任

孟杲 碣山舉人正德九年任

鄒岡 臨川舉人正德十一年任

梁宸 崇化舉人正德十三年任

游昂 莆田舉人正德十五年任

彭簪 江西安福舉人嘉靖三年任

黃璧 四川舉人嘉靖十四年任

章宣　內江舉人嘉靖十七年任

毛紹齡　朝陽舉人嘉靖二十五年任

魏謙光　栢鄉人嘉靖三十年任

姜周　太倉舉人嘉靖三十四年任

余涵　博羅舉人嘉靖三十六年任

孫褒　清平舉人嘉靖三十八年任

陳安　長樂人嘉靖四十三年任

蔣蘊古　全州舉人嘉靖四十五年任

周惟襄　烏程人隆慶三年任

毛彬　貴州舉人隆慶五年任

鄭文燦　貴州舉人萬曆元年任

劉恆　嘉興歲貢萬曆三年任

陳表　長樂人萬曆八年任

車鳴鑾　歸善歲貢萬曆九年任

王三畏　巴縣舉人萬曆十三年任

劉明簡　隣水舉人萬曆十七年任

鄧國材　横州人萬曆二十三年任

王寅賓　慈溪人萬曆二十九年任

單仲禮　騰越州人萬曆三十二年任

何登高　汜水人萬曆三十六年任

張洵　大名人萬曆四十一年任

譚嘉宿　南豐人萬曆四十五年任

張國偉　長洲人萬曆四十七年任

陳廷謨　天啟二年任

吳之瓚　貴州人天啟四年任

譚謙中　四川人天啟五年任

黃希孟　福建人天啟七年任

徐清　廣東人崇正三年任

董其英　廣西慶遠長山人崇正七年任

何士家　廣東人崇正五年任

董我前　四川人崇正十五年任

黃雲舉　南海人崇正十一年任

本朝

王國吉　直隷靜海人順治四年任

趙允振　山東齊河進士順治五年任

宋奇傑　山西介休進士順治七年任

王心介　江南池州貢生順治十二年任

劉元積　奉天廣寧人順治十三年任

施恂如　浙江貢生順治十五年任

朱衮　四川閬中舉人順治十八年任

王家賢　奉天海城人康熙三年任

孫維震 奉天人康熙十八年任

郭大定 河南夏邑舉人康熙二十四年任

張壽尚 陝西進士康熙三十七年任

郭廷彩 奉天人康熙三十七年任

李長祚 江西南豐進士康熙三十九年任

吳璉 福建舉人康熙四十三年任

杜元勳 直隸人康熙四十六年任

吳守仔 江南武進副榜康熙四十九年任

葛亮臣 河南商邱進士康熙五十三年任

徐德泰 江南崑山監生雍正元年任

張翼 山西孟縣進士雍正二年任

金崑 正黃旗漢軍監生雍正四年任

陳齊芳 廣西平樂舉人雍正七年任

李湘 浙江山陰監生雍正九年任

張條 湖北黃安舉人雍正九年任

侯國正 四川成都舉人雍正十一年任

孫世庸 陝西華州拔貢雍正十年任

陳煥 陝西涇陽拔貢雍正十二年任

塗延年 浙江舉人乾隆二年任

毛開基 浙江山陰吏員乾隆三年任

德貴 正白旗滿州舉人乾隆九年任

謝仲坑 廣東陽春舉人乾隆十二年任

高自位 直隸寧晉舉人乾隆十五年任

黃宮 江蘇陽湖進士乾隆十八年任

李天墀 順天大興進士乾隆二十一年任

高應泚 直隸任邱舉人乾隆二十二年任

張何僩 應山人貢生乾隆二十八年任

耒陽縣元以前爲縣稱令至正間改爲州稱知州明洪武二年仍改爲縣稱知縣

漢

許荆

侯寘

後漢

龎統

唐

羅文容

薛貴

聶令

朱昂

後晋

黄廷翰

宋

鄭行己 紹聖間任

江滋 建安人元符二年任

俞剛 崇寧間任

李師聃 崇寧間任

湯寛 淳熙十三年任

杜惟一 嘉定間任

張文啟

黄君茂 嚴陵人嘉定間任

王和 景定間任

蕭佚

王 郴州人失名

高顒

嚴祖叔

元

按元至元中改爲知州迄明洪武二年復爲縣

馬令謀 延祐間任

黨思聰 至元間任以上爲尹

高崇禮 以下六人皆爲知州

陳宗義

謝思敬

吳鏌

伍照

李伯顏

明

徐煜 洪武元年任

章文昌 洪武六年任

魏璉　洪武十二年任

王誠　洪武十四年任

胡璉　洪武二十六年任

仇存誠　臨海人永樂元年任

王道　永樂十三年任

朱子福　南雄人宣德六年任

郭慶　江西人正統六年任

楊福　建水監生天順四年任

張時謹　泰和進士成化二年任

劉源　監生成化五年任

周鑑　紹興進士成化九年任

陳銧　廬陵進士成化十二年任

孫軻　四川進士成化十四年任

張瀾　蘇州進士成化十七年任

江右　貴溪舉人成化二十一年任

徐政　濱州舉人宏治七年任

鄭艮　富順舉人宏治十一年任

邵有道　都昌進士宏治十五年任

馬景初　博羅監生宏治十七年任

李禎祥　貴池舉人正德四年任

吳龍　長洲舉人正德九年任

王膚　儀正監生正德十一年任

黃鏊　四川舉人嘉靖二年任

李宗暘　臨桂舉人嘉靖七年任

賀鈞　廬陵舉人嘉靖八年任

顏玉　順昌監生嘉靖十年任

周錡　鄞縣舉人嘉靖十二年任

王祐　奉化監生嘉靖十五年任

沙定　固始監生嘉靖十九年任

詹寧　樂安監生嘉靖二十一年任

劉瑞蔡　湖陽舉人嘉靖二十三年任

張誥　龍驤衛舉人嘉靖二十四年任

劉永吉　巴縣舉人嘉靖二十六年任

馬宣　銅梁選貢嘉靖二十九年任

羅汝賢　莆田舉人嘉靖三十三年任

李學　簡州舉人嘉靖三十八年任

李紹顯　貴州舉人嘉靖四十三年任

蘇偉　泰和舉人嘉靖四十五年任

劉太和　嘉定舉人隆慶二年任

徐南　宣城舉人隆慶五年任

李兆鑾　博白舉人萬曆四年任

馮　敕　遂寧選貢萬歷七年任

婁九成　普定衞舉人萬歷十二年任

王立賢　太原進士萬歷十四年任

陳朝倚　涪州選貢萬歷十六年任

張一正　涪州選貢萬歷十七年任

吳　暘　宜山舉人萬歷十九年任

袁文修　平樂選貢萬歷二十一年任

潘甲第　新安舉人萬歷二十四年任

曾惟慤　富順選貢萬歷二十六年任

羅一甲　弋陽舉人萬歷三十四年任

唐汝修　興業舉人萬歷三十七年任

朱學忠　海鹽舉人萬歷四十一年任

吳一驥　蕪湖舉人萬歷四十七年任

盛與唐　灌陽進士天啟三年任

郭斌述　富順舉人天啟五年任

李日新　饒平舉人崇正元年任

李國禎　江西人

章一焞　樂清選貢崇正十三年任

蔣維芳　全州舉人崇正十五年任

辛嗣順　雲南舉人崇正十七年任

本朝

崔　燦　北直舉人順治四年任

李　森　陝西歲貢順治五年任

李文煒　甘肅寧夏舉人順治八年任

屈成品　陝西蒲城拔貢順治十年任

連登科　奉天人順治十六年任

陳　常　四川營山舉人康熙元年任

趙天錫　陝西膚施舉人康熙三年任

王清彥　奉天官生康熙六年任

朱　霞　浙江石門進士康熙閏署任

劉宗沛　陝西蒲城進士康熙八年任

李日浣　浙江嘉興舉人康熙九年任

王允厚　北直監生康熙十八年任

高重基　浙江紹興舉人康熙十八年任

楊又時　山西聞喜例監康熙二十年任

孫自儀　江南宜興貢生康熙二十四年任

時　習　江南合肥例監康熙二十五年任

蔡毓桂　奉天例監康熙二十八年任

陳廷彌　山西澤州貢生康熙四十二年任

王錫召　山西介休進士康熙四十二年任

林元定 福建例監康熙四十七年任

張應星 浙江錢塘歲貢康熙四十八年任

徐德泰 江南昆山例監雍正二年任

胡　星 山東高密進士雍正六年任

袁紫垣 順天大興例監雍正八年署

王　灝 四川南充進士雍正八年任

徐　璣 江西鄱陽進士雍正十二年任

李　鄴 江南武進舉人乾隆二年任

羅鳳儀 浙江會稽進士乾隆五年任

歐陽純 雲南南安舉人乾隆七年任

鄒爲城 江南無錫舉人乾隆十年任

郜　滋 直隸天津副榜乾隆十五年任

徐荀龍 浙江錢塘廕生乾隆十七年任

熊學烈 陝西涇陽舉人乾隆二十一年任

徐維綱 江西奉新人進士乾隆二十四年任

沈惪祖 元和人監生乾隆二十六年任

常寧縣 元以前爲縣或稱縣令或稱知縣事元初或爲州稱知州明洪武閒仍爲縣稱知縣

宋

彭　璟 元祐七年任

杜　煥 紹聖元年任

昭武侯閑 宋宗室紹熙三年任

元

金剛奴 蒙古人皇慶二年任

愛也祖丁 蒙古人延祐六年任

牛艮佐 延祐初任

張　驥 延祐閒任

余　泰 下邽人至順三年任

黃　常 元統二年任

明

宋　維 洪武二年任

王　明 洪武末年任

胡　暹 當塗人永樂四年任

康　寧 河南人正統三年任

趙　忠 大足人正統七年任

孫　榮 山陰人景泰二年任

扈　聰 灌縣人天順元年任

朱玉　建德人天順二年任

侯轍　安陽人天順八年任

徐軾　常熟人成化初任

孫謙　嘉定人成化中任

朱廣　浙江人成化中任

謝廷舉　南海舉人成化十七年任

王鎬　宏治初任

許昇　宏治四年任

劉恩

潘雍　翰林衛人正德中任

郭堅　南陽舉人

蔡華　南康歲貢

許肇　揚州歲貢嘉靖十四年任

曹偉　崇仁舉人

劉堯　德化歲貢嘉靖二十四年任

莫士及　定安舉人嘉靖二十七年任

趙泮　分宜歲貢

劉學優　萬安舉人

蕭鎧　南城歲貢嘉靖四十一年任

俞一蘭　休寧舉人嘉靖四十五年任

彭察　萬載歲貢

陶敬圖　華亭歲貢隆慶六年任

吳景明　休寧舉人萬曆六年任

徐詔　羅山舉人萬曆十三年任

陸典　高郵歲貢萬曆十四年任

譚可教　太寧選貢萬曆十六年任

陳勳　遂安歲貢萬曆二十年任

閻繼芳　孟津歲貢萬曆二十八年任

余梓　奉化人

徐夢熊　甌寧舉人萬曆三十三年任

[illegible]　[illegible]三十六年任

陳敦仁　筠連歲貢萬曆三十九年任

劉自省　陽信舉人萬曆四十二年任

樊來聘　進賢舉人萬曆四十七年任

王梯　黔江歲貢天啟四年任

孔一貫　郟縣歲貢崇正元年任

劉紹璇　魏縣舉人崇正四年任

餘兆奎　古田歲貢崇正九年任

陳振藻　南直歲貢崇正十四年任

劉湛　鎮遠衛歲貢崇正十六年任

羅廷策 滁州歲貢崇正十七年任

本朝

黃繼祖 湖北嘉祥貢生順治四年任

郭鵬霄 山東汶上進士順治五年任

唐士彥 奉天貢生順治六年任

朱瑛 江蘇無錫進士順治七年任

張芳 江南句容進士順治十一年任

胡啓賡 江蘇海州人康熙四年任

張問明 四川峩嵋舉人康熙七年任

金世禎 福建南平舉人[illegible]

顧奕芬 [illegible]熙二十一年任

盧璉 浙江錢塘人康熙三十六年任

施季琬 福建歲貢康熙三十八年任

吳祥生 正紅旗漢軍例監康熙三十九年任

王積貞 浙江山陰例貢康熙四十四年任

邱如升 江蘇山陽例貢康熙四十六年任

楊漱芳 廣東太埔舉人康熙五十二年任

吳樹 浙江石門進士康熙五十四年任

沈士端 江南吳江舉人康熙五十八年任

滕六星 廣西崇善拔貢康熙六十一年任

于汧 山東寧海進士雍正二年任

張宏烈 四川廣安州拔貢雍正七年任

孫鏡 山東濟寧歲貢雍正九年任

傅學灝 浙江錢塘進士雍正十二年任

王功 陝西鄠縣拔貢雍正十三年任

謝仲坑 廣東陽春舉人乾隆四年任

周士适 山東文登舉人乾隆六年任

舒希忠 順天大興舉人乾隆十一年任

王粤麟 廣東興寧舉人乾隆十八年任

王句 江蘇儀徵拔貢[illegible]

秦鏻 [illegible]隆二十一年任

朱永烈 江蘇金匱舉人弦隆二十三年任

安仁縣

宋

高　岳　淳化二年任

王　槐　嘉定五年任

元

魏夢極　延祐四年任

王　顯　至正元年任

明

韋　衡　鳳陽人洪武二年任

劉　誠　洪武入

翟大亨　十九年任

余　鐸　池州人

劉　懋　桂林人永樂十六年任

鄧　璿　橫州監生正統六年任

李　恕　武城監生景泰四年任

施　善　吉安人天順元年任

范　榮　天順七年任

李　璉　山東舉人天順八年任

廖　欽　潮陽舉人成化元年任

唐　敏　廣東舉人成化五年任

陸　翰　華亭人成化十一年任

吳　興　官山舉人成化二十年任

賀　俊　歙縣舉人宏治三年任

陳大本　巴縣舉人宏治七年任

彭　誥　廬陵舉人宏治十七年任

陳　善　弋陽進士

章　錦　廬江監生正德元年任

鄭　璲　莆田監生正德三年任

邱　鑰　貴溪監生正德五年任

韓宗堯　番禺舉人

袁　道　嘉靖間任

孫　枝　普定衛人嘉靖五年任

章　珪　孝豐監生嘉靖八年任

張　宥　永寧衛舉人嘉靖九年任

劉善籲　豐城舉人嘉靖十二年任

王生賢　廬陵舉人

包　鳳　華亭監生

王守文　餘姚人

梁希賢　江津人以上嘉靖間任

楊定甫　分宜監生嘉靖三十八年任

阮北　閩縣舉人嘉靖四十一年任

尹鳴商　烏程舉人嘉靖四十四年任

鄒京　武進舉人隆慶二年任

董守緒　金陵舉人隆慶五年任

陳應魁　清江舉人萬曆三年任

李維鉉　晉江舉人萬曆七年任

賴霖　永定恩貢萬曆八年任

于溥　桃源監生萬曆十四年任

蔡露　宜化舉人萬曆十六年任

[illegible]語　山西平定舉人

[illegible]克成　[illegible]二十三年任

謝之藩　咸州人

徐桐　通州人

郭修德　利津人

張自省　平陽人

劉光宇　叙州人以上萬曆間任

袁燿然　即墨人

林昌穀　番禺人以上天啟間任

黎遵古　陽朔人

林萬邦　直定人

江虬　雲南人以上崇正間任

本朝

段亥　山東沂州進士順治四年任

葉鍾芝　浙江蘭溪進士順治七年任

明文止　安徽鳳陽拔貢順治十二年任

龔光耀　浙江山陰舉人順治十三年任

黃鍾呂　四川巴縣貢生順治十五年任

黃錫朋　江南宜興貢生順治十七年任

陳新　浙江嘉興舉人康熙元年任

刁[illegible]卯　直隸舉人康

李彥[illegible]　[illegible]康熙三年任

王贇　河南睢州進士康熙六年任

蘇文淳　四川營山舉人康熙七年任

張亨升　直隸保定進士康熙八年任

區之鼎　直隸順德舉人康熙十年任

張繼儒　直隸保定貢生康熙十一年任

喬士增　陝西進士康熙十二年任

劉溫良　茶陵人康熙十七年任

韓稷　浙江山陰貢監康熙十九年任

祝兆麒　鑲紅旗漢軍康熙二十年任

劉秉智 順天大興官生康熙二十一年任

張 增 陝西武功舉人康熙二十四年任

陳黃永 浙江海寧舉人康熙二十八年任

陳 書 福建福州舉人康熙三十六年任

龔志夔 安徽廬州歲貢康熙三十七年任

毛天翀 廣東廣州歲貢康熙三十九年任

馮 博 山東濟南歲貢康熙四十一年任

劉 溥 正黃旗筆帖式康熙四十三年任

周元良 正黃旗監生康熙四十四年任

田 仁 山東陽信監生康熙[illegible]

赤 形 雍正二年任

鄭鼎勳 正白旗生員雍正五年任

袁紫垣 順天大興歲貢雍正七年任

張承謨 正藍旗漢軍監生雍正十三年任

林有騏 山東掖縣進士乾隆二年任

張易源 湖北廣濟進士乾隆十年任

沈廷奎 順天宛平舉人乾隆十二年任

任兆熙 山東聊城進士乾隆十五年任

戴 錫 鑲藍旗監生乾隆二十年任

沈 繩 雲南太和舉人乾隆二十一年任

酃縣

宋

桂如淵 嘉定四年任

元

白 額

李 侃

劉 簡 茶陵人

陳 發

李 達 相臺人

明

朱 璵 初任

劉 義 山西平陽人

汪立信 河南固始人

郜伯謙 浙江會稽人

胡 禔 永樂四年任

李 塤 宣德元年任

沈 廸 正統六年任

楊 智 梓潼人正統十三年任

韓 寧 四川南部人景泰七年任

韓 瑄 鄒縣人天順四年任

陳　敏　安福人成化七年任

宋　璧　廣西太平人成化十二年任

羅　煥　西充人成化十五年任

裘叔登　天台人成化十八年任

蘇　源　上海人成化二十二年任

陳　仁　義烏人宏治八年任

張　金

陳　釧　饒平人正德三年任

陳　璐　會稽人正德九年任

陳　嫚　廣德州人正

易宗周　人

李　茂　舉人嘉靖七年任

余　端　歲貢嘉靖八年任

蔣承宏　舉人嘉靖十年任

張文奎　歲貢嘉靖十二年任

高　祉　嘉靖十四年任

顧紹履　成都人

杜一傳　山陰人

謝　寬　福建將樂人

羅于信　蘭谿人

任　儒　廣西臨桂人

呂　烈　婺源人

章　端　桐鄉人

張　弁　蕭山人

趙汝高　四川合州人

葉梓喬　江西人

俞　紹　福建莆田人

劉作芾

張　進　雲南澂江人

周　時

奥　仲　人

黃尚學　臨桂人

葉春榮　永豐人

江來岷　歙縣舉人萬曆十一年任

劉朝賓　臨桂舉人萬曆十六年任

熊汝相　新建舉人萬曆二十年任

胡汝默　巢縣人

趙養性　朝邑人萬曆三十一年任

孫汝袞　陝西人

徐元烺　平樂人

丁大奇　陝西人

廖松　廣西人

吳世忠　南城人萬曆三十六年任

高登第　嘉善人天啟間任

莊大化　□益人天啟六年任

王三重　韓城人崇禎三年任

陳我養　楚雄人崇禎五年任

任永欽　嘉善舉人崇禎七年任

黃之凰　盧陵歲貢崇禎九年任

樊王相　安邑歲貢崇[illegible]任

稽□騏　禎十七年任

本朝

韓具瞻　山東掖縣人順治四年任

王廷杰　山西吉州進士順治五年任

徐鼎臣　江南當塗進士順治七年任

于鯤　奉天歲貢順治九年任

傅繼說　直隸鹽山貢生順治十一年任

王永昌　直隸天津人順治十四年任

李朝事　奉天貢生順治十五年任

呂聲諧　江南含山貢生康熙十三年任

湯如龍　江西南豐監生康熙十八年任

汪會垣　浙江仁和人康熙二十二年任

俞日都　浙江錢塘吏員康熙二十五年任

黃文年　山東貢生康熙二十七年任

唐康　四川遵義人康熙二十八年任

龔佳蔚　浙江仁和人康熙三十一年任

徐甫源　浙江會稽舉人康熙三十七年任

王元臣　江寧人康熙四十年任

陳敬求　福建人康熙四十五年任

張上傳　江寧人康熙

張垚　江西人康熙四十九年任

張瑤　山西人康熙五十一年任

何如栻　江南鎮江進士康熙五十五年任

吳日炎　廣東潮州人康熙五十六年任

劉朝佑　河南祥符生員雍正三年任

張浚　廣東高安舉人雍正十年任

張方佳　山東濟南拔貢乾隆五年任

吳嗣正　湖北孝感副榜乾隆七年任

黃士鑑　廣東保昌進士乾隆九年任

覺羅舒寧　正黃旗滿州舉人乾隆十三年任

周任魁　陝西三原進士乾隆十八年任

張錫組　山東鄒平人監生乾隆二十三年任

林愈蕃　四川中江進士乾隆二十八年任

湯如龍　江西南豐監生康熙十八年任

汪曾垣　浙江仁和人康熙二十二年任

俞日都　浙江錢塘吏員康熙二十五年任

黃文年　山東貢生康熙二十七年任

曹　秉　四川遵義人康熙二十八年任

龔佳爵　浙江仁和人康熙三十一年任

徐甫源　浙江會稽舉人康熙三十七年任

王元臣　江寧人康熙四十年任

陳敬求　福建人康熙四十五年任

張其溥　江寧人康熙四十七年任

張　垚　河南人康熙四十九年任

張　瑤　山西人康熙五十一年任

何如栻　江南鎮江進士康熙五十五年任

吳日炎　廣東潮州人康熙五十六年任

劉朝佑　河南祥符生員雍正三年任

張　浚　廣東高安舉人雍正十年任

張方佳　山東濟南拔貢乾隆五年任

吳嗣正　湖北孝感副榜乾隆七年任

黃士鑑　廣東保昌進士乾隆九年任

覺羅舒寧　正黃旗滿州舉人乾隆十三年任

周仕魁陝西三原進士乾隆十八年任

張錫組山東鄒平人監生乾隆二十三年任

林愈蕃四川中江進士乾隆二十八年任

衡州府學教授

明

陳　用高安人

劉　毅東莞人正德中任

李　和

李大韶

杜　龠

韓　正

李　裕

梁　炌

王　祿

李　紳

陳　玠

劉文昌

陳　逵

岳鍾賢

周　徹

詹　賢

陳上達

劉　烜

冦　思應城貢生
張　湖沙縣貢生
宋大韶蒼梧舉人
王希聖雲南貢生萬曆二十一年任
陶懋來彭澤人
楊鳴鳳麻城人
程　芳鉛山人萬曆三十四年任
毛一策四川忠州人
段　冠盧陵人舉人萬曆四十二年任
尹應利漢川人

李　鏡祥符舉人
楊廷棟崇禎五年任
吳世傑莆田人貢生崇禎九年任
張素蘊孝感人崇禎十二年任
黃正色長沙貢生崇禎十五年任

本朝

丁王忠河南歸德府歲貢順治九年任
靖乃獻湖北黃岡選貢順治十二年任
郭廷先常德歲貢順治十五年任
黎正經湖北通城歲貢順治十七年任

姜文郁
張　翰
謝　璧
周　熮
盧　繡
劉　輔
謝　肇廣東貢生
孫　穀浙江人
汪　澍四川舉人
張　秀江西人

劉　潮江西人
簡　巖廣東舉人
黎民恩四川舉人
林　材廣西舉人
郭　岱廣東舉人
楊載僑
張問明直隸舉人
朱　錦護衛貢生
羅夢賜劍川貢生
譚　仕武陵貢生

匡　樾湖北崇陽人歲貢康熙元年任

李子翼湖北德安人舉人康熙四年任

程之洛湖北監利人舉人康熙九年任

蔡兆佳長沙生員康熙十八年任

黃　漢湖北孝感舉人康熙十九年任

黃士珩湖北江陵舉人康熙四十五年任

楊我起舉人

葉自巖湖北江夏舉人

陳士偉茶陵舉人

楊　傳湖北沔陽人舉人康熙四十五年任

王大經湖北孝感人舉人康熙五十五年任

譚又新茶陵人舉人雍正三年任

方弘博湖北沔陽人舉人雍正七年任

陽　畹祁陽進士雍正十一年任

潘世曉湘潭進士乾隆十七年任

李作棟黃陂拔貢乾隆二十四年任

黃之倬湘潭舉人乾隆二十七年任

衡州府學訓導

明

王　綱廣東清遠人正德間任

馮世通四川人

蔣　信貴州人

楊應元浙江人

楊文華四川人

鄒　瓛

陳　乾

袁本初江南萬載人

張朝臣江西人

張　鯤

彭　輝

吳　堂

曾應爵

王　佑

王宗周

常自省

王尊賢邵陽人

侯正屏

蕭廷釆

黃　代

尹尚張

劉世傑 平溪人
田賦
李一陽 四川人
陳書
項文繡
傅汝梅 選貢
龔天與 臨湘人
白舜臣
朱階
琢希儒 宜山人貢生萬歷二十一年任

吳朝東 善化人貢生
鄧和 湖北石首人貢生
徐介然 銅鼓衛貢生萬歷三十一年任
吳琬 昆明人
張達 寧州人
臧隆恩 貴州畢節衛人
熊之彥 貴州人萬歷四十二年任
傅怡
荆朝丹 萬歷四十二年任
賈德裕 萬歷四十四年任

李宙憲
李道炯 善化人貢生
王時隆 通州人歲貢
蕭朝屏 崇禎五年任
尹際寅 漢川人歲貢
傅應試 城步人歲貢
程艮牧 長沙人歲貢
王永祚 四川貢生崇禎九年任
張善政 武陵人歲貢
陳王道 攸縣人歲貢崇禎十二年任

蕭美中 武岡歲貢
何文美 醴陵人歲貢崇禎十五年任
梁凝禎 隨州人歲貢

本朝

按府學初兼設訓導康熙三年裁十八年復設

彭之位 湖北黄陂人歲貢順治九年任
宋宏湯 湖北應城人歲貢順治十二年任
方弼明 湖北安陸人歲貢
劉定之 湖北應城人順治十五年任
黃士英 湖北蘄水人歲貢

余　瓚　湖北沔陽人歲貢康熙二十二年任
陳大卓　湖北孝感人歲貢
宋相度　湖北漢川人歲貢
王家楹　湖北江夏人捐貢康熙四十七年任
王之紀　臨湘人歲貢雍正二年任
徐德晉　巴陵人廩貢雍正五年任
劉元合　五寨司人歲貢雍正十三年任
丁方化　武陵人歲貢乾隆七年任
吳　玢　通道人廩貢乾隆十八年任
吳國聪　宜章人歲貢乾隆二十年任
羅士坊　長沙歲貢乾隆廿四年任

衡陽縣教諭

明

楊　清
駱　僑
何　英
陳　瓚
劉　濬
苟　登
黎　文
管　律
越　英
席崇學
趙　琥
經希伋
李　芹
王秉鉞
周汝範
吳　相　選貢
陶　悅　桂林舉人
林　夔

鍾　寬　四川人
張　軒
張　瑗
黃　爽　嘉靖間任
張養愉　合肥人貢生
程中立　德興人貢生
蔣如蘭　內江人舉人
陳　梅　河南人隆慶間任
鄭之韶　桂林人舉人
焦文徵　永興人歲貢

經仁木全州人舉人

陳　箾臨淮人貢生

王家瑞瀘溪人舉人萬曆二十一年任

周士昌內江人進士後任衡永道

王登庸四川人舉人

王應元東鄉人舉人天啟間任

申大聘邵陽人貢生天啟間任

侯來朝蘄州人貢士崇禎間任

尹登瀛漢川人貢生

傅乃耕黃陂人舉人

徐用定浙江武義人貢生

吳齊思江夏人

朱嗣敏懷寧人拔貢

本朝

陳　璧浙江人

陳國學攸縣人貢生順治間任

王大猷湖北勛陽人貢生順治十二年任

汪時泰湖北漢陽人舉人順治十六年任

古通今湖北鍾祥人舉人順治十八年任

潘　峻湖北孝感人舉人康熙四年任

楊一翥湖北沔陽人舉人康熙十八年任

黃五美湖北江夏人舉人康熙三十年任

楊亦溥湖北鍾祥人舉人康熙三十九年任

陳澤周湖北黃岡人舉人康熙五十五年任

孫士恪湖北江陵人舉人康熙五十九年任

李懋泗湖北嘉魚人舉人雍正三年任

戴　記湖北孝感人舉人雍正九年任

王崇禮安化人舉人乾隆十五年任

侯三益華容人舉人雍正十二年任

包　乾辰州人貢生乾隆二十一年任　周世宅湘潭舉人乾隆二十七年任

衡陽縣訓導

明

吳　瓊四川人貢生

章　柄梧州人貢生

宣朝傑贛州人貢生

曾繼武江西人貢生

劉　實

尹守正四川人

祝　核

潘　鳳

緒紀
魏竇
佘焰
李梗
李世常
饒簡
董賢
白琦　富順人貢生
周湛　永興人貢生
唐邦凱　羅陽人貢生

鄧紹元
楊一舉　郃陽人貢生萬曆二十一年任
薛之惠　枝江人貢生
樂自端　巴陵人貢生崇禎間任
朱養明　鞏昌人貢生
向雲鴻　漵浦人貢生
聶遜　履歷闕舊志載遜捐置學田有造於衡

本朝

按衡陽縣初兼設訓導康熙三年裁十八年復設乾隆二十一年分縣即移訓導管清泉縣教事

曾日省　善化人貢生順治間任
劉聖澤　竹溪人貢生康熙元年任
聶時賢　鍾祥人貢生康熙十八年任
胡時敏　漢陽人貢生康熙三十三年任
吳炯　漢川人貢生康熙四十六年任
羅大材　漢陽人貢生康熙五十八年任舊志載大材好學不倦方正有師範
向繼新　城步人貢生雍正四年任
龔成勲　江夏人貢生雍正九年任
方盛世　臨湘人貢生雍正十三年任

樂士恪　新田人貢生乾隆十年任
李源長　瀘溪人貢生乾隆十八年任

清泉縣訓導

朱有緒　桂陽縣人歲貢乾隆二十二年任
現任尹光　郃陽縣人廪貢乾隆二十四年任

衡山縣教諭

明

蕪振之　建昌人洪武間任
楊誠　雅州人永樂間任
楊源　永福人宣德間任

劉　禈臨江人正統間任
萬　幹臨川人景泰間任
黃　穆人政和
鄭本周安岳人天順間任
黎希哲成化間任
林　華莆田人宏治間任
謝時億人潛山
莫　遷石城人正德間任
蕭惟厚人吉水
郭維新人富順

何　紀人馬平
梁　宥人廬陵
潘　暉人興甯
廖　鶚人撫州
陳國祥人蘄州
游　性人永嘉
莫　遷石城人正德間任
廖　賢人徐聞
王　奎人臨川
郭　琳人桂林

謝必榮德化人以上俱嘉靖間任
周希尹宜山人舉人隆慶間任
焦　學人清平
周天倫人成都
歐大武人馬平
舒守約人興山
余　飛巴縣人舉人
唐繼顏人全州
李依仁灡滄人萬曆二十一年任
王以仁人橫州

楊　熙人澧州
周廷屏人貴州
王惟論龍陽人萬曆間任
趙應旂人南昌
唐廷試人湘潭
陳希賢祁陽人天啟間任
宋　肇人應城
王久祚人懷寧
蕭鳳岐靖州人天啟間任
李琦揚人四川

張一龍

劉元淬 萬安人

陳允揆 鄞縣人

彭允中 宜春人

李燦 巴陵人以上崇禎間任

本朝

洪恩榮 湖北平溪衛人舉人順治初任

楊熙績 湖北雲夢人舉人順治間任

何讓 湖北興國人舉人順治間任

彭遐齡 能陽舉人順治間任

徐東允 蘄州舉人康熙間任

劉世坡 攸縣貢生康熙間任

段蔚 湖北黃陂舉人康熙間任

張家相 湖北沔陽舉人康熙間任

王渭鼎 湖北武昌舉人康熙間任

田薦嘉 湖北漢陽舉人康熙年間任

王大經 湖北孝感舉人康熙間任

易天壽 湖北黃岡舉人康熙間任

金廷興 湖北黃陂舉人雍正七年任

熊奇生 湖北天門舉人雍正十三年任

徐上 祁陽舉人乾隆十年任

劉世澍 善化舉人乾隆十三年任

黃有福 湖北黃梅舉人乾隆十六年任

唐雍 道州人舉人乾隆二十一年任

郭時敏 湘潭舉人乾隆二十七年任

衡山縣訓導

明

魏穆 福清人洪武間任

康崇性 泰和人永樂間任

蕭景明 泰和人宣德間任

艾惙 正統間

劉雍 永豐人景泰間任

邊欒 新淦人景泰間任

熊綱 新津人景泰間任

趙亨 定遠人天順間任

張達 寧波人天順間任

魏傑 大理人成化間任

鄭韶 涪州人成化間任

高謙 東莞人成化間任

楊本 長壽人成化間任

王肇 廬陵人成化間任

蘓賢 安居人弘治間任
蕭質 廬陵人宏治間任
周璧 萬安人宏治間任
賓賢 平南人正德間任
鄭應祚 莆田人正德間任
周愉 平湖人正德間任
白瑛 餘干人正德間任
梁文 新會人正德間任
張溥 分宜人正德間任
汪鵬 瀘州人嘉靖間任

張仁 安福人
劉琯 嘉定人
黃衣 成都人
孫統 湖川人
柯繼 富陽人
馬儀 蓬州人
鄭夔 汾水人
范心箴 桂林人
張厚 達州人
孔承先 以上嘉靖間任

丁愷 羽林人隆慶間任
羅世奇 仁壽人隆慶間任
馮承祚 麻城人萬曆間任
楊瀚 石屏人萬曆間任
于可善 祁陽人
焦鳳起 瀘州人
王烈 遂州人
柯維喬 安陸人萬曆二十二年任
袁文炳 雲南人萬曆間任
林國卿 黃岡人萬曆間任

黃文煥 沅州人
蔣大用 宣化人天啟間任
滕朝傑 麻陽人天啟間任
龍光輔 四川人崇禎間任

本朝

龔維祚 湖北蒲圻人
李呈玉 湖北宜都人順治間任
冉祚振 辰州歲貢
洪斑 湖北荊州人歲貢
歐陽方嵩 湖北黃陂人歲貢

諶　澮　溆浦人歲貢康熙間任
劉卿肱　新化歲貢雍正八年任
傅國器　澧州廩貢雍正十二年任
文　煌　湘潭歲貢乾隆元年任
孟世英　芷江人歲貢乾隆七年任
吳　瑞　江華歲貢乾隆十三年任
袁起鳳　新化歲貢乾隆十六年任
歐陽定樞　攸縣歲貢乾隆十九年任
現任龔嘉課　善化人歲貢乾隆二十一年任

耒陽縣教諭

明

毛汝賢　衡州人正統五年任
方　盛　歙縣人天順三年任
呂　鐇　新昌人成化五年任
蕭　傅　江西泰和舉人成化間任
王　昜　進賢人成化間任
涂　泰　梧州人舉人成化間任
謝　實　埜人舉人弘治間任
姜　瀛　埜人舉人弘治間任
李　彬　四川人監生正德九年任

魏廷奚　閩縣舉人正德十二年任
白　絲　桂林人舉人嘉靖五年任
韓　恂　興安舉人嘉靖十一年任
張　涵　興化監生嘉靖十四年任
陳文祿　臨海選貢嘉靖二十年任
劉　耿　泰順人選貢嘉靖二十一年任
王世卿　安岳人監生嘉靖二十六年任
楊宗韶　四川歲貢嘉靖三十年任
劉　寅　九江人貢生嘉靖三十五年任
何　鉽　福建歲貢嘉靖四十年任
陳舜道　桂林人舉人隆慶二年任
彭　鴒　分宜人歲貢隆慶五年任
劉公從　辰溪人歲貢萬曆二年任
韋俊民　廣西人舉人萬曆五年任
廖　彥　蒲圻人歲貢萬曆八年任
郭衛楚　寧遠人歲貢萬曆八年任
蕭時中　華容選貢萬曆十一年任
劉世傑　崇明歲貢萬曆十三年任
汪楚賓　廣安人選貢萬曆十八年任
羅　嶽　順德人選貢萬曆十九年任

許恕
朱子恭涇縣人選貢萬曆三十二年任
周傅南昌人歲貢萬曆二十五年任
董自成德興人舉人萬曆三十五年任
常大儀江都人恩貢萬曆四十一年任
胡來賓
李艮楫
陳全材
鄧紹顯
張素藴

楊春茂
張如誥
謝龍
滕希上麻陽人歲貢

本朝

席光緒湖北孝感舉人順治十二年任
劉謙湖北漢陽人舉人康熙四年任
陳待舉攸縣人廩生康熙十七年任
劉洪璇湖北廣濟人舉人康熙十九年任
劉運暹湖北沔陽人舉人康熙三十三年任

熊源湖北景陵舉人康熙四十年任
楊宗振湖北孝感人舉人康熙四十二年任
陳銓湖北江陵人舉人康熙四十四年任
瞿學元興國人舉人康熙五十五年任
胡兆羆湖北漢陽人舉人雍正七年任
柳如權湖北武昌舉人雍正十三年任
周昭順湘潭人舉人乾隆七年任
毛正綱華容舉人乾隆十六年任
蕭修忠益陽舉人乾隆十八年任
黃之選江陵歲貢乾隆二十四年任

耒陽縣訓導

明

鄭漢本縣儒士洪武間任
易寬監生正統七年任
鍾晰監生正統七年任
何源丹徒人監生天順四年任
李宏贛縣人監生天順間任
曾思謹廣安人監生成化五年任
黃綸藤縣人監生成化間任
趙淵全州人監生宏治間任
趙璧瀘州人監生宏治間任

潘祥　四川人監生宏治間任

陳湝

陳憲章　嘉定人監生宏治間任

陳獻　成都人監生宏治間任

趙瓚　樂至人監生宏治間任

康俸　普定衛舉人正德五年任

鄧春　資縣人監生正德間任

劉崇　贛縣人監生正德十三年任

王泉　建平人監生正德間任

林鳳騰　潮陽人監生正德十六年任

盧錫　南海人監生嘉靖元年任

譙士儒　南充人監生嘉靖八年任

盧學　盧氏人監生嘉靖九年任

鄭禮　閬中人監生嘉靖十九年任

梁朝舉　懷集人歲貢嘉靖二十二年任

官鳳　南平監生嘉靖十三年任

張桂　南充人歲貢嘉靖二十五年任

曾文瑞　井研人監生嘉靖二十九年任

白大紳　南充歲貢嘉靖三十年任

劉承光　韶州人歲貢嘉靖三十六年任

曾廷印　四川人歲貢嘉靖四十一年任

唐畏心　山陰人歲貢隆慶二年任

李溫　信豐人歲貢萬曆元年任

葉蕙　善化人歲貢萬曆三年任

游洵　宜賓人歲貢萬曆八年任

王端數　桂林舉人萬曆十一年任

王應斗　橫州歲貢萬曆十六年任

郭文玉　滕縣人歲貢萬曆二十三年任

魏彬如　清圻人歲貢萬曆二十四年任

吳省　鄖縣人歲貢萬曆三十四年任

劉潔　沅江人歲貢萬曆三十九年任

鄧方興　東安人歲貢萬曆四十年任

尤時偉

李秉時

張百順

劉時顯

楊域

諸士元

劉應麟

本朝

蔣向震　零陵人歲貢順治十八年任
金殿臣　湖北嘉魚人歲貢康熙二十一年任
朱敏政　湖北廣濟人歲貢康熙三十三年任
劉偉　湖北潛江人歲貢康熙四十年任
汪元愷　湖北京山人歲貢康熙四十四年任
蔣誼　零陵人歲貢康熙四十九年任
蕭懷恂　華容人歲貢雍正四年任
節恒　湘鄉人歲貢雍正八年任
王祖誥　湘鄉人歲貢雍正十年任
蒲潔　永明人歲貢雍正十三年任

周文申　安鄉人歲貢乾隆六年任
戴振　長沙人歲貢乾隆十年任
張啟洛　善化歲貢乾隆十三年任
嚴克岐　華容歲貢乾隆十八年任
王之魯　鳳凰廳歲貢乾隆二十四年任

常寧縣教諭

明

夏宗顯　本縣人洪武八年任
蔡煦　新建人正統初任
鄧淵　廣東德慶人正統末任
陳時敏　南安人

陳寧　瑞昌人成化元年任
王輔　邛縣人成化九年任
戴禧　餘杭人成化間任
李德治　廣東舉人
王朝臣　安福舉人
姚睿　仁和人
馬格　金華人
馮忱　歸安人
徐敏　廣東陽江人
鄒魯　金谿人
羅堯臣　宜賓人
顧志　臨桂舉人嘉靖間任
張騰鵬　四川彰明人
楊勝川　雲南人
侯邦治　臨桂人舉人萬曆二年任
謝順　武陵人貢生萬曆五年任
黃芳　江夏貢生萬曆十二年任
李春芳　會同貢生萬曆十三年任
黎應鳳　增城舉人萬曆十九年任
朱士錦　竹山貢生萬曆十九年任

華春選 興國人貢生萬曆二十三年任

胡可達 鉛山人貢生萬曆二十八年任

錢祐之 零陵人貢生萬曆三十二年任

黃廣被 興寧人萬曆三十四年任

陳時夏 南充人萬曆三十七年任

陳大勳 施州人萬曆四十年任

陳斯文 安鄉人萬曆四十二年任

龍汝梗 湘鄉人貢生萬曆四十四年任

莫尙德 湘潭人貢生萬曆四十五年任

樊艮弼 進賢人貢生天啟二年任

王崇華 宜章人貢生天啟三年任

黃大帶 麻陽人貢生天啟五年任

向學 均州人貢生崇禎元年任

謝嘉兆 邵陽人貢生崇禎四年任

沈鳳儀 漳浦人貢生崇禎五年任

李思宥 麻陽人崇禎六年任

潘縉 辰谿人

車大聘 邵陽人

朱躍 安福舉人

羅象徵 湘潭人崇禎末年任

本朝

按常寧縣教諭於康熙四年裁康熙十八年復設

鄒璧明 湖北隨州人順治十三年任

王金 湖北宜城人順治十四年任

張我昌 湖北穀城人順治十七年任

鄧之栻 郴州廩生康熙十八年任

周之謨 湖北隨州貢生康熙十九年任

朱朋 湖北隨州舉人康熙三十年任

馮以觀 湖北蘄州人拔貢康熙四十七年任

李天祚 醴陵貢生康熙五十五年任

扶登甲 新化人拔貢雍正元年任

簡自洪 湘鄉人舉人雍正六年任

陽勳 醴陵恩貢雍正十二年任

向上文 城步人副榜乾隆二年任

沈玉衡 乾州廳副榜乾隆八年任

魏模 華容人舉人乾隆二十一年任

董應運 善化舉人乾隆二十六年任

常寧縣訓導

明

張懋 景泰中任

郭　雍　當塗人成化八年任
廖　晦　新喻人成化十三年任
陳　繹　宜賓人成化十七年任
簡　珂　新喻人成化十年任
汪　沛　仁和人
張雲漢　晉江人
王　箎　廣西人
晁昌齡　馬湖人
黎　明　俱宏治間任
林　鸞　當塗人
王　郊　長壽人俱正德間任
周希禹　榮昌人
吳魁宏　晉江人
龍　馴　融縣人
顏　標　永春人俱嘉靖間任
余化鵬　筠連人隆慶間任
梁　宥　平南人貢生萬曆元年任
袁惟慶　永昌人舉人萬曆五年任
劉　宇　靖州人貢生萬曆九年任
陳世傑　龍里衛人貢生萬曆十年任

傅　現　平越衛人貢生萬曆十五年任
王　年　高平人貢生萬曆二十一年任
仝天賦　石阡人萬曆二十二年任
邱　淳　宜城人萬曆二十八年任
文國卿　醴陵人萬曆三十三年任
黃　甲　零陵人萬曆三十九年任
王國瑞　零陵人貢生萬曆四十四年任
馬之乾　雒容人貢生萬曆四十八年任
劉　樗　零陵人貢生天啟三年任
俞登高　合肥人天啟七年任
尹東秋　應城人崇禎四年任
歐大逵　寧遠人
陳時雨　茶陵人
周　祉　鄖縣人崇禎十七年任

本朝

周　珏　湖北景陵人順治十年任
吳　璵　湖北江夏人順治十二年任
張效鍊　湖北蘄州人康熙四年任
李孔茂　湖北麻城人貢生康熙六年任
張春榜　石門人貢生康熙十年任

任熙聯 湖北蒲圻人康熙十九年任

路大興 湖北麻城人歲貢康熙二十三年任

洪載鐘 永定人貢生康熙三十年任

涂之淵 湖北歸州人貢生康熙三十九年任

梅 珣 桃源人貢生康熙四十九年任

武之閈 溆浦人貢生康熙五十一年任

陳元選 綏寧人貢生康熙五十三年任

林 芬 寧鄉人貢生康熙六十一年任

龍大藩 沅州人歲貢雍正七年任

尹景莘 茶陵人貢生雍正八年任

范 奇 桂陽歲貢雍正十一年任

童大佐 平江人貢生乾隆二年任

易勝第 石門貢生乾隆四年任

陳 經 沅州人歲貢乾隆十二年任

石 補 武陵人貢生乾隆十七年任

張孫鏕 澧州歲貢乾隆二十四年任

安仁縣教諭

宋

谷 權 嘉定六年任

元

吳本誠 至正間任

明

鄭元旅 洪武三十一年任

李 墉 正統十年任

倪 昇 景泰二年任

彭 祿 泰和人天順二年任

康 積 成化間任

李執中 四川宜賓人成化間任

熊 傑 桂林舉人成化間任

于 江 廣西人宏治間任

許 亮 直隸人正德間任

盧金潤 正德間任

范 忠 嘉靖間任

莫 晦 宜山人嘉靖間任

閔文振 江西人嘉靖間任

蕭東周 雲南人貢生嘉靖間任

陳豫章 廣西人舉人嘉靖間任

黃慶雲 四川人嘉靖間任

方道貴 江南歙縣人嘉靖間任

楊侯度 廣東人舉人嘉靖間任

黃一清 隆慶二年任

楊雲才廣西人隆慶間任

張素蘊萬曆間任

經仁恒廣西全州人萬曆間任

張鳳來四川人萬曆間任

倪瓊四川人萬曆間任

胡欽堯全州舉人萬曆間任

唐卿民廣西人萬曆間任

張汝敦舉人萬曆間任

蕭可成廣西人萬曆間任

江宗朱天竺人萬曆間任

祝多壽舉人萬曆間任

向君化舉人萬曆間任

朱世譽舉人崇禎間任

潘宗翰舉人崇禎間任

李星崇禎間任

周之楨靖州人崇禎間任

劉伯相攸縣人崇禎間任

袁嘉謨茶陵州人崇禎間任

本朝

按安仁縣教諭於康熙四年裁康熙四十三年

復設

沈翹浙江人順治四年任

佘世祚湘潭人順治七年任

鄺進倫湖北武昌人順治九年任

康裔生衡山人順治十一年任

羅遇聖湖北大治舉人順治十六年任

潘標湖北咸寧人拔貢康熙四年任

李嗣賀湖北江陵人拔貢康熙四十四年任

尹夢熊茶陵州人拔貢康熙五十一年任

汪世偉湖北麻城人舉人雍正四年任

熊弼武陵人拔貢雍正十二年任

何震璣華容人舉人乾隆九年任

饒德純乾州廳人拔貢乾隆十五年任

[illegible]永州副貢乾隆廿四年任

安仁縣訓導

宋

蔡天一嘉定六年任

明

蔡朝瑞本邑人明經洪武二年任

吳淑莊本邑人

歐陽惟圭本邑人明經

邊　遂 臨江人
梁　矩 廣東人
李　雲 江西人
聶　球 臨川人
張　純 浙江人
朱　廉 秀水人
姬　雄 宏治間任
張　倬 江西人
蕭　照 吉水人正德八年任
徐　賢 四川人

王　震 無爲州人
楊　韶 江西人
李宗翰 四川人
李天麒 四川人
王祿合 廣西人

本朝

沈　翘 浙江人順治四年任
羅遇聖 湖北大冶人順治十三年任
余彌崚 湖北羅田人康熙八年任
郭鞏都 湖北荊門人康熙九年任

文　梓 湖北興國州人康熙十一年任
李　翔 本縣人康熙十七年任
余振業 湖北興國州人康熙二十一年任
孟應世 湖北石首人歲貢康熙二十七年任
鄧嘉會 湖北監利人歲貢康熙三十六年任
徐　獅 湖北興國人歲貢康熙四十四年任
周宗爽 湖北保康人歲貢康熙四十四年任
康朝韓 會同人歲貢康熙五十四年任
李承英 安化人歲貢康熙六十一年任
傅光宗 沅陵人歲貢雍正十年任

萬民泰 長沙人歲貢乾隆四年任
鄧朝勳 攸縣人歲貢乾隆九年任
扶士元 新化人歲貢乾隆十年任
楊德俊 武陵人歲貢乾隆十二年任
趙前昌 沅陵人歲貢乾隆十八年任
楊　馮 鳳凰廳人歲貢乾隆十九年任
卜希成 益陽歲貢乾隆二十三年任
張　聲 湘潭歲貢乾隆二十七年任

酃縣教諭

明

胡鈃舉人
張懋舉人
鄧觀
郭侚
王台舉人
王聰
劉暄
范魯重慶人舉人
周嶧
辛鉉

黃純仁
王伋
周禮丹陽人
張深
陳言
祁應璧
胡賓岳
龔胡
王皐
周文魁

郭守
陳起耕
詹雲卿
莊佐
石中美
王政
李格
唐仁雋
王希聖
劉時霖

鄧繼禹
湯明煜寧都人
郭大成贛州人
黃一德澄海人
周思孔辰州人
張標雩益舉人
張明道
唐友益東安人
余士皐通城人

本朝

按康熙閒教諭縣志俱闕姑仍之

傅彬 湖北孝感人順治閒任

李光綸 湖北宜都人順治閒任

盛有儀 安化人舉人雍正三年任

楊士任 城步人恩貢雍正十三年任

顏尚文 巴陵人恩貢乾隆六年任

余演 武陵人拔貢乾隆九年任

戴洪恩 巴陵人舉人乾隆十八年任

莊[illegible]來 永州拔貢乾隆二十五年任

酃縣訓導

明

丁節 舉人

黃徹

彭燧

秦祖盛 舉人

彭瑶 新興人

馮士奇

彭奎

曾震

魏清

楊鎮 四川江津人

徐燦 舉人

彭佑

郭大全

曹本智

官文昌

王純

魯儀

劉大中

龍國重

周才

常紹本

尹欽

李鏊

嚴漢節

張騰鵬

王夔 四川巴縣人

李廷本

郭守

康諧

謝鑑

唐景象

蔣宗周

李鴻恩 道州人

劉達孝 成都人

覃澄源

劉光遠 上津人

李應聘

鄭維藩 澧州人

李必秀

薛明遇

趙文烜 臨安人

李爲宏 江津人

本朝

按康熙九年以後康熙五十六年以前訓導缺

志闕姑仍之

張淩明 湖北蘄水人順治間任

劉煥美 湖北廣濟人順治間任

過宏恕 湖北麻城人康熙九年任

黎象乾 醴陵人歲貢康熙五十六年任

雷春晉 零陵人歲貢雍正十三年任

李世熹 長沙人歲貢乾隆五年任

舒而相 臨湘人歲貢乾隆十六年任

張芾 善化人歲貢乾隆二十三年任

孟宗文 寶慶人歲貢乾隆二十六年任

府首領

按古官制郡之幕寮唐有錄事司戶參軍宋有司錄司法司理參軍團練副使都監監酒稅務等名經歷知事照磨之設始于有元明因之增檢校一員經歷秩從七品典出入文移知事佐之從八品照磨磨勘卷宗從九品檢校佐之爲未入流嘉靖後檢校省去

國初仍之未變也康熙六年知事奉裁獨以經歷照磨佐幕雖云散秩然綰半通之組宣佐理之猷苟匪解夙夜安在尺寸不可以自效乎故自唐以來多名賢遷謫淹于此邦其姓氏閒見者與今之首領共次于左方

唐

韋倫　系本京兆以廕補藍田尉幹力勤濟從皇入蜀以監察御史爲劍南節度行軍明馬府中人衛卒多侵暴難治倫以清儉自持司人賴濟中官疾之以讒貶衡州司戶參軍度西使第五倫薦倫權商支州刺史襄道租庸使

宋

雷有終　字道茂以父德驤坐失教家並謫有終衡州團練副使轉荊湖置制使

朱昂　字舉之其先京兆人父葆光家衡山昂好讀書人號朱萬卷宋太祖建隆間爲衡州錄事參軍李昉時知郡事多名昂與語昂以文爲贊昉深嗟賞在衡日常廣陶靖節閒情

賦以見志累遷監察御史江南轉運使歷工部侍郎

夏侯錫　分宜人真宗天禧二年進士任衡州司理參軍稍遷吉州判官歷知南康與化二軍皆以善政聞

鄭平　衡陽人天禧三年進士常監衡州茭源銀冶

李廸　字復古舉進士第一真宗將立章獻后廸爲翰林學士奏以后起于寒微不可母天下后深銜之及真宗不豫寇準得罪丁謂署日奉聖旨除準小遠處知州廸曰嚮者聖旨無遠字謂曰君欲擅改聖旨以庇準耶二人更相論奏命錢惟演草制罷政事惟演遂出廸而留謂真宗崩廸貶衡州團練副使或告謂曰廸若貶死如公論何謂曰異日諸生紀事不過曰天下惜之而已謂敗名爲工部尚書資政殿大學士○趙善鐐自警篇云丁謂使侍禁王仲宣押廸赴衡州仲宣凌逼廸脇無所不至人往見廸仲宣輒籍其名或饋之食留于腐棄捐不與

廸客鄧餘曰豎子欲殺李公以媚丁謂耶餘不畏死汝殺李公我必殺汝從廸至衡不離左右仲宣憚之廸山是得全

周堯卿　字子俞道州永明人仁宗天聖二年進士歷衡連二州司理參軍居官盡職祿雖薄必以周宗族朋友

杜樞　仁宗時爲比部員外郎以忤權倖出監衡州酒稅

錢顗　神宗熙寧二年由御史裏行貶監衡州鹽稅以論新法故也

劉摯　字莘老神宗熙寧四年王安石秉政公除御史論率錢助役官自雇人害舉十害又言助役之難行者有五安石怒使曾布作十難以詰之摯即條對所難以申其說疏奏謫監衡州鹽倉

劉攽　字貢父博學能文章與兄敞及敞子奉世稱三劉同知太常院書王安石論新

法不便斥判泰州坐和蘇軾詩貶監衡州倉

吳　時字伸道邛州人哲宗時進士得學究出身再試中甲科歷官太僕少卿張商英罷相言者指爲黨降鼎州通判未赴提舉河東常平歲飢發公帑以賑民童貫經畧北方每訪以邊事輒不答還爲給事中中書舍人未幾謫監衡州酒務

劉　珏字希范長興人登崇寧間進士第歷官吏部侍郎建炎間奉隆祐太后如江西金人攻吉州奉太后退保虔州後言事者論之謫祕書監貶衡州司戶

周　望高宗建炎三年同知樞密院事金人寇平江望棄軍奔太湖次年罷奉祠分司衡州

羅棐恭字欽若吉水人高宗建炎間進士爲衡州司理參軍

徐應龍字允叔孝宗淳熙二年進士調衡州法曹湖廣檢校官

舒邦佐字平叔靖安人淳熙八年進士調衡州司錄參軍有茶陵州倪氏誣其長邦佐特治其獄

劉　獬字去邪泰和人爲衡州司法賑荒決獄郡人德之

范至先至能之兄理宗時監衡州常平倉于石鼓山建諸葛武侯祠

范應鈴字旂叟豐城人開禧元年進士調衡州錄事改知崇仁治有善政

元無考

經歷

明

趙仁盛伊陽人監生

汪　洋六合人監生

李世津廣西人歲貢

蔣承宗四川人選貢

吳德潤

陳堯道眞定人吏員

鄭紹臯福州人貢生

紀應華夔州人貢生

曾尙瑞廣昌人吏員

梅宗禮南直人吏員

胡　奇豐城人吏員

盛民直上元人貢生

曹　晶貴州人吏員

本朝

沈朝柱餘姚人吏員

壽福兆會稽人吏員

顧雲龍吳縣人吏員

黃攸居莆田人貢生

朱朝薦 曲江人歲貢

崔兆升 嘉興人吏員

盧定國 太倉人歲貢康熙二十八年任

張超然 歷城縣人康熙二十九年任

楊芳 山東人吏員康熙四十五年任

張漢 大興生員康熙四十九年任

鄭兆雄 保定吏員雍正三年任

曹周琰 杭州吏員雍正十年任

黎之桂 西寧吏員乾隆九年任

陳登府 長寧捐貢乾隆十二年任

王鋙 會稽吏員乾隆十七年任

陳以頲 揭陽捐貢乾隆二十三年任

沈成鎧 石埭人吏員乾隆二十七年任

知事

明

顧紹履 四川舉人萬歷中由知縣降任後轉紫陽知縣

胡友德 內江人　邵士冀

顏文憲 陝西人吏員　解宗完 浙江人吏員

趙立禎 南直人舉人　王九韶 福建人舉人

王承緒 蘇州人監生　徐國禎 南直人吏員

潘時從 徽州人監生　金汝玉 浙江人監生

國朝

劉一彩 陝西人吏員　馬世驊 浙江人監生

王昌祚 陝西人吏員　梁應魁 陝西人吏員

康熙六年奉裁併入經歷司

照磨

明

李鼎 陝西慶陽人監生正德中任

譚志顯 江西大庾人監生嘉靖年間任

瞿重英 南直常熟人監生萬歷中任

郭準 山東人萬歷中任　楊銘

王應佐 江南人吏員　邵時登 南直人吏員

陳龍 北直人監生　鍾文揚 山西人監生

吳文禮 江西人吏員以上萬曆間任

王克聖 江南歙縣人監生　朱應瑞 江西安慶人

連爾捷 山西人選貢　鄭文揚 江南人監生

白景 陝西人吏員　周應鵬 武進人吏員以上崇禎間任

國朝

王官 陝西鳳翔人吏員順治四年任

金乾 江南人監生順治六年任　邰恒 浙江人吏員順治十年任

曹一誠 字萬齡浙江義烏籍東陽人監生順治十六年任康熙九年陞魏縣縣丞

李勳 浙江紹興人吏員康熙十年任

陳麟趾 直隸上元籍浙江紹興人吏員康熙十九年任

檢校

明

秦泰 陝西興安人監生正德間任

劉顯 陝西人監生以後裁革

衡陽縣

縣丞

按乾隆二十一年衡陽分設清泉將縣丞移駐

渣江

包萃 鄞縣人洪武四年進士　彭崇岳

朱振　甯守廉

施惠　吳鑑

吳治　胡鑒

孔瑩　史載澤

韓文光　徐鵬

丁任　胡方麟

黃溥　王仲賢

王冽　申鎬

鍾儀　毛道元

章嶽　田興吳 思南選貢

唐以誦　徐文益 宛平吏員

朱鳴世 長興人萬曆二十一年任　鄭之孝 歙縣人監生萬曆間任

秦之瓊 博白歲貢天啓間任　宋友龍 奉化吏員天啓間任

邱德化 豐城吏員天啓間任　何夢奎 敘州選貢天啓間任

姚相朱 古田儒士天啓間任　汪應鳳 和州人序班崇禎間任

梁夢鑾 柳城選貢

本朝

邢孔誘 山東東昌人拔貢順治四年任

董化禎 浙江山陰人監生順治間任

竇毓龍 陝西富平人吏員順治間任

甯昌明 山東人拔貢康熙五年任

顧應禎 浙江上虞人吏員康熙七年任

楊同溥 奉天人康熙十年任

施允中 江南上海人監生康熙十八年任

陳以詩 山東人歲貢康熙二十八年任

王丹 福建侯官人貢生康熙二十八年任

周燮 浙江餘姚人監生康熙五十三年任

林琪 直隸山海衛捐貢雍正三年任

朱士魁 浙江蕭山人吏員乾隆三年任

宮書祿 山東文登副榜乾隆十六年任

金家圭 浙江山陰人監生乾隆十七年任

靳樹藻 鑲黃旗漢軍舉人乾隆十九年任

陳逢泰 福建長樂人副榜乾隆二十一年任

現任 石文成 安徽桐城人吏員乾隆二十一年任

衡陽縣主簿

宋

楊大異 字伯同醴陵人從胡宏受春秋嘉定十三年進士授衡陽簿有惠政

薛寅 字持志呂國人少有文名以聖人執權賦領鄉薦調衡陽簿時史彌堅帥湖南寇起黑風峒檄寅往撫將至有道其姓字者其會日昔四明作聖人執權賦之薛公耶遂投戈退

明

李伸　張賜

張璉　韓麟

霍蕡　何路

羅堅　王經

錢成　施鑾

林一誠　朱安

劉泮　沙班

林質卿　盧應槐

覃江海　劉延祚

舒松　陳德成

溫國用　王文煥 福建邵武人監生

林朝章　唐才倪

龔一夔　江應龍

高　朗　　楊　清
李子勁　　方時華
黃中行
國朝奉裁
衡陽縣典史 前代無考
國朝
陸紹義
童拱北
宋　洽 字子遠浙江山陰人康熙五年任
邰文英 字以偉浙江仁和人康熙十年任

蔣爾艮 字漢臣浙江錢塘人康熙十九年任
任元輪 江南當塗人康熙二十年任
葉如蘭 浙江會稽人
賀　通 河南滎陽人
張岸登 直隸通州人
王　朴 江南壽州人
戎鼎調 浙江慈谿人
張　緒 河南息縣人雍正五年任
張漢一 直隸宛平縣籍浙江會稽人吏員雍正十一年任
顏廷艮 浙江慈谿人供事乾隆七年任

王廷槐 山東臨清州人吏員乾隆九年任
朱維翰 直隸武清縣人吏員乾隆十一年任
陳際可 浙江山陰縣人吏員乾隆十三年任
陸　燿 浙江仁和縣人監生乾隆二十年任捐陞縣丞
江嵩年 字頻贍江南徽州府歙縣人吏員乾隆二十五年任 現任

清泉縣新城司巡檢

汪元祥 甘泉監生乾隆二十七年任

清泉縣典史

謝仁芳 山陰監生乾隆二十二年任

衡山縣

縣丞

宋

蕭森 泰和人以書經中嘉定間甲科以直言忤時相左遷衡山縣丞

元

黑沙 至順間任

明 明初未設正統間始置成化以後裁革

楊士修 新淦人正統初任有政擢知松滋歷知府

楊珪 慈谿人　方鋭 南直人景泰間任

方伸 永川人　楊一泰 彭澤人

高舉 東平州人成化間任　陳祥 福寧州人成化間任自後裁革

蕭麟 廬陵人隆慶間任　曾仕傳 合江人萬歷四年任

李希愷 仁化人萬歷七年任　汪子鳴 休寧人萬歷十一年任

井續宗 忠州人萬歷十五年任　鄭子惠

張杰 泰州人萬歷二十年任　杜自修 鳳陽人

王以旌 休寧人　張可尚 江西人

方根 舒城人　葉應祿 浙江人

彭德佐 安福人　楊竹素 六安州人

嚴廷俊 湖州人

典史

元

卨聰 至正時任
謝斗祥 至正時任

明

林福 福清人
崔玘 安福人
張錄 海豐人
徐謙 涪州人以上洪武間任
王端 嘉興人成化間任
王立 金華人
陳驥 四會人
俞鼎 餘姚人
史環 豐城人宏治間任
朱華表 豐城人正德四年任
徐槩 南昌人
鍾材 興國人
陳聰 吉水人嘉靖間任
鄢軻

楊旦
鄧儀
凃鏡 江西人嘉靖十八年任
宋艮臣 無錫人嘉靖二十五年任
張崇業 西充人
萬沂 進賢人
江朝鼇 蕪湖人嘉靖二十八年任
魏楫 南昌人隆慶三年任
吳貞 萬年人萬曆三年任
顏時應 同安人
經仁烈 全州人萬曆十一年任
陳應魁 南陵人萬曆十四年任
吳廷格 樂清人萬曆十六年任
熊時夢 江津人
劉鉞 江西人
蘇大任 廣西人
金文 貴州人
葉叢秀 福建人
陳璟 廣東人
汪師禹 浙江人

魏承選 高淳人
余懋勳 福建人

國朝

姚時來
馬贊 盛京人康熙十年任
袁克密 陝西咸寧人吏員康熙十八年任
李大生 順天大興人吏員康熙三十三年任
王成光 浙江山陰人吏員康熙四十年任
李羣芳 江南蕪湖人吏員康熙四十四年任
任沅宗 山東長山人吏員康熙五十一年任
馬高宸 順天宛平人吏員康熙五十六年任
胡自敬 浙江山陰人吏員雍正八年任

張洪 順天大興人吏員雍正十二年任
陳鳴九 順天大興人吏員乾隆三年任
雷建功 山東觀城人吏員乾隆五年任
葉大成 順天大興人吏員乾隆八年任
吳潛 江南江寧人由儒事乾隆十二年任
張生麟 四川中江人吏員乾隆十九年任
現任 何文清 四川巴州人吏員乾隆二十二年任

草市司巡檢　康熙四十　設官

馬驤　順天宛平人吏員康熙四十六年任

馬捷　直隸通州人吏員康熙六十年任

金世祿　直隸滌縣籍紹興人吏員雍正三年任

楊士鳳　順天宛平縣籍山東人吏員雍正六年任

黃自浣　江南貴池人吏員雍正八年任

宋寧　廣東番禺人吏員乾隆六年任

戴天恩　江蘇溧陽人吏員乾隆八年任

姜培　浙江山陰人吏員乾隆十四年任

現任徐淦　順天宛平縣籍上海人由供事乾隆二十四年任

永壽司巡檢　康熙四十八年設官

劉長慶　江南江都人吏員康熙四十八年任

張翀辰　江南涇南人吏員康熙五十五年任

劉任勛　江西崇寧人吏員雍正九年任

郭敬民　廣東鎮平人吏員雍正十二年任

黃善長　陝西長寧人吏員乾隆九年任

郭敬民　乾隆十九年復任

現任劉淑　江蘇甘泉人吏員乾隆二十四年任

耒陽縣

縣丞　耒邑向有縣丞不知裁自何年舊志僅載張自守一人仍之

張自守　內江人

耒陽縣典史

明

解應雷　號震寰浙江寧波人吏員崇禎十二年任後陞萍鄉知縣丙戌十月十二日城陷殉難妻鄭氏年艾抗節至今三十七年冰蘗自矢如一日焉

莫如仁　浙江人

陳京瑞　浙江人

陳堯言

國朝

竇士龍　字伯典富平人

沈玘　字席珍會稽人

江瀚　靖江人

袁晉　字子政大興人康熙二十四年任

鄭之僑　字惠公咸寧吏員康熙三十一年任

王典　字型則波縣吏員康熙三十九年任

王國寧　山東人吏員係高亭巡檢署康熙四十八年任

徐椋　字景游通州吏員康熙四十九年任

李芬　清苑吏員雍正十一年任

胡泰先　大興吏員乾隆二年任

孔毓鳳　大興吏員乾隆五年任

金宗本 山陰吏員乾隆七年任
石秉義 會稽吏員乾隆十年任
劉廷英 寧縣吏員乾隆十九年任
陳大謩 會稽人乾隆二十二年任

常寧縣州同
元 光祖 泰定元年任 新建儒學
覃忽魯八 泰定間任

州判
何元同 長沙人延祐戊午年任
余 泰 字德秉下邽人泰定初任捐俸置文廟樂器買田以給生徒滿去又十年復以奉議大夫典州事作樂庭石刻明爲撰樂庭記
李 涯 泰定間任

吏目
鄧 茂
高仕傑

按常寧縣元初陞爲州設有州同州判吏目等官載在舊志雖於明洪武二年仍改爲縣現在無州同等名目但已載舊志不忍遺去

常寧縣

縣丞

明洪武初設後裁革

海　煥 洪武六年任創建公署與有勞績

金彥和 洪武八年任大新學校

主簿 明初設後裁革

秦　王 洪武八年任重建學校頗多幹理

典史

李　愛 洪武二十四年任　劉　魯 涿州人

丘　宗 常熟人天順中任　李　蕃

周　善 秀水人宏治元年任勤慎端敏時稱良幕

陳嘉訓 高要人　周　祐 臨川人

吳大賓 福建人　李　佐 臨川人隆慶五年任

張文明 慈谿人萬曆四年任　潘永樸 永豐人萬曆五年任

陳應第 江都人萬曆八年任　潘世佐 南陵人萬曆十三年任

李春暘 金谿人萬曆十七年任　舒良臣 江西玉山人萬曆二十一年任

徐　進 四川忠州人萬曆二十五年任

河天衢 貴州貴陽人萬曆三十四年任

徐世科 南直懷安人萬曆三十四年任

江有聲 南昌人萬曆三十六年任

周光軫 江西上饒人萬曆三十九年任小心雅度士民咸惜

王應泰 浙江烏程人萬曆四十三年任

張維新 南直合肥人萬曆四十七年任

陳春霆 福建長樂人天啓二年任勤敏有為捐俸助修布政司去之日紳衿作序送之

尹之達 南直廬江人天啓六年任　田際春 南直廣平人崇禎元年任

唐廷相 廣東惠來人崇禎三年任　沈大英 浙江錢塘人崇禎六年任

王乾綱 浙江人　張應珂

閻俊儒 山西介休人　陳廷範

國朝

傅大紳 浙江諸暨人順治四年任　朱應元 浙江山陰人順治十年任

劉國輔 陝西西安人順治十四年任

王　用 陝西西安人順治十六年任

韓國祚 江南武進人康熙元年任　謝萬祿 浙江山陰人康熙八年任

林日茂 浙江山陰人　管向成 江南貴池人

沈去浮 順天大興吏員乾隆元年任

慕容讓 甘肅鎮原人乾隆四年任

桂世顯 浙江慈谿人乾隆六年任

章坦基 浙江會稽人乾隆十七年任

安仁縣

縣丞

明

黃羙福 江西人宣德二年任　戴　慶 正統元年任

主簿

余　鐸 見知縣　張　永 正統年間任

舒　綱 景泰年間任　高　壽 成化年間任

胡　宣 成化年間任　劉　經 宏治年間任

章　顯 宏治六年任　徐　琪 宏治十四年任

縣尉

宋

李世典 嘉定年間任　彭　炳 嘉定年間年兼監稅

元

沈　芑 至正年間任　李　琮 至正年間任

周　珙 至正年間任

典史

明

梁　讓 四川人宣德年間任　汪　泊 宣城人正統年間任

何　衢 四川人　徐恩權 景泰七年任

燕伯干 山東人成化年間任　程斗東 巳縣人宏治年間任

王　能 河南人　唐　儼 宏治十五年任

趙　宏 宏治年間任　袁伯輔 南京人

郭　瑞 墊江人　彭　香 莆田人

毛　鶴 嘉靖年間任　劉　敷 都昌人

盛　東 桂林人　傅　偉 江西進賢人

閔　楝 江西南昌人　陳　科 廣西人

金應爵 廣西人　湯　經 陝西人

姜　悰 江西南昌人　鄭大玘 莆田人

范　瑋 福建閩縣人　夏永寧 江南人

趙仕杭 浙江人　邵　波 餘杭人

曹　需 內黃人　汪世德 繁昌人

溫　雅 莆田人　高應試 浙江人

本朝

錢允升 浙江人順治四年任　胡叔謙 浙江人順治五年任

石光玉 直隸人　秦祖禹 浙江人順治八年任

姜　栩 河南人　徐秉仁 浙江人

徐雲鵬 江南人順治十年任　沈茂松 浙江紹興人順治十一年任

陳素蘊 陝西西安人順治十六年任

沈起蛟 浙江仁和人康熙二年任

苑生光 晉州饒陽人康熙十一年任

范一宏 浙江會稽人康熙十七年任
馮士登 山東鰲山衛人康熙二十二年任
孫鳳先 陝西鳳翔人康熙三十五年任
杭文溥 浙江會稽人康熙[illegible]十九年任
王　治 新樂人康熙五十六年任
閻　繡 陝西鳳翔人雍正三年任
徐　周 順天大興人雍正八年任
黃肇澄 宛平人乾隆十一年任
秦煦遠 浙江錢塘人乾隆十八年任

酃縣

縣丞 明初設後裁革

袁　泰 洪武二年任
張恭先 洪武二十五年任有政聲

主簿 明初設後裁革

戴思齊 洪武二年任

典史

元

劉景逢　張啓宗

明

何　宗 浙江人監生永樂間任　黃　表 廣東博羅人景泰四年任
戎　演　曹　廣 江西南安人
方廷諧 福建莆田人　何　賓 廣東新會人
石顯賓 嘉靖五年任　楊　有 江西新淦人
謝　黃 江西贛縣人　陸　汪 嘉靖十九年任
張希德 嘉靖三十年任　黃　煥 嘉靖四十五年任
伍千里 隆慶六年任　金　惠
楊　慈 萬曆五年任　何慶雲 萬曆八年任
彭紹賢 萬曆十一年任　胡守中
蔣時鎰 萬曆十七年任　劉　僎 興安人萬曆二十年任

黄廷章　盛萬鍾

章仲芳浙江人　陳善政

呂文光　李遜

劉振祖南直江寧人　呂應祚

童萬齡會稽人崇禎年間任　趙嘉政山陰人

崔守義南直人　周之京麻城人

國朝

韓三省浙江人順治四年任　章德基浙江蘭溪人

杜炳謙山東棠邑人康熙年間任　茹璜浙江仁和人康熙八年任

孟玠北直灤州人康熙年間任　楊廷柱浙江山陰人雍正六年任

沈潮蔭浙江錢塘人乾隆四年任　李鴻猷江西龍泉人乾隆七年任

俞天成浙江山陰人乾隆二十一年任

魏承輔江西南昌人乾隆二十七年任

衢州府志卷之二十一

衡州府志卷之二十二

知衡州府事豐城饒佺重編

名宦

維民之譽維官之名布德施惠奕世流馨高山仰止遺愛齒馨雖不鈞響然有公評桃李無言而蹊自成棠芾歌作黍苗頌興覘首凾碣桐鄉竭誠今寧不古戴德同情

漢

衛颯字子産河内修武人建武二年除陽城令有循聲遷桂陽太守設庠序定婚儀郡人化之

先是武帝中平舍洭湞陽曲江屬之桂陽民居濱溪谷習其風土不供王賦颯鑿山通道流民漸成邑聚輸租賦同於平民颯居官如家設施合於物宜視事十年郡内清理二十五年徵還遘疾勅以桂陽太守歸家賜錢十萬

茨充字子河宛人也代衛颯爲桂陽守亦善其政教民植桑柘養蠶民獲其利

許荆字少張陽羡人舉孝廉和帝時遷桂陽太守設喪紀婚姻制度俾民知禮禁嘗行春至耒陽耒多搆訟者荆引咎曉譬耒俗頓變在事十二年徵拜諫議大夫郡人爲立祠

欒巴字叔元内黃人初補黃門令出爲郎中遷桂陽太守以郡處南陲不嫺典訓乃定禮儀興學校政事明察涖郡七年荆州刺史李固表徵拜議郎守光祿大夫與杜喬周舉八使循行郡國後死黨錮之難

龐統字士元襄陽人先主領荆州統以從事守耒陽令不治免官吳將魯肅貽先主書曰龐士元非百里才也使處治中别駕之任庶得展其驥足耳

晉

滕育衡陽内史永嘉中益州流民汝班等作亂於湘州執刺史荀眺破桂陽諸郡育死之

按通志云晉書及通鑑俱不載育死今依舊志存考

楊邠字岐山衡陽内史居官以節著

習鑿齒字彥威襄陽人博學洽聞爲桓溫西曹主簿累遷别駕爲衡陽太守溫甚器重之後以足疾廢及苻堅陷襄陽堅素聞其名與桑門道安俱輿而至焉以其蹇疾與諸鎮書曰昔晉武

平吳利在二陸今破漢南獲士才一人有半耳及襄鄧反正會卒臨終上疏意謂皇晉宜越魏繼漢不應以魏後爲三恪云

六朝宋

王應之衡陽內史節義著聞後人立祠祀之

殷景仁陳郡長平人少倜儻司徒王謐以女妻之初爲劉毅後軍參軍出補衡陽太守景仁强斂凡朝議國典莫不撰錄識者知其有當世之志高祖甚愛之遷太子中庶子

何承天東海郯人宋武起義初撫軍將軍劉毅鎮姑孰擢爲行參軍兼尚書左丞承天性剛愎不能屈意於人頗以所長侮同列不爲朝右所容出爲漢陽內史

齊

顧憲之字士思吳郡人宋元嘉中爲建康令發奸擿隱人號曰神明性清儉爲政甚得民和京師飲酒者得醇旨輒號爲顧建康齊高帝即位除衡陽內史時郡境連年疾疫死者棄道旁憲之下車分告屬邑求其親黨悉令殯葬其家人絕滅者憲之爲出公祿使綱紀營護之又土俗山民有疾輒云先人爲禍皆開冢滌骨名爲除祟憲之爲陳生死之別事不相及風俗遂改時刺史王奐新至惟衡陽無訟歎曰顧衡陽之化至矣若九郡率然吾將何事憲之屢經宰郡資無儋石及歸環堵蕭然

梁

周鐵虎事河東王譽爲臨烝令侯景之亂譽拒戰大捷鐵虎功爲多譽委遇甚重

韋粲字長倩杜陵人初爲雲麾將軍大同十一年出爲持節都督衡州諸軍事安遠將軍衡州刺史未幾徵爲散騎常侍還至廬陵聞侯景作逆簡閱部下得精兵五千倍道赴援

沈衆字仲師吳興武康人好學工文起家梁安平王法曹參軍性沖淡政在和理雖無赫赫之譽久而見思侯景之亂元帝承制授衆持節督衡桂成合四州諸君事雲麾將軍衡州刺史

王勵字公濟恬淡清簡未嘗以名利縈心先在嶺表卓有政績政衡州刺史

周廸臨川南城人敬帝紹泰二年除臨川內史尋授信威將軍衡州刺史周文育之討蕭勃也

廸拔甲保境文育使長史陸山才說廸廸乃大
出糧餉以資文育勃平以功加鎮遠將軍

陳

孫瑒字德璉吳郡人以戰功除員外散騎常侍
封富陽侯邑一千戸尋授假節雄信將軍衡陽
內史未之官仍遷衡州平南府司馬平蠻有功
除東莞太守行廣州刺史尋除智武將軍監湘
州事

任環合肥人年十九試守靈溪令遷衡州司馬
都督王勇盡以州務屬環陳亡環勸勇據嶺外
立陳後輔之勇不從以地降隋環棄官去

唐

陸宰史失其名天寶間爲衡山令安史之亂天
子蒙塵陸獨於戎馬糜爛之日興建學宮作新
士子杜甫贈以詩有曰是以資雄才煥然立新
意又曰因見縣尹心根源舊宮閟

齊映瀛州高陽人貞元初貶夔州刺史徙衡州
韓昌黎合江亭詩有云邦君實王佐謂映也

呂溫字和淑河中人貞元進士以妄奏事貶道
州久之徙衡州治有善狀溫之卒也二州之人
哭者逾月湖南人重社飲酒是月上戊廢社會
哭於神所

平昌字孟公永泰間爲湖南觀察使治衡州惠
愛百姓人不忍稱其名

宋

歐陽讚字順達唐州人建隆初同其父摶領兵
萬五千人鎮安仁寇盜相戒不敢侵其境

魯維周乾德中通判衡州卒於官有遺愛民爲
立祠

張齊賢字師亮曹州人大祖幸西都齊賢以布

衣獻策太祖召之便坐令面陳其事齊賢以手
畫地條陳十策太祖歸語太宗曰他日可使爲
相及太宗朝擢進士欲置齊賢高第有司失於
掄選竟置下第上不悅特賜齊賢及第以大理
評事通判衡州時州鞫劫盜皆論死齊賢至活
其失入五人自荆渚至桂州水遞鋪夫數千戸
困於郵役衣食多不給齊賢奏減其半

高岳淳化三年以奉議郎知安仁縣愛民好士
戸口增益捐己俸徙縣治於香草坪父老立廟
祀之今稱高長官

李虛己大中祥符初知衡州以循良清白登上考上歎曰眞得良二千石矣

韓丕字大簡華州人太平興國中進士通判衡州聲名藉甚石熙載薦其文行擢著作佐郎

夏侯錫分宜人天禧二年進士任衡州司理參軍以善政聞遷吉州判官歷知南康興化軍

薛伯宣淳熙十三年知衡州朱子石鼓書院記稱部使者潘侯畤宋侯若水相繼修復書院衡守薛侯伯宣與運師林侯栗諸使者蘇侯詡管侯皆奉金齋割公田以佐其役

王亞夫天台人所至以表前哲爲先務景定間知衡州建先賢堂祀李昉等十六賢其治衡風淳俗美人皆賴其廉

尹穀字■叟又字務實長沙人以詞賦第進士調常德推官知崇陽縣甚廉正教授諸生雖有才思不謹者擯不齒諸生隆暑必盛服端居見之輒曰是必尹先生門人也晚入李庭芝制幕薦擢知衡州在潭城陷闔門自焚

劉沆吉州人以太常卿集賢校理知衡州政平訟理後官至宰相

魏瓘婺源人知衡山縣明吏事持法精審

蔣靜宜興人調安仁令俗好巫靜悉諭巫罪聚其所事淫像得三百軀毀而投之江

彭璟元佑中知常寧縣興學校教以禮義風俗丕變

向子忞字宣卿守衡州時大旱米斛萬五千錢子忞分遣幕僚糴於郴州平價發糶全活無算又發大胥奸贓官吏肅然衡人爲立生祠胡寅爲之記

王定民亳人元祐中知衡陽縣修葺學宇又爲

勸學頌以勉學者人傳誦之

孔平仲字義甫新喻人知衡州提舉董平劾其不推行常平法陷失官米之直六十萬置獄潭州平仲疏言米貯倉五年米陳不堪食若非乘民闕食隨宜泄之將爲棄物儻以爲非臣不敢逃罪

鄭行己紹聖中知耒陽縣精勤吏治剖決如流案無停牘人服其敏

江滋建安人元符二年知耒陽縣時學校久廢滋作詩勸諭大姓欣然從之生徒畢集獨先他

邑事聞進秩一等
余剛崇寧閒知耒陽縣毀淫祠誅巫覡民始駭
愕久更安之
周堯卿歷連衡二州司李参軍居官祿雖薄必
以周宗族朋友
王淦字淵道臨海人紹興中知衡陽縣賦浩訟
繁淦經畫有方每催科逐鄉置籍躬自點勘期
限不迫人戶樂輸推誠聽讞平反死獄十餘人
李保一之難鼓義兵賊輙奔遁歲饑殫心賑恤
民賴以全

王時升字潛仲紹興十八年知衡陽縣在官六
載始終以廉惠聞政多善狀擢守沅州
劉清之字子澄臨江人孝宗時差權發遣常州
政衡州衡自建炎軍興有所謂大軍月樁過湖
錢者歲送漕司無慮七八萬緡清之請於朝願
與總領所酌損補移漸圖蠲減不報嘗作諭民
書一編簡而易從非理之訟日以衰息念士風
未振每因月講復具酒肴以燕諸生相與輸情
論學來者日衆增築臨烝精舍居之清之初以
進士得官欲應博學宏詞科及見朱晦菴盡取
所習詞章焚之慨然志於義理之學與呂東萊
張廣漢書問往復而當世鉅公如江玉山李巽
巖皆敬慕之
陳傅良號止齋溫州人孝宗時差知桂陽軍教
民以孝弟婣睦蠲民宿負以例取盈者悉裁之
歲小旱即預出錢糴於旁郡置數倉以糶糶已
復糴循環不乏光宗即位除提舉湖南去之日
老稚遮送涕泣載路
舒邦佐字平叔靖安人進士調衡州司錄参軍
有茶陵州倪氏誣其長邦佐特以法治之

趙蕃玉山人始受學於劉清之清之守衡州乃
求監安仁贍軍酒庫因以卒業至衡而清之罷
蕃即乞辭從清之歸眞德秀書之國史曰蕃於
師友之際蓋如此肯負國乎
劉獮字去邪泰和人爲衡州司法賑荒決獄郡
人德之
傅夢泉建昌人紹熙中爲衡州教授善教人士
子歸之陸九淵亟稱之
邵武侯閎紹熙閒知常寧縣寬厚愛民平刑均
賦歲饑賑貸民全活者甚衆居官五年始終一

節民勒石頌德不忘

廖視寧宗時通判衡州治狀稱最攝永道二州剗去奸獘湖南經略許涇舉於朝稱其器質端方後家於衡

桂如淵知酃縣創建學校遺愛在民

李修己豐城人慶元中令衡陽有政聲當路交薦將名以哭故相趙汝愚入黨禁

楊宏中字充甫福州人進士嘉定八年夏旱上言時政出判衡州

范應銓字旂叟豐城人進士調衡州錄事政知崇仁治有善狀

李肅臨川人衡州教授善教士齋舍不能容闢武侯祠以居之

趙逢龍字應甫鄞縣人進士知衡州每至官有司例設供帳悉撤去日具蔬飯坐公署事至即決務從寬恕撫諭惻怛一以天理民彝爲言究心荒政以羨餘爲平糴本自常俸外一介不取

范至先至能兄也理宗時監衡州常平倉建諸葛武侯祠於石鼓山

楊文仲字時發彭山人知衡州運餉有法而民

不擾以所當得米八千石立施濟倉

黃應龍南城人寶佑中爲衡山令以古道自處節用愛人民甚安之

蕭佚景定間知耒陽縣有能聲著牧宰政術三卷遺世

王興字仁輿眞定人授衡州衛鎮撫開閫於安仁北門北營司撫綏兵民元兵掠境輿率兵力拒不屈死妻亦被害

穆演祖四川天彭人爲衡陽尉元將兀良哈解自雲南大理入廣南道其先鋒破永州衡守令聞之皆走時演祖戍石灣聞難馳入城收散亡以守俄而兀良哈解兵大至進駐青草灣欲絕湘夾攻演祖提兵江東岸楊林廟相拒七晝夜募死士沉所聚舟兀良哈解遁去城賴以完

元

趙宏偉甘陵人後徙潁川至元十七年衡州境羣盜恣掠宏偉計其地與屯田民既足食盜亦爲農郡遂寧謐

趙忠至正間令衡山政急所先南嶽書院圮壞竭力修復

劉燾孫至正末爲常寧州學正湖南陷常寧長吏棄城走奉印請燾孫爲城守城賴以完者一年外援俱絕城遂陷死之

王顯字彥達至正間爲安仁令政平事簡修清溪書院學校益振

史秉彝至正間衡州推官廉勤公正賑饑活民興庠序復侵田民甚德之

段翰晉寧人至正間爲酃縣主簿死於兵其子元誠抱翰敕牒至安仁殺賊有功

明

韋衡江南鳳陽人洪武初令安仁有惠政建治葺學置驛規模始定

陸伯良崇仁人洪武三年令衡山時百務草創凡官署壇壝祠廟皆伯良建造勞績特著

余鐸池州人初任安仁主簿時邑多流亡逋負鐸奏撥茶陵屯種割稅輸納境稍安集任滿當代父老數百人走闕下乞留還本縣知縣惠政益多擢山西潞州知州

徐煜洪武初知耒陽縣建縣治興學校凡壇壝倉庫鋪舍俱有成規

朱璣江南鳳陽人洪武初知酃縣設科條謹區畫朞年庶務具舉

高從訓洪武初通判衡州克平其政視民如子轉同知擢知府時庶事草昧從訓定章程創郡治興學校課耕桑恩信久而愈孚

梅用鼎浙江人洪武中令衡山美意良法民情愛戴秩滿保留郎擢知衡州府

仇存誠浙江臨海人永樂元年知耒陽縣清慎能幹存心愛民爲政井井有條

陳安福建人永樂間擢衡州知府持心正大歲

旱禱雨輒應時虎傷人安禱於城隍患遂息

胡諟蕪湖人永樂四年任酃縣令公勤廉惠賦役均平尋擢廣東僉事

胡暹當塗人永樂間令常寧潔己愛民陞江寧知府士民歌思

林靖岑溪人永樂間以鄉舉授衡陽令賦性剛決涖事勤敏葺署興學多所建置

史中德化人永樂中任衡州通判守法不避強勢擢知衡州府時有中貴人黷貨滿載中執以聞上特命戮之名振中外在郡九年陞陝西叅

政

方素易樂平人衡州府同知捕桂陽尚冦龍卯銘獲之有捕卒訴年老一子爲虎所噬素易爲文檄山神明日虎死道旁人咸異之

李塤進賢人宣德初令酃縣寬猛得宜政教畢舉立壇壝修學校建譙樓規制一新

黃美福字有德江西貴溪人宣德間以賢良方正任常寧縣丞廉勤有爲邑有疑獄輒爲裁決旣去民猶思之

趙忠大足人正統間知常寧縣重士恤民修古

城以資保障邑人德之

閻繼芳孟津人知常寧縣雅號廉能興學校清田賦士民德之

劉祥臨江人正統初任衡山教諭博學砥節以孝弟忠愛敎育諸生陞國子助教

鄒艮樂安人正統初知衡州府歲饑便宜發粟賑濟性鯁直不憚豪貴而撫小民以慈

沈廸正統六年令酃縣政尚廉明吏民畏服縣治頹敝廸新之

楊景修新淦人正統初衡山縣丞廉敏慈惠愛民如子陞松滋知縣尋陞知府

楊智初知宜都有政績正統十三年調任酃縣政尚寬簡民親愛之

翁世資莆田人正統壬戌進士以工部侍郎謫守衡州革夙弊變澆俗郡有疑獄旬日決之置便民倉修石鼓書院政教聿舉

張懋景泰間常寧訓導作興士類捐俸重建明倫堂

韓琁天順四年知酃縣留心民事賞罰均平學校橋梁次第建修廣貯穀以備荒歉九載以憂

去

鄭冕天順間以監察御史出知衡山縣政尚寬厚庶務畢舉陞本府知府

謝廷舉字國賓南海人成化十七年知衡陽縣首修文廟凡公署壇壝橋梁鋪舍頹敝者新之無者經畫建置

張自守四川內江人成化十八年任耒陽丞清逃絕軍戎八十戶剗除飛詭錢糧二百石聽斷明允有應答者輒泣下部使者特疏薦之陞常德府判

海輔河南上蔡人舉人衡州同知政務平恕民愛之後調眞定府同知

郃震貴溪人成化中由進士擢守衡州府政尚寬簡與民休息一切征輸徭役區畫均平將報政舟被風覆同舟溺者六人震得不死人以爲惠民之報

劉璣咸寧人成化辛丑進士知衡州府適歲饑疫作璣下車施藥賑救時靖王祐樘薨於衡閹人護喪還京方劉瑾用事閹人怙勢索船夫供億聲勢滋張璣先期辦集民亦歡趨蓋愛民之

效

鄢淮江西吉水人進士宏治二年任衡州同知爲人文雅蘊藉表音先哲有古人風尋擢溫州守

蘇源上海人宏治四年知酃縣詢察民隱殷然如家人父子嘗自署一聯云卧理優游與民樂居心嚴密有天知

王鵬祥符人成化辛卯舉人宏治中守衡州下車首詢民隱以洗冤澤物爲任郡獄淹繫六百餘人眞重典者數十鵬悉爲讞定多所平反狴犴幾空時廣西土官岑濬叛征勦土兵過衡需餉鵬咄嗟立辦禁土兵不得入城作浮橋以濟後乞休歸著有洗冤錄

陳善江西弋陽人進士宏治間知安仁縣嚴於治盜境內寧息作養士類多所成就嘗以編戶逃亡重役累民奏減十五里爲七里

徐政濱州人舉人　治七年知耒陽縣政尚嚴明植弱鋤强尤愼於庶獄累官至僉事

葉夢淇崑山人正德間知衡州府廉能公正治民如治家惟玩法怙終者不貸卒於官僚屬助

其喪歸閩郡悲之

韓宗堯字希中廣東番禺人舉人知安仁縣輕徭緩賦民不知勞値徭賊破縣帥兵出禦被執不屈驅之去以大義諭賊賊不敢加害越五日邑民相率贖歸乃相址砌城爲扞禦計未就以不徇乎衆棄官去將直指其門人也檄郡追畱不返

林允宗莆田人進士嘉靖初擢知衡州府凡所設施民甚便之會征苗寇調郡兵允宗選健卒三千人芻糧器械悉備苗平以全軍歸

蔡汝楠德清人嘉靖壬辰進士知衡州府時衡政多廢弛汝楠以經術醞釀之不務聲名惟以廉白長厚持大體民甚安之朔望數進父老於庭與之揖讓問民疾苦復飭石鼓書院與諸生弦誦其中士風聿振

舒化江西臨川人嘉靖間以進士任衡州司理性明察遇事劃然而解獄無冤民

王生賢廬陵人嘉靖間由鄉舉知安仁縣以廉明著聞時獻后祔葬興陵生賢以才能應名赴襄人事肅廟巡幸興都復蒙名見亦一時寵遇

云

易宗周嘉靖二年知酃縣建炎陵聖容殿標勝表微修邑志得載筆體

沈藎字德臣浙江會稽人舉人嘉靖三年任衡州通判有聲善大書適勁有致舊郡署額皆其手書

彭簪號石屋江西安福人舉人嘉靖間令衡山研窮理學恬淡寡欲與羅念菴唐荊川相友善其治以育人材正風俗恤貧弱爲務不深文小苛而庶務自理在任九年遷常州府別駕去之日士民泣送不忍釋常著衡嶽志

王守文字汝學浙江餘姚人知安仁縣少從學於伯兄陽明先生之門諳習吏事勸農興學凡公署津梁俱留心修葺

李宗暘臨桂人舉人嘉靖七年知耒陽縣苦節恤民以內艱歸行李蕭然邑老幼資送者盈於道

周鎬號勿齋浙江鄞縣人嘉靖十二年知安仁縣惠民重士修學校置舖舍尋遷知州有去思碑

羅虎鳳陽人衡州衛指揮僉事洪武五年開設衡所增築城池建置軍營諸所經畫虎力爲多

陳用高安人任衡州教授在任立科條嚴課試集諸生宿號舍每日背所誦書五日輪講經義士多所造就逾年卒於官

郭艮泌陽舉人任通判操持廉介甚得民心

趙哲江西餘干舉人成化間同知郡事有聲擢浙江運同知

何珣字廷瑞河南羅山進士十四年任衡州府石鼓書院元末燬永樂開知府史中始圖修復

又更兵巡沈慶知府翁世資相繼營度歷卯治
初珣來守乃克就理又因前守徐孚倡修府學
工未竣以疾歸珣益修拓之
鄧旻靖州人宏治末以都指揮調州守備政兼
寬嚴軍民賴之
陳鳳梧號靜菴泰和人宏治丙辰進士正德六
年任上湖南道時流冦刼掠南贑鳳梧檄弁提
兵交界以備所全詢民疾苦暇則名諸生論文
督武士校藝郡中頌曰詞華宋玉號令絳侯後
歷官都憲

劉毅東莞人正德中教授重義輕財以身爲教
士之貧者輙捐俸周之時多以名節自厲恐負
劉先生云
劉交仁號涵江福建漳浦人正德甲戌進士由
禮部郎中遷知黄州府丁母艱嘉靖六年起復
知衡州府王愼中撰墓表云衡州在山谷深奥
處田野僥足郡中嘗暇因習爲偷公設約束布
條教起民之瘵衡置南嶽之下顧未嘗一遊雖
在郡日少恩施未洽而精采有加焉以才調廣
州終河南左參政

李循義字時行號六峰浙江鄞縣進士嘉靖十
六年任知府修復雁峰望嶽亭郡人劉黻爲記
稱循義廉有惠政
黄鍪字利用四川榮縣人舉人嘉靖十二年知
耒陽縣修城垣與社學兩膺卓薦入覲行李蕭
然不科民間絲粟尋乞歸
高祉嘉靖十四年知酃縣以清潔自勵抑强扶
弱輕徭薄賦百姓安之擢太僕丞
陳文祿號中津浙江臨海人嘉靖二十年爲耒
陽教諭始至見學宮逼近城亟圖遷改工未竣

以内艱歸猶留詩以風後人士林偉之
李初江西餘干人舉人嘉靖二十九年任衡州
通判公廉有威吏胥憚之時郡守蔡白石雅尚
文教初協贊爲多士類豫附
馬宣字仁甫四川銅梁人嘉靖二十九年由選
貢知耒陽縣以吏事見知於知府蔡汝楠政績
特著
徐楠宣城人舉人知耒陽縣縣多陋規收糧費
尤不貲楠首禁之教民種植民獲其利遷揚州
同知

楊儲字元秀號毅齋江西廬陵人舉人嘉靖二十九年任衡州推官丰儀峻整寡言笑折節甘貧嘗種園蔬糞馬矢以自給官舍蕭然若逆旅折獄一本平恕民無寃抑者郡人呼爲楊青天後陞御史終雲南按察司副使茅坤爲作神道碑

胡安字仁夫號樂山浙江餘姚人嘉靖三十六年以職方郎知衡州府爲民恤災除患惟恐弗及以興起斯文爲己任政暇與士子揚搉經義擇士之秀者於石鼓書院月課之繼蔡汝楠之後士爲之歌曰前有白石後有樂山

張襄廣西桂林人舉人嘉靖四十五年知衡陽縣性豪宕不拘小節爲政務持大體衡俗多僕訐王襄痛懲其獘各分肅然

蘇偉號遠齋雲南太和人嘉靖四十五年知耒陽縣涖任七月節費愛民請歲支羨餘改建學宮以內艱去民思之

尹鳴商字聘伊號莘野浙江烏程人嘉靖間知安仁縣公慎平恕吏不敢欺減差徭置義倉士民懷其德

陳應魁號文垣江西清江人任安仁五載爲政不事煩苛陞慶遠同知士民流涕

梁希賢四川江津人嘉靖間知安仁縣涖任之初訪察利獘革加耗修學宮遇旱祈禱甘澍隨應

袁逵福建閩縣人嘉靖間由鄉舉任安仁縣爲政嚴肅邑素多盜逵躬自踪跡擿發如神歲餘奸宄斂迹

周希尹廣西宜山人隆慶初以鄉舉授衡山教諭擢衡陽令邑於湖南號衝劇希尹隨事應機不煩而集吏胥立堂下非奉呼名無敢近案者

政聲大著在任五年陞廣州同知

劉太和字介川四川嘉定人隆慶二年知耒陽縣前令議改學未竟太和與諸生謀相地飭材遷學宮於城南士類翕然從之

毛彬隆慶五年由蒲圻調知衡山縣於儀門外立石自矢歷官四載清若冰壺後陞姚安知府過衡民猶戀之

趙世卿字象賢號南渚山東歷城人隆慶六年司理衡州在任五載顧惜名節淡泊雅素猶然

布衣也馭下嚴密小不法卽痛繩之獄無大小必得其情法所當行卽要路豪家不少貸民有寃立雪之

艾可久字原誠號恒所上海人進士隆慶辛未以御史知衡州風度凝遠望之若神喜愠不形於色人莫窺其際吏治精覈如設權衡所屬自長吏而下無不兢兢奉法者庭無廢事民有蓋藏

蕭棟字春槐廣西宣化人舉人萬歷元年任衡州通判甚有廉名士民戴之尋遷雲南阿彌州

牧

陶敬圖號吳山萬歷元年知常寧縣修建城垣公署橋梁有政聲

吳之鵬字汝南號翼雲萬歷六年司理衡州丰儀魁傑折獄情與法麗當路有大獄輒屬鵬爲理兩造稱平

馮轍號少濱四川遂寧人萬歷七年知耒陽縣釐奸弊杜包侵凡丈田攤糧經畫不差民安其政

賴霖字利潤福建永定人萬歷八年知安仁縣

性慈惠銳意興華清丈田畝去浮糧八百石民咸德之

黃齊賢字士思號玉梁浙江山陰人進士萬歷九年任衡州推官風裁凝峻操履翛然馭左右如束濕折庶獄如懸衡吏民憚之在官六年遷刑部主事

丁旦字惟寅南直隸池州人萬歷十二年由歲貢任衡州府通判設義倉修社學其他剔弊釐奸諸務靡不具舉卒於官至貧無以殮衡人悲之

王立賢字鑑華山西太原人進士萬歷十四年知耒陽縣持法甚嚴而志存保赤未期年調任長安後奉命撈楚士民伏謁如見慈母立生祠於南城祀之

何仕冢字純弼廣東人知衡山縣治尚寬仁嘗書王龜齡暗室銘泛觀萬物心則惟一何如須臾有欺暗室君子敬義不忘慄慄六語於卧內以自觀省

劉明簡萬歷十七年知衡山縣政治明敏精練徵輸錢糧設立正管以杜侵漁禁民間服黃藤

毒草自經拔誣諸弊芟除積蠹作養人材歷錦
衣衞經歷
袁文修字敬元廣西平樂人萬歷二十一年知
耒陽縣值歲旱多方賑卹有諸生負奇寃力剖
之
潘甲第廣西新安人萬歷二十四年知耒陽縣
爲人樸誠真率不立崖岸民有逋負官錢者親
勸諭之煦煦嫗嫗宛如家人父子及解綬歸里
時猶以耒邑役繁賦重力爲上官陳之人稱潘
父云

謝之藩字价甫四川威州人萬歷二十五年由
選貢知安仁縣才猷練達善決獄案無留牘民
仰戴之
莊祖詔蜀人萬歷二十六年知常寧縣革里甲
舊規禁行戶侵漁修學宮造橋梁尋以內艱去
任邑人思之
唐汝修號純一廣西興業人萬歷三十七年知
耒陽縣時積寇爲患民重困汝修力治之始獲
安堵並陳京兌之苦請於大府行改折民困頓
甦

劉自省濟南陽信人萬歷四十二年知常寧縣
潔己愛民卒於官民懷其惠爲之行哭罷市
吳一驥號繩所江南蕪湖人萬歷四十七年知
耒陽縣操守冰清獄訟無寃抑
樊來聘江西進賢人萬歷末知常寧縣政尚寬
易居官六載陞武岡知州去之日扳轅祖道者
百里不絕
田典吳思南人萬歷間爲衡陽縣丞居官廉靜
惟一子一僕饘食皆粗惡嘗奉檄勘災自攜供
具往倦則蔭樹下不入民舍遂中暍死民皆爲
流涕

朱學忠萬歷末知耒陽縣嘗錄囚見獄舍卑隘
重犯與輕犯同居囚多疾疫學忠遷賓館於儀
門之左即以其地擴圍土十餘間別處輕犯其
中諸所需竈厠寢舍一一整潔故獄亦如之囚
得無疫死者
李壽河源人進士萬歷中知衡州府力行節儉
嘗取四大禮度民所能行者輯爲簡儀叉手書
司馬溫公訓儉刊示民開政暇集青衿之秀者
講肄郡齋與之對食粗糲以身示敎閭里惡少

皆審疏其姓名奸狀事發歷數之人皆驚駭若
神官至巡撫

鄧以誥江西南昌人嘉靖甲午舉人萬歷中由戶部郎中出守衡州裁減驛傳省南漕運費數萬緡黃尚礦徒不靖誥親諭之即時解散

劉春惠安人萬歷丁未進士由屯田司郎中出爲衡州守疏通錢法民皆稱便前守胡安常絕湘造浮梁以通行者歲久就壞春捐家貲二千餘兩復修之

劉恒嘉興人萬歷間由歲貢知衡山縣衡田多影占詭寄恒請清丈而豪民率以爲不便恒持

之益力在任六年卒均田賦貧弱賴之

鄧國材橫州人萬歷間知衡山縣廉明愷悌刊聖諭直解以教民立文昌書院以造士勸農桑捐義冢又采形家言建觀湘塔爲縣文峰

王寅賓福建龍溪人萬歷中知衡山縣加意學校勤恤民隱條議撤黃堡驛馬歸縣徑遞湘潭邑人賴之

吳世忠南城人萬歷中知酃縣嘗著爲學須知一書以訓多士壬子大水田畝漂沒世忠申於

憲府力請蠲卹

楊應震陝西華陰人由鄉舉歷任衡州守持己廉介人以爲有關西家法勸民親睦訟庭蕭寂尋乞歸養母去之日敝笥羸馬居然寒士郡人號泣追送擁馬首不得前

康濟衡州千戶嘉靖三十二年討李萬琦戰死

孫鉞千戶與康濟討寇死

羅應時雲南舉人嘉靖三十六年任通判安靜不擾遷長史

鄒崑吳縣舉人嘉靖四十一年任理刑善聽斷

公庭肅然未幾卒官

管大勳號慕雲鄞縣人嘉靖乙丑進士萬歷九年任兵巡道奉敕視上湖南學政品藻公明士心悅服輯蒙引淺說存疑爲四書三說以訓士又闢南嶽水道癸未遷廣西參政去之日士民相率建生祠於學宮以繫去思歐陽穫爲之記

張湖長沙縣貢生任教授博學尚氣節於士多所裨益時共欽仰之

羅夢暘雲南劍川貢生任教授有學識尤不苟取與士心悅服歸休之日士泣餞不忍捨之而

去
龔天與臨湘人任府學訓導甚有文名士子多
宗其教
吳宗煒字生白海塩人萬曆四十一年由進士
任兵巡道興文學寬徭役遷修亭隧多有善政
後官至刑部尚書
周士昌四川人初任衡陽縣學博中萬歷庚戌
進士天啓年間歷衡永兵備使捐俸課士每月
兩試手定甲乙值歲歉收鳩形載路設廠施粥
委幕官賑之每親臨眎迨西成廼止全活以萬

計其道閒流殍查驗買棺以瘞衡之父老至今
德之
李嵩字景峯東鹿人天啓壬戌進士崇禎八年
由甘肅巡按御史任兵巡副使平臨藍盜劉新
宇等以功加參政後丁憂去之日民爲罷市送
者塞路
郭九有江南淮安貢生崇禎九年通判時臨藍
寇亂九有督糧進勦
閔師孔本泰州人祖宣成化中調衡州同知崇
禎十年師孔與桂臨流賊逆戰陣亡

羅安邦崇禎十一年衡州總兵
嚴起恒號秋冶崇禎辛未進士十六年由廣州
府知府陞上湖南分守道兼署巡道事攝布政
使司駐衡州時值軍興師環於境悍鎮驕兵動
呼庚癸脫巾攘臂旦夕變生起恒處以鎮靜置
局鼓鑄以佐軍儲尤於倥偬之際嘉意文教開
立楚闈拾掞士類撫綏安集民甚賴之
王上庸十六年湖南兵巡道中軍
周嶽南直望江人洪武初知衡陽縣縣學元末
燬於兵嶽即舊址重建府志稱其政教兼舉後

轉梧州知府
聶遜衡陽縣志逸其履歷府志並逸其名然巳
入王名宦嘗考捐置學塘貨遜貽澤當時春秋
祀典祝文曰維公滇南豪傑司訓衡湘捐貲置
產貽澤無疆則公官訓導爲雲南人可知
吳之瓚貴州人天啓初知衡山縣方受事道府
差紛集縣庭將有所脇以求之瓚單馬之郡大
言曰上臺之課邑吏不過催科與訟牘耳縣官
奉行不力報解失期當見叅罷紛紛差人徒擾
窮民無庸也邑俗多服毒誣賴之瓚令凡告人

命者取屍格使自塡於狀紙鞫時不實輙論反坐自是人無敢欺者

莊大化雲南霑益州人天啓中知酃縣性淸介不妄取民一錢衙齋淸冷晨炊或者不繼六載考滿貧不能治歸裝士民醵金贈行力却之

李日新號懷左廣東饒平人崇正元年知耒陽縣修城建學歷任九載諸弊悉剔及歸士民皆號泣送

任永欽崇正七年知酃縣下車軫民疾苦邑賦計畝起科較他邑獨數倍地瘠賦重民不能堪

永欽著困窮途說力請於上求蘇罷民以疾卒於官

董其英字寧木廣西長山人崇正七年知衡山縣嘗書一靜字於門內每出必冠帶立其下有頃而後視事終日危坐無疾言惰容摘隱發奸洞如觀火豪猾斂跡治衡凡四年人未嘗見其笑

范景伊浙江錢塘人舉人崇正九年任衡州通判時臨藍寇熾景伊籌畫進討功畧居多賊平卒於官

薛之奇陝西延長人由恩貢任衡州府倅革漕白二糧陋規攝常寧郴州宜章三篆剔弊釐奸民有到處靑天之謠

張標崇正間爲酃縣教諭性剛直不阿繩弟子以禮法人多憚之建文昌閣於明倫堂之右列房舍以待肄業者

張鵬翼西充人崇正中知衡陽縣張獻忠來攻諸司皆委城去鵬翼獨守空城執賊中偵者數人斃之亂稍定飛檄請援吏役持檄散去賊至脅之降不屈大罵賊縛而投之江妻子俱赴水死

董我前富順人崇正中知衡山縣歲祲爲民祈雨暴行烈日中經旬不懈時雨洊至及獻賊寇衡山城陷同教諭分宜彭允中同抗節死

張恂字二果廣東東莞人舉人崇正間任衡州同知廉明嚴肅撫綏善良嘗攝府篆一日摘發奸蠹數十人士民稱快丁丑戊寅間臨桂寇起舉兵殲之嗣有旨於衡置嘉禾縣於永置新田縣以恂總攝兩縣事城垣縣署學宮皆恂次第建立

彭允中江西分宜人崇正壬午任衡山教諭敦樸寡言動作合度癸未獻賊將至衡山居民竄避允中與一老僕閉署以待賊至破署門拽允中出欲降之允中不言時僞知縣夏雲謂之曰教官有何名節而倔彊如此允中曰惟爲教官故不可降教官士子之師教官降何以表率士子夏雲亦教官也中其忌慙甚嗾賊殺之

本朝

王鸞冲長垣人順治己亥進士知衡陽縣有流逋荒賦七千餘石土著者歲爲償納坐是積困

鸞冲請於郡守張奇勛申愬督撫具題豁免得

奉

俞旨於是下招徠之令親行阡陌勸農課耕衡人至

今思之

張芳江南句容人知常寧縣涖政八載清操始終如一催科無額外之徵課士於桃花洲書院中親拔高下一時人文彬彬可觀

王仕雲歙縣人順治壬辰進士授衡州推官時流民逋賦皆坐見戶輸官連引逮繫仕雲出民遮訴之大書揭示曰欠糧有本戶催徵有常法

聖主愛民養士長吏當仰承德意何忍執不逋之平人完無名之濫賦即日清釋之廉縣蠹吏藉爲奸利者杖而械諸市中士民始安堵懸鉦於門訴冤者擊之懲勢官家僕之尤橫者以裁鈌去職合郡歌思

何讓字孟揖興國州人任衡山教諭溫恭醇雅貌如不勝衣而毅然有守與諸生言不及利暇則閉戶讀書時與諸生把酒論文竟日不倦後以學使檄至湘潭一夕無疾而卒諸生爲之流涕

陳瑞營山人順治辛卯舉人知耒陽縣以賢能清慎著耒人祠祀之

李光綸順治間酃縣教諭值兵燹後學宮鞠爲茂草光綸謀於邑令李朝事重建文廟戟門兩廡及明倫堂啓聖祠皆新之

屈成品字叔立陝西蒲城人順治初由拔貢知耒陽縣爲政持大體丰骨稜稜不可干以私清錢糧懲猾胥案無留牘去之日士民泣送

李長祚南豐人康熙甲戌進士知衡山縣衡地當湖嶺之衝雜費浮於正供長祚請廢甲編區

以均平賦役撫臣趙申喬稱善並下其法於他守令倣行之

朱士傑字邁衆號亶菴奉天廩生康熙十八年由御史任衡永郴道時滇寇初平民未寧揹士傑還定安集得復田廬勦捕餘氛邊塞綏靖豁荒賦除浮糧積逋悉清修衡州府及衡陽衡山各學捐俸製祭器葺石鼓書院濬城濠復郡南煙雨池

張奇勛號松公榮陽人由恩貢初任福建松溪知縣擧卓異歷陞衡州知府愷悌慈諒恩甚於

威捐建石鼓學舍聚士之秀者親課其中衡屬累荒糧奇勛力懇疏免纂修郡志親加蒐討卒於任士民咸悲悼

姚克欽山西夏縣人康熙丙辰進士知衡陽縣縣當科派疊加里甲復有軟擡名目豪僧踰額浮派以結長吏懽克欽歎曰民困如此吾不能御憲檄以甘譴戾尚忍因以爲利乎乃令民自輸納凡額外者悉蠲之在任四年以内艱去邑民攀車號泣

張壽崗字鶴峰陝西人進士康熙三十七年由庶吉士散館改授衡山令性慈祥木卒蒲鞭以治喜吟咏所至多賦詩與諸士贈答視事未幾忽罷去民皆感泣

鄭經四川貢生順治四年任知府時衡郡新附經惠保殘黎御下廉而有威歸不能治裝乃止於漢陽訓讀

張兆羆字宜男漢中貢生順治六年任巡道時兵燹之餘民多死徙田廬荒廢兆羆爲各屬申報荒蕪田糧衡陽一邑二萬石有奇民寬於征徭始獲蘇息九年衡郡再罹兵火東鄉百里喪

家流播鳴吠俱絕兆羆爲招卹捐俸糶米於城南太平寺復煮粥賑飢枵腹就食日數千病則命醫藥之藉以再生者無慮萬人至於簠簋之飾案牘之簡猶近古所不多見去任後口碑藉藉如一日

趙廷標字叔文錢塘選貢順治七年任同知樂易愷悌接士以禮御民以慈時經喪亂民間田半榛蕪廷標攝府事申請蠲荒衡人賴以復蘇九年郡大飢廷標同巡道張兆羆賑粥全活甚衆尋陞守道移雲南廣東丁艱補湖南驛鹽道

每行部至衡父老子弟舉手加額曰三十年慈母至矣忻喜羅拜車下廷標夆帷慰勞有若家人其慈惠在民久而彌篤如此

孫進順治九年二司把總平李定國之亂恢復衡州陣亡

胡允江南句容進士順治十七年由知府陞巡道丰裁峻整有冰蘖聲誅除奸蠹犛小重足在任一年卒舉襯之日笥篋蕭然

史必璒山西盂縣貢生康熙元年由部員陞巡道與胡允先後議捐修復縣學

張仕可丹徒人康熙丙辰進士四十一年分守衡永郴道甞按行所部郡守具酒筵迎界上峻郤之或謂此近於矯笑而不荅其後郡守以贓敗度罪不可脫出其所籍記餽遺人數上之巡撫趙申喬檄仕可鞫其贓欵會屬吏皆進見謂之曰衡永道我之鄉人今鞫一郡守不屬他人專以屬張諸君得毋疑我私乎因舉籍記示之獨仕可無染皆愧服捨撫紅苗頗有勞績撫臣特疏薦尋卒於官

葛亮臣字黼皇河南商邱人康熙丙戌進士令衡山下車承懺清釐民田先是前令李長祚定廢甲編區法止以熟田著爲籍而荒戶之懸掛舊籍者無所歸著或有家無寸土而虛糧貽累推諉互訐訖莫能剖亮臣履畝清丈一洗包賠欺隱諸弊喜造士設義館二每月必兩課文風特振諸葺城修橋編邑乘邑之廢者畢舉

王大經字仲緯孝感人任衡山教諭以古道與諸生相砥勵士林佩之廟署左隙地爲書室日坐其中有所叩發輒亹亹不倦遷本府教授歷江南蒙城令

劉子沛字子符陝西蒲城人進士康熙八年知耒陽縣涖任即革管庫花紅及南漕開倉陋規聽斷如流無或宛抑分俸備荒民尤賴之

顧奕芬字懿兹江南長洲人康熙二年知常寧縣值大兵凱旋軍需孔亟奕芬催科撫字民賴不困尤加意造士歷歲科童子試所拔皆得人在任十六年民愛之若慈父

楊明錦字御蕃天津人康熙二十二年任衡協都司二十四年衡陽衡山旱自三月廿旬至六月不雨官民皇皇明錦詣南嶽冒險深入黑龍

潭巖竇開取水驚龍足傷嘌慄幾無人色甫出潭口大雨躡至越三晝夜乃止兩縣復書大有詳周士儀楊參戎禱雨圖記又形家言廻雁峰爲火星正對郡南城門向少樹木郡苦回祿明錦躬率共弁繞山種樹晝夜守護經歷數月遂成青翠火災漸息郡人至今與禱雨事共德公爲能救民水火學博黃五美有楊公雁峯種樹碑記

董廷恩鑲黃旗漢軍廕生康熙二十二年守道勦滅土寇陳丹書

余天溥字博也號西崖江南上元貢生順治間任衡陽縣督修石鼓書院衡陽遭兵燹後荒蕪田糧二萬餘石先經兵巡張申報豁免是年兵巡彭每石坐民輸銀三分之一天溥不欲累民爭之弗得不肯署狀由是相忤遂投劾去

韓穆字德輿浙江紹興人康熙十九年知安仁縣賙心民莫未幾丁艱猶捐修文廟賑救饑民邑人德之

韓德鴻字遠羽浙江歸安人衡州同知署安仁縣事招撫流離詳豁新荒人懷其惠

張翼字扶九山西人進士雍正二年知衡山縣居官廉潔悉除陋規以抗直被議方解任即晨炊不繼猶虧帑項數百金士民爭爲補償去之日士民焚香泣送

馮如雷廣東順德人康熙壬午舉人任衡陽知縣仁恕無私士民安之以公欠罣誤云

羅大材漢陽貢生康熙間衡陽訓導好學不倦方正有師範

附武功

漢

張隆桂陽太守王莽兵起效死禦之城得以全至建武二年以功封列侯

度尚荊州刺史桓帝延熹七年桂陽宿賊卜陽潘鴻等爲亂尚欲擊之而士卒驕富莫有鬬志乃宣言陽等作賊十年習于攻戰今兵少未易可進須諸郡所發悉至乃並力攻之申令軍中恣其射獵兵士喜悅大小畢出尚使客潛焚其營珍積皆盡獵者還莫不涕泣尚曰卜陽等財

貨足富數世卿等不并力耳衆咸憤踴度令秣馬蓐食明旦徑赴賊營吏士乘銳遂破平之次年桂陽賊胡蘭等再亂太守任允棄城遁復詔尚討之斬蘭等首三千餘級尚以功封石鄉侯遷桂陽太守

孫堅字文臺靈帝時長沙賊區星自稱將軍衆萬餘攻圍城邑乃以堅爲長沙太守到郡親帥將士施設方畧旬月之閒尅破星等又周朝郭石起于桂陽零陵與星相應堅越郡尋討三郡肅然朝廷錄功封烏程侯

後梁後晉

馬殷朱溫開平四年辰州蠻酋宋鄴寇湘鄉潊州蠻酋潘全盛寇武岡楚王殷遣昭州刺史呂師周將衡山兵五千討平之　晉天福四年黔南巡內溪州刺史彭士愁引奬錦州蠻寇辰澧州楚王馬希範命左靜江指揮使劉勍決勝指揮使廖匡齊帥衡山兵五千討降之再請兵燹

宋

歐陽讚唐末授上將軍宋建隆初領兵萬五千人鎮安仁塲寇盜不敢侵民賴以安

曹彥約字簡甫都昌人淳熙八年進士嘉定中湖南盜羅世傳李元勵李新等相繼竊發桂陽安仁皆破壞地千里莽爲盜區彥約宣撫荊湖督諸軍逼賊巢而屯擊破李新于鄙洣新中創死衆推李如松爲首如松降遂復桂陽世傳素與元勵有隙請審圖元勵以自效彥約付以賞格予錢萬緡犒其師世傳遂擒元勵餘黨悉平

元

沈濟才字幹甫祖芑爲安仁尉才有智勇至元丁丑兵亂贊芑捍禦相楊梅山可以避賊鳩石

立寨積糧設備率民聚居賊不能犯今寨址猶存

阿都赤見忠節傳

鄧邦至正間賊至耒陽境燒燬民舍幾盡邦率鄉人會耒陽知州李伯顏攻之賊奔散事聞除管軍元帥明洪武初調征廣西有功予世襲錦衣衛鎮撫

陳均義臨武人沉毅有勇至正初崗寇亂義名募兵丁千餘隨叅政哈剌帖木兒收捕之以功授武德將軍明洪武初率所部請降

陳舜隆臨武人至正間紅巾賊起隆出貲募兵撲殺之克復縣治以功進武毅將軍

陳淵伯藍山人號虎都至正間縣亂失主推淵伯守之民賴以安十六年中書省檄授湖南宣慰司副都元帥洪武初歸附授長沙衛指揮

鄧定邦耒陽人至元間賊攻耒焚燬幾盡邦率鄉人擊之賊始奔逸上嘉其能除管軍元帥

王汝榮衡陽人字榮卿行萬十三郎慷慨有大志不羈至正間屬紅兵寇郡邑吏不能治榮受元令爲萬戶侯督義兵萬人守禦栢坊諸要害羣盜皆悚讋莫敢入境民以寧活

明

楊璟合肥人少沉毅好武畧元末兵起璟聚衆保鄉里太祖平陳友諒命爲湖廣行省叅政奉命帥師討江陵撫輯軍民又復寧鄉辰州澧州諸叛擢湖廣行省平章階榮祿大夫率兵取廣西洪武元年克永州調衡州衛指揮

侯安平鄉人元末兵亂安自稱萬戶元帥置府于安仁之杉坊統攝鄉兵立寨賊至登寨以避賊退出寨耕種二十餘年民賴全活常三援茶陵豸寇拔城擒滅永興醴陵鄰邑及江西永新賊寇洪武初歸附授四川茂州衛指揮同知其裔一授甘州衛鎮撫一授通州衛百戶安姪伯善尤勇毅以功授忠州鎮撫今安仁侯姓皆其後也

龎虎鳳陽人衡州衛指揮僉事洪武五開設衛所增築城池建置學營諸所經畫虎之功居多

柴正湖廣都指揮天順八年廣寇陷桂陽州城大肆殺掠正聞自靖州晝夜兼行七日追至順頭嶺大破之時俘獲者甚衆多賴全返繼宇衛

桂陽嘗創州學文廟櫺星門雅好文事士類稱之

路寬正德時知臨武縣猺獞來寇會城工未竣寬魁期完繕旬日告成募壯士江總等二百餘人結營南嶺下哨報孑士皆四出就饟其在營者半賊擁衆數千猝至衆皆以多寡不敵爲疑寬曰此地阻險雖有衆百萬無所用也因其未陣破之可以得志遂麾其衆以進賊果亂遂殲之

鄧旻見忠節傳

李璋道州人以都指揮守備郴桂時尚猺猖獗璋銳志征勦所向風靡邊徼寧謐

康濟孫鉞告千戶精于技擊嘉靖三十二年巨寇李萬琦剽掠慕化永福等鄉兵道齊過檄二人捕之遇于險隘賊伏發濟戰死鉞脫歸亦死孫承祖幼而驍勇與弟繼祖能馬上運槊捷疾如飛父鉞死于戰承祖襲會大州寇發兵道張□功議勦之以承祖爲前鋒事起倉卒所從皆鄉兵白挺鈍戈行無紀律賊猝至承祖挾長矛徑前連刺七賊賊大奔承祖方追之而鄉兵無一人前者承祖方下鞍割七賊首賊黨覘其勢孤復圍之承祖力戰再刃二賊退入泥淖中遂死于衆鋒之下

歐陽化歐陽達二人兄弟也達安仁庠生嘉靖四十五年大洲盜復熾分巡道李懋化兄弟協集家丁刻期勦除有功事聞都御史谷賫賞獎云兵既無損糧又不廢地方賴以安息盜賊聞風知懼與邑人何用表同賜額旌曰効忠

李嵩崇禎十年臨桂賊渠劉新宇等聚衆剽掠湘潭瀏陽等縣將窺衡城公時爲監司率師剿除事詳秩官志

國朝

徐大衡武昌人順治十七年防守桂陽州有稱秀義將軍黃繼忠周文標等踞九嶷諸峒爲亂衡單騎諭降之獲其敕印次年妖人吳賓寰復聚衆倡亂衡破擒之械送處決州賴以安

田勇字冠夫陝西華昌人康熙二年以協鎮千總充桂陽州防守會賊劉伯通蕭朝貴等犯城勇出拒之與賊遇馬被傷易馬以進當獲渠魁藏之賊大奔遂進平臨江峒襲其巢穴賊始

解散州守張之懋贈以冠夫說刻諸石又于易
馬處立亭旌之題曰悼驂

衡州府志卷之二十三

知衡州府事豐城饒佺重編

選舉一

舜選於衆爰肇選舉造士進士興隆天府漢辟賢良孝廉並取脩唐以來貢格式叙我

朝取士趍越千古翳惟吾衡岳峰湘浦靈淑所鍾英彥踵武會際風雲慶洽連茹

進士

唐

曹松 衡陽人校書郎

拔野古 耒陽人賜姓李改名君防廣州刺史贈南亭王

馬逵 安仁人

宋

鄭向 衡陽人龍圖閣學士

鄭平 衡陽人秘書郎

鄭本 衡陽人

鄭革 衡陽人

鄭總 衡陽人

陳子瑕 衡山人祭酒贈上柱國光祿大夫

廖偁 衡山人

侯有章 衡山人杜林縣丞

侯詢 衡山人秘書著作郎

侯天經 衡山人新會知縣

侯雍 衡山人棲縣知縣

廖正一 衡山人端明學士知常州

侯敌 衡山人石首知縣

侯延年 衡山人荊南湖北鈐轄使

廖剛 衡山人工部尚書

侯延老 衡山人刑部郎中

侯延慶 衡山人朝奉大夫

趙世德 衡山人

趙方 衡山人徽猷閣學士

趙璠 衡山人

羅廷忠 耒陽人叅知政事

李芮 耒陽人太常丞

曹稌 耒陽人潭州司録叅軍

李仁俊 耒陽人

曹洪 耒陽人永興令

羅諤 耒陽人著作郎

王國士 耒陽人

李仕賢耒陽人

陳秀舉耒陽人

龔蓋卿常寧人

曹璘常寧人

譚舜廷常寧人

周孝先常寧人

葉榮常寧人

郭雷常寧人

李圖常寧人

許玠常寧人

龍待問常寧人

趙思齊常寧人

楊直夫常寧人

區宋常寧人

湯希顔常寧人

江朝宗常寧人

許燦常寧人

劉肇常寧人

譚守廷常寧人

白公皐常寧人

魯卓常寧人

蕭九疇常寧人

蕭九叙常寧人

蕭九鼎常寧人

王居仁常寧人

陳禧常寧人

夏孝廣常寧人著作郎

沈公權安仁人

谷椿安仁人

沈公綽安仁人

黃輿權安仁人

鄒譚安仁人

陳邦慶安仁人

秦璽安仁人

鄒宗孟安仁人

劉夢應安仁人朝奉郎

羅雷春安仁人

曹鵬舉安仁人

陳億孫安仁人叅議

李龍金安仁人從事郎

陳庚雷安仁人
劉應祥安仁人
詹貴應安仁人
黃應桂安仁人
陳陞酃縣人同知
陳正卿酃縣人知縣

元

曾應申衡陽人永州府教授
曾紹鑑衡陽人楊州府知府
何克明狀元衡山人國子監丞

谷岳生耒陽人給事中
周錦繡耒陽人成都太守
阮興耒陽人
徐宣義耒陽人叅議
譚士實耒陽人
李瑞平常寧人
張衡卿常寧人
向士平常寧人
俞湛常寧人
邢遇常寧人

蔡珀常寧人
周雲常寧人
蕭九成常寧人
蔡垣常寧人
陳元明安仁人

明

鄧僑奇安仁人洪武乙丑翰林編修改刑部主事
陳泰衡山人洪武戊辰給事中
侯文選衡山人洪武辛未廣西監察御史
楊垣然耒陽人洪武丁丑

袁添祿衡山人永樂甲申吏部考功司主事
蕭克敬耒陽人永樂辛卯
李忠衡陽人永樂乙未
麥文得衡陽人永樂戊戌額縣知縣
李璽耒陽人宣德庚戌雲南按察使
朱衡衡陽人宣德癸丑
王詔衡陽人正統壬戌工部侍郎進階尚書
劉昊衡陽人天順丁丑給事中
韓廣常寧人天順庚辰
謝文祥耒陽人成化丙戌御史

楊　遵　衡山人成化乙丑叅議
劉　紳　衡陽人成化壬戌南京工部主事
文　林　衡山人成化壬辰溫州知府
吳　紀　衡山人成化戊戌浙江叅政
歐陽復　衡陽人成化戊戌御史
陳　銓　安仁人成化辛丑御史
文　森　衡山人成化丁未御史
謝汝賜　衡陽人成化丁未南陽府知府
謝　諾　耒陽人成化丁未重慶同知
王　昊　衡陽人宏治癸丑副使

胡文璧　耒陽人宏治己未四川按察使
謝　訥　耒陽人宏治乙丑都給事
廖　珊　衡陽人正德戊辰行人
余守觀　衡陽人正德辛未給事中
蔣　福　衡陽人正德甲戌杭州知府
歐陽選　安仁人正德甲戌望江知縣
劉　黻　衡陽人正德丁丑廣東道御史
胡文奎　耒陽人嘉靖癸未戶部主事
祝　詠　衡陽人嘉靖己丑陜西布政司叅政
劉九章　衡陽人嘉靖壬辰杭州知府

張　道　衡陽人嘉靖戊戌同知
李　珊　衡陽人嘉靖戊戌應天府尹
劉　宦　衡陽人嘉靖辛丑兵部職方司主事
劉堯誨　臨武籍衡陽人嘉靖癸丑南京兵部尚書
劉　穩　酃縣人嘉靖丙辰大僕寺卿
朱炳如　衡陽人嘉靖己未陜西左布政使
周希畢　酃縣籍衡陽人嘉靖己未河南叅政
歐希稷　衡陽人嘉靖乙丑河南右布政使
伍　讓　衡陽人隆慶辛未河南叅政
賀一孝　酃縣人萬歷甲戌主事

曾朝節　臨武籍衡陽人探花及第禮部尚書
曾鳳儀　衡陽人萬歷癸未禮部祠祭司員外郎
陳宗契　衡陽人萬歷辛丑太常卿
趙艮相　衡陽人萬歷辛丑山東叅政
康元積　衡山人萬歷辛丑吏科給事中
周　訓　耒陽人萬歷庚戌刑部員外郎
陳聖典　衡陽人萬歷癸丑貴州提學副使
楊　薦　衡陽人萬歷癸丑
譚賜禶　衡陽人天啟壬戌長樂知縣
譚汝儁　衡陽人天啟壬戌領南道

本朝

廖聯翼 衡陽人順治己亥中書

譚尚箴 衡山人康熙甲戌吏部文選司副郎浙江主考

海鳳翥 衡陽人康熙甲戌錢塘知縣

鄒世任 酃縣籍衡陽人康熙甲戌吏部稽勳司郎中

段巘生 常寧人康熙丙戌知縣

彭士商 衡山人康熙辛丑黃州教授

劉艮璧 清泉人雍正甲辰福建臺灣道

唐傳鉎 衡陽人康熙甲辰樂清知縣

陳其嵩 衡山人雍正丁未翰林檢討監察御史

周命育 衡陽人雍正丁未知縣改德安教授

鄭士玉 耒陽人雍正丁未鄢陵知縣

段海生 常寧人雍正庚戌長沙教授

李　元 衡山人雍正癸丑瑞金知縣

李　德 衡陽人雍正癸丑大足知縣

張榮倫 清泉人雍正癸丑永北府同知

扶道弘 酃縣人雍正正癸丑

康魯詔 衡山人雍正癸丑清江知縣

曠敏本 衡山人乾隆丙辰翰林院庶吉士

鄧泌科 常寧人乾隆丙辰通渭知縣

丁一燾 衡陽人乾隆丁巳恩科翰林院編修

曠敦本 衡山人乾隆丁巳恩科寶慶教授

聶　燾 衡山人乾隆己未鳳翔知縣

謝　才 安仁人乾隆己未寶慶教授

張載逵 常寧人乾隆壬戌枝江知縣

歐陽蘋 衡山人乾隆乙丑御史

袁　芳 衡山人乾隆乙丑岳州府教授

劉宗珙 衡陽人乾隆辛未翰林院庶吉士現任刑部四川司郎中

王世瑞 衡山人乾隆壬申恩科安平縣知縣

林學易 衡山人乾隆甲戌翰林院檢討

蔣一璁 清泉人乾隆庚辰外發江西候補知縣

陳　時 清泉人乾隆辛巳恩科

鄉舉

按宋元鄉舉未登第者無舉人名目惟領鄉舉三次授職量用以故舊志多不開載今就邑志之已載者録入然世次無考存而不論可也

宋

侯序

侯天麟

侯康

侯天錫　以上俱衡山人

羅恢　耒陽人

湯咸

吳寮

唐祐

李春

李闓

龔世榮

吳汲

龍惟允

邢幼學

劉榮

徐則同

唐夢卓

蔣琪

張沂

馬逵

陽芑

譚絳

吳人望

龍春

郭膺

徐應雷

吳正當

李伯洪

李應午

裴成章

賀以循

劉日章

阮必勝

周南

李舜祖
劉熂
劉宙
朱從益
盧秉才
蔣應符
張一飛
唐遵哲
徐耕
劉滂

劉伯秀
劉穀
李午賓
袁昇
龍概
徐高龍
李翀
裴有成
李畏
張伯義

徐應辰
刑役翁
李垕
譚時中
段謗
李樾
張九齡
李井
譚幼學
郭中行

李磊卿
尹夢嘉
吳炎
徐方
徐文祖
譚體仁
徐應麟
尹震龍
尹應魁
尹端裔

尹紹祖

尹應星

黃典　劉天驥

尹可綬以上常寧人

羅燁

鄒復禮

孫之永

樊簡甫

劉叔謹

沈公權

沈公緯

谷椿

黃與權

鄧諝

陳邦慶

秦霆

鄒宗孟

劉夢應

羅雷春

曹鵬舉

陳億孫

李龍金

陳庚雷

劉應祥

詹貴應

黃應桂以上俱安仁人

陳清之

歐大發

歐海

尹㤥以上俱酃縣人

元

何克明衡山籍衡陽人

譚子實

李仁基

李允楙

曹意齊

徐宣義

張珍

張介夫以上俱耒陽人

夏光祖常寧人宜章教諭

陽明復

黃成德

范文鳳

夏文彪

劉天驥

許　載　以上俱常寧人

陳元明

蕭元益　以上俱安仁人

舉人

按舉人名目肇自明初於子午卯酉等年定

以解額鄉試中式如遇　特恩另增　恩科

一經中式後每科俱准會試

國朝因之良法善意較宋元爲善

明

周必圓　衡陽人洪武甲子衛經歷

陳元宗　衡陽人洪武甲子陳州知州

蕭　聰　衡陽人洪武甲子

陳彌忠　衡山人洪武甲子

鄧奇偹　安仁人洪武甲子詳甲榜

陳　瑛　酃縣人教諭

李子玉　酃縣人洪武甲戌京闈學正

劉宗義　衡陽人洪武丁卯

孫紹彬　衡陽人洪武丁卯

陳　泰　衡山人洪武丁卯詳甲榜

劉應祥　安仁人洪武丁卯監察御史

鄧　志　衡陽人洪武庚午縣丞

蕭友信　衡陽人洪武庚午

劉紹先　衡山人洪武庚午刑部員外

董大材　衡山人洪武庚午

鄧原祐　安仁人洪武庚午大和教諭

尹　端　衡陽人洪武癸酉

劉　演　衡陽人洪武癸酉南昌同知

綦賢叟　衡陽人洪武癸酉松江通判

秦　春　衡陽人洪武癸酉

周　願　耒陽人洪武癸酉大理寺右寺正

鄧　偹　耒陽人洪武癸酉萬安縣丞

胡道濟　安仁人洪武癸酉魚臺教諭

劉福慶　酃縣人洪武癸酉

王　祐　衡陽人洪武丙子都昌縣丞

蕭思安　耒陽人洪武丙子銅陵教諭

徐受祖 耒陽人洪武丙子陝西按察司知事
蕭景榮 耒陽人洪武丙子山東布政司經歷
曾振祖 安仁人洪武丙子宿遷教諭
陳寶 安仁人洪武丙子壽昌教諭
劉志福 衡陽人建文己卯
劉彥斌 耒陽人建文己卯九江知府
伍均濟 耒陽人建文己卯長泰縣丞
匡輔 耒陽人建文己卯恭城縣丞
姚志敏 耒陽人建文己卯鉅野縣丞
倪自安 安仁人建文己卯蘭州同知

陳恩昊 衡陽人永樂癸未
譚福源 衡陽人永樂癸未教諭
吳臻 衡陽人永樂癸未
袁天祿 衡山人永樂癸未詳甲榜
盧得 衡山人永樂癸未
朱銘善 衡陽人永樂乙酉
王仕達 衡陽人永樂乙酉靈川知縣
李安榮 衡陽人永樂乙酉
周道衡 衡山人永樂乙酉
胡天祐 衡山人永樂乙酉

羅誠 衡山人永樂乙酉
金艮 衡山人永樂乙酉
梁景榮 衡陽人永樂戊子
譚信 衡陽人永樂戊子
李忠 衡陽人永樂戊子詳甲榜
胡永賢 衡陽人永樂戊子
周必圖 衡陽人永樂戊子
蕭如熊 衡陽人永樂戊子教諭
許瓊 衡山人永樂戊子
尹祥 耒陽人永樂戊子馬平知縣

蕭克敬 耒陽人永樂戊子詳甲榜
匡佐 耒陽人永樂戊子蒼梧知縣
陳文通 衡陽人永樂辛卯
王學古 衡陽人永樂辛卯訓導
廖子謙 衡山人永樂辛卯
綦智 衡山人永樂辛卯
侯湘立 安仁人永樂辛卯臨高知縣
譚允銘 安仁人永樂辛卯
陳慎言 酃縣人永樂辛卯
蕭景秀 衡陽人永樂甲午

谷珏　耒陽人永樂丁酉教諭

譚添奇　安仁人永樂丁酉

虞儉得　安仁人永樂丁酉雲南留守經歷

陳艮貴　安仁人永樂丁酉

鄧廷秀　安仁人永樂丁酉四川布政司經歷

徐喆　衡陽人永樂庚子

杜珪　衡陽人永樂庚子

劉綱　衡陽人永樂庚子

廖鏞　衡山人永樂庚子

李逵　耒陽人永樂庚子訓導

劉沆　衡山籍衡陽人永樂甲午

顏勉　衡陽人永樂丁酉

凌友得　衡陽人永樂丁酉詳甲榜

劉尚賓　衡山人永樂丁酉

尹端　衡山人永樂丁酉

唐嗣賢　衡山人永樂丁酉

伍俊　耒陽人永樂丁酉

杜謙　耒陽人永樂丁酉

陳友進　耒陽人永樂丁酉

黄銘　耒陽人永樂丁酉

鄭彥忠　耒陽人永樂丁酉

谷珏　耒陽人永樂丁酉教諭

譚添奇　安仁人永樂丁酉

虞儉得　安仁人永樂丁酉雲南留守經歷

陳艮貴　安仁人永樂丁酉

鄧廷秀　安仁人永樂丁酉四川布政司經歷

徐喆　衡陽人永樂庚子

杜珪　衡陽人永樂庚子

劉綱　衡陽人永樂庚子

廖鏞　衡山人永樂庚子

李逵　耒陽人永樂庚子訓導

周銑　耒陽人永樂庚子

蔣誾　耒陽人永樂庚子

周祐　耒陽人永樂庚子

劉源　耒陽人永樂庚子

廖子玉　安仁人永樂庚子

彭祖逵　酃縣人永樂庚子

譚俊彬　酃縣人永樂庚子

廖瓚　衡陽人永樂癸卯

王學吾　衡陽人永樂癸卯訓導

陳敬　衡陽人永樂癸卯

張海 衡陽人永樂癸卯訓導
周禎 耒陽人永樂癸卯訓導
謝璫 安仁人永樂癸卯新昌教諭
賀讓 衡山人宣德丙午思南知府
李璽 耒陽人宣德丙午詳甲榜
單友斌 衡山人宣德丙午
譚澄 安仁人宣德丙午寧府教諭
何琮 安仁人宣德壬子大足教諭
朱衡 衡陽人宣德壬子詳甲榜
劉本中 衡陽人宣德壬子蒙城教諭

歐陽弼 安仁人宣德壬子襄邑教諭
劉清 府學宣德乙卯
吳良 衡陽人宣德乙卯教諭
何洪 衡山人宣德乙卯
胡貞 府學宣德乙卯教諭
劉祐 安仁人宣德乙卯
王詔 衡陽人宣德乙卯詳甲榜
廖琮 常寧人正統戊午
李景惠 常寧人正統戊午
雷良 常寧人正統戊午

盧廸 常寧人正統戊午
吳道貫 常寧人正統戊午
盧景昇 常寧人正統戊午
周文經 常寧人正統戊午知縣
陳讃 安仁人正統戊午禮科給事
唐宣 安仁人正統戊午閬中教諭
屈紳 衡陽人正統辛酉
曹子誠 耒陽人正統辛酉蒼梧教諭
徐禮 常寧人正統辛酉教諭
王謙 衡陽人正統甲子廣南知府

許信 衡陽人正統甲子
王詳 衡陽人正統甲子大興知縣
鄭璜 耒陽人正統甲子靖江王府教諭
段金 耒陽人正統丁卯教諭
雷瑾 常寧人正統丁卯
李璐 衡陽人景泰庚午
鄧璿 衡陽人景泰庚午
蔣能 耒陽人景泰庚午馬湖府訓導遷教授
陳鏞 耒陽人景泰庚午
劉讓 酃縣人景泰庚午

李必昌衡陽人景泰癸酉

劉昊衡陽人景泰癸酉詳甲榜

謝文祥耒陽人景泰癸酉詳甲榜

劉貫耒陽人景泰癸酉彰德同知

謝文善耒陽人景泰癸酉無爲知州

李璘耒陽人景泰癸酉

謝鏞安仁人景泰癸酉橫州學正

王誥衡陽人天順己卯什古知縣

謝恩衡陽人天順己卯重慶同知

鄧敏衡陽人天順己卯教諭

楊遵衡山人天順己卯詳甲榜

歐陽光衡山人天順己卯賀縣知縣

鄧先安仁人天順己卯羅山知縣

唐孟璋安仁人天順己卯劍州知州

劉琰衡陽人天順壬午臨運同知

吳絕衡山人成化乙酉詳甲榜

文林衡山人成化戊子詳甲榜

周鴻常寧人成化戊子

徐琛常寧人成化戊子

譚珂安仁人成化戊子思明通判

劉紳衡陽人成化辛卯詳甲榜

趙瑩衡陽人成化辛卯知縣

黃璽衡陽人成化辛卯都督府經歷

吳維衡山人成化辛卯靖安知縣

陳憲衡山人成化辛卯鎮安通判

匡瓚耒陽人成化辛卯大定知縣

胡文明衡陽人成化甲午

姚子璣耒陽人成化甲午

鄭重耒陽人成化甲午金華同知

賀源耒陽人成化甲午慶陽通判

歐陽復衡陽人成化丁酉詳甲榜

易綱衡陽人成化丁酉武康知縣

段珏衡陽人成化丁酉推官

謝汝暘衡陽人成化丁酉詳甲榜

曾夢璣衡陽人成化丁酉重慶推官

李旭安仁人成化丁酉嘉定州學正

黃桂常寧人成化丁酉

王昊衡陽人成化庚子詳甲榜

周瑩衡陽人成化庚子

劉泰衡陽人成化庚子州同

楊府榮 衡山人成化庚子

陳能 衡山人成化庚子寧州學正

文森 衡山人成化庚子詳甲榜

歐陽涵 安仁人成化庚子儀真知縣

羅紳 安仁人成化庚子

陳鑾 安仁人成化庚子

陳銓 安仁人成化庚子詳甲榜

唐大用 衡陽人成化癸卯

謝諮 耒陽人成化癸卯詳甲榜

謝海 安仁人成化癸卯惠州通判

陳翔 酃縣人成化癸卯知州

袁顥 耒陽人成化丙午臨安同知晉階四品

鄭維嶽 耒陽人宏治己酉

劉伸 耒陽人宏治己酉

胡文璧 耒陽人宏治己酉詳甲榜

李世和 耒陽人宏治己酉蘇州通判

許觀 耒陽人宏治己酉

周鏞 常寧人宏治己酉

謝訥 耒陽人宏治壬子詳甲榜

曾鑑 衡陽人宏治乙卯教授

黃譽 衡陽人宏治乙卯知縣

曾汝翰 衡陽人宏治乙卯蘄縣知縣

謝誼 耒陽人宏治乙卯建陽知縣

羅金 耒陽人宏治乙卯納溪縣丞

陳淑員 酃縣人宏治乙卯長壽知縣

李繼宗 衡陽人宏治戊午貴州道御史

謝賜 衡陽人宏治戊午寧國知縣

劉九成 衡陽人宏治戊午

徐爵 耒陽人宏治戊午

羅昌 耒陽人宏治戊午定安知縣

許應宗 耒陽人宏治戊午

廖珊 衡陽人宏治辛酉詳甲榜

綦伸 衡陽人宏治辛酉知縣

周公溥 衡陽人宏治辛酉

余守觀 衡陽人宏治辛酉詳甲榜

歐陽選 衡陽人宏治辛酉詳甲榜

謝思[illegible] 耒陽人宏治辛酉[illegible]岩知縣

李思學 常寧人宏治辛酉

唐經 衡山人宏治甲子淞江推官

周善儁 安仁人宏治甲子南昌推官

李仁濬 安仁人宏治甲子永寧知縣

胡景春 衡陽人正德丁卯教諭
甯欽 衡陽人正德丁卯監察御史
蔣福陵 衡陽人正德丁卯詳甲榜
張詣 耒陽人正德丁卯磁州知州
李仁詮 安仁人正德丁卯盧州推官
王冕 安仁人正德丁卯偃師教諭
楊文明 耒陽人正德庚午大名通判
段逢亨 耒陽人正德庚午王府長史
張仕 耒陽人正德庚午如皋知縣
李林松 常寧人正德庚午

劉澂 衡陽人正德癸酉詳甲榜
張順 衡陽人正德癸酉
曾鳳鳴 衡陽人正德癸酉通判
胡文奎 耒陽人正德癸酉詳甲榜
賀希瑀 耒陽人正德癸酉扶溝知縣
羅璋 衡陽人正德丙子知縣
歐陽遷 衡陽人正德丙子
朱寳 衡陽人正德丙子
祝詠 衡陽人正德己卯詳甲榜
甯鎬 衡陽人正德己卯處州通判

劉輸用 衡陽人正德己卯國子監博士
谷汝喬 衡陽人正德己卯知縣
易泉 衡陽人嘉靖壬午雲南按察僉事
文能言 衡陽人嘉靖壬午教諭
周如山 常寧人嘉靖壬午通判
范鏜 衡陽人嘉靖乙酉
陳文 酃縣人嘉靖乙酉
唐堯臣 酃縣人嘉靖乙酉
廖正价 衡陽人嘉靖乙酉
甯元佰 衡陽人嘉靖戊子潞南知州

王舜章 衡陽人嘉靖戊子
朱希賢 衡陽人嘉靖戊子
陳効忠 耒陽籍衡陽人嘉靖戊子
王添表 衡陽人嘉靖辛卯知縣
廖正僑 衡陽人嘉靖辛卯
李珊 衡陽人嘉靖辛卯詳甲榜
蔣忠溥 衡陽人嘉靖辛卯
張道 衡陽人嘉靖辛卯詳甲榜
劉九章 衡陽人嘉靖辛卯京闈詳甲榜
劉宦 衡陽人嘉靖甲午詳甲榜

龍星　衡陽人嘉靖甲午懷寧知縣

劉珊　衡陽人嘉靖丁酉南溪知縣

范鍵　衡陽人嘉靖丁酉

姚燦　衡陽人嘉靖丁酉

朱相　衡陽人嘉靖丁酉

羅大才　衡陽人嘉靖丁酉知縣

劉邦獻　衡陽人嘉靖庚子知州

何价　衡陽人嘉靖庚子上元知縣

劉兌　衡陽人嘉靖庚子京闈

張鵬翼　衡陽人嘉靖庚子南豐知縣

范希濬　衡陽人嘉靖癸卯教諭

劉堯誨　臨武籍衡陽人嘉靖癸卯詳甲榜

祝完　衡陽人嘉靖癸卯寧波通判

歐世祿　衡陽人嘉靖癸卯簡州知州

劉穩　酃縣人嘉靖癸卯詳甲榜

王臣　衡陽人嘉靖己酉景東通判

譚汝賡　衡陽人嘉靖壬子祿豐知縣

彭良臣　衡陽人嘉靖壬子歸善知縣

李孟彰　衡陽人嘉靖壬子望江知縣

王大韶　衡陽人嘉靖壬子澗州知縣

徐應南　衡陽人嘉靖壬子

陶賓　衡陽人嘉靖壬子鉛山知縣

朱炳如　衡陽人嘉靖乙卯詳甲榜

文僴　衡陽人嘉靖乙卯江寧知縣

鍾大鵬　衡陽人嘉靖乙卯上饒知縣

周希畢　酃縣籍衡陽人嘉靖乙卯詳甲榜

歐希稷　衡陽人嘉靖戊午詳甲榜

曾朝節　臨武籍衡陽人嘉靖戊午詳甲榜

譚僎　衡陽人嘉靖戊午

廖汝恆　衡陽人嘉靖戊午沚江知縣

伍讓　衡陽人嘉靖戊午詳甲榜

侯智周　安仁人嘉靖戊午

王萬善　衡陽人嘉靖戊午

劉宦成　衡陽人嘉靖辛酉宿州知州

龍繼思　衡陽人嘉靖辛酉

宋美中　衡陽人嘉靖辛酉

劉允祚　衡陽人嘉靖甲子順慶同知

祝來慶　衡陽人嘉靖甲子行唐知縣

歐陽編　衡陽人嘉靖甲子

賀一孝　酃縣人嘉靖甲子詳甲榜

陳宗凱 衡陽人隆慶丁卯平樂同知

周仲艮 衡陽人隆慶丁卯犍爲知縣

楊三聘 衡陽人隆慶丁卯龍安知縣

段一鶚 常寧人隆慶丁卯知縣

顏元化 衡陽人隆慶庚午

李藎臣 衡陽人隆慶庚午

何道求 衡陽人隆慶庚午上高知縣

曾綽 衡陽人隆慶庚午雞澤知縣

萬廷相 衡陽人隆慶庚午延平同知

謝如尚 耒陽人隆慶庚午朝邑知縣

李思昱 耒陽人隆慶庚午

劉天相 衡陽人萬歷癸酉

陽寬 衡陽人萬歷癸酉

謝君用 衡陽人萬歷癸酉

曾鳳儀 耒陽人萬歷癸酉詳甲榜

鄧純臣 衡陽人萬歷丙子洪雅知縣

歐陽炳 衡陽人萬歷丙子思明同知

李友桂 常寧人萬歷己卯

李孟韶 衡陽人萬歷壬午鄭州州判

劉可立 衡陽人萬歷壬午京闈

周鳴翰 安仁人萬歷壬午

周廷叅 衡山人萬歷戊子

康時昇 衡山人萬歷戊子惠來知縣

陳嘉策 衡陽人萬歷辛卯

陳宗契 衡陽人萬歷甲午詳甲榜

康元積 衡山人萬歷甲午詳甲榜

康元和 衡山人萬歷甲午蘇州同知

鄒希臯 酃縣籍衡陽人萬歷甲午

范炬 衡陽人萬歷丁酉萬縣知縣

康時亨 衡山人萬歷丁酉宣化知縣

曹三省 耒陽人萬歷丁酉順天中式太平通判

袁來臣 衡陽人萬歷庚子

謝英 耒陽人萬歷庚子

楊薦 衡陽人萬歷丁酉詳甲榜

趙艮相 衡陽人萬歷庚子詳甲榜

陳聖典 衡陽人萬歷癸卯詳甲榜

周世蕃 衡山人萬歷癸卯

周訓 耒陽人萬歷丙午詳甲榜

廖司南 耒陽人萬歷丙午仁壽知縣

趙繼孝 衡山人萬歷丙午夏邑知縣

杜友杜 衡陽人萬歷己酉

易行義 衡陽人萬歷己酉敘州同知

譚善積 衡陽人萬歷己酉盐亭知縣

譚皐謨 衡山人萬歷己酉

唐榮宗 衡陽人萬歷壬子

譚汝脩 衡陽人萬歷乙卯詳甲榜

譚鵾禨 衡陽人萬歷戊午詳甲榜

管大成 衡陽人天啟辛酉福州通判

譚永都 衡陽人天啟甲子

廖應亨 耒陽人崇正庚午司南子　夏承瑞 耒陽人崇正庚午

歐陽瑾 衡陽人崇正癸酉

張以寬 耒陽人崇正癸酉

徐立階 衡陽人崇正丙子

劉芳 耒陽人崇正己卯

曾嗣袞 衡陽人崇正壬午

包世美 衡陽人崇正壬午

王介之 衡陽人崇正壬午

王夫之 衡陽人崇正壬午

鄒鳳躚 衡陽人崇正壬午

李國相 衡陽人崇正壬午

鄒紹魯 鄒縣籍衡陽人崇正壬午

本朝

黃法健 衡陽人順治甲午

廖聯翼 衡陽人順治丁酉詳甲榜

蔣蔚蘭 衡陽人康熙己酉

唐崇勳 衡山人康熙辛酉戶部廣東司員外郎

魏士俊 衡陽人康熙辛酉寧海知縣

鄒世任 鄒縣籍衡陽人康熙丁卯詳甲榜

周命圭 衡陽人康熙庚午

譚尚箴 衡山人康熙庚午詳甲榜

海鳳翥 衡陽人康熙庚午詳甲榜

鄒生岷 衡陽人康熙癸酉清泉知縣

華士提 衡陽人康熙癸酉廣平知縣

吳是元 常寧人康熙癸酉

段昌總 常寧人康熙癸酉即墨知縣

康仁德 衡山人康熙丙子永定知縣

陳淑 衡山人康熙丙子

沈鏞 衡陽人康熙己卯永川知縣

段巘生 常寧人康熙乙酉詳甲榜

向牧 衡山人康熙乙酉知縣

譚仙芝衡山人康熙乙酉善化教諭

劉艮璧衡陽人康熙戊子見詳榜

譚尚節衡山人康熙辛卯華容教諭

唐尊堯耒陽人康熙辛卯貴州榜中式

唐傳鉎衡陽人康熙癸巳恩科詳甲榜

彭義英常寧人康熙癸巳恩科

胡興栓衡陽人康熙癸巳恩科攸縣教諭

譚尚勞衡山人康熙癸巳涉縣知縣

周命服衡陽人鄠縣籍康熙癸巳恩科桃源教諭

朱應瑞常寧人康熙甲午

胡震衡山人康熙甲午會同教諭

陳方愷衡山人康熙丁酉咸遠知縣

馬如琳衡陽人康熙丁酉

劉七仲衡陽人康熙丁酉蔚縣知縣

周命育衡陽人康熙丁酉詳甲榜

廖興鎮衡陽人康熙丁酉三水知縣

彭士商衡山人康熙庚子詳甲榜

宋薊齡衡陽人康熙庚子應城教諭

宋士莊衡陽人康熙庚子太康知縣

李振衡山人康熙庚子平遠知縣

扶道宏鄠縣人康熙庚子詳甲榜

唐淑性衡陽人雍正癸卯恩科

范桂林衡陽人雍正癸卯恩科晉江教諭

周士宏衡山人雍正癸卯恩科

陳必成耒陽人雍正癸卯恩科

僥開懋衡山人雍正癸卯恩科蠡縣知縣

廖宗堯衡陽人雍正甲辰

李繼聖常寧人雍正甲辰廣昌知縣

曹宗楂耒陽人雍正甲辰

王振俊耒陽人雍正甲辰

羅登庸衡山人雍正甲辰將樂知縣

鄒肇杰鄠縣籍衡陽人雍正甲辰東阿知縣

劉高松衡陽人雍正丙午解元

張榮倫衡陽人雍正丙午詳甲榜

陳其嵩衡山人雍正丙午詳甲榜

段海生常寧人雍正丙午詳甲榜

李杜鄠縣人雍正丙午

鄧泌科常寧人雍正丙午詳甲榜

劉代聞衡陽人雍正丙午平陰知縣

歐陽開岐衡山人雍正丙午

丁一烜　衡陽人雍正丙午高苑知縣改郴州教諭
鄭士玉　耒陽人雍正丙午詳甲榜
歐陽煦　臨武籍衡陽人雍正己酉
戴倫訓　衡山人雍正己酉都勻知縣
謝道廸　耒陽人雍正己酉永壽知縣
楊　桐　衡山人雍正己酉善化教諭
張尚宸　衡山人雍正己酉
謝家棶　衡山人雍正己酉餘慶知縣
曠斂本　衡山人雍正壬子詳甲榜
彭仕周　衡山人雍正壬子知縣改寧遠教諭

李　德　衡陽人雍正壬子詳甲榜
李　元　衡山人雍正壬子詳甲榜
康曾詔　衡山人雍正壬子詳甲榜
譚昌明　衡山人雍正壬子山陰知縣
鄭　奇　耒陽人雍正壬子攸縣教諭
顏登籍　衡山人雍正壬子
趙盛治　衡山人雍正壬子無極知縣
蔣繼昌　衡陽人雍正壬子知縣改長沙教諭
傅國勷　清泉人雍正壬子漳平知縣
王光國　衡陽人雍正乙卯

袁　芳　清泉人雍正乙卯詳甲榜
彭文瑩　衡陽人雍正乙卯
陳方秩　衡山人雍正乙卯易州州同
楊汝傳　耒陽人雍正乙卯浙江鹽大使
羅　燾　衡山人雍正乙卯詳甲榜
楊廷機　衡山人雍正乙卯普安知縣
侯忠君　安仁人雍正乙卯
蕭應柱　衡山人雍正乙卯博興知縣
楊　榮　衡山人雍正乙卯蕭縣知縣
詹顯紳　常寧人乾隆丙辰恩科

范應求　衡陽人乾隆丙辰恩科新化教諭
謝　才　安仁人乾隆丙辰恩科詳甲榜
曠敦本　衡山人乾隆丙辰恩科詳甲榜
李啟晨　常寧人乾隆丙辰恩科
丁一燾　衡陽人乾隆丙辰恩科北闈中式詳甲榜
何紹圖　衡陽人乾隆丙辰年恩科天津鹽大使
張大常　耒陽人乾隆戊午
沈萬策　衡陽人乾隆戊午桂東教諭
鄭　球　耒陽人乾隆戊午
黃昌泰　衡山人乾隆戊午石門教諭

陳其徵衡山人乾隆戊午
李天旭衡陽人乾隆戊午攸縣教諭
劉宗琪衡陽人乾隆戊午詳甲榜
歐陽正煥衡山人乾隆辛酉詳甲榜
賀孫發衡山人乾隆辛酉
羅登萊衡山人乾隆辛酉
周世典衡陽人乾隆辛酉
歐陽炎安仁人乾隆辛酉
劉燦賢安仁人乾隆辛酉
段蕙生常寧人乾隆辛酉長沙教諭

張載遠常寧人乾隆辛酉詳甲榜
胡羲士清泉人乾隆甲子
謝翔安仁人乾隆甲子
羅德中酃縣人乾隆甲子教諭
袁灝清泉人乾隆甲子
彭坊衡山人乾隆甲子
丁希文清泉人乾隆甲子
何泰衡陽人乾隆甲子沅陵教諭
劉漢向衡山人乾隆甲子
鄒肇熉酃縣籍衡陽人乾隆甲子

丁正己清泉人乾隆甲子
羅永兆衡陽人乾隆甲子
黃惟理衡陽人乾隆丁卯
吳子魁常寧人乾隆丁卯城步教諭
周元安仁人乾隆丁卯
張霈程安仁人乾隆丁卯
彭陸衡山人乾隆丁卯
崔宏權常寧人乾隆庚午
林學易衡山人乾隆庚午詳甲榜
胡叙寧清泉人乾隆庚午

盛永藩清泉人乾隆庚午
賓鴻衡山人乾隆庚午
方璿澤衡山人乾隆庚午
侯如湘安仁人乾隆庚午
楊元亨衡山人乾隆壬申恩科
王世瑞衡山人乾隆壬申恩科詳甲榜
資原庚耒陽人乾隆壬申恩科
丁光倬清泉人乾隆壬申恩科
胡正軾清泉人乾隆壬申恩科
楊廷翥衡山人乾隆壬申恩科

李　伸　衡山人乾隆壬申恩科
胡覲祖　衡州人乾隆壬申恩科
劉宗晏　清泉人乾隆壬申恩科
胡　然　衡山人乾隆癸酉
蕭　韶　清泉人乾隆癸酉
謝世應　耒陽人乾隆癸酉瀘溪知縣
周惠鋍　衡州人乾隆癸酉
謝天相　安仁人乾隆癸酉
鄧文起　清泉人乾隆癸酉
陳　時　清泉人乾隆癸酉詳甲榜

李正中　衡陽人乾隆癸酉
段蔚生　常寧人乾隆癸酉
李啟崑　常寧人乾隆癸酉
黃啟隆　清泉人乾隆癸酉
蔣一璁　清泉人乾隆丙子解元詳甲榜
曹紹官　衡山人乾隆丙子
左修緒　清泉人乾隆丙子
周世玉　衡山人乾隆丙子
張　瓚　清泉人乾隆丙子
陳士璩　清泉人乾隆丙子

曠大望　衡山人乾隆己卯
馬松齡　清泉人乾隆己卯
鄭　錫　衡山人乾隆己卯
劉貴琢　衡陽人乾隆己卯
羅宏幹　衡山人乾隆己卯
陳洪鈞　常寧人乾隆己卯
曠芷本　衡山人乾隆庚辰恩科
劉詔陞　衡山人乾隆庚辰恩科
溫　清　衡山人乾隆庚辰恩科
陳喈鳳　衡陽人乾隆庚辰恩科

劉煌甲　清泉人乾隆庚辰恩科
丁　甡　清泉人乾隆壬午解元
丁正心　清泉人乾隆壬午亞元
曹　度　耒陽人乾隆壬午
曠聖魁　衡山人乾隆壬午
袁義璧　常寧人乾隆壬午
段永孝　常寧人乾隆壬午
劉漢猷　清泉人乾隆壬午
陳聖清　常寧人乾隆壬午
譚乃熊　衡山人乾隆壬午

李葆光 衡山人乾隆壬午

劉清錦 衡陽人乾隆壬午

李家第 衡陽人乾隆壬午

劉一瀾 衡山人乾隆壬午

貢生

按貢生有恩拔歲副而通志郡志均未注明今亦無從分析姑仍統載貢生再乾隆二十一年衡清未分統載衡陽

又按進士舉人例照科分編次而貢生一途須分縣敘列方無舛混

衡陽縣

宋

曾文珍 南陵令

元

曾紹誠 黃岡教諭　曾應元 湖南提舉

曾應顯 零陵教諭　朱仁仲 石鼓書院山長

朱均仲 大同令路史

明

棗子章 禮科給事　陳宗毅 福建按察司檢校

曾忠 河南府推官　李廷蘭 御史

王子才 都督府經歷　王元亮 訓導

劉源福 御史　王存善 定安州判

張永誠 溫州府同知　朱瑄 楚雄府經歷

萬安　左晟 工部郎中

范禮 通判創修府志　朱思道 知縣
羅克寬 御史　萬鵬 御史
彭阮 經歷　周冕 縣丞
歐陽和　周均祿 御史
劉俊　羅昂 廣州府經歷
范璟 縣丞　蘇廣
李洪 通判　黃運 通判
魏俊　趙光 吏目
宋人豪 德興知縣　伍萬春 荔浦知縣
歐陽光　蔣謙 溫州通判

蕭景昇 光祿寺署正　朱英
何智 檢校　李仲艮
陳元　曾鼎 訓導
陳紀 州同　王英 知縣
羅文 主簿　張綸 提舉
李傑 縣丞　夏鉞
李祥　傅嵩
朱琨 刑部主事　余守謙 知縣
袁龍 訓導　余仕璿 教諭
周桂秀 訓導　何仲賢 知事

黃瓚 知縣　曾裕 知事
李璜　曾拱辰 縣丞
劉經 嘉興縣丞　羅昌 知縣
毛鑾　劉九德
吳達 縣丞　陳瑄 教諭
杜常 經歷　彭福珊 訓導
李大紳 教諭　龍昇
王鑾 儀真知縣　曾福星 豐川訓導
周裕 江西安仁訓導　黃鎰
歐陽來 巫山知縣　王鑰 知縣

歐陽伯奇 同知　周琀 縣丞
朱廷鳳　何逢學 訓導
詹淵 教諭　朱大用
李昜　張景松
蔡文紳 訓導　徐禮
徐邦靖 訓導　廖廷綸 主簿
曾仕宸 訓導　廖文箴 訓導
唐宗堯 指揮　劉伯奇 教諭
劉紹昉 主簿　詹孔祿 知縣
魏珣　周時冕

周邦傑教諭　吳道正訓導
周如金　呂志德
周從時主簿　曹士威訓導
朱表　徐鳴琚教諭
徐逢慶照磨　周從諫縣丞
劉价　孫天然經歷
劉賓用主簿　詹仲春訓導
曾永仕訓導　胡如旦
劉聘用教授　唐杰
朱昱廣東提舉　王詢通判

周鐸江西安仁知縣　張萬年
袁俊　谷世用
雷應春洛陽縣丞　李繼新
王應奎　唐憲
劉時美　劉汝
劉兌許鄉榜　朱艮訓導
邱玉訓導　搭恩潼梁教諭
劉獻訓導　郭憲章成都通判
朱子暉寶坻知縣　劉仲
劉濟　孫旦文上知縣

陳文謨桂林訓導　黃金
華天成　莫本澄吳縣訓導
唐宗漢徐州衛經歷　張哻
溫和靈川教諭　朱孟魁
易鎣郴州訓導　劉春熙
李時卿訓導　范鎬
胥价　朱文山教諭
廖棟訓導　周哲教授
周邦宣教諭　劉倣州判
彭懋榮縣丞　李植訓導

袁肅訓導　詹尙義訓導
詹孝訓導　毛鳳生主簿
彭卿主簿　謝思元教授
何天衢訓導　胡琬訓導
周天學訓導　鄧元魁
李舒顏訓導　周望
廖守遴　李舒蕚
王賓　張德言
段一冠　夏日省
段一旒訓導　夏日就訓導

劉紹堯　黃廉傳
彭師旦　夏正思
黃一色　王文彩通判
徐廷相訓導　黃廷詔
朱世科臨清州同知　劉冲儀封教諭
曾喬知州　蕭廷瑾温州教授
劉立表玉山主簿　蔡中孚贛州通判
張友舜廣西按察僉事　毛翰訓導
丁大顯浮梁訓導　李大儒來賓教諭
劉健宜章教諭　徐一中澧州訓導

陶逵嘉興訓導　左永翰懷慶通判
張乾安鄉教諭　劉立裏鎮江訓導
楊儒苑東寺簿　祝簡化州知州
王雍南城教諭　張鎰祁陽訓導
王鶴松懷寧訓導　伍文完
劉毓秀　祝寀三水知縣
朱吉羅澤教諭　徐守忠
劉朝思黔陽訓導　陳宗周亳州知州
李紹顏霑益知州　楊用賓永明縣丞
黃光連山知縣　甯思連州學正

歐陽觀錢塘縣丞　王學詩
雷起鳴建水州判　甯允伯教諭
李籥伊陽訓導　劉羣英
李大壯新喻訓導　劉容湘鄉訓導
陶宏麻陽訓導　劉勉然南安訓導
吳守仁蕭圻訓導　譚時亨乳源訓導
沈應龍　甯遵南海訓導
華孚　李應楠麻陽教諭
張述齡同知　陳宗顏漢陽訓導
王世傑　龍一道白水教諭

丁大文嘉興教諭　王甸湘潭教諭
袁如龍米脂知縣　蕭策
莫子文知縣　張鎰零陵教諭
華常桂林教授　伍定相
左準應山教諭　王之屏萍鄉教諭
陳孔珪桂林通判　丁鳴時訓導
徐艮儒教諭　張堯相祁陽教諭
甯以復惠州伴讀　余守澄
王夢鯉富順知縣　王楨知縣
頓應聘教諭　劉鳴鳳

王　橋 韶州教授　王朝聘
王家臣 零陵教諭　余希道 教諭
黃立正　石　穩 荊門教諭
文復先 藍山教諭　歐鴻運 零陵教諭
黃　克 教授　劉經文
何其虛　歐從堅 永州教授
蔣大撰 麻陽教諭　甯時偶
劉　珙　劉應衡 滿田教諭
劉汝美 教諭　馬　官
左之宜 桂林通判　常存仁

胡景舜　劉汝桂
徐立命　胡本孝
歐陽珠　文之勇
張國秀　胡遵諭
朱國藩 永州教授　徐　憲
唐　美 光祿寺監事　朱　良 行人司正
余　復 順慶知府　周　總 北江同知
丁子壽 太平通判　唐　銘 龍川知縣
徐　源 淮安衛經歷　王　祐 都昌縣丞
陽　郁 涇陽主簿　袁正祿 宜春教諭

張友敎 星子教諭　蕭　昇 光祿寺署正
劉　經 縣丞　羅　昊
吳　常 訓導　蕭　海
劉　鳳 訓導　蕭　綸 教諭
曾拱北　趙廷珪
王原禮 提舉　宋　麟
蕭　儀　張　鎬 西充教諭
汪　淮　宋孔彰 崇亭教諭
王原善 訓導　李　譽 梓潼知縣
歐陽宏基 潯州同知　劉　璽 威遠主簿

曾如中 重慶推官　曾天復 古田知縣
余世寧 教諭　蕭必倫 臨林訓導
余世和 縣丞　謝文正 知縣
王世佐　曾福星 訓導
劉朝元　朱　鵬
朱　寵　周　鏵
江漢臣　劉　仁
吳　昺　彭福時
陽　瑞　李　星
蕭九疇　張　欽

陳宏正　文奎
李憲章　李時亨
羅大德　華阜春知縣
蕭廷瑤杭州訓導　蔣忠濟訓導
陳爵訓導　朱文奎
王希祥　李本庶華亭教諭
周尙志宜興縣丞　劉沇瑞金訓導
段常　樊紹祉通判
歐陽臯　陳貴同縣丞
何冀孟訓導　王國士教授

周鳴鳳訓導　謝學易訓導
歐陽爍　謝學樂訓導
歐陽燔　侯信治知縣
李玉潔　李世祿
李性定　蔡而蘭
蔡而蓁　蔡之駿同知
周元勳知縣　馬雲從通判
劉亨春訓導　侯溫宇知縣
李日顯司務　侯光啓學正
許應峯教諭　何行俊

樊問仁　許麟
汪憲　謝學安
周時熹　許應春
許應文　張華美
譚灼　蔡之鵬訓導
張福崇　劉宗將樂縣丞
周仲繼　蕭執中永興主簿
易象秀水縣丞　劉應蛟山陰縣丞
周桐訓導　歐熑同知
龍一連連州州判　綦元卿寧遠教諭

袁黻　徐應轝訓導
龍一蘭知縣　周婁枝江教諭
王大容　胡尙德雷州教授
王邊寧南海教諭　吳國瑞通判
謝天成興山教諭　周世長
歐懋之　胡聘臣
張長成宜章訓導　華培
杜友蘭　易象蒙南寧通判
余守志訓導　譚善揚嘉定教諭
張述栻　甯惟成

趙之琴吉安推官 劉守謙
余文顯 李明顯教諭
侯協恭 李翔教諭
蔡而璇 許之兆推官
華光國 蕭鳴鸞南雄推官
余希康知縣 王國泰
王介之 謝逵
王命新湘潭教諭 魏世宰
賀與裕中書舍人 王叅之
譚鵾祉 王達甫

劉奇生 祝可仕
甯鐸 朱淮
常守明 劉應祥東莞縣丞
李應聘教諭 劉密經歷
劉仕鳳南寧訓導

本朝

劉光泰 周豐
廖與鉅 戴六雨
鄒應柱 廖承一
趙之褧 譚一奇

劉紹貴 何其樸
丁啓祥 賀希章
李鏐 李椿材
甯時銓 倪三英黃縣縣丞
李奇珍郴州學正 劉漢偉
彭紹述 陳茂養
陳昌祖 王長祚
綦昌應 林鳳起
劉國瑞 劉起稷
徐翅芳 歐大生

倪三楚 曾承宗
劉隆弼 周歷遠同州
譚國標通道教諭 宋葛齡
李惟實教諭 蕭士俊教諭
李壽愷芷江訓導 賀希傅
蔣以方 陳景芳
張汝說 歐起鳳
賀與初訓導 宋之素
蔣彥超桂東訓導 朱邦佶
張宗孔 陳台愫

王爾寧　李之芳
羅錦禧　熊榮祀
海壽國　蔡邦殿
徐永達常德府訓導　林岸
丁士高　廖琪
胡典琳　顏啓瑜
賀聲益陽訓導　徐芳慶
賀一陞　王大歷
王寧吉　丁啓祚
黃逢時　蔡國球

陽信坦　周仕侃
劉世定龍陽訓導　曾自修
唐嗣弘　余暹
劉克仁　何曇
甯時儆　王猶龍安化訓導
劉直清　賀必達訓導
劉典佑　宋羲齡
劉蘇文　賀得人
陳光斗　鄒自煒
蕭何如寧遠訓導　王端紀

劉選　杜枝松
歐陽暐　高以衡
謝晏　唐秉時
雷來春　廖大栻
陳賡治　王霍
馬如璜　沈萬策
丁元正　丁光祚
李家俊　丁一燾
何泰教諭　趙居敬
周命程　徐日炳

廖瑄訓導　胡典耦沅州訓導
蕭巽生　黃圭桃源訓導
羅琰　王敔
馬以德　王揚績
何最　劉世爵舉鄉飲
王林　劉偉
劉瑛　張榮仁
湯日景　劉隆璋
羅大觀　甯逢有平江訓導
劉隆瑋　劉世顯

王生華　歐陽溥 龍陽教諭
朱俊才　宋士貴
鄒守恬　胡國晉 會同訓導
劉漢猷 桂東訓導　李家綸
洪紹文 攸縣訓導　張榮炳
王若　胡國儀
周曙 舉鄉飲　王禹昌
宋士光　周命巴
陳福治　陳必達
李興發　曾學英

劉時可　蔣朝相
劉純忠 零陵訓導　劉心忠 舉鄉飲
賀天瓶　蕭美仁 善化訓導
蔣光岳　張正寅
劉高崑 藍山訓導　王瑱 慈利訓導
蕭智如　廖時順
羅捷勝　廖文奎
海晏　朱青
李國標　王福定
劉堯諧　劉靖忠

蕭謙
例貢
趙仕鈊 教諭　李國价 臨湘訓導
王揚緒 安福訓導　丁熠 湘陰訓導
張永灝 祁陽訓導　何華 長沙府訓導
陳性義　王福疇 訓導
劉遹孝 臨武籍衡陽人　趙萬程
何爾昌 祁陽訓導　王灝 長沙府學訓導
周時成　魏芳 寧陵訓導
鄒廷椢 鄱縣籍衡陽人　劉隆球

鄒肇卿　鄒肇梟 道州通判
張啓倬　賀昱
賀晉　王百試
趙燕 議敘主簿　王聲揚
王端伸　劉高美
魏衎祿　劉高華
鄒肇燾 鄱縣籍衡陽人　蕭時敏
陳廷義　鄧仲瀾
丁光正　羅廷楫
王端佶　劉紹崑

周　繹　李　乾縣丞
萬　欽　成典郊吏目
萬世蕃　張時玫
馮帝培　劉華清
閆政郊　周世昌
李福禮　唐常增
常明翰　王　宏
王端紋　劉志遠
鄒元錫　王福昭
常　明　萬　煐

陳正芴　趙　照
馮祖績　趙萬雄
趙萬培　馬岳齡
唐耆年　譚名三
常　經

監選

明

蕭鳴盛任福建延平府知事　蕭鳴皐任叅大使

國朝

劉世壁由增生任定興縣縣丞陞淶水知縣

左修品任知縣詳人物志　王　猷任雲南永北府經歷
左修言任陝西盩厔縣縣丞
蕭興宗任江南固鎮巡檢兼泗州吳湖稅課
歐孟魁著平樂府經歷

吏選

劉昌漢由吏員任陝西岷州茶馬大使補河州大使裁缺候補

清泉縣

貢生

唐傳敎 鳳凰廳訓導　唐傳鵠

劉　衢　蕭鳳起

賀光慶　丁一燦

陶傳虞　羅齊暎

劉開詒　王廷鎬

陳文璋　陳朝簡

蕭德遠

例貢

劉天在　湯中任

鄒肇綦　周一本

唐　名　歐陽灝

蔣文誘　蔣文讓

蔣一理　蔣一堤

馬昌齡　蔣一玭

劉志俊　張際軒

劉榮業　歐陽隆鑣

全本體　何大賓

湯中偉　綦　堂

谷騰龍　歐陽隆鑠

何懿誠　鄒相伍

張啓琳　張際華

監選

周仕魁 龍江關宜課大使

吏選

張　坤 南澗巡檢　彭安河 東莞縣丞

衡山縣

貢生

羅德彰御史　朱　艮行人司正
賀　裕兵科給事中改御史　謝思義御史
周　棨　李仕寧刑部主事
胡志華禮部主事　周原孫兵部主事
劉德善　賀友文瀘州學正
侯必典寧海知縣　羅希文
劉道政都督府經歷　易子彰
王得明　楊如霖

王繼宗刑部主事　劉　謙
譚道明石首知縣　瞿慶錦廣東衛經歷
唐　哲都司斷事　李　讓刑部主事
譚明壽　劉蔭宗
劉時達　董叔彰晉寧州同知
武　仁　李得艮
劉善宗　易　觀合州同知
陽朝宗　曾友諒
蕭　節　陳文斌
胡　敬　陳　善

鄧　輔　文　郁
譚本濂遂溪知縣　劉　綱平州巡檢
劉　本和州同　易友信楚雄府推官
趙　斌慶符知縣　谷　倫按察司檢校
朱仕諒高州府推官　劉　清樂至知縣
尹　霞　羅　海引禮舍人
金　昂海康縣丞　龔景文鹽城縣丞
趙　祥　袁道英
李　茂　溫紹先
蕭　通南京管馬通判　羅　顒江津縣丞

詹榮茂訓導　茹　漢伴讀
黃　讓伴讀　尹　泰伴讀
黃　璋鴻臚寺序班　唐　彝隆慶州判
蕭　淵霸州同　瞿　澄
羅　畸　金　聲古田訓導
陳廷佐經歷　易　榮武陵縣丞
謝　麟徐州吏目　曹　昇
周　麟　單　璧高淳縣丞
王　清周府紀善　陳　錦歸德州吏目
歐陽訓　文　晉

盧璽吏目　陳公佐平樂訓導
劉宜定海訓導　譚琳南雄經歷
秦智安仁縣丞　皮宣
唐佐博羅縣丞　劉環吏目
秦龍吏目　陳文
夏明經歷　曹泰
劉漢訓導　黃玉瓚
陳均用崇義知縣　茹昂
賀紳定遠主簿　閔繡
賀縉銅仁府推官　金珂

劉偉　陳翼上饒訓導
陳廉亳州訓導　蕭韶盧州教諭
朱麟　楊友鳳廣昌教諭
趙冕南昌縣丞　趙卿沙縣教諭
劉廷茂周府教授　顏奎西充教諭
曹尚賢　朱希齊
王洪懷義知縣　彭澤
李成德　陳大旺
趙昺崇府教諭　茹守成雅州教諭
唐韆石城教諭　陳次化桐柏知縣

歐陽重武進訓導　劉鳳階判官
秦應奎處州判官　楊廷鳳
劉詠　胡其然
單廷宰東鄉主簿　陳雍
曹詩上海縣丞　吳守臣
皮文敍　曠師孔大名府推官
彭有年新建主簿　秦尚志橫州州判
吳守學溧水縣丞　秦尚學富川知縣
唐登瀛郴州訓導　賓承簪河間訓導
曠祖曾思州教諭　朱製醴陵教諭

李華通城教諭　黃文華巴州知州
戴星昌化訓導　曠祖顏江川知縣
蕭篤道州訓導　譚宗勉荆州教授
康時憲　廖士奇
康君邦通城教諭　賓悅太平教授
毛有倫　譚一龍溧陽訓導
譚瓊臺　康時雍沔陽教諭
李芳春　戴朝纓蒲州州判
曠賢芳開封經歷　趙之球韶州通判
劉德輝鳳陽知縣　康善生華容訓導

康元祐　羅補袞廣西州判
趙炳宋　吳楚材九溪衛訓導
曠鳴歷　譚　道
李爲棟　夏志誤
康尊生湘潭知縣　張其賢
康元鼎桃源教諭　劉芳蹟
曹一駿寧遠訓導　蕭士熙

本朝

張　崑　尹應聘
趙一貫　向之淯荊州訓導

譚維城通城訓導　譚允升
戴士奇　曹懋極縉雲知縣
李天申縣丞　李培之石門訓導
譚友芝　曠映歷溆浦訓導
劉萬輝安鄉訓導　曹學孔龍陽教諭
董學惟漢陽訓導　賓逢聖均州訓導
康圖孫　陳于闕安鄉訓導
文　炳　曠　震
曠鴻歷　文　豹
戴日燦　蕭士杰

譚瓊修　康芙生
李芳生　康浩生
文中蘭　吳昌徜
康鳴謙瀏陽教諭　吳　載
唐宜勳　成世雅寧鄉教諭
曠士美　龍在田
曹徵賢沅江教諭　李　掄臨武教諭
陳　澍　劉自穎
劉宗岐江華訓導　胡本紳慈利教諭
蕭長柏　李資濬

熊之珩　曠敏本
李資淑　楊正暘
蕭長儒永明教諭　文　貫桂陽訓導
蕭長佩　曠敦本
尹成珩　康受昌永綏廳訓導
向兆熾乾州廳訓導　蒙之鴻
劉廷艮　向　道安鄉訓導
胡本侍　歐陽景
劉宗源　賓　綸
李　銓訓導　夏維鑒

向逑 永州訓導　侯光宗
譚尙籍 瀏陽教諭　康曾謨
謝濟　陳立綱
陳大廷　單運澤
陳之紀　楊景星
廖國賓　歐陽旺
林鳳聲　文光朝 教習知縣
左士望 長沙訓導　盧昌文
皮焯 乾州廳訓導　歐陽昌
戴立德　羅其學

康映藻　劉炳
劉桂　成之倫
歐陽中柱　譚昌幹
曹效穎　邊宗峙

例貢

唐欽語　譚毓焌 郴州訓導
曠凝本　唐欽謨 縣丞
單坤筮　羅仕撰 郴州學正
蕭必達　楊琇
譚呂武　譚昌徽

劉中典　唐元
趙嗣崇　單詩揚
單士柱　侯畿
黃衡湘　侯甸
茹嚴　蕭應魁
陳錞　胡本熾
曠盼　歐陽星葵
羅登選　曠御本
譚秀仁　譚秀偉
曠達本　羅廷拔

歐陽昌　廖寧進
陳世作　譚芝澄
譚士綸　溫其笏
李善　蕭應維

監選

明

黃一中 光祿寺署丞　廖廷縉 平陽府照磨
朱芾 鴻臚寺序班　楊廷鶴 羅定州同知
夏杜 序班　廖士鰲 縣丞
周俊仁 鹽運司提舉　劉見賢 經歷

康元程兵馬司　賓舒涉縣主簿

朱廷樹雲州州同　康篤生衛經歷

本朝

劉中興蕪湖縣丞　譚秀健崖州府吏目

譚秀信安慶府吏目　譚芳華乍浦巡檢

吏選

明

周泰縣丞　羅敬縣丞

羅榮州同　尹艮巡檢

陳志通州判　尹祿宗巡檢

賀孚典史　謝震巡檢

羅隆河泊　楊仁亮河泊

秦璉　黃惠典史

王智巡檢　劉智大使

秦鏞大使　陽春巡檢

易進彰巡檢　陽聕巡檢

彭鑑倉使　文敬大使

羅選倉使　胡志巡檢

謝琳典史　劉信主簿

羅文倉使　羅珪衛經歷

盧文廣經歷　晏明巡檢

許忠巡檢　顏英巡檢

劉澄巡檢　劉貴巡檢

胡勝巡檢　劉震驛丞

曾友銘典史　周琳

黃錦大使　文昂倉副使

董隆倉副使　王玉大使

李秀倉副使　楊進大使

劉昇典史　袁祟大使

劉璉大使　吳潤判官

文達典史　曹文禮典史

李琮典史　康鼎典史

胡俛司獄　龍佐驛丞

何璽驛丞　袁憲驛丞

羅俛縣丞　羅昱典史

唐相巡檢　黃顯典史

唐永司獄　唐秀鳳典史

吳常倉副使　朱讓倉副使

陳安　歐陽璽大使

曹有憲大使　曹廷珏巡檢

胡朝憲倉官　羅玉主簿
陳學孟倉使　武倫倉使
楊時經歷　尹丕員經歷
劉廷詰巡檢　李紹冀司獄
劉鎬庫官　綦光宗典史
陳卿鹽課使　曹宥鹽課使
陳世鶴典史　戴文奎吏目
李槩倉使　金橋吏目
唐之臣巡檢　劉寵經歷
李居遷司獄　吳浹經歷

劉必順鹽大使　何楠典史
曹明賢鹽大使　文國治倉使
鄭文明主簿　袁伯岐主簿
林之材驛丞　綦應麟驛丞
鄧正思典史　胡克己典史
張維炳經歷

本朝

廖寧退烏山司巡檢　唐羽吉臨川縣典史
黃覲隆柘城縣典史

耒陽縣

貢生

明

黃文德建昌經歷　蕭善生慶源教諭
劉源龍安岳主簿　劉思政玉山知縣
徐倫福清縣丞　賀平陝西按察司照磨
雷震合江訓導　王麟唐縣縣丞
賀縉遂昌訓導　陳猷新喻訓導
鄧畬大姚知縣　王用雲南左衛經歷
王佐　王儐知縣

謝祥吏目　姚瑄利津主簿
劉廣邱縣主簿　曹銓安福縣丞
資頤臨桂知縣　周康長興縣丞
劉顯魚臺縣丞　周讓
王綱　曾禧雲南左衛經歷
王哲　羅良成都訓導
劉亮經歷　李皆
羅寬　李昇
陳謨龍虎衛經歷　賀良崑山縣丞
劉敬　徐得

陳瑛宣化訓導　賀仝
賀廉廣東布政司理問　張木銅梁主簿
吳源大理府檢校　梁材南康訓導
沈賢武宣訓導　郤瑄蘭陽訓導
陳經灌陽訓導　梁高應天訓導
郭文達廣東鹽運使　賀萱南昌訓導
彭春訓導　嚴謹北流訓導
陳銳桂林訓導　周璽楚雄檢校
李泰　謝儕縣丞
鄧瑞吏目　張文獻

鄭美蓬州吏目　華賓
劉文新安經歷　賀廷瑞高縣訓導
賀孟勳　賀希哲福建都司經歷
雷啓　謝謨司李
歐陽廣　王文耀太平府別駕
陳福威武訓導　段瓘
許應奎鄭府紀善　劉永嘉永寧知縣
梁道盛日照知縣　鄭維垣沂水教諭
李維新　鄧鉞梓潼訓導
鄧章　谷鳳起韶州府通判

周文時瑞州經歷　陳學慈谿訓導
謝謙　劉永熹金堂訓導
陳博　鄭維寅
許濟　許應時宜黃訓導
謝廉　資鎰寧州訓導
廖儒巴縣訓導　張元圭
蔣鵬　段繼武
周文旆永昌推官　陳一夔東莞訓導
羅敬敷井研教諭　鄧時中建始教諭
李垣靖州學正　馬永錫

鄭同學　李芝芳
郤文金鄉衛經歷　謝紹嶽平定州同知
胡韶　鄭初
李經則長樂縣丞　劉上鎮寧知州
謝如元西平縣丞　陳一封溆浦教諭
劉根常熟教諭　嚴一上善化教諭
賁艮蘉鄆縣教諭　劉尚仁雲和教諭
雷鳴春南昌教諭　黎偉慶陽教授
曹三奇台州經歷　羅正佳南昌府訓導
周瑞謙祁陽教諭　徐萬程荊州教授

譚元會歸州訓導　徐萬化桂陽訓導
謝廷植蘄水訓導　資良矩
資紹宗江夏教諭　李茂春
李　堦桂東教諭　李用元忠州學正
周應寵　李國材
李　墉　謝如契
謝如皋　謝如夔
陳雲鴈　楊應節
徐可大石首教諭　鄧一鄂
陳紹夔　鄭　仁
謝如稷　徐可久辰谿教諭
徐可璣安化教諭　謝　藹
曹國光　謝如龍
謝　蓀　鄧世臣
謝重開　鄭必達台州推官
許　恕衡州教授　羅　宣馬平知縣
羅　冠教諭　周　詰
胡紹賓寧夏衛經歷　謝如道
資一陽　吳思瑚敘州通判
吳志永高要訓導　吳仁富楚府長史

衡州府志 卷之二十三 選舉 全

吳義祥國子監助教　吳忠止教諭
詹孔祿知縣　劉　俶州判
彭懋宗縣丞　廖文約
胡尙德教諭　夏日就知縣
王文彩通判　陽　昇通判
李盛時　崔　弼

本朝

曹國魁　劉祚昌
陳懋進　彭夢澤
胡　宣　曹　鶴
李元芳　馬必龍署德化知縣
陳其赤　謝景昌
雷先春　周士椿
謝　焻　謝天爵
陳其愚　資一枝
譚法言　陳景芳
楊廷桂　蔣應蕃
陳其懿　李彝謌
劉正爽　譚昌言
李角生城步訓導　劉汝礪

蔣士明城步訓導　何雲慶桂東訓導
譚士英　鄧世璉
劉而松　李喬
謝岳生　雷烈
蔣琮　王大用
賀昌　羅人才
譚綸　李日宣
鄧泰之　梁盛朋
曾壟　鄧大棨
楊位圻　資雲中

謝正乾　黃天成
陳萬言　謝道迎
曹芳　胡其寧
謝道達　鄭汝霖
劉瑛　謝再遇
譚可嘉　羅士儒
謝良貴　王林
姚士英嘉禾訓導　黃天瑞沅江訓導
歐陽日枚保靖訓導　劉提經
謝道僑　謝良榜

黎太和　謝名洪
謝良剡　謝良職
陳道喦　黎太乙
李佳長沙訓導　彭尙友安鄉訓導
謝良田　謝良瑰
蔣佳　陳試
謝道廸　賀夢洛石門訓導
黃開奕東安訓導　鄧文謨
曹永南　賀夢儒
黎明望　謝道洙

謝良棟　伍必售
周鎮　廖必立
周德上

例貢

伍大鶴　伍大惠
陸圭　謝承恩
伍先揞　劉高桂
雷鳴照

監選

明

謝思樸興寧縣丞　李邦治四川布政理問
鄭祖明見傳　楊梓懷寧縣丞
謝榮永成縣丞　楊應舉桂林府經歷
曹國寶布政司理問

史選

明

陳清濱州判官　陳瑞典史
尹寧如皋縣主簿　鄭瓊忠州判官
莊順典史　陶文鳳大使
劉聰井研縣典史　毛縉典史

周廣馬邑典史　李再生孝義典史
胡惠順泰縣典史　譚思誠稅務
劉洪湖州府稅務　何深永寧典史
胡洪福建鹽大使　曹顯寧驛丞
劉仁秀玉山經歷　鍾思常司獄
李蘚高安主簿　劉沂稅務
蕭思凰新昌巡檢　王鉞玉山典史
曹穎興安巡檢　劉永泰葉縣巡檢
濮武上高典史　段湖武陵典史
黃泰天台典史　黃宗瀚惠來典史

劉宗順隴西典史　梁守成通州衛經歷
周萬環永新主簿　鄧祖舜安寧州吏目
曾偉浙江稅課　文斗陝西庫大使
徐武思永康縣主簿　梁正乾富田巡檢
資艮卿　雷嚮番禺縣河泊所
王福容石坡經歷　鄧國珍營縣典史
曹三仕峇津寨巡檢　歐大葵浪穹縣巡檢
譚三譽火井巡檢　劉啓後欄倉衛大使
譚三傑貴州稅課　林永東龍里衛倉副
龍應禎安縣典史　楊星魁永嘉縣丞

蔣大位成都郡丞

本朝

蔣亨鎮平知縣　周名標柳州府經歷
徐芳都勻府經歷　谷籓連州令
賀文星江安典史　王汝芳高安縣丞
吳文明巡檢　梁盛符梁山典史

常寧縣

貢生

明

謝　昌金華同知　廖　惲都司斷事

吳　毅南直兵馬指揮　雷　升鄱陽知縣

蕭　海　周永爱望江縣丞

魏　忠衢州推官　吳志忠新津知縣

鍾　韻綿竹知縣　廖　奎羅雄同知

詹仲貴　彭　政

廖廷芳東城兵馬指揮　彭　翔

魏仁敏達縣知縣　謝　昌

吳　濬瀘州河泊所　詹　莊金齒教授

周　珪雙流訓導　周　璉會昌縣丞

詹仲濬　吳　安

周　鑑宿州訓導　張文智羅城訓導

魏景明臨桂縣丞　李　春

陳　蘭　鄧時湧會原學正

周思隆　李　芳耒陽主簿

朱廷鳳　何逢學中江訓導

詹　淵大寧教諭　朱大用

李　昜　張景松

廖文紳新蔡訓導　徐　禮

徐邦靖羅城訓導　廖廷綸宜黃主簿

曾仕宸順慶訓導　廖文箴河源訓導

唐宗堯南京東城兵馬指揮　廖守正宜賓訓導

劉伯奇銅梁訓導　魏　珣

劉紹昉鴻臚寺主簿　周邦傑齊東教諭

周時冕　吳道正德安訓導

周從時射洪主簿　呂志德

朱　表　曹仕威臨江訓導

周如金　徐鳴琚項城教諭

徐逢慶饒州照磨　周從諫高城縣丞

孫天然甘肅衛經歷　劉　价

詹仲春大名訓導　劉賓用安居主簿

曾永仕望江訓導　胡如旦

劉聘用岷府教授　唐　杰

雷　价　朱文山金堂教諭

廖　棟桃源訓導　周　晳楚府教授

周邦宣湘鄉訓導　李　直新化訓導

袁　肅蘄圻訓導　詹尚義烏撒訓導

詹　幸 撫州訓導	毛鳳生 主簿
彭　卿 永興訓導	謝恩元 思恩教授
何天衢 應山訓導	胡　瑰 東安訓導
周天學 東莞訓導	李舒顏 霍山訓導
周　望	廖守遴
李舒萼	王　賓
張德言 醴陵訓導	段一冠
夏日省	段一毓 高要訓導
夏日就 平鄉訓導	劉紹堯
黃廉傳	彭思旦

夏正思	黃一邑
劉顯卿	段一國 寶慶教授
謝仕行 應城教諭	段君錫
魏大任	李相時
阮登道 臨江訓導	劉元薦 訓導
李濬發	周懋卿
胡應春	歐加任
李中華	詹孔祿 慶符知縣
劉　俶 濟寧州判	彭懋榮 肥鄉縣丞
廖文約	胡尚德 常德教授

王文彩 南寧通判	陽　升 桂林通判
李盛時	崔　弼
段廷袞 道州學正	劉登瀛
鄧元魁 新鄉知縣	呂文周 同州

本朝

雷春起	尹知先
李千秋	曹國弼
劉其康	劉禹智 呈貢知縣
鄧　霆	尹相湯
段匡袞	劉祚長

鄒是禮	袁來珠
劉其生	何爾辛
何爾庚	劉芳簡
黃一清	殷立鵠 城步訓導
吳從昌 九谿衛訓導	劉咸陶 寧遠教諭
李艮榿	段昌統
段培生	李廷賢
詹文彬	劉薊植 安吉知州
唐之賁	何生禾
胡際虞 沅州訓導	彭成美

賀正笏 麻陽訓導　吳昌元
鄒士乾　朱一翥
游廷泰　魏守先
吳達元　曹之璃
吳晃元　崔艮書
吳勝儁　彭鴻舉
鄧永章　劉　權
鄒文炳　張其綱
段永斗　劉懋修
段永清 訓導　殷　銘 澧州訓導

崔　灝 臨武教諭　段嵩生
段永項　段永儁
易象珪　李達明
段極生　張汝岱
吳錦章　段昌緘
段嶠生　唐之庠
鄧生秀　周惠國
曹　鷹　劉　理
段岐生 署松江同知　鄧必麟 乾州廳訓導
段穆生 寶慶訓導　羅廷謗 新化訓導

張澄遠　賀　鏡
李如杞　劉必達
賀世蘭　劉士音
彭之璇　劉　儁
汪三治

例貢

本朝

王應章 嘉禾司訓　段桐生 思恩府通判署平樂府同知
張漸遠　黃言德
唐有序　劉敬植

王萬資　周伐賢
周　錦　周義符
段峻生　魏　鰲
鍾　秀　廖禮元
段永罕
吳理崇

監選

明

郭道欽 固原衛經歷　謝廷价 武進縣主簿
王雲同 東昌府照磨　郭衛時 光祿寺監事

魏尚賢 海康縣丞　魏正倫 偃師縣丞

阮文魁 廣西府經歷　詹輝 廣信府照磨

段晉錫 浙江同知　阮志道 華州同知

殷之翰 成都府經歷　夏瑾 吏目

詹拱辰 嵌頭巡檢　張鳳儀 崇明巡檢

曹可任 都司司獄　楊日章 嘉定縣巡檢

吏選

本朝

李人發 德化典史

安仁縣

貢生

明

譚有德 楊州知府　樊昌

張添奇 寧波經歷　黃源潤 鳳翔衛經歷

賀民信 臨江知府　王惟金

馬惟政 清州同知　李尙 知事

劉克廸 昆山縣丞　張茂孫 廣東都司斷事

蔡存信　周禮

謝必倖 昆明縣丞　李衡 柳城縣丞

馬驥 南京中城兵馬指揮　張鑑 普寧州同知

李志宏 戎縣知縣　李俊

譚源 瓊州推官　歐陽泰 溧陽縣丞

彭綸 懷遠知縣　譚紹紳 儋州知州

劉綱 安岳主簿　劉芳 大興左衛經歷

周璿 義勇中衛經歷　倪徽 集寧知縣

賀祥 贛州檢校　歐陽鑑

曹瓚 南京旗手衛經歷　朱貴 太平經歷

周鎬 蓬州州判　陳倫

樊裔　黃瓊 藁城知縣

張　政南陽主簿　黄　鍾彰明教諭
伍均謙武城知縣　許　進
李義政射洪訓導　王　敬陽武訓導
陳　詒祠鄉縣丞　陳　昱
李　芳　侯　爵咸恩知縣
劉　善通州州判　陳　策宿州州判
鄧　璉臨江檢校　周振德東城兵馬指揮
唐孟瑜　周　圭昆明縣丞
王　衮洼縣縣丞　馬紹武
樊　魁　唐　軫海康縣丞

吳　璣　賀　恩化州學正
李　景鎮江衛經歷　歐陽暭恭城知縣
虞尚義巫山主簿　謝　顯
陳　鷴　周善策盧陵知縣
李　魁保山主簿　許　瑞
侯義士　陳廷相
譚大用　唐大山滄溪主簿
陳廷儒　李　瓛叙州訓導
譚永庚魯山知縣　蔡　縉
周　德武陟縣丞　李均卿寧都主簿

唐大猷新喻主簿　張　懋
鄧廷佐　唐大鵬熟江訓導
歐陽元　歐陽亨
陳廷楠　伍漢憲白水訓導
譚大章　王國南臨彰訓導
何廷銳南陽訓導　歐陽生
王　恩常州訓導　劉淵渭永新訓導
樊明瑞永安訓導　歐陽輝
周孟定　蔡　甫南城縣丞
袁信宜平南知縣　陳貴學瑞昌訓導

譚伯溫武進主簿　歐陽雲江華訓導
侯信民萬載訓導　張大化教諭
劉淵湜順慶教授　陳貴重教授
謝崇謙東鄉訓導　樊紹祖成都通判
歐陽臬德安訓導　陳貴同壽昌縣丞
何冀孟金稽訓導　王國士當陽訓導
周鳴鳳永豐訓導　謝學易瀏陽訓導
歐陽爍　謝學樂綏平訓導
歐陽璠　侯信治岳池知縣
李性定　譚必定長沙教諭

周元勳灌縣知縣　馬雲從鎮江通判
譚　灼　侯溫宇永平知縣
劉亨春攸縣教諭　侯光啓茶陵學正
李日顯工部司務　許之兆蒼梧知縣
樊問仁　黃卿雲光祿署丞
張禰崇　侯允恭
侯協恭雲南道　謝存龍

本朝

周良瑚　李時顯
侯良幹　蔡而馭

侯恭植　譚喜先
謝之發　歐陽新國
許逢可　謝存珍
歐陽煌　侯仲溫
許逢夔　李象賢寶慶訓導
侯國璽　劉復泰
李天植　侯如璧
李圭璋　侯良揆
龍乘雲　唐　琮
劉定鉉　何知來

虞協中　歐陽鴻飛
李宏業　李斌良新化訓導
李知賢　李銓賢
李極良　譚規先
羅世晟　李見賢
李述良　陳祁籍
陳大鴻巴陵訓導　侯天傑
譚親先　李國珂瀏陽教諭
譚傑先　侯儀恭
侯讓德　歐陽任

譚俊先　張紹程
李植良　侯恭珦
陳祚藉　張明良
謝如瓏　李選良
侯廷讓　李鍾賢
陳良伯　何斟生
譚公錫　趙蒼璧
譚一德　侯天祿
譚　永　張顯親
陳大治　黃　謙

張必昌　周敏濂
張顯勳　周祖蘭
謝際榮　侯冠寅
黄輝德　張溫前
歐陽晃　李超
例貢
明
陳廷佩 神武左衛經歷　歐陽梧 無錫主簿
許鶴 臨洮經歷　歐陽受
歐陽遂　歐陽過

許淵 大理經歷　陳嘉賞
陳嘉賓　李忠烈
許應弼　許應試 序班
本朝
李明顯　何祖璇　李翔
李茂華　何仁忠　李知賢
侯萬里　張昭　李珩 新田知縣
何貞智　歐陽熊　段日升
何紹忠　張祖璣 同州　張冠前
段全科　何純忠 同州　周義芳

何傑忠
吏選
明
趙葛榮 松江經歷　何汝慶 瓦屑壩巡檢
馬添隆 河南府推官　唐遽 淮安府知事
劉智 博羅縣縣丞　趙友靈 四川永豐倉大使
李聰 石城縣縣丞　黄賢 寧縣河泊
李富 平谷縣縣丞　李諒 沖加巡檢
賀民恕 廣東兵仗局副使　陳思侃 四川廣濟倉大使
劉彪 吳江縣知縣　唐信 直隸通濟倉大使

李林 南陵稅課局大使　何永泉 過步鎮巡檢
李隆 梧東巡檢　黄宗琳 保寧府倉大使
李樑 新寧縣主簿　鄧永聡 昭潭驛丞
鄧永清 省祭　陳鑑 雲南都司吏目
侯相 長官司吏目　唐伯謙 象山廣積倉大使
賀旦 省祭　陳鳳 全州城南驛丞
譚勝奇 省祭　劉振鋭 萍鄉典史
許添佩 會昌典史　呂世橋 省祭
李振暘 都察院司獄　陳伯恩 郴縣典史
鄭榮 臨川清遠[illegible]丞　劉仲錦 省祭

汪仁涵 貴州長官司吏目　李忠祐 崑山縣典史
唐公著 德興典史　李時穠 盧州倉大使
李時化 京庫官　李廷白 吉安税課司
李時黃 倉大使　許添猷 省祭
侯 岔 蒙化驛丞　許 湘 典業縣典史
許 瀅 綦江縣典史　黃守益 省祭
黃尚文 仁和縣縣丞　歐陽坤淵 連山縣典史
何行俊 華縣典史　侯溫憲 南陽府照磨
歐陽德淳 濟■縣縣丞　侯溫風 嘉興府照磨
本朝
黃 斌 永明縣典史

酃縣
貢生
明
項振宗 同知　張承祖
李元敷 知縣　羅行敬 主簿
皮以辰 知縣　張楫用 通判
歐志文 知縣　陳嘉言 知縣
劉振源　歐友鄰
陳雅言 知縣　歐陽普
扶仁孫　陳與言
皮以言 知縣　吳 信 知縣
曹均政 主簿　尹試宗 縣丞
陳德政 判官　尹克儀 照磨
扶子隆 經歷　曹紹遠
李復初　陳 知 州判
尹定孫　皮 珉
劉 理　尹志道
馬 驥 理問　劉永原
張 哲 知縣　李 璺
劉 紳 訓導　吳 琦 縣丞

扶　讓經歷　尹　通訓導
鄒　海知縣　尹　忠同知
歐　祟　譚　源同知
尹　海　譚子奇
尹　綱訓導　李　綉典儀
扶　忠知縣　劉　賢經歷
陳　鎬經歷　尹　昌經歷
陳　源教授　尹　寧
李　晃　陳　淵
尹　昂　吳一鑌縣丞
劉　鼎　李艮貴訓導
譚以春教諭　扶日高經歷
譚應桂　馬　昂
陳　瓊州判　譚　綉知事
張　珪縣丞　陳　素中書
扶　賢主簿　陳叔輿經歷
尹　尙判官　陳天爵
尹　鯤經歷　胡日曉
譚　時　吳　謨知州
李貴謨　劉　經

譚元正知縣　陳　賚
劉公泰按察副使　陳楚立縣丞
張世瑎縣丞　扶日亮知縣
扶日煥經歷　扶桂清教諭
吳景夔知縣　吳汝賢照磨
賀宗朝　劉廷賛教諭
譚尙禮訓導　劉清美教諭
譚體乾教授　譚體弜縣丞
譚體恒縣丞　劉廷金縣丞
劉清善縣丞　羅奎翼縣丞
劉　慶　陳廷冠通判
譚繡祥教授　左其鳳教諭
羅嘉慶知縣　譚繼祥縣丞
李朝陽訓導　譚瑤祥知縣
譚肅政　譚經濟學正
陳啓明知縣　譚繼周縣丞
陳　廷訓導　羅邦慶教諭
譚體觀教諭　譚安廣教諭
陳素蘊　扶桂重學正
扶桂標　扶京獻

譚喬松　劉穩訓導
扶承命訓導　尹武萃訓導
羅願學　劉遇教諭
譚安懋教諭　陳朝東教諭
劉翔舉教諭　譚光哲教諭
李敷秀教諭　譚宗員教諭
扶大化教諭　譚體學教諭
羅良資　陳田教諭
羅光台教諭　羅于隆州判
譚光甸訓導　周希禹

扶一彥學正　尹應衡訓導
譚體充訓導　譚楚良知縣
李時茂　譚光容教授
謝翺舉　羅應薦
譚宗稟教諭　鄒統魯
羅承貫　劉仁祖
譚楚賢　周祉
李榮賓　劉效成
鄒承茂州判　李嘉銘訓導

本朝

劉聯聲　羅萬有
周士偁　譚泰京湘陰訓導
李德教　鄒倬訓導
劉紹啟　羅士彝
周士奇　李發早
李林茂　尹廷德
鄒致雍　尹廷試
周矩訓導　鄒致京訓導
劉萬聯桂陽縣訓導　周世冑
周夢熊訓導　周翀學正

鄒致厚訓導　段德璋訓導
羅世晟湘鄉教諭　鄒致雍訓導
羅沛湘潭訓導　鄒致肅訓導
鄒廷相會同訓導　周宏彥
譚顯名興寧教諭　潘以諾
譚泰遠　尹明德
羅聲振　羅承策
周世支　譚泰組
扶德璜　鄒聲性
譚秀薦　羅絢

例貢

鄒承茂道州判　譚楚豪

鄒承烈　譚楚玉

鄒承勳　譚秀誦

羅承梅　劉克紀

劉武材　張式瓚

陳祖壽　劉文德

朱艮紀　葉萃華

霍子規　劉顯爵

鄒元錫　劉武極

譚衡珙　唐之盛

譚與發　譚泰紱

監選

譚交英居事府紀事　陳艮麗白河縣主簿

劉時舉按察司經歷　劉綸醴泉縣丞

陳素敎衛經歷　尹禮芳增城縣主簿

譚紹賢嘉定州州同　李榮標南昌府照磨

羅國楫西安府通判　陳我輝紹武縣丞

吏選

潘思琳南京豹韜衛經歷　譚珠祥華陰典史

譚緝祥英德典史　胡正淵南昌府庫大使

譚朝祥巡檢　段俊秀大足縣典史

李奇泉昌化典史　陳素琛樂昌縣稅課司

胡三畏南京上元稅課司　李廷裕龍泉典史

譚繼寶臨桂典史　譚紘祥貴池縣主簿

潘忠恩馬龍州判　譚安杏匡山驛丞

李宗廣九江巡檢　譚宗堯崇慶州判

譚安充龍泉典史　李賓隆羅城縣丞

譚宗昂杭州稅課司　■應試江湘司巡檢

李敷賓提舉鹽大使　譚宗挺崇慶州吏目

譚宗哲金山司巡檢　譚宗凱渠縣典史

羅承慶廣信府倉大使　譚楚寵五斗司巡檢

李京茂臨桂縣丞　李初茂大醫院吏目

陳輔朝長壽縣典史　譚楚珩會昌縣典史

陳廷春尖山司巡檢　譚宗芙仁和縣河泊大使

薦辟

漢

蔡　倫　耒陽人封龍亭侯

胡　騰　耒陽人尚書

谷　永　耒陽人司農

劉　巴　烝陽人尚書令

谷　朗　耒陽人九貞大守

谷府君　朗仲子郎中

六朝晉

羅　含　耒陽人尚書郎遷宜郡大守

五代宋

羅　濬　耒陽人馬軍都總節度使封忠顯侯

陳

羅忠時　耒陽人荆州監稅

鄧正直　衡陽人盧陽令

唐

谷那律　諫議大夫

宋

文　謀　衡山人光祿大夫

秦允濟　耒陽人

秦允修　耒陽人仁化縣尉

黃師道　衡陽人屯田郎中

黃師旦　衡陽人屯田員外

葉　蓋　耒陽人知郴州

曹進之　耒陽人廣昌令

趙　錫　衡陽人知吉水縣

元

馬　庸　安仁人四川廉訪使

明

杜文德　舉明經訓導衡陽人

蔣嗣宗　吏目衡陽人

廖恩敬　教授衡陽人

傅誠學　舉儒士通綽衡陽人

曾與誠　寧國教諭衡陽人

曾夢星　教諭衡陽人

謝　宇　舉神童侍郎衡陽人

王仕璉　舉賢良衡陽人

朱誠正　主簿衡陽人

劉　宇　衡陽〻人

何　金　教諭衡陽人

劉夢麟 主簿衡陽人
茹瑞 尚書衡山人
歐陽輔 知州衡山人
曹仲仁 通判衡山人
武傑 知縣衡山人
李從善 主事衡山人
金朝俊 鹽運使衡山人
陳琳 訓導衡山人
侯繼 舉才幹衡山人
武資 舉吏才衡山人
文顯昇 侍郎衡山人
文顯鼎 教諭衡山人
文顯晃 省察衡山人
李懋 翰林耒陽人
張彥明 知縣耒陽人
李政 舉人才耒陽人
鄭漢 本學訓導耒陽人
許均祥 舉賢良耒陽人
周才可 訓導常寧人
周福昌 給事常寧人

蔡朝端 訓導安仁人
吳淑莊 安仁人
虞有孚 訓導安仁人
歐陽惟圭 舉明經安仁人
何汝慶 巡檢安仁人
趙萬榮 舉人才安仁人
皮以仲 舉人才酃縣人
蔡以節 判官酃縣人
譚以忠 舉賢良酃縣人
張天錫 教諭酃縣人
李璇 參議酃縣人
譚文端 知縣酃縣人
扶道 縣丞酃縣人
陳靜言 知縣酃縣人
陳興言 縣丞酃縣人
扶璉 縣丞酃縣人
尹鑑 酃縣人
尹賓 教諭酃縣人
陳宣賢 縣丞酃縣人
胡介夫 訓導酃縣人

尹起莘 訓導酃縣人

尹南仲 都超舍人酃縣人

陳屆南 經歷酃縣人

蔡以昇 縣丞酃縣人

陳正初 縣丞酃縣人

羅仲驥 本學司訓酃縣人

王思賢 知事酃縣人

尹廷實 舉明經酃縣人

陳珏 知事酃縣人

本朝

劉其清 教諭衡陽人

劉希稷 知縣衡陽人

陳其琰 教諭衡陽人

謝之璜 教諭衡陽人

李孔授 教諭衡陽人

康裔生 教諭衡山人

蔣一俊 太守耒陽人

毛璡 知縣耒縣人

蔭生

宋

李椿 衡陽人直龍圖閣湖南副使

李芾 衡陽人知潭州兼理湖南安撫使贈端明殿大學士

元

趙洪 衡山人湖南宣慰使

侯傳 定遠節度推官

侯似 承務郎

明

王思 衡陽人順天治中

胡宏 衡山人承務郎

文定友 衡山人工部主事

文定偹 甬道巡檢

武進士

明

戴　貞　提騎將軍衡山人

本朝

按雍正四年以前武進士舉人通志舊志俱未注載科分今仍之

羅光大　衡陽人

曠深本　衡山人硤口營都司陞江西建昌營遊擊

武舉

明

杜　璧　衡陽人漳湖副總兵

吳大爲　衡陽人

顧應龍　守備衡陽人

黃萬憲　衡陽人

戴　貞　衡山人

劉憲斌　耒陽人

龍天秩　耒陽人

文安國　耒陽人

本朝

劉士泰　耒陽人

羅光大　衡陽人

羅瑞生　衡陽人

易志崧　衡陽人

蔣月占　衡陽人

文中華　衡山人

周憲章　耒陽人

伍　徵　耒陽人

許德潤　衡山人江南押運千總

曠深本　衡山人雍正丙午

曠士淑　衡山人雍正丙午東昌衛守備

劉發軔　耒陽人雍正丙午

王　泓　衡山人雍正己酉蘇州衛守備

蔣月古　衡州人雍正己酉

譚開泰　清泉人雍正乙卯

江文龍　衡州人乾隆丙辰恩科

侯　嶽　衡山人乾隆辛酉

王天權　衡州人乾隆甲子

易天言　衡州人乾隆甲子

羅經魁　衡山人乾隆甲子

向廷瑗　清泉人乾隆丁卯

蔣士俊　清泉人乾隆庚午

劉華榜　衡陽人乾隆庚午

閻　鼇　清泉人乾隆丙子

朱世龍　衡山人乾隆丙子

劉闢門　衡山人乾隆己卯

胡金枝　常寧人乾隆壬午

何其勇　安仁人乾隆壬午

武選

漢

谷　崇　耒陽人將兵騎爲前鋒拜偏將軍

晉

羅處端　耒陽人武功大夫鎮守邊海

谷　袞　耒陽人廣武將軍

六朝

宋

羅　濱　耒陽人押衙指揮承信郎

梁

羅知遐　耒陽人衡州路都知兵馬事

唐

羅宗廣　耒陽人承信郎進勇副尉節幹元帥

羅汝冀　耒陽人管軍總轄知兵馬事

羅汝輔　耒陽人進勇副尉節幹元帥

宋

廖思文

廖思政

廖思宥

按思文兄弟三人係耒陽人以寇起思文尤

弟三人率鄉人保障一邑紹興間賜爵立廟

元

羅宗華耒陽人金吾護國大將軍征西元帥

羅滌受襲金吾護國大將軍職

鄧定邦耒陽人管軍元帥

明

范邦垣雲南喬甸叅將

王有容永守備

姚應禎楊州衞叅將

顧紹勲四川都司僉事

段文炳由指揮任叅將

歐陽璽衡山人酉守指揮

朱達衡山人淮安千戶

羅寶真耒陽人泰大府指揮千戶

王英衡山人寧波指揮

文壽孫衡山人徐州千戶

黃英衡山人九谿衞千戶

朱常衡山人寶慶千戶

羅膺衡山人金吾百戶

張壽衡山人雲南百戶

陳敏儉衡山人龍里百戶

戴貞衡山人寶慶都司陞正總兵挂握奇將軍印

尹爵耒陽人衡州衞副千戶

蔣暉耒陽人衡州衞百戶

梁棟耒陽人衡州衞百戶

黃鏜耒陽人九溪衞百戶

李鎮耒陽人京衞百戶

周明耒陽人紹南百戶

本朝

謝瑞南耒陽人偏沅投誠總兵

黎士球耒陽人明末兵亂被擄雲南任貴州副總

周龍耒陽人雲南尋霑右營千總歷陞本營遊擊

徐文安耒陽人貴州都司

資九湘耒陽人賀縣守備

周鳳耒陽人浙汀嚴協副將

陳嘉謀耒陽人衡協把總防守本縣

周本南耒陽人健丁營守備陞遊擊

梁國豹耒陽人隨洪閣部

辛啟敬由衡協千總從征武昌叛逆有功授都司任兩廣督標水師營守備事後以子貴受封遂爲衡陽人

辛開元 敔敬子江南京口瓜州水師遊擊

劉用楚 常寧人平樂副將

劉選勝 常寧人甘肅平羌鎮標右營遊擊

劉用亮 常寧人陝西漢興鎮標西協中軍守備

附封贈

明

王原簡 以孫詔貴贈通議大夫

王仕復 以子詔貴贈通議大夫

歐陽仕高 以子復貴贈文林郎

王必貴 以子旻貴贈文林郎

王茂 以子璽貴贈奉直大夫

余瓊 以子守觀貴贈文林郎

甯思璽 以子欽貴封文林郎

李必昌 以子維宗貴贈文林郎

蔣珊 以子福陵貴贈文林郎

易鑒 以子泉貴贈承德郎

李恩 以子珊貴贈文林郎

祝壽華 以子詠貴贈徵仕郎

劉松 以子數貴贈文林郎

劉泰 以子德貴贈中憲大夫

廖添祉 以子珊貴贈修職郎

蔣仁弼 以子璽貴贈徵仕郎

謝缺名 以子立正貴贈徵仕郎

楊缺名 以子憲章貴贈登仕郎

王仕英 以子世用貴贈徵仕郎

歐陽和 以子炳貴贈文林郎

伍大均 以子讓貴封徵仕郎

曾銳 以子朝節貴贈文林郎

甯鎬 以子繪伯貴贈登仕郎

張昊 以子舜友貴贈文林郎

朱琥 以孫炳如貴贈通奉大夫

朱希賢 以子炳如貴贈通奉大夫

歐均義 以子希援貴贈中憲大夫

歐世祥 以子希援貴贈中憲大夫

萬原恩 以子廷相貴贈承德郎

劉孔曜 以子宦貴贈文林郎

陳廷策 以子宗契貴贈奉政大夫

陳宗凱 以子孔珪貴贈中順大夫

陳孔珪 以子聖典貴贈亞中大夫

張良翰 以子遠齡貴贈中憲大夫

吳忠高 以子紀貴贈奉訓大夫

康特臣 以子元弼貴贈封文林郎

李政　以孫璽貴贈通議大夫
李軏　以子璽貴贈通議大夫
胡璉　以子文奎貴贈戶部主事
謝文群　以子訥貴贈刑科給事
袁仁通　以子顯貴贈上元知縣
鄭原韻　以子瓊貴封金吾左衛經歷
曾全　以子鳳儀貴贈禮部主事
周繼旦　以子訓貴贈高安知縣
左克進　以子良貴贈奉政大夫
左璋　以子承翰貴贈承德郎

本朝

周祉　以子士儼貴贈徵仕郎
海壽國　以子鳳翥貴贈文林郎
華明弼　以子士提貴贈文林郎
王猶龍　以子揚緒貴贈登仕郎
劉克仁　以孫良璧貴贈中憲大夫
劉元淳　以子良璧貴贈中憲大夫
左紹郢　以孫修品貴贈文林郎
左致　以子修品貴贈文林郎
劉華瀚　以孫士伸貴贈文林郎
劉國權　以子士伸貴贈文林郎
劉世治　以子昌漢貴贈登仕郎
蕭宜華　以子美仁貴贈修職郎
劉世顯　以子代聞貴贈文林郎
洪祖堯　以子洪文貴贈修職郎
何子爲　以子泰貴贈修職郎
鄒定周　以子世任貴贈文林郎
丁名瓚　以孫一壽貴贈文林郎
丁光祺　以子一壽貴贈文林郎

張一迦　以孫榮倫貴贈文林郎
張大緒　以子榮倫貴贈文林郎
袁吉孚　以孫芳貴贈文林郎
袁長震　以子芳貴贈文林郎
丁光禕　以子元登貴贈登仕郎
傅振華　以子國勳貴贈修職郎
周棐　以子命育貴贈修職郎
胡大任　以子興銓貴贈修職郎
周郜　以子命服貴贈修職郎
劉明星　以孫宗琪貴贈奉政大夫
劉佳儀　以子宗琪貴贈奉政大夫
彭鍾　以子安河貴贈修職郎
王家模　以子瓚貴贈修職郎
譚瓊愷　以子尚箴貴贈文林郎
唐煥　以子崇勳貴贈奉直大夫
康霱孫　以子仁德貴贈文林郎
周禧　以子廣綸貴贈修職郎
劉源霖　以子宗興貴贈修職郎
譚尚遴　以子毓炆貴贈登仕郎
譚瓊瑜　以子尚節貴贈修職郎

成　瑞以子世雅貴贈修職郎
陳克賢以孫其嵩貴贈文林郎
陳世章以子其嵩貴贈文林郎
歐陽紹修以孫正煥貴贈朝儀大夫
歐陽旦以子正煥貴贈朝儀大夫
聶起龍以孫壽貴贈文林郎
聶繼模以子壽貴贈文林郎
林藹春以孫學易貴贈文林郎
林鳳聲以子學易貴贈文林郎
李　旭以孫振貴贈文林郎
李資潤以子振貴贈文林郎
曹懋彬以子學孔貴贈修職郎
彭學孟以孫士商貴贈文林郎
彭　齡以子士商貴贈文林郎
譚毓姣以子秀信貴晋封修職郎
曠　貞以孫敏本貴贈儒林郎
曠士翌以子敏本貴贈文林郎
周　詰以曾孫鳳貴贈榮祿大夫
周上桂以孫鳳軍功贈光祿大夫
周文煥以子鳳貴贈榮祿大夫
曾新木以子大鼎貴贈文林郎
劉廷瑞以曾孫選勝貴贈榮祿大夫
劉憲邦以孫選勝貴贈榮祿大夫
劉用楚以子選勝貴贈榮祿大夫
段廷衮以子昌總貴贈文林郎

附儀賓

黎本忠尚南亭王女
茹　鑑明洪武間尚秦王女
李邦彥正德間尚岷王女
謝應麟尚岷王女

衡州府志卷之二十四

知衡州府事豐城饒佺重編

人物上

人亦曰物特重其人如古法物鼎彝比珍楚稱材藪郁郁彬彬嶽靈湘秀蒸爲俊民况我國家百年陶鑄家有孝子國有良臣品高藝苑望重薦紳顯微闡幽青史流芬

列傳

漢

蔡倫字敬仲[illegible]人永平末給事宮掖建初中爲小黃門和帝[illegible]位轉中常侍預參帷幄倫盡心敦慎數犯顏匡弼每休沐輒閉門絕賓暴體田野後加尙方令永元九年監作祕劍及諸器械精工爲後世法自古書契多編以竹簡其用縑帛者謂之紙縑貴而簡重不便于人倫以意用樹皮麻頭及敝布魚網造爲紙元興元年奏上之帝善其能自是天下莫不從用焉元初元年以倫久在宿衛封龍亭侯食邑三百戸

胡騰字子升耒陽人少師事竇武武死騰獨殯斂行喪坐禁錮武孫甫二歲騰詐爲己子與令

史張敞共匿之得免初桓帝巡南陽以騰爲護駕從事公卿貴戚車騎萬乘徵求費役不可及騰上言天子無外乘輿所幸即爲京師臣請以荊州刺史比司隸校尉臣自同都官從事自是肅然以此顯名黨錮解官至尙書

劉巴字子初烝陽人少知名年十八署郡戸曹劉表辟茂才不就曹操攻荊州昭烈奔江南荊州羣士從之如雲而巴獨詣操辟爲掾使招納長沙零陵桂陽會昭烈畧有三郡巴事不成欲由交州道還京[illegible]時諸葛亮在臨烝追巴謂之曰劉公雄才蓋[illegible]據有荊土天人去就已可知矣足下欲何之巴曰受命而來不成當還此其宜也足下何言耶昭烈深以爲憾已而巴復從交阯至蜀昭烈得巴甚喜辟爲左將軍西曹掾張飛嘗就巴宿巴不與語飛大忿恚亮謂巴曰飛雖武人敬慕足下足下雖天素高亮宜少降意巴曰大丈夫當交四海英雄奈何與兵子共語昭烈聞之怒然終重之嘗目子初才智絕人如孤可任用之非孤者難獨任也亮亦曰運籌幃幄吾不如子初吳張昭嘗對孫權論巴褊隘

不當拒張飛太甚權曰若令子初隨世浮沉容悅元德何足稱爲高士耶後代法正爲尚書令清儉謹默退無私交略烈踐祚凡諸文誥策命皆出巴手魏陳羣素重巴嘗與諸葛亮書問巴消息

按巴祖緯彭城人官零陵太守遂家烝陽巴初拒飛近於隘而晚以清默著其聞道者歟宜陳羣輩交稱爲君子也

谷朗字義先耒陽人英敏特達德行純備三歲喪母十一歲喪[illegible]與弱弟形影相弔事繼母以

孝聞弱冠仕[illegible]右職舉孝廉選賢才遂爲陽安長遷郎中尚書令史大中正改瀏陽令未幾陞都尉尚書靖密樞機名冠郡僚旋遷廣州督軍校尉正身率下不畏疆禦拜五官中郎中遷大中正大夫時交南叛朗往征之恩威大著遷九真太守朗稟明德所歷皆殊勳

谷府君朗仲子失其名明瑩純粹英穎特達舉孝廉歷右職除郎中不枉道以求進不希世以苟合性潔冰鑑氣厲秋霜封臨海永寧侯

晉

羅含字君章耒陽人含少孤嘗晝卧夢一鳥飛入口中自此藻思日新庾亮以爲江夏從事桓溫臨州名補征西參軍尋轉州別駕以廨舍喧擾於城西立茅屋布衣蔬食晏如也溫嘗宴會問僚屬曰含何如人或曰荆楚之材溫曰自是江左之秀豈惟荆楚徵爲尚書郎遷宜郡太守含致仕還家庭階忽蘭菊叢生人以爲德之休徵

唐

趙知微衡山人[illegible]宗朝以布衣上言時政詞旨

激切帝命宰[illegible]諭之宰相因賀天子納諫然終不能用

谷那律淹貫羣書褚遂良稱爲九經庫官至諫議大夫高宗出獵遇雨顧左右曰必油衣方不漏那律對曰以瓦爲之則不漏上默然良久遂不出獵

五代唐

歐陽彬衡山人博學能文初以所著書詣馬氏不用乃走入蜀獻賦蜀王王衍之擢居清要後官居尚書左丞出爲夔州節度使尋解官歸衡

山

宋

鄭向衡陽人大中祥符進士官龍圖閣學士教其甥周茂叔成大儒補向恩廕向嘗撰五代開皇紀三十卷起居注故事三卷

鄭平衡陽人天禧進士永州判官兼監衡州茭源銀冶歐陽修銘其墓曰自信者不疑知命者不惑故得失不累其心喜慍不見其色

侯友彰字夢符衡山人皇祐進士爲臨武尉改桂林丞廉愼不[illegible]居官十年布衣蔬食無異寒

士有同年生[illegible]輿從綺麗友彰飯以蔬糲客去其子以貧約爲羞友彰曰冦平仲位兼將相宅無樓臺彼何人也示子詩云老去官仍舊貧來口亦添舉杯瓶易罄下箸味難兼吾祖從來儉癡兒莫漫嫌萬錢終有命遺汝不如廉

廖剛字用中衡山人少從陳瓘楊時學崇寧五年成進士時蔡京當國剛爲御史論奏無所避歴官刑部侍郎出知漳州日食奉詔言事請建國儲語甚切詔拜御史中丞屢疏皆國大計時徽宗已崩上遇朔望猶率羣臣遥拜淵聖剛言禮有隆殺兄爲君則君之己爲君則兄之可也時鄭億年嘗奏檜得美官剛顯疏其惡檜銜之金人叛盟剛乞起舊相有德望者處以近藩檜聞之曰是欲寘我何地耶改工部尚書而以王次翁爲中丞伺邊報至從官會都堂剛謂億年曰公以百口保金人今已背約有何面目尚在朝廷乎億年奉祠去次翁與右諫議何鑄劾剛薦劉昉陳淵相爲朋比遂致仕

趙方字彦直衡山人棠子也從張栻學淳熙八年舉進士知[illegible]縣告其守史彌遠曰催科不

擾是催科中[illegible]刑罰無差是刑罰中教化辟知隨州南北初講和旱蝗相仍方親走四郊以禱一夕大雨蝗盡死適和議成諸郡寖弛備方獨招兵擇將不少懈時劉光祖以耆德爲帥方事以師禮自言吾性太剛每見劉公使人更和緩請光祖書勤謹和緩四字揭座隅以爲戒累官顯謨閣學士擢刑部尚書俄得疾貽書宰相論疆埸大計卒贈太師謚忠肅方起自儒生帥邊十年以戰爲守留意人才知名士皆拔爲大吏諸名將多出其麾下推誠擢任得其死力有

戰必克使朝廷無北顧之憂其沒也人皆惜之

趙范字武仲方子也嘉定十三年與弟葵殲金人於高頭十四年又敗金人於天長授制置安撫使彭義斌請范合謀討李全范告於制置使趙善湘不從范乃上書史彌遠具言江淮戰守機宜朝廷乃名范稟議於是討賊之謀遂決遂戮全進范兵部侍郎淮東安撫使又進端明殿學士京湖安撫制置使初蒙古遣使來議夾攻金朝臣皆以爲可遂復讐之舉獨范不喜曰宣和海上之盟厥初甚堅迄以取禍不可不鑒帝

不從

趙葵字南仲初方夢南嶽神降其家乃生葵與其兄范俱有大志葵年十二方賞將士恩不賞勞軍欲爲變葵覺之亟呼曰此朝廷賜也本司別有賞賚軍心乃定人服其機警嘉定二年金人犯襄陽葵與范戰走之又攻金人於高頭大破之又敗之於蘄州蘄馘萬餘李全攻揚州葵親出搏戰屢戰皆捷遂殺全葵前後留揚八年墾田治兵邊備益飭拜右丞相尋出爲湖南安撫使累封長沙郡公進冀國公先是言者論葵非由科目進葵因力辭其表有云霍光不學無術每思張詠之語以自慚后稷所讀何書敢以趙抃之言而爲解年八十一卒卒之夕五洲星隕如箕贈太傅謚忠肅

李椿字壽翁衡陽人其先永平人父升進士起家靖康之難升翼其父以背受刃與長子俱卒椿年尚幼㝈殯佛寺深窖而詳識之奉繼母南走艱苦備嘗竭力以養以父澤補迪功郎歷官至寧國軍節度推官吏才精强人稱之張浚辟爲制司常以[illegible][illegible]椿奔走淮甸綏流民布屯戍

察廬壽軍情[illegible][illegible]山水砦險要周密精審所助爲多浚嘗歎才之難椿曰豈可厚誣天下無人惟不惡逆耳而甘遜志庶肯來耳椿知鄂州請行墾田復戶數千曠土大闢移廣西提點刑獄釋所疑數十百人奏罷昭州金坑禁仕者毋市南物移湖北漕適歲大祲米價昂椿殫心區畫米舟湊集價大減每行必前期戒吏具州縣所當問事列爲籍單車詣道所至取吏卒備用峻却饋遺言事者請下諸道爲式名爲吏部郎官論廣西鹽法孝宗是其說遂改定焉除樞密院

檢詳小吏持南丹州莫酋表求自宜州通市因發書張說以聞椿謂邕遠宜近故迂之豈無意今莫氏方横柰何道之以中國地理之近小吏妄作將啓邊釁請論如法說怒椿求去上慰諭令安職遷左司復請外除直龍圖閣湖南副使卒贈文肅

趙淮葵從子李全之叛屢立戰功累官至淮東轉運使德祐中戍銀樹壩兵敗與其妾俱被執至瓜州元帥阿朮使淮招李庭芝許以大官淮佯許諾至揚州[illegible]下乃大呼曰李庭芝男子死耳毋降也阿朮[illegible]殺之

明

茹瑺衡山人洪武中瑺年十六爲國子監生太祖夜夢一人偉貌修髯俯伏階下曰臣南嶽神也來輔陛下詰旦上幸國學見瑺髯貌與夢中神相肖詢其籍則衡山人也上奇之除承勅郎歷通政使勤於職二十三年拜右副都御史試兵部尚書定文武封贈之典及武官庶子襲職例上每稱瑺爲賢人君子并蠲其田塘園林租稅累加太子少保惠帝卽位改吏部與黃子澄不相能出掌河南布政司事尋復名爲兵部尚書修高廟實錄以瑺爲副總裁成祖卽位詔稱瑺事太祖忠功甚重封忠誠伯食祿一千石終其身仍兵部尚書太子少保券文有中外一人中流砥柱之褒詔以秦王第二女長安郡主下嫁其子鑑郎命瑺出營公主府第還朝坐不送趙王遣歸里過長沙以谷王穗陰蓄異志遂不謁王王以爲言時方重藩禮谷王又聞金川門有功帝意嚮之陳瑛遂劾瑺違祖制下錦衣獄服藥死時永樂[illegible]年二月也瑺居官謹愼謙和有容其死也人[illegible]惜之

李埜耒陽人宣德庚戌進士拜監察御史出按浙江陝西皆有能聲陞浙江叅政正統己巳閩處變作提兵分守寇平賜勅奬諭又勦安吉賊攻處寇皆有功賜鈔帛晉雲南廉使省刑典學奏議賑荒秩滿民詣闕奏留者五百餘人賜誥褒異進通議大夫因留任凡十三年始告祠歸滇人立祠祀之

陳謨安仁人字嘉言丰儀甚偉器識凝遠正統戊午鄉試第一授禮科給事中轉左景泰壬辰

奉使琉球國王甚敬禮之後以剛直忤旨謫泰
安州同遂乞歸
王詔字伯宣衡陽人正統壬戌進士授禮科給
事中在諫垣二十餘年多所建白改通政司右
叅議勅視易州山廠興利剔弊具有成績擢工
部左侍郎出浚運河以疾告歸
廖珊衡陽人博學工文詞宏治辛酉鄉試第一
正德戊辰進士授行人以憂歸珊事親孝性
嚴峻怒則長跪終日不命之起不敢起以詩禮
教授里中從[illegible]多發聞於世直指毛伯溫首

薦於朝旋卒
劉昊衡陽人天順進士官給事中彈劾不避權
倖人皆憚之成化中再論宮闈事落職直聲震
中外
謝文祥字元吉耒陽人成化進士選庶吉士授
御史數上封事指斥時政謫南陵縣丞李東陽
劉大夏陳獻章輩俱壯其節贈以詩年三十七
即挂冠歸
周璽字國用耒陽人成化開領歲薦任滇南楚
雄府檢校行取戸科給事中司江南稅課去貪
如去疾轉禮科都給事遷京兆丞峻拒權璫二
杖於朝直聲騰中外乞歸桑梓囊橐蕭然
文林字宗儒衡山人成化壬辰進士初授永嘉
知縣法度嚴明豪右屏息値市舶太監之弟賜
張爲民患林以計擒禁之卒瘦死而風岸峭峻
人多忌之後改博平益挺特不撓政成擢南京
太僕寺丞南直草塲多爲豪强所侵林申於兵
部盡復其畝給民耕種課租買馬時寺政多廢
飛馬多虧額林以法覈之各屬咸奉約束會以
親憂致疾棄[illegible]田特詔陞溫州知府至則平

市價均徭賦[illegible]有盜殺人林禱於神婁鷹二
雛被風翻巢落地心計有潘英者殺之詭訊遂
服衆稱爲神明未幾卒篋無一溢物
甯欽字宗堯衡陽人爲御史武宗南廵抗疏力
請回鑾又奏革吉府魚稅定遞馬之制減帶徵
之數郡人至今德之
文森字宗嚴林異母弟也舉成化丙午應天鄉
試丁未成進士明年戊申宏治改元奉旨詔諭
山東鳳陽廬淮諸郡尋以纂修憲宗實錄奉使
採訪浙江事竣子告辛亥授慶雲令屬歲旱名

父老問所疾苦時民窮而省賦益急民丁且盡因閱獄有以逋賦繫者立縱遣之上疏乞免田租不報再上疏卒免其半既而請賑上官令刻戶給之戶不過五斗森曰戶有大小概給不均給之當以口賦於是按籍計口民被實惠會開與濟河役民甚衆又役之治道森曰民饑且死何以出役走白於郡悉得減俗有所謂打旱魃者歲旱則聚惡少發新瘞墓戶而鞭之或執產婦被髮坐沃之曰淋旱魃森諭之曰在法發冢邪巫皆重辟苛[illegible]奈何蹈之因嚴爲禁絕癸丑丁母憂丁巳起[illegible]鄆城鄆故多盜白日遮刼不可迹森所在置民兵什伍分曹更邏又高懸賞格以勸勞之盜由是戢嘗奉郡檄捕刼盜森默記其所失贓他日獲盜遽詰之盜駭愕即吐實盍郡與眞保比壤盜出沒於此有趙小老者嘗偶遇一僧知其盜也罵而逐之既而他盜以僧言誣趙爲盜橐者森使趙青衣雜羣隷中問盜識趙否曰識之曰羣隷中亦有類趙者乎曰無也森曰果汝妄耳因釋趙不問涖鄆三年名拜監察御史會冢宰銕大臣有夤緣求進者森疏

論之且謂冢宰非劉大夏夙經不可以專擅選法下詔獄上薄其罪笞而不問丙寅正德改元逆瑾勒令致仕庚午更化起掌河南道事壬申陞南太僕寺少卿極言科驅賣驅追賍例死諸弊政綜核裁正上下賴之乙亥晉都察院僉都御史尋乞休世宗踐阼廷臣先後薦森老成可用不報

吳紀衡山人忠富子也成化進士授兵部主事陞員外郎中忤逆瑾出爲浙江參政捐俸二千餘金貯庫以備[illegible]濟尋致政去之日斂篚蕭然歸家日與南[illegible]無礙爲方外交所著有遺清軒漫稾

謝訥字尚敏文祥子宏治進士授戶科給事中奉勑稽查兩廣糧儲人不敢干以私遷刑科給事中值逆瑾專擅訥糾合言路首發大奸奸黨奪氣武宗嘉其直瑾誅擢工科都給事旋卒

胡文璧字汝重耒陽人宏治進士正德中歷天津兵備副使中官張忠督直沽田莊縱羣小牟利商民失業文璧捕治之遂爲忠所搆械繫詔獄謫延安府照磨嘉靖初累官四川按察使

劉繖號嶽亭衡陽人正德進士授行人武宗南巡上疏切諫受杖改南京國監子學正世廟繼統詔復繖官授御史按蜀有威望未幾疏請終養杜門却掃清儉不減寒士當世名流如湛廿泉鄒東廓輩咸高之所著有易卦變兩朝奏議童訓及詩文若干卷

易泉字伯原號棠庵衡陽人嘉靖壬午鄉試第一遊南雍倡明聖賢之學羅念菴唐荆川亟稱之十試春宫不第除鎮江府推官廉靜明恕晉戶部主事歷雲南按察僉事風裁凜凜請託路遺一槪屏絕[illegible]者或忌之遂引年歸里泉孝友性成讓產與其弟永每晨起整衣冠竟日雖溽暑不廢語門人日學在整齊嚴肅舍此無入手處年八十

劉穩字朝重號仁山嘉靖進士歷南韶兵備道獞賊猖獗穩單騎至賊壘諭解之計擒山寇馬五等進本道副使賊帥官祖政狡而勇穩密令其所親圖之而故洩其事於祖政果相猜忌格鬬死者六百人旋出師會勦殺祖政於黃岡築英德城以扼賊吭韶南以寧以疾歸再起廣東參政晉南太僕寺卿穩器度宏達其沈幾遠畧動中肯綮得之學問者居多卒年纔五十七學者惜之

朱炳如字稚文衡陽人希賢子也嘉靖進士官行人奉使藩府饋遺無所受進御史按鹺兩淮積贖鍰三萬金牒漕司以佐邊備賑後出守泉州單騎入境與一老蒼頭相卧處好獎拔士類泉士比之眞德秀王十朋歷兩浙運使陝西布政使益勵名節處脂不潤在涅不緇然終以不附權貴致罷

周廷參字誠[illegible]山人嘉靖進士知海寧縣時倭寇海上聲言取錢塘一路廷參遣素所練壯士密投入倭中誘之先渡設伏邀擊所遣壯士從中起賊衆奔潰遂擒其渠

祝詠字鳴盛衡陽人嘉靖進士歷戶兵二科給事以鯁直忤權幸會星變應詔有黨執政者故指事應爲解詠力破其奸時甘肅諸邊入貢誣訐撫鎮大臣詠奉命驗覆得實不復株連數論列邊事如燒河套復屯田諸議當事尤忌之出爲太平知府左遷兩淮鹽運同知皆有直聲歷

四川松潘兵備副使撫視籌畫洞悉利弊陞陝西左參政未幾罷歸詠師事湛甘泉與羅念菴爲友爲書堂於岣嶁甘泉銘之卒年六十八

彭良臣字時卿號玉吾衡陽人少卓犖有大志壬子舉於鄉乙丑授廣東歸善知縣歸善素被冦水旱頻仍死徙殆半良臣約己儉用蔬食單騎與民休息民甚德之尋調去士民力請於當路者數千人願借彭以終惠小民去之日行李蕭然士民攀號如失怙恃爲建祠祀之嘗師事蔣道林手校[illegible]古本詮釋所著有太極答問射禮纂諸書[illegible]蔡公稱其發明理學有功斯文

劉堯誨字君納由進士令新淦擢晉都刑科給事中時東南患倭勢且薄南畿堯誨抗疏論總制胡宗憲失策疏入時相分宜頜之又浙直以備倭故凡均徭銀俱先三年辦名曰提編法民困甚堯誨抗論工於取民孰若撙於省費而省費莫先於罷輿作裁冗兵及視內府藏劾內外供應尚衣寺人多所破冒揞尅條析極詳省局有不便者逐陰中之秩滿請告歸壬戌秋粵冦犯臨武攝篆者不知所爲堯誨率子弟禦之又募艾家兵爲外援從閒諜奪賊所豎幟賊驚爲神率引去癸亥南中大察果以前疏嫉之奪諫職士論爲之不平亡何起補上海丞屢遷僉都御史撫八閩閩有巨冦林鳳刼掠濱海郡邑猖獗甚堯誨設方畧殲鳳黨並擒倭朵麻哩諸衆南奥一島介漳潮間賊往來憑之爲患奏設總兵以斷賊巢晉副都御史尋以浮議聽勘歸勘卒亡驗起撫江西疏蠲積年逋賦二十九萬零會兩粵頻年[illegible]督帥難其人擢堯誨少司馬兼御史中丞總[illegible]之至粵上疏請以軍政條例從事禁絕饋遺汰冗浮覈名實懲貪冒修器仗又以往者諸將以縱賊林道乾伏法上言曰法惟行於將領罰不及於文寮非所以示公也竟按海防官不少貸一時聲威肅然粵西八寨舊爲梗後且併龍哈咘咳二寨先是新建伯王守仁亦旋勦旋叛堯誨調土兵定之酌善後七策由是南人不復反矣磨厓紀功又條畫粵西鹽法使湖以南民不苦鹽嶺以東兵不苦餉陟晉臺右御史晉戶兵二部尚書叅贊幾務會有詔

爲故相江陵姻戚者遂乞歸卽衡陽賓日門家焉杜門博極羣流有格物致知等論在江西建濂溪書院自爲記在粤江陵檄撤天下書院曰此非朝命也兩粤書院得無恙所著有歷官奏議嶺南議治河三議𤰝垣吟槖臨武志行世左史評議盧籟集以兩廣功食從一品俸卒賜葬祭加贈太子少保

伍讓字子謙衡陽人隆慶進士官刑部員外郎有緹騎捕諸平民爲盜者白釋之嗣丁憂起補繕部郎陞雲南僉事視學貴州再以憂歸起補

廣西僉事陞江[illegible]叅議時汝南經馬鞍山賊叛後道殣相望讓悉心安集所活甚多餘黨據高老山讓出奇兵捕之斬獲畧盡遷南贛道副使

李垣號紫峯萬歷五年由萍鄉訓導陞本庠教諭器量冲融督課有方人材無大小皆受其裁成

曾鳳儀耒陽人萬歷癸未進士歷儀曹郎與岳元聲顧允成等倡議疏請建儲尋致仕與諸同志建集賢書院於衡嶽祀呂黎鄴侯清獻濂溪會方廣晦庵南軒祠火鳳儀復迎兩王合祀書院中購田紀石爲講肄資又與曾文恪公朝節建會館於京都爲湖南士夫邸舍至今賴之

康時升衡山人萬歷戊子領鄉薦授惠來令有獄寃滯十年立爲洗雪邑濱海番船輻集舊爲利藪無絲毫染時赤脚兵騷動郡邑聞時升廉吏皆散去時升湛深理學常曰勢位富厚轉瞬盡耳惟德與義眞堪不朽所著有懷德軒集

康元積衡山人與兄元和同舉萬歷甲午鄉試元積辛丑進士官太常博士上保泰疏侃侃數千言深切時政冢宰樂稱爲當代一人將擢

銓部力辭旋[illegible]取擬注吏科遽卒嘗以黃堡驛馬病民條議改罷又倣安成條編例調停邑賦省若干緡鄉人賴之

伍定相字學父衡陽人年十三通綱鑑性理萬歷中選漢魏以來十一代詩文各成一部爲詩文二壘以貢入南雍上安民定亂十三策

陳廷策衡陽人少孤貧力學補諸生文章有聲生平自檢甚嚴額其所居齋曰敬畏子宗契拜御史廷策與家人約毋預外事宗契嘗函一文穀爲壽卒封識不啓食糲衣麁泊如也萬歷丁

未病危宗契方按兩浙聞父病馳歸猶張目熟視徐咏曰兒歸事已畢老至死何辭遂逝

陳宗契字景元衡陽人萬歷進士選庶吉士改御史時陝西稅璫梁永蠱害按臣徐懋恒宗契專疏請誅永以伸國法又糾遼左稅監高淮擅預兵機乞正其罪直聲震輦下天啓初歷通政參議魏忠賢擅政諷使附己即日三疏乞歸年九十二卒

趙艮相字伍視衡陽人一歲而孤母劉氏年十八苦節撫育家貧十餘歲尚未就傅有同里石

姓者夜夢繞[illegible]及明視之乃艮相也因教之讀書妻以女二十二入學中萬歷庚子舉人辛丑聯捷初任南京工部屯田司主事陞兵部員外轉郎中遷知揚州府丁母憂起補大名府歷河南山東參政立品正直居心仁厚爲官數十年廉明清肅所至有聲

陳聖典字希虞衡陽人萬歷癸卯舉人癸丑進士授南駕部未幾請告旋起南儀曹歷參滇及豫章藩臬在豫章攝糧儲除陋例尋督黔學所識拔多名士性孝淡於宦情丁父艱歸遂不復

出母卒曰吾當從母地下矣明年卒

歐陽炳字元素衡陽人年二十舉於鄉知南部縣奏績稱最陞建昌府判善撫尚茸復得上考擢思恩府同知尋謫奏問寺監正釐蠹夫苛畜大蕃息復陞思恩令以母老致仕

曾朝節字直卿號植齋衡陽人父銳初爲郡法曹攜朝節讀書廨中郡守白石蔡公聞書聲詢知爲朝節因試以藝擊節歎賞目銳曰若有是子猶屈屈逐文墨吏耶銳遂延師教子十七餘郡庠嘉靖戊午舉於鄉萬歷丁丑殿試一甲第

三授翰林院編修遷侍讀辛卯典試南畿進國子監祭酒陞禮部侍郎協理詹事府侍經筵戊戌辛丑兩充會試副考官教習庶吉士凡六年陞禮部尚書上疏請上肇修人紀執兩端以用中於民上嘉納之充東宮侍講每因事納誨東宮怡然聽受時上眷注方殷而朝節疏乞歸凡五上始允甲辰卒於京邸上震悼贈太子太保謚文恪朝節性廉靜不苟取曾捐金建城北來鴈塔又於京師建會館爲湖南士夫邸舍無子以弟朝符之子廷棟爲嗣廕受上林苑監丞

吳國瑞衡陽人以天啓覃恩貢太學中乙榜判徽州府降補閩省理問轉秦檢校以廉惠聞薦補岐山令告歸所著有思齊錄歸田集子汝潤登賢書

謝恩衡陽人任鳳陽府通判時中官守備地方多黷貨擾民恩上疏言中官銜命而出政以賄成所從弟姪廝養如虎而翼要挾有司侵漁地利民不聊生致傷和氣旱澇疊至乞聽御史繩以三尺庶生民不至阽危疏入諭寧夏衛經歷後轉重慶同知

謝文正恩之子以貢任大同衛經歷疏白李璉朱震等之冤又上疏言禦邊之策在守與戰戰之利一守之利四區畫甚詳轉宿遷知縣疏論巡按御史王英多用役夫因請嚴爲限制士論韙之

歐綸字洞陽衡陽人以貢授姑蘇掌故文譽傾吳下尋內名國子監學錄擢梧州通判梧州稅務府正佐各視一季輒苦墨吏取盈綸獨清剛不染一塵有珠商骫法當受杖藏走盤珠於衣閒覛衣珠見綸笑曰豎賈欲以此貨刑乎卒杖之犂商感其廉約請更番視稅事綸辭之益力會和尚山徭賊亂躬請帥帥入巢勦撫蘢封底平遷高州府同知旋引疾乞休

王朝聘字修侯衡陽人性篤孝家故貧父早喪竭哀盡禮郡守李燾嘉其行爲表其父塋以旌之既終喪授徒衡山會母遘痰疾朝聘聞報薄暮馳百里漏下二更抵家母一顧而終捧母咯痰盂晝夜哭三日不絕聲少從伍學父遊嗣鄒泗山講學於衡遂受業焉其學以克己爲本斂華就實不爲苟難天啓辛酉鄉貢遊北雍已而

意有所怫投劾歸閉戶潛修郡邑長聞風造請皆以疾辭不見尋臥病南嶽蓮花峰臨終戒其子介之夫之葬峯下題曰明處士某之墓

王夫之字而農號薑齋崇正壬午舉人以文章志節重於時精研六經性理諸書尤篤志橫渠之學嘗言學必能行行之而始言之卒之歲作書以別親友臨終戒其子敔曰勿爲立私諡勿用僧道學政宜與潘宗洛訪其遺跡爲之立傳攽敔皆積學有文名

王介之字石子衡陽人舉人至性孝友獻賊陷

衡匿嶽山賊質其父以購之介之痛不欲生與
弟夫之百計營護得俱脫爲文矩步先民作春
秋四傳質

蔣大位耒陽人字金元崇正己卯任四川綿竹
簿辛巳獻賊犯成都州縣多陷沒會綿令缺以
大位攝篆竭力死守綿賴以完以卓異陞成都
郡丞母老辭歸

鄒統魯字大系酃縣籍衡陽人弱冠入泮崇正
乙亥拔貢廷試全楚第一中南直副車壽中壬
午舉人癸未獻賊陷衡株求紳士迫以僞命乃

單騎亡之粵丁亥總制沈猶龍謂保粵莫如援
楚沈疑之適羅定牧包爾庚在坐謂統魯有經
濟略昔在南雍同研席知之極稔乃延入幕府
問親喪還里棲隱祁邵山中所至有書簏自隨
天性孝友生平無私財所入歸父母善事兄生
則分贍沒則殮葬撫教兩孤姪與己子無異

會鳳詔字金簡耒陽人幼習經史以古處自期
稍長父臥病歲餘晰夕侍湯藥不輟每籲天乞
以身代及居喪哀毀骨立事母亦如之明末獻
賊陷州郡鳳詔以儒生奉粵檄討逆除軍前都
督同知胞弟鳳紀負勇略亦領中軍職募鄉勇
數百人協力禦戰鳳紀遇害鳳詔痛憤不已保
集殘卒以待未幾賊潰
國初詔求隱逸邑令李文煒薦之不起怡情邱壑以
文辭自娛嘗作西隱敘知足說以自寓

譚楚良字鍾衡才幹英敏由熹廟登極恩選授
蜀奉節令時郡守朝邑成公琰清介剛方諸屬
吏無當意者公方涖任卽以數疑獄委決隱伏
立發而持己端嚴未嘗妄取於人守心許之每
遇煩劇無不屬公措理邑舊有積猾十餘人盤

結爲民害公廉得其狀舉其尤者寘之法公庭
肅清夔孔道也歲供商稅數萬金先是諸郡佐
利其羨皆營據以爲己私守重公廉專委屬焉
惟日計上供數貯之不外取商船一錢商民歡
服無何有流寇之亂公撫綏瘡痍完繕城池不
煩苦於民而諸務立辦分守周公士登嘉之曰
危而復安非若令不及此於是兩臺交疏薦之
乃以疾致政歸歸而閉戶課子不輕見有司一
面年五十八卒

管大成衡陽人舉人授福州通判奉檄調餉赴

一都至涿州聞警星夜疾馳入都城奉旨擢補臺
省官以不謁權貴遂不果用

本朝

王長祚字爾昌衡陽人歲貢弱冠食餼父喬年有富名獻逆陷衡長祚與次子璠爲遊騎所獲拷訊備至終不言父所在賊怒挽髮加兵於頸璠號泣碎首求代騎中有張姓者疾走叱曰此父子皆孝於親者得釋居父母喪顛沛皆如禮爲衡山集賢書院山長時鎮江錢邦芑隱於衡嶽與友善一夕夢錢與慟別果訃至長祚竭力經紀其後事葬於集賢峰下

歐陽正煥字堯章號慕耕且子辛酉領解額乙丑成進士選庶吉士戊辰授翰林院編修晉御史庚午典試浙江壬申充順天鄉試同考官幼擅奇稟爲文章洋洋纚纚數千言立就雅稱鉅手浙闈曉揭有公明之目爲御史敷陳皆關大體爲一時公卿所推重性孝友事父母祖父母皆竭其力兄弟四人相友愛甚篤自丁母憂後絕意仕進終養老父父沒哀毀成疾生平束身禮法爲昭潭嶽麓山長學者深佩之

忠義

五代周

廖偃衡山人光圖之子後周廣順元年九月楚王希萼爲馬步徐威所逼幽之於衡山時彭師暠居衡偃與其季父匡凝謀曰吾家世受馬氏恩今希萼長而被黜必不免禍盍相與輔之於是率臧獲及鄉人與師暠共立希萼爲衡山王以縣爲行府斷江自守編舟爲戰艦以師暠爲武清節度使名募徒衆數月至萬餘人州縣多應之遣判官劉虛己求援於唐唐王嘉師暠及

偃之忠以師暠爲殿直都虞侯以偃爲左殿直軍使萊州刺史丙辰復以爲道州刺史後死於王逵之亂

宋

李芾字叔章衡陽人椿曾孫也生而聰警少自樹立魏了翁一見謂有祖風以蔭補南安司戶辟祁陽尉祁陽大治辟湖南安撫使幕官時盜起永州捕之歲餘不下芾提兵千三百人擒之餘黨遂平攝湘潭縣縣多豪族芾不避貴勢賦役大均入朝差知德清縣屬浙西饑芾所活數

萬討咸淳元年入知臨安府賈似道誣以贓罪罷之元兵取鄂始起爲湖南提刑未幾似道兵潰蕪湖乃復芾官知潭州兼湖南安撫元兵既下江陵以大兵攻潭芾舉家死之贈端明殿學士謚忠節

陳億孫字一之安仁人咸淳進士除湖南安撫司參議與李芾同死潭州之難

張鏜衡山人僕射浚之後益王即位於福州詔天下勤王鏜起兵衡州移檄安化諸傜得民兵數千文天祥督兵梅嶺相與接應既而兵敗被

執元參政崔斌命降之鏜罵曰今日降何以見我祖魏公於地下斌命述起兵始末鏜奮筆斥罵千百言斌怒殺之

趙璠衡山人登進士第與其叔父漂起兵勤王應文天祥受軍器監後兵潰不知所終

元

黃明高衡山人任宣議大夫以直諫去官

段清遠酃縣人有勇力元季兵亂民不自保清遠與其弟新遠率邑人團練以爲保障邑境以安至正丙午隨袁州畢指揮征勦溪洞所至有功後沒於陣子杰以功授海州百戶

明

管嗣裘字冶仲衡陽人父大成以鄉舉官福州通判奉檄解餉六十萬至涿州遇警冒險星馳抵都門時敵兵壓城下餉正匱既得入城六軍皆懽忻奉旨特擢臺省會病自免歸嗣裘少超佚既舉於鄉會獻賊陷衡州芒屩宵行匿安仁山中獻忠購索甚急兄嗣箕被執見賊佯以死報乃免丁亥間關嶺外流寓梧平間粵西既定隱居桂林之靈巖洞方冬衣敝絮誅茆爲蝸廬

與猺獞雜處食盡餓猺民義而餉之得不死與西安劉湘客仁和金堡廣平成昌時輩披草悲吟相爲唱和已而轉入永安州不知所終

謝如珂耒陽人爲諸生篤志嗜學獻賊陷衡州如珂集鄉勇拒戰死之

廖應亨字利涉耒陽人崇正庚午舉人篤氣誼好談經濟癸未獻寇蹂躪應亨挈家奔東粵時孝廉鄒統魯棄家至相抱泣曰如兩尊人何萬一不測予必爲子胥矣抵瀧上孝廉彭岱齡亦至應亨撫掌曰事濟矣至粵鄒上書乞師又作

檄請粵督符判各令着頭密持歸感激郡邑諸義士粵督沈猶龍遣總兵宋紀先攻臨武別遣將授應亨與統魯岱齡出宜郴間時楚部楊國棟湯執中騎卒二千依粵督以自贖驍而少節粵師忌之應亨獨領出耒陽以糧匱譁應亨咄嗟立辦兩將亦心折之飭師如律事平授中書舍人尋授御史甲申三月十九變聞痛哭不已狂憤出走子權纔九齡力挽之不得尋卒於蒼梧

羅宓明酃縣人邑罹流寇刼掠宓明結寨保障

全活甚衆

鄒承芬字蘭如酃縣籍衡陽人張獻忠蹂湖南大索孝廉官之預勅次子孝廉統魯曰此關若大節百口卽小計耳若所讀何書舍此日將安用也袁閎土室黃巾不入若勿爲我憂申包胥秦庭七日事若力勉之寄趣子就道乞師獻寇索之急僞以死狀聞得免統魯果叅粵軍導粵總兵宋紀出楚疆郴衡十餘屬悉平粵督沈公猶龍聞其賢名而禮之因卒於粵

黃充字雨華其先從江右徙衡陽遂著籍焉充篤於內行負軼才試輒冠軍數困棘闈以歲薦授江西寧州司訓賢聲大著再補襄陽學諭值闖寇攻城充率多士登陴郤之督撫請以異等擢充見時事益棘掛冠歸

蕭銘衡陽人成化間官西川寇至蓬州大埧銘逐之力戰而死

本朝

孟才酃縣人勇力過人會萬洋山藍賊嘯聚爲亂遣南贛軍門勦之賊走漿溪才率其族百餘人堵截生擒賊首以獻賊黨復至才力戰死自

是賊不敢犯[illegible]事聞陽有義勇區額立廟祀之至今士人祈禱立應

孝友

五代唐

譚進頗鄠縣人具文武才馬殷名爲左殿大將軍殷死子希範立進頗父死母病乞治喪不許遂歸希範怒自將兵討之進頗不爲懾曰生以忠死以孝吾何憾焉乃嚙指血寫書自陳無叛意書畢而刎

宋

趙虮衡山人親喪廬墓甘露降墓木上

明

謝海字文淵安仁人童時父爲猺賊所掠海匍念其父輒泣血成化中成進士親詣苗界贖父知父已沒乃想像刻木針取指血漬之歸塟廬墓三年誓不祿仕母強之始授惠州通判苗賊叛平之

吳忠富號裕庵幼讀書涉獵子史事親孝父病侍湯藥衣不解帶者月餘父沒悉以財產付二弟惟以方藥療人遨遊七十二峰間

汪世瑤衡山人弟世珵母之愛子也一日捽人於地其人適死有仇家誣世瑤毆殺人世瑤不自理竟誣伏及憲司得其情知爲世珵所傷而世瑤恐傷母心故不辨憲司憐其志從末減

陳廷佩安仁人字汝玉蚤孤母孀居廷佩竭力事親任神武左衛經歷乞歸養母母卒朝夕拜泣遂喪明

譚楚日鄠縣人生一歲而孤性至孝母疾篤焚香告天刲股以進母旋愈知縣陳我養旌之

潘體鄠縣人母病求肉遂刲股以進病良已

唐公序安仁人補弟子員事繼母以孝萬歷間給冠帶

歐陽志安仁人親喪泣血三年不入房室族人行喪塟古禮

王仕達衡陽人事父母至孝親喪廬墓三年哀毀骨立後任山西陵川知縣

王世忠字國愛衡陽人事繼母篤孝病侍湯藥願以身代

曾宗卷安仁人事母以孝聞

周文炳衡山人父娶陳氏無子側室生文炳少孤氏守節教文炳爲諸生舌耕養母寇犯境負母逃山中乞食以養及被掠以死救母寇感授

僞職不受寇怒戮其愛子終不屈

江朝翰衡陽人七世同居與弟朝休皆至孝母黃氏疾凡四刲股母壽八十七乃終里中父老欲聞於當路朝翰力辭士論益高之

甯允伯衡陽人以鄉貢任臨川教諭母王疾亟允伯刲臂肉和藥以進母尋愈

甯惟成衡陽人母廖遘疾瀕危刲左臂肉和膳以進母病獲痊郡守劉春表其閭後以鄉貢授長沙教諭年九十終

王叅之朝聘中子先朝聘没性至孝母嘗病目瞪熱叅之跪榻下手承目眵率至夜分母患心疾扶掖宛轉兼旬達曙者數年癸未流寇陷衡值歲饑侍親避亂南鄉時米貴道塞合家數百指日食二糜飲以濟叅之持薄粥泣曰此豈老人食者勸父強飦不許因絶勺水竟日父感之乃一加餐其誠篤如此

周祉酃縣籍衡陽人父希堯能詩工畫蚤卒祉爲腹子以孝友著由歲貢任常寧訓導

倪常吉字子常衡陽人性至孝値亂負二親隱山中歲饑谿攫於途常吉偕弟兆吉變服雜傭中重繭百里負米歸鄉閭咸稱之

伍星章字子壽衡陽人歲饑負米養親居父喪三年不言笑人稱伍孝子

陳鶚號梅峰安仁人任羅田令性至孝鄉評重之

曠時歷衡山縣人補弟子員二子鏊鑒俱早慧總角成諸生獻賊掠衡被執不屈賊怒甚將加害鏊願以身代父鑒願以身代兄賊並殺之

劉經文字玉函衡陽人七歲失恃毎念及泣不欲生事繼母傅無異所生侍膳嘗藥不少懈

畢應逵衡陽人母感心疾應逵默禱願以身代因刲股煮糜進之母病頓起崇正間舉孝子予冠帶旌其門嘗舟過洞庭遇風他舟多覆溺應逵望檣上有光如燭得抵岸云

賀季甫耒陽人母病劇侍醫藥夜不假寐呼籲無衡遂刲股進之母病旋瘳邑令李日新旌其門

歐陽元號闢西安仁人授江南魏縣丞性至孝事繼母尤盡色養鄉黨稱之

吳源耒陽人邑明經事母以孝稱官雲南宦囊

一無所有葬母不遺於禮邑人稱之
蔡甫號蛟池安仁人任南城縣丞因念母老棄官歸養妻卒不復娶時重其孝義
吳邦卿常寧人父喪廬墓妻死終身不再娶捐田助學以孝義聞
阮以頤字貞吉常寧人少孤母胡氏撫之成立崇正末寇起母臥疾不能起頤侍母側以死衛之頤死於寇而母得全

本朝

譚振萃酃縣人庠生值大疫母沒時流寇未靖

棺不得具振萃號慟三日卒
羅應元酃縣人力學篤行事父母以孝母譚氏患目經離亂必親負以出雖艱險備至而晨夕侍奉不敢少懈後避兵萬山中乏藥調劑常以舌吮其目得痊
詹承祉初爲錢塘人父應霖客衡遂家焉順治戊子避兵東鄉父病劇藥餌不效承祉刲左股和藥以進遂愈母疾篤復刲右股進之母亦痊妻仇氏事舅姑亦以孝聞
王道羨耒陽人事親孝父病篤焚香拜禱刲股以進病尋愈邑令旌曰孝子之門
陳仲德耒陽人父病侍湯藥不離臥榻及病篤飲泣刲股肉以進沉疴頓起邑令李文燁旌其門
伍文迥字君常耒陽人母楊氏病篤醫藥罔效割股和藥進之病果愈
丁懷德衡山人性沈毅喜施與事親極孝雖貧時耳旨弗缺父沒廬墓三年母老飲食起居湯藥皆身親不以委家人五世同居無間言仲弟早世撫其孤尤厚病革呼家人泣曰吾不能終養老母雖死目不瞑其勿殮於中堂以彰不孝

之罪聞者惻然
陳國賓常寧人以孝聞當事旌其門
崔道常寧人七歲失怙事母孝舉鄉飲賓
胡昌侯衡山人父病割股和羹祈以身代母沒廬墓山中晨夕悲泣
羅琥衡山人少孤事母董色養無違經四十年如一日歲饑出粟以賑貧乏族有兄弟自鬻者歲久蓄衍合男女九人琥代償其直遂得歸邑令高其義屢舉鄉飲辭不赴

周開勳衡山人郡庠生父沒廬於墓母病周瘉
必親滌及母沒哀毀骨立以孝行旌
曠士翌字日章衡山諸生孝於親定省其末也
百思順其親父楨早逝時丁逆藩變差賦重遺
産無存乃教授生徒資館穀養母母最憐季季
沒撫其子逾所生内行之篤族黨欽之研窮經
籍因文見道而教人教子尤以小學性理爲進
學之基優經濟而口不言扶危拯厄稱力覃心
受者至鏤心骨常深自葆晦學使黎公致達作
輓詩云勳學慊己出善事畏人知其行善於陰

大都如此勤於教子館於外必攜以從諸子皆
未就外傅皴本數本皆成進士能遵其敎
劉盛唐衡山人父自順母張氏以孝行並旌盛
唐亦以孝稱父母沒哀毀骨立兩兄早逝撫諸
姪如己子嘗建祠捐祭田歲饑捐粟倡賑
胡其亷字介士衡山人庠生生七月喪母八歲
喪父悲號如成人及長慟怙恃早亡感泣欲絕
乃補行喪禮苦由守制者三年建專祠刻主以
祀朝夕定省如生前乾隆八年以孝行旌
劉自順衡山農人也力田事親親病湯藥必親

嘗禱於天願以身代及沒廬墓三年其妻張氏
事姑亦以孝聞
華明弼字調元衡陽人補諸生獻賊陷衡弼奉
父避山中遇一虎咆哮以身蔽父不避艱險後
家落竭力奉母母病侍藥餌不離榻族黨咸稱
其孝
劉明作衡陽人性孝祖病篤割股以進病尋瘳
後父疾亦割獲效父亡母衰困明作扶掖出戶
庭令小兒孫舞蹈取懽居喪盡哀盡禮鄉人稱
之

胡大任字二尹衡陽人庠生弱冠丁父喪哀毀
如禮事嫡母如所生母疾篤値亂函諸殮具獨
卒欲攫之大任椎心泣血羣兇感而散去獲殯
葬如禮
徐立相字宇九衡陽人庠生少失恃事繼母賀
孝謹母病癱藥餌櫛沐溲溺必躬親數年不懈
母亡哀毀廬墓人爲感泣
陽信垣字映薇衡陽人歲貢年十四母羅沒父
命以繼母禮事庶母鄧垣妻廖以小故違鄧垣
立出之鄧意釋始迎廖歸父有藏金垣掘地得

之其僕欲勿言垣不聽悉以分其弟

王朝遴字君弼衡陽人事親孝父遘痰疾遴寢不解帶者三月至割股以進父疾愈紳士欲爲請旌遴力辭

周士偁字美儒衡陽人拔貢生士儀士儼同懷弟家故有富名兵亂避鄰邑偁與兄儼俱被執無所得賊怒將刃儼偁前泣請以身代賊刺其頸血濺衣及屨後赴京授縣尹銜吳逆踞衡南北路梗偁以母顏家居心悸間道馳歸遂依膝下絕意仕進孫命育雍正丁未進士

王法寧衡陽人母陳氏病目幾喪明醫者曰非人肉汁和藥薰之不可法寧禱於神潛割左乳下片肉蒸湯以進母不知也薰之良久漸能開視再四薰之加以調攝目全明享年八十有四法亦七十有五卒母子俱獲高年人以爲孝感所致云

鄒峴生字與傳清泉人歲貢授石門訓導性孝友侍父居山谷跬步不離嘗應試一夕忽念母心動次日晝夜行百餘里歸母果寢疾在床鋂石門有伯姪訟者姪故石悍士逮訊令姪拜伯堂下其人感泣

鄒致祥字緒昌清泉人邑學生父病割臂肉煮糜以進父壽愈

唐大智字若庸清泉人父病篤割左臂血和藥以進父得愈又母病思梨大智夜往虎岩取梨不避險難居親喪三年哭無休

康鎭衡山人事父得其懽心母廖早逝事繼母如所自出兄乏嗣鎭爲置妾

趙履巨衡山人父沒哀毀廬墓母病瘋履巨館近村朝往暮歸弟履臣家患疫鄰居皆遠竄履巨親理湯藥舉家得無恙

胡宗淮衡山庠生父病殆宗淮持齋祈父壽母卒廬墓兄沒姪尚幼教育之不啻己出

陳之梅衡山人年十二居父喪如成人母沒與弟克安自新廬墓三年

李榮旦衡山人事親盡子職居喪未嘗見齒

江明德清泉人年十三父病明德禱神願以身代父獲瘳娶楊氏事舅姑亦謹毎堂上怒明德偕楊輒長跪不敢起楊沒明德年二十九感其孝謹遂終身不復娶

沈佑字天眷清泉人年十三母病割股和羹以進母獲痊

周歷遠字星元清泉人幼孤事兄士儀士儀甚謹鞠於次兄嫂歐陽由拔貢教習考授州同知治兩兄喪哀痛不見齒敬事嫂歐陽至老無異

張榮仁清泉人歲貢生孝友淳篤出於天性父大緒以族子命案拘繫刑獄縣具讞於府榮仁不忍其父罪哀告乞以身代知府孔興慈憐其誠懇遂改以榮仁名易大緒由憲司上之巡撫時巡撫趙申喬勘鞫得其情且知榮仁代父罪

立爲昭雪語榮仁曰汝因父屈汝固不屈也汝真忠厚秀才哉嗟歎不已因爺出其父罪

陳廷棵耒陽人天性孝友與兄若弟嘗書財貨易得兄弟難求之句於壁人咸以孝友稱之

資艮相耒陽人事親以孝聞筆耕所入盡以供菽水之歡不以之煩兄若弟所最難者親沒時恐以斂親遺恨獨出所有殮葬極力而止一時族里無不感化

謝開元字元士耒陽人讀書攻苦食餼事後母最孝時父遠出母病篤元寢食俱廢籲哭祈天母頼以痊士類稱之

謝宗禶字永年耒陽庠生事親能色養鄉里咸稱其孝友愛二弟親教之治家事五十年始與二弟分析一箸無所私

李際盛字勉曾耒陽庠生事親孝定省無間故其父命名勉曾欲其勉爲曾子也

謝泰生耒陽庠生母有瘋疾與弟岳生奉湯藥數十年如一日家事一身任之不煩諸弟怡怡自如孝友無間

譚志昌酃縣人事親以孝聞母劉氏早世哀毀

盡禮居則奉名上食出則捧像與俱孺慕父母始終不替

蕭恕中字其行衡陽庠生八歲失怙惟母是依母殁廬墓十有一載卒於墓所

政治

六朝陳

鄧正且衡陽人永定初刺史歐陽頠知其賢辟爲盧陽令罷征弭盜修城興學人皆稱之

宋

曹裕耒陽人進士爲潭州司錄參軍能辨枉獄後宰溧水值歲旱蝗漕使以歲計不足諷諸邑裕曰吾能忍視其死而不救乎卒以實聞

曹洪裕子也舉進士爲永興令邑小民貧上供匱乏洪歎曰吾自歷縣未嘗橫斂豈以暮年倒

行逆施乎遂棄官歸

趙世德衡山人宣和間進士攝本邑事時邑遭兵燹移治上封賊曹成大掠脅世德斂民金帛世德不從被執以死自誓百姓相率以金帛贖還後移官廣西機宜

曹進之耒陽人嘉泰初爲廣昌令既視事金芝產廨中嘉禾生於野人以爲德化之所感

趙錫衡陽人知吉水縣簡靜慈祥民稱爲趙佛子歸道茶陵值寇被執有識者曰此佛子也送之出境

元

曾圭衡山人世業儒爲零陵縣尉慕顏真卿元次山風節文采命其子堯臣捐家貲建浯溪書院祀之又割私田三百餘畝以廩學者

馬庸字坦道安仁人舉明經累官四川廉訪使勞績有聲

明

朱思通衡陽人宣德間知四川長寧縣廉介有惠政邑人懷之

譚有德安仁人洪武中貢入胄監知莒州涖事精敏遷知揚州府轉廬州擢四川按察使刑獄

詳慎廉介有聲

譚珂安仁人由鄉薦通判思明府改順德以廉幹稱嘗督納眞保等六郡草價銀十萬三千兩抵大同羨五千餘籍其數送行臺充明年草價擢鎮江府同知

劉紹先衡山人洪武甲戌貢入胄監令休寧勤於政事賦役均平知宿州擢刑部員外郎歸耕衡山之下有驛使問其家紹先適操耜在田間親指示之已乃具衣冠出揖驛使驚謝

謝必賢耒陽人永樂間由鄉舉知雒容縣平徭寇再除寶坻遷江都皆有政績歷德慶無爲二州既去士民咸思之

谷庸耒陽人爲河南登封令清簡居心惠慈馭衆時邑民席守中有姪被虎嚙庸齋沐投疏中嶽祠不旬日虎自投守中井內死一時黎庶交頌神君

李宏志安仁人正統中貢入太學爲四川戎縣令邊境畔亂宏志練兵設備率衆拒守伺間出勦擒其渠帥無諭餘黨諸部咸帖服詔褒之

王詳字伯諭號後峰衡陽人少積學正統甲子與兄謙同領鄉薦屢舉進士不第爲京兆大興尹治尚寬簡卒於官

王謙字伯忠號蓋齋衡陽人幼穎慧篤學愼修以詩翰馳聲中正統甲子鄉試天順初知趙州丁外艱服闋知邠州輸邊裕民績聞於朝詔旨褒嘉尋丁內艱起補知武定州治績益懋擢守廣南成化間疏乞歸年八十三

王詰字伯諭衡陽人少負奇氣文學爲時推重舉天順己卯鄉試令什邡風裁凜然令行禁止蜀人悅服

王恩字廷寵詔之子少負隽才以廕補詹事府主簿歷官順天府治中謙勤清約有父風

鄒海正統中選貢成化初授天長知縣有循聲天長人立祠祀之及歸聞羅一峰歸永豐納屨從之遊一峰與語甚奇之築室郡東講學以老

歐陽涵字養性安仁人成化舉人知儀徵縣以清節著歲旱祈禱澍雨三日

黄瓊字艮玉安仁人成化中知藁城縣滹沱河溢幾沒城瓊登城祭禱水立退灤城高陽二縣

民饑將爲亂瓊白郡守發廩往賑民乃定以剛直忤上官遂投劾歸家居三十年壽八十二卒貧無以殮妻子至不能自給

謝鏞字仲和安仁人由鄉舉任廣西横州學正模範端嚴多士仰之

謝思木耒陽人父誼嘗爲豪强誣禁思木甫髫齡挺身質辨事得解由鄉舉知龍巖縣清操自持賢聲懋著

鄧先安仁人字元善由舉人授河南羅山知縣多惠政鯁介剛方有部使者挾勢肆呵叱先不

爲屈棄官歸

陳詔安仁人成化間以明經授桐鄉丞民病疫俗尚禱祀詔力禁之捐俸購醫藥民賴以生擢河南鹿邑有糧長侵盜詔按得其情糧長暮夜投重金祈免詔並發之正其罪

吳維紀弟也成化辛卯魁於鄉授靖安知縣潔清不撓有富僧不法藏婦寺中維廉之立捕首惡斃杖下僧以重貲求顯者書至無及矣後竟爲顯者所銜罷歸

賀讓衡山人知瀘州有廉名涖事平恕陞思州

知府去瀘之日瀘人攀號薦路爲立仁政坊守思尤多惠政民彝俱安致政歸行李蕭然思人立祠祀之

陳翔字一鳳酃縣人由歲薦入南雍登成化癸卯賢書授翰林院博士遷貴州普安州守州治苗民雜處守涖任例有饋遺且多求索翔下車力却之苗民歡服故人有孤女無所依翔撫而厚匳以遺之家居時羣賊倉卒行刼見賜書於庭卷帙充盈其渠隨檢善惡篇翻閱相與感歎而去

侯爵字仁恩安仁人以貢授廣東感恩知縣涖治嚴明以德望著

歐陽選字汝魁正德甲戌進士初任望江縣當孔道愛養貧民節省徭役改四川筠連振興學校親爲諸生授經歲餘自免歸

甯鎬字鐵山欽弟也少窮約服牛而耕牛劣滂水汙衣襟鎬奮然曰大丈夫安可與老農伍執牛鼻劓去之始從學於欽時年二十三矣逾年補弟子員遂領正德己卯鄉薦通判處州性剛介不畏强禦有軌法者里役苦之不敢問鎬逮

之肺石一時豪皆慴服

李仁濬安仁人正德甲子舉人令永寧以廉惠稱

李仁淦濬之弟宏治丁卯舉人授温州推官凜清操會歲歉盜起仁淦請發廩賑救民得生而盜亦息

甯元伯字仁甫衡陽人以鄉薦爲磁州學正深於易諸生爭受業其門率人以身士風丕振轉西充知縣晉肇慶府通判增築蓮塘隄民思其惠稱甯公隄尋晉潞南州知州遂投牒不復之

任

余守觀字尚賓衡陽人初令鉅埜時流賊殘破城邑蕭然守觀至安定完葺始復其舊址聽斷廉察稱爲神明以治行異等拜給事中有直聲因病乞假卒於家

劉宦字士晋號敬庵衡陽人由進士令莆田性崖峻絶請謁軫念民艱歲饑以俸代逋者輸民德之紀石於莆晋武選主事卒於京邸

劉泰字景魯酃縣人幼穎異年十一補弟子員貢太學授嘉善丞慈祥豈弟愛民如子嘉靖丁

亥奉檄督輸嘉興等郡上供銀十餘萬例得餘金數百泰却之請充明年銀數有旨旌之以憂歸再補合肥丞合肥當孔道城東三十里爲鎮民居輻輳往往爲鹽徒所魚肉泰請城之設社學興文教民感其德立祠祀之後以剛直忤司理遂拂衣去會擢東阿知縣不赴歸與鄉之後進講業論文多所造就力行節儉而恤孤賑貧如恐弗及

蔣爾陵字伯固衡陽人初任鄞縣政尚豈弟催科不擾轉太僕寺丞擢杭州知府爲政公廉寛裕始終一節卒於官

曠師孔字魯源衡山人由拔貢任許州牧以清廉慈惠擢大名推官未任而卒許人爲勒石紀思師孔方肄業三廱時倡諸同志以理學相切劘曾文恪公朝節特敬禮焉師孔之卒朝節哭之慟爲撰墓表

周訓字惺愚耒陽人萬歷癸卯舉於鄉庚戌成進士授粵東高要令會歲歉力請於上發公廪賑之全活甚衆値憂歸起補唐縣令唐民輸賦苦耗重悉蠲除之俗健訟匪耻輒輸金矢訓諭

令罷息寛其鍰贖自是案無煩牘民有爲勢族誣陷者獄已具訓廉得其情申請矜釋歷陟秋曹郎每遇疑獄多所平反奉命恤刑廣東未及陛辭而卒

張述齡號九鶴衡陽人以恩選廷試第一授廣東龍門知縣撫香山澳寇有功調繁吳川涖任五月以艱去任補北直青縣知縣行取畱部陞山西渾源知州北嶽原祀曲陽屢年遥祭述齡請復北嶽祀典仍祀渾源尋陟太同東路同知攺授廣西鹽運同知乞致仕終

李敷秀酃縣人萬曆三十九年由德興訓導陞
耒庠教諭學究墳典而善於誘掖多士皆如坐
春風中

譚光哲酃縣人由歲薦爲台州司訓陞永州永
明縣教諭師範端嚴爲衷於正設課程以董士
有蘇湖風

歐陽復字孟元衡陽人少聰穎負大志博涉書
史知武康縣以能稱時境內有虎患復禱於神
日獵五虎民患以除徵拜監察御史以憂歸卒
於家

劉紳衡陽人性質樸宰廬江縣以廉勤自劾在
任九年民懷其德陞南京工部主事卒於官妻
子貧約如故

易綱字正道衡陽人任武康知縣持身廉潔涖
政寬和民愛之如父母乞休歸

王昊字汝欽衡陽人初任桐鄉知縣徵拜監察
御史擢雲南副使所至持正不阿敢忤權勢入
賀經衡卒於家

羅昌字文盛衡陽人以貢授瓊州定安知縣廉
勤公恕深得民心

譚宗虞號五和酃縣人崇正庚辰司訓邵陽癸
未獻賊陷邵郡僞吏遺書招之遂如武攸與諸
鎮攻復郡城撫部上其績遷教諭未幾乞歸

廖司南字湘毓耒陽人性純孝少領鄉薦不事
營求每下第歸惟杜門讀書課子三十年罔斁
迨子應亨庚午登賢書司南始授四川仁壽令
至之日廉潔自持釐弊剔奸邑俗多溺女司南
禁之有犯者詰庭曰困乏至此隨出俸錢給之
民感其義不忍溺全活無算尋以疾卒檢囊僅
俸八金士民悲之泣而弔者七日

華阜春字伯生衡陽人由歲貢判崇慶州晉桐
柏知縣殫心撫字暇則與諸生論文亹亹忘倦
年逾八十

祝完字伯固衡陽人膺鄉薦授大理府推官有
廉聲遷寧波府通判督賦不擾晉知徐州

文簡字伯敬衡陽人舉人知漢陰縣以清白稱
丁內艱歸再補雲陰令志操愈勵調江寧知縣
疾作遂乞歸

張友舜字子孝衡陽人歲貢授華亭訓導轉廣
西武宣知縣平易近民民親愛之擢四川道監

察御史晉廣東按察司僉事
侯光敔號冀聖安仁人由歲貢授茶陵教諭居
官清愼所得俸餘購書自娛
段晉錫字知白常寧人博學食餼入南雍繙釋
蹻遍籍潔己愛民所在多惠政有古循良風
袁信宜號少蜓安仁人由平南知縣陞潯州府
通判不苟取與歷任十年政績有聲
陳廷楠號石洲安仁人授江西都昌主簿以清
愼自勗扁其堂曰濟美
王鑾字時和衡陽人歲貢授湯溪訓導敦崇德

行士則之擢儀徵教諭時獻皇后梓宮經儀徵
鑾攝令事辦理無擾
歐世祿字汝修衡陽人舉人授河南新野知縣
晉四川簡州知州一日懷故里遂投牒歸士論
高之
歐陽皡字文明安仁人有術者言其母年不永
皡悲泣每朔望齋戒焚香籲天願減己算以益
母壽母年至八十五卒皡以貢授廣西蒼梧令
清正有聲
周善儁字廷傑安仁舉人任江西南昌府推官
克承家博綜羣書爲政多所平反
李旭字時升安仁舉人任嘉定學正躬身率士
訓廸不倦

本朝

蔣亨字一如耒陽人順治十六年以歲薦授江
南靈璧縣丞數月調補廣東保昌康熙五年擢
廣東鎮平令甫下車禁戢豪强境內肅然歲餘
卒於任百姓哭祭塞道保昌鎮平皆勒碑志不
志
唐崇勳衡山人康熙辛酉舉人知靖安縣歲饑

不待報發廩賑民有盜殺寺僧刼其資遺一扇
與寺中舊傭工名字同遂捕繫之獄已具崇勳
廉其枉釋之後獲盜於鄰界則遺扇人姓字也
一縣稱神官至戶部員外郎
廖聯翼清泉人順治十六年進士知孟津縣到
官卽廉得奸宄伏法縣人畏服值旱蝗捐俸賑
饑全活甚衆擢內閣中書舍人
唐傳鉎字人岸清泉人幼聰穎家貧勵志讀書
成進士任浙江樂清知縣盡革舊規痛絕餽遺
修城浚河建玉梅溪書院歷任四載官舍蕭然

家產依然數畝以勞苦卒於官爲人伉爽有氣能任事上官深器重之其沒也咸惜之

譚尚箴字克非衡山人康熙甲戌進士授雞澤知縣悉革諸弊與民休息一無所擾五年內擢授吏部郎典試浙江加意搜羅所拔多知名士箴在銓部久知胥役弊竇勾稽盡致奸無所容安溪李冢宰甚器之

周廣綸字如綵衡山人以例貢授瀘溪訓導瀘地瘠民貧且密邇苗猺學宮皆卑圮弗治綸至改學宮勤月課士皆蒸然向化三署縣篆除不

便民者二十餘條攝鎮溪學事一洗舊習斥絕陋規亦如在瀘時蒞任凡七年以母老乞養歸士子送之至有泣下沾襟者

華士掟字亦三衡陽人康熙癸酉舉人知廣平縣縣患漳水到任日公私廬舍爲墟人民逃散士掟阜規耗招流亡開濬河渠民居用奠連攝邯鄲雞澤曲周諸縣所至興利除害士民感之歷任十七年卒於官年七十三

海鳳翥號石亭衡陽人康熙甲戌進士任直隸龍門知縣縣舊多私派鳳翥下車即勒石永禁縣治當夏秋暴雨城爲壕水所衝多傾圮鳳翥捐俸購石建壕引水東流城賴以固愛作興士類於邑之南巖捐貲課藝士咸奮起蒞事六年以父喪謝任適邑之南山堡焦家溝等處雹災逋賦鳳翥概爲賠墊臨行又製勸民歌刊示各村堡服闋補浙江錢塘令附郭繁劇值歲饑鳳翥設法賑濟化爭奪懲略販凡四閱月以憂勤致疾歸僅笥蕭然如寒士尋卒

鄒世任字泰冲清泉人康熙甲戌進士任陝西真寧知縣累官稽勳司郎中居官清儉如寒士

階曹郎家道益落操益厲其宰真寧也除雜徭革陋規抑强均課設義塾講貫多所成就去之日老幼攀轅如失父母丁酉北闈鄉試戊戌會試皆與分校稱得士

康仁德字逢元衡山人康熙丙子登賢書任福建永定知縣邑當漳潮之衝夫役繁多民甚苦之灣坳多伏匪劫掠仁德至杖斃兩賊首奸黨股栗力請於上司捐夫役費及丁糧雜項復倡設義學簿書稍暇進諸生講學論文友廬生者以非罪入獄鄰邑郭生以府試黜仁德廉其屈

請釋之兩生皆同捷士民建生祠祀之

鄒肇杲字日永清泉人父廷樞附貢生好施與多所義舉肇杲由廩生任潼川府判職司鹽捕屏陋規平斗衡卓異奉委金川理塘糧務以勞卒官

廖興鎮字南重清泉人父琮字錦先庠生吳逆之變琮父鵬翼爲將弁械繫琮以身護之弁怒擊之流血興鎮中康熙丁酉舉人授長樂令縣有海船陋規歲獲數千金屏弗受繼任廣東英德三水二縣三水地當衝衢往來差使如織向係蛋船應役興鎮申詳豁免捐貲僱船應付致仕時惟餘書數車而已咸稱廉潔

丁元正字少微清泉人年二十父歿幼弟五人皆自督課至成立雍正己酉以選拔分發江南歷任如皋等凡六縣如皋沙田灘漲多爭訟元正丈量設魚鱗冊猾吏有改竄悉置之法辦宿遷等縣災賑及上海海塘工程稱善如皋許忠愍陳宗肅諸祠新陽歸太僕墓樊公祠吳江愛遺亭鳴鶴塔三忠三賢等祠黎川盛川學舍及維斗楊先生殉節處皆捐俸建修前令葉某徐某卒於任所先後八柩數十年未厝元正捐貲禮葬之所至作育人材出其門者多知名士所著有楚詞集註二十卷退思錄十二卷行於世

左修品字遜五衡陽人任羅山令歲饑捐賑全活甚衆調安陽士憲廉其才委任通省總捕發奸摘伏盜賊寢息丁憂服闋補雩都令剖決如流案無留牘適水漲人民流散割俸招集民忘其災先是邑人喪葬習尚奢靡有停柩數十年而不葬者品範之以禮諭之以情由是邑無淹柩又修文廟建義學刊袁文定遺集士氣丕振去任之日士民謳思

勲勞

按武攝勲勞功在社稷應入人物志內以垂不朽廼郡縣舊志概不錄載以致世遠年湮莫可稽考今就各邑志之已載者錄入惜遺漏爲多耳姑俟採訪補叙

晉

李義酃縣人有勇力大寧中盜起荆襄遣將略地至茶陵義傾家貲市兵器率鄉民追擊大破之境賴以安時荆州牧陶侃屯兵長沙聞義勇毅名至麾下分兵使擊賊力戰有功事平賚予甚優今康樂鄉故址猶存歲時民皆祀之名其地曰大尉冲

宋

韓京字世京安仁人膂力過人長於謀略紹興間仗義勤王累立戰功官忠亮大夫

元

譚富酃縣人至正間募兵勦賊富應募累敗各賊搗其巢穴克復茶攸封萬戶侯

本朝

劉用楚字三湘常寧人隨征粵西以功授平樂

副將

劉用亮字三顧常寧人任直隸昌平鎮邊路都司隨征毛羆獲勝擢漢中協鎮

劉選勝用楚子也順治六年授甘肅平羌鎮標右營遊擊統衆進取雲貴累功擢陜西甘肅叅將恢復衛城攻蘭州擒其僞將旋復河州靖遠東山鞏昌等處經數十餘戰

名見賜賚甚厚累遷總兵歷福建提督未任而卒

[清]饶佺 修 旷敏本 纂

乾隆衡州府志

(二)

湖湘文库编辑出版委员会

岳麓书社

湖湘文库

衡州府志卷之二十四

知衡州府事豐城饒佺重編

人物下

儒林

唐

李寬衡陽人元和中剏石鼓書院以爲讀書之所刺史呂温有題尋眞觀李秀才書院詩

宋

趙棠衡山人少從胡宏學慷慨有大志嘗見張浚於督府浚雅敬其才欲以右選官之棠不爲

屈累以策言兵事浚奇之命子栻與棠交

廖俁字季碩衡山人淳熙間朱子出監南嶽俁與族弟謙共遊其門

廖謙字益仲衡陽人從朱子講學於南嶽朱子教以打破舉子程文應用詩文之厄理會學問謙毅然承之

侯宣衡山人少遊四方好與名士交還家築室一區俾遊學者往來館焉時湖南道學最盛遊學之士踵至如歸宣館延之二十餘年不倦近稱爲松林處士

李士眞衡陽人至道中會境内儒流講學於石鼓書院重加修建上聞賜額

桼醖安仁人字公肅深明理學學者尊爲南澗先生

龔蓋卿字夢錫常寧人以明經擢第從朱子明義理之學爲右正言以直事君朱子池州語錄蓋卿所纂也

王居仁常寧人與龔蓋卿同時執經張栻之門造詣艮深既登進士遂隱居不仕自號習隱

元

劉彰壽字壽翁衡山人幼穎悟弱冠負才儁辟衡山縣教諭樂衡山士習之美遂留居焉嗣登第賜同進士出身歷官淳安縣尹代還踰年卒將屬纊語門人劉延儁曰生順死安無遺憾也吾受子賜言訖乃瞑葬衡山先塋之原所著有四書提要春秋擇存諸書在淳安時幅巾深衣每月初吉陞坐講書士風丕振

尹起莘鄙縣人性樂閒適不慕榮利以讀書談道自怡至元間以孝行聞時宰舉領學事先是

學在治西萃乃徙於治東
蕭元益字楚材安仁人舉鄉薦升太學好學博古文辭疏暢嘗著四書演義編洙泗大成集

明

廖思敬衡陽人洪武間以明經舉任本府儒學訓導轉常州府學教授永樂詔修性理大全書思敬與焉
杜文德衡陽人洪武三年以明經舉任本府儒學訓導時知府高從訓建學校拓地基皆文德爲之贊翊

鄭漢耒陽人太祖時以儒士被薦授本學訓導以才器稱建文中黜爲民永樂四年召至京念其老不復重勞以政特賜冠帶宴賞仍以舊職致仕
李珍字席珍耒陽人以諸生遊學荆揚開司成湛甘泉與之講論道學留入觀光亭生徒畢集名重一時所著有性理太極圖說中庸脉絡圖說
甯咸衡陽人自少即能爲古文詞肄業成均志在講求正學嘗構共學軒以處生徒所著有易編論語類補全楚會錄說輻稿舵樓間記又居所後父母之喪作爲人後論難咸穎慧天授學探本原益人倫之模楷也
周允昌字元純號易庵衡山人少穎秀從其父南華讀書南嶽慕芙蓉紫蓋之勝因誅茅家焉作易說言天地間滿眼是易水流風動花發鶯鳴無非易者學人在此一動即落一爻考亭所謂不看本文自成一書者是已爲人豪俊有學有行事親孝父沒廬墓孺慕終身
廖汝恒號容齋珊之孫嘉靖戊午領鄉薦令瀏

口縣有惠政以養母乞歸從李見羅徐匡嶽討究性理嘗購義田贍族葺館城南爲講學地監司鄧雲霄雅相引重時有兄弟訟產者雲霄令就質於汝恒汝恒告以至性大義兄弟感泣翕合如初著五經新編爲人懿則諸書
王萬善號楚陽衡陽人嘉靖辛酉鄉試第一志意高遠淡於世味聞新安陳宏忠講心性之學違道叩謁歸坐一室覺方寸澄泓欣然有得也同遊者慕其冲和比之黃叔度
李繼宗字孝卿衡陽人性寬簡初任渠縣教諭

陞國子助教善誨人館中士多所成就尋拜監察御史

尹應衡號蘭亭酃縣人少好學博極群書屢困棘闈以明經授東安訓導鬱鬱不得志時邉圉孔棘兵賦高困衡蒿目時艱草萬言疏併輯聖學聖政紀要等書詣闕上之以疾卒於京邸賫志以沒所著有四書經世宏業蟋蟀吟等書

本朝

彭齡字小鏗庠生衡山人少通五經尤精春秋學淹貫三傳折衷於程伊川胡文定斥春秋繁

露爲贋書所批閱不下數十家性恬淡勤於教子晚歲尤日摘經書疑義反覆辯說喜吟咏蕭然有絶塵想駿園集其一種也

文苑

唐

曹松字夢徵衡陽人學賈島爲詩天復初及第同時王希羽劉相柯榮鄭希彥皆年七十餘時謂五老榜補校書郎

宋

廖偁衡山人天禧進士好古能文所著有朱陵編洪範封建二論

廖倚偁弟也博學多才舉於有司不第與四方名公鉅卿遊歐陽修嘗爲文送之

葉蓋耒陽人熙寧中試才難賦魁上庠後知郴

州

廖正一字明略衡山人讀書鳳凰山深造獨得爲文汪洋浩肆藻采煥發黃庭堅深器之與晁補之並稱國士元豐二年登時彥榜進士初授華陰司理累官端明學士由知常州蘇軾左遷黃州團練而范純粹亦安置鄂州正一與之交遊最善

李龍金字子淵安仁進士博聞強記學者宗之

劉夢應字定卿安仁人性斂好學以文鳴於時

元

何克明[illegible]元延祐丁巳中湖廣鄉試第一所
武昌邱堂文詞贍麗時稱邱何廷試復第一
著作爲世傳誦

趙洪字元德其先臨淄人徙衡山年七歲以父
蔭補承奉郎明年中童子選舉累官右文殿修
撰刑部侍郎至元十五年起爲湖南宣慰使

蕭楚芳字君蘭安仁人博聞強記舉明經授郴
縣山長學者宗之

陳元明字伯元安仁人登進士授長沙丞道州

錄事博涉經史長於文事

明

尹廷賓酃縣人洪武初以明經領本縣學事十
二載應文學行藝科陞衡州府教授

鄧備奇字子才安仁人博學善文章中洪武乙
丑會試授翰林修撰刑部主事先是洪武四年
辛亥開科至是始復臨軒之制時與試者四百
七十二人擢丁顯第一備奇次之

金艮字玉相衡山人性雅淡不慕榮利年十八
領鄉薦再上春官不第遂不復出徜徉山水間
以詩文自適

趙廷珪字玉器衡陽人博學好古貢大學歸閉
門窮經老而彌篤

謝宇字伯寬衡陽人以軍籍隸順天童時極聰
慧能詩名試墨梅詩稱旨命入國學授中書舍
人累官至工部左侍郎掌通政使司事宏治間
甯充廷試讀卷官在位四十年清裁雅望朝論
共推宏治六年卒賜祭葬字善楷書亦工繪事
子汝賜進士官知府孫賜舉於鄉

朱希賢字懋修先世從戎衡州遂入衡籍經術
宏博尤邃於詩早歲領嘉靖戊子鄉薦隱居不

仕人稱爲篤行君子

王臣衡陽人號虹橋中嘉靖己酉鄉試爲衡守
蔡白石所自拔士知阜城以興革事上請不合
毅然解組有羸得清風攜兩袖蕭蕭煙雨賦歸
來之句

何道求號六嶽[illegible]元狀元十一世孫隆慶
庚午舉人性剛介官上高令潔己愛民涖任九
月即投簪歸茹貧自守

鄭祖明耒陽人補國子生司成湛甘泉雅相器

重歸與邑人講論道學遂厭仕進遨遊山水吟咏爲樂時廵撫顧璘廵按姚虞副使李鳳翔相與倡和

陳紹夔字贊虞耒陽人事繼母以孝聞天啟丁卯見知於學使虞公次年膺恩選鼎革後總漕屈盡美聞其名將以府佐題授固辭著詩文集數卷

歐從龍煇之子弱冠補弟子員學使董其昌深器之母早卒事庶母能孝父遺產多歸庶弟貌溢而莊人親而憚之比爲冬日朝煦詩鄰鄰挾

冰聲也雅好義貧不能婚葬者傾囊助之晚營别業花藥山側種竹蒔花屢空恬如也

周隱士字令公酃縣籍衡陽人七歲善屬文十六爲酃縣弟子員又十年膺貢選鍵戸著書以見志作史貫經傳子史斟酌曲當嘗過東門弔西山謁闕里探禹穴所至輙有題詠纂修北通州海鹽暨楚省衡郡諸志再遊浙中訪賢論學歸而汲引後進教人以法當潰卒充斥時父祉被掠泣求身代獷卒義而釋之迨父病卒躬冒白刃踏層冰扶櫬營葬如禮事母孫尤以孝聞

蕭丹山耒陽人以神童名十歲善詩文工大字

李昌衡陽人以貢授教諭性恬淡博學工詩

陳學益耒陽人邑學生淹貫經史桂藩延爲師著有通鑑纂要諸書

黃廉憲字時可常寧人邑弟子員質樸好學著作甚富以文章知名

曾喬字子木衡陽人歲貢工舉子業尤長於古文辭善草書補潯州府推官轉潞南州知州時母年九十七遂乞休歸養

譚允升衡山人中崇正丁卯庚午兩科副榜著

有逅求錄

劉淵湜號栢軒安仁人任安肅訓導性坦夷文章丰度一時莫及

周希堯號二水酃縣人南京國子生長於詩兼以書畫得名

本朝

鄒章周衡陽人歲貢博涉經史與周士儀修衡州府志又分修湖廣通志並輯臨武縣志母喪廬墓病卒

鄒定周衡陽人歲貢與章周俱以孝友聞爲東

安訓導刻銘黌舍誘掖甚勤

周士儼字思若清泉人順治甲午貢成均選授內閣中書舍人暨典籍以繕書偶誤鐫級御史李之芳疏論其枉奉

命赴部訊本末士儼終不自明引罪如初少宰王清與大中丞高珩嘉之以爲庶幾不怨不尤者照所鐫級補國子學正量移工部司務檢括舊皇莊之隱漏以佐軍興兩計皆書上考以疾卒於官

段𡼏生字相山常寧人幼負才高儁有節概爲

童子時吳逆僭號衡州僞官脅之應試𡼏生不就僞官以聯試之云附於大邑周以吳逆僭號周也𡼏生應聲對曰以待天下清康熙乙酉舉於鄉丙戌成進士歷任福建上杭廣東新安兩縣有廉聲以艱歸遂不復仕爲文奇縱變幻有相山集行世

王敔衡陽人歲貢生年三十始應試工詩文敔尚氣節督學咸器之聘修府志垂成卒

胡興拴衡陽人舉人任攸縣教諭言行爲諸生模範所撰周禮註疏剖析奧義士子遵之

周命圭字搢九清泉人康熙庚午領鄉薦年纔十九性至孝少孤母鄒苦節茹荼命圭善承母志獲雋後舌耕供養所得館穀皆委諸兄無私財命圭抱經濟略四上公車不第卒之日年纔三十有三士林惜之

歐陽紹修字小永衡山人少英偉好讀書丁時離亂奉父母避兵山中定省無違禮父有六子亂平以內外食指多命紹修異居每旦入侍親膳待父母食然後敢歸食夜必待父母寢然後敢歸寢父母沒喪葬之禮極備其後諸弟中有

欲蕩其產者紹修掩戶自撾由是感悟卒居課子若孫甚嚴家門整肅信義著於鄉里嘗有譚某爲竊衆詰之不服紹修至責之以義某俛首曰吾不欲欺歐陽長者遂改行晚益鍵戶課孫手錄古文史鑑謂讀書當得大意每夜焚香以所行告天階前一石瑩然孫亚煥官至御史

彭仕商字克家齡子也聰穎絕倫總角文名噪郡邑中康熙庚子鄉試辛丑成進士任黃州府教授學殖宏富詩古文辭皆臻工妙遊其門者皆成大器歸黃凡十八年人以比安定先生著

恒農堂古文集曉崧吟諸書

蕭士熙衡山人庠生幼警敏涉獵經史善爲詩歌古文詞修衡州府志衡山縣志

戴日燠字晋元衡山人庠生博覽羣書爲文雅慕歐曾老猶勤學足跡罕入城市邑令張壽崗聘修衡山縣志

文之理字玉山衡山人庠生屢試冠其曹古文辭典贍中具有風骨接引後學至老不倦所著有家禮要歸聚東集

陳其嵩字峙南衡山人父世章多隱德其嵩事

之得其歡心雍正丙午中鄉試丁未成進士改庶常授編修尋授山東道御史爲文浩瀚汪洋富於才思卒京邸

謝名鷲耒陽人邑諸生博極羣書中丞盧震亨過耒詢遺事鷲應答如流中丞深重之餽以金

林鳳聲字岐聞衡山人早歲承庭訓力學不倦歷任學使皆遇以國士躋舉場者數比子學易授檢討乃澹意科名講求心性學事父母先意承志孺慕終其身兄弟闓塤篪吁唱怡怡如也爲文章一遵先正允爲士林模範尤邃於易學常有發先儒所未發者與人交剗却城府而律己特嚴足不詣公府歲戊寅太守饒延主石鼓講席以疾作未赴衡當事鮮不欽慕者

陳方愷衡山舉人歷任四川冕寧石泉威遠三縣試用知縣著有周易原書禹貢彙考

劉自顯字以上衡山人爲歲貢居家孝敬飭行端方凡程朱精言語錄無不研究作文出入經史常設帳講學邑令贈有匾額

賀一陽字子建耒陽人七歲失怙十五遊泮十入膺選拔每試冠軍文宗周評其文曰眼大如

箕心細如髮劉評其文曰馬蹄秋水沐浴乎史漢大家諸生有其恣肆無其精至文載楚南風始丁未歲試童子郡守張公名之閱卷所取皆眞才實學獲儁者多惜早逝邑令宗沛劉公詠之有云以高軒磊落之姿運吐鳳生花之筆其見重如此

龍盛瑞字景明耒陽人少聰穎力學爲文簡勁日能成十餘藝年十九遊泮尋食餼歷試七冠軍五入闈不售授生徒甚嚴遊其門者悉著名之士曾以優行見獎於當事

賀昌字淑文耒陽人劬苦志力學凡古今書籍悉手錄之學使王公兩扳冠軍嘆爲三湘未易才屢課藝約千篇遊其門者多所成就以廉隅自飭九躓棘闈終老明經著有四書講義其詩詞雜記彙成一帙自號草堂拙菴

李自超字仲力耒陽人幼失恃事繼母甚孝人無閒言賦性剛方雖貧而樂善好施鄉有賣妻償債者斜助之精制藝樹幟文壇癸酉擬元以三塲失卷見遺邑令張應星愛其文極重之會中丞潘觀風耒士擬以第一案發如之惜已赴

玉樓聞者痛之

資九極字天錫耒陽人性英敏磊落不羣爲諸生食餼屢試優等爲人恢閎有氣節雖屢躓科塲而手不釋卷歲當貢選而竟不祿仕林惜之

周命育字貽來清泉人由進士授寧津令減浮粮裁陋規偶被水災輒請賑濟賴以全活者甚衆改教沅州時永順爲苗疆新開府治以命育調司文衡分棚定額皆出其議乾隆十年以憂去起復德安教授所著有鄙湘文集行世年七十卒子二世及訓導世顯庠生

丁一燾字晉昭清泉人由進士選庶常授編修假歸省母時母就養吳江總漕顧琮延掌淮陰書院三年門下士登賢書入詞苑者不一奉母南旋母卽世居喪哀毀骨立未數月以疾卒著作甚富以家人不戒於火無存惟澹箹詩鈔行世

蕭子石衡陽庠生名遴[illegible]廟諱以字行生明季兵燹後家無完書搜敝簏敗簡得以奧義淹貫諸家嘗叩鄉賢王介之王夫之鄒統魯李國相之門相講求識理學宗旨著有評註戴記一

本杏園詩集人多傳誦之秉性冲淡而風骨凝然待朋友死生不二

陳賡治字予載衡陽庠生三歲而孤事孀母居窮鄉僅從塾師識句讀年二十始得師下帷發憤嘗淡食數月不覔鹽酪究極經義出其門者多知名士持身嚴介而飲人以和門以內無遺行焉著有賓門集未刊

宋剿齡字席雲衡陽舉人初學於父之素父歿師其伯兄羲齡於天文地理諸子百家無不究其底蘊窮年著述有四書諸儒會纂詩經講耕

心堂等集居常敦篤孝友訓飭子孫皆可師法
者
劉心忠字一斯先世臨武人以六世祖大司馬
堯誨解組居郡論葬於衡遂爲衡陽人而仍籍
於臨入臨庠食餼爲人端謹燕居不廢衣冠而
樂道人善篤志好學手不釋卷當耄年猶作蠅
頭小楷所著有竹園雜記日省錄彝好編諸書
嘗兩舉鄉飲
劉靖忠字公則明大司馬堯誨六世孫也籍臨
武而世家於衡弱冠入庠雍正元年拔貢敦樸

不染俗囂勤學問而廣教育築平山家塾課子
姪多有成立從游之士墻舍莫容平生肝膽照
人雖面折人過而人皆愛敬之辨析經義滔貫
諸書著平山堂集藏於家
宋士莊字整閑生而穎慧學於其父齠齡八歲
能文父奇之授以經史目數行下任太康知縣
能以經術飾吏治生平不輕言笑不道人過失
著述罔間寒暑有霜桐文集雜著詩集整閑時
義行世其評隲古今詩文甚夥
周命嵒字元一衡陽貢生爲諸生五十餘年家

徒四壁孝友一堂門無俗客惟問字者踵相接
焉衡郡知名士半出其門有通籍者茀匑以忠
藎不以私干也生平所著詩文多散佚友朋問
未獲付梓行世
李穩字辰如衡陽庠生賦性恬靜內行修謹髫
齡即喜弄筆翰無他嗜好廿七游泮識者有國
士之目屢薦棘闈不售遂絕意科名築晴江草
堂朝夕吟哌其中進子弟而訓誨之所著有晴
江草堂詩古文集計五十卷已梓行世晴江續
集三十卷五經疑義刪訂鑑略共若干卷未刊

而歿士林惜之
袁芳號芬亭清泉人由進士教授岳州著儒學
規條十則以授生徒致仕歸猶勤學修篤宗黨
俸餘無幾時以周族之貧乏
陳必達字士兼祖籍福建康熙二年父君顯以
武功安插衡陽城南必達郡學生膺歲薦有文
善書爲時所稱授徒耒陽多所造就

隱逸

漢

羅訓耒陽人隱居邑之樟楻嶺

五代唐

廖凝字熙績衡陽人隱居南嶽李景聘爲彭澤令慕陶元亮高風視事未幾歎曰昔元亮不以五斗折腰吾何久爲人役惻愴若轅下駒耶卽致印歸再起爲連州刺史尋復歸隱

廖融字元素衡陽人隱居衡嶽與任鵠凌轄王正己相友善皆一時名士不樂進取不狥勢利

陶然山水間

宋

侯彭老耒陽人避暑居獅子巖

元

侯應雷字春卿安仁人不就辟名隱居山中以詩文自娛所著有春山居士集年九十卒

明

李存字仲公安仁人穎悟該博與貴溪祝蕃遠遊上饒陳明遠之門有司以高蹈邱園舉者三皆辭朝臣薦之又辭洪武中卒有族菴集

雷鳴春字以時耒陽人由歲貢任南昌縣教諭與章潢發明易象謂易本因象設教而王輔嗣得意忘言得言忘象之旨與聖人用意不合因與潢及黃汝亨姜士昌共定易說未幾棄官隱於匡廬時遊吳會罕有知者

李國相衡陽人領崇正壬午鄉薦癸未獻賊陷衡徧牽薦紳強以僞職下令不赴者死國相引刀剺面示不可用會獻忠入川得免徙山谷築室植桃數株臨池人稱爲桃塢先生

郭鳳蹕字季陵衡陽人崇正壬午鄉薦隱石僊

嶺下竹塢藥欄日吟嘯其中以自娛

夏汝弼字淑亶衡陽人時衡湘亂汝弼佯狂遠蹈或歌或泣有語及時事者卽閉目不答後入九疑絕粒死

王仕璉衡陽人成化閒舉賢良方正聞辟卽避郡邑長吏多方諭之終不就辟

伍一生衡陽人隱居石牛山著太極圖說解煙巖十六帖

李跨鰲字一超衡陽人十五成諸生經世亂奉母避祁邵山中時大饑變姓名爲人傭耕以給

養壽還衡結茅髻山之麓旦夕衣冠侍母舍傍築室子夜燃松節讀書其中所著詩文臨終盡燬

伍時美字仁軒耒陽人逸於亘釣巖因建閣居之至今遊者吟咏不絶

劉存善耒陽人賦性淳樸不善治生産居城市足跡不履公庭嘗逃醉鄉以全其眞有古隱者風

曹三仁耒陽人性嗜酒年九十猶終日操巵不輟常遠世情自樂其樂類古之逸民

謝嗣修字淳夫耒陽人氣概容與才情超特嘗事聘其監軍不就力耕終老

李君培字玉燭耒陽人爲明諸生勤於學博雅端方開西郊文化講授生徒雖盛暑必衣冠即狂悖酗橫之輩過齋外必斂容明鼎沸培遂絶意仕進

楊兆昇字升之耒陽人明太學生爲文疎落有奇氣數應舉不售歸與郡孝廉王夫之而農介之石蜼鄒統魯暨江西羅文止章大力諸先生友善恒以詩文往來贈答當鼎革之後絶意仕進葛巾野服種柳栽菊慕陶靖節之爲人恒爲諸子曰爾曹通經術作典朝有用之士以圖報稱吾行吾志而已徜徉歲月以卒生六子長歲貢俱邑諸生

本朝

胡本煌字明遠衡山人爲諸生嘗爲讀書當勵實行柰何以區區浮文博虚名也因養晦自高作別墅於楊子峯下名曰覺齋屏跡城市鍵戶課子笑敖山水間詩文自

謝焆耒陽人字君赤如珂次子性孝友敦氣節崇禎癸未父殉難焆哀毁骨立兄焜蚤世撫遺

孤如己出乙酉與貢選授袁州別駕隨歸隱

國朝大中丞袁公廓宇薦辟之焆以母春秋高辭不起

謝如玠字二西耒陽人弱冠補弟子員慷慨軒豁具經濟才以兄如珂殉難崇禎遂益自砥礪歲甲午經略洪公承疇以幣聘將題請授官玠以老固辭

黃鼎元字君調常寧人爲文高古典麗栖隱山南詩酒自娛

李日思字九有常寧人早年以文章知名尤長
於詩而絕意仕進歿後人多景仰

篤行

六朝齊

何宏衡陽人四世同居共衣食詔表門閭蠲租
稅

宋

黃珙衡陽人賦質方正常以善行誨人長子師
道爲屯田郎中次師旦爲屯田員外皆以廉幹
聞

胡晏衡陽人性孝友鄉里慕之人有爭不到公
庭多往質焉開館舍延四方賢士趣諸子

尹沂鄠縣人積學好古嘉定間建臺山書院延
明經以教邑中後彥置田百二十畝以供祀事
贍生徒一時士風丕變

元

曾世榮號育溪衡陽人精於方脈著活幼心書
行於世大德丙午衡民不戒於火延及二千餘
家火逼世榮宅四顧無以爲計忽颷塵中但聞
人聲喧呼此曾世榮宅並力進水百餘器煙止
風收而宅與書板俱得不焚

歐陽子敬字聚德安仁人舉明經授郴縣教諭

學行兼優

明

劉本讓衡陽人敦崇孝友與兄本信立祠堂敘族譜數世同居里人賢之

劉尙義字台卿永樂初邑苦賦役尙義詣明府請寬其政民困以蘇

周誠衡陽人正統三年春載稻七千五百石貿於南都經九江安慶値大饑盡以所載賑之有司以聞賜勅奬諭其家百年建坊旌之

張永宗安仁人成化間輸粟賑饑給冠帶

廖璜常寧人成化二十年歲大饑輸粟賑濟有司申請旌表賜冠帶

康時臣衡山人性嚴毅勇於爲善倡建義田創義渡賑貧活族自甘蔬水年八十行之不倦

康轀爕衡山人性質樸母喪廬墓哀毀骨立喜施予鄉人藉以舉火者數十家逋劵千金悉焚之嘗有盜過其門曰勿驚善人也縣令彭簪雅敬之

譚道號宏宇衡山人敦篤孝友博通經史教授生徒皆知名士

唐祖官酃縣人品行端正工岐黃之術無貧富一以至誠治之而弗計財利尤憫恤貧困輒自袖方藥周旋之始終無倦容族黨鄉里婣睦敦篤拯厄解爭尢汲汲焉

楊明榮字仁甫衡山人以軍籍中貴州鄉試作別墅於衡山巾紫峰下名其山曰此山養晦自高不入公府事親篤孝行誼修飾未嘗褻服見客山有白龍潭可漑田躬耕其中曠如也

歐陽梧安仁人仕光祿署丞天性孝友篤於宗盟凡服屬之親月有廪給無凍餒者萬歷十七

年歲歉梧輸粟千石以賑有司奏聞詔旌之

鄭璜耒陽人字廷玉年十八領鄉薦任井研教諭擢授王府聘試見重藩王留任久之陞縣尹固辭歸

譚安琿酃縣人遇歲歉出粟賑濟嘗有偷兒入室安琿覺而起飲之酒贈以金且勸其改行自新終未嘗言其人

劉伯奇字世奇常寧人事親曲盡色養由明經任四川銅梁學博所造士多成就致仕歸比閭族黨閒咸加賑卹屢舉鄉飲大賓憲司特表其

盧

周福昌常寧人舉賢良方正任刑科給事中

聶廷鳳常寧人資性篤實沈潛問學嘗捐金脫人於難有宿負力不能償者輒焚其劵

劉阮友字郎來衡陽人有孝行學使高世泰優奬之

畢應福字省松衡陽人嘗於道拾遺金二十兩沿途揭帖招失金者還之數日失金人至悉給之其人感泣去

劉際炎字藜軒臨武籍衡陽人値歲大饑爲粥以食饑民活萬餘人撫按具疏加四品服

華光國字文巖衡陽人歲貢早失父母育於祖祖没以腴產讓伯父歲饑以穀二千餘石給族里

周德虢子窓安仁人授武陟縣丞性剛直取與不苟

徐廷相字惟吉衡陽人歲貢性孝友授萍鄉訓導二載乞歸養母盡歡

曹國光耒陽人歲貢生博學有品見鄉人爭輒往平之莊墅杉千株爲鄰火延燒殆盡鄰人願償光慰遣之其長者行類如此年九十六卒

康希上衡山人爲人重厚淳樸

吳明試衡山庠生品行端方年登九十

喻禮衡山人居心樸誠年登九十

劉賢酃縣人由太學授豹韜衛經歷六載致仕歸平生篤於孝行所守清白勸人息訟人多稱之

趙永城衡山人生平慷慨壽享九十有七

陳裕衡山人以德行屢舉鄉飲

唐登化衡山庠生文行兼優

曹鳳朝衡山人以德行舉鄉飲七次

曹克岐衡山人以德行舉鄉飲二次

劉耀祖字文喬酃縣庠生學行兼優生平所行無不可對人語者嘗論趙清獻焚香告天事曰是人皆可能也爲人內介而外通郡邑名流皆競把臂云

鄭倘仁衡山人以德行舉鄉飲二次

劉必鵬衡山人簡默修身作事不苟年至八十

戴月衡山人以德行推舉鄉飲二次

羅森衡山人鄉閭稱爲長者曾舉鄉飲二次

姚純弼衡山人以德行舉鄉飲二次年至九十
有七
文源賦衡山人端方樸實鄉里推之
蕭奉中衡山庠生癸巳饑散穀五百石賑救鄉
里賴之
王國林衡山人敦樸淳謹鄉井無詬不詩書而
能善惟引年以自怡壽逾八旬鄉飲一次
歐陽雲號瑞庵安仁貢生任江華縣訓導告致
歸謙恭持己孝友睦族
樊問仁號綏山安仁貢生以齒德舉鄉飲七次

許正芳
劉存芳
李膺
鄭福
按以上四人事實未詳俱於成化年間旌表
義民建有坊表
吳義恭耒陽人成化間率弟崇謙祥出粟一千
二百石賑饑詔旌其門
陳文謨字嘉言衡陽貢生篤學力行以德行被
旌異授桂林府學訓導不踰年即乞歸杜門謝
客日督課子弟鄉里稱爲長者
姜茂富衡陽人性誠直嘉靖己亥年一百四歲
知府蔡汝楠題扁旌之曰禮養高年推官舒錫
化賜之杖銘曰履吉而康後二年而壽終百有
六歲
吳與化號方塘耒陽人萬歷捐貲助採皇木免
致鄉里受累
黄帆號瀘溪常寧人任楚府典膳慷慨好義鯁
直敢言助修學宮賑濟饑貧列名於流芳百世
亭內

胡象坎字邈潤常寧人立品端方接物和藹歲
凶賑濟鄰喪助麥屢舉鄉飲
阮仁山字雁川常寧人溫恭盛德行己端方周
急濟困施藥賑饑以八袠膺恩詔冠帶九舉鄉
飲大賓
沈官號少泉常寧人持守公平捐田助學舉鄉
飲二次
殷之彥字四明常寧人好學攻苦遂成疾乃究
心岐黄之術以葆天眞兄弟四人友于無間庭
前紫荆爲之發秀雅好義天啓甲子間大饑出

粟助賑全活甚衆

本朝

吳詺耒陽人任漢興鎮標中軍守備嘗捐粟二千石賑饑

陳汝芳衡陽人宗契之孫有黃某者負富人重貲將鬻其婦以償汝芳發其家所藏穀帛並稱貸盡爲償之黃夫婦遂得完聚

侯甸歲貢生嘗於河南旅次遇孝廉蔣天植沒於客舍甸出金爲殯里中有不能娶者出貲爲完其婚任麗水縣丞

宋之素字槐望衡陽人康熙辛酉歲貢生性天植獻賊之亂饑饉洊臻日自食粥而父膳不缺母柩厝叔宅忽一日夢母心動晨起急啟厝是夕盜果燬其廬嘗避兵兄弟相失攜四歲姪錢齡盤錯百死中獲卒見而釋之捐置祖墓下義田以贍族人族人化其義數十年無終訟者嘗言讀書人惟好利不可藥最壞人品心術年七十五卒提學潘公宗洛志其墓李公周望序刻其遺稾

侯儒讓安仁人庠生三歲父沒晝夜啼泣侍祖母色養無違捐產撫孤施棺發粟素多善行嘗事聞之旌其門

詹象鼎常寧人庠生縣人卜遷學宮皆曰象鼎宅地吉象鼎曰果吉吾當毀宅不願獨利也由是新學遂成

曹徵巽邑學生篤內行律己端方立宗祠設家塾歲饑散銀穀以賑佃不能償租者捐之舉鄉飲賓子紹參舉優生亦鄉飲賓

陶堯埜衡山人家饒於財而好義有可以濟人者必力行之邑人歐陽維嶽著養生備要堯埜

爲梓以壽世

譚瓊英衡山人歲貢生嫉前明中葉以後理學不明人喜詆毀程朱沿剽子書以駁爲奇以僻爲奧與子弟講學論文一出於正邑議循賦及有興建令長重其素行必諮詢之

曹徵逵庠生好行善事歲歉出銀穀賑鄉無算逵死其妻文氏傾膳貲以濟饑逵訓也

鄭大璉耒陽人仗義樂施歲大饑出粟賑濟鄉人歌頌厥後子孫繁衍人以爲德之報

譚尚樸耒陽人萬曆年間鄉飲邑令李日新贈

之日頌德高標

鄭天寵耒陽人字麓山太學生爲江寧令歸敦行好善嘗置棺木累百草履至千施藥煮粥以周濟鄉人

謝讓耒陽人以父兄貴顯不欲仕進吟咏自娛人稱爲忠厚長者

王涵字顯度衡山人庠生少失怙家貧嗜學竭力奉母每負薪飯牛必懷一卷自隨手著經義遊其門者多所成就平居無戲言戲動敦行植節爲時師法

唐供衡山人好善樂施與供初貧竭力置祀田入宗祠歲饑舉家日食粥而縮米濟鄉閭及稍裕時捐貲修橋梁動數百金不少吝其弟貧不能自存給田贍其家日以勤儉力學教子孫知縣陳齊芳旌以額

茹崧字永年衡山人貢生工舉子業屢困棘闈一意敦善行歲饑出米數百石賑邮鄉里頻年不倦湘潭昭陵灘怪石如鋸舟楔觸立碎乾隆二年崧捐貲數千金鑿之並立鐵標以導行舟凡八載乃成

譚毓灼衡山人庠生性行耿介多義舉歲饑出粟於南嶽施粥命其子減糶濟貧有貸者不責其息舉鄉飲介賓

康懋績字子偉衡山人性孝友嘗撰躬行錄以訓俗客岳州有逋賦者將鬻妻以償懋績代償之岳人問其姓名不答

陳立綱衡山貢生文行爲士楷模學使習公奨公先後舉優

唐光大字而智清泉人庠生敦本睦族以教育後進爲己任作家訓八條士農工商四箴倡置

祭田學田擇子弟之才者督課之家規秩然

唐欽議衡山人監生好義樂施冬寒施綿被三百鋪歲散穀二百石修大新橋捐銀二百兩

趙紹鼎字裔遠衡山人性孝友兄早逝爲撫遺孤逾於己子歲饑捐穀數百石以周貧乏以歲薦授沅州訓導

曠昐字東旭歲薦授訓導不就文章志節爲士林欽佩毎出金力行善事搆祠修譜造橋建塔常獲爲善之樂舉鄉飲賓人比之太邱父鴻壁子仕策俱舉鄉飲世以厚德顯

劉宗源字堯喬衡山人邑學生潛心理學爲邑人矜式舉鄉飲賓

陳鑑衡山人庠生工文章事繼母孝待兄弟恩誼甚篤捐置社穀好義可風

丁名瓚字中伯清泉人在母娠七月而孤七歲喪母事叔克明如父克明之子璜與俱孤瓚教育之若同胞創譜立祠置祭田義田又置學田性和而嚴孝友篤實人謂有石氏風

羅士撰衡山人貢生任善化訓導擢郴州學正致仕舉鄉飲賓性質醇厚司鐸有方子登庸知

將樂縣有能聲

劉本貴衡陽人少失怙恃有江南老人黄惟正者流落無倚本貴憐而養之以其年與父等事以伯叔禮里人咸義之邑令王鸞翀旌以匾

魏瓚字瓘公衡陽人庠生値大疫家老幼死亡相繼瓚於流離顛沛中治父母喪咸盡禮兄故遺三孤教育如己出

喩楨衡山人庠生好善不倦施衣施粥置義山有長者風歲饑與姪聖崑捐貲施粥人德之

李元龍耒陽人邑諸生睦族樂施有自鬻者爲贖之有遺賦者代償之人稱爲長者

謝恪滿耒陽人邑學生性孝友好施予兩舉優行士林重之

楊文燦耒陽人邑諸生學有本原力行孝弟居喪遵家禮易簀時戒子勿尙浮屠

曹宗蕙耒陽人邑諸生嘗娶一妾將就寢詢其夫死幾年曰現在蕙立呼婢伴之宿明朝遣之不索直年八十八

陳文燧耒陽人有先民遺風兩舉鄉飲賓年九十六

吳國祚耒陽人邑諸生好行善事三舉鄉飲賓年八十三

曹仲訓耒陽人邑諸生賑卹族鄰人有不能婚嫁者助之於舍旁置一倉貯穀以周乏將卒語子曰憶吾生平未有一事不體認天理

吳正己耒陽人邑諸生有善行嘗於途得遺貲七十餘金逼諭三年無取者乃以此修萬壽橋

易上泰衡山人嘗拾遺金五十兩卒歸其人

劉瑛字靖公衡陽貢生淡於仕進居家孝謹侍父疾躬浣垢穢晩年居靜林著醒世樂言非公

不謁令長享年九十有二配童氏亦享年九十有六

甯馥隆字二含衡陽監生樸茂肫實篤於至性母病衣不解帶者踰年母歿哀毀骨立事繼母如所生兄弟友于視姪猶子門內之行鄉里推之

曠士常衡山人倡復觀湘書院

羅名正衡山人八歲喪父勺水不入口鄉里稱之至輕財好施其餘事也

周之緯衡山人父沒哀毀如禮捐修祖墓祠宇

倡建鎮嶽橋濟美橋家故貧能以德義感人事無不集孫世玉登賢書

楊于綱衡山監生事親承順無違奉上檄建社倉捐穀二百石

曠士策衡山諸生舉鄉飲賓孝友端謹克遵祖父訓生平多義舉捐建祠塾義倉動輒百金

李泰耒陽人按察使璽之孫有文名年四十遊太學母老終身不願仕進甘心貧困菽水承歡有古人風

謝應名字襄周耒陽人秉性孝友雅嗜詩書補弟子員談論英偉品概不羣仗義解紛人多推爲魯連出歲甲午有逋欠嚮妻者憐而予之金以全其夫婦當事咸重之至于新葺邑志採訪之力居多配賀氏柔順謙和不嗇于財曾植歲歉焚券不索其償鄰里頌爲女中仁者云

劉大敘字惇五衡陽監生敦樸有至性父仰山性嚴毅能曲意事之待二弟有推梨讓棗之風遇朋友事披肝瀝膽釋其爭忤人亦感其誠懇

蕭恕中字其行衡陽庠生八歲失怙惟母是依母沒廬墓十有一載卒於墓所

杜枝崧字仰若衡陽貢生天性孝友十歲市肉膳親值吳逆踞衡游卒騷擾見而奪之崧哭告以實遂還之且衛出寨年十九入郡庠每試高等延師者不間遠近崧戀戀晨昏甘受薄脯辭遠館廬墓終喪虎爲馴伏兄枝喬躬勤稼圃崧事之惟謹館穀所獲悉聽其出入所著有杜抑若時文湘浦吟二卷

楊琇衡山貢生性孝友舉鄉飲賓嘗率諸人士請於縣建白山書院

聶鴻陞衡山諸生舉鄉飲賓品端有器量人以

比彥方

文登元衡山人作化俗篇勸人居喪斥浮屠遵家禮

文在奎字調遠耒陽人幼負大志年十七列武生越三年棄武遂補弟子員文品卓卓有聲數奇不售一卷咕嗶耄而弗倦喜吟咏賓朋詩酒不輟閒居子姪環侍藹然可親偶有失斥責甚嚴遇鄉人小忿輒婉爲勸釋邑有大事多借著焉以故先後諸邑令每多改容而禮貌之都人

士咸奉爲典型云年六十三卒人痛惜之弔奠不絕

譚尙岸衡山人倡復觀湘書院

劉俊字天如衡陽庠生與弟高美愛篤友于倡修譜牒建祠宇私購田畝以供歲祭收宗睦族藹如也族子稚禍將嫁妻輸官賴俊以免

單乾璜衡山監生爲人端正平易近人

賓之抜衡山監生慕善好施嘗施無利穀數百石

譚孔蕙衡山庠生督修學宮書院不辭勞瘁

蔡文甲衡山庠生修譜置祭田鄉人稱之

蕭長聯衡山人好義樂施舉鄉飲賓

賓九敘耒陽人事繼母以孝聞爲人慷慨好義値歲不登多方設備米穀以救饑

謝嗣孔字素臣耒陽人庠生食餼順治丁亥穀貴捐資請邑令於城隍廟施粥三日感而效者十餘人民賴以稍甦

鄭大珪字美所耒陽人起家勤儉性慷慨丁亥歲饑不惜廩積悉以賑貧

李翊明字厚阮耒陽庠生平生好施與屏跡城市不預他事

歐陽隆焜字含章衡陽監生拓落不羈而篤於門內事母以孝聞閒有甚難解之事母一言立釋母沒茹素終喪仲弟乏嗣建置祀產季弟爲虎所傷醫者云敗茅蟲嚼敷可愈焜卽嚼敷之而弟獲痊

馮萬鎰字仲偉衡陽庠生十五喪父哀毀備至事母就養無方垂老猶孺子慕與兄庠生絡京相師友白首無閒不忤顔色課子孫具有法度爲人和厚謙謹樂施好善不干外務舉充鄉飲介賓

劉國權字仲臣衡陽人天性醇篤母病劇簀夜求醫疾行傾仆傷右足遂微蹇母殁茹素三年兄弟有中落者以己產讓之

郭如瑛衡陽庠生孝養孀母孺慕不衰母没葬梅花嶺廬墓終制此有呈報孝行者堅却不受

聶萬和衡陽人攜妻倪氏避兵政平鄉兵及之倪赴水死萬和感妻節烈終身不娶

伍瑞雲字友祥耒陽庠生性惇篤慷慨三兄皆早逝撫諸孤視若己子嚴而不厲閒有貧不自給者周䘏之邑令多推重焉

謝嗣美字美生耒陽庠生歲荒輒散粟賑里人德之

鄭光禧耒陽人少孤勤儉治家正直接物慷慨好施予教子有方

賀成章字達卿耒陽人好施與歲饑穀每石值三兩章與謝嗣孔請於邑令楊永泰煮粥活人各施三日章獨施六日

歐陽益衡陽庠生幼失怙兩弟俱幼時方多難益食貧攻苦得爲諸生凡家政必稟命於母意有所向必曲體之尤篤友愛舉產之腴者悉與兩弟而己取其瘠庭訓甚嚴訓人之子弟亦如之生平語言無媟褻作字必端楷孝友方正有古人風

唐臣字鄰哉衡陽庠生好學不入城府事親以孝聞教子甚勤子傳銈成進士在都中臣書數百言督課如庭訓

陳心一衡山貢生邑治市紫峰下有亭日久漸圮錞率同人修復古蹟並捐田施茶以供過客

廖國賓衡山稟生爲人倜儻倡復觀湘書院不恤衆議

劉天桂衡山人爲人忠厚族有祭田售他姓天桂贖歸其子昆燦孫嗣鳳等倡建祠堂以收族

王豐右衡山監生事親能盡力歲歉助米煮粥以食饑民

王崔字峙南衡陽貢生早失怙恃孺慕終身作哀哀詩兩叔無子一則展墓盡哀一則迎歸奉養事寡嫂撫孤姪皆極懃懇爲人弱不勝衣而屹立耿介著小山詩文若干卷

何異舜衡山人爲人敦厚好賙䘏舉鄉飲賓

譚昌嶽衡山貢生文行爲里所推重舉鄉飲賓

吳載恩衡山貢生爲人忠信舉鄉飲賓

李千秋字天植常寧庠生天資高邁落筆雲煙賦性喜施與過人有急雖素不相識輒揮金助之百緡不惜

資尊中字子卿耒陽庠生持身端方孝友並著

汪顯安仁廩生事繼母盡孝萬歷間獎給冠帶

謝思宋字山田耒陽人性誠篤不阿時好閭里咸重之

謝永泰字亦生耒陽庠生博聞強識居城市從不入公庭族之子弟有能讀書不計修脯務曲

成之

謝才標字蜚英耒陽庠生秉性正直濟難扶危不惜物力

陳艮桂衡山人文行俱高享年九十有二

歐陽之琇衡山人敦倫力本逼族服其公正享年九十有七

楊美芝衡山人寡言笑重然諾年二十五失偶美不復娶有劉姓遺金二十兩爲守候還主享年九十有三

劉異才衡山人秉躬正直母病劇嘗糞以覘吉凶一日雞鳴起禱割股和羹以進雖匹夫愚孝亦至性之過人也年二十二失偶生二子矢不再娶或謂之曰人生貴有唱隨之樂耳何太自苦若是答曰夫婦之道一也夫死則責婦以守節奈何婦死而遂置義不顧耶後年踰八十

李廷俊字千一衡山人秉性剛介素守樸誠以詩書忠厚傳家享年九十有五

監生丁士淳生員董宏傳陳源劉士泇侯甸里民王在定陳子冉王孝先王賦千楊純也等俱衡山人雍正十年撫都院與觀風整俗使因其好善給匾獎勵

劉元炳清泉庠生家貧養親撫兄弟遺孤成立有鬻妻者解囊全之士林稱焉

傳振華字亦載清泉人性孝友父母喪葬一身獨任不及諸弟廬墓食粥不茹葷者六年後每除夕必詣墳前守歲置田奉祀自奉莊產遇歉則散給貧乏歲饑諸借貸悉焚券著邇言集撮要錄行世

王艮佐衡陽人年九十八歲題准

賜八品冠帶及終壽屆百歲

許可第字一元耒陽庠生設帳授徒館俸歲約四十金每於秋成貯穀至次年夏價昂便舂米零給族鄰之匱乏者

謝宗禎字祥生耒陽庠生好讀書至老不輟布衣蔬食恬然自得

賁一鏞字欽若耒陽庠生爲人端方見義必爲人服其有耿直之槩

李鍾嶽字天友耒陽庠生有光明正直之槩見重於人

曹徵璽衡山人爲人慈惠舉鄉飲賓

歐陽開榜衡山庠生爲人正直舉鄉飲賓

向兆熾衡山貢生勤學敦行舉鄉飲賓

蕭湘雲衡山庠生清白自持舉鄉飲賓

蕭必遇衡山庠生持身淳樸舉鄉飲賓

周日章衡山人爲人端方舉鄉飲賓

董士柳衡山人爲人敦篤舉鄉飲賓

楊正暢衡山貢生端方不佻舉鄉飲賓

曹紹參衡山人爲人正直睦族䘏鄰舉鄉飲賓

屈大客衡陽人壽九十歲爲人貧而有守讀書識義理教子孫具有法度

李之芳字蘭如酃縣庠生榮元子也幼攻苦有大志以孝友聞於鄉己丑徐鎮恢城俘執其兄姪遂匍奔營所傾家以釋兄姪之難有同邑因歲歉嫁其妻以全生芳聞之給以銀米得不嫁又有尹姓者遭冤誣羈於禁芳爲代贖出之尹感其恩夫婦甘以身奉驅使相報芳不納取其券焚之邑有茶陵民鬻其子償糧錢者芳以銀倡諸友贖還至於饑者食之渴者飲之無所歸者葬埋之其生平急傾危好施與類如此弟之蓁亦博雅士交于無間互相師友常艱於嗣芳力贊娶妾始以藐孤得傳

胡興棪清泉庠生行誼淳篤嘗作格言戒子弟乾隆元年舉鄉者授八品冠帶兄興耕弟興耦耦字維千沅江訓導爲諸生教學有繩矩及司鐸嚴肅如鄉塾焉興耕字青御增生搆祠敍譜多所善舉

譚大智酃縣人以歲薦家食澹泊寡營非公不至邑舉鄉飲大賓研討經史尤邃易學性嗜酒恒沖遊醉鄉以舒曠懷識者謂其有陶彭澤風

陳維持字賡明耒陽人有售妻求生者持養全

之有鬻子者持周濟之
鄭光祠耒陽人愛切友于至老彌篤鄉黨推其正直
匡時照字帝臨耒陽人生平敦尚古道教授生徒以立品爲先
李仲賢耒陽人樂善好施求無不應里閭推重
鄧士卓字立如耒陽人幼孤事孀母孝歲饑族有不能舉火者罄其所有分給之佃逋新舊租不能償願鬻妻卓免其租生平所爲類如此
謝仁廉字潔生耒陽人孝友純篤始終弗渝居

鄉以厚重稱
伍人瑞字祥生耒陽庠生父兄早逝百事矜持視姪猶子完婚娶課詩書營田舍無有二心
曹燃勳耒陽庠生性長厚喜賑恤族鄰婚嫁不及者捐資助之
梁士吉耒陽庠生重厚性成扶危濟困一言一行悉遵禮法
曹士鵬耒陽庠生施茶砌道樂於施與事繼母以孝聞
李模字子鏡耒陽人忠厚之風人咸慕之

歐陽嗣佐衡山人持躬樸厚舉鄉飲賓
茹其學衡山庠生端方樸實好義輕財舉鄉飲賓
文自申衡山人和睦鄉里舉鄉飲賓
王境生衡山人幼習詩書砥節礪行取與不苟然諾必信
晏運炎衡山監生素行敦篤睦族和鄰循循以禮法自持
袁德宏衡山人樸誠厚重不事浮華族黨推其德義
楊似玉衡山人愛切友于皓首彌篤偶值歉歲

出粟賑饑
楊維衡山人行誼修飭古道照人居家尤克盡孝友
劉光蔭衡陽人世業詩書工書畫及五七言詩年九十當路重之題准
賜八品冠帶
鄧如日衡陽人素行端慤不干外事父母早歿事祖父母得其歡心撫弟姪均平鄉里重之年九十二强健不衰

馬如璜字渭奇清泉庠生廕貢選親老不仕與諸弟雍穆一堂巡撫王之樞延掌書院性樂施與遇饑減糶捐賑選鳳凰廳教諭辭不赴

謝人儁字百英耒陽人性慷慨然諾不苟有售妻償逋獨輸二十五金代償之俾夫婦如初

劉傳銓字爾達清泉庠生應鄉試聞母病歸自是懼疎定省絕跡場屋中年失偶守義兄歿撫其孤猶子族婦歐孀居貧苦給田宅堅其操倡置祭田歲歉捐賑里閭推重舉充鄉飲

周命服字茀斯清泉舉人事繼母以孝聞陳哲河鵬年重其學延課諸子任桃源教諭年七十七卒

謝依仁字七德耒陽人慷慨好施尤勤公事如遷學宮修杜公橋南門路及河埠等處無不踴躍捐助

楊開文字爾雅耒陽庠生學問優長筆墨高古雅不喜投時好鄉人爭訟不能平片言立釋

吳大進耒陽庠生慷慨好施其親族之饑寒困苦視若一體

楊煒字美含耒陽庠生耿直端方取與不苟不

欺己不欺人一生行事可以對天

資一葦字爾榑耒陽庠生舅氏為人誣獄竟擬死哭愬巡按得免謝百金不受弟一藻甫週歲教育成人遂為郡諸生產均分毫無自私人稱頌之

謝軾字叉蘇耒陽庠生賦性端方嚬笑不苟士林重之

羅復倫字心一耒陽庠生避居永界潛心經史自知力行篤於孝友耒永諸生多宗之

伍宗奭耒陽庠生急公尚義屢勸善舉

劉永孫衡山人為人方正處事公平一舉一動恪循禮法

劉自貢衡山人內行克敦好施與寡言笑時人謂之緘口先生

邊宗欽衡山庠生家貧舌耕篤於本行字學精工士林以為模範

熊九皐衡山人持身厚重立論公平排難解紛寧人息事

曠葵生衡山庠生醫藥濟人並不計利事親尤委曲承歡

陳澮衡山人幼業詩書居家孝友樂施好善悉
本至誠
趙履臣衡山人爲人正直排難解紛鄉閭服其
公論
蔣淑衡山人立身恂謹端方不阿善氣迎人强
横折服
涂志顯衡山人厚重自持訓課爲業合境沐教
市少横爭
劉克仁字長公衡陽貢生娶熊氏生子四人中
年氏亡人勸其繼娶謝之曰吾旣有子復生孫

猶守不凡皆熊氏賢德所貽也再求他偶不安
吾子德是負吾妻也遂終身不娶以孫良璧貴
贈中憲大夫
王必選耒陽庠生克盡孝道處世和平少長咸
服其教
伍聚奎字燦斗耒陽庠生性樸誠無炎涼態族
衆憚其嚴肅友朋重其端方課子若孫寒暑勿
輟
廖呈霱字五輝衡陽人娶吳氏嫻婦道生子女
各一吳亡霱年二十八歲感吳孝順誓不再娶

俟介側未幾歿[illegible]天有以撫弱息
諭之鰥居三十餘年惟以課子爲念子宗
堯中亞魁
譚文焜字元南耒陽庠生素敦品行非公不至
公庭順治甲午邑令清糧均賦命董其成髦期
不倦無負厥任
左紹鄞字景行衡陽庠生天性孝友生母早世
事繼母如所生尤愛兩弟得繼母歡而教育從
弟亦如其弟又嘗捐基建祠以妥先靈解囊置
田以贍貧困造舟楫茶亭以濟行人凶年賑穀

不索其利有鬻妻償負者爲之全其室生平好
義樂施類如此
王作新耒陽庠生兄歿遺孤教養婚娶備至歲
饑舉家食粥減米以濟族鄰之貧者
歐陽旦字初平衡山人性端方不苟言笑動必
以禮與人交無陵谷然有軌檢者必正色責之
每祀事必誠必敬平居不輕入城市其事父也
父喜飲當年家故貧必思得其懽薄田故無多
以十畝種秫竭力供子職母年九十病臥床褥
必親爲抑搔自奉薄而奉母必豐其教子也嚴

諄以躬行爲本晚猶理家政或勸少休曰一息稍弛則一息生理已絕將終易簀更衣端坐而逝

伍人龍字凌霄耒陽人捐修橋路埠船以利行人往來者推爲義士

資九枚字遇符耒陽庠生秉性端方克敦孝友精書法當事咸欽仰之

徐鑛字金吾耒陽人爲人樸實嘗賑粥濟貧鄰人迫於饑寒欲售其妻給二十金全之

周洛字懷芳衡陽監生有某佃逋租將鬻妻以

償洛聞止之悉捐所欠又某鬻身於洛其人誠實焚券給之田使耕至今有賴尤謹內行奉堂上篤友愛復祀田鄉評韙之舉飲於鄉

左致字望如衡陽庠生妻王氏有婦德王沒遂不復娶急公好施建祠睦族刊痘科集粹一書以濟嬰兒其居家推讓有古人風以子修品貴封文林郎

劉輿佑字敬可衡陽貢生負才敏幹仗義好施歲饑捐穀賑濟多所全活完破棺出陷僕焚借券人推長者

梁戌詠字爾瑞耒陽人以勤儉自持遇旱歉捐米賑濟貧者賴之

郭紹先字繩武耒陽人值歲饑極力賑濟活人甚多

梁穆字爾梅耒陽庠生品度方正言笑不苟絕不預外事

鄭鼎冕耒陽人重義輕財族友重之

鄭建文字又植耒陽庠生生平倜儻不羣爲諸生領袖

廖權字與可應亨子父殁著梧不避危亂千里

奔喪母病瀕危廢寢匝月至居心行事莫不合人心天理

吳朝昌耒陽人撫姪猶子能全大義

謝再遇耒陽庠生設館於天寧由時有某欠巨室穀三百鬻妻以償再遇出學俸一十六金往代償焉猶不足門人許開仕弟道達亦感而助之遂全其室家

謝昌盛字又文耒陽人慷慨好施與念切孤貧每年賑給綿衣於歲臘輒捐草薦炭米酒肉菜蔬與縲絏者

鄒致肅字怡先清泉人司訓桂東長於詩文遠
近師之父病衣不解帶及父歿就館於外題曰
衡盧蓋取詩出則銜恤之義與兄同居六十載
無閒言

范應求字起棨清泉舉人授新寧教諭性孝友
有勸其父叔各爨者應求諫父待從弟成立始
析箸其後常分館穀以助叔女弟早寡課甥猶
子里中尹某父子俱病欲嫁其婦以供用應求
日無人奉養雖生猶死卽解囊給之其仁厚類
如此

文萍衡山人早歲至性過人親病焚香跪禱親
沒廬墓盡哀萍年二十五卽喪其妻其母悲之
甚萍自是終身不復娶兄弟七人相友愛二兄
及六弟早故撫其子如己子生平樂施與有負
債謀鬻妻子以償者萍給銀三十兩代償之

聶繼模衡山人事祖父繼祖母繼母克盡孝道
喜讀古人切實書遵家禮屏斥浮屠年九十祭
祀拜跪不倩人扶精醫理樂爲貧人治病給以
藥不取錢性耽山水嘗攜子燾兩入都燾任鎮
安敎以置社倉建義學作誡子書一篇以子官

誥封文林郎

陳國賞字君寵耒陽人爲人正直治家勤儉遇
族鄰婚娶喪事不計多寡竭力周急遇口角爭
鬭事力爲解釋務絕訟端

王佶字義仲耒陽庠生奮志傳經孝友無愧工
舉業未遂厥志機詐悉去有先民之遺範田園
自樂有隱者之高風

趙燕字亦山衡陽貢生性慷慨喜施與常指囷
假貸不權子母歲饑私租減糶捐銀六百兩施
粥有司上其事
賜主簿職銜改建縣學復捐銀四百兩助工膺藩

司額獎

張家特字及趙衡陽人豁達不慕榮利而篤於
行義捐墓田祠田家塾田各數十畝松木塘靈
官廟集兵灘三處城北孔道各捐田八九畝不
等施茶行者賴之

張時玫字赤玉淸泉貢生品行端方友于兄弟
喜施予購綿衣和丸散備棺槥周給鄉曲所費
不貲數十年無閒歲饑倡衆施粥捐穀減糶議
敘主簿職銜

楊璟衡山人父性嚴璟委曲承懽事母扇枕溫衾事繼母亦如之事長兄克盡弟道其父樂施與璟承其志施藥施棺助修橋梁道路不少吝倡族人修祠修譜力所能者皆勉爲之

李宗忠衡山人性醇厚非禮之投能以忍讓處之好施與遇貧窘者賙之歲歉出所餘以濟乏修理橋梁不惜捐貲以助

謝道達字達可耒陽庠生居喪廬墓見善必爲一言一動均爲鄉里法

鄭光庠字養也耒陽庠生恪守臥碑有維持鄉

黨開事

陳天能字仰蘇耒陽人持家有度束身以愼爲里閭推重

劉存紳耒陽人生平剛直慷慨好施鄰有貧而艱於娶者捐資成就之値歲歉出穀賑貸多所全活

李日開字子成耒陽庠生敦倫尙義好善樂施排難解紛至老不倦

李崇文字漢若耒陽庠生家訓嚴肅仗義疎財遇賣妻者相哭甚哀贈金錢十千以全之

伍文耀字眉山耒陽庠生不利己不欺人嘗自律一聯放利人多怨毋欺己獨知當事咸重之

吳朝佩字鳴珂耒陽庠生孝友一本至誠撫孤姪十八人視如己出交久能敬樂施與喪葬無資者棺之割愛生離者全之逋者還其券族人乏嗣者捐資續娶生平耿介端方著有醒世俗言吳氏家訓居身禁忌等書行世

文士首字元甫耒陽庠生歲歉盡出莊租以貸鄉鄰收成倍息來償士首不受人皆驚服

梁國器號易亭耒陽人十歲失怙事母色養無

違撫遺弟友愛備至鄉黨共欽其德

歐陽日煥字子先耒陽人學行兼優孝友無愧

曹大禎字祥甫耒陽人八歲失怙事母克孝課讀兒孫諄諄以實踐爲要

陳榮達字尊三衡陽廩生賦性端謹樂善好施尤篤於友誼有同硯友某客死爲之歸殯更存視其妻子乾隆十八年舉報優行

李日鄧字次入衡陽人性醇謹不較曲直有攫其金者偵知之不問日廉耻事重吾懼其無以立也又某逋田主租鬻其子鄧代償之得不鬻

有貧不能娶者將渝盟與之資藉以完枕里中高其義兩舉鄉飲固辭不膺人猶服其謙退

趙盛濬衡山人事父母能盡心力親疾侍湯藥不離膝事繼母如生母兄弟相友愛弟嘗患毒瘡殫力爲調治不避污穢和睦宗族修族譜立家規又嘗拾遺金還其主

譚秀俊衡山人幼嗜學困童子試循例入太學蹟棘闈者數事親克盡子職友愛兄弟雖同堂不啻同胞樂行善事賙族黨卹佃民寒則施衣死則施棺諸如修理橋梁道路雖費重金不少惜

許開俊字子秀耒陽人爲人誠實以義爲重至於救溺女埋枯骨猶有足取者

羅光愚字公亮衡陽人樂善好施鄉里推重之父以西八區屯田四十畝捐入縣學父亡有慫恿變志者亮曰成父之義雖貧乏不惜也至今供祀　聖誕

蕭天枉衡陽人業鹽米無長物而急公尚義捐米賑粥捐資修學不遺餘力

歐陽蔭字亦田衡陽人賦性淳厚樂於施與儻值歲歉減糶以濟里閈迨穀價過昂盡出所餘以周困餓全活者數百人

吳可嘉字茂生耒陽人賦性敦篤行己端方事父母以孝聞撫孤姪如己出捐金救人之難焚券濟鄉之貧耄而好學不求聞達垂訓子姪咸秉義方

賀世俊字千一耒陽人賦性耿介樂善好友素精醫嘗攜藥以賑疾病

謝汝龕耒陽人居心淳厚孝友克敦

戴立德衡山歲貢貌魁梧爲人凝重和藹無儇

態戲言不出於口事老父奉命惟謹母早逝事繼母如生母兄弟二人相好無尤生平恥奔競家計亦日窘病革時身後費無措適捧領出貢旗匾銀至榻前於枕上作叩首狀細語云八十一年老秀才稽古之力　聖澤及泉下遂端坐瞑目而逝

譚法言耒陽人居心誠厚每臨事不利己舉鄉飲賓

徐世啓耒陽人治家恭儉接物端方人皆感服其德舉鄉飲賓

鄒肇燕字長怡清泉人任平江訓導父歿哀慟三年不懈事母盡孝養於諸弟食必分甘弟肇煦字春籟廩生父性嚴正肇煦能承順喪葬盡禮

胡光緯字天章清泉廩生父國璠有鬻子者國璠出金贖之光緯事親孝與兄光綸終身無間言族有爭嘗代金息之有以孤託者卒終所託光綸字允言庠生性沉靜勤學孝友緯有古風鄉里重其篤實

喻聖𡰥衡山人工舉子業數奇同學者咸爲惋

惜賦性樸厚愛其親深懼不克當親心處兄弟閨誼甚篤庶幾內行無虧者

蔣文誘字循如清泉貢生祖朝莆字慶雲幼孤貧明季兵興派里民徭役朝莆年十六家無丁壯每旦赴郡秪應暮必念母歸侍日以爲常同里周大恩因亂逃賦以田書券付朝莆大恩挈家避武岡山中朝莆經理十餘年逮平定覓大恩歸舉田還之父興桃字爾祥修譜建祠置祭田義田學田修柘里渡橋繼朝莆之志文誘尤慷慨好義中年以疾謝舉業喜藏書皆手自編校居親喪年近六十不以老廢禮邑中修建文廟考棚置西湖書院田皆捐重貲以襄其成重葺宗祠建家塾增其父所置祭義學三田歲饑疫出粟施藥鄉人稱長者舉鄉飲卒年七十三易簀時遺金屬諸子重新府學爲清泉創書院
至聖生辰邑庠舊有捐祀文誘復捐田租二處以給餘爲諸生膏火資

資肇一清泉人鄉居好義歲歉肇一於本鄉捐穀千餘石以賑近地貧乏

謝顯學清泉人業農服賈性孝友父苦徭役顯

學代父桎梏事繼母如所生三弟皆繼母出顯學教養成立次第婚畢而已始婚督耕課讀身董家政所置業悉分之諸弟有貧不能婚葬捐金以助

陳善諫字信可清泉人少貧訓蒙養親親歿盡禮兩弟歿視姪猶子皆成立敬宗篤族尤樂施予人稱長者

伍文禧耒陽人賙卹鄉里勇於爲善舉鄉飲賓

李乃賢安仁人髫年失怙及長每於祭掃之時廬墓彌月哀泣備至事母最孝康熙辛丑秋母

於後園右掌中惡虫毒浮腫若爪痛不可忍醫者云吮出惡毒乃可救但恐吮毒者受毒耳乃賢曰母可救雖死何辭隨以口吮毒母病漸解而乃賢受毒遍身腫痛數月始痊閭里咸以孝稱之

康如浚衡山人幼失恃事繼母如所生母歿廬墓朞年幾成瘁性友愛伯兄早喪爲撫其遺孤俾成立仲兄無嗣爲立後族黨交稱之

陳士宜衡陽人舉動恂謹而慷慨好施歲歉盡舉所有以周貧乏力不能繼稱貸以益之他如施藥餌還遺金皆義形於色不爲利疚

成世佐字時亮衡陽庠生慷慨自負與人共處不設城府喜推解樂施與里黨推重舉鄉飲不就

馮紹京字亦世衡陽庠生敦實和平不事藻飾無疾言遽色城西柘里渡橋兩修兩圮先後捐數百金而修橋之念尤切穀價驟踊捐濟貧乏旱歉不索租稅佃民藉以活者數十家舉鄉飲不就

伍應元字美甫衡陽人爲人方直不事繁華嘗施粥以濟閭里嫁娶無資者出有餘以周之或稱貸而不能償輒焚其券其他勸訟止爭事多解紛而不令人知

吳朝楚耒陽人勤儉起家而輕財好善修橋補路至老不懈

吳謙字退之耒陽人於江岸泊舟獲金釵一股停楫以待遺者頃有婦人涕泣來覓遂還之

李萬蓮字協周清泉人兩兄早逝遺女二遺子一萬蓮一體視之母年九十萬蓮老患末疾不艮於行猶問視不懈里有爭立爲解釋嘗爲人

全夫婦閭里稱之

吳朝珙字德生耒陽人溫恭盛德周急濟困精醫理製眼藥濟人

劉爵生字子若耒陽人慷慨交遊撫遺姪如己子見人難如己難教子有方見義必爲

曾國琥字友珀耒陽人事父母以孝稱友弟昆無閒言惟以勤儉持家正直接物生平不與人爭不出公庭修橋補路至老不倦

歐陽焉衡山貢生持身清謹賦性寛宏孝事雙親甄陶後學路拾遺金二十兩候失金者至還

之面無德色舉充鄉飲

曹學裕衡山人賦性孝友樂行善事有古長者風

段敏捷安仁庠生居家孝友處世公平寡言笑重然諾尤樂行善事

廖奇誠常寧人敦倫尙義鄉里服其端方

張龍溫安仁庠生品行端謹克敦倫常處世接物人皆欽其公平

羅驤酃縣庠生持身謹飭見義必爲更以孝友著聞

譚顯名酃縣人純孝性成義方表著任與寧教諭不惟克正文體而以正心誠意爲訓

羅元英酃縣庠生承歡根於孺慕友愛出於性生持身應物守正不阿

文貫衡山人學問優長任桂陽縣訓導士服其教咸以禮義廉恥爲重致政歸講義型仁汲引後進舉充鄉飲大賓年登九十猶著述不輟

歐陽日梯耒陽庠生孝事父母生則曲意承顏沒則廬墓終制至應事接物公平和藹里閈無不推重

劉佳儀字彥昇衡陽庠生爲諸生數十年家故貧雅弗經營篤志好學雖祁寒盛暑未嘗廢業性簡易不飾邊幅結衣曳履有高士風遇物坦然絕無畦畛見人之善則勉其子弟爲可學其於不善恬然若弗聞以故里黨之間飲其正而樂其寬

李國偉字可大衡陽監生少孤事兄嫂備極敬愛讀書不事章句科名積志力行額其齋曰勿欺賦性端方取予不苟有行人遺金五兩於路拾待其人幾一日還之鄉里稱爲長者

何子禹字九開幼失怙家無遺產經營養母必求得其歡心生平深明大義力敦善行不求人知性嚴正臨財弗苟族戚有紛爭事經其解釋無不輸服

文中蘭字九峻衡山貢生事父母夕膳晨脩皆口嘗而躬奉數十年未嘗少衰年十三補弟子員嗜古力學胸存遠略遇試每冠其曹生平言笑不苟端方自持里人有越禮者每耻爲所覺

戚世雋衡山監生子善年路拾遺金伺失金者還之

李逢時衡山人居家孝友處世雍和好善樂施
輕財重義
趙應珍衡山人素性渾樸克敦倫常喜施與重
然諾以耆德舉充鄉飲
胡錫我衡山人存心重厚濟困扶危鄉里欽其
庸德
秦文烜衡山人負祖避亂登衡嶽峻嶺因用力
過度口中吐血祖曰爾力竭矣寧舍我毋傷爾
命文烜曰如舍祖孫何生爲仍勉力負祖登嶺
得免於難生平和易近人勇於爲善而居心恬

淡絕無欺飾
周則敬衡山人立品端方持身謹恪和鄰睦族
砌路修橋夫婦俱年登九十餘歲康健不衰
譚顯開酃縣人性好善樂施與凡遇亭橋道路
之傾圮者無不修葺因其老於農功有司上其
名賞
賜八品頂帶
唐巍勳衡山庠生事親孝兩兄一弟早逝托以
孤巍勳爲教養成名
沈日升衡山庠生狷介自守口不談外事足不

履公庭始終不渝
劉宗杰衡山庠生與二兄同爨數十餘年一錢
尺布不私食指漸繁始議各居
唐巖勳衡山庠生鍵戶讀書屢蹶鄉闈旋補國
學性敦厖與物無忤
歐陽維嶽衡山人業醫所纂有養生備要治病
不求售亦無德色
貢生何智鑑陳大治張顯勳張必昌謝際榮俱
係安仁人以齒德舉充鄉飲大賓
張榮與何具智歐陽璥張睿前歐陽榮黃鴻通
係安仁庠以齒德舉充鄉飲介賓

侯興讓周庭蘭周祖郜唐舜進唐克堯侯邦鎮
張信前係安仁人以齒德舉充鄉飲耆賓
貢生丁啓祚劉世定劉蘇文劉世爵魏士傑王
揚緒洪紹文周時成劉高美俱衡陽人以齒德
舉充鄉飲大賓
王生祁李梅鼎丁名璜劉典仁萬國珮李國儒
劉隆璞蔣雯俱衡陽庠生以齒德舉充鄉飲介
賓
張懋攸羅光臣易士仲劉明欽曾祖學唐思芳

鄒致億恭化民李彥秀盛德顯俱衡陽人以齒德舉充鄉飲耆賓

貢生蔣文讓清泉人以齒德舉充鄉飲大賓

庠生劉清監生符永濁俱清泉人以齒德舉充鄉飲介賓

曹士龍陳朝溢俱清泉人以齒德舉充鄉飲耆賓

高以文衡陽人持身謹飭處世和平事母以孝聞

鍾聲耒陽庠生賦性醇厚爲人簡默凡遇歉歲

繕宗族濟里黨倡義施粥以食貧人於東陽渡倡捐田畝以爲造舡僱夫之需行旅賴焉

侯祖尼衡山人持公秉正品重鄉評兼好善樂施於該邑三樟樹地方修造涼亭建立義渡捐田四十畝以作歲修渡船僱覓渡夫之費行旅往來莫不稱頌

熊維新衡山人偶遇歉歲倡先施粥有賣子媳者盡力周濟得生全之家凡三

陳安民安仁人爲人謹飭杜跡公庭而排難解紛鄉黨耑服

張文安仁庠生持身嚴謹立品端方一門娶順庭無閒言享年九十有奇

張明星安仁人居家孝友處世和平修理橋梁道路不餘遺力

陳投中衡山庠生倫常克盡正直無私舉充鄉飲介賓

附方伎

晉

區純衡陽人大興中純作鼠市四方丈餘開四門門有木人縱四五鼠於中欲出門木人輒以椎椎之

唐

張山人善拔衛唐曹王皐貶衡州時嘗出獵得羣鹿十餘頭無何失之以問山人山人曰此衛者所隱遂索水以刀禁之少頃於水中見一道士長纔及寸負囊柱杖而行山人取針就水中

刺道士左足告王曰此人易追向北逐之果見跛道士與水中者無異因邀之道士笑而來王問鹿何在曰向哀諸鹿無故即死所以禁隱今在山側王遣人視之隱於小坡不動王名山人與之相見乃郴州連山觀侯生其舊識也

昝老長壽寺僧嘗言他時在衡山村人爲毒蛇所噬須臾而死髮解腫起尺餘其子曰昝老若在何慮遂迎昝至乃以灰圍其屍開四門先曰若從足入則不救矣遂踏步握固久而蛇不至昝大怒乃取飯數升擣蛇形詛之忽蠕動出門有頃飯蛇引一蛇從死者頭入脛吸其瘡屍漸低蛇皰縮而死村人乃活

元

曾世榮衡陽人號育溪精於方脈著活幼心書行世大德丙午市廛火將延世榮宅焰塵中聞人喧呼曾世榮家併力進水煙止風收得不焚云

本朝

行一順治間行脚至耒陽竈頭市有妖假司命爲祟常附人語吉凶事書精靈二字於柴人爭

神之行一以杖擊竈碎之喝曰精從何來靈從何去妖遂息

劉璜字斐章衡陽人畫法精於宋元凡山水人物翎毛花卉每著筆輒栩栩欲活嘗爲王中丞之樞摹西洋畫法作牙籤萬軸圖眞若有籤可拾者中丞每過輒以手綽之年七十居山中有塵外想全州謝觀察梅莊過訪與訣無病逝

歐陽振宇文裔號話仙衡山人性眞樸擺脫塵俗年二十餘嘗於南嶽遇異人著赤衣縛綺負巨石累嶽廟基皆人所不能勝者振異之與之

語頗復相接洽因自號詬仙善卜易占人休咎
多奇中喜畫山水出入黄子久米元章之間年
八十三步履如少年燈下猶能作蠅頭楷長白
范中丞見之詫以養生之訣振曰山人無他秘
術但不作機械事耳中丞善之

湯應龍字雲從幼業儒明理博洽素問內篇諸
書所著有太和篇運氣删本毓靈要覽子日昇
日杲日旦日晟皆遊庠序世其業日旦字扶東
著傷寒經條病因病畧諸書

陳士德字次公畫人物工妙山水小幀亦雅有

風格遊江浙閒人爭購其尺幅珍若拱璧巡撫
潘嘗館置之世居迴鴈門外潘爲題扁曰畫諳
堂既沒無紹其業者

曹崧字天柱號倚園性莊和好讀書稽古並工
書得聖教序筆法於內經青囊諸集尤爲精究
因以良醫名著有倚園心得脈占醫案觀察劉
應鼎總戎冶大雄並旌其門曰仁者壽年八十
四終長子士蘭字谷英號拙菴克世其業著有
傷寒集註二十卷

劉觀宏衡陽人讀書不遂懷濟人之志究心醫
術遠近爭延之常急人之急遇窶人尤先往視
康熙四十九年城中痾疫衡陽張令開局西湖
寺施藥以弭董之弭盡心診視全活萬計張贈
以額曰壽我生民著袖中經驗救生便覽二書

杜敬軒衡陽人爲人灑落幼攻儒不售改習岐
黄精於其技求者塡門醫無不驗著脈經七十
二種方書一十二種藏於家

蕭慧字仲穎號一拙山人家貧父卒於黔慧扶
櫬歸葬工丹青著名黔省嗣是名著衡湘年八
十餘

衡州府志卷之二十四

衡州府志卷之二十五

知衡州府事豐城饒佺重編

列女上

坤貞巽順女德罔缺曰孝曰賢曰節曰烈履常較易處變各別早喪所天淚繼以血下撫黃口上奉白髮或且殉夫一慟腸裂或則拒賊引脰志決彼須麋予乏此骨節

衡陽縣

按一郡人物例不分縣編次亦以科目籍貫開卷原自瞭然惟列女歲時先後各志未經

注明難以渾載今惟照縣志分列挨編差免外混

元

李興妻趙氏年二十八興戍交阯陣亡趙撫稚孤寄人籬廡下織笠自給以節終子世欣以孝行聞

明

曹受興妻陳氏洪武十二年受興病劇氏對夫剪髮誓不他適時年二十九孀居茹荼紡績以給二孤有司獎之

易子達妻曾氏幼讀書曉大義歸子達生子思銘會卒日夫曰我有痼疾脫弗瘳若肯撫是兒以終乎氏泣曰上天鑒臨敢有二志越二年而寡毀容不出戶庭教子埀成子又夭撫孤孫志魁年九十二正統二年旌

彭應祖妻周氏年十八適彭七年而應祖没子方褓孺恐父母奪其志乃自毀以節終永樂間特表其墓

朱衡妻王氏宣德中衡以進士卒京師氏年二十五剪髮誓死竟以哀毀卒

湯思文妻劉氏年十九思文歿無子家貧將奪其志氏走夫塋號泣絕食乃止後以節終

甯志讓妻譚氏宣德中志讓卒閱四月而氏始生子年二十八斷髮毀容撫育孤兒以壽終

甯代伯妻伍氏適甯不見答且命改適氏泣曰婦容婦工誠無所有禮婦人不再適孑居數十年尤能事夫以禮年逾七十而歿

周志連妻歐陽氏宏治間夫故無子時氏年甚少家貧盡斂其粧貲奉夫柩歸窆苦節四十餘年以壽終

顏宣妾王氏宏治中宣任扶溝尉卒氏與宣妻扶櫬歸坐卧一樓中家人罕見子長娶婦氏既老如扶杖堂與聞其峻操如此侍御劉撤爲立傳

劉冕妻鄧氏正德初冕亡無嗣氏矢志守節冕弟侍御撤以其次子爲冕後鄧撫之如所生迄於成立

張鶚翼妻段氏姑卒悉鬻其嫁時裝以殮嘉靖甲午鶚翼不得預解額鬱悒以終氏年二十一欲以身殉家人勸之勉延喘撫孤悲思哭泣積

二十七年卒

蔡玉章妻歐陽氏年十六歸蔡四載而寡無子以節終侍御劉撤爲立傳

譚元宗妻段氏元宗素家貧既殁遺孤子三皆孩提氏時年三十撫教之至於成立嘉靖戊午長子俱舉於鄉氏年七十六終有祭酒瞿景淳傳

解元王萬善妻劉氏萬善鄉舉第一旣寢疾氏年少伏床泣曰願效死萬善叱之曰吾服道有年令婦人殉死不祥萬善卒氏居一小樓足不履地者四十餘年而卒事得建坊旌表

姚遜繼妻搭氏年二十六夫卒家貧無嗣氏毀容斷髮孝養舅姑茹苦八十年萬歷間撫按給粟米

生員何文宇妻袁氏文宇爲諸生早世氏年二十六撫孤以節終萬歷間州守表其門

王賞妻甯氏年二十四賞沒氏有娠尋生男氏撫教之縞衣糲食足不踰閫閾嘗有疾丁爲延醫診視氏曰死吾夙所甘奈何示人手也人朱炳如爲立傳

趙學普妻劉氏普早卒遺腹生子良相家貧勵節數十年如一日良相登萬歷辛丑進士

曾汝朝妻王氏適曾甫三月而寡衆勸改適氏厲言拒之孀居四十年氷操凛然

趙寶妻廖氏年十九夫沒無子執婦道無失墜以節壽終

貢生何悌妾董氏悌有二妾氏無子曹氏生二子悌卒曹改適董撫之如已出時董年未二十何族有謀令改適者氏引刀自刎頸血濺地鄰人驚救獲甦以節終御史錢岱奏聞特旌

易梅妻楊氏適梅三載梅亡氏事姑撫孤卒年八十二

楊執初妻王氏年二十五夫亡截髪矢志學使黄希憲郡守李燾皆表其廬

侍御甯欽繼妻張氏年始笄適欽爲繼妻甫月餘欽奉按淮卒於邸舍張勵志守節年九十二卒

甯威繼妻王氏威母廖氏早寡矢節王歸威匝月而威卒王感姑之節勵志侍姑以孝敬聞郡丞沈欽爲作甯氏三節傳

羅榮興妻王氏榮興客死氏嚙指瀝血以守

生員趙一鶚妻廖氏一鶚早世氏矢節終身郡守表之

劉經德繼妻余氏妾劉氏余于歸三載未有子爲經德買妾劉生子銘劍踰年經德故余與妾撫孤成立均爲完節

生員何道伸妻劉氏道伸爲諸生早夭氏年二十六遺孤其虚幼矢節撫育後其虚舉明經官司李

周廷粲繼妻易氏廷粲卒京邸氏爲絶粒稍食果菰之屬經二十年人咸異之立夫姪應名爲後家政嚴肅柴瘠以終

甯文釗繼妻王氏適甯踰年而寡撫前室七歲孤如所生家貧以紡績自贍孀居五十餘年

王家妻甯氏適王二年而寡無子且無姑大歸于甯灌蔬養母以老

甯惟志妻劉氏年二十六而寡善事舅姑孀居六十九年一女適蔣際明年二十四夫亡亦隨母守節以終

張明修妻羅氏年二十五明修故無子氏哀毀遂絶粒閲十三載人疑爲仙尋患瘦僵卧夢神授以藥頓愈復飯蔬三十年終

歐述之妻王氏年二十餘夫卒遺二女一子甫歲餘守志撫孤成諸生女各適名門苦節五十餘年卒崇正間邑紳士以節聞於廵按宋賢旌之

生員鄒承蕃妻周氏承蕃卒氏年二十八勵節撫孤孤成諸生早世竟以煢獨終

甯以道妻謝氏年十八適甯歲餘而寡遺孤在襁褓中氏矢志完節以終

甯以揆妻蔣氏以揆没氏年二十五矢節撫孤
備歷艱辛無渝志
左宗雄妻佘氏崇正末遭亂爲遊卒所掠促之
行余以義不可辱道傍有井躍入以死
衛弁譚嘉言繼妻張氏嘉言爲衛弁前妻龍生
子鳳翔纔半歲而龍亡張育之若己出夫故張
爲鳳翔謀婚娶旣成襲秩爲百夫長郡守吳廷
正旌其門
生員陳秉道妾劉氏嫡卒遺子半歲秉道隨没
劉年二十經紀喪事克盡誠信養嫡子如己出

值兵亂支持教子成諸生卒年九十三
生員陳一洳妻鄒氏年二十二夫亡遺二子俱
幼氏勵節撫孤以紡績資教育年八十二終
何氏
趙門某氏
按衡陽舊志坊表內載有明貞節何氏趙門
某氏二坊皆崇祀雖姓名弗詳未便遺也合
併載入
庠生李之芳母丁氏事姑及祖姑以孝聞嘉靖
四十年二月雷震裂其祖姑之柩屍汁逆流氏

泣吮之裂錞遽閉人以爲孝感郡人大常陳宗
契題其像
劉世越妻熊氏年十九世越入贅甫二十八日
歸拜其母暴卒熊聞輒欲奔喪曰吾不得見吾
夫見吾姑死猶生也其父抑之不得行遂剪髮
絶粒誓不欲生會姑歐以哭子幾殆遣人迎氏
其父復令使者勿語未幾歐卒氏一痛幾絶遂
自經死
甯以慈繼妻王氏萬歷初歸甯嫻於禮姑嘗寢
疾王衣不解帶藥必先嘗雖極垢穢躬自洗滌

姑疾革願以身代時孝婦
包友榮妻鍾氏事姑性嚴氏曲意承合姑病咀
氏吮之而愈
李跨鰲妻林氏跨鰲母謝節婦也跨鰲幼謝矢
志教育登賢書時寇賊克斥謝從兒媳伏居髻
龍山麓年五十餘得痿疾林侍養扶掖者十年
跨鰲卒無子家益落林抑哀强色笑以安其姑
釆薇自給而别爲湯糜奉姑朝夕就床褥拊摩
扶持謝賴以全者又十四年無何林卒姑哭林
亦卒鄉人高其節孝遠近會葬者以數百計雙

埜屹然遂名其山曰姑媳山

鄒榮華妻楊氏崇正中臨藍寇逼氏年二十一倉皇出走突與賊遇度不免遂赴水死

倪民恒妾劉氏崇正末獻賊陷衡氏年二十被執賊挐之上馬氏大罵不從賊刳其心而死

彭某妻孫氏獻賊陷衡氏年二十一匿複壁中賊欲曳氏出氏拒不從賊斷其手氏駡不止賊怒以戈擲之死壁中

生員鄒應昌妻劉氏獻賊陷衡氏與應昌匿石巖中賊索得之指應昌詰氏曰此爾夫耶氏欲

全其夫詭以非是賊將逼之駡曰死賊何敢犯我遂嬰刃死應昌獲免

生員張若瓊妻沈氏獻賊陷衡氏年十六匿山谷中已而還村被執賊餌以所掠金玉沈唾之觸刃而死

生員劉思文女名靜貞賊掠村中女年十二竄入厠室賊誘之出叱曰死即死此出何爲揚糞濺賊賊以巨石中其額死

胡遵典妻譚氏獻賊剽掠譚被執不屈賊拔劍刺其腹以死

王啟乾妻周氏明末爲潰卒所獲將廹之氏碎磁盂截其喉死啟乾憾悼旬餘亦卒

生員伍一盈妻譚氏明末亂兵猝至覛氏氏大罵曰狗卒勿覛我速殺爲幸兵揮刃試之氏抗前觸刃死

何鳳翎妻鄒氏年十九矢節携孤兒避亂山中爲賊所執廹之不從兵怒殺其兒脅之氏駡不輟遇害

生員蘇斌妻馬氏隨夫避亂荒村夫病故值亂兵至猶守夫櫬被執拒罵不從兵揮刃連斫之

死柩旁

朱英武妻黃氏亂兵掠衡英武挈妻及兩女避亂被獲縛英武將爇之氏與二女同躍池中死越數日尸浮池面二女猶持母衣裾二女一曰丁秀九歲一曰昭秀七歲聞者悲之

吳汝潤妻歐氏避賊山中被執罵曰死賊敢廹我賊怒刃其頰而去家人以藥療之得甦

周大衡妻胡氏時遊卒肆掠胡夫婦被執賊將廹之先射殺大衡胡抱夫尸痛哭賊持戈臨之胡大罵嚼舌血噴賊衣賊怒碎斫之里人合瘞

下茶橋羣烏噪其墓者三日

聶萬和妻倪氏萬積妻譚氏時歲賊擄掠和積携二氏奔南鄉至似泥塘遇賊倪執譚手曰此水是我兩人死所遂並入水死

本朝

生員段獻綵妻丁氏年二十六夫卒遺子僅三歲內外侵侮父母令改適以死誓事舅姑以禮教子嚴厲撫前室二女如己出初獻綵沒其兄弟恣意陵轢後皆相繼亡丁顧以恩撫其子人以是益賢之

廖永泰妻許氏永泰早逝許非貧守節撫二稚子成立年逾九十皤鬓弄孫人以爲苦節之報云

貢生張國秀妻王氏順治戊子國秀暴卒於外及櫬歸王號慟不輟遂死柩旁

生員張以任妻宋氏幼慧能誦女史年二十八夫卒無子遂大歸於宋苦志二十餘年終

魏宗選妻游氏年二十五夫卒遺腹生一子矢節不嫁撫子成立納婦周氏子年三十六卒周亦遺腹生一子越再期而周亡游復撫孤孫成立爲納婦而孫又亡年八十一卒

王印寧妻彭氏年二十夫亡誓不再醮服闋姑以改字試之氏斂容不答明日登夫塋號慟不已家人掖歸終無一言旬餘卒

生員鄒應遴妻王氏應遴暴卒氏年二十六矢節撫二子有成

生員華明英繼妻鄧氏年二十夫卒遺子僅數月鄧治喪畢投繯家人覺而救之遂毀粧操杵臼足不踰壼教子成立

生員歐鴻騶妻劉氏年十七歸歐無出順治五

年鴻騶爲潰卒掠去翁年七十一慟而逝氏終翁喪遂祝髮衣緇皈心淨業持戒三十餘年卒

丁奇珍妻史氏年二十一夫卒遺腹生子瓚氏苦節奉姑撫子無何姑以哭子致疾卒氏亦以哭姑絶粒卒

胡遇奇妻何氏遇奇早世遺孤未及齔家饒貲産爲族人蠶食幾盡氏苦節益堅子國珠領歲薦

胡奇才妻丁氏奇才早卒遺一子一女氏年二十四絶食飲數日姑抱幼兒泣勸止之冰操數

十年奉姑以壽終撫幼子成立

監生陳賓俊妻盛氏年二十八夫亡誓死守節教子力學撫庶子如己出

曾惟庸妻譚氏年十四歸曾甫四月避亂匿叢藪中惟庸爲遊騎掠去譚侍孀姑崎嶇百險幸賴以全尋有自掠中歸者曰惟庸死矣氏哭之哀姑曰兒亡吾安託遂改醮謂氏曰汝亦自爲謀氏嗚咽不答明日盡以夫遺產及僮僕分予族人毀粧茹蘗獨居十六年惟庸忽還氏曰君别十六年皆謂君已歿今幸生還再奉巾櫛當

成禮惟庸然之明日大名宗族置酒拜見略如初婚後舉三子年七十餘終

生員王璠妻劉氏年十八歸璠康熙壬子璠赴省試以疾卒氏年二十九哀毁骨立瀕死者數值吳逆兵亂藏刀衣閒以防變深遯窮山並運璠所遺書隨之或謂此非急務氏曰使諸孤見父遺書雖頑鈍猶可望其感奮也繼姑病疽扶掖積月不離教諸孤不少姑息

譚振芳妻王氏年十九適振芳振芳卒氏年二十六生一女一子次子秀璜尚在腹氏齧指灑血曰分當相從地下其如此藐孤何乃毁容矢志舅姑繼沒竭力殯葬

熊家慶妻劉氏年十九歸熊再期夫亡遺孤六月投繯者數次家人屢救之後吳逆踞衡氏携孤竄僻壤艱辛萬狀得以活全

生員王孟養妻姚氏孟養卒遺二子俱幼時值喪亂家計日落苦節撫孤長成諸生次明經

副貢生周豐妻鄒氏豐早卒氏年二十八孀居孝養舅姑食貧課子次子命圭領鄉薦

周夔齡妻洪氏年十九夫卒誓死自守朝夕侍

姑左右共寢食者二十七年姑卒執喪骨立撫夫兄子愷爲嗣教之成諸生

劉其祥妻許氏年二十一而寡矢不再醮及二子既娶復相繼夭氏率婦撫諸孫守節年九十卒

謝鳴鶴妻王氏年十六歸謝舅亡姑寡氏事姑孝生一子年二十夫卒鬻産以葬貧益甚夫亡五月遺腹生次子有請婚者以死拒之辟纑奉姑姑疾泣禱求身代及姑卒竟以哀泣喪明

生員王章妻胡氏年二十二而寡時兒在襁褓

翁復衰老氏操作奉湯藥舅卒喪葬如禮哭泣
之亂母家勸改適氏嚙指自誓自是齋食以爲
常
生員王天壓妻魏氏康熙甲子天壓應鄉試卒
於武昌氏年二十一聞訃勺漿不入口櫬還以
頭觸棺血流被面日夕哭成疾卒
陳仁言妻劉氏年二十二夫卒子甫半歲氏哀
毀瀕死者再未幾翁卒於郡家無能扶櫬歸者
氏携幼孤披髮徒步奉櫬所過皆憐之子娶婦
復夭撫諸孫

生員王端樞妻謝氏年二十二夫亡無子翁姑
繼沒家計蕭條氏紡績牧畜營葬翁姑母欲奪
其志氏操刀自刎幾斃乃撫伯氏子啓祐爲嗣
教之膺歲薦
劉邦僎妻周氏年二十三夫故遺三月孤姑與
母勸令改適氏以死誓及姑沒繼姑曾年相若
氏事之甚謹翁亡與曾相依子惟忠成諸生又
早卒媳胡氏亦矢志同守
全孟瓊妻譚氏孟瓊病篤氏籲天乞代及卒氏
年二十二哭三載不絕服闋父母憐其少且無

子令他適遂自經家人救之乃撫姪仲達爲嗣
以女紅自給
生員丁士晏妻蕭氏年二十八夫卒遺孤四歲
父母使人微諷之氏泣不從盡以家政屬姪名
瓚終日鍵戶督教諸兒瓚成諸生
曾福俊妻趙氏年二十二夫故舅姑繼沒氏扶
櫬百里祔葬祖塋會流寇蹂躪有迫氏改適者
氏以死誓兩孤年數歲延師督課長子昕成諸
生
生員馬師俞妻洪氏師俞臨終謂氏曰吾沒若
爲我代供子職後乃聽若所之氏泣以死誓時

年二十三一子偶龍尚幼姑繼亡氏經
理喪事如禮以節終
方嘉潮妻王氏年十八適嘉潮嘉潮就試夭於
郡絕粒七日又屢自經父母迎歸勸之氏曰夫
死吾何忍獨生未幾病仍歸夫家曰吾死爲方
鬼與夫同穴耳四十九日不語亦不食卒
鄒時魯妻徐氏夫沒子方二齡氏慟幾絕家貧
織紝自給子長娶婦生孫子又夭孀媳孤孫相
依爲命

廖正鑑妻袁氏年二十八夫亡撫孤守節聲影不出戸織絍教子棻櫱自苦年六十一卒

生員唐應位妻廖氏年二十四而寡遺兩孤舅憐其少欲奪志廖以死誓日勤紡績以供菽水課讀費長子汝封入學卽物故次子汝邦又早殤後與其媳陳氏苦節撫孤孫成諸生年八十卒

朱明績妻劉氏年十九夫沒遺兩孤父母謀令改適遂誓不歸寧姑卒舅老歲大歉氏將茶自食而以白粲奉舅旣爲二子納婦一日呼至榻

前曰吾從汝父地下矣一慟而卒

羅鳳揚妻倪氏年二十五夫故遺孤四歲苦志撫育及抱孫而子沒與媳雷氏相依以節終

羅繩祖妻何氏年十九夫故姑雷氏亦孀居何繼其志以孝養聞

鄒和萬妻李氏年十六歸和萬和萬亡氏搶呼欲絕仲姒王氏溫言諭之乃飲泣治喪撫夫兄子以節終

生員周部繼妻郭氏年二十二歸部部亡有前妻子命服甫三歲郭撫育教誨後領鄉薦

生員劉起騰妻周氏年十六適起騰未幾起騰卒無子舅姑與母兄弟欲嫁之氏遂樓居誓不履地孀居二十餘年卒

周濟楚妻廖氏年二十二適濟楚生二子一女俱幼而夫沒母家以富聞嘗避亂婿家寇盡刼其資並欲挈氏氏觸石流血寇斫其左臂夫家人救甦家徒壁立食貧育子年六十八卒

沈中柱妻楊氏沈早卒遺孤二氏年二十餘家貧苦節紡績以給饘粥時或竟日不舉火勉撫孤克俾成立

王斌寧妻劉氏年二十五夫故矢志靡他遺孤朝鼎甫百日撫育成立

芈明弼妻劉氏明弼慟母柩遭火號泣卒氏觸屏幾死伯鄧救甦子二次上捷薦於鄉

王大國妻馮氏年二十四夫故歷盡艱辛教二子成立氏胞兄正琳有遺孤氏兼育之學成歸宗

王朝武妻歐陽氏年二十四夫亡茹荼鞠孤父母難存未肯歸寧年四十七卒

孫國相妻周氏國相捕魚爲業氏事之敬國相

亡氏年二十六一子歲餘父母欲奪其志氏泣
曰孫氏三世只此一兒且姑老將誰伊遂絶跡
母家苦節奉姑壽終
王政寧妻周氏年二十七夫亡一子半歲氏矢
節奉翁姑撫子成立貯粟以周鄉里
劉興僎妻周氏年二十夫故矢志靡他奉事舅
姑教子隆琪成諸生
王京元妻羅氏年二十九夫没撫遺孤三成立
劉承瑞妻徐氏年十八適承瑞生二子皆不育
年八十六卒

九年而夫没撫族姪又亡有女適同邑李維舁
依李以終其身
陳汝奇妻張氏汝奇没遺孤三歲家極貧或諷
之氏叱曰吾豈怕凍餓死乎避吳逆亂絶粒七
日有欲奪志者輒指水爲誓娶媳患病代哺幼
孫艱辛萬狀子賡志歲貢生孫範諸生
生員王亭寧妻唐氏年二十四歸于亭寧亭寧
亡遺孤長六歲次纔七日氏撫育成立以節終
生員張烈妻唐氏年二十六夫故遺腹子光敬
奉翁姑延師教子成諸生年六十六卒

歐陽昭妻唐氏昭應試卒旅舍氏年二十三勺
飲不入口姑强起之乃乳其半歲女依姑寢食
姑亡哭之哀女適丁
廖惟桎妻徐氏年二十五夫故一子在襁褓家
甚窶舅姑年老氏勤紡績生養死葬如禮苦節
五十八年
生員蕭鳴珮妻周氏鳴珮遘疾氏侍湯藥三載
夫亡遺孤二時氏年二十七父勸改適氏慟哭
不已姑感其志氏奉養不懈後翁姑相繼亡喪
葬盡禮次子又夭教育諸孫璸成諸生

唐本愍妻陶氏年二十六夫亡矢節撫孤教子
旭孫傳心成諸生年七十三卒
鄒致餘妻楊氏年十九歸鄒未匝歲夫亡遺腹
舉子誓不再醮孝翁姑和妯娌家貧節益厲
劉禮復妻周氏年十九夫亡舅姑勸改適氏斷
髮以誓歸依母舅姑没氏歸劉終喪年六十五
卒
曾必成妻鄒氏年二十一夫亡無子舅姑勸之
他適氏歎曰生不能免死則已矣遂自經姑救
得甦撫伯氏子奇榮爲嗣

劉邦憲妻馬氏年二十二夫亡無子斷髮矢志撫姪爲嗣

鄒乃英妻楊氏年二十六夫亡遺子二女三舅姑以貧苦勸之改適氏誓死守及幼女既嫁氏曰今可從夫地下矣嘔血數升卒

康以定妻李氏年十八夫疾李指天以死誓夫既沒父母以其無子謀嫁之李走詣夫塋慟哭因成病死

謝紹弼妻蕭氏年十九夫亡無子矢志守節年五十卒

王飛熊妻童氏年十六歸飛熊生二子一女飛熊卒氏年二十八奉孀姑撫孤子值吳逆之變以女工度日者十餘年

楊某妻唐氏年二十餘夫妻同業於田畔忽虎攫其夫氏拉虎尾凡三踰嶺終得脫負夫歸氏亦傷左臂夫數日卒守節不二

生員廖章妻魏氏事舅姑孝謹夫沒撫二孤成立雍正五年旌

張六鰲妻王氏年二十適六鰲生子三歲六鰲亡氏水漿不入口將謀自經姑曰獨不念孤兒耶氏曰夫亡與亡孤兒自有姑育也母迎之歸終絕粒卒距鰲亡六閱月

游于偉妻曾氏年二十八生子二夫客滇音問不通有言夫已病故者勸其改醮氏苦守依胞弟某同居某亦貧氏勤紡績令子務農得娶媳至老有自滇來者告夫所在氏命次子迎之夫歸氏已病篤矣

生員李正白妻鄧氏年十四歸李事繼姑盡禮年二十九夫亡矢志撫孤子天民成諸生年七十餘卒

生員顏齊妻楊氏齊早卒楊自刎者再家人救甦日勤紡績奉舅姑殮葬盡禮終身足不踰閫年七十八卒

生員羅錦乾妻蔡氏年二十九夫亡遺子士瑞九歲矢志守節紡績奉翁姑士瑞成諸生

李國位妻唐氏年二十四而寡無子氏苦守撫姪承祀

生員鄒秉正妻胡氏年二十九夫亡遺子八歲氏事舅姑祖姑俱以孝聞壬午宅火氏從烈焰中負祖姑出髮面皆燬癸巳河水漲溢氏揹夫

柩悲號水漿滅頂卒得無恙

魏國鉉妻宋氏適魏生一子甫二歲而夫亡氏年十九矢節撫孤年七十二卒

黃德生妻胡氏年二十四夫亡舅姑老子纔半歲氏矢志奉養撫育值吳逆亂遠避他所裹糧將盡氏與子啜糟糠而治饔飧奉翁姑

羅成榮妻廖氏幼字成榮甫笄成榮患肺疾請人贅合巹之夕病不能行禮夫婦異處三宿而夫亡人以廖仍閨秀議再醮廖曰女從一而終若舅姑不諒有死而已乃茹齋誦經勤女紅以

養翁姑撫同姓子仕朝爲嗣

王之冕妻張氏年二十四夫卒遺孤三氏截髮焚夫靈前曰分當相從爲弱息計得後死扃戶勤紡織課其子俱成立

劉添美妻陳氏夫亡年二十四誓死守值吳逆亂撫三子依姑匿窮塢自與子食粥而奉姑精飯姑得年八十餘

生員鄧世正妻鄒氏髫年適鄧善事翁姑姑沒事繼姑尤謹夫早卒有謀奪其志者氏與繼姑愬白之官獲免撫孤衍泗成立

朱慧欽妻涂氏年二十五夫沒有族姪孫擠之改適謀其資產氏矢志金石卒不可奪戒其子絕遠匪類氏以節終

蔣仲馨妻王氏生一子夫卒未幾子亦亡居無片瓦食無升斗以針績度日敬奉祀事不衰

周士馥妻謝氏年二十三夫卒遺孤二誓死守勤紡績以事翁姑教子成立年逾八十

王朝英妻吳氏年二十七夫亡舅令氏兄勸之他適氏不從育孤成立苦節四十餘年

高以聯妻周氏年十八適以聯數月以聯客黔

越五載歸生一女兩歲以聯亡氏哀號不輟服闋斷髮自誓撫孤姪爲子又夭惟一女相依終身

楊耀祖妻唐氏年十八夫亡遺孤僅十四日氏矢志育孤年逾七十

鄧啟仁妻王氏年十二適鄧甫一年夫亡翁姑憐其少恐不能終志氏誓死不移以紡績自給孝事姑祖姑撫姪杰成名年七十

譚繩祖妻蔣氏年二十七夫卒遺一子誓死靡他食貧養姑教子孫孫德愷成諸生

盛世俊妻蘇氏年二十一夫沒家貧一子早亡
撫二孫以苦節終
周濂妻賀氏年二十八夫卒生二女無子氏矢
志苦守足不出壼撫姪洪吉教之成諸生
郭昌裔妻劉氏年二十一夫卒堅志守節孝翁
姑撫育二孤次子開緒入學
王艮玉妻唐氏年二十八夫亡矢節撫孤
熊光楚妻唐氏年二十八夫卒未幾子又沒婦
生遺腹孫亦殤氏以苦節終
周逢元妻曹氏年二十七夫亡矢節撫二孤

劉興儒妻羅氏年二十七夫亡矢節事翁姑撫
孤隆璪入國學
蕭佳俊妻顏氏年二十七夫卒一子炳甫四歲
氏矢節事舅姑撫孤成立縣令旌其門
蔣景蘇妻唐氏年二十四夫卒矢不他適勤紡
績事舅姑以節終
王正魁妻雷氏年二十七夫亡矢守年七十二
卒
唐端邏妻劉氏夫卒投繯者再哭泣無時足不
出戶數十年不御紈綺督學李周望旌其門

王百拙妻唐氏年十九夫亡遺孤長甫三歲次
蓮五月氏辛勤育二子成立
唐少伯妻曾氏年二十八夫卒氏苦節撫孤垂
五十年乾隆十一年旌
彭茲受妻龍氏年二十八夫亡遺孤允恭越月
遺腹生允敬氏守節茹荼四十餘年如一日
彭三捷妻宋氏年二十七夫卒子與佑甫半歲
時兵燹初熄氏罹凶閔矢節不二孝養翁姑喪
葬如禮撫孤成立年七十三
鄒履嘉妻吳氏年二十九夫亡值兵燹翁姑繼

沒齎奩具以葬苦滇寇蹂躪竄無寧晷猶手
一編以課子長子生崑領鄉薦
蕭瑞生妻賀氏年二十七夫卒值兵燹初熄礪
志奉舅姑撫孤子年逾八十
鄧衍慶妻鄒氏年二十六夫卒遺孤七歲氏毀
容守節躬紡績延師課子苦志四十餘年
生員賀士瑗妻何氏年二十七夫卒哀擗瀕死
者數孝事舅姑教三子皆成立
胡國琛妻劉氏琛病革謂氏曰身後惟若意氏
斷髮以誓夫沒孝奉舅姑足不踰閫遺孤又亡

撫姪爲嗣
生員李國俊妻周氏夫病三載親嘗藥餌禱天
願以身代夫卒勺水不入口者數日親至夫塋
搶地瀕死孝事翁姑喪葬盡禮國俊兄早逝弟
國偉國位國儲皆幼氏皆爲婚娶無何相繼亡
偉妻胡氏位妻唐氏儲妻李氏年各二十餘皆
同心守節
萬德烺妻蕭氏年二十四夫卒僅遺一女翁姑
早逝氏矢節養祖姑族人覬其腴產危言以動
之氏即以腴者分給留薄田自晦　祖姑沒女

嫁遂歸母家完節
李公亮妻周氏年二十九而寡遺子半歲氏矢
節撫孤拮荼茹蘗以養孀姑孤世賛成立
王廷鑑妻李氏年二十四廷鑑卒遺孤三氏矢
節備歷艱辛教育其子年六十四
鄭子斌妻龍氏年二十五夫卒矢志育兩孤年
七十三　通志鄭作鄧
陳文箕妻黃氏年二十七夫卒遺三歲孤并貧
矢節奉姑教子家再被火嘗露處經年艱苦備
歷終始不渝

會惟新妻李氏年二十六夫亡矢節事姑育子
維勤
曾榮秩妻資氏年二十七夫卒毀容矢志與孀
姑同寢處值滇卒肆掠姑令氏他避氏泣不從
乃剪髮作侍兒狀抱子掖姑匿狸窟中裹糧以
膳姑而己與子忍饑者數日卒免於難
曾惟岙妻王氏年二十一子方誕而夫卒苦節
撫孤既納婦抱孫而子婦俱夭復撫孫成立
生員歐陽選拔妻賀氏年二十八夫亡守節孝
事舅姑生養死葬無違禮撫遺孤有成

王寧思妻蕭氏年二十七夫沒欲以身殉孀姑
泣止之遂斷髮茹素撫三子成立
沈邦衡妻孫氏年二十八夫亡矢節撫兩孤霜
操凜然年七十三卒
唐公一妻傅氏年二十三夫亡矢節撫孤年七
十卒
羅伯俊妻賀氏年二十九夫卒遺孤方朷賀斷
髮矢節課之成諸生爲娶成氏未幾方朷卒成
年二十七與姑同心守節
生員黃塋繼妻劉氏年二十于歸未期而夫亡

劉無出前妻李有二子劉矢節撫之成立

程德達妻江氏年二十二夫亡姑老子幼氏矢節不移家貧勤女紅以資養育其子有成

生員甯逮隆妻王氏年二十七夫亡矢節事姑克孝教二子成立

蕭大華妻蔣氏年二十四而寡遺孤五齡矢志守節備歷艱辛

蕭友琨妻盛氏年二十六夫卒遺子三氏哀慟瀕死念孤老子幼矢志守節事繼姑存沒如禮教二子皆能文

生員甯嚴妻歐陽氏年二十四夫卒誓死守値吳逆亂苦持家政教子昌言成諸生

謝廷蔚妻郭氏孝事翁姑病則奉湯藥不避垢穢年二十九夫沒矢節育孤有覬其產者疊搆難氏從容御之終成雍睦督課諸子耕讀各成其業遺僕歸宗嫁婢良家子尤婦人所難道志謝作劉

劉南皋妻洪氏年二十二而寡遺一孤尚幼氏矢節撫之孤復夭氏節益堅

監生楊士進妻劉氏年二十八夫卒子半歲氏斷髮毀容矢志奉姑撫子姑沒子復夭婦蕭氏矢同守撫三孫成立

生員盛又光妻龍氏幼侍母病禱以身代母旋愈及笄于歸事翁姑并繼姑盡孝敬年二十九夫卒矢志不二勤女紅以老

伍純武妻甯氏年十八而寡遺孤僅數月氏矢節食貧育其子成立

生員李國元妻梁氏年二十九夫卒遺一子時夫柩在堂火延及宅氏以身附柩誓死烈焰忽見赤衣神拂袖滅火得無恙又姑病虔禱神乞代姑夢神曰汝婦孝格汝瘳矣節孝之感如此

谷君瑞妻彭氏年二十七夫亡守節育孤鄉里賢之

生員顏帝臣妻鍾氏年二十八而寡遺孤二齡氏矢節奉舅姑育孤成立

生員李紹侃妻周氏年二十八夫卒無子撫姪承祀備嘗苦辛矢志不二

黄撫楚妻尹氏年二十九夫卒矢志撫孤家故貧旋避吳逆亂挾姑抱子奔竄山谷間顛沛不渝

張聯詔妻姚氏年二十三夫卒遺孤三歲母以其年少家貧憐之氏悲號至夫墓搶地痛絕卒不能奪事翁姑維謹身素病必力疾奉晨昏及服翁姑喪殯葬無違禮

周可聘妻胡氏年二十而寡矢志撫孤奉堂上甘旨歷困危不渝厥志

劉粹忠妻唐氏年二十八夫亡孝養舅姑撫孤兒及孫成立志操堅白

監生張浩妻祝氏年二十二夫卒遺腹生女撫姪爲嗣氏幼曉文義自撰誓詞刻夫墓碑延師

教子成名

劉德還妻陳氏年二十四夫卒斷髮毀容誓以死守子沒撫二孫食貧苦節年逾八十

生員周時俊妻梁氏年二十四夫沒誓死不二孝事舅姑教育二子閨門肅然

張榮球妻汪氏年二十夫故遺孤尚在襁褓氏矢志事舅姑育孤成立

譚兗昌妻李氏年二十四夫亡有欲奪其志者氏奔夫墳剪髮誓死終舅姑喪撫孤成立

監生劉永宰妻丁氏年二十五夫故遺腹生子氏矢志撫孤冰操凜然

謝容正妻甯氏年二十五夫卒遺孤一歲父母勸改適氏誓死守節終身

陶世典妻謝氏事翁姑克孝年二十九夫亡誓死無他撫二子成立

歐陽選撰妻賀氏年二十一夫亡遺腹生子矢節撫育節操凜然

生員劉光沛妻呂氏年二十八夫卒苦志守節撫二子成立

甯明珅妻何氏年二十適甯九月而寡遺腹生

子食貧撫育貞操不渝（通志珅作坤）

生員劉芳澤妻胡氏年二十三適劉甫兩月夫卒遺腹生男矢志撫育及冠又夭撫姪爲嗣苦節三十餘年

陳宗選妻洪氏年二十五夫亡遺子四氏矢志事孀姑督課諸子年六十八終

羅章經章綸章緯章純同胞兄弟也經妻丁氏年二十七經卒矢節撫孤凝華納婦陳氏生一孫凝華夭陳誓同姑守綸妻顏氏年二十一綸卒無子父母命改適誓不從乃撫族子爲夫後

緯病革妻趙氏自傷潛吞鹵誓同穴婢覺誡勿洩緯沒悲號疾作而卒時年二十五純妻劉氏年二十一夫亡無出以撫子請於姑姑諭之曰守節非易奈何必效丁顏二氏氏曰正欲與丁顏同侍膝下否則行蹈趙氏所爲耳姑乃命撫姪承華爲後一門五節婦人咸稱之

陳訓妻成氏年二十五夫故遺孤僅半歲氏矢節事衰姑苦教孤子母家僅隔數里未嘗一歸寧

生員王百訓妻劉氏年二十四夫卒子福晟幼

遺腹生福早氏矢節撫育無何福晟夭教福早成立備極艱辛志操彌厲

熊廷奇妻鍾氏年二十七夫故誓死靡他家貧子幼勤紡績以資婚教翁姑繼沒塟祭如禮

黃國相妻唐氏年二十四而寡遺孤三歲或勸改適氏以死誓孝事舅姑教子成立

伍三才妻譚氏年二十五夫卒一子尚幼氏矢節撫孤無何子又夭復撫孫成立

蕭艮牧妻洪氏年二十六而寡遺孤一歲氏苦志教之成立

陳日章妻郭氏年三十九夫故矢志不二教二子有成

劉汝爲妻留氏年二十八夫卒二子俱幼無翁姑叔伯零丁孤苦氏矢志撫孤無何長子夭偕婦蕭氏同撫孤孫冰操如一

熊夢陶妻陳氏年二十四于歸甫百日有娠夢陶出貿洪江已而生子及長爲之婚配閱十有八年夢陶訃至氏哀慟不欲生命子扶櫬歸

謝以仁妻鄧氏年二十二夫故泣血幾喪明僅生二女無子撫子復夭又無伯叔兄弟惟與祖

姑及孀姑相依親營大塟留其右以俟同穴並置祭田以奉先祀

李承永妻成氏年二十九夫沒毁容矢節誓不出戶外教育孤子成名

王孟鑾妻范氏年二十四夫卒遺腹生子志科氏毁容誓守家僅薄田十畝及志科長授室家益貧日不再食以爲常

陶世章妻李氏年二十八夫卒遺腹生子氏矢志苦守事姑孝撫孤成立

劉定生妻張氏年十七適劉二十二舉一子夫

往滇二載卒於旅舍氏矢節撫孤備嘗艱苦

倪孫備妻劉氏年二十三夫卒子方乳哺輒自縊以殉家人救之乃強起養姑撫孤年五十二卒

李報瑶妻周氏年二十有娠而夫沒彌月生男遂夭死奇孤雖炊烟不繼始終不渝

謝啟鉉妻何氏年十九于歸啟鉉已臥病越三載沒無子氏矢節事舅姑撫姪繼夫後舅姑沒喪葬如禮

鄧興遠妻蕭氏年十九夭亡遺孤尚幼氏截髮

誓死養姑教子備歷艱辛

龍興祐妻丁氏年二十八夫沒氏矢志事舅姑教二子成立又嘗買叔棺置祭田以奉祀設義學以育族之俊秀

李國備妻王氏年二十六夫卒遺二孤俱幼氏誓不二志姑病臥牀氏扶持無少懈歲歉則爲粥自贍而留有餘以濟貧乏長子德昺補弟子員

生員胡國翼妻張氏年二十夫卒遺孤半歲氏泣血誓死時惟衰姑在堂旁無期功之親零丁

子立奉老撫孤備歷艱辛教子正朔成諸生

陳代樹妻張氏年二十七夫卒無子翁姑以貧故欲令改適氏矢死不易撫姪承祧族人憐其貧歲周以穀氏另爲積貯以資翁姑棺斂費而自茹荼如故

熊開食妻何氏年二十適熊甫三月夫卒矢志靡他孝事孀姑撫姪承祀教之爲儒

蔣國相妻王氏年二十四夫卒月餘舅姑繼沒家徒壁立經紀三喪艱辛萬狀無子惟弱女相依炊烟常不繼而霜操愈堅

生員蔣豈凡妻蕭氏年二十六夫亡矢節甘貧紡績奉孀姑教子成立

羅宗僖妻黃氏年二十四夫亡遺孤祖貽矢節撫之無何祖貽夭亡復撫姪爲後宗僖弟宗英妻王氏亦二十九而寡誓不再醮教子祖烈既入學而夭矢志不二人稱一門雙節

羅金聲妻孫氏年二十九夫卒僅遺一女無子有議令改適者氏輒投繯赴水至再四議乃寢及女長贅壻食貧苦節以老

梅成武妻謝氏年二十八夫亡遺腹生子誓死

守節食貧撫孤

生員王永緜妻鄒氏年二十三夫卒舅姑垂白孤子尚幼矢志苦守侍姑病七年不少懈教子讀書成立

張家試妻朱氏年二十五夫卒遺孤襁褓家甚貧母氏諭令改適氏携孤泣曰夫家兩世單傳惟此孤纔一歲耳幸憐而舍撫之遂赴水其叔急救之母意遂寢孀居四十餘年撫孤成立

畢開周妻王氏開周失恃教育於氏父端紀因之嗣納爲贅壻無何開周沒氏年二十四長子方四歲遺腹又生一子氏日夕哀號幾不欲生

以父母老强終養教其子有成

王廷純妻宋氏年二十二夫卒無子撫姪爲嗣誓死苦守事翁姑克孝

丁首生妻廖氏年二十五夫卒家窘或勸改適引刀自誓紡織課子年七十餘卒

熊則渠妻何氏年二十三夫卒無子撫姪爲嗣孝養孀姑茹苦四十餘年

羅士宏妻雷氏少年喪夫孝奉孀姑辛勤紡織撫孤成立後次子承祖夭亡媳欒氏年二十七奉姑訓子克承姑志人稱一門雙節

生員周命穀妻劉氏年二十六夫亡氏勤紡績供孀姑井臼訓子成立

陳振年妻歐氏年二十四夫卒誓不獨存以姑老子幼翁殯在原强延視息及翁姑喪塟畢孤子鴻猷稍成立氏竟以積哀疾卒

王乃吉妻歐陽氏年二十九夫卒撫孤守節孝奉舅姑無何二子連喪氏勉慰孀媳撫孤孫成立

王百詮妻周氏幼稍通經書事父母孝及歸百詮雞鳴佐讀百詮得入學百詮沒氏年三十長

子福暉方九歲次福易方七歲氏呼天自盡姑覺救之踰時方甦翁姑年老氏事之如所生教子福暉食餼於庠嘗歸寧見道旁有敗棺即訪其家資金助之塟凡有義舉則亟命福暉等襄之

周統新妻羅氏年二十九夫沒氏焚粧破鏡欲從地下時統新之子適王亦孀居守節勸以撫孤羅乃矢志教四子成立事舅及繼姑克孝舅姑老疾氏扶持床褥數年如一日

謝尚金妻許氏年二十九夫亡守節三十四年乾隆三年旌

周若儼妻曾氏年二十一夫亡守節乾隆八年旌

生員劉惟忠妻胡氏年二十六夫亡守節乾隆八年旌

祝惟藩妻歐氏年二十二夫亡守節乾隆九年旌

楊正晃妻彭氏年二十一夫亡守節乾隆十年旌

周楊沛妻彭氏年二十一夫亡守節乾隆十年旌

李陞庠妻唐氏陞庠應童子試沒於郡城氏殉節死乾隆十一年旌

王仁懷妻徐氏年二十三夫亡守節乾隆十一年旌

生員魏藻妻李氏年二十四夫亡守節乾隆十三年旌

生員蔣文詠妻張氏年二十四夫沒氏矢志守節課子一琥成立

陶作楷妻胡氏年二十四夫亡守節乾隆十四年旌

監生周若燦妻李氏年二十三夫亡守節乾隆十四年旌

王之福妻全氏年二十九夫亡守節乾隆十四年旌

吳興鍾妻許氏年二十九夫亡守節乾隆十五年旌

楊永緒妻蕭氏年二十一夫亡守節乾隆十五年旌

盛時治妻李氏年二十一夫亡守節乾隆十六年旌

劉盛光妻陳氏年二十夫亡守節乾隆十六年旌

宋圖學妻周氏年十九夫亡守節乾隆十七年旌

楊興憲妻夏氏年十七夫亡守節乾隆十七年旌

蔣國植妻王氏年二十七夫亡守節乾隆二十年旌

監生黃鈞妻鄒氏年二十八夫亡氏剪髮斷指納棺中矢不二母氏欲嫁之氏引刀斷左手中指卒全其志時翁已先逝事祖姑及繼姑調護維勤撫孤子成立

李家源妻盧氏幼誦內則年二十二夫沒僅遺一女氏矢守撫姪艮倬爲嗣教之成立姑老患痰疾氏晨夕侍奉不稍怠夫兄弟三人俱繼娶氏處之有道妯娌無閒言舅姑喪祭以身先之備極誠信

王天道妻梁氏年二十二夫亡氏椎胸幾瀕死

時梁方有遺腹母氏以其年少密謀改嫁富室氏聞之閉戶禿髮批頰血流被襟異議始息又六月幸生子百孝矢貞撫孤足未嘗踰閾年三十七竟以憂勞成疾死死之日姪孫男女哭之如失慈母

王正綜妻蔣氏年二十一夫沒長子天傳次天傑尚在遺腹舅姑以其年少微諷之氏截髮誓死舅姑沒哀毀骨立課孤子嚴而有法里黨賢之

顏惟恂妻蔣氏妾趙氏蔣年二十九惟恂沒不食者數日姑强慰之乃截髮示無他志時趙年方二十二或勸之曰若固與蔣殊也趙引刀斷其指矢不二家甚貧兩人茹苦終身無閒言

王鉄子妻曾氏鉄子早歲從軍家計蕭然曾二十六歲而寡侍翁姑撫二子長光祖充衡協標百總繼父業乾隆三年建坊

周如章妻鍾氏二十八歲夫亡無翁姑妯娌僅存三孤有勸改適者引繩自縊母力救之乃甦乾隆四年建坊

譚德愈妻范氏及笄歸德愈不圖新臺再刺范捐軀完節越十餘日顏色如生知縣傅學灝廉

得其狀乾隆四年詳請建坊

儒童范廷燕妻劉氏于歸半歲夫亡無子冷齋旅櫬相依九年及南還舟至衡陽白鷺江命婢捧水沐浴坐帷中將週身衣裳密縫夜半自溺逆流數里得其屍於夫塋處纖泥不染

廖呈霈妻吳氏舉人宗堯之母年十六歸廖時姑年尚壯吳謹事之如老人吳年二十五生宗堯患乳癰姑每夜過室哺之氏跪抱其兒迎於房次吳年二十六遘疾就醫母家臨終時以不

見姑爲喊是夜姑夢叩門曰吾吳氏來見姑也相與大哭而覺

劉以忠女名囲質穎慧方及笄母黃病劇女割臂和羹母得痊後歸包門無出年二十三卒

監生張時敎女名際姜幼字趙萬善尚未歸生母陳早世繼母劉病劇醫藥罔效女割股肉爲餌以進母病獲痊

按以上二女通志皆未載而舊志有之仍列於右

周應栢妻陳氏年二十三應栢卒遺兩孤値遊卒焚掠舟載兩孤倉卒由耒江走郴兵至知不免命兩孤登岸遂躍入江死

曾儒宗妻孟氏夫早亡孟敬事舅姑居喪循禮順治初爲遊卒所掠孟誘之曰吾金儲室偕歸可得也時携老蒼頭同行遇池水奮身躍入死卒怒裂其尸並殺蒼頭

陳太華妻王氏避兵白石峰爲潰卒所執欲辱之氏罵賊觸刃而死

鄒應逢妻周氏順治戊子爲賊所執氏引刀刎頸血濺草閒賊驚去遊卒復至自抉其喉死

胡某妻張氏爲遊卒所掠投池死

劉光壁妻丁氏潰兵肆掠光壁挈丁避兵衡山之小泉鄉舉家皆被執丁匿櫪中得脫泣曰夫入不測吾何愛餘生乃納石衣裾沈水死

伍星燦妻洪氏潰兵入伍宅殺氏翁姑及夫三人氏匿暗壁閒聞變亟奮前裂背厲聲罵賊遂奪刃自刎死

生員胡价妻鍾氏明末亂鍾預以死誓於价价猶未之許也壬辰冬兵至鍾與价匿叢藪中寇獲之將逼鍾鍾奮臂躍入深淵中寇連刃之而去氣猶奄奄价掖起將覓療之鍾慮復及竟觧帶自經死价遂祝髮南嶽山釋名寂貴

余大中妻蔣氏順治壬辰値兵變大中自縊越三日訃至蔣自刎死

羅明宸妻吳氏順治九年遭李定國之難完節赴水死明宸感其義終身不娶

丁士昇妻左氏順治九年李定國之亂氏同幼女被執强之行氏棄女水中遂以頭觸樹死

劉聯昇妻周氏吳逆之變潰兵四掠聯昇與母妻相失周年十九負一歲兒瑞毗與姑匿叢薄

中下臨溪谷兵且偪周投溪中死姑與兒得無害

劉惟士妻黃氏劉夭黃矢死奉姑有捐貢某以厚貲賄聘之氏登樓自縊里人競爲詩弔之

丁一烱妻歐陽氏氏母孀居無子贅一烱於家生一子一烱遊粤死於郴州訃至氏撲地頭裂絕飲食而死

胡定漢妻周氏定漢沒無子氏欲撫子爲夫後舅姑以其年幼不許氏自經死

聶元良妻劉氏元良沒無子氏投室傍池中溺死

唐之揚妻廖氏年二十二夫亡無子翁姑以家貧謀改嫁陸姓氏聞自經死

江有容妻黃氏年三十夫卒遺二子長六歲次三歲夫兄素無賴謀鬻其子以氏在弗能逞乃嗾媒人某金將掠嫁之氏聞懼見辱又慮身死將遂鬻其子乃縊其長子沈其次子於水而自經氏父鳴於官懲其夫兄而葬氏及二子於有容之墓碑曰四人墓

按黃氏忍於二子似不可爲訓而強横淩偪

愚婦無術自全其志亦復可矜舊志通志俱詳述其事今仍附載

某姓名闕妻龍氏幼適某年十八夫病姑慮子病因龍也廹之歸母家一日龍忽心驚急歸視夫已終矣慟絕復甦問夫死狀姑曰望爾不至取爾衣噴血而逝龍抱衣餂血遂大痛一夕而卒

常明漢妻劉氏年二十而寡遺孤二歲劉斷左手中指絕糧屢日遺腹生女顧復維均且事舅姑以孝乾隆十八年詳請建坊

蕭貞女幼字謝姓其後謝家計日窘貞女年及笄父改字於劉女不可授綏屆期投繯而卒

劉世鉉妻戚氏年十九適劉乙巳二月鉉亡伉儷未滿百日而氏以終身矢之撫姪承祧乾隆十一年知府張泖給匾曰此謂苦節

劉祖武妻蕭氏二十二歲喪夫生子世顯氏念親老子幼不容一死謝責食貧自勵翁姑既沒孤兒又夭復育孤孫五人

王明福妻胡氏二十二歲守節無子撫姪承祧屏綺羅勤紡績足未嘗輕踰壼域

劉才多妻甯氏十九歲喪夫無子姑陳氏旌婦也氏飲食寢處必依姑側歷數十年如一日貞而能孝聞者憐之

谷賢愈妻陳氏二十六歲夫故上奉孀姑下鞠孤兒內變外侮頻加不恤

凌彬然妻王氏二十七歲夫故無子撫姪德賦德頌爲夫後敬奉翁姑生事死葬皆如禮

王多福妻鄒氏二十七歲夫病常焚香祈天願以身代及夫亡子早世再撫孤孫三人辛勤備至

曾代洪妻彭氏二十二歲喪夫無子氏斷髮入棺以誓同穴孝奉孀姑撫姪爲夫後

王天才妻凌氏二十七歲夫歿氏屢自經姑曲諭乃止勤苦自勵家計日盈子百世入監

邑庠王官妻李氏二十六歲夫亡子纔歲餘氏教養成立

王百寧妻蔣氏二十歲夫亡截髮斷指以昭信誓撫半歲孤子成立

王百俊妻龔氏二十一歲夫歿翁耄姑瞽氏仰事高堂俯育幼孤不愧代終之職

凌立象妻魏氏立象積學未遂二十四歲沒遺子四歲氏撫養成立

曾興祉妻王氏二十二歲夫亡遺子一歲氏柏舟自矢撫孤成立

曾儒慧妻廖氏卽興祉媳也二十四歲夫亡遺子三歲感姑節之死靡他

劉貴琰妻劉氏二十六歲夫故念白髮在堂黃口在抱忍死任事遂無敢以不諒人之言來相勉者

陳聲大妻唐氏二十三歲夫故剪髮自誓事繼

姑以孝聞教子讀書期於成立孫振化成諸生

凌維孝妻夏氏年二十喪夫子半歲事老育孤上下賴之家計貧窘紡績度日

王百位妻凌氏二十五歲夫病氏衣不解帶者數月祈以身代夫亡撫一歲遺孤食貧守節孤又夭亡撫姪承夫後

周萬爵妻王氏年十七適周貧不能支就食常寧二十七歲夫亡長子年烈九歲稱貸卜塟有以攻適諷者氏誓死不從急謀歸衡教諸子佃田度日

楊大雅妻劉氏大雅業儒未售賫志以沒時氏
年二十四乏嗣撫姪承祀
王壽菴妻萬氏二十六歲夫故遺子一歲貧不
能自給勤力節用不苟求於人訓子綦嚴
王敔球妻張氏二十一歲夫故子二念翁姑在
堂别無子媳乃毁容忍死孝奉舅嫜教二子成
立
梁昌第妻黄氏二十六歲夫亡初夫能文不遇
憤懣成疾動輙詈辱氏委曲承順及夫沒遺子
一歲哀毁骨立訓子業儒

監生張敔任妻劉氏年二十五夫故無子欲殉
自經不死撫脈姪爲夫後屏去粧飾歷三十餘
年
庠生王震妻朱氏二十六歲而寡遺子四歲氏
絶粒浹旬而氣不絶乃强起撫孤勤紡績釆藜
藿以度日
張敔杲妻王氏二十六歲夫故父母憐其貧勸
令改適遂絶跡歸寧撫育三孤居無室廬任張
氏宗祠紡績自給
朱興典妻張氏年二十八夫亡遺三孤有諷令
改適者氏剪髮自誓延師課子爲之婚娶
伍國學繼妻黄氏二十五歲夫故無出前妻子
甫六歲氏視如已出教之成名入庠食餼督學
倪廉其貞苦賜額曰節操懿型
屈日瑄妻曹氏二十四歲夫故無子孝養舅姑
姑亡事繼姑孝敬不懈紳士呈前縣德賜額曰
節比松筠督學夏賜額曰苦節可風
屈日璠妻陳氏二十四歲夫故子三與其姒曹
氏同心矢志以次子笏繼曹教之成立
歐明謙妻周氏二十三歲守節遺孤僅半歲氏

絶粒誓死姑勉之曰吾老孤幼奈何乃勉稱未
亡事姑終養教子成立
昜萬梅妻劉氏二十六歲夫故遺孤六歲舅姑
年老家貧氏紡績終養育孤授室旋夭遺腹生
孫媳改適孫又夭撫堂姪孫爲後備歷死喪矢
志不二
吳南英妻劉氏邑進士李德爲立傳
萬時棟妻蔣氏年二十三夫故遺孤纔半歲翁
姑衰老氏仰奉耳旨俯勤鞠育集蓼茹荼矢志
不二

楊永濂妻朱氏二十七歲夫故遺子二守紀守
緒氏撫育督課俱有成立紀入監緒入庠
庠生熊開緯妻陶氏年二十歸熊越四年生子
一値學使黄試衡緯入泮旋沒於城子亦殤氏
慟幾絶奉翁姑命撫姪世榜爲子榜長成完娶
復夭媳甯無出姑婦煢煢哀動族里
戴士銘妻周氏二十九歲夫亡遺孤才鵬半歲
先士銘疾撫堂姪才鴻爲子僅二歲氏撫育二
稚教誨成立俱入成均
朱快中妻祝氏二十四歲夫故遺孤四歲氏夫

兄弟五人異母者一翁及繼姑沒夫弟皆幼三
旋夭四五依氏爲命氏爲完娶隨俱亡並其子
夭四遺孤二五遺孤一三孤並畜氏復以四叔
次子永學爲子督課完娶氏未亡之日皆在死
喪之中志操彌堅
鄧宗周妻張氏二十一歲夫故遺腹生子家貧
姑老紡績供養撫成其子
李嗣敏妻王氏年二十三夫故遺孤于岱田僅
數畝孝養舅姑氏素有家教能服其訓撫育孤
子年八十五終

廖淑文妻曾氏二十九歲夫故一子蚤夭僅一
女炊無宿貯紡績以養其舅舅年近九十苦病
數年氏設法調護喪葬畢依女壻度日
陶學樂妻黄氏年二十一夫故遺一子家徒壁
立矢志不二晝夜紡績鞠子授室
何開校妻蔣氏二十五歲夫亡生二子哀毁踰
常誓不欲生而家計蕭條藐孤無託刺月績星
以贍餘年教子成立
楊大由妻蕭氏二十七歲夫亡舉三子依孀姑
劉氏共勵苦節鄰人失火延及氏居氏端坐室

中曰寡婦不可與稠衆雜處也俄而火息人咸
異之
成興祁妻萬氏二十五歲夫亡茹苦集蓼貞操
自勵數十年如一日前學院夏給匾曰操並霜
筠子一成聃入監
王賢俊妻全氏二十四歲喪夫遺孤永維氏哀
毁封髮奉井臼嚴訓課永維早世撫伯氏子承
祧
李正冕妻傅氏年二十二喪夫將以身殉伯叔
曲諭乃止閲三月遺腹生子家計蕭條日負夙

債氏持家以儉教子以嚴至老不倦

曾必稠妻李氏二十二歲夫亡遺孤未及二齡方服闋父憐其少改字他姓氏聞自縊父母覺而救之事乃寢荼苦萬狀甘之如飴

鄧衍錫妻鄒氏二十三歲夫故舅姑先亡氏事祖翁祖姑愛敬備至能得其歡心撫兩歲孤兒克至成立

蕭大山妻王氏二十九歲夫亡初夫病累年氏扶持不懈及夫沒遺子半歲氏以養以教俾入邑庠姑病甚與娣曹氏中夜祈禱姑壽愈

蕭大章妻曹氏大山妻王氏娣也二十六歲夫亡生子之睿與王氏共矢靡他上奉孀姑下鞠孤兒

庠生蕭倫英妻史氏二十三歲夫亡生子殤撫子承夫後上奉孀姑生事死葬靡不竭忱囊殆莫繼泊如也

周緒新繼妻尹氏二十六歲夫亡生子澤愷前室子澤厚氏撫之如一翁貧且病氏與娣段氏共勤女紅以奉甘旨

周經新妻段氏二十三歲夫亡遺孤僅半齡氏以藐孤無託翁年衰邁貧病交集勤紡績以膳老翁育稚子

趙智國妻黃氏二十八歲夫亡生子信忠初夫臥病八載滌濯扶掖氏必躬親夫沒氏教育婚配方幸有終子又亡氏率弱媳撫孤孫困阨迭至霜節愈堅

汪善記妻劉氏十七于歸時年二十五歲善記鬻產貿滇氏事姑以孝訓子以嚴閱三年夫訃至氏截髮矢節衣粗食糲家資稍饒

劉爾楨妻林氏二十六歲夫亡初夫以苦讀致疾氏焚香告天願以身代夫歿課子尤勤

庠生陶定基妻李氏二十五歲夫亡無子氏之死靡他撫姪承夫後阿伯宏基夫婦蚤世氏復代撫姪以承重

蔡衍南妻唐氏二十四歲夫暴疾卒於郡氏隨姑奔訃號慟幾斃及扶櫬舟行投河自溺姑引裾得免自是毀容苦節撫一歲孤兒至於成人

陶炯基妻于氏二十八歲夫亡有諷以改適者悲不自勝人莫敢復言事孀姑以孝教孤子至於成立

李正遇妻湯氏夫月夜乘涼爲虎所噬氏挽虎
尾曳行數百步體無完膚昏迷卧地夫卒無救
時年二十四也先生子文太遺腹生子文梅氏
上奉老姑下鞠幼稚憂苦備至
任代俊妻賀氏二十九歲夫亡氏欲殉姑以存
孤勉之乃與姑同寢處數十年長孫蚤亡無子
妻彭氏感祖姑之節撫姪承祀
彭作聖妻陳氏二十九歲夫亡遺子文鎭文鈺
先是姑病劇氏割股進姑祈天求愈姑果獲痊
夫沒氏矢志撫孤至老不倦乾隆己卯鎭充鄉

欽耆賓
凌大中妻曾氏甫十歲以姑病促賦于歸搔抑
扶持甚得歡心年十七夫病危無子泣對夫榻
撫孤孤子蚤世再撫孤孫伶丁孤苦百折不回
常明瑜妻李氏二十八歲夫亡遺孤幼夫弟某
廹氏改適氏剪髮自誓幾瀕於死已而某夫婦
早世遺孤四人氏鞠育若己出
屈志學妻劉氏二十二歲夫亡幸遺腹生子氏
上侍翁姑下撫幼孤始終無愆德
王百謐妻鄒氏年二十謐館甥於鄒四年謐亡

氏藏利刃自殉母奪其刃又自經母覺救得不
死乃撫姪爲嗣歸奉孀姑釋衰拜謁旋返喪服
人稱其知禮
王百諭妻蕭氏二十二歲夫亡生子福晉既小
歛族黨謀卜葬氏泣拜曰踰月而葬士禮也然
留兩楹之間朝夕具奠聊慰哀忱不亦可乎衆
憐而許之晉授室又亡氏與媳劉氏共勵氷操
蕭美琯妻何氏二十三歲夫亡生子一翁姑高
年藐孤幼稚氏以子職父道自任
凌大廵妻鄧氏二十六歲夫亡生子數月氏衣

粗食糲貧苦自甘終身不二其志鞠子至於成
立
王端佐妻劉氏二十八歲夫亡上事翁姑下撫
諸稚壼範無忝家計日盈長子軒入監
王百選妻陳氏二十二歲夫亡時翁姑衰老貧
不能支氏日食茶苦夜然松膏勤女紅以奉高
堂翁姑沒氏哀禮兼盡撫二孤成立
庠生王百謫妻周氏二十六歲夫亡無子方夫
彌留時遺命撫姪福曇爲嗣氏擗踊氣絕移時
乃甦家人共勸之曰藐孤未立一死詎塞責耶

乃撫孤繼後以養以教至於成人

楊義徙妻陳氏二十八歲夫亡翁姑皆老氏慟夫積學未遂勉思代終事高堂以孝教稚子以嚴

李士章妻盛氏二十八歲夫亡時翁姑皆老而翁尤染瘋疾氏奉湯藥躬澣濯者八載翁姑沒遭家多難氏委曲調停克保舊物撫孤至於成立

王廷著妻龍氏年未三十喪夫持家教子現年八十有四子三人端位端傑入監韜入庠

監生盛時用妻劉氏二十六歲夫亡遺子二氏絕粒誓殉姑力勸乃止苦節自勵仰奉孀姑俯育孤兒

馮德舜妻徐氏二十九歲夫亡哀毀踰禮姑王氏病痺床第起居扶持數年教子入國學

顏國用妻馮氏二十八歲夫亡生子一初夫貿滇旅卒訃至氏盡鬻奩資携骸歸葬矢志不渝姑年八十沒棺斂皆紡績所措

陽明德妻歐氏二十六歲寡初夫病瘵兩載氏侍湯藥衣不解帶夫沒哀毀尤至女紅度日氷心無斁

劉嗣譜妻王氏二十八歲夫亡生子二家窶甚翁訃徙蜀勸氏改嫁氏誓死不從翁挈次子以往及翁死於蜀聞訃氏遣長子瘞塟携次子還家二子成立

易廷柏妻譚氏二十九歲夫亡誓以身殉姑勸曰汝翁早世我年已耄汝忍遽死乎且煢煢藐孤將復何恃氏乃强任家計奉姑撫子現壽八十一歲

羅上珍妻蔣氏二十九歲夫亡遺子二氏從一

守貞二子俱成立授室相繼夭亡次媳亦故氏與長媳陳氏共勵苦節

王勝龑妻唐氏二十八歲夫亡遺子二氏慟夫苦讀成疾齎志以殁哀毀不能自持乃砥節訓子今子孫繩繩悉守書香

曹國安妻唐氏二十七歲夫亡飲氷茹檗鞠育藐孤勤紡績以資食用

張選英妻陽氏二十九歲夫亡上奉孀姑下撫兩稚勤女紅督耕桑孤燈白髮四十年如一日

伍寧世妻胡氏二十三歲夫亡遺孤一家人憫

其年少家貧諷以改適氏堅志不從事舅姑以
孝撫幼穉以慈
黃福成妻毛氏二十歲夫故屢欲從夫地下慮
藐孤之無託忍死撫之辛成立
鍾次兆妻鄭氏二十三歲夫亡遺子二翁姑俱
病未幾姑卒翁以妻喪子亡竟成痿疾氏曲爲
調護者七年教子成立
李仁葵妻李氏二十一歲夫亡生子二家徒四
壁貧窶莫堪而節操不改勤女紅自贍族黨餽
遺咸謝弗受卒撫二子成立

劉源翰妻郭氏二十八歲夫亡生子懷璧無期
功之親舅衰善病氏曲意承志及沒喪葬如禮
子授室遂病幸已見孫
王堂妻蔣氏二十八歲夫亡堂奮志下帷期於
遠到未青其衿嘔血而死氏憤欲殉翁姑阻之
茹蘗飲氷壽七十一歲
彭宸安妻甯氏二十三歲夫亡無子翁姑蚤世
夫鮮昆季期親無可撫者氏矢志靡他孤燈隻
影荼蓼自廿年逾四旬始撫功姪爲嗣是節之
苦者

鄒自立妻伍氏二十三歲夫亡欲殉老姑曲諭
乃止含悲茹辛和丸教子知縣何衢爲立傳次
子入監
監生莫山含妻劉氏二十二歲夫亡無子誓不
獨生公姑勸觧矢志守節撫姪鴻檄繼後教誨
式穀檄入邑庠
邱紹魯妻王氏年二十七夫亡無子孀姑年老
氏不敢死以斬夫祀爰撫姪代盛承祧盛死與
媳劉氏再撫孤孫半生荼蓼不變貞操
何達聲妻羅氏二十三歲夫亡無子絕粒誓死

父母曰汝徒死無益盍若撫子存祀乎氏乃截
髮盟心撫姪繼嗣
監生羅永愼妻劉氏二十四歲夫亡初夫病劇
顧氏曰吾死不足惜如母老子幼何氏泣曰君
事妾事也其敢有二志後[illegible]病連年氏扶掖不
懈教育兩稚至於成立可謂不食言矣
譚文元妻楊氏二十八歲夫故遺子三氏忍死
撫之孝事舅姑未幾長子武翰次子武乾亦沒
與媳萬氏龍氏同撫孤孫
譚武翰妻萬氏二十一歲夫故感姑楊氏苦節

上事孀姑下撫孤子夫弟武乾旋夭與娣龍氏共矢柏舟教子入穖庠

譚武乾妻龍氏二十三歲夫故遺子二其姑楊氏守節多年姒萬氏亦寡　氏共相砥礪姑婦三孀形影相弔完節無虧鄉人有一門三節之目

袁荆山妻張氏二十七歲夫亡遺子周齡初夫病劇囑氏撫孤且曰汝隻身客居宜愼所託羅某長者爾以女字伊子可也氏泣受命終夫喪卽寄居於羅子年二十亡氏憂憤轉深詎乎死

六月而卒

貢生周繹妻廖氏二十八歲夫亡遺子二氏哀毀骨立瀕死者再念藐孤無託家政糾紛堅貞自矢課二子成立長世呂貢生次世緒例銓布政司理問

李承堯妻周氏二十三歲夫亡遺子半歲姑憐其少勸以改適氏痛哭瀕死姑悲其志諭留撫孤清操苦節人無閒言

陳振功妻孫氏年十九夫亡孀姑在堂遺孤在抱氏義不敢死躬親作苦含哀奉養課子成立

劉楚科妻蔣氏年二十四夫故室如懸磬荼苦自甘日夜勤女紅以哺二稚今子孫繩繩家資頗裕皆氏力也

鍾朝瑄妻蕭氏二十五歲夫亡撫兩歲孤兒破鏡毀容誓死靡他翁姑老能得其歡心旣沒喪葬如禮子孫振振皆荷成立

趙季含妻李氏二十一歲夫亡忍饑寒勤紡績督課幼孤不二其志

萬朝霑妻羅氏年二十六夫亡哀毀不欲生念孀姑未終幼稚待哺忍死任事刀尺之聲中夜

不輟

庠生李渤妾尹氏年二十渤亡遺子一初渤病割股啖之祈以身代及死飲血盟心奉嫡尤謹脫簪珥延師傅冀孤兒克讀父書

蕭象賢妻陶氏二十二歲夫亡無子撫姪承祀縞素終身足不踰閾

劉華玫妻尹氏二十七歲夫亡家道維艱辛苦備嘗而矢志撫孤不二其操

張應祥妻吳氏二十九歲夫亡矢志守節艱貞之吉歷久彌芳乾隆十七年　恩賜絹帛九十

一歲壽終

萬良模妻祝氏二十歲夫亡時氏將彌月絕粒屢日家人咸勸曰幸而生子猶可延祀何遽死即月餘生子青年矢節里閈無閒言

劉仕偉妻朱氏二十六歲夫亡遺子時姑年老善病氏奉湯藥衣不解帶者三年姑沒哀毀盡禮里人稱爲孝婦

成興朝妻段氏年十九夫亡遺子二絕粒誓死舅姑以撫孤存祀勉之忍死鞠孤翁沒喪葬如禮姑壽晛躋八十孝敬有加氏現壽六十六歲

鄧宗國妻蔣氏年十九夫亡投繯以殉姑急救之矢節撫孤服闋有以再醮勸者堅不可移日與孀姑相依甚得其心姑沒脫簪珥以營葬

張啟是妻鄒氏二十六歲夫亡遺子二矢志不回撫孤成立事舅嫜先意承志能得其心

段必璠妻王氏年二十夫亡氏有遺腹投繯溺井以殉家人密防不死越三月生子食貧勵節奉老撫幼不愧代終之職

祝一志妻張氏二十九歲夫亡無子撫姪承祧僅存微產刺月績星以供朝夕

谷賢思妻韓氏年十九夫故遺子嗣英翁姑憐其青年諷令改適氏不從奉堂上養生送死人稱其孝教子成立

陳盛綸妻黄氏一十八歲夫亡無子撫姪承祀矢志氷霜綺羅不御數十年如一日

湯年璜妻凌氏夫亡無子撫姪承祧守節四十年

庠生劉雲發妻丁氏二十八歲夫亡無子慟不欲生又念夫祀爲重撫姪爲後氏備歷艱辛教子入鄒籍食餼

監生歐陽子學妻洪氏二十二歲夫亡遺孤數月不憚身殉徒念高堂藐孤俯仰無託忍死守節媳兼子職母代父道不負乃心子元賓入監

庠生熊燕兆妻鄒氏二十六歲夫亡遺子三時衰姑在堂氏委曲扶掖能得其心尤刻意教子立品讀書長子一超次開紀俱文庠

唐君衡妻陳氏二十五歲夫亡遺子二舅姑憐其年少家貧諭改適氏誓死不從姑沒事繼姑苦疾年餘衣不解帶尤人所難教二子成立

羅文弼妻鄒氏二十八歲夫亡遺子四室無宿

糧有欲奪其志者婦曰我不死者姑老子幼耳奈何以貧故忘所天衆不敢復言

蕭際周妻鄒氏二十五歲夫亡遺子一并守貧窶矢志柏舟奉舅姑教孤兒族里賢之

監生楊守績妻歐陽氏二十五歲夫亡苦節自厲教二子成立兩叔蚤世其教姪也如己子

監生劉典緒妻劉氏二十四歲夫亡遺子二翁姑沒無伯叔劉氏不絶如綫矣氏荼苦自持門戸訓藐孤家聲賴以不墜

蕭秉位妻蕭氏二十七歲夫亡上奉老姑下鞠

幼稚松柏之節歲寒彌堅

張正志妻李氏二十七歲夫亡遺子三時翁姑就衰生事死葬以一身任之三孤繞膝次第成立

譚文渭妻蔡氏二十九歲夫亡子幼姑老家計蕩然氏金石不渝二子俱克成立

陳紹畬妻唐氏二十六歲夫亡遺子堯文堯言氏將殉姊彭氏亦新寡謂曰徒死無益汝育文而以言繼我不猶愈乎氏然之未幾文殤而言已出撫氏吞酸飲苦距子死數月而亡後堯言

生子德珍歸繼堯文奉唐氏祀

監生陳紹崑妻彭氏二十三歲夫亡無子氏號哭欲死徐曰夫祀不可絶也撫姒氏子堯言繼後教育入監

監生陳紹敬妻蕭氏二十四歲夫亡無子撫娣次子堯華爲嗣茹苦育子至於成立

陳紹鵬妻羅氏二十九歲夫亡遺子堯道堯華其姒蕭氏無子華出撫氏仰承舅姑俯育幼雛茹荼守貞始終不渝

楊守緯妻黃氏二十一歲夫亡遺子仐齡時姑

與祖姑兩世孀居生養死葬曲盡其誠教子無姑息竹筠松節人共諒之

監生劉志偉妻黃氏二十七歲夫亡遺子一其姑早寡氏感姑節共勵清操隆孝養終始如一

黃行鍾妻周氏二十四歲夫亡矢志靡他孀姑老病晨昏奉養惟謹鞠育幼孤慈與嚴并

庠生王生荃妻歐陽氏年二十四夫亡無子乞死不可擇姪立祧時惟孀姑在堂青閨寂寞泣奉滫瀡

甯明向妻黃氏二十七歲夫應試死於郡氏與

孀姑甯氏淒涼相對共課諸孤勉以書香孫德普入郡庠

庠生劉志定妻張氏二十四歲夫亡遺子一哀毀求死不可乃强起以奉高堂剌星績月勤課藐孤

劉濬定妻鄒氏年十九夫亡無嗣斷髮血指以昭信矢擇姪繼後堂上翁姑生事死葬半由女紅所積閨範嚴肅族里交推

徐之元妻李氏二十二歲夫亡家徒壁立饔飧莫給而紡績蕭齋中夜不輟撫孤子至於成立

劉太初妻萬氏二十九歲夫亡遺子一門無期功之親喪葬成禮氏以一身支持窮且愈堅

汪書紳妻李氏二十八歲夫亡遺孤三夫易簀謂氏曰二老垂白三孤待哺汝能代終乎氏泣答曰敢不奉命夫沒含哀視事不負遺命長子燦入庠

曹士琯妻王氏二十八歲夫亡無子姑早世翁年老氏自維曰絶夫祀而傷翁心罪可逭乎忍死矢志撫姪爲嗣事翁生事葬祭如禮

李德著妻唐氏二十九歲夫亡無子舅姑先逝撫姪承祀恪守内則茹檗飲冰

李應諦妻劉氏二十五歲夫亡無子投繯求死翁姑力阻乃含哀奉養撫姪奉祀燈孤月冷窮且愈堅

凌漢治妻彭氏二十四歲夫亡無子志在同穴孀姑泣諭曰汝殉若我何氏乃止撫姪承祀家徒四壁而承歡無間今姑年躋九十孤亦成立

劉子元妻陳氏二十七歲夫亡遺子尚幼氏事親教子一身兼之多故頻仍而此志不懈

李德位妻唐氏二十六歲夫亡無子氏不輕殉待遺腹也越六月生子饔飧莫繼惟奉老親鞠

孤兒誠信不二

易文妻褚氏二十八歲文客死京都生子尚幼姑又染瘋疾氏上奉病姑下育幼稚子道父道以身兼之孫兆興入庠

楊天衢妻王氏二十三歲夫亡上奉舅姑下鞠幼稚不以艱苦易心翁沒氏奉孀姑尤謹

李應淑妻楊氏二十六歲夫亡生子二比誓同穴翁姑曰兩老在堂兩稚繞膝汝竟一死塞責耶氏乃忍死奉棗脩和熊丸無忝厥職

李德新妻唐氏二十八歲夫亡毀容踰常上奉老姑甘旨親調姑壽近百齡能得歡心教子讀書入國學

曾思寧妻戴氏二十五歲夫亡翁姑隨沒營葬設奠皆克如禮家政糾紛氏以身搘撐克育孤子至於成立

李國儲妻李氏二十六歲夫亡翁姑既沒伯叔相繼早世氏以孤燈隻影仔肩家政哀毀餘生苦育二子俱入國學

楊與懲妻朱氏二十五歲夫亡無子氏矢志守

節撫姪承祀至於成立

楊永緯妻劉氏二十六歲夫亡遺子一與姑朱氏共勵栢操朝夕起居不離姑側課子成立

曾必楡妻劉氏二十四歲楡過江赴飲覆舟身亡僅遺一子氏奔號屢絕祭江覓屍三日乃獲歸窆即欲投河以殉姑力挽之氏乃奉孀姑撫幼子終身不渝

監生李德珍妻李氏二十五歲夫亡遺三子夫臥病年餘氏躬自調護日久不懈及沒喪葬如禮未幾身受瘋疾起居維艱猶惓惓以課子爲念人共憐之

劉士庭妻留氏二十三歲夫亡遺子僅一月初夫以苦讀致疾氏常止之夫沒終身茹素事舅姑能得其心懇切教子冀成父志

李應庚妻陳氏二十六歲夫亡傷翁姑既沒幼稚繞膝且祖翁在堂乃忍死茹苦子職父道以身肩之

梁應舉妻陶氏二十六歲夫亡子一早殤撫姪承祀初應舉以貧故贅於陶及沒氏扶櫬歸塟剪髮盟心父悲其意太歸於陶歷四十五年現

壽七十一

監生李德瑞妻趙氏年十九瑞入贅一月瑞歸病劇氏素粧適李親奉藥餌衣不解帶及瑞亡號慟失聲撫姪承祀越數年家產悉爲衆有強暴頻逼氏不能支歸趙守貞幾三十年現年五十一歲

譚世佐妻朱氏二十四歲夫亡無子欲殉繼念夫棺未厝血食將斬乃撫姪承祀艱苦備嘗

李應嚴妻胡氏二十五歲夫亡遺子有鵠念翁姑既沒夫弟尚在髫年乃茶蓼守節勤紡績隆

師傅以養以教期無墜家聲
陳思恪妻淩氏二十八歲夫亡遺子時翁姑老
病氏苦節孝養藐孤煢煢撫之成立長一登入
監
馮祖祀繼妻彭氏二十四歲夫亡遺子一氏念
夫本過房翁姑年老祖祀前妻二子皆幼氏上
事高堂下育弱息翁至晚年始生三子撫字教
育氏與有力焉前妻子顯裕烜氏男湘俱入監
丁光祚妻郭氏二十五歲夫亡遺子一姑歲餘
氏屢欲自盡姑諭曰藐孤在抱爾死是絶夫祀

也氏拭泪撫孤姑竟夭復撫姪一瑩爲嗣入監
夏安邦妻周氏二十五歲夫亡遺子二上奉翁
姑甘旨無缺督課二子至於成立
監生王齊安妻姚氏二十七歲夫故事舅姑撫
幼稚數十年如一日有佃負債將鬻子媳氏捐
己資保全之
毛世斌妻楊氏二十五歲夫亡遺子二皆在抱
氏矢志撫育有憐其貧勸令改適斷指以誓窮
餓自甘
萬儒宗妻譚氏二十四歲夫亡遺子希郤斷髮

自誓終舅姑之養食淡茹粗撫教其子
萬國定妻鄒氏二十五歲夫亡養老姑撫孤兒
勤於督課閨閫嚴肅
鄒碩夫妻李氏二十二歲夫亡無子毀容自誓
代盡子職撫姪爲子子夭復育孤孫
監生羅維介妻常氏二十六歲夫亡遺子仕祚
錫祚仕殤翁隨亡夫弟幼零丁孤苦氏上奉老
姑下育幼子終身不踰戶限
羅宗回妻蕭氏年二十適羅六月夫亡遺腹生
子家貧有勸易志者氏百計拒絶紡績養姑撫
育其子

曾正宗妻李氏二十四歲夫亡遺子一氏以舅
姑缺養幼稚無依斷髮盟心不御絢飾其子夭
與寡媳撫孤孫備歷死喪現年六十二歲
汪儒英妻羅氏二十三歲夫亡遺孤大業數年
舅姑繼亡兩叔旋故撫教其子慈嚴兼備
周朝璜妻蕭氏年十九適周三月夫亡無子氏
斷髮附棺以誓從一孝養老姑撫姪爲嗣教育
婚配足不踰戶
續三台妻萬氏二十二歲夫亡矢志不二舅姑

年老貽代子職撫育孤子水操肅然

庠生萬朝任妻羅氏二十五歲夫亡遺孤三歲氏忍死撫育完配生孫其子夭亡與媳唐氏共撫二孫成立

庠生萬萃妻譚氏二十三歲夫亡無子撫姪承祀家無恆產紡績以供姑膳

儒童劉宗基妻王氏二十二歲夫亡遺孤迎祖入監蚤逝繼撫三孫備極艱辛終始如一

王天錦妻劉氏二十四歲夫亡遺子甫二歲比欲自盡父母以義曉之事翁姑撫幼稚課子嚴蕭克有成立

吳代守妻劉氏年十九夫亡有遺腹伯叔因貧促氏改嫁挽之登輿氏躍出左足遂跛子生氏撫之孝事其姑姑病祈天求代姑沒號慟幾絕

趙宏濟妻周氏年二十夫亡遺子一薄田數畝破屋數椽拮据以育孤子方壯夭亡孤孫四人後先夭折長孫婦遺腹生子孫婦亦亡氏撫三世孤兒未亡之日皆哭死之時堪稱苦節

馮持衡妻陽氏二十六歲夫亡黽勉自勵奉高堂撫弱子不幸子殤擇姪承祀舅姑相繼卽世氏率孤執喪成禮教子成立

劉邦慶妻王氏慶苦讀致疾氏父未肯遣嫁二十六歲始歸於劉二十九而夫亡生子半齡翁姑伯叔死喪頻仍氏氷霜自勵家計日窘不恤

顏文斌妻蔡氏二十六歲夫亡遺子年方成童氏教養迄成立堂上舅嫜生事葬祭一閑於禮

劉天祐妻魏氏二十六歲夫亡遺子星敏備歷勤苦毀容易服撫孤成立娶媳陸氏五載敏故與婦共矢艱貞保餘年

劉星敏妻陸氏二十二歲夫亡遺子嗣炫甫三

月有勸改適者氏曰禽獸之行罔乖大義且劉氏三世一孤血食其可斬乎與孀姑魏氏鞠育稚子至於成立

蕭輿朝妻曾氏三十歲夫亡無子之死靡他事翁姑以孝聞後奉繼姑先意承志尤人所難

萬艮載妻蕭氏二十四夫亡遺子一歲家徒壁立氏采茶佐食以育嬰兒有勸之改適者截髮爪面以誓

庠生劉守純妻魏氏二十五歲夫亡念堂上白髮膝下黃口兩世交依子道父道以身任之

劉世康妻何氏二十八歲夫亡遺子二時孀姑在堂氏矢節奉養撫育幼雛長子昌仕完娶五年中道棄世而氏操不回

劉昌仕妻楊氏世康子婦也二十五歲夫亡無子感姑之節松柏同心乞養猶子以繼夫後

羅永援妻萬氏二十一歲夫故無子撫姪沛沛祚雲爲後舅多病事湯藥惟謹事姑形影相依延師課子俾有成立

陳次玉妻李氏二十二歲夫亡遺子僅半歲姑孀且老氏婦職母道克全無忝

劉降馗妻彭氏于歸八載夫亡守節三十年教

子讀書不懈

任隆禮妻劉氏二十六歲夫亡生子一矢志守節躬處窮而艱貞不移教子成立

唐懷周妻蔡氏二十八歲夫亡遺子二庶他自勵事舅姑克代子職教諸孤不爲姑息之愛

劉禧富妻江氏二十三歲夫亡一子尚在抱舅姑憐其少勸令改適氏曰棄親弗養棄子弗哺將何以見夫子於地下乎死不敢奉命矢節撫孤現年五十四歲

劉禧寧妻楊氏二十八歲夫亡遺子一與姒江氏共勵氷操奉舅嫜教育孤子至於成立

周若璽妻張氏二十二歲夫亡無子翁姑在堂氏以缺養乏嗣爲憾乃抑哀事堂上撫姪爲後教之成立入國學

王天健妻洪氏二十一歲夫故遺子一氏忍死事舅姑撫幼稚形容憔悴終日黯然

陳秉直妾汪氏年十九而寡嫡黃氏早亡遺子

王相妾胡氏子廷相王氏子堯相胡王繼亡有涎其產者逼令易志汪觸首仆地時差賦繁重

嗾公差嚴其追呼汪赴水乃免　國初中丞袁臨衡汪攜孤號救始免廹脇九十三歲壽終

陳名悠妻曾氏二十二歲夫亡無子父與翁憐其年少令改嫁氏投繯幾斃服闋乃撫姪爲後教育完配

楊正伊妻王氏年十八適楊未朞而寡遺腹生子家貧舅姑多病氏仰事俯育紡績勤儉終身不與宴樂

陳聲宣妻周氏二十八歲夫亡無子氏欲殉父母勸諭撫姪爲嗣教育婚配克有成立

宋得林妻周氏二十五歲夫亡遺孤仕任事姑克謹室遭火氏負姑逃鄰家返抱夫靈跪泣火竟熄後其子夭與媳周氏撫孤孫錦榜以延一綫

庠生李國偉妻胡氏二十五歲夫亡遺子二俱幼夫兄弟五人繼亡與其娣姒一門五寡同心矢志督課其子年六十五歲卒長子德大庠生次子德本監生孫覲庠生

胡先民妻劉氏二十九歲夫亡遺子二氏上奉舅姑下撫幼稚閨門嚴肅鄉里推重

陳名魁妻王氏二十四歲夫亡遺子振古振今氏哀毀盡禮舅姑諭以撫孤盡心教育俾有成立現年五十八歲

附孝婦

本朝

職監王百諧妻曾氏適王時太翁姑皆高年氏曲意承志重闈賴之翁姑素善病氏就養無方均能順養天和族里交稱之

庠生王廷英妻劉氏初歸王門幸值舅姑康健婦職克敦迨尊嫜即世考妣居尤先意承志以慰遲暮之心

貢生趙仕鈊妻顔氏舅象先先娶何氏無出再納歐陽氏生鈊氏上奉兩姑不媿色養事庶姑吳亦如之閭里無不稱頌

職監左修身妻周氏孝事翁姑先意承志姑病痿八年氏扶掖備至姑賴以安夫弟修言方襁褓姑病乏乳氏體翁姑意乳哺鞠育始終弗懈里黨無不欽羨

附貞壽

本朝

方雨式妻謝氏壽九十七歲猶健步舍飯

庠生李國俊妻周氏夫亡守節現年九十二歲

淩德尚妻傅氏現年九十三歲耳目聰明不減少壯

譚子乾妻陳氏現年九十九歲食猶健飯行不藉輿其子孫力田作苦愿樸自守氏安之若素

趙智言妻汪氏二十九歲夫亡生子信顯老翁渠暮鰥居氏奉養維謹教子成立

衡州府志卷之二十五上

衡州府志卷之二十五

知衡州府事豐城饒佺重編

列女下

清泉縣

按清泉由衡陽分設已入衡陽志者不復重載

本朝

監生陳鴻猷妻周氏年十六歸陳侍孀姑疾四年姑沒侍夫疾三年年二十二夫夭僅遺幼孤隻身依姑黨與諸處女同寢食撫孤成立

羅世昌妻梁氏夫亡家貧翁老二子幼梁年二十八以苦節終

譚一元妻趙氏年十八夫夭撫族姪時可為嗣以奉翁姑姑沒翁續娶舉三子皆幼而繼姑又沒趙撫翁三子教時可成諸生

陳朝典妻謝氏年二十八夫沒卙貧苦節撫成三孤凡三十六年卒

庠生左先致妻陳氏夫亡氏年二十九撫幼子奉舅姑子喪又與媳劉氏撫孤孫終身縞素

戴三題妻陳氏守節六十三年壽九十二歲中歷貧苦奉舅姑撫一子一孫成立

鄒肇銓妻蕭氏年十九適銓二十銓歿撫夫猶子為嗣守節代終子職

蕭世純妻左氏純病革囑以終事翁姑撫成二子及卒氏年二十三守節凡二十四年次子最庠生

庠生王恕妻陳氏年二十九夫沒守志教二子成立攝邑令徐旌其閭

徐永彬妻楊氏年二十六彬亡三月遺腹生子撫之成立年踰六十卒孫光清庠生

陞與亨妻伍氏夫亡遺孤二伍年二十四苦節事舅姑撫孤

曾俊賢妻李氏年十八夫亡孤孫纔兩月上奉翁姑撫孤成立苦節三十九年

蕭時朝妻歐陽氏年二十六朝卒絕粒誓死祖姑賀節婦也引己為喻乃泣遵撫四月之孤至於成立年五十卒

陳善若妻王氏年二十八善若以學使試錄取覆試疾作而卒王苦志教育兩孤迨長子成痼疾王悲憤先一年卒

唐臣傑妻劉氏年二十夫亡翁姑皆老又貧無
期功親氏有遺腹冀生子及三月生女悲泣扠
繯翁姑苦勸乃撫異姓子奉老翁姑後子外貿
不歸劉悲悶成疾終

張燦文妻陳氏在室喪父與母泣血蔬食三年
及嫁事舅姑孝年二十九夫亡苦節撫成兩孤
年五十九卒

蕭日中妻李氏年二十六夫故依孀姑教子瓚
列邑庠瓚亡育諸孫苦節五十年

倪善思妻廖氏年二十五夫亡守志隨翁三英

任山東內黃縣屏飾𨚫御親操婦功姑逝侍庶
姑惟謹庶三壽八十一終初長子霑祚亡遺孤
甫十月媳楊氏年二十五矢志與廖貞守廖氏
末年癭疾楊雖老敬侍不懈教孫定輝入泮

湯日暹妻程氏年二十八夫亡家貧翁姑老程
矢志勤女紅奉翁姑無缺膳而與子日惟一粥
年八十四終

谷賢懋妻張氏年二十六夫故矢志事翁姑撫
孤年四十五卒

職監何其仁側室李氏其仁因妻汪年踰五旬
一子天乃娶氏舉三子氏年二十九其仁亡汪
衰老氏矢志事汪如姑教三子成立次廷瑗中
武舉

丁一燕妻倪氏夫卒時倪年二十九家貧苦節
孝姑教子歷三十四年

庠生廖之梅妻楊氏年二十八之梅卒家貧捐
衣飾備喪事鄰豪厄葬號於官得直撫成二子

余佑禮妻朱氏年二十六夫亡翁亦繼亡氏順
事孀姑育成二子

賀士祚妻羅氏年二十三翁姑與夫相繼卒夫

弟皆幼氏苦節育成一子及夫諸弟

沈一經妻汪氏年二十五夫亡孤二歲翁姑俱
老與祖姑侍汪養苦節三十七年

楊介文妻劉氏年二十五喪夫翁姑繼逝遺孤
二氏撫二子成立

監生歐陽思文妻羅氏年二十八夫故遺一子
未幾而殤羅守志撫二猶子爲嗣奉姑老壽八
十二終

黃祖濬妻劉氏年二十四夫亡矢志孝姑教子
成立

何繼睿妻廖氏年二十七生子一歲夫亡矢志奉翁姑教子義方年七十終

蔡宏宣妻羅氏年二十七夫故矢節奉翁姑教子文岐成立而夭復偕孀媳撫孫年五十八卒

庠生羅仁象妻易氏年二十一夫亡自慟無出欲殉翁姑諭以奉老乃撫猶子爲嗣復夭又撫成二孫

黃子淮妻范氏年二十生子甫六月而夫繼翁與兄章亡氏慟孀姑衰病頻罹慘凶矢志撫孤奉老

羅子驥妻李氏衡陽舊志所載羅姓一門五節内陳氏之媳丁氏之孫媳也兩世苦節僅存子驥一綫氏年二十二而子驥卒遺孤生纔六閱月未兩旬而殤李疊罹閔凶撫夫族子承祧閱十月又殤淚盡血枯而卒年二十四

唐合聞妻羅氏年二十七夫亡遺孤及遺腹子苦節守成年六十七卒

羅雲漢妻劉氏年二十八夫亡僅一女無嗣矢節撫猶子成立

庠生傅忠妻王氏年二十八夫亡氏烈殉幾死事翁姑撫諸子年六十九卒

傅肇先妻黃氏年二十六夫故無子撫猶子承祀

蕭時宦妻羅氏年二十四夫亡翁老家貧遺孤幼矢志針刺奉翁十指常裂撫孤及孫成立

廖與欽妻楊氏年二十二夫亡甘貧勤紡績撫孤壽七十五終

賀宗揆妻謝氏年二十八夫亡事姑撫二子成立年逾九十終

庠生羅光堙妻許氏年二十七夫歿矢節撫孤

既冠而夭乃撫猶子事翁姑苦貧四十餘年卒

蕭承照妻彭氏年二十二夫故撫孤奉孀姑及子夭教孫成立

劉付周妻谷氏年二十九夫故遺孤三教育成立壽八十二終

許炬用妻陳氏年二十七夫故家徒壁立矢志勤操作以事翁姑督三子耕讀成立

歐士傚妻唐氏年二十九喪夫事翁姑撫孤皆紡績以給年六十六卒

婁起騶繼妻魏氏歸婁五年無出年二十而夫

亡矢爲死殉以元配遺孤七歲痒泣乃苦節撫孤歷三十七年

劉代翰妻周氏年三十夫亡哀毀絶粒翁以年老孫幼次子病狂恃氏爲命泣諭之乃忍死事翁撫孤凡三十一年

劉代齡妻邵氏未嫁夫病狂將毀盟邵聞死爭年十九適代齡百計調治夫病九年生三子夫亡茸貧撫諸孤成立

唐思勃妻廖氏年二十五夫亡孤幼哀毀成病就醫弟隆海家旋念姑老百里遄歸病劇卒後二日光如生會弟至慰以代之撫孤乃瞑

丁航恒妻周氏年二十五夫亡苦節撫孤

劉雲若妻宋氏年二十八夫故撫孤苦節三十三年

唐傳衡妻羅氏年二十四傳衡因應試未售自經以沒氏悲以死殉衆救止之乃矢志撫孤生孫

江文蔚妻郭氏年二十二夫亡矢節撫二孤有成奉事舅姑年六十二卒

庠生鄧輸妻唐氏年十七歸鄧夫以積學致疾卒氏年二十八矢節事孀姑教四子成立

歐艮蘇妻歐陽氏夫亡遺孤一歲氏年二十四矢志撫孤奉姑苦節二十八年卒

彭重遠妻張氏年二十六夫亡翁姑老苦節終身撫二孤有成

鄧仲吉妻王氏年二十六仲吉貿易卒於滇苦節撫二孤子且代夫終子職

劉承堯妻蕭氏年二十六夫沒備歷艱辛克全節孝乾隆二十三年奉文給扁旌獎

唐思仁妻胡氏年十五于歸思仁因貧遠貿卒於滇時氏年十八無出哀毀矢志撫循子承祧

周至平妻李氏年二十六生子月餘夫故矢節鞠子生孫壽八十六終

王乾邦妻鄧氏年二十九夫故守節奉事舅姑教子孫年七十五終

周山甫妻武氏年二十五生子三月夫夭氏與孀姑勵志鞠子成人

庠生劉隆瑛妻鍾氏年二十四夫亡守志奉翁姑生死撫孤宗榮成立苦節四十九年卒

監生蔣一伍妻秦氏年十九夫夭生遺腹子秦

事姑猶母撫孤成立
鄒氏雙節庠生瓊生妻周氏男庠生廷對妻王氏周年二十九夫亡矢節盡婦道教育四子皆列庠序王年二十六夫亡遺一子并撫猶子爲兩嗣厲操以繼姑志
劉德熙妻李氏年二十八生子數月夫亡勵志事育晩歲喪子復撫三孫
王公望妻童氏年二十七守節奉姑孝教次子祖成成名有學行
王朝燭妻楊氏年二十六夫亡矢志奉姑撫二

孤成立
李福熙妻余氏年二十五夫亡奉舅姑撫孤長子未娶夭次子娶媳生孫夭氏與孀媳偕歷艱辛年八十一終
全仲備妻鄭氏幼失怙隨孀母勤苦年二十六歸全生子甫數月夫亡哀毁骨立撫孤有成
徐福八妻楊氏年二十六夫亡守節三十六卒入祀節孝祠
唐正容妻謝氏年二十三夫故矢志撫孤成立生五孫子故又偕媳撫諸孫年七十二終

胡光維妻唐氏年二十七夫故勵志撫孤年五十七卒
伍三湘妻劉氏年二十七夫亡矢節撫姑奉舅姑年七十四終
羅仁貴妻王氏年二十三夫繼翁亡奉孀姑苦節撫孤
左紹融妻王氏年二十五夫亡守志撫孤家貧奉舅姑井臼不使知其難
張永清妻蕭氏年二十七矢節奉翁姑教子成立壽八十二終
李孟榮妻劉氏年二十五矢節撫孤壽八十二

終
劉成琢妻歐陽氏年二十四夫故無子屢爲烈殉翁姑諭止乃忍死孝養及二載翁亡歐陽乃哀求爲後於夫族親疎舉無應者因偕兄與策營翁葬畢密縫喪服赴水死
廖代選妻賀氏年二十六夫亡遺孤二氏誓死守節命二子名永貞永理以見志
周方仁妻劉氏幼適周生十七擧生二子而夫亡家無餘貲勤紡績奉姑教子若禹入泮尋夭

痛夫痛子終身憂勤年六十八終

羅大科妻王氏年三十矢節撫孤克盡婦道年七十壽終康熙五十年入節孝祠

廖代霈妻楊氏年二十二矢節事舅姑撫夫族子承祀年八十三終

甯仁隆妻周氏年二十六喪夫矢志撫孤及孤姪無有異視年六十八卒

王啟珍妻甯氏年二十七夫亡矢節與姑相依撫孤成立

唐百朋妻全氏年二十二夫亡矢志撫孤年六

十三卒

甯翀功妻馬氏年二十三夫亡無子女翁姑老貧而獨氏不忍遽死服闋聞將改適擗踊嘔血復吞鹽酢不得死而病年二十七卒

廖善莪妻唐氏年二十八夫故家貧矢節撫孤成立而夭復撫孤孫年八十四終

廖望如妻羅氏年二十一夫亡遺孤睿甫週歲矢志教育入泮事翁姑以孝聞

甯颸隆妻彭氏年十九而寡二十遺腹子生家無饘石儲親屬廖落矢志撫孤成立其後子亡媳嫁復鞠育諸孫年六十九卒

張漢若妻歐陽氏未笄事祖父母外祖父母稱孝女于歸甘貧力勤事公姑稱孝婦夫亡青年矢節年四十二卒

賀士驊妻張氏年二十二夫亡家貧撫兩孤成立奉翁姑尤謹年七十一卒

張某妻段氏幼許字張張因貧爲匪父與翁議將毀盟段聞泣止之恐以貧誣匪及歸年十九見夫行果不端泣諫雖勞不怨冀以莊敬感悟夫終不悛乃密縫衣裳越門首池塘溺死顏容如生隣里哀其志爲具棺斂時年二十歲

賀侃齡妻胡氏年二十八夫故矢志撫孤年五十一卒

鄧明哲妻江氏夫亡家貧撫夫姪爲嗣年七十九卒

封定士妻郭氏年二十九夫故翁姑衰老勵操撫兩孤成立

張襄臣女原籍浙江從父貿居衡長未許字因父母老而獨且貧恃女針黹度日遂矢志不字終養父母貞孝感隣里年五十五卒

陸與任妻劉氏年二十九夫亡事舅姑撫諸子成立次子詰入郡庠

唐祖標妻王氏夫歿事舅姑撫二子成立并撫從子之遺孤守節已三十四年

郭艮材妻易氏年二十七喪夫蔬食終身勤紡績奉翁生死教子成立

馬繁齡妻張氏夫亡年二十五與姑相依教二子成立家雖貧於族黨守節者加意存恤

庠生曹啟煌妻曾氏年二十八夫故撫猶子為後終事翁姑今年週甲

陳善誼妻劉氏年二十八夫亡斷指誓志備歷勤苦撫二子成立

謝廷恩妻賀氏年二十二夫故矢志辛勤事育及子娶媳生二孫而子媳偕亡復撫二孫

監生丁一勳妻伍氏事祖姑及姑年二十八慟夫勤學卒矢志教子今年六十三

劉艮志妻范氏生子兩月夫亡范年二十七矢節事舅姑鞠子娶媳鄧氏生孫而子夭又與鄧撫孤孫范今年六十三

吏員蔣文瑞妻譚氏年二十夫故事孀姑撫二子成立

蔣文課妻莫氏年二十九喪夫事翁姑盡禮遺孤四皆教育成立

陳士侶妻李氏七歲歸陳年二十夫亡一子復殤撫夫姪為嗣既婚而卒李終奉事翁姑

監生左修府妻劉氏年二十一生子德沛纔六閱月修府歿氏撫孤成立奉姑盡孝養

全本登妻謝氏本登孤貧謝年二十四歸本登四載生一子本登亡氏矢志撫孤成立

鄒肇庶妻熊氏年二十夫亡無嗣家貧氏勤苦

事繼姑撫夫姪承祀

彭紹慧妻張氏年二十二夫亡家徒壁立遺孤一歲氏撫孤成立

郭讓治妻羅氏年二十三夫歿遺腹生子撫之成立

監生郭凱治妻羅氏年二十一生子殤而夫隨沒幾經投繯不遂乃與讓治妻同守一姪并撫姪孫二婦冰操凜然歷今已四十一年

庠生鄒肇緒妻丁氏年二十九夫亡僅遺女二人家無儋石之儲氏惟針織度日為二女擇壻

遺嫁今年五十七

王萬一妻劉氏夫亡家貧氏年三十矢志撫二子成立措持家業

唐前佑妻蕭氏年二十二夫亡奉翁姑撫孤成立

歐孟瑛妻王氏年二十八夫没承順翁姑撫育幼嗣今三十三年如一日

周宏釗妻蕭氏讀書知大義年二十二夫卒欲殉翁姑以遺腹喻止勉奉翁姑越七月生男撫孤成立

余汝華妻丁氏年二十三夫亡矢節鞠六歲孤至二十而夭撫夫姪爲嗣生孫而嗣子復夭氏撫孫終事舅姑今年五十九

周守灝妻羅氏夫先舅姑亡氏年二十七代夫終子職今年六十一子四人兩存兩故故者之婦感氏苦節咸與矢志

黄金圭妻周氏年二十二夫亡遺孤殤未幾翁又亡金圭弟夫婦亦偕亡遺二子氏撫之以一子承祧奉養孀姑今年六十七

黄遽龍妻李氏年二十七夫故仰事翁姑撫孤子光亮成立曾元繞膝今年七十四

周載選妻陳氏幼歸陳得舅姑歡年二十三夫卒撫孤受室生孫而子歿又撫孤孫

周氏雙節庠生洪範妻高氏男世基妻倪氏洪範幼孤因貧入贅合巹後迫赴府院試皆首拔過勞成疾逾年卒時高年二十三遺孤世基夫家無所依高携世基依母家十八年俟世基成立始還周門忍飢課子納媳生孫而世基夭媳倪氏年二十七并矢志撫孤樹本入泮學使鄭手書兩世冰霜旌其閭今高年七十二倪年五十

陳俊德妻蕭氏年二十八夫故舅姑老二孤幼矢節奉事勤紡績撫二孤成立

廖興鐸妻賀氏年二十一夫没翁姑生三子皆先夭僅夫弟遺二子氏撫族子爲子并撫夫弟之二孤奉翁姑及撫子生孫而夫婦又夭氏撫孤孫成立今又生子賀年七十二

郭耀治妻譚氏居貧紡績相夫年二十七生子數月夫卒氏矢志事舅姑撫孤授室生孫子又卒偕媳黄氏苦節今年七十九

左先昆妻傅氏年二十五夫卒事舅姑如處女依慈父母歷艱辛撫孤有成

閔世相妻曾氏年二十四夫亡子幼翁姑老病甘貧矢節迄今四十八年

湯學壁妻曾氏年二十三聞夫遭溺死慟不欲生翁姑勸以撫孤乃矢節撫孤成立

陳宗衡妻王氏年二十八夫故一子生方六閱月氏孤苦事姑撫孤今年六十三

楊正宣妻陸氏年二十三夫亡翁姑老遺腹三月生子陸苦節事育今已三十年

劉漢琰妻歐氏年二十七夫故家貧撫孤成立生孫及子喪媳汪與同守節

許昌柏妻段氏年二十五夫亡家貧二子幼艱貞守義歷今三十年

賀立禪妻羅氏夫故姑老子幼氏時年二十九矢志事育今年六十四

劉凝禮妻童氏年二十七夫故矢志奉姑撫二子成立

賀立謨妻王氏年二十八夫亡矢節事翁姑撫孤今年六十

蕭必運妻全氏年二十七甘貧守節終事舅姑撫孤成立

蔣時迎妻王氏年二十二生子甫十日夫亡奉翁姑教子成立

朱兆榮妻蕭年十八生子甫六閱月夫卒矢志奉翁姑撫孤成立

蔣時文妻黃氏年二十四守節奉姑課子成立

全仲文妻張氏年二十九夫亡遺孤三撫之皆成立

劉仕治妻陳氏年二十三夫卒翁老姑病子幼苦節事育歷今三十四年

何宗瑛妻彭氏未嫁時翁姑偕亡瑛貧痼疾氏年二十六始嫁甘貧侍疾年餘生子僅六閱月瑛卒撫之成立

何惟機妻劉氏生子殤而惟機卒氏年二十八撫猶子爲後奉姑守節

蔣文彥妻王氏年二十八守節葬翁事姑鞠育二子皆紡績以給

羅荊湘妻賀氏年二十四夫故矢志奉翁姑撫孤至生孫而夭又撫孤孫

賀天祁妻曾氏年二十二夫故矢節及翁沒家
式微艱貞育孤生孫今七十八
劉長發妻胡氏年二十七夫沒鬻衣裳以葬勤
女紅以事孀姑撫兩孤成立
劉蘭兆妻顏氏年二十八撫孤勵操代終事育
黃子亨妻朱氏年二十一夫亡遺腹生子矢節
撫子生孫而子夭復鞠幼孫成立
王氏雙節世爵妻徐氏男獻節妻石氏徐生獻
節甫週歲而世爵夭時徐年二十四撫獻節成
立生孫而獻節又夭獻節妻石年二十三與徐

姑媳同貞相依如母女今徐年七十餘石年五
十餘
石之任妻莫氏年二十七夫故子十歲矢節撫
孤成立
張少進妻賀氏年二十六夫故奉姑撫二子成
立
丁乃周妻羅氏年二十八夫亡撫育四子孀姑
廖壽九十餘氏盡孝養今年六十七
丁文奇妻董氏年二十八夫殞矢志撫四子耕
讀成業今壽九十又二猶治紡績不輟

彭氏雙節文燦妻蕭氏文煒妻顏氏蕭年二十
五夫亡遺孤二矢志撫孤今年六十一顏年二
十三夫亡遺腹生子誓與蕭同貞鞠子成家今
年六十一
范應鼎妻王氏年二十三夫卒遺孤二長隨殤
矢節勤紡績撫育次子終事舅姑
李朝盛妻楊氏年二十六家貧撫孤成立
陳憲治妻周氏年十八適憲治憲治應學使童
子試以額滿見遺抱鬱卒時氏年二十三矢志
撫孤成立

蕭錫類妻倪氏年二十四夫卒於滇無子氏誓
志奉翁依母家以終孝養
梁氏雙節世元妻朱氏男紹湯妻沈氏朱年二
十夫卒舅姑衰老遺孤紹湯朱矢志事育爲紹
湯娶媳沈氏連舉三孫而紹湯夭時沈年二十
五姑媳相依勵操撫成三孫今朱年七十四沈
年五十四
余汝智妻郭氏氏年二十五矢節撫孤今年六
十三於九旬壽姑猶必躬親視膳
庠生劉芳嶽妻賀氏年二十九矢節撫孤

胡大訓妻陳氏年二十六苦節教育二子成立

賀立錦妻李氏年十九夫亡生子僅四月時翁姑在堂三叔俱幼恃氏紡績以供家計今氏子成立三叔感氏德不忍分爨

尹甲先繼妻曾氏年二十四夫故前妻有子氏撫之成立

歐陽正璋妻吳氏年二十四夫喪孤二一孩提一方娠氏皆撫之成立今年七十七

陶聖仰妻張氏年二十七矢志爲夫終子職撫諸孤今年六十三

徐璧拱妻周氏年二十四適拱璧甫兩月拱璧亡烈殉者再閱八月生遺腹子奉翁姑甘貧撫孤今年六十

劉慶懋妻陽氏年二十三夫與姑繼亡氏矢節撫孤奉翁養并撫夫從子皆成立二幼叔亦資其匡助

丁一嶶妻李氏年二十四夫亡無子撫夫從子爲嗣

庠生廖禮琦妻戴氏年二十夫亡家貧矢志甘貧勤紡織事翁姑撫孤成立今年八十八

寗明伸妻謝氏年二十七夫亡子幼舅姑衰老矢志不渝

歐陽文雋妻顔氏年二十五夫將卒時囑以從子爲嗣氏撫之以奉老姑力勤事畜

胡國斑妻賀氏年二十夫故氏抉髮投棺頭觸血流幾死翁姑救甦乃矢節撫孤成立娶劉氏生孫而子夭劉年十八誓共氷霜撫孫成立

周天運妻何氏夫亡年二十四扶侍姑疾撫一子生孫而子夭又與孀媳陸氏撫孤孫

王朝繪妻黃氏年二十四夫亡子甫週歲舅姑

繼逝備閱艱貞

王朝肱妻唐氏年二十夫亡苦節撫孤成立孝事孀姑今年五十六

周玉正妻朱氏年二十七生一子夫故家貧矢志勤紡績奉舅姑撫子成家

唐氏雙節祖治妻羅氏祖法妻周氏羅年二十二夫歿周年二十夫沒皆屬姑鄧氏中年孀居撫成祖治祖法而相繼夭相與矢節各撫一孤以慰孀姑今羅年五十七周年五十三各撫孤成立

李敬先妻吳氏年二十七夫亡奉姑教子今年六十二

江文藻妻劉氏年二十一夫亡無子以從子爲嗣及婚復夭又撫從孫承重

劉九玉妻羅氏年二十九夫故撫遺孤四人奉事舅姑今年六十三

唐恩鸞妻胡氏年二十一夫卒矢節孝翁姑撫孤成立

庠生劉開謨妻余氏年二十七開卒矢志撫孤生孫今年六十九

彭與鄰妻張氏年二十八夫亡氏慟與鄰并慟孀姑守與鄰相繼而逝苦節繼志撫孤成立

羅介繁妻張氏年二十三夫故姑年八十餘二孤幼苦節奉姑撫二孤成立

廩生歐陽宗銓妻劉氏年二十八夫亡矢節撫孤侍舅姑疾晝夜不懈

監生周之岐繼妻王氏年十九生一子二十六孀居與老姑相依并撫元配遺孤恩逾所生

歐陽寶含妻劉氏年二十四夫没遺孤三堅貞撫之成立奉舅姑惟謹

劉嗣周妻鍾氏侍夫疾四載無間晝夜年二十七夫故念四子無依忍死恩勤今閱三十二年

劉紹瑄妻陸氏年十九夫亡遺腹生男盡孝養教子成名乾隆十年旌表建坊今年八十二

黃堯章妻陳氏年二十七矢志事繼姑撫諸孤成立

監生劉乃贍妻唐氏年二十四矢節奉翁姑撫孤成立

甯明讃妻蔣氏年二十八夫没撫三子成立侍繼姑病不懈

監生胡士佐妻唐氏年二十五夫亡舅姑老子幼矢志以盡事畜

王永禎妻劉氏年二十夫亡撫遺腹子生孫二而子夭媳全氏同貞共勤苦教育

唐思翼妻王氏年二十九夫亡無子矢節撫夫從子爲嗣翁丧明十餘年奉事不懈

周萬巍妻龍氏年二十四夫亡撫兩孤成立

廖舉唐妻羅氏年二十二而寡撫孤成立事九旬姑克孝

何秉誠妻譚氏年二十七僅一女矢節撫夫兄

子承祧事舅姑克謹

顔登貞妻張氏年二十一夫偕姑亡無子撫猶子中智承祧

謝朝相妻王氏年二十九夫亡事舅姑撫三子今年六十五

陳丞祐妻謝氏年二十六夫亡矢志事姑撫孤今年六十四

盛與讚妻常氏年二十五守節撫孤成名姑亡事舅克謹

賀乃犖妻陳氏年二十九夫没矢志甘淡餒勤

女紅事舅姑撫三子成立

王朝福妻歐陽氏年二十六夫亡家貧遺孤三矢節侍姑病廢寢食

蔣克一妻羅氏年二十一夫亡僅生一女慟姑寡叔五齡矢節事姑爲叔娶撫猶子承祧叔敬之若母

蕭淑如妻陳氏年二十七夫没矢節事翁姑撫孤成立

李朝麟妻劉氏年二十八夫故感姑余青年守節誓做冰操撫孤成立

鄭世雄妻胡氏年二十七夫卒姑老二子幼矢節教子成立

王端鎬妻何氏年二十九夫卒翁哭子喪明孤生纔五閱月氏敬養翁姑壽俱踰耋撫孤成立

羅孔燕妻陽氏年二十二夫亡矢節奉姑撫孤成立

劉文提妻■氏年二十八夫故孤甫週歲舅姑老矢節事育

左聖明妻張氏年二十七夫故氏撫孤娶媳全氏生孫而子夭又與媳撫二孫成立

李可相妻王氏年二十七夫亡門内死喪頻仍家素貧王矢節以織紝爲生計撫二子成立

羅守權妻陳氏年二十九夫故矢志教育諸子成立

王端意妻夏氏年二十八夫亡甘貧守節終事舅姑撫子成立

何芳傑妻王氏年二十五夫故矢志勤女紅順事老姑教成幼子

李繼華妻蔣氏夫出就外傅暴卒氏年二十二扶櫬歸葬苦守藐孤成立

楊名南妻王氏年二十五夫故遺腹閱五月生男矢節撫之成立

顏見飛妻吳氏年二十三守節奉孀姑撫幼子今三十三年

何惟楚妻劉氏年二十八夫亡無子撫猶子爲嗣生孫奉翁姑克孝

黃嗣漢妻蕭氏年二十七夫亡奉繼姑撫三子今年六十二

王天儲妻胡氏年二十九夫亡矢志奉舅姑教二子今年七十七

劉氏雙節奉璋妻陸氏男天掌妻謝氏奉璋亡陸年二十六撫兩孤事翁姑及祖翁姑未幾奉璋弟沒婦羅亦孀居兩世養生送死陸倡羅隨皆盡禮兩孤成立長子天掌娶謝生一男而夭次子娶媳生四男而夫婦相繼夭謝誓與姑同貞今陸壽七十六謝年近六十五孤咸立

賀士璇妻陳氏生子甫三月夫卒氏年二十一撫孤矢節今年七十一生孫三

周世淵妻鄒氏年二十九夫沒矢節奉姑鞠成二子

河一炯妻胡氏年二十二慟夫無嗣卒撫從子爲子家貧甚紡績夜分不休艱苦倍嘗

張世偉妻劉氏年二十九夫沒矢節撫孤

陸興繼妻李氏年二十三夫沒遺腹生子矢志撫育孝奉舅姑

李燕皇妻周氏夫沒一子方孩周年二十一矢節今年五十九

監生何宗儒妻歐陽氏年二十八夫故矢節今年五十八

楊繼武妻孟氏年十九夫故撫遺腹子成立

陳如鴻妻王氏年二十四夫故撫遺腹子成立

胡國望妻劉氏年二十三夫故奉翁姑撫三孤成立生一孫乃三子相繼沒一孫因貧遠貿不歸氏孤苦無告現年八十三

王復旦妻尹氏年二十九夫沒矢志順事舅姑葬祭如禮

甯德亨妻王氏幼適甯姑沒翁病兩載氏奉侍無閒年二十三生一子夫亡家貧矢志逾年夫弟亡猶子無母氏育之與己同皆爲娶婦已而生孫不數年子又亡孤又無母氏又育成孤孫

胡天鳳妻唐氏年二十四夫亡矢節撫孤并撫大弟之孤其後子媳並夭因而撫孫

謝廷崧妻劉氏年二十一夫亡無出甘貧守節奉事舅姑

唐國楨妻常氏年二十夫亡矢志撫孤翁姑恃以終老

唐祖憲妻王氏年二十四夫亡子幼勵志撫成姑沒翁存奉養克敬

鄧啟斐妻謝氏年二十九喪夫矢節甘貧勤操作撫孤成立

李順之妻陳氏年二十六而寡勤紡績以育二孤拮据以事翁姑生死

庠生劉與第妻嚴氏年二十九孀居家貧力勤奉翁教子太儐入泮

蔣一乾妻熊氏年二十二夫亡奉舅姑撫二子今年五十七

莫玉測妻蕭氏年二十生子甫九月夫亡矢節忍飢寒勤紡績以終事舅姑鞠養幼子成立

謝正霍妻陽氏年二十五夫亡矢志奉翁姑撫孤成立

李象賢妻黃氏年二十七喪夫矢志撫孤成立侍翁姑疾克謹

李惟則妻劉氏年二十七矢節撫三子奉舅姑今年五十八

陳永琪妻王氏年二十六夫亡矢志奉姑鞠子及子夭姑沒氏倍閱艱苦

陳尚堅妻王氏年二十四夫故奉舅姑育二子今年六十四

歐陽燦如妻王氏年二十六喪夫家徒壁立矢志勤鋤種紡織奉姑生死育成諸孤

曾允康妻王氏年十九夫故家極貧氏就義備歷艱辛撫成一子今年六十一

周世義妻歐陽氏年二十八夫亡遺孤生六閱月逾年復殤撫從子承祧貧孝養

張忠仁妻李氏年二十四無出夫病革剪髮付夫夫執髮而逝氏撫從承祧

左先爲妻歐陽氏年二十六矢節勤紡績事舅姑撫成二子

王宜先妻蕭氏年二十八苦節教育三子終事舅姑今年七十四

蔡淑文女貽貞十歲許字徐某因貧經年貿蜀而卒時貽貞年二十二聞耗泣誓父母曰婦以從一而終女以貞信爲貴有奪吾志寧死無二因望蔡門守貞父母見其志堅與其兄弟共成之貽貞以紡績自贍族黨稱之今年五十六

鄧祥明女大貞小貞大貞年將及笄念父母病一弟襁褓無人奉恤乃剪髮不字勤女紅終養弟大奇五歲殤時小貞年十八未字見二親止一姊慘切亦願輔大貞終養後祥明病痊貿遷湘潭年七十餘卒母年九十卒生事死葬皆二

貞力并爲弟大奇撫子承祧

劉氏雙節監生方鍾妻尹氏男監生文璧妻馬氏尹夫亡年二十六馬氏夫亡年二十姑婦同貞撫孤成立今尹年踰七十馬年踰五十

胡登泮妻陽氏年二十七夫故翁姑繼歿氏苦節撫幼孤成立

蔣時綵妻何氏年二十四夫故矢志事育今年六十九

蔣文耀妻謝氏年二十六夫故事孀姑育孤成立今年七十

蔣廷獻妻劉氏年二十六夫故家貧事舅姑撫幼子二皆成立

附貞壽

諸士鳳妻唐氏秉性安和持身靜穆壽登一百二歲

衡山縣

宋

趙淮妾長沙人逸其姓名宋德祐中淮兵敗元殺淮棄尸江濱妾俘一軍校帳中解衣中金遺其左右請埋淮尸軍校憐之使數兵輿至江上妾聚薪焚淮骨盛瓦缶中抱缶躍水而死

明

董惟嶽妻歐陽氏流寇夜焚其家惟嶽鬬死歐陽率子弟敵賊不勝奮身赴火死

劉女午貞同母弟鳳山佐令西川父母在堂定

省之事一委之午貞父母甚倚賴焉將爲之擇配午貞泣曰吾死不願也母氏沒志益堅迨父沒出女工所積作石冢葬之而自營壽藏於側且建庵以守墓作橋以利涉嘉靖乙丑攸縣劉欽薦改所建黃板橋爲貞義橋撰文以記之女得年九十六

陳氏女小字竉貞父斗字無嗣僅生女一人里黨聘之女以母死父年老無人侍左右遂自誓終養不字崇正末流賊横東南女遭寇擄毀容大罵奪刀欲刺之賊怒碎女尸於港子山

蔣志泰妻梁氏適蔣生一子甫七月志泰卒梁貧守節事姑盡禮天順初旌

吳紀繼母武氏年二十五爲孀婦斷髮矢志督課藐孤五十年完節仲子維領鄉薦季子紀成進士官浙江叅政王陽明先生爲作甘棠頌武氏累封太宜人

邑廩生康菩生妻鍾氏年二十四夫亡矢志柏舟自壯至耋始終如一邑令郭廉其節旌以扁額曰節壽雙隆年九十二卒

康時昇母戴氏年二十五守節教子時昇獲雋

爲惠來令迎母之官猶布衣蔬食年九十終

陳氏周文炳嫡母也無出側室生文炳夫早逝氏守貞不貳撫文炳如己子教之成諸生後遭亂離辛苦逃竄母子相依慈孝兩全

彭某聘妻康氏年十五許字彭未幾彭隨父母入蜀竟不歸氏父憐之欲他配氏不從蓬鬢守貞四十餘年卒

進士周廷叅繼妻易氏歸周時年方笄即任家政萬歷乙未廷叅成進士令海寧易猶椎髻素衣自若也及廷叅卒京邸易悲慟幾以身殉竟

絕粒食惟少啜菱芡橘藕之屬經二十年人咸異之易以夫乏嗣爲立夫之姪應名爲繼家政嚴肅穉子踰十歲即不令入內閫及萬歷壬子竟以哀毀歿

州同劉世爵妻向氏事舅姑至孝里中稱無間言年甫壯偕夫喪一慟幾絕欲以身殉姑泣諭之乃解親家政秩然有條尤善處變姑年老被盜執乃出頎畫救之不惟己自潛身害而又脫姑於難人服其智謀後姑歿哀毀骨立葬祭如禮性嚴毅家中男幼雖盛暑不衣冠不敢見閫

闈肅然二子德澤德濬一入國學一遊膠庠視母若嚴父焉

監生譚宗哲妻毛氏年二十四夫亡欲以身殉宗戚寬之使留殘息以撫二孤迨子成立仍以悲卒

羅某妻文氏名桂香生而端靜事父母孝母鍾愛不忍離年十七贅婿羅某未三月羅爲兵掠其父箠之曰死矣因有異志文覺之請俟三年自是坐重幌雖至親罕見其面既而父知其難奪乃爲置媵大治粧奩屬諸女弟從臾之且曰兒父母在可恃也脫不諱謂終身何文微笑對曰兒能自爲計不煩父母也乘間沐浴華飾更新衣投繯比覺則氣絕矣衣履俱密線疊縫無隙

曠聖福妻羅氏年二十夫亡氏絕粒數日死

姚舜祚妻曹氏獻賊兵至舜祚挈家避兵紫蓋峰忽傳賊至走會聖冲氏爲賊所獲逼不從連傷八刀死巡撫章曠聞其節遣姪率縣祭之

廖尚文妻周氏歸尚文生一子名仕逵闖賊寇衡周與姑蔣避山中賊掠其姑將殺之周出冒

白刃願以身代賊謂周隨營乃釋其姑周佯許之姑得脫周隨行至虎檻塘奮臂投水賊怒刃其手爲兩段時崇正癸未九月十六日也死七日姑哭之意必隨營去矣忽夜半仕逵夢周呼兒來塘中且往尋之果得尸顏色如生

陳爵妻單氏年二十七爵死遺子廷佩五歲有諷之改適者單泣唾之撫廷佩工儒業壽補衛經歷

本朝

王之位妻董氏之位早卒董鞠孤子灝成立娶

婦李氏初未舉子撫子於槎爲嗣灝没遺腹生子於楫而李氏没董爲於楫娶譚氏譚方三十子楫又夭董與譚共育曾孫祖姑孫媳相依爲命有司表其門曰貞操三代

譚女守貞父爾超以女許王姓未及于歸王郎夭殁時貞年十六歲父欲另爲擇配貞曰女子無再字之義守志終老是所願也以紡績度日年至五十氷操凛凛

黄登宸妻文氏年十七適登宸生一子登宸素貧幕遊西粤負痾疾歸家彌留之際囑文終喪

文剪髮投懷以死自誓家徒壁立不得已携其子歸母氏饘粥不給或雜園蔬食之紡織辛苦撫藐孤成立以節旌

庠生曠騰陞妻姚氏年十五適騰陞少能文而氣盛年十六食餼於庠嘗買舟抵武當時鄖襄寇盜充斥騰陞隻身嬰賊鋒卒斃於難姚嘗慮其凌厲懼不克善終委婉勸戒姚年二十騰陞没守節六十一年繼母氏迎歸未嘗一往歲時夫弟詣門但令僕婢傳聲而已嘗呼諸孫女孫婦講小學內則誡曰婦人夜行以火人避汝耶汝避人耳晚丁兵燹家落茹茶嚼蘗惟課兒孫力學子爲名諸生孫敏本選庶常吉士敎本成進士其貢成均列膠庠者不下二十人乾隆二十二年旌

庠生唐鼎勳妻劉氏年二十七夫故屢欲以身殉姑勸乃止課子欽列明經康熙五十二年旌

戴某名闕聘妻譚氏許字戴戴夭譚年方十四誓不再字事父與祖母及繼母盡孝友愛諸弟備至

王某名闕聘妻譚氏幼字王未嫁王夭譚年十六

紡織度日誓不再許字以貞終其身

按二譚亦近過情而完貞皎皎固自可欽

茹某名闕妻何氏夫早逝撫兩孤就學未幾舅亦逝何事姑極孝敬姑既耄何年亦六十姑病危何扶持頃刻不離左右乾隆元年旌

庠生曠敦行妻劉氏年二十四敦行没課二子皆成諸生

文爾篤妻顏氏年二十七夫亡守節孝事舅姑雍正四年旌

陳元龍妻王氏年二十七元龍卒子文焯方四

齡繼姑歐陽已七旬王苦志勤紡績養姑課子文焯成諸生又中年逝王撫其孫延師督課辛苦備嘗以節孝旌

庠生曠昭壁妻陳氏年二十五昭壁歿撫孤子慧躬紡績督課成諸生

劉自順妻張氏初歸自順無子姑常以嗣息爲念張力勸自順置妾慈惠備至後張竟舉子事姑孝敬至老不衰夫婦俱以孝旌

歐陽次元妻胡氏年二十九次元故遺二子一女氏奉姑婞和妯娌苦節訓子數十年如一日乾隆三年旌

監生周廣綬妻趙氏事兩繼姑極孝廣綬遘疾將死趙悲泣欲絕廣綬呻吟復作色曰有兩孤在姑復多方慰解乃截髮納棺中誓死守時年二十七兩孤黃口及長督課且杖且泣一夕夢廣綬與語甚悉起謂家人曰吾從夫地下矣沐浴更衣而逝

庠生曠暉妻蕭氏年二十八暉亡暉弟暄妻劉氏年二十七暄亡娣姒茹荼堅守課子成立暉孫深本領武解額成進士現任陝西峽口都閫

周廣維妻方氏年十七歸廣維生一女廣維病劇語方曰我死汝少家貧無依可改嫁但囑吾女長一歲一拜墓下耳氏泣引刀割臂自誓廣維歿哀毁僅骨立撫姪正詠爲嗣不啻己出

監生歐陽培裕妻李氏年二十四培裕亡遺子二女一李毁雉誓不二未幾子女相繼夭李爲合葬培裕之塋且營一穴以自待朝夕哭墓所不數月卒

王寧一妻黃氏年十七寧一歿僅遺一孤黃抉睛毁面誓死守寧一之兄涎其產欲使改適黃持刀拒之得全縣令表其廬

胡坤含妻何氏年二十五坤含卒姑老子幼家貧甚紡績給饔飧苦志二十三年卒縣令陳齊芳表其門

李琇妻曠氏琇少孤家貧終鮮兄弟琇卒曠年二十八矢節撫三孤成立曠幼明大義事父母純孝父歿母姚氏一子早卒就養於曠定省不懈翁病噎晨昏調護維謹翁歿姑老多病扶掖抑搔不少怠其姪女適文貧不能自存時勉力周之教子甚嚴勤紡績以資束脩家生婢女五

擇里家嫁之遣其僕盒貸其貲卒年七十三命喪葬不得用浮屠子光湘宗樾宋樾皆爲名諸生

單坤筵妻沈氏歸坤筵生子士桎未一歲坤筵歿沈年二十三志不欲生姑抱孤泣諭之令爲夫後計孝事翁姑三十餘年如一日翁在床褥三載湯藥必親嘗喪葬皆盡禮教士桎列明經雍正間旌

曠子敬妻楊氏年二十孀居撫弱姪承祀教之讀書無何繼嗣夭折楊哀動行路族人憐之爲立專祠以祀

劉映川妻顏氏父啟翼無嗣有貸者貸券存氏手悉焚之既適劉生一子映川歿氏年二十哭之慟死而復甦嘗自爲哀草以哭其夫有殉夫恐喪孤之句

曠一才妻康氏年十八一才歿無子康矢節撫姪爲嗣教之成立年八十卒

劉源遠妻曠氏年二十八夫故四子皆夭舅姑老家貧氏以紡織供甘旨服勤至死撫堂姪烝爲嗣

庠生秦祺生妻朱氏祺生少出爲叔後朱同心黽勉敬舅姑和妯娌家無間言年二十五祺生歿朱守義飲泣無何二子俱喪苦節五十年

庠生文潰妻周氏年十九潰歿遺孤僅一歲又殤氏慟不欲生姑慰之乃更撫姪爲嗣以苦節終

庠生廖宜家妻李氏年十四適廖姑在床褥氏朝夕左右衣不解帶姑歿宜家亦病撫摩床笫者九年宜家死撫遺孤自守事繼姑尤盡孝

庠生楊輝陛妻周氏年二十四夫故乳哺在懷辛苦備嘗事姑二十餘年姑老病奉湯藥維謹姑年九十終氏哀動鄰里

唐祔先妻譚氏年十二適祔先祔先病狂氏事之能順且敬祔先歿氏年二十四一孤甫三歲翁姑老能盡孝敬姑瘋捧抱不離者五載

傷尚文妻曠氏年二十一夫卒一子淑方在抱舅又歿繼姑病痿痺扶侍不怠教子有法不令染澆俗家近嶽廟不隨俗拜謁

易亮宇妻劉氏亮宇早卒劉矢節撫繼子承祀族有利其財產者逼使再醮劉携子鳴於官祀

得不殄

康曾祐妻王氏年二十四夫歿長子受思五歲次受志三歲氏以鍼線紡績爲生姑老病氏扶持起居數載不倦氏年垂八十猶勤女紅

劉再榔妻向氏年十八適劉未四載夫故撫子名德成立家有婢嫁之不取直有貧家欲拆其媳氏出資給之得完勤紡績六十餘年不倦

監生茹其亨妻顏氏夫艱於嗣顏出奩資助夫娶妾姚氏萬氏生二子年二十九夫故顏守志不渝

庠生丁士瞻妻向氏幼適士瞻士瞻歿氏持家政姑黃早喪事繼姑方盡孝姑病晝夜奉持不怠姑止一女早喪遺子尚稺氏撫育婚配之夫弟夫婦繼逝遺子世烈亦教養婚娶如己出及長家產皆簿還之人稱其賢

譚緒文妻樊氏緒文病篤謂樊曰我死汝少子尚幼將若之何樊引刀割髮自誓夫歿樊年二十七事姑盡孝辛苦教子成諸生

楊林生妻綦氏年二十三夫故子幼氏織紝勤苦事姑三十四年無缺禮嘗語子媳曰人之所以不死者惟此心耳年八十五不妄言笑

許文熙妻王氏年二十四夫故無子撫姪爲嗣事孀姑貧盡孝以節終

陳次知妻曹氏年十七于歸歲餘夫卒遺孤六月事七旬姑盡孝訓子有方子方壯又沒撫孫七人皆成立學使阮學浩表其門

金任彩妻詹氏邑學生詹岐女也年二十夫故遺子一歲又遺腹生一子舅老叔亦稺氏忍死守節事繼姑孝育二孤成立

趙應琇妻陳氏年十七適應琇應琇病劇泣謂

氏曰父母在堂弟幼汝其爲我善事之氏承夫志敬事舅姑撫族子逢運爲嗣教之成諸生又先氏卒孫幼氏集蓼茹荼四十餘年不懈

歐陽山妻謝氏山髫齡成諸生赴省試溺死氏聞慟絕復甦家徒四壁茹苦守節事姑克孝

趙拔先妻劉氏年二十三拔先病危囑以奉姑教子拔先死劉矢節撫孤事姑後二子俱未四十卒媳丁氏左氏咸奉劉訓守志以終

蕭衡所繼妻單氏年二十夫亡撫前妻二子成立紡績勤苦孝事老姑孫應桂領鄉薦

庠生曠士筠妻黄氏年二十六士筠逝氏欲以身殉母氏慰解之乃斷髮毁容泣血三載時翁年近八十氏殫心代夫供子職族里稱其孝教兩孤成立長彷本入成均次從本補弟子員

熊瑞珍妻康氏年二十四夫亡矢節三十餘年心血為枯

聶佑培之母趙氏早歲喪夫礪志苦守佑培趙夫弟子也事趙踰所生佑培又夭趙飲泣撫孫茹苦四十年

譚尚速妻唐氏年十九夫亡紡績自存五十九

年如一日縣令表其節

蕭式和妻曹氏年二十五夫亡遺兩孤薄田止數畝氏奉老姑養生喪死無缺辛勤訓子成立縣令葛亮臣表其門

蕭羽伯妻秦氏事舅姑盡孝侍姑病衣不解帶者年餘一日進羹仵地羽伯怒變色姑曰吾非若食不下咽何怒為氏念父母無依迎養終老囑子若孫春秋祭掃無缺

趙序皇妻文氏年二十六序黄故遺孤三歲家徒壁立値滇冦蹂躙文扶姑挈子避亂山中辛苦萬狀縣令葛亮臣表其門

胡正方妻陳氏年二十六歲夫故遺胎方七月忍死以待後生男入國學

饒開懋母劉氏年二十夫卒子開懋方四歲家徒壁立劉辛勤課子雍正癸卯開懋領鄉薦任直隷蠡縣知縣劉年八十餘卒

許明巾妻向氏年二十七夫歿無子撫姪承祧守節四十餘年

曠恒德妻劉氏年二十于歸生子聖麟甫三歲恒德赴部銓卒於京柩至氏蓬髮溺於池家人

救之姑以弱子泣諭乃含淚撫孤貞操懋著

陳玉軨妻董氏于歸後嘗截指激玉軨讀書玉軨早入學未幾卒氏厲冰操孝事兩世孀姑家政肅然知縣郭大定贈以女中丈夫額

劉衍唐妻王氏年二十八衍唐歿王撫棺長慟封髮毁容守節二十五年

文光國妻劉氏歸文纔五日姑龍亡劉哀毁盡禮時堂上惟祖姑存年已七十七光國歿孤兒尚在抱氏矢志堅守含辛茹蘗教其子景濂補弟子員

陳之機妻趙氏年二十八之機歿趙剪髮置懷中誓死守家徒壁立盡褫衣飾終喪葬撫遺孤成立苦節二十六年

曠士符妻黃氏父興禮歿無嗣黃年六歲哀號如成人及適士符事翁姑能得其歡心士符卒黃年二十八與妾姚氏共守遺孤五姚出者二黃撫之不啻己出延師督教俾皆成諸生士符先翁歿黃襄殯葬無遺禮有楊姓者欲嫁其妻黃出金全之

戴祁妻向氏年二十五祁歿遺孤三向矢志守

節事姑孝喪葬不遺禮課子有法度知縣德貴表之以額

喻良臣妻何氏年二十九夫卒矢志守節諸叔廢棄田產略盡氏以女紅供翁姑甘旨務得其歡良臣之四弟已析居矣病歿無以爲葬氏猶出手織布疋及衾帳等物易棺葬之教三子俱成立守節五十三年乾隆十四年旌

彭某闕名聘妻康氏年十五字彭彭隨父入蜀遂不返父母欲改嫁之康蓬髮毀容以節自矢事父母極孝

曹學山妻李氏年十五適學山學山病其爲田家女頗弗見禮李執婦道益恭且善事孀居得其懽心學山爲之感動情好日篤生一子夭學山復死李年二十撫姪徵岐爲夫後其母及兄弟憐其少無子諷改嫁李拒之未幾迎李歸省諷之如前李益怒罵既寢投繯墮於樓覺而救之得不死折其左足自是無敢言者初夫兄學愚生二子長徵彥次即徵岐學愚夫婦早逝李並徵彥撫教之徵彥不知其非母也及徵彥成諸生李乃令還承父祧其有造於曹如此乾隆

二十三年題旌

曠嵩本妻陶氏年二十四嵩本歿遺孤聖淑甫三歲陶痛哭嘔血祖姑胡泣慰之遂矢守而胡又以哭長孫喪明陶竭力扶侍爲茹齋祈禱胡目竟復初陶念嵩本齎志課子益嚴聖淑食餼於邑孫世賢亦成諸生壬申歲饑陶出穀五十石賚族里之乏者乾隆二十二年旌

吳岐妻曹氏年十九岐亡長子方一歲次尚在遺腹曹欲以身殉舅姑抱孤子泣諭乃止敬事舅姑生養殁葬無遺禮教育兩孤篝燈督課益

命其甥楊楣楊榮同就學膏火皆代籌之次子
正錦食餼於庠兩甥亦相繼貢鄉薦
唐欽詢妻周氏年二十四夫亡遺二子一女矢
節甘貧敬事舅姑教育孤子成立
文會其妻許氏年十九于歸躬操作佐夫讀書
甫一歲而夫亡遺腹生一子忍死撫之舅歪老
氏事之維謹
劉家林妻谷氏年二十夫亡矢志撫孤敬奉舅
姑勤儉持家數十年如一日
邊子眉妻萬氏年二十五夫亡遺孤甫一歲氏

侍奉舅姑教子讀書年八十餘
監生唐欽亘妻周氏年二十二夫亡矢志守節
上奉舅姑下育兩孤
曠庭本妻趙氏年十八守節奉旌
趙應理妻楊氏年二十七夫亡氏奉舅姑和妯
娌教育二子以節終
劉國榜妻陳氏年二十二夫亡氏念上有舅姑
藐孤待哺忍死守節三十餘年
周運鴻祖母張氏年十八夫亡遺子半歲氏辛
勤撫育至於成立

羅茂孫妻丁氏年二十一夫亡遺孤二長三歲
次尚未一歲氏克承夫志事舅姑以孝教子有
方二子皆成立冰操三十餘年
歐陽開煦妻易氏幼嫻女訓歸歐陽以節著
王宗山妻袁氏年二十夫亡守節三十餘年
唐敬勳妻陽氏年二十二夫亡遺腹生一子教
之成立
顏登甲妻文氏年二十三守節事姑孝家無間
言
許希陶妻唐氏年二十夫亡撫孤奉舅姑貞操

二十八年
熊瑞生妻向氏及笄歸熊熊故貧氏勤女工以
贍事老姑以孝稱
文瑜妻王氏年二十餘矢節撫孤成立事舅姑
克孝
周亦文妻楊氏年二十四夫亡氏守節三十餘
載
丁永峰妻歐陽氏年二十四夫亡守節
文具妻楊氏年二十九守節
劉其有妻譚氏

蕭五常妻姚氏

朱六桐妻李氏

按以上三人皆舊縣志所無而通志亦但列其名今姑照通志附載

雷春浩妻顏氏年二十六夫亡無子撫夫弟次子爲嗣事姑孝家貧竭力孝養甲辰火災姑病在床火逼寢戶氏冒火負姑出髮膚俱灼爛鄰里稱之

文忠海妻黃氏年二十九夫亡遺子三氏飲泣撫孤皆成諸生氏不逮事姑事祖姑甚得其懽心初氏父無嗣欲以遺田予氏氏不受爲父撫

子承祀以田給之

曠推本妻羅氏年二十二歸曠盡婦道痛不逮事翁姑每翁姑生忌辰致祭惟謹夫少孤賴夫兄教養氏事夫兄姒婦如舅姑夫歿欲身殉念遺孤四歲無依勉進粥育子辛勤擇嚴師不少姑息子或讀書達旦躬紡績以待性樂施捐穀入祠倉社倉以賙族里苦節二十三年今年五十

顏世掌妻廖氏年十八歸顏事舅姑甚謹相夫盡婦道夫以苦讀致疾氏禱以身代夫臨危氏嚙指血染夫手爲誓夫歿氏年二十四有欲奪其志者氏斷髮毀粧撫子道一教之成立守節三十三年今年五十六

曠士篤妻郭氏事舅姑孝年二十八夫歿代夫盡子職課子嚴丙夜篝燈不少姑息子四膺歲薦者一列成均者三性樂施輿有許佃逋租六十石謀嫁媳以償氏立蠲之又有劉佃逋租三十石負債重至欲自盡氏蠲其租再給銀二十兩代償其負蓋氏節堅而其德亦可欽云

周正寧妻蕭氏年二十七夫亡守節氏事夫甚敬夫喜客座上常滿氏供餚饌達旦不倦舅姑早逝氏慽不逮事祭祀必誠敬教子有方二子皆遊成均待諸姪如己出延師教之姪世玉登賢書皆氏教之力也

曠廣本妻周氏年二十六夫亡孝事翁姑翁姑歿葬祭皆如禮夫弟五人同居共爨庭無閒言性慈惠有鄰婦羅氏寡難自給氏歲給穀五十石羅母子賴以全活乾隆二十年置棉衣百五十件給孤貧

趙又虞妻鄧氏年二十七歲夫亡今年七十二氏幼孝於父母歸趙事翁姑孝敬尤篤姑疾氏調藥和糜目不交睫者彌月夫病衣不解帶夫死勺漿不入口者累日承夫志刻意教子子皆成立

易鵬萬妻趙氏年二十一夫亡今年五十四歲幼曉大義父母鍾愛之歸易事夫甚敬夫多病好苦讀氏紡績以佐前姑早逝事後姑惟謹歲掃夫塋每見孤雁哀鳴里中以爲孝感

賔文紹妻涂氏年二十四夫亡守節四十九年

氏翁止生文紹一人家貧窘翁精醫活人無算賔客過從無虛日氏辦膳必腆必潔撫遺孤艱苦備嘗俾克成立

饒開柳妻陳氏性柔嘉克全婦道翁姑重之翁嘗遠客夫赴湖北鄉試姑病在床氏侍湯藥衣不解帶者月餘氏於家爲冢婦躬親操作供膏火以助讀俾夫得率諸弟壹志於學夫弟開懋登賢書亦氏有以成之也夫歿氏年二十六遺孤甫一歲氏絶粒者數日飲泣撫孤兒茹荼嚼蘗數十年如一日

饒天煥妻文氏開柳媳也天煥自幼以孝稱氏體夫志事孀姑委曲承懽里中有雙孝之目夫素多疾苦無藥資氏盡出嫁時衣裳以償夫歿年二十九歷今五十未嘗見齒教子特嚴子亦克成立

陳湘妻龍氏年十七歸湘湘嗜學年少入學讀書家塾氏奉供俱極精潔善事翁姑翁姑抱孫念切氏勸夫置妾妾生女子四氏爲擇配遣嫁不啻己出蓋人所難能者湘歿氏年二十七孤甫八歲翁姑年老氏忍死矢節今已二十三年

趙盛濬妻文氏事翁姑不違翁姑意姑病侍湯藥不離床側姑歿隨夫廬於墓側鄰有欲嫁媳養翁姑者氏給銀俾得全枕

李浩妻蕭氏年二十一夫歿四月方生一子有因其少寡子幼勸令改嫁者氏斷指自誓死而復甦教子成立事翁姑更以孝聞

貢生曠鳴陞繼妻蕭氏年二十夫亡氏斷髮毁容緇衣素食誓死靡他

庠生曠暄妻劉氏夫應試歿郡城氏聞音投水家人奔救良久乃甦守節三十八年課子成諸

生持身嚴肅非童婢不得一見

趙一鷺妻張氏年二十四夫亡忍死撫孤支持門戶値軍興旁午徭役煩劇從容應之不少挫流離播遷百苦備嘗教其子蘧成諸生孫亦登黌序者四人壽七十二終

曠士頲妻唐氏年二十二夫亡子甫二歲事姑克孝撫子成立

單諮予之母譚氏年三十寡居撫孤子成名教養兼盡節久彌堅年八十卒

唐清妻李氏夫早逝氏守節數十年艱貞不渝

撫幼子三俱成名氏有姪李爾常少孤氏育之如己子亦克成立兩姓宗祧一緯娶全之

唐首勳妻張氏年二十九而寡哀毁幾絶家窶貧而奉姑不儉於甘旨課子欽憲成諸生孀居二十六年茹荼蘖歷久不改其素

張其蘭妻陳氏年二十夫亡氏秉節堅貞撫子嗣祀

晏茂生妻吳氏年二十九夫亡矢志靡他撫孤成立教以詩書壽逾八旬宗族咸式母儀焉

庠生譚尚簡妻歐陽氏夫早卒遺一子幼沖氏義不再醮撫孤成立舅姑皤然在堂孝事惟謹得其歡心

胡一椿妻易氏年二十八夫亡子甫三歲家貧甚氏矢志苦守紡績度日既而其孤子十歲夭亡氏絶粒七日求死不得號泣夫墓者三載念宗祀無承撫姪爲子每値姑暨夫忌辰滯泣哽咽數十年如一日

羅侶蘇妻劉氏夫早逝撫姪爲子矢志守節茹荼飲蘖終身不改

秦冲墟妻胡氏年二十而寡貧無立錐以節自

誓紡績自給焚膏課子既而其子屢試不遇後矢志教孫後諸孫咸補邑弟子員年九十五卒

監生顏啟稜妻曹氏年二十夫亡守節撫孤教養兼盡

李吉人妻王氏年二十夫亡無子僅生二女尚在懷抱矢志守節姑年老氏孝養弗懈

顏登瀛妻歐陽氏年二十夫亡孝事孀姑克盡其道延師課子迄於成立

庠生饒開榜曾祖母李氏年二十六夫故生子一諦文逵歷鼎革處變如常撫其藐孤成立治

生訓課有條壽八十五終

楊廷秉妻朱氏年二十四夫亡孝事舅姑教子成立端莊靜正閭里咸取法焉

趙日章妻鄧氏妾徐氏鄧于歸七載未有子勸夫娶妾徐氏生子安魁未幾夫故鄧年二十四徐年二十撫孤成立事翁姑更克盡孝養

胡之桂妻王氏年二十四夫亡柏舟自矢甘守清貧上事翁姑下撫孤子無不克盡其道

羅在天妻陳氏年二十六夫亡事翁姑而孝撫藐孤以慈矢志冰霜至老彌篤

陳澤華妻周氏年二十九夫亡孝事翁姑慈育兒女冰操自矢尤能力行善事

楊廷耀妻朱氏年十七廷耀以五日競渡溺死氏母兄納賂強氏改適氏大慟密自檢飾走江濱躍水死

庠生康國妻賓氏早寡崇正間衡湘寇作舉家被執賓紿賊曰舍我父與爺願奉百年賊釋之賓至椰樹塘遽躍水死

譚女閏貞許戴未嫁而戴夭女年十四矢不再字以紡織自贍

周正論妻趙氏歸周二年生一子甫半歲而夭夫因哭子致病氏祝湯藥衣不解帶者數月每焚香禱以身代夫殁一痛幾絕越數日縊死

秦子爵妻毛氏十四于歸夫亡年二十六遺子鳴皐氏以夫三世單傳矢志撫孤現年八十八歲無遺議

熊一潮母唐氏廿一夫亡堅持冰操育子成立

蕭孔坤女名冬貞幼勤操作母亡一弟甫三歲女矢志不嫁以撫其弟全貞至老

趙氏趙嗣渭姑母也守貞不字至老不出閨閫

康國麒妻吳氏廿一夫故苦節撫孤現年六十有五

生員康如泌妻陳氏三十八歲夫亡矢志撫孤克臻成立樂施好善里黨莫不頌其德焉

附孝婦

賓叔南妻伍氏事翁姑克勤奉養姑病三載衣不解帶歷寒暑晝夜寢食如一日里人咸稱其孝

附壽婦

詹近嶽妻曠氏壽一百三歲孫曾詹巖詹岐詹作盛等皆諸生有才名

耒陽縣

明

鄭重繼妻詹氏元配張生子維嶽重除浙江金華府同知遂娶山東詹氏年甫二十同之任維嶽未得見詹也弘治己酉維嶽魁於鄉庚戌會試卒於京邸訃至金華重一慟而絶遺俸三金詹拮据治喪扶櫬歸耒陽復遣人至京挈維嶽柩歸次第塟之維嶽娶賀氏生二子詹與媳賀撫養不給惟紡績是資及二子成立業復振

明經李芝桂妻曹氏年十九夫亡無子翁姑令改適氏泣下願奉晨夕翁姑歿終喪如禮孀居五十年

庠生李坤妻胡氏年十七夫亡矢志守節家貧勤女工以奉舅姑嘗以夫所遺行縢勒之膺曰有言及他適者吾以此縊會語婢曰吾死無去此畱此以見吾夫及晚年足猶不越戶限

李邇室妻劉氏年十八生子半月夫死僅田一畝撫孤成立子耕氏織相依七十而終

監生鄭國用妻李氏國用早卒李盡以貲產僮僕分給家族惟自畱一婢炊汲苦節終身

李子定妻王氏幼字子定未嫁而子定染瘋疾年及笄舅姑父母皆欲爲另字王泣曰吾命也不可以貳將強之王遂斷髮持齋以絶之依父母二十餘載年幾四十仍歸夫家以遂初志竭力事夫勤紡績以自贍

曹大禎妻龍氏性簡默端方事姑孝姑老得瘋疾每日扶持床褥奉甘旨十餘年未嘗有失

吳朝珮妻李氏事舅姑盡孝夜夢神告以某時汝家將火明日火至衆爭救財物氏獨抱祖先神主出庭而泣及燼餘辨什物則衆所救者半氏物也人以爲孝感

舉人蔣闇妻鄭氏永樂間闇任訓導卒於嶺南鄭扶櫬歸塟畢入室自縊死

楊氏年少夫死撫子守節父欲奪其志與翁商之楊知之遂自盡

按此楊氏通志未載邑志亦未注其夫係何姓名楊係何年守節姑存之

庠生胡鍾靈妻馬氏年二十六夫亡遺腹子紹寅氏矢節撫孤食貧茹苦年至八十六

李經制妻胡氏年二十七夫亡遺孤六歲矢志

不二孀居三十餘年孤恒飢於庠

庠生謝嗣元繼妻熊氏年二十夫亡守節數十年如一日

庠生梁克近繼妻鄭氏年二十夫亡守節視前妻之子如己出

庠生謝嗣哲妻曹氏崇正末亂兵抄擄嗣哲奔逃曹義不受汚墜樓而死

本朝

蔣元方妻姚氏年二十夫亡無子族人令改適氏誓死靡他見兄弟不踰閾宵不下堂撫幼姪

承祀

庠生資若霖妻谷氏年二十二夫亡誓以身殉族人強慰之谷紉績自贍撫兩孤葦藻皆弟子員苦節四十餘年

庠生李惟一妻周氏適李數年無出盡捐簪珥爲夫置側室生子逾年甫八歲惟一歿周撫之若己出訓之成諸生孀居三十餘年

伍畸美妾徐氏生子騰蛟而畸美歿徐年二十績紉課讀騰蛟膺薦辟苦節垂五十年

庠生劉之龍妻楊氏年二十九之龍歿二子尚在襁褓楊泣撫二孤家徒壁立至不能舉火紉績以作家計二子皆爲諸生

賀訪金妻陳氏年二十八夫歿撫孤孀居父母欲奪其志乃毀形斷髪誓以死終

譚文昌妻胡氏文昌幼孤力學年二十二歿遺一子世儁時胡年二十一族利其産欲嫁之見胡志堅遂思毒其兒胡覺之抱孤而泣曰譚氏兩世惟此而已我寧死不嫁且保此孤決不輕死凡世儁飲食出入防檢甚密卒撫之成人

謝自生妻鄭氏年二十夫歿遺孤道至甫三歲

鄭矢志靡他家貧甚惟紡績延師課子成諸生未幾道至歿復撫孫艮佐亦諸生

楊位墇妻曹氏年二十八夫亡水漿不入口者數日幾死家人慰之乃以紡績自給延師課三孤長承銓爲諸生

劉之甲妻倪氏年二十之甲病危倪泣拜曰妾有娠幸而生男當爲君守若女卽相從地下矣已生男撫之成立孀居五十年

庠生張夢羆妻曹氏年二十羆死遺子和龐甫三月曹堅守撫養成立教之入學通志羆作熊

伍慶雲妻劉氏年三十夫歿長子文耀甫十歲次文光甫三歲劉矢志辛苦教子及孫皆爲諸生

監生陳佳琪妻劉氏年二十六夫歿劉矢志撫孤有鄰人黄子輝者因饑饉售妻償逋哭經劉門劉詢知其情遂取己所蓄二十八金爲償之吳夫婦相保如初人稱女中節義云通志輝作耀

李時遹妻龍氏年二十二夫亡舅姑憐其年少無子勸改適龍泣曰我爲夫守豈爲子守耶誓不嫁茹齋終身

黄文芬妻成氏年二十餘夫死遺孤俱幼家貧成紡績度日嚴教諸孤稍不率即於夫靈前慟哭諸孤感泣成立

庠生徐天麟妻張氏天麟爲人誣遣戍荒城且死張年二十五痛夫罹寃滂泣幾喪明孤必達僅二歲矢節撫之得入學

庠生伍大倫妻李氏年二十二適諸生大倫閱三載大倫亡遺子啟廸甫匝月氏含淚撫孤教之成名事舅姑盡孝姑老因病持齋氏請代之姑歿喪葬盡禮邑有大陂橋圯氏捐貲助修貞操凛凛四十五年如一日乾隆三年奉題旌表

資一昇妻黄氏年二十夫亡遺孤僅一歲黄矢守撫孤成立長孫原梅入學年八十四

王絹妻鄧氏年二十七夫歿遺孤長撫七歲次三歲時值吳逆盤踞鄧携孤奔竄撫兩孤皆成立

謝汝龐妻周氏年二十六夫亡矢節撫孤

曹尚金妻周氏明末獻賊猖獗尚金有勇略領遊擊銜力戰死氏年二十九含悲撫兩孤成立孀居四十餘年

龍大濟妻吳氏年二十五夫亡家無寸土族人勸改嫁吳截髮毀容誓死守勤紡績撫教三孤成立

庠生吳朝瑶妻匡氏年二十二夫亡遺腹生子正勿門閭蕭然氏矢守教子成復夭撫兩孤孫苦節三十三年

庠生謝賜璵妻梁氏遺孤宗善撫之成立

按梁氏通志未載邑志亦未注何年守節姑存之

蔣志遠妻雷氏年二十四夫亡遺子連方甫一

歲氏矢志守節撫孤成立連方歿又教孫成名
性慈惠里有段則秀因饑餓欲嫁其妻氏命孫
禮佳給銀六兩段夫婦得全宅旁有溪氏捐金
修橋以濟行者守節六十一年乾隆二十三年
奉　題旌表

鄭大英女名啟秀順治九年女年二十未字值
兵入境爲所獲至李樂山塘厲聲駡曰予室女
也豈爲汝辱遂跳入塘中死時遊兵七日方出
境父母歸夜夢女蓬頭跣足哭訴曰女爲兵所
獲義不受辱赴水死尸在某塘中爲神所守父
母跡其處尸忽浮出顏色如生邑令李文煒表
其墓

庠生劉之紀妻王氏順治戊子王年二十餘值
兵變被執厲駡不出兵殺之裂其屍

謝士珍妻劉氏士珍死於虎氏投繯死

曹毅生妻楊氏年二十三夫亡楊晝夜哭不輟
聲久之淚皆血遂死有司獎䘏之

傅文煒妻楊氏年二十夫亡舅姑欲奪其志氏
剪髮毀容已而投繯死

周友善妻譚氏早寡家貧守節養姑其兄逼令
改適氏斷髮毀容嘔血數月而卒

李必英妻張氏年二十夫卒自經死

夏文盛妻曹氏年二十夫病篤語之曰我死汝
若何曹誓與同死夫歿曹縊臥榻側

庠生吳正策妻李氏年二十夫卒父母令改適
氏絕粒死

廖應亨母賀氏事舅姑孝夫從王遺孤權甫十
三歲當兵燹之際氏力爲保護訓子成諸生

周美緑妻朱氏明荆州遼藩女美緑授副將值
變氏從夫歸耒陽勤紡績以濟貧苦族里稱其
賢

謝恪藺妻楊氏康熙十七年吳逆亂邑人皆走
匿姑徐病篤呼楊曰有吾子在足矣汝少婦宜
避楊曰姑老疾危忍乎萬一兵至願以死繼卒
免於難

李國材妻鄒氏事姑極孝姑歿哀慟二晝夜而
卒

李輌發妻蔣氏年二十九夫亡事姑克孝得享
遐齡教子有方早年入泮

鍾應星妻李氏年二十夫亡克明大義厥志弗

渝孝事翁姑至老彌篤熊丸課子黌序蜚聲

太學生曾嗣榮妻黃氏年二十四夫亡舅姑年邁遺孤甫及三月氏矢志堅貞孝慈備至

庠生資茂兆妻伍氏年二十一夫亡家貧守志孝事舅姑甫二歲之遺孤而教以義方更樂行善事

熊有瑚妻陸氏年二十七夫亡教育兩孤長子已列成均次子亦克成立其事舅姑尤以孝聞

伍義宰妻蔣氏年二十四夫亡矢志冰霜事翁姑克盡孝養兼嚴於訓誨子孫相繼入泮

劉天清妻陳氏年二十三夫亡上事翁姑下撫弱子無不克盡其道兼賦性仁慈橋梁道路之傾圮者多籍補葺

文永操妻陳氏年十九夫亡産遺腹子永名教育備至已列成均事孀居三十餘年克盡孝敬

資原田妻伍氏年二十夫亡産遺腹子鞠育多方克延三世單傳之緒更能孝事翁姑生殁盡禮

太學生梁盛楚妻陳氏年二十三夫亡有勸令其再醮者氏咬指以誓至老齒痕猶存孀姑多病奉湯藥十有餘年未嘗稍懈撫孤維慈而課讀不少姑息子坤遊泮

黃惠珍妻伍氏年二十七夫亡矢志冰霜勤紡織以養翁姑撫孤成立家訓極嚴

熊上衡妻張氏年二十三夫亡破面剪髮誓不易志孝事翁姑撫孤成立

資楷士妻謝氏年二十夫亡青年矢志皓首完貞事翁姑克全孝道延師課讀儼如嚴父子孫相繼遊泮

朱汝進妻聶氏年二十七夫亡矢志守節言笑

永闋貞操六十四年

彭大伯妻謝氏年十九夫亡事奉翁姑撫遺腹子成立

庠生周聯揖妻陳氏年二十四夫亡氏截髮觸堿誓以死狥耐守冰霜始終不渝事姑尤孝敬惹禮勤紡績治家整嚴教子義方人以爲有侃母風子二長發鰲次夢虎名列庠序

文永仕妻周氏于歸八載夫亡繼姑在堂男甫四齡仰事俯育備極艱辛孤子際泰得入黌宮氏教居多云

常寧縣

明

彭萬理妻陳氏年二十夫亡矢志守節孝養舅姑四十餘年飲冰茹蘗如一日

庠生謝恩賜妻胡氏年二十七夫亡無子守節奉姑終始無二知縣陳勳申請趨撫郭表其門曰節孝雙全

庠生聶文明妻廖氏年二十七夫歿矢志守節同姑寢處嘗有孤燕巢其室經年不去人以爲異院司道府給扁表之

劉愿妻鍾氏年二十一適劉生子尚志未一週而愿逝鍾守節養姑孀居五十六年萬歷間建坊旌表

羅文繡妻聶氏父庭訓嘗授以內則女誡諸篇氏歸羅能宜其室家萬歷中文繡挈聶舟經月浦失足溺於水聶挽之不及亦投水中舟人亟舉篙援之氏不顧而沈越七日兩尸並浮有司表之

庠生李在公妻鄧氏早歲夫亡姑亦孀居鄧無出妾生一子撫之若己出誓不再醮崇正間寇攻城鄧爲賊所掠欲汙之鄧跳水中死

崔憲妻陳氏年十六適崔生一子甫七歲夫亡陳矢節勤紡績事姑以孝教子讀書成立

本朝

彭自興妻張氏年十六適自興方娠而夫歿遺腹生子張冰心鞠養家貧績紉以事舅姑舅姑卒黽勉治喪撫孤成立知縣張問明表其節

李開美妻周氏年十九歸李生一子甫七歲而夫逝氏堅志守節事姑以孝聞康熙二十三年題旌

庠生李祚臣妻詹氏年二十八守節撫孤孝養舅姑康熙三十六年旌表

庠生段昌紀妻鄒氏年二十四夫亡矢節事姑備極孝養遺孤岐生甫三歲氏紡績課讀俾克成立公舉優行康熙辛丑族遭回祿氏默禱反風滅火雍正二年旌表

胡威妻尹氏年二十七威歿遺孤一歲矢節撫育無何子亡以幼姪爲嗣乾隆二年旌表

賜開壁妻張氏適賜九載夫故事舅姑色養無違値滇寇蹂躪忍苦守死乾隆二年旌表

廖成能妻鄔氏年少夫亡矢志靡他乾隆二年旌表

唐有亮妻吳氏年二十六守節事姑飲食必豐姑病親嘗湯藥未敢一息離教子成名乾隆二年旌表

庠生唐有相妻詹氏年二十二夫歿守節家貧勤紡績奉二親方夫柩在堂鄰火延及氏仰天號泣誓與同燼忽風雨驟至火滅乾隆二年旌表

庠生劉翘勝妻滕氏年二十一夫亡矢志守節

有憐其少而無子者微諷之氏以刀截髮自誓乾隆二年旌表

段昌作妻彭氏年十九夫故守節父母憐其無子欲奪其志氏以刀自誓乾隆二年旌表

段昌嵩妻尹氏年二十四夫病劇以母老託之夫歿無子氏孝養不衰撫姪承祀乾隆三年旌表

段垢生妻周氏垢生歿氏年二十二生男甫三月鞠育辛勤又撫姪以廣繼嗣家貧紡績不怠事姑先意承志色養無違乾隆二年旌表

段闢生繼妻曾氏年二十三適闢生六載夫歿生二子長二歲次未一月矢節養老姑撫孤成立乾隆二年旌表

劉安國妻王氏年二十五夫歿矢志守節姑老目瞽氏抱姑餂之目復明乾隆二年旌表

劉琰妻陳氏年十九夫歿家貧甚採薇以給矢節不移乾隆二年旌表

廖際旦妻李氏年二十六守節教子成名乾隆二年旌表

劉嗣向妻蕭氏年二十五夫歿姑已老撫二幼

子日夕號泣慈孝兼至乾隆二年旌表

崔良鵬妻唐氏年二十二夫故守節乾隆二年旌表

譚朝進妻范氏年二十一夫亡守節乾隆二年旌表

霍某闕名妻陳氏將嫁而霍夭陳矢志守貞有司以額旌之更爲置養十五畝免其徭

滕繼誦妻胡氏年二十六夫亡無子矢志不二

孝事衰姑乾隆九年旌表

劉登瑛妻詹氏年十九夫亡無子孝養衰姑撫育繼嗣乾隆十五年旌表

詹顯經妻李氏年二十四夫亡無子爲夫立祀教子成立事姑以孝聞乾隆二十四年旌表

庠生陳先選妻袁氏年二十七夫亡孝事舅姑教子成立歷盡艱辛堅貞克著

庠生吳鴻名母劉氏順治中遊兵掠境劉倉卒出走被執賊欲汚之劉抗拒被殺

吳鴻名妻王氏與姑劉俱被賊執王口嚙兵手

被殺

賀逢皞妻陳氏夫病篤自經以殉

賀正瑛妻劉氏夫卒自縊死

庠生張道淮妻段氏年十八夫亡矢志守節撫姪承祀上事孀孤備極孝養生平好行善事於下杷濠捐費千金修造石橋

安仁縣

明

陳鴻妻蔡氏年二十二夫卒無子厲志自守凡四十餘年

劉宏凱妻陳氏年二十適劉越六年劉死無子翁姑欲再嫁之以死自誓居深閨言笑不聞撫從子青圭爲嗣以完節終

周孟安妻樊氏年二十七而寡斷指刺血自誓事舅姑擇師教子年九十一終萬歷中旌表

歐陽皞繼妻黃氏夫亡苦節撫孤

蔡儒士妻陳氏歸蔡甫七月截髮守志

李忠廉妻歐陽氏早寡無嗣矢志不二事姑以孝聞詔旌之

羅祖慶妻譚氏名鳳秀適祖慶早寡撫二孤厲節

按通志云舊通志有兩羅祖慶兩節婦譚氏但不同縣

陳思桂妻李氏既笄歸思桂生二女思桂卒無嗣夫弟爵亦早卒爵妻單氏孀居李與單俱守節以終

李春葵妾段氏年十七歸春葵生女甫數月春葵死段矢志事姑甚謹差有餘貲建石橋二年七十卒

侯義旋妻譚氏旋父爵知廣東感恩縣譚與夫皆隨任苗賊胡南蛇叛旋代父征之殞於陣無子時氏年二十一矢死不二然之有顯者求婚譚截髮誓志瓊州太守聞而義之贈以詩

肖大勳妻陳氏適太勳未有子納妾李氏未幾大勳卒陳年二十五李年二十同志矢節僮僕壯者盡遣之獨留老幼二婢司炊爨塲罕有見者皆年踰六十終

庠生陳嘉樂妻賀氏年二十夫亡誓守清貧

劉強讓妻陳氏

李春榮妻段氏

張正儀妻歐陽氏

福銘妻李氏圓娘

劉淵深妻王氏

陳思詩妻劉氏明正德中徭賊攻縣被執將汚之劉引首就刃曰吾寧死不辱也賊怒置薪兩袖中火發膚裂越七日死

本朝

何天躍女名新秀家無兄弟誓不適人孝養終身及親歿喪祭盡禮康熙五十七年旌

庠生歐陽坤妻張氏年十八坤歿遺腹生一子張矢志鞠育及長補弟子員張孀居四十餘年

庠生謝崇儒妻李氏崇儒早世遺二稚子李矢志守節家貧以紡績自給教子成立長學詩次學易皆餼於庠學易以鄉貢任沅州教諭

周彛妻黃氏彛早卒無子以夫姪廷相爲子教之成諸生

侯一德妻呂氏年二十九守節康熙五十九年旌

侯嶷恭妻蔡氏年二十八守節康熙六十年旌

謝義立妻侯氏年二十五夫亡守節康熙五十年旌

侯麒鳴妻蔡氏生子五夫死守節教之皆成諸生冰操四十餘年

李日顯妾盛氏日顯歿盛年方艾無出撫嫡室遺孤婚娶教訓成諸生

劉世祥妻陳氏年二十一守節

陳貴卿妻李氏

其尚綱妻劉氏夫歿子甫半歲矢志守節奉侍翁姑葬祭盡禮教子成立以節孝旌

張祖琳妻盧氏年二十六夫故孀姑年逾五十稚子歲未及週氏守節養姑教子宗洛成諸生以節孝旌

鄒逢生聘妻蕭氏幼字逢生未于歸翁姑與夫繼亡氏聞致喪三年誓不再字守志六十八年奉旌

陳邦讓之女名大姑九歲母喪矢志不字守貞五十二載勤勞紡績饑寒無怨奉旌

歐陽瓊妻張氏年二十六夫亡氏幼受姆訓夫歿毀容絕粒翁姑慰之乃斷髮繫夫首以誓敬事翁姑姑疾禱以身代教子成諸生食餼

李任賢妻唐氏年二十二夫亡孝養孀姑教子成立守節三十四載奉旌

譚世君妻周氏年二十三夫歿茹苦守志

周仁淑妻陳氏年二十五夫亡志節堅貞撫孤成立幷好行善事捐修橋路施給茶漿

張蘭妻蕭氏事姑孝姑亦愛之姑卒自經死

侯忠唐妻劉氏年三十四夫亡遺孤旋殤氏遂自刎身死奉　撫憲陳旌以節烈可嘉匾額

侯執言妻張氏年二十六歲夫亡上奉翁姑以孝養著和丸課子元忠大成俱游泮水兼周恤隣里之窮乏者恒無倦色

張謙光妻侯氏年二十二歲夫亡堅不欲生姑諭之再勉爲未亡育子自甘食淡事舅姑而從豊姑病禱天求代終身競守禮法可爲貞節良範

酃縣

明

李世昕妻羅氏年二十守志撫兩稚孤昕翁世曠妻尹氏年二十五守節撫四歲孤冰操凛然成化中知縣宋璧表雙節新安朱瑢爲傳

霍祖銀聘妻彭氏幼字祖銀祖銀訃至彭終三年服誓不嫁萬曆十一年知縣江來岷造其門有謗者來岷焚香告天謗者暴殞後彭卒邑人爲置田祠祀云

陳某聘妻羅氏幼許字陳陳殤誓不適人女弟

靜貞與姊相愛不欲分離亦不字姊妹扃戶紡績年各九十二歲邑人號曰雙貞邑城西石人橋雙貞積貲所建

庠生羅祖慶妻譚氏年二十夫亡誓死守節有司時加優恤

鄒應遴妻王氏

譚宗袞妻羅氏年二十四夫亡誓節撫孤

譚宗杰妻羅氏年二十六夫亡孝事雙親慈台

李德崇妻譚氏年三十守節勤紡績撫孤成立

譚振京妻羅氏年二十夫亡操作勤苦志行堅貞訓子成名

尹文光妻劉氏明正德中流冦至劉年十八侍姑病匿山澤中爲賊所執欲污之不從賊以刃加其頸卒不屈賊怒殺之

本朝

羅鳳妻譚氏事姑克孝夫歿矢志撫孤壽百有三歲

李某聘妻譚氏幼字於李未嫁而李夭譚謂父母曰吾李家婦也願歸李盡婦道卒成其志

譚某聘妻李氏年十五許聘譚譚夭氏聞訃痛

哭奔喪而翁姑已逝無可依父母強之歸欲別字氏輒涕泣卻食祖母顏知不可奪遂成其志父病劇女割股烹療父歿哀毀骨立歲時祭掃翁姑及夫墳墓知縣張方佳表其門

庠生羅承祀妻李氏事孀姑以孝聞承祀試郡城病歿氏聞訃慟絕復甦運柩歸塟如禮子二長先瑞甫九歲次先琢遺腹生也氏備歷艱辛撫之成立先琢嘗拾遺金二十氏命訪其主還之

羅國相妻李氏年二十九夫亡守節孝事繼姑

撫姑幼子與己子無異乾隆八年旌表

羅國樑妻陳氏年二十四夫卒遺孤半歲氏痛哭絶粒姑曲諭之乃食事姑盡孝延師訓子與娣姒李氏陳氏三人相依爲命人稱一門三節乾隆八年旌表

李慶首妻萬氏年二十七夫亡矢志守節撫孤繩榛成立姑殁事繼姑盡孝繼姑殁遺子慶蘊年九歲萬教育之卒成諸生

尹之珩妻陳氏年二十八夫亡遺孤三歲痛不欲生掬土成墳卧守三晝夜虎至不爲害教子

作楫成諸生乾隆十四年旌

李宗琳妻譚氏未嫁而宗琳殁訃至即毀容自矢聞夫蒫號泣奔赴恐有撓其志者藏刃衣中引繩登塋盡禮而返請於父欲歸李氏父不許適翁至即帨首出見拜翁堂前請終婦職及入門痛哭拜翁姑撫夫弟子爲嗣乾隆十四年旌

李世曠妻尹氏年二十五歲夫亡矢志冰霜撫孤成立

鄒承蕃妻周氏年二十四歲夫亡遺孤衍魯甫三歲氏痛夫欲投繯相隨以死家人强解之曰有呱呱者存何爲爾爾氏乃止自是閉坐一室垂二十餘年每温茗酒佐其子夜讀雖父母家密邇罕歸寧焉及衍魯旣成諸生且婚又早世遺孫亦三歲媳竟改適氏復撫其孫拮据兵燹伏匿山谷中孫質弱不育氏遂慟哭而絶

庠生羅萬善妻孫氏夫爲暴客所殤氏聞變卒投環相從有老嫗曹姓者力救得甦遺一子一女朝夕泣號撫遺孤迄於成立飲冰茹茶至二十餘年

王宗旦妻唐氏年二十一夫亡今年五十二歲

歸王數載夫即病氏服侍不懈夫殁廢食者數日翁姑勸之免節哀食粥殯葬盡禮事老翁老姑定省無曠姑疾侍湯藥惟謹紡績辛勤子成立

尹宗寶妻譚氏年十六歸尹十九夫亡守節五十七年今年七十四初氏夫體羸以苦讀致疾氏奉湯藥惟謹夫殁痛不欲生其兄泰桂慰之勸撫夫兄子爲後氏育之如己出家無餘貲而教子脩脯不惜脫簪珥以助子逢聖成諸生

劉文璧妻張氏年十八歸劉夫病禱以身代夫

殁氏年二十七遺孤甫一歲氏絶粒不欲生姑
諭之曰汝子幼吾亦年老若之何氏遵姑命却
鉛華躬紡績教子成諸生

譚衡琮妻羅氏年十七歸譚篝燈佐讀相夫成
名夫購書缺資取簪珥以助夫殁年二十七守
節二十五年今年五十一氏無子夫兩弟俱止
一子無族人子承祀氏覛如己出教之成立

唐正漳妻潘氏年十八歸唐身操井臼執婦道
甚謹勸夫力學脱簪珥以資膏火歲甲寅夫赴
郡試病歸未幾殁氏年二十四遺子甫一月氏

誓不欲生翁姑慰諭之乃飲泣撫孤守節二十
八年今年五十一

譚振宁妻尹氏年二十八夫亡水漿不入口者
數日姑及母氏力勸之乃強飲米汁母憐其貧
欲令改適氏矢死不可奪教子秀雲爲諸生孫
泰組泰級皆成名乾隆十九年旌

羅烔妻譚氏年二十八烔殁矢節撫姪承訓爲
嗣又夭復撫姪承坦繼之紡績篝燈訓課不倦
乾隆十九旌

羅國楨妻萬氏年二十九守節

貢生羅卿謀妻李氏生一子世甲卿謀殁李年
三十卿謀有妾尹氏年二十八無出相與飲霜
茹冰守貞無二

羅與恒妻譚氏順治九年賊壓城譚隨夫暨子
出城五里許避之石圖賊掠譚並其子置子烈
燄中以脅譚譚駡賊赴水死子遂爲賊所焚順
治十三年旌

譚振漢妻李氏順治壬辰年二十七隨振漢避
亂江西永新鄉步騎萬餘突至家人各驚走李
偕一侍婢走雞冠塘被執李大駡躍塘中死初

李嘗繡七里甎語振漢曰兵禍未已倘值不測
請以此識骸骨因相與泣及殉難覓尸塘中以
是得驗

鄒應逢妻周氏丙戌氏偕姑與夫避亂於衡陽
遇寇欲汚之氏不從引佩刀自截頸血濺賊襟
賊錯愕驚顧釋其夫與姑而去時絶而復蘇歸
呼醫療治之然已傷要害俄而風鶴再傳舉家
倉皇欲走強舁氏出氏瞪目語曰柰何因我陷
吾一家遂引手自抉其喉以死時年二十四歲

庠生鄒應昌妻劉氏張獻忠陷衡郡應昌攜劉

匿石穴中寇卒知中有匿者入得之指應昌詰劉曰此汝夫乎劉自分必死欲全其夫乃詭以非是賊將逼之大罵曰死賊何敢犯我遂嬰刃而死以是應昌得免

譚氏三蓮因父不諳律惧許不應爲婚之人嗣欲另爲擇配氏曰律固不可違而女子無再字之理且親老弟幼願孝養終身庶爲兩全迄今五十餘歲守閨不出戶庭其志可嘉併載及之

卷之二十五下

衡州府志卷之二十六

知衡州府事豐城饒佺重編

游寓

名流過化厥名游寓地以人傳人因地著遷客騷人驂停舄駐信宿低徊或不忍去伊山習靜煙霞分芋杜陵裁詩昌黎得句朱張唱酬雪霽嶽路流風餘韻生人景慕

周

伍員字子胥郢人嘗卜居耒陽縣北世傳伍相橋橋側有廟即子胥故宅

晉

司馬晃封新蔡王咸安初桓溫廢之徙衡州

桓伊字叔夏譙國人以淝水捷封侯初讀書於衡陽西郊三十里外至今名伊山又名桓山

六朝宋

宗炳字少文南陽人劉毅既誅高祖召爲太尉參軍不就炳雅善琴書圖畫精於明理性耽山水喜遠遊每往輙忘歸嘗西陟荆巫南登衡嶽因結宇衡山悠然懷尚平之風焉

劉凝之字隱安南郡人父期公爲衡陽太守凝之慕老萊子嚴子陵之爲人推家財與弟及兄子立屋於野外非其力不食州里重其德辟召一無所就其妻亦能甘貧苦共乘蒲笨車出市貿易周用之外輙以施人時荆州饑臨川王義季慮其餒餉錢十萬凝之大喜將錢至市門覩有饑色者悉分與之俄頃立盡性好山水一旦携妻子浮江湖隱衡山之陽登高嶺絶人跡爲小屋居之採藥服食妻子皆從其志同時有劉驎公者南陽人覓藥衡山亦深入忘返

唐

李勣字懋功曹州離狐人勣事太宗以功封萊國公貞觀末出爲疊州都督乾封元年爲遼東大總管伐高麗有功尋解組居衡山卒塟沙泉

按唐史勣年八十六卒於家將死勑其弟弼謹持門戶勿使子孫如房杜子不肖似無居衡山事今姑仍舊志

李泌京兆人肅宗時隱衡山有詔給三品祿賜隱士服爲治屋廬

歸崇敬字正體吳人唐天寶中對策第一大歷八年遣祀衡山未至而哥舒晃亂廣州監察御

史俾之請望祀而還崇敬正色曰君命豈容有
異耶遂往後築室於煙霞峰居焉
杜甫襄陽人大歷中出瞿塘下江陵泝沅湘以
登衡山因客耒陽遊嶽祠大水遽至涉旬不得
食縣令具舟迎之乃得還尋卒於衡
韓愈字退之南陽人唐貞元間以上疏諫宮市
貶陽山令永貞中改江陵法曹叅軍由郴經耒
作詩吊杜陵祠及衡雅謁其山水留詩題石鼓
江亭尋登南嶽
凌倚隱衡山往來自負書劍削竹為擔裹以烏

氊倚既沒山僧取以供事
韋宙仕唐為永州太守辭官隱居衡山
盧藩唐人隱居衡山
李敬元與吐蕃戰敗貶衡州刺史遂居衡山
曹王皐貶潮州復為衡州刺史居衡山
牛僧孺武宗時被貶宣宗即位遷衡州刺史入
衡山
徐安貞久居中書省常叅李右丞議恐其罪累
遂逃隱衡山嶽寺為東林掇蔬行者詐瘖啞不
言數年後李北海邕遊南嶽知公在寺中尋遇

之與同歸潭州
朱葆光南陽人梁祖簒唐葆光與唐舊臣顏蕘
李燾數輩挈家南渡寓潭州每正旦長至必序
立北望號慟殆二十年後燾北歸葆光樂衡山
之勝遂家焉
五代漢
劉昌嗣湘鄉人隱帝遇害避居衡山馬殷周行
逢招之皆不屈乃改姓范號愚叟躬耕終身
宋
李廸真宗時為宰相真宗崩丁謂怨寇準而太

后惑廸誣以朋黨竄至衡山
呂陶神宗時人後哲宗立宣仁太后臨朝與蘇
軾並進宣仁崩熙寧元年追貶呂公著官因流
陶及孔文仲於衡山
趙抃浙江蘭溪人熙寧五年以太子少保致仕
而官其子屼提舉兩浙常平奉抃遍遊名山遂
於衡山城前家焉
劉摯神宗朝監察御史裏行以論新法謫監衡
山鹽倉
李覯元祐間司馬温公薦之除知虔州不就請

監南嶽廟

陳瓘字瑩中為監察御史以事忤蔡京寘郴州居衡山

張商英字天覺新津人為監察御史臺獄偶逸盜劉奉世駁之詔謫商英監荆南稅時蔡京久盜國柄欲收人望因與商英善拜為尚書左丞及京罷坐貶衡州安置

聶昌字貴遠臨川人由秘書郎直龍圖閣出為湖南轉運使左遷知德安府安置衡州

胡安國建寧崇安人徙於荆再徙於衡從子寅

以忤秦檜退居衡山著書講學子宏居衡山二十年玩心神明不舍晝夜張栻師事之宏弟寧與兄相亞又從子實與朱子張南軒遊

張耒字文潛淮陰人弱冠第進士歷官至龍圖閣學士後謫監黃州酒稅徽宗時監南嶽廟

胡寅字明仲安國弟之子也宣和中登進士時張邦昌僞立寅棄官歸言者劾其離次奪官金人南侵詔議移蹕之所寅力陳不可呂頤浩惡其切直除管江州太平觀後應詔上十事又請罷雲中使命高宗嘉納曰胡寅論使事詞旨剴切深得獻納論思之體下詔獎諭累官徽猷閣直學士提舉江州太平興國觀俄乞致仕遂歸衡山

汪若海字東叟歙縣人初判沅州值曹成李宏馬友歸附有二心移書責之成謀加害若海以計得脫於難高宗時又獻平寇策悉用之李宏等襲死湖湘遂平以若海為承務郎監潭州南嶽廟

朱子新安人高宗時監潭州南嶽廟與張南軒及林擇之由潭抵嶽自馬跡橋遊方廣寺有詩

並記

胡銓廬陵人建炎中疏斥秦檜編管新州檜死量移衡州嘗寓西湖與衡士講學其中

曾幾河南人避地衡嶽又從胡安國遊其學益粹為文純正雅健詩尤工

劉洪字共父崇安人以進士主管南嶽廟

周必大江西廬陵人遊學安仁讀書於清溪及縣東之玉峰

林湜字正甫紹興間進士出為湖南運副從朱子遊南嶽執弟子禮

吳翌建寧建陽人遊學衡山師事胡宏復與張栻遊買田築室於衡山之下一以明理修身爲要謝絕科舉之學當路聘爲嶽麓書院山長不就自稱南嶽居士

林用中字擇之閩之三山人同朱張二先生遊嶽甚方廣晨夕唱和極一時之盛今二賢祠內以擇之配

胡宏字仁仲安國仲子幼事楊時侯仲良卒傳其父之學優游衡山下二十餘年玩心神明不舍晝夜張栻師事之

汪澈字明遠新安人高宗時第進士教授衡州後仕至觀文殿學士

張栻字敬夫魏公浚子浚罷相居永州往來省侍受學於衡山胡五峰之門與諸子講學於方廣寺遂同遊南嶽所著有唱和集

趙汝愚字子直濮恭憲王元佐七世孫居嘉興崇德縣擢進士第一孝宗銳意恢復汝愚初見首陳自治之策遷校書郎兼太子侍講光宗受禪趣名未至殿中侍御史范處義論其稽命除知潭州紹興二年復名爲吏部尚書坐累韓侂胄忌之安置永州至衡州病作爲守臣錢鍪所窘暴薨天下聞而冤之後謚忠定

皮龍榮字起霖醴陵人淳祐四年進士景定間自簽樞拜參知政事兼太子賓客封壽沙郡公度宗即位賈似道以公舊日宮寮且忌公抗直使言官論罷削官家居一日上偶問龍榮安在似道恐其名用諷湖南提刑李雷應誣劾之謂其屢對人言吾擁至尊於膝上云云咸淳八年詔徙公衡州居住公知不爲雷應所容未至郡城飲藥卒有集三十卷行世衡人立祠祀之

鄭樵字漁仲興化軍莆田人好著書不爲文章自負不下劉向楊雄居夾漈山謝絕人事久之乃遊名山大川搜奇訪古遇藏書家必借留讀盡乃去趙鼎張浚而下皆器之初爲經旨禮樂文字天文地理蟲魚草木方書之學皆有論辨紹興十九年上之詔藏秘府樵歸益厲所學從者二百餘人以侍講王綸賀允中薦得召對因言班固以來歷代爲史之非帝曰聞卿名久矣敷陳古學自成一家何相見之晚耶授右廸功郎禮兵部架閣以御史葉義問劾之改監潭州

南嶽廟給札歸抄所著通志書成人爲編修官
樵監南嶽廟著有金石集編覽名勝以不見禹
碑爲憾
戴溪字蕭望永嘉人少有文名淳熙五年省試
第一監潭州南嶽廟
趙善湘字清臣濮安懿王五世孫以恩補保義
郎監潭州南嶽廟
劉漢弼字正甫上虞人嘉定九年進士第後監
南嶽
全子才理宗端平二年爲西京留守已而趙范

奏之以輕遣偏師規復西京致爲蒙古所敗遂
削職衡州居住
呂祖泰字泰然夷簡裔孫從兄祖儉貶死瑞州
周必大降少保致仕祖泰憤之乃詣登聞鼓院
上書請誅韓侂胄詔拘管連州侂胄誅詔雪其
冤授迪功郎監南嶽廟卒

元

張楨字直翁其先青州人唐時有謫居吉者遂
家永新屢世不仕至元間避兵湘中至耒陽家
焉嘗捐貲建學又築書舍於鰲山以來四方學
者邑民疾不能醫貧不能殮者悉濟之明正德
中舉人張仕其後也
趙淇字元德其先臨淄人從家衡山年七歲以
父蔭補承奉郎明年中童子選舉累官右文殿
修撰刑部侍郎至元十五年起爲湖南宣慰使
卒盧處道銘其墓
楊宗飾翰林學士同時與何鼎俱爲南嶽山長
二人皆遷客也
楊仲宏翰林學士出爲南嶽書院山長

明

雪溪子不知何許人工詩詞雅與劉三吾友善

同客於酃之常平鄉與共起居歷數年吟嘯山
澤中泊如也人知其爲隱者咸欽慕之
陳獻章新會人遊衡山始與衡諸生講學兜率
寺從者至不能容再遊南嶽復與諸生講學其
上
鄺宏臨武人官教諭其先世鄺幼父修眞朱明
峰一日騎牛遊羅浮訪蘇仙入朱明洞曰此南
嶽前洞也復有鄺秋蟾宦成歸隱得秘書於石
匣未幾脫化去宏携長子彥譽尋先人仙跡日

盤桓五峰間與雲朋霞友遊彥譽官副使多異政大學士商公輅銘其墓曰冰清玉潔道氣仙風其人可槩矣譽九子以少者居衡嶽俾世祀祝融君以終厥志

李承箕字世卿號大厓嘉魚人太司馬承勛之弟登成化丙午鄉薦聞陳白沙講學新會遂往從之遊宏治庚申乃還時白沙留臨蒸乃同方伯豫章涂半江憲副永豐鄭太石結侶遊南嶽徧歷諸幽勝多所唱詠二公因舉酒屬承箕記之

陳獻字汝鄉號足軒四川成都人宏治九年任儒學訓導迎親就養不忍一日去左右任未滿二親俱逝櫬不能歸因買田營塋遂籍焉

湛若水號甘泉廣東增城人以進士歷官南京兵部尚書先生早承江門之學以隨處體認天理爲功與王陽明友善多所印證嘉靖甲辰年已八十因與武陵蔣信舊有約遂自羅浮携門人駱堯知周榮朱黃雲淡來遊衡山築室於紫雲峰之麓與衡士講學其中久乃歸又十年甲寅先生年九十復遊衡弁泊石鼓題詩講堂壁間再登南嶽棲遲凡數月龐眉皓首顏若童稚人望若仙焉

王守仁字伯安號陽明嘉靖初與其徒錢王張繆俱寓南嶽日與衡諸生講學從者百餘人因各授以傳習錄甘泉先生嘗曰陽明天資高吾不如也

羅洪先號念菴吉水人嘉靖己丑狀元官修撰居頃之遂解組歸嘉靖中嘗微服訪黃門祝岣嶁詠於衡陽留數月遂登南嶽與僧楚石爲方外交楚石欲授以外丹公謝曰吾道自足寧須

此耶久之乃歸

鄒守益字謙之號東廓安福人官國子祭酒從學於陽明先生之門深契良知之旨議論精博師說愈明嘉靖中講學石鼓著教言二十五篇

茅坤號鹿門歸安人按節南粤道由衡陽以家屬寄郡太守蔡子木因同趙大洲王敬所講學石鼓書院

葉釗字時勉號豐川豐城人宏治壬戌進士南京刑部主事武宗立應名陳言忤劉瑾削籍歸正德庚午遊衡湘抵石鼓書院主講席四方從

遊甘泉瑾詠名復儀制衡郡守俞爲釗具冠帶齎詔拜受於書院會薦爲郎九月命下釗已先七日卒嘉靖二十一年衡紳士請祀於石鼓書院題其主曰豐川葉先生四十二年塑像與諸賢像並廵撫徐南金有碑在石鼓所著有太極圖說學則黄鍾說五經議後次子秋褒刻於衡

袁從諤字昌言郴州舉人授中書舍人性豪儁居衡山兩期尋居郡西郊獻賊陷湖南諤時歸自都門糾鄉勇數十人屯郴境俟大集乃圖進賊偵得其實乘虛攻之奔庱城陷蹈烈熖中死

聞者莫不悲之

張同敞號別山江陵人相國居正之孫儁朗不群工詩及草書崇禎三年上追思相國功復其蔭同敞遂補中書舍人時奉使粵西兩寓衡陽與舉人管嗣裘鄒統魯王夫之相雅善

張治號龍湖茶陵人嘉靖中官大學士時太常卿夏良勝謫守茶陵與遊衡嶽亟建集賢書院

蔣信號道林常德人歷官貴州按察司副使嘉靖甲辰年六十二退居桃岡聞湛甘泉遊南嶽往從之唱和彌月戊申八月再遊南嶽兵憲潘公子正請開講於甘泉精舍石鼓書院丙辰與憲副陳朗溪仲錄再會甘泉於衡山而返其寓衡時與諸生講學揭道要闡性學正人心闢邪說有周程張朱所未發者

尹臺號洞山永新人嘗與東廓甘泉輩共登衡嶽訪朱張二夫子往蹟爲立祠刻詩版買山垂祀焉

張博字無名粵東莞人讀書南嶽嘯臺掃落葉鋤野椽積石累土袖衾縱游祠部岳和聲過之爲書嘯臺二字並贈以詩時觀察鄧雲霄高其行每遣使遺以糈酒資其吟詠及觀察從官博

乃還粵

李渭號同野貴州銅仁人任廣東參政以理學爲世所推隆慶五年夏四月與建昌羅近溪同講學石鼓久之復自衡遊九疑訪濂溪故里衡諸生多從遊者

馬世奇字君常無錫人崇正中奉手詔徧諭諸藩王及衡桂藩賜之金固辭不受登回雁峰望西南碧嶂千疊留連浹旬嘆曰雲石蒼碧會當有奇節人枕漱其中顧安得與若侶乎

熊開元號魚山嘉魚人崇正時官給諫甲申之變披緇爲方外遊嘗潛棲南嶽山中於飛來船石側書簑雲鈎月四大字

堵　錫字牧游無錫人初爲長沙知府乙酉暮春踏雨入山問王夫之兄弟隱處遊方廣重新朱張二子祠久憩中山諮古蹟躡絶嶠捫蘿攀木山開人謂野癯寒衲不能過也王夫之字而農與兄介之讀書方廣寺著蓮峰志

棠正發字聖功崇陽人寓衡陽南鄉之斗嶺所著有三湘從事錄欸乃聲諸稿子孫多歸故鄉惟長子之鴻以諸生守墓衡山

李國相字敬公别號芋巖先世四川富順人父本奇應募隨劉都督綎平楊應龍以功赴部聽敘下三峽舟覆負母出巨浪中得免人以爲孝感功牒漂失從遊湖南以醫名家授正衛遂籍衡陽國相少而醇摯外和內剛人莫窺其涯際壬午膺賢書癸未流寇張獻忠陷衡徧索薦紳强以僞職下令不赴者死國相引刀剺兩臂示不可用僞吏方羈縻聽獻忠令會獻忠入川得

免鼎革初自南嶽轉徙山谷歲更其處晚築小室栽桃數株臨池水人稱之曰桃塢先生

　　京口人少爲諸生詩文與張溥徐孚遠艾南英諫子龍齊名由翰林歷官都憲播遷於黔爲孫可望所縶欲官之不從髠髮爲僧號大錯寄籍武陵與門下士講易後居衡山永州守劉道著寶慶守李益陽皆聘修郡志尋卒於寶性嚴正與人處無失言失色學才淵博尤長於易詩文下筆立就洒洒數千言所著有他山易學二十四卷詩學八卷外史四十卷讀

衡州府志卷之二十七

知衡州府事豐城饒佺重編

陵墓

鼎湖上昇事傳濛澒緬彼古酃炎陵巃嵸墟墓之間過客神竦延陵札墓柳下季龔釃酒乞靈隸墳揚冢嗚呼噫嘻碑殘木拱若堂封摧斧斯接躔蕭蕭比卭野蔓龍茸

炎帝神農氏陵在酃之康樂鄉史記帝崩長沙之茶鄉康樂鄉即茶鄉也羅泌路史云帝崩葬長沙茶鄉之尾是曰茶陵所謂天子墓者唐世嘗

奉祀焉有宋太祖撫運夢感見帝於是馳節夐求得諸南方□即貌祀時序隆三獻焉圖經云炎陵今在麻陂林子茂密數里不可入石麟石馬兩杉蒼然逾四十圍泌註文云炎陵廟在康樂鄉鹿原陂上乾德五年建太平興國中將事官覆舟憚險奏徙縣南僩廟有胡眞官殿云帝之從臣帝病告以當葬南方視旗所矗遇嶠即止因葬於茲今中途嶠梁頭也舊志云陵前南列雲秋環以沙澗古杉空樟殊形異狀皆數百年物眞神靈之奧宅也宋建祠時以祝融配享區守陵戶明益拓而新之嘉靖三年復塑聖容殿繼屢修葺明末爲寇所躪雖廟貌僅存而頹垣敝榱風雨不蔽非所以妥帝靈也　本朝順治九年內院侍讀白公允謙奉

勑祭告時紅寇方熾未能親詣其地乃望祭於湘東岸之祖師殿康熙七年宗人府府丞高公珩

奉

勑祭告成禮二十一年滇寇底定大告成功

特命兵部督捕左侍郎魏公雙鳳乘傳

致祭

羅泌題炎陵曰神農有天下傳七十二世在古最爲長世者葬於茶陵見於郡國志帝王世紀予作路史紀之詳矣後十五年始獲拜陵下摩娑古杉俯歎石麟追憶曩初恍爾隔世淳熙十四年某月日炎陵外臣盧陵羅泌書

祝融氏墓按路史云祝融氏以火施化號赤帝故後世火官因以爲稱都於鄶故鄭爲祝融之墟其治百年葬衡山之陽是爲祝融峯也

東漢處士羅訓墓在耒陽縣樟楻嶺

晉中散大夫羅含墓在耒陽縣南四十里

唐英國公李勣墓相傳在衡山縣六都沙泉按唐史英公薨詔贈太尉楊州都督謚曰貞武給東園秘器陪葬昭陵葬日高宗幸未央城登樓臨送望柳車慟哭所築墳一准衛霍故事則英公卒於長安而非竄於衡審矣沙泉之墓何以稱焉則舊志相沿之誤耳

唐南亭王墓本名拔野古賜姓李名君昉在耒陽縣南一里

唐拾遺杜甫墓在耒陽縣城外化龍橋甫有傳詳寓賢内韓退之題子美祠詩見藝文

唐楚王馬殷墓在衡陽縣北上潢木按史長興元年冬殷卒謚爲武穆其子希聲即位葬武穆於衡陽其後兄弟争國降於南唐事詳兵燹内

宋胡文定公墓在衡山縣紫蓋鄉九都

宋趙清獻公墓在衡山六都

宋太尉韓京墓在安仁縣東南一里太尉安仁杞林人紹興間以武功累官忠亮大夫建州觀察使殿前司摧鋒軍都統制上黨開國公卒贈太尉勅葬於此今故址存焉

明忠誠伯茹瑺墓在衡山縣巾紫峰下

明工部侍郎王詔墓在郡城西五里

明宫保尚書劉堯誨墓在郡城南七十里長平鄉蓮洲臺子嶺萬歷丁亥諭葬

明禮部尚書曾朝節墓在府城北伊田鋪

明參議伍讓墓在城北政義二都七里站

明太常寺卿陳宗契墓在郡西八十里地名花江

衡州府志卷之二十八

知衡州府事豐城饒佺重編

寺觀

白馬西來青牛東至浮屠老子厥宮徧置或云撤毀毋乃迂滯此中活人千萬奚啻昔賢救荒飭營佛寺顧其爲道則不可肆仙矜羽化佛誇立地吾道昌明彼教自替

衡陽縣

西湖寺在縣學左

報國禪寺在小西門外

阿耨林在北門城內

普濟林在北門城外廣盈倉後

旃檀林在城外

羅漢廠在城北

永國菴在城北

香水菴在城北

開峰南雲寺在城北

集福寺在城西

伊山寺在城西

敖陂寺在城西

七佛寺在城內鼓樓前

廣福寺在城西

古塯寺在城內今廢

菩提閣在北門城內

薝蔔林在城北

寶安寺在城西

下黃花寺在城西

靈瑞寺在城西

臺源寺在城西

古臺寺在城西

永福寺在城西

龍川寺在城西

福成寺在城西

海德菴在城西

佾山菴在城西

永安寺在城西

中嶽菴在城西

大悲寺在城西

延壽寺在城西

黃華寺在城西

興福寺在城西
金仙寺在城西
慧泉寺在城西
硯山寺在城西
義興寺在城西
鐵崗寺在城西
白雲寺在城西
上霞陂寺在城西
下霞陂寺在城西
華嚴堂在城西

龍溪可山菴在城西
曹公菴在城西
紫雲峰福國寺在城西
豪山般若菴在城西
衛國寺在城西
義成寺在城北
岣嶁峯禹王殿在城北
廣福寺在城北
般若道場在城北
智勝禪林在城北

優鉢禪林在城北
東林寺在城北
法輪寺在城北
臺衢寺在城北
上國清寺在城北
中國清寺在城北
採藥峰碧雲菴
西麓菴在城北
金輪菴在城北
明谿寺在城北

靈川寺在城北
大悲寺在城北
廣長林在城北
大石渡普濟菴在城北
紫雲寺在十五都
上峰山延禧菴在十六都
龍福寺在二十都
紫雲峰佛國寺在城西
海會寺在二十二都
大護國寺卽十方塼在城北十里

環玉林在四十都
婁霞山在四十一都
白衣菴在四十一都
西竺菴在四十二都
白石菴在四十二都
黄山禪院在二都
雪竹山在六都
清淨菴在[illegible]都
萬松林在四十二都
青獅峰在七都

福山在七都
正覺寺在九都
復興菴在九都
黄龍山在九都
紫雲菴在九都
牧雲峰在十都
碧雲禪林在十一都
大圓禪林在十一都
天柱峰在十一都
鷲山禪林在十二都

積翠林在四十一都
觀音菴在十二都
回龍菴在十四都
斗山玉衡峰在十六都
聚雲峰在十六都
平心菴在十六都
上峰菴在十六都
峩山西竺菴在十六都
清風林在十七都
慧鏡林在十七都

匪石林在十七都
嶽雲菴在十七都
唐福寺在十八都
高真寺在十八都
長壽禪林在十八都
山海禪林在十九都
大西林在二十一都
東林寺在二十二都
釋迦寺在二十二都
西來菴在十八都

清泉縣

花藥寺在城南詳山川志

龐公寺在城南居士龐蘊宅也初名無生菴

太平寺在城南寺右舊有耕春亭每歲立春前一日各官集寺迎春舊又有慈氏閣

鴈峰寺寺內有壽佛殿舊矣相傳壽佛原爲鴈峰寺僧後愛湘山之勝遂駐錫焉湘山記云壽佛自言五百年後仍返鴈峰乾隆八年正屆五百之期衡人爭傳壽佛已回僧謀於衆重新殿宇每歲二月八日爲壽佛誕辰郡人賽佛會甚

盛餘見山川志

萬壽宮在城南新街

四面佛菴在城南新街

化成菴在城南打線街

清淨菴在城南花藥山後

鴈麓禪林在回鴈峰下

惟心禪林在城南新街

十方堂在廻鴈峰左

五福菴在柴埠門內舊五通菴

準提菴在瀟湘門內

萬壽宮在柴埠門外

萬壽宮卽東洲祖師殿舊爲劉穩別業

開福寺在江東岸宋趙忠定公汝愚卒於此詳見祠祀志

清泉菴在江東岸

東林寺在湘東

湖東寺在湘東

駒峰慈門禪苑在城東

古城寺在縣東四十里距泉溪市五里寺山有清泉遇旱不竭可溉田數十頃一統志載清泉

山卽此也別詳山川志

法會菴在城東

鄢山寺在城東

珠玉寺在城東

小山菴在城東

淨土菴在城東

長明寺在城東

法泉菴在耒河口

川口寺在城東寺右有石洞洞口有泉蒼碧澄泖可溉田百餘頃

道堂寺在城東

龍溪寺在城東

觀音菴在泉溪市

巨庇寺在巨庇峰左有巨麓峰怪石嶙峋五峰
環繞

皇妃寺在城東

金錢菴在城東

爐田寺在城東

佛慧菴在城東

慈蘊寺在城東

保安寺在城東

雲鷲峰禪寺在城東峰下有潭潭雲起繞山上
盤旋如鷲故名

花光寺在城西南詳山川志

山田寺在城南

盤古菴在城南

崇勝寺在城南

古磉寺在城南

成福寺在城南

寶慶寺在城南

杉木寺在城南

香積寺在縣南

京山寺在城南

般若林在城南

董巖禪林在城南

花盤山祇陀林在城南

福壽菴在城南

隆興寺在城南

大目山心定菴在城南

上臺寺在城南

竹夏寺一名圓明寺在城南

大雲寺在城南

寶華林在城南

普賢寺在城南

蓮花菴在城南　最勝林在城東

柏子菴在城南

杉臺寺在城南

七寶菴在城南

水月禪林在城南峭岸絕壁襟帶江流明處士
全仁鑿藏修於此

華光廟在府治東

七郎廟一在閬江門內一在城南河街一在朱紫巷

祖七侯祠在賓日門

越公殿在賓日門內

仁壽宮在瀟湘門雍和坊

三聖祠在閬江門外

三順廟在瀟湘門外

武當行宮在廣盈倉左

祖師殿在江東岸名玉虛宮

龍泉寺在江東岸

楊林廟在江東岸

丁三廟在江東岸

麻黃古廟在耒河口

憩息亭在城東五里孫家塘

大覺菴在城東十里

古城菴在湖東寺之左其地有土城為酃縣故址因名

廻龍菴在城東十五里花江之茶山嶺左

五顯祠在城東十五里

普濟菴在城東北十五里

九龍寺在城東三十里醽醁里

清溪寺在城東六十里

福慧菴在清溪寺側

太平寺在城東七十里

興隆菴在城東七十里

慧雲菴在城東七十里

海雲寺在城東七十里

東一菴在城東七十里

東禪林在城東七十里

雲嶼菴在城東七十里

陽春菴在城東七十里

柱石菴在城東八十里

望江寺在城東北八十里

步雲菴在城東八十里

金蓮菴在城東北八十里

皇山寺在城東九十里

正日林在城東一百二十里

銅鈴廟一在城南太子馬頭一在宣陽巷一在城南洪家塘側

痘母廟在花藥山左
蓮社菴在花藥山左
念佛菴在接龍山左
松竹林在城南二里許清淨菴左
竹林菴在城南十里
東山寺在城南二十里
鐵鬪寺在城南四十里
鶺神廟在城南四十里
祝聖菴在城南五十里
吉祥菴在城南五十里

楞伽菴在城南五十里
真仙寺在城南五十五里
三多林在城南五十五里
萬福菴在城南六十里
藥山寺在城南六十里
南鄰寺在城南六十五里
靜願菴在城南七十里
圓通寺在城南七十里
雲臺菴在城南七十里
呆山叢林在城西南八十里

岐山叢林在城西南一百二十里

衡山縣

祝聖寺在嶽廟左古勝業寺址也康熙四十六年建行宮嗣奉　勅改爲祝聖寺
雙峰寺附廟右
雲峰寺附廟右
化成寺附廟右
崇寧寺附廟右
金寶寺附廟右
天堂寺附廟右
南臺寺附廟右

龍塘寺附廟右
上封寺在祝融峰巔舊爲光天觀有司天霍王廟隋代始易爲寺
衡嶽寺在紫雲峰下故址與洪井泉祠今煙霞峰衡嶽寺乃明正德間建者
大善寺在嶽廟右
福嚴寺在天柱峰側
高臺寺在祝融峰即觀音巖
石櫄寺在嶽路旁

雲密寺在雲密峰下

能仁寺在雙石峰

楚安寺在明月峰

雲峰上寺在嶽山左即宋張醇叟餞送朱子處

萬壽寺在福嚴寺旁

寶勝寺在南天門下

丹霞寺在南天門下

大明寺在烟霞峰下即中山

會善寺在會善峰

方廣寺在蓮花峰下梁天監三年建宋乾道丁亥十一月張南軒遊方廣與朱晦菴聯騎渡興樂江宿霧盡卷諸峰玉立

湘南寺在嶽山左

隱真寺在嶽山左

彌陀寺在嶽山左

心安寺在嶽山左

多寶寺在嶽山左

白雲寺在嶽山左

七寶寺在嶽山左

崇果寺在嶽山左

國清寺在白石峰下

天台寺在天台峰

法輪寺在岣嶁峰

靜居峯在巾紫峰下

兜率寺在縣南

清涼寺在縣治北寺當孔道輶軒停憩行脚投止乃一大叢林也寺後有古松如虬龍拏雲狀老桂茂竹青森可薈

般若寺在下火場

白陵寺即白門寺

慈賢寺在茅坪

護國寺在九龍盆

永明寺在南溝

祥光寺在祥光峰即藏經殿

廣濟寺在毘盧洞

福昌寺在嶽山右

須彌寺在嶽山右

鐵蓋寺在嶽山右

朝陽寺在嶽山右

小嵩山寺在岣嶁峰下

承天寺在石廪峰

龍泉寺

太平寺

觀音寺

龍潭寺

南臺上寺在嶽山前宋張南軒望南臺寺即此

中山寺

海月寺

古塘寺在嶽山後

横龍寺在嶽山後

白鶴寺在嶽山後

天柱寺在嶽山後

道福寺在嶽山後

新開寺在嶽山後

寶慶寺在嶽山後

大福寺在嶽山後

報恩寺

寒水寺

中峰寺

長壽菴在紫雲峰側菴內有巨佛

龍興菴

馬祖菴即磨鏡臺乾隆五年奉顯親王錫傳法院扁額

鐵佛菴在祝高嶺

中菴

石浪菴在飛來船石下

回龍菴距九龍盆里許

天尺菴在祝融峰頂

黄龍菴

慧燈菴在岣嶁峰下

綠蘿菴在煙霞峰下

松柏菴奉顯親王題松柏長青扁額

延生寺在崇嶽鄉今廢

楚日寺近小松山今廢

大中寺在義城鄉

石潭寺在義城鄉

南山寺在義城鄉

周田寺在義城鄉

白蓮寺在武陽鄉

宏道寺在武陽鄉

龍塘寺在武陽鄉
烏岑寺在武陽鄉
楞伽寺在武陽鄉
白鹿寺在武陽鄉
義集寺在武陽鄉
覺海寺在永平鄉
碧泉寺在永平鄉
義興寺在興樂鄉
龍居寺在縣坊廂
藏經殿在祥光峰

中菴在煙霞峰下
鐵牛菴
石泥菴在芙蓉峰下

耒陽縣

金錢寺在縣北
奉國寺在縣南
觀[illegible]在縣東
法華寺在平陵鄉
永興寺在平陵鄉
寶進寺在平陵鄉
石門寺在平陵鄉
真安寺在敖山鄉
廣化寺在馬水鄉
慶壽寺在新城市
洪陂寺在馬水鄉
隱靜寺在馬水鄉
會全寺在興業鄉
永慶寺在大陂市
神衡寺在興業鄉
太平寺在義興鄉

崇福寺在義興鄉
豐寧寺在縣西
相國寺在雲峰鄉
蓮堂寺在上堡市
雲山寺在雲峰鄉
金寶菴在城內
廻龍菴在縣北
福慧菴在縣北
寶林菴在縣北
圓明菴在縣北

朝陽菴在縣南
白雲菴在縣南
天寧菴在縣東
明月菴在敖山鄉
金璫菴在平陵鄉
龍興菴在義興鄉
清源菴在義興鄉
獅寶菴在雲峰鄉
觀音閣有三一在縣北一在雲峰鄉一在平陵鄉

念佛林在縣南
聖壽林在縣西
聚福堂在縣南

常寧縣

湘山寺在城內東
能仁寺在縣南
至聖寺在縣東
資福寺在縣西
東城寺在縣東
蓮花寺在縣東
景星寺在縣東
多寶寺在縣東
觀音寺在縣南
槩田寺在縣南
烟竹寺在縣南
高山寺在縣南
東塔寺在縣南
萬福寺在縣南
龍王寺在縣西
西岩寺在縣西

羅江寺在縣西
紹聖寺在縣西
梁水寺在縣北
白衣菴在湘山寺左
三賢菴在縣東
東華菴在縣東
觀音菴在縣東
祗慧菴在縣南
玉粢林在縣南
龍山寺

浯洲寺在縣西
六合寺在縣西
白羊寺在縣西
樹林寺在縣北
壽福寺
紀善菴在城隍廟右
五臺菴在縣東
西蓮菴在縣東
觀音菴在縣南
圓明菴在縣南

法雲菴在縣南
法會菴在縣南
萬善菴在縣南
護龍菴在縣南
樓隱菴在縣南
廣濟菴在縣南
大同菴在城西
寶林菴在縣西
高林菴在縣西
象王菴在縣西

朝陽菴在縣西
獅子菴在縣西
蟠龍菴在縣西
蓮花菴在縣西
存心菴在縣西
鎮寧菴在縣北
普濟菴在縣北
雙桂菴在縣北
永福菴在縣北
西華菴在縣北

玉泉山在縣北
水月菴在縣北
淨土菴在縣北
觀音菴在柏坊驛
地藏菴在縣北
長壽菴在縣南
極樂菴在縣北
四應山在縣西
直指菴在縣西
福壽菴在縣西

三多林在縣東
繼賢林在縣東
祇樹林在縣東
千華林在縣南
繼學林在縣南
三峰林在縣西
五峰林在縣西北
雨華林在縣北
準提閣在湘山寺左
仰廉閣在縣西

斗姆閣
安仁縣
慧日寺在城內北
寶珞寺在縣東南
金剛寺在縣東南
石門寺在縣東南
欒湖寺在縣東南
楚興寺在縣東南
銅堂寺在縣西南
金山寺在縣西北

鳳凰禪寺在縣東
衍慶寺在縣北
龍興寺在縣北
上彌勒寺
永興寺
福壽寺
新峰寺
田螺寺在縣南
永福寺在縣北
下彌勒寺在縣西北

壽佛菴在縣東門外
洗心菴在縣東門外
普明菴在江口洲
萬福菴在縣西
善慶菴在縣北
願學菴在江口洲
松林寺在縣東南
覓岡寺在縣北
梅穆寺在縣西北
黃龍菴在縣東

東山菴在縣東

燈籠菴在縣南

魚躍菴在縣南

菩提菴在縣南

龍泉菴在縣西南

法源菴在縣西北

福慧菴在縣西南

香花菴在縣東

淨土菴在縣東

酃縣

青臺寺在南門內

慧日寺在縣西

湘山寺在縣西

淩雲寺在三都

陵寢寺在炎帝陵右

鐵佛寺在縣南

龍泉寺在十一都

目蓮寺在三都土舍城今廢

黃峒菴在三都

柳溪菴在九都

新林寺在九都

木蘭寺在三都今廢

旃檀菴一名東山

圓覺寺在四都今廢

觀音寺在七都今廢

鷲峰寺在八都今廢

石壁寺在縣南四里今廢

準提閣在縣東今廢

龍浮禪場僧師弗募建

觀

衡陽縣

西湖靈寶觀在縣學右

孫祖殿

烏陂觀在城西

上應觀在城西

大初觀在城西

金燈觀在城西

清華觀在城西

雲山眞觀在城西

衡嶽觀在城北

崇福觀在城北

回頭觀在城北

尋眞古觀在城內西南中正街

呂祖閣在城南門內

玉清宮在城南門內

孫祖殿在王城前中橫街

天后宮在城內西南

三眞閣在正街之西

雲臺觀在府學前今廢

西湖靈寶觀在城西

雲山原眞觀在六都

清華觀在七都　花山觀在七都

金燈觀在八都

大初觀在九都

衡嶽觀在十三都

崇福觀在十六都

橘峰觀在十六都

唐冲觀在十八都

客塘觀在二十都

萬壽觀在二十一都

上應觀在二十二都

三官殿在四十都

斗壇觀創自宋始

通天觀在北鄉四十都

回頭觀在十六都

清泉縣

回龍觀在城南

尋眞古觀在城內西南

雲臺觀在城內西南

呂祖閣在南門內

玉清宮在南門內

趙公殿在柴埠門

玉皇殿在鐵爐門內

天后宮在城西南

魯班廟在城南廟祀公子輸

祖師殿在江東岸

東嶽觀在江東岸

玉皇閣在柴埠門內

九仙觀在縣東

洞清觀在縣南

龍泉觀在縣東
雷祖觀在縣南
聚龍觀在縣南
中湖山道觀在縣南
雲皁山道觀在縣南
上臺山道觀在縣南
扁竹觀在縣南
開元觀在縣南
杉木觀在縣南
八仙觀在縣南

水尾觀在縣南
宣靈廟在江東岸廟神顯靈獨異香火盛於此
廟
斗姥閣在柴埠門內
天符廟在瀏江門內
玉皇殿在瀏江門內
玉皇閣在瀏江門內
斗姥閣在賓日門內
太清宮在瀟湘門內雍和坊
雲臺觀在城西南隅

東嶽觀在江東岸
蓮花觀在城東五十里
八仙觀在城東六十里
洞清觀在城東六十五里
九仙觀在城東七十里
福寶觀在城東九十里
嶽雲觀在城東北八十里
龍泉觀在城東一百二十里
魯仙閣在廻雁峰左
回龍觀在城南廻雁峰右

中湖山道觀在城南三十里
龍碧觀在城南四十里
雷祖觀在城南四十里
聚龍觀在城南四十里
雲皁山道觀在城西南四十里
杉木觀在城南五十五里
上臺山道觀在城南五十五里
大石觀在城南六十里大石峰下
山堂觀在城南六十里
扁竹觀在城南六十里

水尾觀在城南七十里
開元觀在城南七十五里
烏陂觀在城西南八十里
上應觀在城西南八十里
山堂觀在城西南九十里
排山觀在城南九十里
尋眞觀即石鼓書院舊址李寛讀書處
淨居院
泗州寺
木居士廟

露仙觀
養濟院在城南
漏澤園在城南
白骨塔在城南接龍山

衡山縣

南嶽觀在紫蓋峰下
萬壽宮附嶽廟左
壽寧宮附嶽廟左
三元宮附嶽廟左
銓德觀附嶽廟左
黄庭觀在集賢峰下魏元君修道處
安寶觀在城內西
洞眞宮
眞人廟康熙五十七年重建邑人捐置燈田
龍興觀
紫霄觀
屈塘觀
眞君觀
九仙觀即古九仙宮距嶽廟十里梁天監中建
羽士李皓白重修

招仙觀在嶽廟左
光天觀在祝融峰久廢即今上封寺
黄華觀在縣西北五里臨武曉眞空劉眞常建
道一樓
兜率觀
朱陵觀
普賢觀在岣嶁峰下齊永明中道士許嗣先張志雲開山梁周靜住持武帝師之講堂如市賜名普賢陳法明先生居之封悟眞先生
太平觀在瀑布山下

霊西觀在嶽廟西湘中記云昔女眞薛鍊師冲
舉之處梁天監五年建
聖壽觀在嶽廟北唐咸通中建
玉清宮在石廩峰南齊永興初建
上清宮
中宮在嶽廟東梁天監中建
凌虛宮在華蓋峰南唐天寶初建
洞靈宮在紫蓋峰東下東晉末鄧郁之居洞靈
臺誦經遇魏夫人傳法得道
紫蓋院在嶽廟北

華蓋院在嶽廟東北
田眞院
北帝院
王氏藥院術士王生居之
白雲先生藥堂在九眞觀開元中司馬天師承
貞居此號白雲先生後授貞一先生
靜眞觀
東眞觀在武陽鄉
涌泉觀在武陽鄉
玉清觀在興樂鄉

九靈觀俱在興樂鄉今皆廢
天書觀在軫宿峰今廢
乾明觀在邑厲左
九眞觀在廟東十里
降聖觀在九眞觀一里
洞天觀在石廩峰石榴峰南
西臺觀在碧岫峰西北
元陽宮在廟東北
洞陽宮在石廩峰西北
石室隱眞宮廣成劉元靜先生修行處

紫虛閣亦名飛仙壇即魏夫人禮斗處
眞人廟在草市

耒陽縣

洞陽觀在縣北
紫陽觀在縣北
玉泉觀在縣北
印洲觀在肥田堡
普通觀在興業鄉

常寧縣

北鎭觀在縣北

泉峰觀在縣南
金龍觀在縣南
火田觀在縣北
同龍觀在縣北
清溪觀在縣北
安仁縣
崇真觀在城內南
道堂觀在縣北
太平觀在縣東南
仙山觀在縣東南

祖下堂觀在縣西
北辰觀在縣北
崇明觀在縣城東
酃縣
洞真觀在城內北
運石觀在十一都
三官閣在下都今廢
香爐坰在八都
水府徐真人祠在一都

附仙釋
高陽氏
赤精子顓頊辛卯元年降於衡山教帝解紛塞兌治國安民滌蕩九黎陟明八愷有龍野紫髯之兒魏有蚍身赤髮之渠魁力拔不周首觸山碎天柢西北致日月之西行地亞東南使江海而東注君追呼六甲役御百靈訓之以微言之經教之以大順之道
漢
劉根不詳何許人遊觀四方晚歸南嶽之東峰煉真服氣後仙去

李鳳仙南嶽人自幼不語人問之答云知白守黑道貴昏默
惠車子與嚴君平友嘗遊湘棲衡尸解赤帝峰上
賣薑翁不詳何許人日在嶽市賣薑取擔上薑納口中吐出成金自是不復見
雙子辨號華蓋居在靈芝峰修煉
王谷神即太微先生蜀青城山道士渡荊渚泛瀟湘至南嶽卜葬於金母殿胎息還元數年道

成

晉

施存號湖浮先生居衡嶽石室或跨白豹而出永康元年四月昇舉

魏夫人任城人晉司徒劇陽文康公魏舒之女名華存幼而好道志慕神仙味真耽元年二十四適南陽劉文生二子長曰璞次曰遐劉文後爲修武令夫人齋於別寢一日遇羣仙授太上寶文及黃庭內景經遂得神真之道嗣值天下亂夫人攜二子渡江璞爲庾亮司馬又爲溫太

真司馬安成太守遐爲陶太尉侃從事中郎夫人自洛邑達江南登衡山棲紫虛閣望前峰妖氣袪之仰天臺白雲潭其遺跡也自是冥心齋靜真靈累感凡在世八十三年以晉成帝咸和九年白日飛昇位爲南嶽夫人

巖下翁永和初有採藥衡山者道迷糧盡過息巖下見一老翁四五年少對執書告之以餓與其食物如薯蕷指教所去六日至家而不復饑

羅郁晉簡文帝黃門郎羊欣之祖權好道術有仙女降其家云我本姓楊九嶷山中得道女羅郁也以過謫人間因贈羊詩並遺手巾條蛻等物隱影化去相傳在湘東山中

新野先生晉大康中與徐君採藥入衡山

陳興明潁川人訪真跡於南嶽天柱峰遇二真人授明鏡元真之道修之十八年以太始四年三月一日昇舉

六朝宋

徐靈期修道於南嶽歲从遍遊嶽之巖洞及諸山谷一十五年無不周覽作衡山記能制服虎豹役使鬼神元嶽中白日昇舉

齊

陳惠度潁川人初居茅山採靈藥貨之飲酒不食數年南遊挑兩笈盡金石之類至南嶽選勝煉丹深夜爲鬼所擾三揭丹爐惠度蟠石上誦黃庭內經佩五嶽真形圖道力潛伏妖氣盡散丹成光氣滿山以永明三年五月十三日昇舉

梁

張潤玉衡山仙女嘗降沈警家贈以歌云洞簫響兮風生流清夜闌兮管絃遒長相思兮衡山曲心斷絕兮秦隴頭

周靜眞住持岣嶁峯下武帝師之雲水奔湊講
堂如市因賜名曰普賢觀
張如珍南陽人居南嶽遇神仙授明鏡之道曰
照物理者天也照物形者鏡也天之道以清鏡
之體以明人能存天清鏡明澄心淨神則至道
成矣虛其室則白自生定其心則道自生信哉
言乎如珍修道九年而成以天監三年十一月
十三日於九仙宮昇舉
王靈輿初居五老峯夜夢神人謂之曰得道者
當得福地靈墟爾往居朱陵之上峯紫蓋之嶙

岫可以冲天矣遂遷居南嶽中宮以天監十二
年七月昇舉
鄧郁荆州建平人居衡山洞靈臺辟穀三十餘
年惟飲澗水服雲母屑天監十四年乘鶴去

陳

慧思武津李氏子嘗登祝融峯飛錫福嚴寺於
東畔嶺巖傍建臺爲衆講般若法今爲般若寺
衆患無水師以杖擊巖下俄有二虎跑地泉乃
涌出今虎跑泉是也大建元年與道士歐陽正
討至金陵封以勑印令還山稱爲大禪師以大
建九年六月示寂

隋

吳涵虛字合靈居衡山華蓋峯院中終日沈酒
無烟火之具俗呼爲吳猱好睡經旬不食嘗言
若要閒郎須懶素不攻文忽作上昇歌以清泰
二年白日超舉

唐

張惠明貞觀末修真於衡山之北帝院遇石英
夫人傳道行抱一三五混合之法後尸解
徐靈府唐元宗時徵士隱居衡嶽汪討然子書

十二篇
懷讓姓杜氏金州人先天二年至衡嶽居般若
寺天寶二年示寂謚大慧禪師
司馬承禎字子微開元初自海山乘桴鍊眞南
嶽結菴於觀北一里許張九齡屢謁之明皇令
其弟承禕招之較正道德經
希遷姓陳氏端州高要人直造曹谿得度未具
戒屬祖圓寂稟遺命謁青原天寶初之衡山南
嶽寺東有石狀如臺乃結菴其上時號石頭和
尚

本朝雍正十二年封智海無際禪師遣有司致祭

薛季昌河東人遇正一先生司馬承禎於南嶽授以玉洞經籙研眞窮妙明皇召入禁掖延問道德談及精微明皇喜之恩寵優異尋即還山

王旻號太和先生居衡山貌如三十餘長於佛教明皇及貴妃禮謁拜於床下訪以道術旻隨事教之大約以修身儉約慈悲爲本在京累年天寶中請於高密牢山合煉許之

懶殘天寶初居衡嶽寺爲僧衆執役食退即收所餘性懶而食殘因名懶殘李泌寓衡嘗夜往

見之懶殘方撥牛糞火煨芋出半芋食之曰愼勿多言領取十年宰相後果然

慧海方廣寺開山祖師每誦經時有五白衣長者列坐聽聞慧海詢其姓白衣自稱乃此山龍王也願獻寺基慧海諾之一夕擁沙爲平地遂建刹焉

道一即馬祖漢川什加人客貌奇異牛行虎視引舌過鼻足下有二輪文開元中習禪定於衡嶽傳法院遇讓和尚密授心印學者雲集貞元四年正月登建昌石門山謂侍者曰吾之朽質當於來日歸茲地矣以二月一日跏趺入滅賜諡大寂禪師

祝融峰道者未知何許人嘗愛飲醽世人戲投以毒師輒吐地石爲之裂體無恙也每經行林壑有一蛇一虎相隨

惟勁住南嶽般若寺師雪峰而友元沙深入元奧嘗續寶林傳四卷別著南嶽高僧傳

元泰南嶽僧沉靜寡言未嘗衣帛時謂之泰布衲始見德山後謁石霜掌翰二十年與貫休齊己爲友後居蘭若曰金剛臺嘗以衡山多被山

民斬伐燒畬爲害乃作畬山謠達於九重詔禁止之謠云畬山兒無所知年年斫斷青山帽就中最好衡嶽色杉松利斧摧貞枝靈禽野鶴無因依白雲迴避青烟飛猿猱路絕巖岸出芝樹失根茅草肥年年斫罷仍再鉏千秋終是難復初又道今年種不多來年更斫當陽坡國家壽嶽尚如此不知此理如之何

汪子華蔡州汝陽人七八歲通經義十三歲知天文地理之學開元中屢舉不第棄去與顏眞卿同學長生術祿山亂幷家南遊愛南嶽之勝

結菴祝融峰下修道九年不出世傳仙去

承遠始學於成都唐公至荆州進學於玉泉眞公授師以法至衡山爲教魁人從而化者以萬弟子法照在代宗時爲國師言其師有異德天子名其居曰般若道場德宗時詔立爲彌陀寺貞元十八年終於寺柳宗元爲碑刻於寺門

陳法明修行岣嶁峰普賢觀以麒麟獻被詔內名尋乞還山封悟眞先生

曇藏住南嶽西園蘭若本受心印於大寂禪師後謁石頭希遷瑩然明徹貞元二年遁衡嶽之

絶頂人罕參訪尋以脚疾移止西園

譚峭字景升唐國子司業洙之子好黃老諸子及周穆漢武茅君列仙內傳靡不精究一旦出遊歷名山後居南嶽煉丹成服之入水不濡入火不灼著譚子化書

俞靈璝河間人入衡山修道南嶽赤君授以回風術元和中郴州官吏見其談說異之郎曰我偶然耳非有所知也尋九嶷山絶粒仙去

雙襲祖常居南嶽求度世之術刻意誦黃庭玉篇因作黃庭觀

王十八衡山人劉晏好道術耳有十八名及刺史嶺南道過衡山攜十八往嶺中晏歸朝十八出藥三丸與之逡巡起晏再拜挽留不可但曰藥一丸可延十歲晏拜相領鹽鐵坐貶忠州已三十年矣一日十八復至以鹽入水令飲晏吐出前藥三丸晏有姪在側攫而吞之十八熟視曰汝有道氣吾固知爲汝所掠也遂去

蕭亐手耒陽人役於茶陵領符往鄉督賦宿逋税者家聞閒壁鵝作人語云明日主人將烹我餉蕭亐手蕭之作佛作人在我生死間耳蕭異

之明日主人將宰鵝蕭索其鵝歸隱山中相與說法久之與鵝俱飛去

田艮逸南嶽道士風格清峻山人見者禍吝盡消侍郎呂渭楊凭皆師事之元和初潭州大旱迎艮逸祈雨披髮登輿到郡終無言俄而雨降其友蔣含宏居九真觀混元之氣雖遜於田而修持趨向如出一門常深相契含宏善符術自晦其道人莫之知未幾與艮逸俱蛻去

麗蘊字道原襄陽人侍父任衡州遂家焉性嗜浮屠與丹霞禪師爲友初謁石頭後參馬祖於

言下頓悟元和中北遊襄漢有女名靈照嘗鬻竹漉籬以供朝夕蘊嘗云難難難十石油麻樹上攤其妻云易易易百草頭邊祖師意其女云也不難也不易饑來吃飯倦來睡蘊將入滅謂女曰視日早晚及午女曰巳中矣而有蝕也蘊出戶觀女即登父座合掌坐亡蘊笑曰我女機鋒捷於吾矣於是更延七日州牧于公頔問疾蘊謂之曰但願空諸所有愼勿實諸所無好住世間皆如影響言訖枕於公膝而化

任括長慶初至衡山居月餘忽謂衆曰汝頗聞

有徐敬業乎我是也兵敗入大孤山修道今來此吾已證四果矣預知卒期葬於衡山

劉元靖武昌人初師王道宗道宗仙去元靖感悟遂遊名山入南嶽峻峰鑿石穴以居絕粒煉氣唐敬宗名入思政殿問長生術尋放歸武宗復名入禁中受法籙賜號廣成宣宗時仙去惟杖履在

軒轅集年過數百顏色不衰宣宗召入內庭問長生之道集曰撤聲色去滋味哀樂如一德刑無偏自然與天地合德日月齊明長生之術在是矣辭歸山至江陵於一布囊中探金錢以施貧者約數十萬中使從之忽亡其所在

華幽棲遊西蜀二十四年歷荆渚泝瀟湘修眞五峰下於石臺上注靈寶經臺上烟雲如香篆因名天香臺後尸解

軒轅彌明衡山道士與進士劉師服相識元和七年十二月四日將遊太白過京師師服止之宿有校書郎侯喜新有能詩聲夜與劉說詩彌明在其側貌極醜白鬚黑面長頸而高結喉中又作楚語喜視之若無人彌明忽軒衣張眉指

爐中石鼎謂喜曰子云能詩盍與我賦此乎劉往見衡湘間人云年九十餘矣解捕逐鬼物拘因蛟螭虎豹不知其實能否也見其老頗敬之不知其有文也聞此說大喜即援筆題其首二句次傳於喜喜踴躍即綴其下云云道士啞然笑曰子詩如是而已乎即袖手竦肩倚北牆坐謂劉曰吾不解世俗書子爲我書因高吟曰龍頭縮菌蠢豕腹脹彭亨初不似經意詩旨有似譏二子相顧慚駭欲以多窮之即又爲而傳之喜喜思益苦務以壓道士竟亦不能奇也畢即

傳道士道士高踞大唱如初而語益奇皆侵劉侯劉與侯已賦十餘韻彌明應之如響皆顏脫含護諷夜盡三更二子思竭不能續因起謝曰尊師非世人也某伏矣願爲弟子不敢更論詩道士奮曰不然章不可以不成也即又唱出四十字爲八句書訖使讀讀畢謂二子曰章不已就乎二子齊應曰就矣復請問所解何書道士不答依墻睡鼻息如雷及覺曰已上驚顧覓道士不見

惠日俗姓慶氏濮陽人也息心達道爲十八高

僧之一廬藏用有贈衡嶽高僧序

白椿夫字永年僖宗時人居南嶽能役鬼神祛妖怪又能爲人已病人尊信之

釋道初爲五祖侍者有年在龍華寺機辨竣捷門人罔知造詣一日對衆偶吟其詞云昨日離城市白雲空往還松風清兩耳端的勝人間

張白膠辟穀衡山雲隱峰日飲深醉不知何處得酒後不知所終偶歌云山花頭上插酒向口中斟醉眼看醒漢茫茫盡喪真

審承南嶽福嚴寺僧相國李公上山問如何是祖師西來意師指庭前柏樹公如是三問師如是三答公欣然頌曰出没雲閑滿太虚元來真相一塵無重重請問西來意唯指庭前柏一株

聶師道歙人也裴樞治歙州當唐祚之季詔令不通池州陶雅宣州田頵舉兵圍歙歙食盡援絶議以城降而城中殺外軍已多無敢將命出者師道自請行乃縋出城二將與之語大悅城中人獲全嘗遊南嶽訪洞靈宮之勝已而還廣陵未幾尸解

何尊師不知何許人居衡嶽人問其氏族年壽

但曰何何問其鄉里亦曰何何人因號曰何尊師頗喜繪事

宋

辛子廉衡山農夫也愚朴不遜衆謂之辛牛晚隸南嶽觀爲道士觀西南七里有紫虛閣即魏夫人壇也道士以荒寂不肯居者惟子廉樂之端默而已莫見其所爲然頗嗜酒往往醉臥山林間雖有風雨至不知虎狼過其前亦莫害也故禮部侍郎王公祐出守長沙奉詔禱南嶽訪魏夫人壇子廉方醉不能起直視公曰村道士

愛酒不能常得得輒徑醉官人怒之公察其異載與俱歸居月餘落寞無所言復送還山曰尊師韜光內映老夫所不測也當以詩奉贈既而忘之一日晝寢夢子廉來索詩乃作二絶句書版置閣上衆道士驚曰率牛何以得此太平興國五年六月十七日忽使謂觀中人曰吾將有所適閣不可無人當逮遣繼我者衆道士自得王公詩稍異之矣及是驚曰天暑如此率牛安往狠狽往視則死矣衆始大異之曰率牛乃知死日耶楚之嶽下未幾有南臺寺僧守澄自京

師還見子廉南薰門外神氣清逸守澄問何故出山笑曰閒遊耳寄書與山中人澄歸乃知其死驗其書則死日也發其冢杖履而已

佛志居衡之南禪趙清獻公日親之慧未嘗容措一詞後典青州政事之餘多晏坐忽大雷震驚即契悟作偈曰默坐公堂虛隱几心源不動湛如水一聲霹靂頂門開喚起從前自家底慧聞笑曰趙閱道撞彩耳及清獻卒慧悼以偈曰仕也爲邦瑞歸與世作程人間金粟去天上玉樓成慧劍無纖缺冰壺徹底清春風瀫水路孤月照雲明

唐道人嘉祐間奉仰山祠香火一日遇異人爲補泄漏瓶於是頓悟後晝頓化去邑人即祠爲迎仙道院天祐六年有石記之

無械仙翁隱居直釣巖道行高妙陳紹夔直釣巖詩山容水態任淹留遥望仙槎幾度秋亭傍石竇高凝日樹依風穴巧當樓丹邱竈冷烟霞古猴嶺梯危猿鶴愁不遇亡機江上客黄冠何處覓沙鷗

了信高臺寺住持僧有詩名張南軒遊嶽讀其

集題曰蕭然僧榻碧雲端細讀君詩夜未闌門外蒼松霜雪裏比君佳處諒高寒南軒唱酬詩序亦著其名

王真人名靈輿修真九仙觀宋景祐中故觀文殿學士孫沔謫知永州夢道士以田爲託後徙潭州因祀嶽至九仙觀見王真人像與向所夢道士適肖遂檄縣勾稽其觀田果爲鄰觀侵占乃釐而歸之 國初羽士李浩白重修觀前有石方廣數丈鐫九仙飛昇之壇六大字尚宋時遺蹟也

懷志師預講席十餘年嘗欲會通諸宗異義遊方至洞山謁眞淨問古人一喝不作一喝用意旨如何淨叱之師豁出淨笑呼曰浙子齋後遊山好師忽領悟久之辭去菴居衡嶽石頭二十年不與世接有偈曰萬機休罷付痴憨蹤跡時容野鹿參不脫麻衣拳作枕幾生夢在綠蘿庵崇寧元年往見龍安照禪師居於龍安最樂堂明年六月晦問侍者日早暮曰已夕笑曰我睡已覺遂寂

智明衡州花藥僧依寶峰有年無省因爲衆持

缽峰自題其像曰兩洗淡紅桃萼嫩風搖淺碧柳絲輕白雲影裏怪石露流水光中古木清噫你是何人師持至焦山枯木成禪師見之嘆曰今日方知此老親見先師來師遂請其益贊成曰豈不見法眼拈夾山境話猿抱子歸青嶂後鳥啣花落碧巖前師遂悟

花光本蜀僧嘗寫梅作暗香疎影溪雪春風四圖黃山谷觀之曰如嫩寒曉春行孤山水邊籬落間但欠香耳靖康間師徙江南柯亭與陳簡齋並舍而居簡齋有詩贈之

悟禪師居衡陽花光寺嘗養白雞每誦經則登膝而聽後雞死埋於寺側生白蓮花花榭泉涌因號曰白雞泉

大慧杲徑山禪祖侍郎張九成嘗曰某每聞徑山老人所舉因緣如千門萬戶不消一踢而開或與聯輿接席登高山之上或緩步徐行入深水之中非出常情之流莫知吾二人落處某此瓣香不敢辜負他也紹興辛酉師毀衣牒屏居衡陽凡十年

守端舒州白雲寺端禪師衡州葛氏子幼事翰

墨後依茶陵郁師披剃往參楊岐大悟

明

廖孔說字傳生衡州人從父宦陪京遂爲應天諸生博學强記爲詩不經意輕儁自喜漉囊策蹇日遊谿山間山僧道流無不相識問以京洛貴人都不記也每入城過酒人及好事家酣飲賦詩不數日輒厭去居山中不數日又復來以此爲常晚年戒酒持律臨終持佛號而絕後人或見之於茅山柏枝左右以爲尸解云

德昌俗姓盧安仁浦陽人初受業於惠日寺戒

行清潔超悟禪法緇流宗之嘗開建宜陽金山寺築小室閉關誦經不問外事年七十後歸本寺不火食者數月忽一日名其徒授以法吉卽示滅

明宗雲遊僧成化間至耒陽縣沿門乞薪油人問之答曰吾受戒吾師逢衡則住遇耒則止此地吾將終焉已而積薪油於南門外披袈裟與衆拜别遂登其上舉火以焚火已及身猶拱手謝衆須臾而化

無礙南臺寺僧弘治初從信陽來披一衲百結

如粟穗坐天柱峰下獅子巖口喫苦菜不食穀者二十年堅苦動衆爲建寺居之李承箕遊嶽記其狀

望山字慧修余守觀弟也幼不茹葷多疾病送花藥寺爲僧長雲遊遇樵問道在那里樵指樹上師拔樹頓悟云攀援已盡四大皆空遂隱天臺正德時歡於東岸構菴龍泉置田一千畝迎住緇流一日遽云某甲示寂偈曰有底有蓋甚是自在不借他口自封輕快

開緣號無盡順天人嘉靖間與僧寶珠同遊南嶽初棲明月峰已又得花藥僧元章山莊於永泰峰之麓收歲入以待方來龍象遂居永泰峰四十餘年草衣木食悟佛心印年七十坐化

真文號知休華亭人幼業儒遇異人授以黃庭之術遂棄儒慕道內觀調息者十餘年後入都聽秀師說法悟曰空王之道大矣遂祝髮爲僧與圓昂結侶少陵參學大章小章悟佛宗旨隆慶丁卯遊南嶽結茅淨瓶巖而圓昂居小松山在復參証並稱辨才後化去

圓昂號遜安衡陽人祝髮於花藥寺已而叅南

嶽無盡和尚後遊金陵涉南海謁觀音大士歸從之說法者千五百人以萬歷壬辰入寂於白下淨業庵歸塟於南嶽小松山武陵龍德孚銘其塔曰南嶽胡來西天胡去丕振宗風洪沾法雨五葉有傳一葦可渡無生無滅何去何在勘哉後人永修禪士

達觀萬歷間奉勅至南嶽因隱焉有詩鐫廟石云修廟還栽廟裡松廟修雲外鶴巢空何如依舊不修廟留得長松老化龍

憨山德清萬歷間國師被讁戍廣東雷白已而

赦還寓衡之湖東寺隨處說法題詠甚多副使吳宗偉贊曰亭亭孤松澄澄水月中有一人出廣長舌日夜波濤不在聲正是吾師不說說後於廬山示寂

季總徹衡陽陳婆子任姑蘇慧登禪院晚歸南嶽淨瓶巖嘗上堂示衆云卧雲深處不朝天剖一微塵出大千獅子吼斷黄金索象王耕破刼初田當機會得眞消息火内重開五葉蓮要與秋風戰一場等閑直入空王殿空王殿誰家竈裡無焰煙

文羽運字衆儀少好元飲於二十人中者有年天啟甲子宜貢矣忽棄去之時太守李藩司劉亦好元而有得者與論衆同契甚合

無學大師徽州人俗姓王早歲補弟子員爲學使熊廷弼所拔棄家披剃歷衆諸方隨一瓢入南嶽從者聞風雲集山陰祁中丞迎住能仁桂王請演法衡州皆堅拒不赴後南入九嶷劉侍御與秀爲築室處之閉門謝諸方而學者復麕至湘人士苦迎出山師示偈云世亂難出山病多懶開口閉坐深澗中高拱兩隻手

李皓白篤志眞修於經世出世之務一一從鄴貞淵塞中鍾鍊而出每論析天下人情物理氣運消長寒暑代謝閒及星官數術昆虫草木之微罔不溯幽探賾期於實落根劇而後止嘗取平日目所偶及剩刪殘書單詞隻語隨處錄之久乃成帙自名之曰瑣碎錄李燦爲之序謂得是而珍之可以復性可以立命可以用世可以出世非語言文字比也

鄺幼父修眞朱明峰一日騎牛遊羅浮訪蘇仙入朱明洞曰此南嶽前洞也復有鄺秋蟾宦成歸隱得秘書於石匣未幾脫化去

海龍名上玉年二十喪父母妻亦死子居齋公嶺業圃自供持齋念佛居四年有虎繞其室逾月不去一日過楓木嶺遇老者授之以桃時天啟甲子七夕玉會衆曰予應以是月十五去去當火死越日積薪爲壇舉手作咒擊木魚念彌陀火至腹乃拱手與衆曰去也去也丙戌大旱王假夢於弟令設供於壇衆至壇燃燭時方赤日雲起彌漫已而大雨衆遂設像於永鎮菴曰海龍禪師至今猶有人遇之求雨仍驗

許演空沛縣人由武當遊南嶽訪九仙觀遺蹟結茅居焉桂藩聞其苦行延至郡貴族爭建江樓迎之許曰美矣不免一堆灰後江樓火人始異之所著有道德經註行於世

九龍盃火頭河南人不詳其姓名崇正戊辰入九龍執事火頭遇濕柴輒焚香禮拜火卽起火中往往吐青蓮花狀二十年不言語忽一日執帚掃佛塵向輩馱作語云來世當再來此地修行因擊鼓聚衆曰三日後當長往矣至期趺坐而逝

行勇字不退浙之嘉興人早歲爲農家子方叱牛頃犂鞅斷忽有悟遂薙髮出家徧參諸方見玉林禪師言下契合遂授法時四方禪宗雲集爲玉林法嗣者傾動天下勇獨芒蹻布衣隱南嶽蓮花峰

本朝

淨誦號且拙安仁王氏子初參巾紫峰無學次參弁山瑞白於百丈瑞印以法偈卓錫常寧大義山刻有法華楞嚴方等諸經註原宗辨謬

德遠眉山人初參西山源尋歷諸方後嗣法於萬峰韜順治戊戌任持衡陽之駒峰慈門禪院禪機電發人咸欽慕有語錄若干傳於世

長菴字異目南昌人靈隱和尚法孫巡撫周召南請居上封寺高絜變幻工於詞翰侍郎王澤弘給事中萬奇暨諸名流與之酬唱所註有語錄上封寺志詩文

智音號不韻漢陽人西山遂谷淨源入室高足也尋遊慈化寺寺爲普庵道場普曾手植牡丹一株枯落積歲時寺僧夢普庵凝坐塔院中及曉音至如夢中像衆遂留音說法明日牡丹枯

枝忽放人以爲普庵後身也康熙間退隱桃花門人爲建塔於南嶽之白楊坪焉

智麓崑崙山人初參義山且老繼得法於弁山任持衡陽之旃壇林

天培禪師吉州人姓劉名常鑑嘗聞爆竹聲得句云頂門火發響如雷大地山河立下階始信從前空費力一重擻盡一重灰誦經苦行脇不沾席者十年康熙庚寅主席祇聖寺梵行清白塔建天柱峰下

無心道人號無心不詳其名氏庚寅辛卯間至

南天門依羽人胡某爲師又數年胡去而道人獨處日夜坐一小木欄閉目跏趺行吐納運氣之術冬不爐夏不扇戶不扃鑰糧不隔宿有則餐無則餓餓連宵不乞不募嘗數月無鹽豉朝夕啜水亦無饑餓色經年不下山偶信步惟至黃庭觀亦不踏村市上山中有一僧健訟播虐氣張甚然見道士輒折節下拜道士徐語曰出家子不濟衆則已播虐何爲者

破門僧居衡山二十年以詩自娛更工草聖祝融紫蓋之精靈與蒲團墨瀋打成一片久不出

山以夙昔相知時共談咏

曉堂禪師姓楊名哲天培嗣也繼席祝聖聿振宗風嘗感猿入定鵝聽經前中丞王公贈詩有猿知入定無驚物鵝慣聽經亦解人之句紀實也

僧耳任石頭庵康熙五十二年五月衡山水漲寺院坍塌無算比水至庵僧方危坐誦經忽霹靂一聲水他徙

道親名智依蔣氏子因觀劇感而爲僧置茅庵不設榻坐悟三載始至黃沙寺趺坐石巖積雪數尺辟穀三月定南王禮迎供養順治六年至耒陽坪關佛場顏曰雲山諸僧呼爲活菩薩

天奎耒陽賀氏子名德松幼入空門洞徹本性涅槃說偈曰擊碎崑岡混是玉踢翻滄海總成珠後禮五臺入都卓錫慈雲寺

衡州府志卷之二十八

衡州府志 卷之二十八 寺觀 卆二

衡州府志卷之二十九

知衡州府事豐城饒佺重編

祥異

聖不言祥亦不語異堯水湯旱詎盡人事惟謹天戒懼干和氣畀稽箕範載考漢志休徵咎徵應以其類吉凶不僭視其修悖政善民康災弭祥至緊古循良虎避蝗退

祥瑞

唐

堯在位七十年景星出翼軫

虞

帝遷寶露鼎於衡山之上故衡嶽有寶露

夏

禹登衡山血白馬以祭夜夢赤繡文衣男子稱蒼水使者謂禹曰欲得我書者請齋於黃帝之巖禹退齋三日登宛委山發石取書遂得治水之要

周

靈王時岣嶁山裂毁祝融墳得營丘九頭圖

六朝宋

大明八年六月衡陽郡白鹿見江州刺史江夏王世子伯禽以獻

文帝元嘉十二年醴泉出衡陽縣庭

梁

大清四年二月甲戌衡陽內史周弘直上言鳳凰二見郡界

唐

武德九年閏四月衡陽騶虞見

永泰九年衡陽李樹芝草生莖連樹根

宋

天聖中耒陽張氏一產四子

明

洪武二十年安仁儒學後圃產靈芝二本

永樂九年安仁坊厢產嘉禾一莖三穗或四穗

正統三年安仁儒學產靈芝

成化二年安仁河鹵田畔柳木二株生連枝

成化十二年衡山木生連理

宏治三年安仁產嘉禾一莖三穗或四穗

宏治九年夏酃縣竹生子炊之可以止饑至九月中天雨物如麥

宏治十七年正月初三日衡山大雪深三尺是
歲大稔禾一莖八穗或十穗
正德二年安仁儒學產靈芝
正德四年夏郡境內竹實
嘉靖九年安仁縣北二十里青綠樹生紅子如
龍眼大食之味甘是年縣中產靈芝五本
嘉靖二十二年安仁儒學禾實共蒂雙成次年
安仁縣儒學茄生共蒂雙聯
嘉靖二十七年安仁儒學產靈芝數本
萬歷十四年衡山禾發一莖四穗

國朝康熙十一年大有年
康熙十二年大有年
康熙二十七年衡陽民王朝鼎妻一產三男
康熙三十年大有年
康熙三十七年大有年
康熙四十年大有年
康熙四十六年大有年
康熙五十年大有年
康熙五十二年大有年
康熙五十三年大有年

康熙五十六年衡湘間產嘉禾一莖數穗巡撫
李發甲作樂歲亭
雍正三年大有年
衡陽民王良佐年九十八歲奉
賜八品頂帶後二年壽百歲
雍正六年大有年
雍正八年衡州產嘉禾一莖九穗多至三十穗
共萬餘
雍正九年大有年
雍正十年大有年

乾隆元年大有年
乾隆九年大有年
乾隆十九年大有年
乾隆二十年大有年
乾隆二十一年大有年
乾隆二十七年清泉民謝士凰妻唐氏壽百二
歲
乾隆二十八年衡山人聶繼模以子聶燾貴
誥封文林郎壽登百齡

災異

漢

景帝二年秋衡山雨雹大者五寸入地二尺許

中元年夏四月衡山地震後二年十月衡山疫

元帝元年桂陽地震大水潰出

晉

安帝元興二年衡陽有雌雞化爲雄八十日而冠萎天戒若曰衡陽楚國之邦畧也及桓元篡大位楚國屬焉果八十日而敗此其應也

陳

宣帝大建五年酉衡州獻馬生角五行傳以爲兵家主敗亡之兆後吳明徹兵敗爲周師所獲

唐

開元十五年郡內災延燒三百餘家州人見有物圓大如甕赤如燭籠所至火卽發（按張鷟耳目記此事在開元二年與舊志少異）

貞元三年藍山縣山崩

宋

乾德四年八月壬子郡火閏月己巳郡火

雍熙二年郡火燔州縣官舍倉庫軍營三萬區

咸平八年九月甲子衡嶽南臺寺瑞應峰前忽一夕雷雨平地湧木如龜首足皆具高濶皆一丈

元豐四年六月郡大火燒官舍民居七千二百楹

紹興四年秋衡山祝融峰有山自頹臨武有石因乘迅雷忽飛去韶之曲江

紹興十一年四月衡山淨居巖有蛇長二丈身圍大數尺黑色方文震死山水大至先是山氣遇夜輒昏曀至蛇斃如初

紹興二十六年南嶽廟火

乾道五年郡人有化爲虎者

淳熙二年六月戊午南嶽廟火

元

至正十九年八月十七日安仁人見天上一物白近白頭黑尾銳震雷一聲忽失所在

明

永樂十五年鄠縣山崩蛟出冬大疫

正統壬戌南嶽新廟成高不及舊五尺忽風雷交作白晝晦明及霽廟去舊基半里

成化二十二年九月初二日衡山地震

宏治四年夏郡中地震

宏治六年十月内郡中大氷歲終方解

正德六年二月一日夜酃忽大風雨走石揚沙樹盡拔居民屋瓦皆裂後六月遂有猺賊攻邑火民所居三日

正德十五年春郡中天鼓鳴至秋復鳴其聲如雷

嘉靖十三年三月郡中星隕如雨是月二十一夜將向晨安仁雨黑雨溪港田塘水色如墨

嘉靖十四年八月二十五日夜郡中天鼓鳴火光燭地移時乃止又安仁縣九月二十六夜星明天河淨忽電光起西南震雷一聲雞犬皆鳴又十月二十六夜有大星起自天東迅飛而西其後有光焰長百餘丈聲如雷

嘉靖十五年二月二十二日安仁忽大風起自西北閒拔樹破屋雨雹大如雞卵溝洫皆盈五月郡城中暴風自市江起經城西石塘過雁峰南渡頭地有大龍舟揭入空中三四丈擲下皆碎所至拔樹木壞垣破屋大雨雹八月耒陽火燒民居四百五十間延及城樓

嘉靖二十二年三月耒陽大雨雹拔木裂瓦須臾晝忽晦水深五六尺邑人大駭

嘉靖二十三年七月內安仁縣北二十里地名灘子頭忽雷擊死一人背書罵祖母字

嘉靖三十七年春郡中黑眚見所至即重關密室亦莫能禦婦女被其毒輙死民閒徹夜鳴鉦擊鼓礪刃禦之或有見其形如猿金睛修尾爲祟二月餘乃止桂楊亦然

嘉靖四十五年安仁潭湖平田地方白晝猛虎

出傷數十人驅射之獲一虎餘散入衡陽衡山耒陽縣界復傷數百人

萬曆十九年冬郡中民家有雌雞化爲雄能啼其後卒有火災

萬曆二十一年秋七月郡城東門外火自鐵爐門起至瀟湘門之下延燒千餘家

萬曆二十八年衡山訛言兵至民居驚竄一月乃稍定次年黑眚見居民數月不寧

萬曆四十八年冬十月黑妖見晝出沒人內室人或有見之者身短而黑狀如狐比戶驚恐男

女終夜不能寢鳴金擊柝以禦之月餘乃止

天啓四年五月五日午刻衡陽民暴驚傳有寇至耆闔邑皆倉皇不知所避至申昔乃息寧邑亦然

崇正戊辰十一月初六夜虎至西門伏項姓者之簷右衆共殺之旬日隣右病疫死者廿餘人

崇正己巳三月初三日夜暴風雷桂王寢殿震圯

崇正四年辛未四月二十二夜五鼓地震環鐵錚錚有聲七月十一夜又震是年五月有虎五

咆哮於花藥山三日獵戶逐之乃去

崇正七年甲戌三月十七夜風雨暴作望岳望湖兩城門譙樓傾圯

崇正十年丁丑衡陽曾氏婢生子兩頭四足

國朝

順治五年戊子有九頭鳥過鄗縣聲若笙簧昔有識之者曰不祥之鳥至大難將作矣次年摠制堵潰卒數萬蟻屯鄉聚殺掠無遺是年鬼哭每夜半如萬口囂喧昔作洶涌奔騰狀陰風慘慄至十一年後其聲始息六年之閒青燐遍埜

白骨成丘而人民十亡其八九矣是年十二月衡山嶽廟燬

順治八年辛卯三月十二日夜衡山大雷雹擊碎飛來船石

順治九年壬辰七月初一日申刻有大星赤如火炬由東南墜於東北聲如震雷光同白晝

順治九年起至十一年止衡陽各鄉有虎出常白噬人可憐懷節大平鄉約傷人二百有餘

順治十八年辛丑八月初九日申昔有大星約長十丈小星從之白氣如練起于西南向北疾

走轟然是年郡城內獲一熊黑色形如狗而差大不知由何而入或有舉何孟春熊于字爲能火成說者六月江東岸災自南渡頭至楊林廟燒居千餘家十二月除夕城外鐵爐門火延燒至雁峰下約三千餘家

康熙三年甲辰十月彗星見于翼軫歷十七宿月有餘乃止

康熙六年丁未秋七月某日雷震衡陽縣儀門兩壁柱爲碎柱礎躍入簷際械杻詹下者咸無傷

康熙七年戊申正月二十七日夜白虹見于甲方越二日乃滅二月初七夜復見是年酃有虎患常每日傷一二人樵牧路斷

康熙八年己酉衡山桃李冬實

康熙二十七年正月南門外延燒至鐵爐門約千餘家

康熙三十一年七月十三日迴雁門城外失火延燒南城譙樓城內火至四牌樓城外火至江西會館共燒千餘家又飛火江東岸燒百餘家

康熙五十五年郡饑知縣高清自十二月起至

次年三月止捐俸在西湖寺賑粥

康熙五十七年郡多疫知縣高清副將胡有亮自五月起至九月止在賓日門內開局施藥多所全活

康熙五十九年十一月初八夜自城南門外珠瑯巷火延燒民房九百餘家

雍正五年夏衡陽鄉城乏米由長永運至者斗米二錢餘監生譚開俩倡捐于花藥寺賑粥起五月朔訖六月望費銀一千二百餘兩守道徐埰倫嘉其義舉議旌辭不受

乾隆四年安西門外牌頭易賴街火

乾隆十年城內火自小東華門至府前

乾隆十七年夏五月饑斗米價三錢零知縣德貴倡捐賑粥於花藥山廠中經理紳士趙燕趙煦羅士望劉堯策周世昌熊勤三劉天柱馬延齡唐宗禮許學仕李鴻翥萬寧張際軒左修業陳禮家曹啓煒黃坤章伍朝瑞張時玟閔政郊洪璧張際成劉文森譚開泰分天地元黃字號每六人五日輪替外者民曹士龍黃文昌始終經理之逐日煮粥分別男女次第給散自三月

初八日起至六月十五日止約費銀一萬七百八十兩零又西鄉面湖涸生員王紀王韜監生王綱王命呈請於本鄉施粥約費銀一千二百兩有奇事竣詳報具　題奏

旨捐銀六百兩八百兩之貢生趙燕張時玟議叙捐銀三百兩以上之貢生周世昌監生王綱等巡撫給匾其不及三百兩至三十兩以上者分別捐數司道府縣以次給匾其三十兩以下者概准勒碑一體旌奬

乾隆二十二年王城街火故桂府石獲猊損其

一

按邑之民居湊密火災特甚歷代史不絕書乾隆二十一年本道孔本府饒同時蒞任深爲籌度須行火政飭衡陽縣徐堂清泉縣孔恂酌量地勢民情簡易可久之策其法不用另立水軍止令各坊居民平時每十家備水一桶十五担或二十家甃一石池則三十担各字號置挑桶三副提桶木瓢各二汲筒一矛鈎三麻搭二鐵貓一擯繩一鋤一斧一册交保正收掌仍不時巡查池桶滿貯兩縣選

撥民壯四十八名給以白褂馬褂腰牌提燈書明壯丁保正名目暮夜城門軍驗係救火字様開門放行無事時朝夕巡警但有火起本坊保正登城鳴鑼吹號則文武官平日派定兵役並千把一員看守各衙署倉庫禁獄壯役器具齊到火場束短衣着鼓鞋營兵協助持矛鈎爭先拔屋刨椓倒牆以壓火勢撤去近火之屋以斷火路火止計間給價並讓開水路各桶担源源接濟不問軍民人等該坊保正遇水發籌火止該縣立即照籌給錢每逢救援各字號保正壯役不呼而異集至少亦有六七字號若至齊集必已止熄今於天亢風燥之時雖不能全無火患然旋即撲滅總不至於延燒附識於此留心民瘼者踵而勿廢焉

水旱

梁

天監中耒陽江水暴漲蔽檣桯嶺而下淹沒邑聚幾盡

宋

建隆元年八月郡大雨水月餘

治平八年四月郡大水壞官私廬舍

熙寧八年四月衡山水溢

崇寧元年郡大旱

宣和六年郡大旱

淳熙六年郡大旱七年自七月不雨至于九月郡中大旱

元

元貞三年桂陽旱

大德元年七月郡及耒陽大水酃縣亦大水溺死三百餘人九年桂陽蝝是年常寧饑

至大二年七月桂陽臨武水

皇慶二年六月郡內饑

延祐元年六月郡內饑五年五月桂陽饑

泰定元年六月郡及桂陽饑

天歷三年正月郡內饑

至順二年五月常寧州饑

元統四年八月桂陽旱五年郡內饑十三年桂陽旱

至正二年桂陽旱十三年桂陽旱

明

洪武二十一年安仁大饑

永樂三年安仁大饑

宣德五年安仁大饑

天順二年衡山大饑

成化甲午耒陽大饑十年閏六月初九日安仁霖潦三日水溢城內皆汎舟以濟廬舍漂流人畜淹沒十一年衡山大水二十二年酃縣大饑

宏治六年安仁大饑

正德二年夏郡中旱大饑次年安仁饑五年安仁又饑六年五月酃大雨震雹龍出山崩六月初一日安仁霖潦三日水溢上鄉山岸俱崩男女溺死者八十九人壞田七百五十二畝十六年安仁大饑

嘉靖元年夏郡中大水城圮水退民多疫衡山

亦大水城壞

嘉靖二年冬郡大水

嘉靖三年安仁大饑五年藍山大旱禾麥無收

嘉靖十三年四月二十九日夜雨如傾平地水高忽丈餘山崩地陷廬舍傾没人畜漂溺者不勝計十五年安仁大饑

嘉靖二十三年春夏大旱秋苗不植蝗作民大饑困又自九月至十一月無雨炎熱如夏民多疫及次年郡屬皆饑穀騰貴頃之無穀可糴民多採竹實劚蕨根以食流亡不可勝數

嘉靖三十九年衡山大水四十一年衡山叐水

嘉靖四十三年安仁水溢昏夜猝至人多漂溺

隆慶元年藍山山水泛濫衝岸崩隄田塘淹没幾盡

萬歷七年衡郡饑九年安仁大饑

萬歷十四年桂陽蝗害稼忽風雷大作蝗滅

萬歷十六年戊子衡山自二月初大雨百餘日不少止苗盡傷至十八年庚寅亘歲皆大饑民多疫死

萬歷二十一年六月初二日漏下二鼓常寧黄崗有蛟出水大溢高至數丈縣之西江一帶民居盡傾壞城爲之圮漂溺不下千人有闔門五十餘口一時葬魚腹者所没民田不可勝算是歲郡大旱及次年甲午郡大饑斗米値價銀一錢五分

萬歷四十四年丙辰六月大水官衙民舍皆湮府廳各官避居城樓衡山城圮城中水深五尺耒陽縣亦同次年五丁肥又大水較先年稍減

天啓四年甲子郡大旱次年斗米價値銀一錢殍殣載路

崇正十五年壬午三月十三日南嶽接龍橋水漲溢洗去嶽廟涯生宫

崇正十六年癸未郡大旱

明末丙戌歲大無次年丁亥斗米價至一金自四月初至六月陰雨不息兵荒洊至疫氣盛行死者相枕藉道路民間幾無孑遺

本朝順治八年辛卯夏五月酃縣一二三都大水泛溢從皷潭暴至房舍漂没近溪田畝半爲砂石壅碾人民溺死甚衆

順治九年壬辰郡大歉

順治十三年丙申六月耒河水暴漲近岸民居牛畜漂流無數七月二十四夜常寧縣水山崩平地水深二丈餘死者千計臨武同昔大水害與常寧略等

順治十四年丁酉大旱

順治十六年己亥四月衡陽東鄉三角潭龍出于水中露頭角迅雷驟雨平地水深丈餘山嶺崩陷田畝蕩洗人畜漂溺獅塘高橋石虹盡爲崩塌

康熙四年乙巳大旱

康熙六年八年九年俱旱

康熙四十二年大旱

康熙五十年四月二十三四兩日夜霪雨如注蒸水大漲呆山祁山盧山伊山蛟乘雨出成災推去田畝塘池共五千四百畝零房屋寺觀一千九百六十八間溺壓男婦大小二百七十四口衝洗鄉橋三處青草橋兩磐奉減民糧三百五十一石二斗零減餉銀二百九十兩零減屯糧五石六斗五升八合減屯餉銀二兩九錢九分零

康熙五十二年蒸湘大漲府堂水深五尺郡城內外湮沒房屋六百五十七戶鄉中湮沒房屋一千九百六十戶奉文減糶又動庫銀五百兩分給又發庫銀四百七十八兩零買米三百九十二石裝運被水地方散給

乾隆二十五年耒陽常寧二縣旱奉

旨蠲賑

恤典

明

洪武二十九年詔湖廣諸郡宜桑而種之者少遣人于徐州取桑種二十石送至湖南長寶各府以一石給衡州民使種之

正統六年廵按湖廣監察御史秦鏞奏武昌長沙衡州等處連年旱澇人民缺食已散預備倉並貯官倉糧驗口賑貸俟秋成還官從之

成化二十二年以旱災免湖廣各府州縣秋糧五十餘萬三千餘石

宏治八年湖南水旱相連二十府州衡州之鹽廵撫都御史樊瑩奏通廣鹽收其餘利以給賑濟從之

正德五年詔免湖廣正德三年分逋稅

正德十五年以灾傷免湖廣稅糧

嘉靖十六年丁酉以湖廣灾傷詔發本省事例銀兩及凡預備倉銀穀賑濟

萬歷十七年秋以灾傷蠲湖南秋糧有差仍命發預備倉粟賑之

萬歷庚辰衡郡饑穀價翔貴知府李燾令民開輸粟者如例以冠帶榮之衡陽縣民劉繼莘輸粟二百餘石因額其門曰興仁予之冠帶

天啟元年九月免湖廣灾傷田租

天啟四年郡大饑廵道周士昌施粥賑濟全活甚衆

崇正十三年減湖廣田租十五年蠲湖省舊欠秋糧

國朝

順治四年十月奉文查兵馬殘破地方凡有田地荒蕪未經耕種者許有司官冊報准與豁免徵熟至六年兵廵道張兆羆報免衡陽縣荒糧約四萬餘石其餘旁縣報免多寡不等

順治十年四月十三日免湖南衡永辰常長寶郴靖等府州六七八九年舊欠果係大兵悉與蠲免其有十年分錢糧仍速行查順治十四年以後有被兵不次而五六七年之荒竟未一報相應查蠲荒徵熟從偏沅撫臣金廷獻備陳凋殘情形　題疏額請也是年大饑兵廵張兆羆施粥以濟

順治十四年常寧大饑知縣張芳施粥兩月活

人甚衆
順治十七年七月奉文查蠲順治十二年至十
五年錢糧之實欠在民者
康熙元年豁免旱灾十分之二
四年因星變地震晝晦諸灾查蠲順治十六年
至十八年錢糧之實欠在民者是年總督張長
庚因供應進勦西山之役
題爲楚民之元氣盡傷等事蠲免糧餉十分之
一又因督撫會報旱災蠲免錢糧十分之三
九年廵撫盧震奏免揑墾地糧並新荒地糧

十年因歲旱督撫彚題蠲免地畝人丁錢糧十
分之三
十三年因旱灾照各地方受灾輕重分數蠲免
十四年動支往年積穀賑恤饑民
十五年因水灾照被灾分數分别蠲免地丁錢
糧動支積穀賑饑
十八年因旱灾照被灾分數蠲免地丁錢糧其
驢脚南糧亦照分數蠲免
十九年耒陽常寧安仁三縣因旱蠲賦
二十年廵撫韓[illegible]因吳逆踞郡歷年衡陽首邑

田地荒蕪過半
題免新報荒糧一萬七千三百石其餘各縣蠲
減有差是年又蠲免下半年起解正餉
二十一年蠲免上半年起解正餉
二十三年因旱灾蠲免漕糧三分之一
二十四年因旱灾奉
上諭民欠錢糧概行蠲免
二十五年因旱灾奉
上諭各項錢糧皆免一半
二十六年蠲免一年起解正餉

奉
詔恤養八十九十老人各給絹帛銀有差
奉
古蠲免漕糧
奉
詔積欠錢糧槩行豁免
二十八年蠲免地丁驢脚南米十分之三
奉
詔七十以上許一丁侍養八十以上者給與絹綿米
肉有差

二十九年因旱災蠲免上半年錢糧
三十一年因旱災蠲免漕糧
三十四年蠲免節年地丁錢糧之實欠在民者
三十九年奉
上諭本年錢糧槩予蠲免
四十二年恤養八十九十老人各給絹帛銀有差
四十三年巡撫趙■請發常平倉賑濟大口人
四斗小口人一斗五升並蠲免地丁正雜錢糧
四十四年蠲免四十五年分錢糧
五十年奉

上諭遍賜天下輪流蠲免本年錢糧湖廣值年蠲
五十二年衡陽縣被水淹倒房屋賑恤銀兩
六十一年十一月奉
詔年七十以上者許一子侍養免其雜差八十以上
者給與絹綿米肉有差
雍正元年奉
詔各省婦女年七十八九十者給與絹布米有差
十三年
今上登極九月奉
詔滿漢八十以上除家奴外給與八品頂帶又七十
以上者許一子侍養免其雜差八十九十給與
絹綿米肉有差
十一月奉
詔各省婦女年七十以上者給與絹布米有差
乾隆二年衡山縣因被水淹倒房屋賑給銀兩
七年衡山縣因被水淹倒房屋賑給銀兩
十一年奉
旨輪流蠲免天下錢糧湖南正值通行蠲免之歲
十六年
賜八十九十老人絹綿米肉有差

二十四年耒陽常寧二縣因被旱奉
旨借給籽種補種秋蕎雜糧照被災分數蠲緩地丁
錢糧分別極次貧民各予賑恤於次年春又奉
恩旨加賑兩個月
二十六年奉
詔軍民七十以上者許一子侍養免其雜差八十九
十老人給與絹綿米肉有差

兵燹

史記吳壽夢十六年楚共王伐吳至衡山

左傳楚子重伐吳爲簡之師至于衡山

通鑑漢武帝元鼎五年將軍路德博擊南越兵出桂陽郡○桓帝永壽五年長沙賊起寇桂陽等郡遣御史中丞盛修督兵討之不克再遣太常馮緄討之○延熹六年桂陽賊李研等寇郡界○延熹八年桂陽賊胡蘭等攻桂陽郡太守任胤棄城走○靈帝時區星據鍾武城作亂孫堅討平之

晉書安帝義熙六年盧循寇湘中諸郡

梁普通中衡民相聚寇抄詔以裴之平爲假節超武將軍都督衡州五郡征討諸軍事之平至郡賊即平殄

隋書文帝開皇九年己酉陳岳陽王叔慎起兵長沙籍收衡陽郡兵太守樊通應之

唐鑑宣宗大中六年衡州賊帥鄧裴作亂詔湖南團練副使馮少端討平之

唐書懿宗咸通開戍兵亂脇糧料判官龐勛爲將取庫兵剽衡湘

唐鑑僖宗乾符六年十月黃巢自桂編大桴乘暴水沿湘下永衡破潭州招討副使李係走朗州兵十餘萬殲焉投胔蔽江賊衆號五十萬進偪江陵○僖宗中和元年冬武陵蠻雷滿等寇衡陽○僖宗光啟二年衡州刺史周岳發兵攻潭州

唐書雷滿者武陵人本漁師有勇力荆南節度使高駢擢爲裨將後逃歸與里人區景思嘯亡命爲亂先是㵲溪人周岳與滿狎因獵宰肉不平而鬬欲殺滿不克見滿據朗州悉衆趨衡州逐刺史徐顥詔授岳衡州刺史岳後爲邵州刺史

鄧處訥所攻殺之

通鑑紀事本末馬殷扶溝人唐僖宗乾寧元年與龍驤指揮劉建鋒引兵灃陵襲殺武安節度使鄧處訥建鋒遂代處訥爲節度以殷爲馬步軍都指揮使建鋒私長直兵陳贍妻贍擊建鋒殺之諸將殺贍迎殷爲留後（周羽沖三楚新錄云衆軍迎殷爲主殷懼欲拒不行值夜方曙忽覩一人黑色偉貌執棒鞠躬趨報曰軍國內外平安俄不見殷以爲佳兆謂所親曰此行未必不爲福及至衆果奉之殷立使人閒道上表僖宗在蜀甚悅據其表朱書御札遣使許自開國立臺置官屬分天子之使半焉）昭宗光化元年湖南管內九州賊帥楊師遠據衡州殷使部將李

瓊攻斬之並攻永郴斬其賊帥唐世旻陳彥謙二等湖南平三年殷遣將擊全義閫桂州靜江節度使劉士政降梁開平元年以殷爲楚王兼武昌節度招討等使二年荊南節度使高季昌遣兵屯漢口絶楚朝貢路殷擊之季昌請和殷又遣兵攻嶺南取昭賀梧蒙龔富六州土宇既廣乃養士息民湖南遂平四年詔加殷天策上將軍始開天策府冬辰州蠻酋宋鄴溆州鄉潘全盛寇武岡殷遣呂師周將衡山兵討盛誅之鄴遂降後唐莊宗同光初殷遣其子希範入見加殷尚書令三楚新錄云希範入朝莊宗謂之曰聞卿部有洞庭湖其波無際有之乎對曰有之陛下若一旦南巡此湖不足飲馬莊宗甚悅初殷既得湖南不征商旅由是貨財輻輳國以富饒明宗天成元年秋加殷守尚書令封楚國王三年吳楊行密使右雄武軍使苗璘靜江統軍王彥章將水軍攻楚岳州殷遣其右丞相許德勳禦之吳軍大敗俘璘彥章以歸吳求和殷以璘彥章畀之德勳餞二人謂曰楚國雖小宿將猶存願吳勿以措懷俟衆駒爭皂棧方可圖也時殷多內寵嫡庶無别諸子驕奢故德勳語及之四年殷命其

子希聲知政事摠錄諸軍長興元年殷寢疾遣使詣闕請傳位于希聲殷卒遺命諸子兄弟相繼眞劍于祠堂曰違吾命者戮之希聲既襲位聞梁大祖嗜食雞慕之日殺五十雞爲膳居喪無戚容十二月葬武穆王殷諡武穆于衡陽今衡陽縣北上灘水有馬王墓將發引頓食雞臛數盤三年希聲卒六軍使袁詮等迎鎮南節度使希範于朗州立之梁加希範侍中中書令楚王魏王清泰四年溪州刺史彭士愁叛命指揮使劉勍廖匡齊等帥衡山兵五千討之士愁敗降自是羣蠻服于楚希聲自謂伏波之後以銅五千斤鑄柱高丈二尺入地六尺銘誓狀于上立之溪州希範奢欲無度喜自誇大爲長槍大槊飾之以金可執而不可用募富民年少肥澤者八千人爲銀槍都作九龍殿刻沉香爲八龍飾以金寶長十餘丈抱柱相向希聲居其中自爲一龍其幞頭腳長丈餘以象龍角用度不足重爲賦斂開運二年希範疑其弟靖江節度使希杲得人心使人毒殺之漢天福十二年希範病卒都指揮使張少敵等以希萼長欲立之劉彥瑫等矯稱希範遺

命共立希廣爲楚王希萼自永州來奔喪希萼使分潭朗而治之遣還朗州乾祐二年秋希萼將攻潭州彥瑫等拒之大敗希萼于僕射河希萼遣使稱藩于南塘乞師攻楚唐加希萼同平章事命楚州刺史何敬洙將兵助希萼希廣遣劉彥瑫率萬人入朗州希萼率戰艦逆戰于湄州彥瑫乘風縱火以焚其艦頃風回自焚彥瑫大敗希廣聞之不知所爲遣客說希萼曰忘父兄之讐北面事唐何異袁譚求救于曹公耶希萼不聽悉兵趣長沙自稱順天王軍于湘西希

廣信巫覡及僧語塑鬼于江中舉手以郤朗兵又作大像于高樓手指水西怒目視之命僧日夜誦經希廣自衣僧服膜拜求福都指揮許可瓊爲希萼內應長沙遂陷朗兵及蠻兵大掠三日殺吏民焚廬舍自武穆以來所營宮室皆爲灰燼積貨皆入蠻落劉彥瑫奉希廣諸子奔唐馬希崇者希廣庶弟也迎希萼入府視事閉門捕希廣獲之賜之死後周廣順元年希萼入貢于唐唐以希萼爲楚王希萼縱酒荒淫悉以軍事委希崇將士徐威等謀作亂適希萼宴將吏

威等驟入執斧縱擊希萼踰垣走威等執囚之立希崇爲留後幽希萼于衡山指揮使廖偃匡圖之子也與其季父匡凝謀曰吾家世受馬氏恩（三楚新錄云初馬殷時匡圖自邵陽叛率族來奔部曲從者數千人殷以其豪强將拒不納或曰廖者料也馬得料必肥是國家强覇之兆何爲拒之遂待以禮命刺永州）今希萼長而被黜必不免禍盍相與輔之于是率莊戶及鄉人數百共立希萼爲衡山王以縣爲行府召募徒衆數日至萬餘人遣使求援于唐徐威等見希崇所爲事必無成又畏朗州衡山之偪欲殺希崇以自解希崇覺之懼密遣客將奉

衡州府志　卷之二十九　兵燹

表請兵于唐唐命信州刺史邊鎬自袁州將兵西趣長沙希崇奉牋請降見鎬望塵而拜鎬稱詔勞之（三楚新錄唐命邊鎬救楚實伐之也初童謠云鞭打馬馬急走鎬至希崇謀拒之或以童謠爲諫希崇遂降）時湖南大饑鎬大發馬氏倉粟賑之楚人大悅鎬趣希崇入朝乃與宗族及將佐千餘人痛哭登舟鎬又遣李承戩將兵入衡山趣希萼入朝希萼率將士萬餘人自潭州東下唐以希萼爲江西道觀察使鎮洪州仍賜爵楚王以希崇爲永泰節度使鎮舒州希萼後年數年卒于金陵

舊志宋太祖建隆三年壬戌湖南節鎮周保權遣兵戍永州至衡州衡州守張文表驅之以襲據潭州（三楚新錄云周行逢據湖南疾病命其子保權曰麾下將校兇狡難制者除之已盡惟衡州張文表耳吾死後此人必叛萬一不敵當舉族北歸毋使骨肉落虎狼之吻行逢卒數月文表果叛舉兵襲長沙殺行軍司馬廖簡保權年方十三聞之嘆曰先君可謂知人矣遣使奉表求救于宋太祖命慕容延釗帥兵討之未至保權命部將楊師璠率萬衆討之大破文表于亭津梟其首餘黨皆戮初文表將叛猶豫未定有貧者夢文表頷上出一龍文表大喜曰此天命也于是舉兵及敗論者謂龍神物也而出于頷是神將去矣已而保權入覲）

宋史仁宗慶曆三年猺人出桂陽藍山華陰峒害巡檢李延祚都監張克明事聞擢楊畋提點刑獄督攻討事

宋鑑高宗紹興元年盜曹成亂湖南屯攸縣安撫使向子諲遣兵扼衡陽圖之援兵不至成擁衆大至官軍悉潰成大掠執子諲去

宋史孝宗乾道元年宜章峒賊李金焚桂陽軍州將棄城遁世忠尚李昂霄率壯丁禦賊民恃以安

宋鑑理宗景定元年二月蒙古遣偏師取道大理由廣南抵衡州州將向士璧合劉雄飛兵逆戰于道敗之獲還俘民甚衆○又元將兀良哈進屯青草灣衡陽尉穆演祖提兵拒之（詳秩官志）

元鑑順帝至正十六年八月庚午徐壽輝僞帥倪文俊陷衡州路元元帥甄崇福戰死

舊志元至正間流寇至耒陽境燒燬民舍畧盡臨武紅巾賊起

明大政記元至正甲辰十二月元帥徐達遣偏將傅友德丁德興等帥師取衡州元左丞鄧祖勝棄城走永州○丙午十一月酃縣賊饒一作亂明指揮使畢榮討平之時太祖已即吳王位○戊申四月耒陽等州始遣人來降則太祖即位之元年也

大政記洪熙元年藍山賊潘康生等誘衆作亂並寧溪猺蠻流刦韶廣西總兵鎮遠侯顧興祖調兵勦捕

舊志天順八年廣寇陷桂陽州城大肆屠掠

憲章錄成化元年正月廣西流寇入桂陽州

正德六年廣福流賊自江西破酃縣

明史槪正德十一年郴桂賊龔福全劉福興等刦畧安仁縣破其城擄知縣韓宗冕

舊志嘉靖三十二年巨寇李萬琦剽衡陽之慕化永福等都○三十三年衡永等處盜起○四十

五年安仁大洲賊亂

崇正十年丁丑正月臨藍礦寇攻常寧縣屠居民數千焚燬民屋殆盡攻桂陽州城幾陷聯舟數十由衡州下湘潭往來凡三郡城戒嚴兵巡副使李·嵩督兵禦之結筏于耒江口塔下爲堵截計賊首劉新宇郭子奴等蜂擁來犯持巨斧破筏官軍大潰莫有當其鋒者指揮閔師孔傷于敵溺水死事聞詔巡撫偏沅副都御史陳睿謨調兵進勦次年戊寅賊復犯衡適沅撫所調顛黔兵至與賊戰于城南之新街陣斬級數十

賊大駭竄沅撫隨進臨桂雕勦通判范景伊推官孫明孝從征誅渠散脅賊乃蕩平因以桂陽州之禾倉堡建嘉禾縣以撫治之

崇正十六年癸未八月流賊張獻忠[即八大王]陷長沙總兵官孔全斌等兵潰走衡縱火燔藩府官署及郡城內外易賴街江東岸等處廬舍灰燼無餘遊擊尹先民迎附于賊九月獻忠入衡時王府正殿猶存賊踞之旦夕酣宴其中開科殿試考授僞員郡之劣衿咸趨逐之十月初十日賊去之常德過荊州入川留僞巡撫譚嘉瑞僞知府吳之才僞推官陶煥守衡十二月督師兵部侍郎呂大器自贛州遣兵收衡檻車囚嘉瑞等以去郡始反正

崇正十七年督部何騰蛟駐兵長沙各鎮悍不用命黃朝宣結營衡山燕子窠張先璧建纛攸縣郝永忠盧鼎分踞郡城縱兵殃民弱肉强食招募亡賴子以充伍民悶棄業從戎者比戶有之丙戌九月郝永忠由郴襲桂陽州殺僇良民以萬計並殺州學正周之達丁亥二月盧黃兩鎮搆難舉兵相攻民悶虩虩懼有池魚林木之

殃聞　清兵入境兩鎮始解兵而遁

大清順治四年丁亥四月恭順懷順智順三王帥師取衡黃朝宣兵潰率其姬侍匿于郡南花藥寺前鋒執而殺之

順治五年戊子九月原任衡州府同知朱蘊金楚藩宗室舉兵耒陽率衆犯衡道經小江口大肆焚掠賀氏一族罹害爲甚○是年冬黑馬副寇衡嶽後山居民有橫被其害者

順治六年己丑前督師何騰蛟率滇將胡一清等從粵西出攻圖永州數月破之[永城糧絕殺人啗肉城乃]

不支以次臨衡疾趨湘潭適　和碩鄭親王部滿
漢兵來援騰蛟不戒被執不食死之時亂兵四
潰有一隻虎者闖賊餘孼也歸明號忠貞營制
撫堵允錫督之驕不聽命乘亂大掠取道永興
奔粵民被其毒者衆
順治八年辛卯六月紅頭賊萬餘大掠酃縣居
戮甚慘
順治九年壬辰六月李定國率衆數萬出滇度
楓木嶺襲寶慶府破之遂間道趨全州斬嚴關
口而進七月初三日攻桂林府入其郛定南王

孔有德見勢不支自焚死定國旋自粵入永次
衡駐兵四月餘遣其將張勝次湘陰高必貴掠
江西之永新
朝命和碩敬謹親王行定遠大將軍督滿漢大兵至
與定國接戰于城北之香水菴草橋轉戰至演
武亭凡數合殺傷相當定國逸入寶慶是役也
王親督俥身犯矢石遂及于難是爲十一月二十
四日也時新喪元戎紀律頓弛樵蘇四出以牧
馬爲名衡之東鄉零泉衡陽慕道新城東陽建
興各都環百餘里居民獸散咸逃死于安耒茶

攸諸邑嗚吠無聞者半載村落爲墟時嚴雪沍
寒有皸膚折趾者有僵死凋斃者未可指數自
十一月訖次年二月朔旬軍政始肅癸巳復旱
田業荒蕪過半矣
順治十四年丁酉經畧總督洪公承疇規取滇
粵治兵于衡駐節石鼓書院
順治十五年戊戌七月遊兵刦耒陽之馬水鄉
及常寧西南東三鄉
康熙十二年癸丑冬十一月平西親王吳三桂
叛于雲南兵出沅州次年甲寅正月初二日傳

檄至衡時守禦單弱遠近聞風震慴湖以南遂
無堅城撫鎮司道府縣等官或棄汛不守或納
印欵附三桂唾手踞楚上遊連營松滋稱周元
年事聞
詔順承郡王帥滿漢大兵扼荆州以防其奔突繼
命和碩安親王行安遠靖寇大將軍由袁州向長
沙　和碩簡親王行揚武大將軍由吉安向衡
州會師進擊〇丙辰二月十六日三桂兵喪于
萍鄉復衄于松滋乃疾趨湘潭〇七月虎入城
僞武寧將軍孫延基延齡之弟也時駐衡逐虎

虎從柴埠門城堞躍出至三聖祠殺之以其皮
爲茵未幾三桂遣緤戍德收延基縊之于七郎
廟殮畢取虎皮覆棺上燔丁郊○僞兵曹韓人
任等陷江西之吉安會　簡親王援兵大集環
吉安困之數月大任突圍出奔　大兵戰于螺
子山被創復犇入城三桂遣馬寶等往救不得
進引歸大任棄城潰圍走萬安旋逸入閩詣
和碩康親王軍前乞降○[illegible]月三桂遣僞龍威
將軍吳世琮入桂林誘孫延齡殺之○十一月
初五日三桂由湘潭入衡踞府治爲行殿其壻

僞將軍胡國柱夏國相居戎糧兩廳僞帥馬寶
王會吳國貴等分壘于江東沿河上下掘壕立
塹爲自固計○戊午正月三桂遣胡國柱等攻
廣東韶州敗還○二月三桂諜稱尊僞黨上表
勸進遂于郡南迴雁峰前之饅頭嶺建壇爲位
僭即帝位改元昭武以大牢祀天燔柴薦璧草
草成禮是爲三月初二日也乃時憲曆之閏三月二日時陰雨浹
旬至是日午刻稍止儀仗鹵簿擬于乘輿設六部通政大
常國學等官文武朝賀于府治加爵進級有差
改鼓樓爲五鳳樓迴雁門爲正陽門大街爲碁
盤街倣　京師之制焉又改桂陽州爲南平州
桂陽縣爲義昌縣自避其諱云○七月馬寶郭
壯圖等攻圍永興縣不克○八月開棘闈于常
德府以僞翰林車文龍爲典試官中式者六十
人○是月三桂遘疾初病噎繼下痢十七日斃
于府治民間傳言三桂未病之先數日見朱衣人長丈餘隱見于署內枇杷樹下遂伐
其樹並有鴉梟犬吠之怪焉秘不發喪每日奏事上食如故
○己未正月三桂之孫世璠襲僞位于貴州改
元洪化始發僞詔迎喪以行道由演陂橋金蘭
市入郡民之執役者甚苦之○二月初十日賊

帥馬寶等見　大兵將廹俱渡江東岸劄營謀
逸去十四日　簡親王兵尅衡山從觀湘墖濟
師尾賊賊燒營以遁並燔郡城內外廬舍悉爲
瓦礫賊間道走常寧奔祁陽入廣西衡屬自甲
寅被陷至是五年始反正焉
傳三桂初亂時于雲南土中掘得一石有字云魚生足三家哭土邊木土邊木鐵扁擔到頭也
自足鮮日魚生生足者魚得足乃行也合之爲衡字三家哭土邊木者隱然三桂二字也末句乃
僭號意卒斃于衡其言遂爲讖云○又三桂稱帝時衡有筮者筮得睽卦至于八月有凶果驗
二十七年茶陵州學生員陳丹書等作亂衡城
內藥爾臧王安兒等爲內應七月賊從安仁屯

江東岸衡永郴道董廷光先目傳令箭驅船盡
歸河西賊結筏渡河攻小西門廷恩擊死王安
皃拋城外絶葉爾臧出城籍共家軍器糗糒俱
其賊知事不成逸常寧縣城守陳盛之子陳光
國率兵尾至常寧擒丹青餘黨悉散

衡州府志卷之二十九

衡州府志卷之三十

知衡州府事豐城饒佺重編

藝文一

將鑒成局文獻是遵顧惟考獻未若徵文雖無老成遺訓猶新楚爲文藪炳炳麟麟孔遺楚風楚騷絶倫句幹元造辭嬔皇墳杜韓遺詠朱張流芬譬彼衡雲郁郁紛紛

碑

大禹碑

楊慎釋文

承帝曰咨翼輔佐卿洲渚與登鳥獸之門參身洪流而明發爾興久旅忘家宿嶽麓庭智營形折心罔弗辰往求安定華岳泰衡宗疏事裒勞餘伸禋鬱塞昏徙南塗衍亨衣制食備萬國其寧竄舞永奔

沈鎰釋文

承帝曰嗟翼輔佐卿水處與登鳥獸之門參身魚池而明發爾興以此忘家宿岳麓庭智營形折心罔弗辰往求平定華岳泰衡宗疏事裒勞餘伸禋鬱塞昏徙南暴昌言衣制食備萬國其寧鼠舞蒸奔

按全楚志夏禹陟山導水功成刻石衡山輿地紀勝云在岣嶁峰又傳在密雲峰昔樵者見之宋嘉

定初蜀士因樵者引至其所以紙打碑凡七十二字刻之夔門峽中隨俱亡後負憲張季文自長沙得之云是宋嘉定中何致子一摹刻於嶽麓書院者脊蚪斗文字凡七十七字不可曉碑旁小書內三字剝落至明嘉靖初國子生沈鎰自謂能辨其文因爲釋義云禹承舜帝命已曰禹乃我悉翊輔佐之卿所當與同憂者今水懷山襄陵九州一睿是所處者乃在水中與所登者皆鳥獸所由之門何興參身於魚池之中此皆可嗟之事也因戒禹當明發不棄蚤夜與起以除此害以上遜舜命禹之詞於是禹承此命急於救民故八年於外不歸三過其門不入以此忘家而來宿於岳麓之庭也是以勞心焦思則智營矣手胼足胝其形折矣辰時也是也言此心無時不在於是必欲往求天下之平定而後已所以華岳泰衡之名山無處不到也宗王也疏導也裒聚也言所王疏導之事雖則聚於一身然山川之神柴望之禮不可不衆故於勞苦之餘少伸禋祀之誠也羸水之克斥處亦塞水之壅遏處也昏下民昏墊者也今三者之害既徙則險阻平而水患除矣於是南荒之地始可以

暴其昌言以淑諸民性使知衣有所制食有所備不致有所寒阻饑而萬國以之咸寧矣未言鼠出之細性穴處而惡濕今水患既除則得以安於穴處衆鼠亦知衆舞而各有所奔投無復昔日沒溺之患矣必言鼠者擄時所見者言蓋鼠與至微亦有所處而衆則大者可知矣初鎰得此刻夜焚香而祝曰神禹聖人也如其有靈俾某識之兆諸夢爲是夜夢有長人挈一古餅授鎰其色黃其高尺許上方下圓腹外有金環四曰旁橫書三字曰某宮造下有篆文悉如龍蛇草木之形寤而忘首一字起誦碑文恍若素識竊爲註釋志之時湛甘泉先生官南國子祭酒沈生以是碑見公書其後云右沈鎰所辨神禹碑篆文也禹篆與後來篆法懸絕無所於攷吾方以不得考其文契其義以爲恨見生此辨已一快於心逞知其然否乎且沈生自敘夢長人所遺罍與字豈不異哉宜從刻諸碑陰以俟後之君子必有能識之者

楊特喬釋文

承帝令襲翼爲援溺欽塗陸登島鴻端鄉邑仔麓流
舳暗歇遲眠郎夙迄冬次岳麓展暗陌裂岳析𡸣峈
罔壆躔徃求出竅華恒泰衡嵩匯事哀獻桴挺禋鬱
濬塹徙南暴幅員節刻界聯魑魅虁魈竄舞蒸奔啼

碑語郎書典謨經書衡列者承郎祇承令郎命禹作司空襲重續治代意郎鯀匯洪水禹乃嗣興以子代父之事翼郎汝翼爲郎汝爲援郎拯援溺郎汝溺欽郎欽哉塗川上路陸地中道登陟望意島海中山鴻海邊鹵地端發始處民聚爲鄉合鄉爲邑仔夜半子時麓貧次流順木舳合舟暗日落昏時歇憩息遲暮夜過期眠暫寐郎作急夙歲早訖既至冬歲終次旅寓麓山足展往足地陌大白澤裂做壞君高平岡析分斷𡸣高聲叫罔無也墮墜息躔日行晷刻徃脈手胝足行求圖謀出去乎此竅巢營通明處華西岳恒北岳泰東岳衡南岳嵩中岳匯盡境哀完成獻奉享桴穀米實去皮挺恭

禋祭告鬱木石塞遏濬疏導塹岸若墜下徙移去南南方暴日照明盛幅以市載員轉運財賦節裁制別割界分域聯共壞魑金火怪魅草木怪虁獨目土石怪魈獨足山澤怪竄驅逐之舞怪形迸匿一參一差皆遠去蒸煎消之奔怪火蜉蝣終息至滅盡也　古聖人爲文皆韻碑七十七字凡二段首段五句句四字後三句句三字以襲溺陸鴻邑爲韻五仄聲次段自仔麓至末十五句句四字以舳眠展躔衡禋員聯奔爲韻九平聲

郎瑛釋文

承帝日嗟翼輔佐卿水降與發鳥獸交行參身若流
祈明祭酉興以此忘家宿岳麓庭智營形折心罔不
長徃求平定華岳泰衡宗疏事哀勞錫伸禋鬱塞昏
徙南瀆衍亨衣制食備萬國首寧竄舞永奔

禹碑七十七字諸家訓釋不一楊殿元升菴與沈大學鎰異者十一字沈與郎瑛異者二十二字至楊君時喬所釋同者僅十八字耳微獨字異且以第三第四第五句爲三字一讀則意義全别矣聞考劉夢得寄呂衡州詩云傳聞祝融峰上有神禹銘古石琅玕姿秘文龍虎形徃融云於鑠大禹顯允天德龍畫旁分螺書匾刻然則禹碑之在岣嶁爲金簡玉書之秘久復何疑迨讀昌黎詩岣嶁山尖神禹碑字青石赤形模奇事嚴蹟閟鬼莫窺千搜萬索竟何有森森緑樹猿猱悲則是昌黎當

至其地未見其碑也宋南軒晦菴兩先生同遊南嶽探奇攬勝無所不遍竟未聞得此碑所在他著歐陽永叔集古録趙明誠金石録鄭漁仲金石畧臚列徃蹟頗稱廣覈亦無此刻則昌黎所云事嚴跡閟者殆信然矣獨升菴謂得此於碧泉老人升菴博奧無比其傳文必有所本而楊君時喬所演說亦自典醇類古尚書故皆因其註釋并著於篇以貽好古之君子焉但時代久遠科斗之文與秦篆已大異况以後之六書髣髴擬似未免逕庭固當存其形摹而闕其文義爲名嶽中靈奇不洩之

蘊不猶愈於好事者之刻畫耶

賦

酃酒賦　張載

惟聖賢之興作貴垂功而不泯嘉康狄之先識亦應天而順人擬酒旗於元象造甘醴以頤神雖賢愚之同好似大化之齊均物無往而不變獨居舊而彌新經盛衰而無廢歷百代而作珍若乃山中冬啟醇酎秋發長安春御樂浪夏設蟻漂萍布芬香酷烈播殊美於聖載信人神之所悅未聞珍酒出於湘東丕顯於皇都乃潛淪於吳邦往逢天地之否運今遭六合

之開通醽叶氣以調鬯宣至味而大同匪徒法用之窮理信泉壤之所鍾故其爲酒也殊功絕倫三事既節五齊必均造釀在秋告成在春備味滋和體色淳清宣神御志導氣養形遣憂消患適性順情言之者嘉其美味志之者棄事忘榮於是糾合同好以遨以遊嘉賓雲會矩坐四周設金樽於南楹酌浮觴以施流備鮮餚以綺進錯時膳之珍羞禮儀攸序是獻是酬頹顏發溢逸思凱休德音晏晏宏此徽猷咸得志以自足願棲遲於一卯於是懽樂既洽日薄西隅主稱湛露賓歌驪駒僕夫整駕言旋其居乃憑軾以迴軌騁輕驅於通衢反衡門以隱跡覽前聖之典謨感夏禹之防微悟儀氏之見疏覽往事而作戒罔非酒而惟愆哀秦穆之既醉殲良人而棄賢嘉衛武之能悔著屢舞於初筵察成敗於往古垂將來於茲篇

風雩亭賦　張栻

眷嶽山之回奧有弦誦之一宮鬱青林兮對起背絕壁之穹窿獨樵牧之往來委榛莽其蒙茸試芟夷而欲視翕衆景之來宗擢連娟之修竹森偃蹇之喬松山靡靡以旁圍谷窈窈而潛通翩兩翼兮前帳擁千巖兮後從帶游江之浮綠矗遠岫兮橫空何地靈之

久閟昉經始於令公況棟宇之宏開列闌楯之周重撫勝概以獨出信茲山之有逢予揆名而輒義爰遠取於舞雩之風昔洙泗之諸子侍函丈以從容因聖師之有問各跽陳其所衷獨點也之操志與二三子兮不同方舍瑟而鏗然諒其樂之素充味所陳之紆餘夫何有於事功蓋不忘而不助亦何始而何終於鳶飛而魚躍實天理之中庸覺唐虞之遺烈儼洋洋乎日中爲夫子之所與豈虛言之是崇嗟學子兮念此數千載以希蹤希蹤兮柰何盍務勉乎敬恭審操舍兮斯須嚴戒懼兮冥濛防物變之外誘遏氣息之

內訌湲私意之脫落自本心之昭融斯昔人之妙旨可實得予躬循㸃也之所造極顏氏之深工登斯亭而有感斯用力於無窮

雲夢賦 何克明

駕洞庭之飛艎覽熊繹之故墟偉雲夢之鉅澤控天南之一隅爾其雄跨大江延袤千里水潏潏其瀕漬山巃嵸而迤靡綿五嶺瘴煙而莫近豈五丈秋風之可擬草木鬱其暢茂禽獸樂其遊甜原田每每人獲耒耜之利車馬轔轔歲閱蒐獮之備其產則橘柚菁茅竹箭金錫虎豹貔貅可以應庭實軍咨之需麋鹿

魚鱉可以爲乾豆賓庖之給實荊州之府庫亦中原之羽翼岳陽大別擅名勝於古今夏口江陵分形勢於區域當其煙橫北渚日暮蒼灣仙儔巨靈神遊其間鼓瑟鏗鏘寫幽怨於湘女鈞天縹緲奏廣樂於軒轅水天一色落霞孤鶩風月雙清歸鶴啼猿蘄芷汀蘭香溢靈均之離騷廣谷大川地壯召虎之於蕃身歷茲土心馳往古奠我民居實維神禹當懷山襄陵之際任手胼足胝之苦及其雲土而夢作乂於是考圖而貢可數暨夫荊徽之詩不歌而楚氛之惡是怙於以用獵於以耀武何涼德之不長終漢室之殺士

嶠彼淮陰驕力跋扈致乘輿之嗚鑾烹良犬於得兎信乎地不足以設險德終然之可據天眷吾皇奄有寰區雖茲澤之曠邈果見侈於輿圖嗟予忝於楚齊期觀光於帝都及鋪張於雲夢猥徒儕於腐儒吞八九於胷中曾不芥蔕於相如

祝融峰觀日出賦 顧璘

維南衡之崇嶽標祝融之危峰下蟠據乎厚地上峻極於蒼穹匪丈引之可度盡它山其難比隆盻四極而無蔽又何限乎寰中觀其嶔嵜岑嵂直上莫止捫歷參井靡高弗至躡浮履霄帝居或指足蹠汗慄不

敢俯視何其高也若乃斗柄旣仄啟明未升漏刻已盡荒雞甫鳴天蒼蒼其一色泯萬動猶無聲謂日出其可觀乃跂望於高亭爾其遊氛且凝灝氣欲豁萬里乍起沕沕穆穆睠彼陽輪尚爾淵汩冥迷遼漠恍不可度少焉光景上燭高漢舒白如火將炎天暗微晰羣望方勤目不移盼積靄倏裂閃爍驚電駭指失叫乍見一綫漂洸搖曳湧出波面燭籠外赤皀卵中黃上殷下闇半吐半藏依微滉瀁如覩海色水火交爭良久乃脫於是金烏高舉若木闢離羲和叱馭八表馳蹕所可疑者視扶桑於咫尺東曠望而無窮日

遅天於一度何寰周之莫同參渾儀與宣夜猶想像其若樓大哉天之爲天也固致詰而難終

南嶽七十二峰賦

易貞言

維南有嶽九面瀟湘星分長沙之軫宿度應玉衡於摇光爲炎方之巨鎮實南紀之重防七十二峰之羅列八百餘里之延長泰華無其聳秀嵩恒遜其修張先王巡狩之地宋儒講學之堂固非同空山之冊崖青壁虛庭之月捫星房也則有湘南野史世外遺民有濟勝之雅且極步履之追尋旣峰峰之遊遍可一一而指陳爾乃登祝融之絶頂爲衡嶽之主山高則

九千餘丈之峻極路則三十餘里之曲蟠迎喧而望朝日之晷品水而酌太陽之泉風動之雌雄各異雷池之雨雹無邊以及天柱競秀於霄漢煙霞縹緲於雲端紫蓋迴翔於東北石廩高矗於西南芙蓉當風而秀發蓮花過雨而朝含碧雲之羣黛如潑巾紫之春花若丹惠日明月之照耀白雲曉霞之清鮮採霞喜陽之光彩紅花碧蘿之芊妍伏象含珠之石青玉白璧之壇皆足動滕節之勝賞任臘屐之幽探者也別如鳳凰翔舞獅子猙獰鴛鴦之驂乘不返靈禽之指爪疑存雲龍隱現而不見白馬馳騁而高騰青岑與白石並麗香爐同華蓋長擎祥光之祥光如見蓟岁之蓟岁堪驚雲居之金牛雷跡雙石之猛虎皆馴屏障有仙雞報曉岣嶁則響石應聲驗石因而知豐儉瞻吐霧而卜雨晴羣鶩不同靈隱天台寧有劉晨亦可爲清宵之談助動騷客於咏吟者矣他如潛聖妙高之護方廣永和碧岫之應黃庭彌陀文殊之示現會仙降真之欺人誇採啜於靈藥侈修煉於棲真雷祖豈作威福九女誰見飛昇鄗永參之耆闍笑擲鉢之觀音靈應瑞應之幻誕天堂仙頂之不經何必斥其荒謬亦可柄爲笑羣於是出入朱陵之洞徘徊

赤帝之宫遊神瑰宥之上縣肯月華之東賞千年之翠竹撫萬年之拳松雲獅雨虎爲細膽黃精紫芝爲清供作仙巖之雲隱爲朱明之山翁詩得張說江山之助文資馬遷登涉之雄至如黃帝之巖嵘嶸大禹之溪澄泓鄴侯煨芋之地泰伯採藥之岑雲竊邀金簡玉字之秘安上欽舜溪舜洞之神集賢則緬朱張之道脈紫雲則思胡湛之專精濂溪之流風不遠安定之遺嶶猶新察地文坤布之象啟勤行入德之門契秘淑於性命進學業於身心至如首踏回鴈之頂足遍嶽麓之踪歷泰岱之五十八盤盡嵩高之三十

六峰華嶽呼問天之李白恒山訪得道之昌容向平之願已了方朔之遨無窮豈徒賞此聖燈之光眹瞬雲海之盪心胸哉

南嶽賦

王夫之而農郡人

結天元以紐靈訖陽冶之鴻施毋黄精之函載煹相見於重離帝宅炎以誕命袤萬年而不辭是故其爲狀也唯其爲象也爾其所自昉也爰其所自往也擲延藟桂蜦蚪蠖蠼蜚戍騰拏龍眒鸞儆於五千里之外者猶不知其朕綿之廼柢而匏繫之屢遷囩有神芟逡巡而戒步燭陰睥睨而敀顏者矣乃循迒趾蹤

違迒析朵塩東騂剛杳翠微矓夕陽幽瀏涖掔兕狂別子泆委袤王杓勻櫛節逆迎順將拚幽絡阻逐景飛光乍曲弼於坤麓終回簫於兌方則亦有可得而形相者焉原夫岷山之俶立也會昌建福絡啟大江盪滌東井襟帶嵏鍾是器術之所役穰而火正之所下降故其靈吭嗉吸神瀵尾傾條分萬岫形擢孤榮峷嵘翕葉嶄阢硍勀佚蒡蒡以田田集翶翶之翁翁五指南纖而戍削三眉西嫵以娥嬿匪思存而稅駕胍天絡以東縈於是濱若瀘蹲馬湖謝錦水揖雲巫纏以西溆騄以鐔淒披紛牂柯趠棼祁翠雖霧峇而

星綴實振領而維綱荅不知其幾千里而翔集乎耶薑爾乃蒸水南夾清灉北欵乍糾崇崖或襄沙潬鳥飛緒舒凌壁煙緩迫然掔撥妥而淹蹇如驚非意相忘以坦𨈆𨈆浮浮蔓垂棘鉤又歷條山搬𧜀水而後乃抵乎其丘則有巨塊巖石顏膚碧肌截爲列城覆爲懸帷繁星經曜間以晃熠修鬣平茸雜以迷離桓午棼籞欻以洞達康逵互徑歛以衰嶮怒而犇觸旋以妖嬉已顧奕傑駭以鎊鬌風萍漂細散以詭狀欱然中起抜以祟魁奔精歙魄停凝矗峙者則峋嶁爲之經始坡陀逶迤方伏以起亘爾順衍鷲蹋旁從尋

不周而發軔覗常羊以遥指僊標秀於七二紛餘峰之莫紀簇紅華立白石啟小嵩亞太室開雙髻於玉女參石廩於麥積蛩蜷蟠躍蜈頁蜴鬵複或儳牢單乃瘠徙翩駛娑其歸翰盤容與而整翮薄經營於欒塢已緬邈乎臯宅張其華蓋鬱爲煙霞崱岃崟嶔天門嗑岈披九閶遨日華神之嫣嵒經過杳亭亭嶷不邪則安上芙蓉匌碚巃嵸輔承巔附以奠祝融之封也其高也拔乎原隰者九千六百步軒軒堯堯以捫銀漢而拄罡風玉衡乳垂長沙弭從朱鳥翼翼覆天市作墉暟光下燭朱英上通孤碧混霄返翠漾空維時

甤賓律御羲和讋汞雲歛鞿絲胥涵萬頃粤陟焉而
步測有天末之焜烔維南極之樞星祝胡考於仁静
彼徵瑞而乍炫此屆至而恒炳舍離合之神山誰其
覿其光景盍其穹窿嶕嶢矯褭蕭騷詣空宛至出嶮
將翺乎揖太白俯勞嵩高哂岱宗之臨深況恒祠之
溢褒宜光怪之偉艳廻寒暑於坰郊蘋末乍動焚輪
已號韃帶匽蹊屭以馮總觸突漩濩餘以呦咬石級
柔摇而閃霍鐵梁輕舉於鴻毛其或宿霧𩆵明星晢
晨鴟疑寢夕蟲喧砌沆瀣莫分海天無際戢金纏之
綫輿杳錦浪之騰曳浴火鏡而踟躕耆晶宇以滌洗

兜鷲心而盪胸羌不宣其綺麗何人間之未遥蹇遲
遾其始霽至若繁雲興穴油陰月埜雷雨半山晴虛
孤窩豐隆嬰啼列缺鐙炧浸升雲之連蜷始霹靂乎
趾下斯非睒髣髴乎天人胡同埵而殊冶也哉祝融
是降衍爲赤帝之皐秀如摘以離羣矯欲流而終取
其左則朝陽日觀九仙潤牛毘盧之所蚴蟉也其後
則雷祖九龍蓮花潛聖妙高之所擁負也其右則南
臺羅漢明月澗几之所舒紐也其前則金紫流杯烏
石黃華之所犇奏也其陰則荊紫大潙迤邐辟什彙
旋乎暮雲之逢迎而態信乎岳麓之邂逅其外則湘

淥洣瀏衿洄沨泖而憑隱乎雲陽之墟以挹汪乎敷
淺之藪其南則石鼓回雁碧雲雨母鸎峙鵁鸕椒聊
爪剖以犇息乎海嶠之列五與大灊山之疑九回薄
磅礴團圞枯復控扶來廷少長維族豈後至之或卤
匪撻彼而臣僕傲紫蓋之不寧終同區而必翏唯猊
犇以鷙舉奄靈徠以載謖棲赤熛之感生儼司天之
帝服懲祀典之不經選祝誦以宜穀神眇眇以蝹蝹
蚡遲下而流睩時則嘗伯夙請秩宗胥寅發策明堂
降壓端門淸酒既莤制帛維纁驛駕馳道有來湘干
蕭鐘鼂發鳳吹淸喧燎飄光以乍晻香屯煙而徐靡

降炎精之融蚖䖤君子以芳荃勤九代而不匱匪明
德其已諼迺至南陸迎日元辛涓吉后有事於方澤
差名山以作匹赫炎岡之顯祇壇六成而列秩雖迺
眠乎上公實王禋之載謐瓚欒鬯之辭酹鼎剛騂之
繭栗誠高明以令終作后祇之丞彌彼㷂乾封而號
萬歲巳啟假豔而昔昭質奚況亭亭云云之部婁浮
七十二后之雄心者曾何足泚右史之彤筆耶德馨
維瑞靈貺斯徵護軒轅之璵甕霏寶露而飴凝攬寒
𠷎於夕館帝繾綣以胥輿賚羣后以滌目宛縈帶於
蓬瀛降湘妃於此渚賓朱鳳於南陵追夏后之齋宿

冀逼精以澹災昇金簡之雲籀謁蒼水之靈䰟瀰滔
天而無眹絜絲理於奇賁荷神筴之終畚羽淵而
增哀斆隨刋於土又訖郊享夫黃能虞遂陟而告后
搢覲玉曰俞哉黃壚敦膏紅泉醸溜英英九丹熒熒
三秀鶴明乳雛應龍伏藘叔夜浩歎於林岡宏景襲
囘於句岫故有山經窮其剞秭淵卜罔其占繇者矣
迺其什一千百者猶可得而究焉其草則有黃精少
辛芎藭射於幽蘭菉筑勺藥芳茎苦葴甘菊蘷茅香
蒴蘽冬紫茜沙葠白前昌歜九節龍鬚纏綿松耙千
齡竹壽萬年青蘋虎掌蘧蒻早蓮禹餘稱粮威靈名

仙交藤烏首翁草華頳葳蕤著蕢氷臺竊衣五加羙
玉百合胎璣緑覆春皐芳泫夕暉謁風送薫蘤蘤䔝
䔝積雪吐蕇方暄擢蔹叢熙山椒弱暎水澮其木則
有檟梿厚朴榛橡含桃丹楓英梅梓榧杉柟徑松㨗
武徵風振濤銀杏山礬黃心碧栒木蓮六出暈紫斵
瑶芬薰百尋豔蕩九皐扶條逼上擢挺危牢獲狖磬
折桑逾傷膏瘣瘇遷篠虬文曲鏖螺旋乳結盤渦瀠
尻雅宜曲几或便詩匏巨竹繁生細篠側出大任汲
炊直中轂率峉箐雲遏修篁凤謐駘蕩蘺靡檀欒蕭
瑟晩茗蚤荈厨雲蔭日紫筍緑槍鹿茸荷蕊迺令有

新品泉鴻漸浣箋吹松風瀹蟹眼祛孝先之便便罷
伯倫之荷鍤覩天池之與頳渚亦可登洙泗之狂簡
也其泉則有金砂娑羅貫道水簾龍池洗衲虎跑三
潭春草載榮石髓飛甘澄涵霜月清混鬱藍拂陂陵
磧懸珠鏗吟偶挹屑其喁噢旋㢈闆以崩坍振罍吼
之礴瞽幽蚕泣其淫滛鶩逵旦以先豫寄清怨於江
潯其巖岫則詰軋綢繆皺挺弓彊始乎纖屈終乎黃
袞蹇産嵽嵲嶷墜稍收稜峕礚杳散㠠嵃欲檻泉沸
射雜以謰謱千章蔽日則禺中警夜叢篁留霜則暄
和懷秋杳扳捫之絶跡誰丁丁而見求闃鳥徑以太

古藏內趾之與莆芄其獸則有玄豹文貍獨猨岐雌
騶駼山都豪豕刺蝟麀鹿封獏麖麐兒犂麚㚢王孫
蚩蚩狒狒吟鼯嘯狐清宵吹沸跂息騷駭趠越憤㲄
度夕樾之與朝陽坦不憂夫羅尉其鳥則有素鷴白
綀山鶏吐綬晛晛鸎啼鉤輈雉雊倒挂鷙雀海青鷹
鷲鴕鴞鷓鴣望巒斯就白鳬素沙丹歎絺繡莫不矜
羽弄魂歡春警晝聆蘭芽以低咏掠飛雲而横逐其
殊異則雨虎晴見而陰合雲師霽出而霧騰絶磵閃
夜光之木懸崖炬聖者之鐙靈蘷浴春而釀雪神蜥
弄水以飛氷思爰求而恍惚亶不信其已嘗迹其昭

爽之壞絶嶂其滂沛之勃蒸自非象外棲心天徒合
契壁秦鏡於窰匆覓軿珠於遼庋固有望景而觴遊
臨高而神閉者矣琳宮丹館依隈附巔豐碑隆碣冠
阜臨泉樾觀月清石梁虹懸飛舫切雲高臺含煙則
有巨公經過而磨崖逸民忘反以閉關墨卿韻留於
金石琴客曲寫其猗蘭其奭止也拓內美浣塵慮披
天宇益修麌心謀籟通目擊道遇昌黎悠七諫之遊
考亭佇三益之素扶桑旦濯於雲中縞練徐消於天
芣指蒼天而予正何美人之遲暮崇仁抗疏而霧隱
廣漢作牧而星聚東廓函丈而英延甘泉尸祝而芳

駐咀德華溆仁津衍河雒藝丘墳樹旌幟蒭荆榛匪
西河之疑似樂雩壇之佳辰近則荆溪制相[illegible]江
陵詹尹[illegible]拂車轍於胥巒觀初嶽之輪囷拊劍而
毅魄增振衣而壯心引瀕九死以崔嵬拯天步之邅
閔若夫杜陵西崑香山淮海之續風而接軫者婁青
妃白激商諧羽於其間誠無情而不盡至如王孫憤
俗而埋跡高士問津而行藥子野罷遂以流觀少文
展圖而棲薄鄭侯避戭而挂冠致堂御檜而蹻僑忠
誠旁求而鵲起黃門經始而鳥革劉公吳諒卜吉於允
臧抑降神其維嶽矧夫銀地表瑞朱陵通真釋子彌

天羽客乘雲九佺霄舉隻鶴霞賓烏爪捌書石糧自
餅嬾殘飯芋巖老長醺扣玉壺於衡嶽奏雲璈於華
存舍茈薑於金母餐釘餕之胎魂雲軿來其宛在晒
探島之徒勤遂其三車東駕五葉南開頭陀旣景思
大爰來海遷蛟館巔觀天台讓磨石鏡遷骨毒苦慈
明狎虎芭蕉浴雷緑蘿結菴露滅名齋丹霞鹿門金
輪南臺息牢山之戍客踵紫柏以鈴椎其蘷仫而鸞
舉也葢不給於更數光柰帝網威震毒鼓位揀君臣
要分賓主儼華藏之莊嚴又何論夫雙樹以故金碧
璀玭堵窣穹崇比岫聯香接宇聞鐘花雨成蹊白雲

在封埒石聽於道生僊烏供於嬾融苟息心於頓悟
豈來者之未工雖畫一於鄒魯展道大而必容要井
包汾盼析鴻濛邃衆妙之所都建萬谿以廼宗則夫
泳洞漾瀠攢合蘢葱者胡遷籍焉以孕大觀於無窮
也與是故其爲奧區也瓜蜀踞楚拒粵引吳北吞龜
阨南拚蒼梧顧陽雲而掉臂何台蕩之與匡廬浮洞
庭縮濂浯帶瀟湘向背殊煌煌唐唐跳踔首出以參
伍乎鄗都距兆戒而絡漢廣紀南條以拄天樞道靡
崇而莫輿功維奭而不渝皇哉有虞氏之慶也肆見
羣后孟夏徂征爰服三苗乃叙南衡玉輅匪勞荆土

載賓五圭儷帛一死二生誠無妄而若爲辟奔走以
載盈聘自他其匪稱格帝享於斗精渺江介而遙禝
作百王之典程巖氏亂祀漢德中凉割長沙以建苪
臨幅幀於朱方濟三江其已揣𡖣雲夢之可航修灊
霍而僭號躋小星以專房羌遠灑於䏰轄詎苾芬之
能饗於戲陰禮陽樂徵皇王之贄執者豈不偉與抑
歛福之豐儉帝睞焉而以篤其棐也是以樂甍者綴
促禮朴者俗鬼邇虞漢於胥淵更善敗其凡幾緬喬
岳而揆明煙繼皇嫣其孰鴖懷江永於比興髣南風
於博依簡明德於姿精溢余思於有斐頌曰赫赫后

胙來昌麓真人南翔翔陽維北漢沮漳南湘灘中合
穹嶽雲葳甤烝哉[illegible]皇誕應之萬壽百祿重離明秩
正川麓靈怡情報哉不遐朱鳳鳴[illegible]
[illegible]業業不傾補天石賚予金簡遷禹
[illegible]蕩滌川原帝皇醇[illegible]
[illegible]煇煇炫炫岳精來陵嵩泰華恒若敦蒲姚安姒
企相陪翅眷[illegible]曰念哉王衡貢光天門開

衡山賦

胡本位

於赫衡嶽矗起巍巘雲腰可切天腹欲鑱四嶽相埒
三公其銜八百餘里周衺七十二峰互儳歸蒸沫於
襟帶聯上下乎檣帆聳千仞而騰空羅萬象而森函
既駊騀而立鵠亦馳驟而奔飄信兩大之所鑄匪五
丁之能劉托其下者夫亦可措摭其大凡也爾其崢
嶸峪峪岌岌嶷嶷麗光揚烈渥彩流熹鞠巍巍其隱
天崇赫赫其介儀遠之爲四方之保障近之爲百族
之綱維則有諸峰錯突祝融首推擕朱明赤帝永參
安上而膝繞金雲密石廩紫蓋天柱而肩隨莽龍從
兮比如櫛超悅忽兮布若碁帶億萬兮層邱疊嶂羅
千百兮枝峰蔓崎於是千態萬狀貢異爭奇雲龍鳳
凰飛舞昇平之世靈禽翠鷟翱翔有道之時明月無

端而在山軫宿有時而下垂雷祠彌陀成迹象觀音
文殊化歷嚴其藏也莫測其幻也難知是故包孕衆
有薈萃成章巖曰捨身蓊顧畏而徬徨石名削髮樣
苔班而翠蒼朱陵之洞窈窱乃上通乎羅浮太陽之
泉滴瀝亦遙注乎瀟湘壇則砌青玉與白璧臺則敞
望月而朝陽飛舡驚疑於鼻盪流杯恍訝乎僧航乃
其產則丹砂雲母芝紫精黃雲獅雨虎兎狻麞狂萬
年之松高不蒲尺千年之竹寸有所長殘芋定十年
之相蓍耳益百歲之祥其他不言自芳不名自揚者
紛總總而不知其幾千萬藏也至若季序遞更景物

旋轉當其春也草木敷榮紅深綠淺其青如螺其茂如藍其秀爲葩其芳自茲桃李爛熳而成蹊莓蘚班駁而隨践春花理春怨而流盍山鳥偕山農而相勉有時雨過而青翠欲滴有時雲密而靉靆可撚唯茲豪士空山偃蹇於携斗酒聽黃鸝之婉孌於志風浴儛童冠之勝選當其夏也嶤嶸嶐崇炎爗不上蘿薜松筠蓊鬱閬閬掬輕陰兮舒徐挹清風兮駘宕坐招提兮醉酩奴之醞釀聞清籟兮有幽泉之酬唱此則河朔之盛筵於此間雖綠野之凉臺無以尚况復甘霖可祈有感輒向倏瀷沲而奔潮繞岡陵而鼓浪亭

止清修士之耳根實足愜農夫之瞻望當其秋也天空嵐凈峻極斗衡黜翠凝紫垂實落英百荅皆勁萬寶告成水光澄澈以蕩漾林影蕭疎以斜横杜蘅香老而猶馥楓柏帶殷而如醒於是驅秋輿舞秋晴矚秋逕盼秋清爾乃朝旭初馭萬嶂水明窦紅輪之的爍儼丹鏡之晶瑩頻吞吐於滄海絢雲霞之共烹極絶頂之奇觀羌難得而指名當其冬也梵宇璇室煙縈蝌蚪樵夫牧豎歌亮林藪燎原比耀於燭龍雲物古驗於農畝至夫重陰鎖層巒天地若陽九爲阨虐篷庚颶呼吼黯淡衝黨飛沙揚垢雲濤譎變白衣蒼狗及其霰集雪飛六花盈阜不老唯青山瞬㬉成白叟玉虬挂梢頭鹽虎踞巖陡開雲之昌黎不前披氅之王恭堪走訪友之子猷欲囘尋梅之浩然可躡是則四時之勝景非聽爲矯揉者也吁嗟乎覽勝者於此榜山航海結名山之清緣疲屐支笻覺山起乎人面縱寘搜於峰巔銀海爲之雙眩探幽奇於古蹟冉誠攄以一片於是或涉彴而尋蹊或棘斬而荆穿或經旬而不旋或遍歷而忘倦時從以緇黃登臨遊宴五夜燈殘三杯茗戰僧詫之曰是獨非禹甸乎哉何客之此戀也客曰子誠山僧也日夕遊處乃爾惝悅

而未得所見也夫山者宣也衡者平也宣德均物甄陶碩彥一日之內一望之間而氣候百變是即爾釋氏之化城道子之玉殿高其望是吾儒之仰止造其頂是吾儒之至善謂余能不於此眷眷哉若夫十洲三島五城十二樓又於彼乎何羡

衡山賦　饒　泰

岷陽巨派荆州分址維嶽鍾靈一方屹峙迤邐乎南天之色襟帶狹九江之水修長八百里而難周峻極九千丈而莫止東西挾泰華以比肩中北抗嵩恒而平視盖巨鎮乎炎方實重防乎南紀者也爾其爲體

也本混元之一氣渺漾沙而成象鬱龍嵸於振古結形勢於莽蒼迨夫兩儀既判朱火攸明地開南極氣秉離精像朱鳥之靈光本扶輿而直上應軫中之一星爲羣山之宗長德囿且乎尊嚴功實昭乎護養浮重翠於層霄散遥青於遐壤爾則崢嶸集崒嶙𡾊橫縱東職彭蠡西引荆雍南屆蒼梧北吞雲夢迢遞下乎荆門總南幹而來控五尊冠其頂三湘帶其服首標迴鴈足㵎雲麓如陣雲之沿江盡周環而起伏綠繞靡迤莫窮其奧其高則崇崖無竟廻接長沙巘巇屹巇高撐雄遮壯矗矗以巍巍軼扶摇而表的乍捫

參而歷井數天星之的皪消萬仞之氛埃集重陽之清滌俯察雷電下度虹霓大鵬側翼而廻旋兔奮飛而或能歷渺鴻鴈之書雲何論翔隼與遊鶡其望遠則江河如線甸郭如丸列南州於指掌攢吳越於眉端毋可望而誰即杳千里之溽溽突下臨而空洞若挾羽而飛翰非秋毫之明察孰能殫其宏觀爾乃千峰萬壑徒標七二之名拔地擎天疑有尺五之度祝融頂上望紅日於咸池天柱巔前渺洞庭於一勺其餘衆嶺盡作兒孫又說五峰獨冲碧落紫蓋石廩芙蓉蓮花日月軫宿煙霧雲霞祥華靈瑞崱屴倚斜又若崇崇赤帝屹屹朱明文殊九女會善棲真集賢潛聖雷祖觀音白石金簡碧岫青岑龍馬獅鵲鳳鷲靈禽天台特以高妙渺瑰霄而喜陽紅花雜以石囷碧蘿象乎天堂香爐者閣巾鉢開張羣仙降真雙石相望乃若安上之舜樟尚存岣嶁之禹碟猶在此則丞參兩大永和萬代豈與瑣瑣羣峰同屏障乎原塞爾其廟制崔嵬體勢宏敞坐寅向丙備極袤廣左包四觀右環八寺五德推尊四靈並位大殿鬱其雄建上輝煌以金碧抗飛梁於雲表甍宇盡其鏤畫耀

膺藻於正中光

御書之龍額飛檐反宇卬卬奕赫增桴重棟朱楹白碣廉隅修飭罩飛鳥革奐妥巘巘向明爀爀寢殿居北重簷深邃玉宇瑶堦琳砌綠繳雕櫳綺闥庭院清澄松花夜馥竹翠朝凝若閬風與元圃實神爽之所憑復有迴廊千列繞院周房迎風鐵馬溜雨鴛鴦鐘樓鼓閣神廚仙亭重門洞闢嘉應櫺星石聳接龍長橋雙虹周垣百堵四面交通宜其圭璋纏幣禋祀不輟牲牷是戒粢盛既潔豆俎續紛鼎彝交列布德惠於炎州揚清芬之大烈又有靈泉百道奔洶濆瀑珠洮雪濺湍潤引澳仙觀垂簾夏寒冬燠伏虎丹巖怪

石碌磏玉蜂含珠金牛就服仰天望日之臺朱陵元明之洞白璧青玉之壇蒼筤流杯之谷岩嶙巉嶮徑千路百探奇追異莫可蹤跡望仙宮神闕之嵯峩想虎踞鵬蹲之磅礴象雲鬟螺髻之奇媚比玉筍瑶篸之峭削海以雲布雷從地作朝雨過而洲渚明積氣生而嵐瘴薄危篠百丈上掛啼猿垂練千尋空蟠舞鶴中多靈氣鬱乎其內朝浮光而夜毓彩雲氤氳而瀍霱金銀宵烺錫鍇含精瑶琨貝玉綠碧紫英礪砥砮丹琳珉璣珵卞璧抱璞漢珠發明光怪陸離炳爛晶瑩爾其靈草蓊鬱珍木蕭森風靡霧捲白日重陰

松檜樟楠之品櫻杉檀桂之隆樅栝橿杻之屬櫪椐檿柘之叢柞棫扶櫳柟梓椅桐干霄方竹插漢丹楓其果實則有秋陽橘柚夏雨櫻梅銀杏珍核文樹芳荄鬻桃梨栗榠楟咸栽散華蘂與朱實順時節而成材又有百合黃精薏苡菱芡石耳玉蓮青黃點染草則蘭茝蕙若蘋蒿葴莎龍鬚自織蕈菌薜蘿棠茸蔭蔚彌岡被阿故其麋鹿朝遊猛毅夜伏熊羆豪豕髭髯隅目則有黃斑白澤猓挺豻狢豹寒霧隱爐嘯風飌亟則摑蛇石螃雲獅雨虎從嵡奧竇連羣類族其飛鳥則有鳺鸞鶯鶩鷓鴣鶬鶊鷯蠑蛾羅漢鶺翠羌鵝

鶴唳皐而驚秋鶩曳彩而映曙鷄飛則霜鷺飛則露萬物蠢動各循其故雖伯益與齊諧安能誌其多數若其春風掃黛秋月團煙火維如故艮止依然匪巨鼇之贔屭歷終古而誰遷無怪乎星壇露館時遊列仙惠車靈輿之輩咸爾性以藏眞彌明拘螭皓白懐民王質爛柯於谷底新野採藥而飛昇與夫蒼梧女士南嶽夫人超塵氛於萬刼同顥氣以爲羣旁則香林百處寶寺千區楞伽般若體尚虛無安禪制毒曷有曷無則有高人逸士博雅之倫選勝遊於巖隈採林泉之妙窟命巾車而載酒振香齒於峰屼覽綺業

之飄雲愛青山之見骨鑴吟泐賦稽古標碣即至縉紳紱冕之儔時尋幽而拄笏偶縱跡於煙霞豈長歌乎薇蕨凡茲則遊觀之美物外之娛苟有心乎仰止誰不溯靈而思屐奔走而來趨斯固拔南維之萃列勝概之殊且夫岧峣嶒嵂雄鎮楚藩斯山之維嶽特尊也凝碧縹緲青霄半逗此嶽之維南特秀也寶利貨殖此山之生物不測也草樹昆蟲此山之護物多功也望璃臺之森玉何東邐而西屬也察嵐嶂與雲屏曷杳幻而難形也若是者何昔蓋有殘碑巨石昔傳敷奠之功闢井開疆舊說炎農之里巡行始自有

虞宅都並聞義氏以故來周詩之詠動漢武之幸登
封沕頌歷代井井鴻辭播諸簡册越千載而藻炳又
爲昌黎之品題晦翁之遊境或引南軒或居文定洵
知地以人靈亦是山因壽永矣方今
聖天子睿智聰明文命敷於海內至德周乎遐邇所
謂懷柔百神及河喬嶽祀典之文隆於往古逅以平
定伊黎闢地二萬里之徼特頒
御製鴻文
遣官致告光聯乎五嶽威振乎四隩此則邁百王而
上統聖學之宗

恬胃之仁固無遠弗到矣鄙生見未窮乎一隅識未
周乎一角徒習井以窺天敢自形其齷齪顧以千里
晨昏名區久歷目接崒律之雄實躬探乎勝美登上
封而度應璣衡躡鶉尾而光瞻太紫周覽乎九向九
背之奇旁遡乎三湘七澤之沚陋九嶷之窄臨怪三
神之夸俊升降周遊倍深仰企遂不禁忭舞洋溢慷
慨以比擬且夫考地鎮於炎荒驟可勝窮放遥情於
八極詎云觀止薰風既被樂壽域於無疆雲日可瞻
忘巴吟於下里能不揚
盛世之休風視乾坤之永峙也乎

序

送戴十五歸衡嶽序　李白

白上探元古中觀人世下察交道海內豪俊相識如
浮雲自謂道參夷顏才兼孔墨莫不名由口進實從
事退而風義可人者厥惟戴侯戴侯寓居長沙稟湘
岳之氣少長咸洛窺伯王之圖精微可以入神懿重
可以崇德談猷可以尊王文藻可以成化兼以五材
統以四美何往而不濟也其二三諸昆皆以才秀擢
用詞翰炳發升聞天朝而此君獨潛光後世以期大
用鯤海未躍鵬霄悠然不遠千里訪予以道卬國之

秀有廖侯焉人倫精鑒天下獨立毋延以宴謔許爲
通人獨狐有隣及□薛諸公咸亦以爲信然矣屬明
王不夢且歸衡陽毖祝融之雲峰弄茱萸之湍水軒
騎斜合祖於魏公之林亭笙歌鳴秋劍舞增氣況江
葉墜綠沙鴻冥飛登高送遠使人心醉見周張二子
爲論平生雞黍之期當速赴也

送林上人遊衡岳序　李白

江南之仙山黃鶴之英氣偶得英粹後生俊人林公
世爲豪家此土之秀落髮歸道專精律儀白月在天
朗然獨出既洒落於彩翰亦諷誦於人口聞雲無心

與化偕徃欲將振五樓之金策浮三湘之碧波乘杯泝流考室名嶽瞰憩寘鼇凌臨諸天登祝融之峰巒望長沙之煙火遥謝舊國擔遺歸蹤百千開士稀有此者吾所以嘆其峻節揚其清波龍象先輩𢌞眸拭眎比夫汨泥沙者相去如牛之一毛昔智者安禪於台山遠公託志於廬岳高標勝槩斯亦向徃哉紫霞搖心青楓夾峤目斷川上送君此行羣公臨流賦詩以贈

送陳郎將歸衡嶽序　李白

仲尼旅人文王明夷苟非其時賢聖低眉況僕之不肖者而遷逐枯槁固其宜耶朝心不開暮髮盡白登高望遠使人增悲陳郎將義風凜然英思逸發來下專城之榻去邀才子之詩動清興於中流横素波而遥徃諸公悵望不及聯章祖之序慚起予輙冠名篇之首作者嗤我乃爲撫掌之資乎

送廖道士序　韓愈

五嶽於中州衡山最遠南方之山巍然高而大者以百數獨衡山爲宗最遠而獨爲宗其神必靈衡之南八九百里地益高山益峻水清而益駛其最高而横絶南北者嶺郴之爲州在嶺之上測其高下得三之二焉中州清淑之氣於是焉窮氣之所窮盛而不過必蜿蟺扶輿磅礴而鬱積衡山之神既靈而郴之爲州又當其中州清淑之氣蜿蟺扶輿磅礴而鬱積其水土之所生神氣之所感白金水銀丹砂石英鍾乳橘柚之包竹箭之美千尋之名材不能獨當也意必有魁奇忠信材德之民生其間而吾又未見也其無乃迷惑沒溺於佛老之學而不出耶廖師郴人而學於衡山氣專而容寂多藝而善遊豈吾所謂魁奇而迷惑沒溺者耶廖師善知人若不在其身必在其所與遊訪之而不吾告何也於其別申以問之

石鼎聯詩序　韓愈

元和七年十二月四日衡山道士軒轅彌明自衡山來舊與劉師服進士衡湘中相識將過太白知師服在京夜抵其居宿有校書郎侯喜新有能詩聲夜與劉說詩彌明在其側貌極醜白鬚黑面長頸而高結喉中又作楚語喜視之若無人彌明忽軒衣張眉指鑪中石鼎謂喜曰子云能詩與我賦此乎劉往見衡湘間人說云年九十餘矣解捕逐鬼物拘囚蛟螭虎豹不知其實能否也見其老頰貌敬之不知其有文也聞此說大喜即援筆題其首兩句次傳於喜喜踴

踶即綴其下云云道士啞然笑曰子詩如是而已乎即袖手竦肩倚北墻坐謂劉曰吾不解世俗書子爲我書因高吟曰龍頭縮菌蠢豕腹漲彭亨初不似輕意詩旨有似譏喜二子相顧慙駭欲以多窮之即又爲而傳之喜喜思益苦務以壓道士每營度欲出口吻聲鳴益悲操筆欲書將下復止竟亦不能奇也畢即傳道士道士高踞大唱曰劉把筆吾詩云云其不用意而語益奇不可附說皆侵劉侯喜益忌之劉與侯巳賦十餘韻彌明應之如響皆頴脫含譏諷夜盡三更二子思竭不能續因起謝曰尊師非世人也某

伏矣願爲弟子不敢更論詩道士奮曰不然章不可以不成也又謂劉曰把筆來吾與汝就之即又唱出四十字爲八句書訖使讀讀畢謂二子曰章不巳就乎二子齊應曰就矣道士曰此皆不足與語此寧爲文耶吾就子所能而作耳非吾之所學於師而能者也吾所能者子皆不足以聞也獨文乎哉吾語亦不當聞也吾閉口矣二子大懼皆起立牀下拜曰不敢他有問也願聞一言而巳先生稱吾不解人間書敢問解何書請聞此而巳道士寂然若無聞也累問不應二子不自得即退就坐道士倚墻睡鼻息如雷鳴二子怛然失色不敢喘斯須曙鼓鼕鼕二子亦困遂坐睡及覺日巳上驚顧覓道士不見即問童奴奴曰天且明道士起出門若將便旋然奴怪久不返即出到門覓無有也二子驚惋自責若有失者間遂詣余言余不能識其何道士也嘗聞有隱君子彌明豈其人耶韓愈序

唐衡州刺史呂溫文集序　　劉禹錫

五行秀氣得之居多者爲雋人其色瀲灧於顏間其聲發而爲文章天之所與有物來相彼由學而致者如工人染夏以視羽畎有生死之殊矣初貞元中天

子之文章煥乎垂光慶霄在上萬物五色天下人文爲氣所召其生乃蕃靈芝蓮蒲與百果齊拆然煌煌翹翹出乎其類終爲偉人者幾希矣東平呂和叔實生是時而絕人甚遠始以文學振三川三川守以爲貢士之冠名聲四馳速如羽翼長安中諸生咸避其鋒兩科連中鋒刃愈出德宗聞其名自集賢殿校書郎擢爲左拾遺明年犬戎請和上問能使絕域者君以奇表有專對材膺選轉殿内史錫之銀章還拜尚書戶部員外郎轉司封遷刑部郎中兼侍御史副治書之職會中執法左遷緣坐道州刺史以善政聞改

衡州年四十而歿後十年其子安衡泣奉遺草來請洛予序之成一家言凡二百篇和叔名溫別字化光祖考皆以文學至大官早聞詩禮於先侍郎又師吳郡李賢通春秋從安定梁肅學文章勇於藝能咸有所祖年益壯志益大遂撥去文字與雋賢交重氣槩覈名實歆然以致君及物爲大欲夥與其徒講疑考要皇王富彊之際臣子忠孝之道出入上下百千年間詆訶角逐疊發連中得一善輒盱衡擊節揚袂頓足信容得色舞於眉端以爲案是言循是理合乎心而氣將之昭然若揭日月而行孰能閼其勢而爭天

光者乎嗚呼言可信而時異道甚長而命窄精氣爲物其有所歸乎古之爲書者先立言而後體物賈生之書首過秦而荀卿亦後其賦和叔年少遇君而卒以謫似賈生能明王道似荀卿故予先後視二書斷自人文化成論至諸葛武侯廟記爲上篇他咸有爲而爲之始學左氏書故其文微爲富豔夫羿之闗弓惟巴虬九日乃能盡其彀而廻注鴳爵亦要中於尋常之間非羿之手弓有能有不能所遇然而然也後之達解者推而廣之知予之素交不相索於文字之內而已

案宦游文集既列其名於經籍序自不勝載但唐人集名有者多序偶別見則片語可珍安忍遺棄李青蓮送陳郎將元道州月夜會飲皆有序各見於其詩之前不復載

贈廖倚　　歐陽修

元氣之融結爲山川山川之秀麗稱衡湘其蒸爲雲霓其生爲杞梓人居其間得之爲俊傑秀才廖倚生於衡山之陽而秀麗之精英者得之尤多故其文則雲霓其材則杞梓始以進士舉於有司不中遂遊公卿門所至皆虛館設席爭以禮下之今丞與太原公

雅識沉正器君尤深其初鎮秦州也請君與俱行遂遡函關以覽秦都則四方士君子得以承望乎風采矣凡居秦幾歲而東將過京師以歸予嘗以上計吏客中都識君於文遂辱之以益友當君之西也餞於國門及夫斯來又相見於洛嶺語故舊數日乃行夫山川固能產異物而不能蓄之者誠有利其用者爾今君之行也余疑夫不能久蓄於衡山之阿也

遊南嶽唱酬序　　張栻

栻來往湖湘踰二紀夢寐衡嶽之勝亦嘗寄跡其間獨未登絕頂爲怏也乾道丁亥秋新安朱熹元晦來

訪予於湘水之上留再閱月將道南山以歸廼始偕爲此遊而三山林用中擇之亦與焉粤十有一月庚午自潭渡湘水甲戌過石灘始望嶽頂忽雲四合大雪紛集須臾深尺許予三人者飯道傍草舍人酌一巨杯上馬行三十餘里投宿草衣岩一時山川林壑之觀已覺勝絕乙亥抵後嶽丙子小憩甚雨暮未已從者皆有倦色湘潭彪居正德美來會亦意予之不能登也予獨與元晦決策明當冒風雪亟登而夜半雨止起視明星爛然比曉日升暘谷矣德美以怯寒辭歸予三人聯騎渡興樂江宿霧盡捲諸峰玉立心

目頓快遂飯黃心易竹輿由馬跡橋登山始皆荒嶺彌望已乃入大林壑巖邊時有積雪甚快溪流觸石曲折有聲琅琅日暮抵方廣氣象深窈八峰環立所謂蓮花峰也登閣四望雪月皓皓寺皆板屋問老宿云用瓦輒爲冰雪凍裂自此如高臺上封皆然也戊寅明發穿小徑入高臺寺門外萬竹森然間爲風雪所折清爽可愛住山了信有詩聲云夜月明窻牖間有猿嘯清甚出寺即行古木寒藤中陰巖積雪厚幾數尺望石廩如素錦屏日下照林間冰墮鏘然有聲雲陰驟起飛霰交集頃之乃止出西嶺過天柱下福

巖望南臺歷馬祖菴由寺背以登路亦不至甚狹遇險輒有磴可步陟踰數十里過大明寺有飛雪數點自東來望見上封寺猶縈紆數里許乃至山高草木堅瘦門外寒松皆拳曲擁腫樛枝下垂冰雪凝綴如蒼龍白鳳然寺宇悉以板障蔽否則雲氣噓吸其間時不辨人物有窮林閣侍郎胡公題榜蓋取韓子雲壁潭潭窮林攸擢之語予二友始息肩望祝融絕頂褰裳徑往頂上有石可坐數十人時煙靄未盡澄徹然群峰錯立遠近異態其外四望渺然不知所極如大瀛海環之眞奇觀也湘水環帶山下五折乃北去

寺僧指蒼莽中云洞庭在焉晚居閣上觀晴霞橫帶千里夜宿方丈月照雪屋寒光射人泉聲隔窻冷然通夕恍不知此身踞千峰之上也己卯武陵胡實廣仲范彥德伯崇來會同遊仙人橋路並石側足以入前巖挺出下臨萬仞之壑凛凛不敢久駐再上絕頂風勁甚望見遠岫次第呈露比昨觀殊快寒威薄人呼酒舉數酌猶不勝擁氊坐乃可支須臾雲氣出巖復騰湧如饋餾過南嶺爲風所飄空濛杳靄頃刻不復見是夜風大作庚辰未曉雪擊窻有聲驚覺將下山寺僧亦謂石磴冰結即不可步遂亟由前嶺以下

路已滑甚有跌者下視白雲滃瀲瀰漫吞吐林谷真有溢貿之勢欲訪李鄴侯書堂則林深路絕不可往矣行三十里許抵岳市宿勝業寺勁節堂蓋自甲戌至庚辰凡七日經行上下數百里景物之美不可殫敘間已發於吟咏更迭唱酬倒囊得百四十有九篇雖一時之作不能盡工然亦可以見耳目所歷與寄所託異日或有考焉裒而錄之方己卯之夕中夜凛然撥殘火相對念吾三人是數日間亦荒於詩矣大抵事無大小美惡流而為不及皆足以喪志於是始定要束翌日當止蓋是後事雖有可歌者亦不復見

於詩矣嗟夫覽是編者其亦以吾三人者自儆乎哉

湘南應用集序　羅隱

隱大中末即在貢籍中命薄地卑自己卯至於庚寅一十二年看人變化去年冬河南公按察長沙郡隱因請事筆硯以資甘旨明年夏隱得衡陽縣主簿時硤州盧侍御自龍城至右司張員外遊曲江迴皆謂隱不宜佐屬邑於乎隱自卜也審江表一白丁耳安有空將卷軸與公相子弟爭名幸而知非得以減過冬十月乞假歸覲阻風於洞庭青草閒因思湘南文書十不一二蓋以失落於馬上軍前故也今分為三卷而舉牒祠祭者亦與焉

衡陽顏氏族譜序　宋　文天祥

顏魯公忠節載史名天下萬世天下知有魯公而吾永新百世父老亦皆知有魯公之裔暨遺在焉以故吾邑之談魯公者不待讀史而後知也魯公河北人初為吉州別駕遊永新禾山大書龍溪二字於蒼崖風雨閉字畫尚新至公裔孫詡五代時來令永新因家雙乳峰捣石下□詡之季子衡陽史君惠字叔岐生子四長元晉宦遊衡郡遂家於衡陽之石壁傳十世仕宏徙居西鄉梅州其後有梅澗梅軒宋季倡義

而終庭梧庭蘭尤豁達好客蘭翁之子學庭仕宏八世孫也譜其祖之所自出諗於予曰先世有譜而前後弗詳今詳書之庶幾眉山老泉意也予曰譜之作尊祖也豈但尊祖哉敬宗也豈但敬宗哉教後嗣以孝弟也立愛惟親立敬惟長三代聖賢以是立教故有大宗小宗之法夫愛敬之心存乎內愛敬之禮見乎外故為禮以別之冠婚喪祭燕饗廟室祠堂墳墓莫不序昭穆之尊與齒故曰禮也者法而不說夫禮行乎天下成法具存不待乎言說也年久代更禮廢而宗法壞後之君子始為之譜表其生之所自載其

碣著其死之所藏紀其墓示不忘也又不幸中原多故衣冠混雜宦遊播遷隔數百里曠十餘代於是世系散漫不可考仁人孝子惕焉此譜所以不可不續作也嗚呼禮之廢而無懼焉禮之廢而譜存焉吾猶有望焉譜不作其爲塗人乎余觀學庭孝於親敬於長友於弟禮之本也文既克盡矣又常纂録先世所傳家譜以傳於遠是心也豈特以彰前人之豐功巨績且以示後人俾不忘愛敬之良心也余既嘉其善繼善述且爲之規曰愛親敬長莫不有是心也夫人所以不長保其良心者何也妻子具而愛敬之心弛

矣富貴至而愛敬之心忘矣昵親狎友諂謟面諛之人至而愛敬之天理剝矣苟能常存是愛敬之心爲三者所感則續斯譜可以無愧矣噫讀斯譜而知愧者其猶得爲全人乎讀斯譜而不知愧者其獨非人乎

尚書全解序　林　瞵

瞵自兒時侍先君丹江官舍郡齋修刊禮樂書先君實董其事與益國周公誠齋楊先生書問往來訂正訛舛甚悉暇日因與言曰吾家先拙齋書解今傳於世者自洛誥以後皆訛盖是書初成門人東萊呂祖謙伯恭取其全本以歸諸生傳録實無二三書坊急於鋟梓不復參訂以訛傳訛非一日矣先君猶記鄉曲故家及嘗從先拙齋遊者録得全文及歸方尋訪未獲不幸此志莫償瞵早孤稍知讀書則旦夕在念慮間汩汩科舉業由鄉選入大學跋涉困苦如是者三十餘年淳祐辛丑僥倖末第閒居需次得理故書日與抑齋今觀文陳公虛齋今文昌趙公參考講求摳趨請益抑齋出示北山先生手蹟具言居官婺女日從東萊先生學東萊言吾少侍親官於閩從林少穎先生學且具知先拙齋授書之由時抑齋方閱六

經疏義尤加意於林呂之學虛齋亦倣朱文公辨孔安國書著本旨瞵得互相詰難其間凡諸家講解搜訪無遺一日友人陳元鳳儀叔攜書說拾遺一集示余蠹蝕其表蠅頭細書云得之宇文故家盖宇文之先嘗從拙齋學親傳之稿也其集從康誥至君陳此後又無之遂以鋟本參較康誥酒誥梓材名誥皆同鋟本自洛誥至君陳與鋟本異其詳倍之至是益信書坊之本誤矣當令兒輩作大字本謄出以元集歸之然猶未有他本可以參訂也又一朋友云建安書坊余氏數年前新刊一本謂之三山林少穎先生尚

書全解此集盖得其眞刊成僅數月而書坊火今板不存矣余亦未之信因徧索諸鬻書者乙巳仲春一老叟鶉衣衒袖踉蹡入門喜甚揖余而言曰吾爲君求得青氊矣開視果新板以尚書全解標題書坊果建安余氏卽倍其價以鬻之以所謄本參較自洛誥至君陳及顧命以後至卷終皆眞本向者麻沙之本自洛誥以後果僞矣朋友轉相借觀以爲得所未見旣而暬攝鄉校學録葉君眞里之耆儒嘗從勉齋遊其先世亦從拙齋學與東萊同時又出家藏寫本林李二先生書解及詩說相示較之首尾並同盖得

此本而益有證驗矣嗟夫此書先拙齋初著之時每日誦正經自首至尾一遍雖有他務不輟貫穿諸家旁搜遠紹會而粹之該括詳盡不應於洛誥以後詳略如出二手今以諸本參較眞贋曉然信而有證可以傳而無疑矣書解自麻沙初刻繼而婺女及蜀中皆有本然承襲舛訛竟莫能辨柯山夏氏解多引林氏說自洛誥以後則略之僅有一二語亦從舊本在在傳訛東萊解只於禹貢引林三山數段他未之詳東萊非隱其師之說盖拙齋已解者東萊不復解而惟條暢其義嗟夫書自安國而後不知其幾家我先拙齋裒集該括自壯及耄用心如此之勤用力如此之深始克成書而傳襲謬誤後學無從考證我先君家庭授受中更散亡極意搜訪竟無從得畊恪遵先志又二十餘年旁詢博問且疑且信及得宇文私録又得余氏新刊全解又得葉學録家藏寫本稽念新故訂正眞贋參合舊聞而後釋然以無疑確然而始定然則著書傳後豈易云乎哉畊旣喜先拙齋之書獲全又喜先君縣丞之志始遂顧小子何力之有抑天不欲廢墜斯文故久鬱而獲伸與不然何壁藏汲冢之復出耶淳祐丁未之歲石鼓洊廳事力甚微學

廩粗給當路諸公不賜鄙夷捐金撥田悉有所助三年之間補葺經創石鼓兩學侖奐鼎新書板舊帙缺者復全於是慨然而思曰我先君未償之志孰有切於此者吾先世未全之書豈容緩於此者實爲子孫之責也乃會書院新租歲入之積因郡庠憲臺撥鏺之羡撙學廳清俸公計之餘計日命工以此全書亟鋟諸梓字稍加大匠必用良叚以千計字以五十萬計釐爲四十卷始於己酉之孟冬迨明年夏五月而畢是書之傳也亦難矣哉亦豈苟然哉舊本多訛畊偕次兒駿伯重加點校凡是正七千餘字今爲善本

麃有禪於後學淳祐庚戌夏五嗣孝孫廸功量衡州州學教受兼石鼓書院山長畊謹書

涅陽侯傳叙　元許有壬

涅陽侯傳衡陽馬熙明初之所著也予三復而悲之葢有感焉夫行不足以範世言不足以垂訓功不足以及人文不足以明理汗牛充棟可勝道哉而可傳不傳者又不知其幾人也人且若是况物乎涅陽侯枚氏自燧人氏而降功莫與京虞初稗官詩人歌詠舉不及焉明初慨然筆之其祖孫之遜遯族屬之內外隱見之終始名字之同異施用徵求之跡詳而覈

矣予幼居湘漢間但聞其狀至燕始識之特碪與砆爾其族類未識也大官權酤五十四大坊資其用尤多性不厭貧下乘車過市細人挈箕斗出三二錢即可致大坊弆竈有心未盡灰貧子掇拾資其餘力焉京師百萬家不有枚氏則辛蘇氏馬通氏不能濟其三一焉思有以發揮其功書題於壁若册者餘二十年而竟未有以發之也歸鄉里始識其族而明初之傳出矣湘南栗穆祝松氏之族自昔柄用其地江漢則狄氏盧氏羅居水澨枚遜在中土人不知也後至元壬午始見於蘄黄山中遂乘舟入江夏狄氏盧氏俱爲斂迹王狄盧者怨焉其亦不智哉承平久民生日夥枚氏不至江夏狄盧氏將不赤族乎予方欲考其從來觀明初傳始知將烹宏羊時枚氏遠遯江南此葢其裔也予投劾歸明初不以予不能有所成而見棄也方且相從教予子時出傑作以自樂予愧於明初多矣序其傳而表之俾世之見者知明初有史才而不試又以見夫人物之遇不遇有幸不幸焉古今不幸而不遇者多矣枚有幸而遇明初而明初不幸猶未遇也雖然是傳之出識者見之明初其亦有遇矣昌黎先生作毛穎傳在予且以爲椎舊史無足

責焉是傳也其文之有益於世者乎觀者其勿以予虛烏有視之

忍經序　許有壬

衡陽高士栖碧羅巨海嘗從文山海上歸終身宋衣冠交接稱許尤不苟有壬讀書衡泮居與之隣乃辱與進聞其稱海北道廉訪使榕寓孫公之賢不容口葢公徃來過衡衡士大夫多慕而見之巨海則交處最密者有送行序若詩在栖碧文集今尚能記其槩公金源烏古部人征宋有功歷官所至皆有惠政長憲海北民懷吏畏大夫人年高上疏歸養沂淞湖湘

士大夫無不熟公者今中書左丞大司農良楨幹卿其子也時望所屬公累贈推忠靖遠著節功臣榮祿大夫中書平章政事柱國追封魏國正憲公某不及拜下風猶欲識其子孫以酬平日景行先哲之意而幹卿士早有聲日踐華要承乏政府實嘗同寅都城僦屋又得爲隣一日出書曰忍經以示某曰先子平生有得於此輯而爲書子其序之某識幹卿但知其世有積德而不知其所得之源也及讀是書爲之三歎曰孫氏子孫之賢閥閱之大豈徒然哉公之言忍有正義有變義有衍義使人人有見乎此則修身齊

家治官之道盡在是矣夫以忍加心上而能受之非易事也易之懲忿窒慾書之以禮制心乃其下手要法公皆舉以示人自傳記子史以至佛書道書百家雜著詩賦凡有關於忍經者靡不收入古今之言忍者無以復加矣幹卿既參大政尋拜左丞分省外藩復入政府廟堂以其久勞機務聽辭中書俾專明農士論猶未釋也讀父之書得敎若此不惟一身一家又將傳之天下後世也某賦性褊躁仕途五十年瀕於危殆者屢矣使早得伏讀此書庶不至若是之殆也雖然衞武公年九十有五尚求箴警於國某雖七十有一苟未死一日有一日之事此書尚有資焉

石鼓書院志後序　明　王大韶

息園避客五年於茲偶奉憲伯毅所黃先生命以石鼓書院志屬不佞爲序正辭不獲命因閱舊志簡脫字漫至不可讀是役誠不可已而不佞非其人也夫衡嶽南紀之宗而石鼓爲尤勝扶輿清淑之氣磅礴而融萃屹然據瀟湘上游靈秀所鍾必有俊傑之士生於其間而振作興起固必待人而後成豈偶然哉昔者郡人李寬闢搆其上而昌黎先生爲之品題李士眞復興故業而朱張兩先生爲之唱和使非黃文肅公廣爲而維護之亦何以流藻垂光至於今稱盛

哉洎文肅公而後復數百餘年其間縉紳先生之往來茲地相與闡發微言倡明正學者代有其人而志顧寥寥佚而不書書而不法後將何覿黃先生承命視學湖南慨然以斯道自任而歎文獻之無徵故命不佞以是役甚盛心也不佞有感於紫陽記云命郡縣學宮置博士弟子員皆未嘗考其德行道藝之素其所授受又皆世俗之書進取之業使人見利而不見義士之有志於爲己者蓋羞言之是以常欲別求燕閒清曠之地以共講其所聞而不得以故於潘畤

宋若水二公之有勞於書院者益兩高之而其教學者則叉惓惓印證張敬夫義利之辨使之嚴覈而精計之錙斯以談書院之設豈爲多士絺章繪句地哉如以詞章而已矣雖摛藻如春華終無益於殿最何以稱書院則亦烏用志也乎哉不佞窮日夜之力考諸掌故蠹爲刪潤復採諸賢教言之在石鼓者備書之庶諸賢之所爲教俟後世於無窮而士之講業於斯者其尚究紫陽爲己之旨繹南軒義利之防遠思文肅置田育士之心近體憲伯徵獻作人之意勿徒繡盤帨而獵聲華是末師而非往哲乃所謂豪傑而

聖賢哉志成凡若干卷以復於黃先生先生命有司刊置書院而不佞敬用序諸末簡

刊石鼓遐思卷序　楊銓

石鼓遐思者石鼓之門人士思吾豐川葉先生之所作也作於三十餘年之後二千里地之遠是之曰遐夫君子之道乎諸己被諸人結諸其心而不可解夫而後有思思者人心之官審於物而衷於理思之善也心匪繇弗思思匪言弗達言匪文弗永覩於遐思可以徵德可以明教可以察衷矣先生少遊月湖尚書楊文恪公之門探究理學其於舉業程式之文若非得已比登進士官南曹剛正侃烈無所顧避當逆瑾時事忤權璫搆逮錦衣獄荷校匝月杖廢爲民乃縱遊湖湘抵石鼓書院訪張朱遺跡以畢初志四方之士慕名而從之游闢席授講敷繹理奧若將終身焉瑾誅起禮部員外郎命下而先生逝矣嗚呼治亂盛衰屈伸進退時會勢幾君子無如之何獨惜夫先生者遭亂而治既屈而伸人定且勝矣蓍蓍者無少憖焉亦世之所惑也傳曰帝天之命主於民心吾無望於人心乎大化運行渾渾噩噩央軋磅礴橐籥委順緼絪摩盪噓吸聚散各惟其遭若水浮作漚凝作

冰罔與故是故天無心也寒暑災祥有愆忒焉惟人之心秉好惡明善惡公是非嚴與舍羣而不可撓百世無僭也首丘後三十餘年爲嘉靖己亥子惟庸以先生歿時方在襁褓家罹回祿弗覩手澤尋遊至石鼓以泄哀痛遘覓遺稿石鼓諸君思先生久而愈深因惟庸而其情愈溢並聲交作以鳴其思事實言文確乎可永其諸民心之天之不撓無僭者乎銓少聞緒訓於先生未第時實先石鼓諸君而乃以口耳詞章竊食四方雖嘗渡瀟湘望衡嶽峻廼期會未能一摳衣步蹤以弔遊靈罪浮陳相矣乃若思之結於心

者則未敢在諸君後也感咽欷歔命工刊布庶幾徵潛德慰惟庸示諸君之思於無斁云嘉靖二十年歲次辛丑孟秋朔日門人楊銓拜書

送衡陽邑侯周華泉入覲序　劉堯誨

今上臨御天下凡遠邇郡邑奉朝貢以時唯謹四十年部臣以請曰令甲三年一朝羣職其在南北陲胡島之與鄰不時發動其免明年來朝餘各率行如舊制曰可於是以今年夏來徵會且諭來朝之臣毋以行事勤我民衡邑侯華泉先生既蒞政三載例得朝是秋比士於鄉當道檄往棘院司籬以外事九月既

望至自楚十月即以行來告郡之士大夫諸嘗德於侯者來徵余言爲贈余爲衡之臨武人舊嘗識華泉於胄監中茲以在告往來衡郡又得華泉之政之悉者矧是行將應天子右序之典而別有日矣豈容無言按衡邑封壤百里在昔生齒繁地力足諸有無貿遷羣四方之民而嚣於市固楚表之樂地也乃今則非舊矣附在郡城監司分視建節於茲每歲兩臺行部及則湖以南之郡邑畢來會凡部使讞獄憲臣較藝則以衡爲外署至則旁徵列郡邑而旬月臨之又當楚粵之交故民之勞費十倍於他邑即東西三輔不能過也余往見衡邑之長吏才守未盡劣而上之求也常過豈非遇哉昔虞詡補朝歌令諸相識者皆往弔可知矣衡繁之邑在古所共憚華泉之治衡陽得無有所苦耶蓋民可使之安而不能必庶事之皆順上可使之信而不能必羣情之盡同事集而不遽法便而不疏志通而不隨此豈易爲之哉吾觀華泉沉毅且富於詩書六藝之文早以尚書取解於鄉而退養者又幾十年餘稔其豫備有如此者是故畢發之不勞其任人之已聞也豐令之政行其茂才之有異也乃若華泉則猶以爲未盡其所求之誠也唯我

楚地年來多外賦又屢不獲於歲每部司來徵民錢倍經數則戚然以吁然背國事之急者雖有憂民之心其將能乎夫守令誠近民第不得專於行所謂責善書者而引其肘亦不敢言也華泉既以循良之績屢入臺薦稱天子下其事議名取固將資之言也臨岐濡筆敢以私於下執事

送高明水工部衡州營桂邸序　李日華

每思作一無營無繫人隨在覽天地山川奇變饋遊道不能無所假假郵傳則涉歷廣假籃兜組索濟勝之具則所窮益邃且峻假廩餼以拔饑疲則遊氣益

充假嗜奇挾藻辨說之士爲遊從則遊神益壯趣益洽顧此數者類非躡屩擔簦卑棲旅進之輩所可幾也張博望不持漢節何以盡三十六國之奇陸大夫不使尉佗王子淵不祀碧鷄金馬何以悉嶺表之勝陸放翁范石湖不乘王事何以得標所過逸蹟是故有假即不能無營無繫而於稍有營繫中得大肆曠朗以吸山川靈秀而因以昌其瑰瑋之文則雖謂之無營無繫可也南服多奇多變平生輒入想像庚中辛酉間余嘗三夢入朱陵洞天登祝融峰采金光草覺而灑然自異乃余自乞告奉養迨二親奄逝之定

前後幾二十餘年而筋骨日憊習嬾日深業無意藉所假於當途矣里中高大夫如晦居恒擅勝情逸思黙筆辭賦妙麗又時賈其餘以及繪事且今奉天子命營桂邸於楚之衡陽凡衡巫戞漢之峰洞庭粘天之濤且盡入其吟囊畫笥快哉茲遊不啻不虛不綴不棘坐嘯以命般倕休沐以討巖壑煙雲蒐索必有托緗素以傳神者不獨語言之工如前數子已也余曰須其成早以寄我是又假大夫之假以移白愉快者耶或曰大夫之業不更有大是者乎余曰參天之松非不知其棟明堂極紫宮而朝夕摘剔其苔花艾納以資薰燎則野人之所取於松者如是止也大夫行矣

送繕部高元期監督桂邸工竣還朝序

陳宗契

漢興懲秦所以敗內外無骨月尺土之翼於是尊王子弟連城數人即景帝減削王國官而樹宇如故然而長沙江都極廷臣之選以行重傅也而不及城周累土封侯每託重上臣如山甫申伯之屬歌咏篇什極公卿之選以行重城也兼重城之之人明興選建明德斥名城開朱邸損縣官費不吝數十萬與漢同

簡厲部臣精覈有位望拓地建宇往往勤明詔亦不吝再三又與周同天啓二年壬戌桂藩建邸於吾衡州繕部高元朗先生來董其役則矯卓善職者也桂王爲神廟少子與惠王分封同屬我楚神廟之愛弟愛子皆在中州而其采地多食於楚楚一時樹兩大藩適又黔蜀遼左交訌建藩之費稍儉於福邸一切經費錫予桂王又獨在鴈行後時經六七年守者與董其役者但支白板臥而已衡又居楚上游捆載易出負襁難入深計者每虞漏卮在國露肘在民又虞飽吻在側蓋時之難爲如此也從來繕部之政取資

於虞周官虞人掌山林古皆領於官今制聽民自便官不得問不問而三尺如湯火工誰與竟一問而萬口如蜩螗怨誰與弭公鼎函牛才濟川銛又發鍘也故自入衡來他人肉食而公茹蘖也他人受命內熱而公飲冰也他人畏事如鼠如豫而公豖蜩也中飽之民毎借公家虎翼蠶食而公封山刊木懸尺一臨之倚辦作奸者治如法而夫家徒役山師柞氏之職非牧軍匠之費五金之利錢鑄埏埴之細泉府之貨伍伯班事皆領於公公口吟目受耳聽手裁而又酬對文書揖讓賓從分五體以應灑灑如也會逆璫矯

旨促期程督公與內相黃君和宇畫工而任并日而營及旨指溫公青霞以視工來衡兩殿山峙百堵林立咸相顧眙瞪謂公豈有鬼工神斧俾二三執事黽勉以追於罰也公徐日不佞何所短長惟是無凌節無濫施無淵魚察無北郭吹謹守吾職時至事起如是而已余嘗歎世之智力相籠巧詐相遏藏猜忮而矜聽視營營擾擾以熗亂熵禍皆不守職之媒也夫公未入官之先有一再受命嘗脫以去迨公謁選虞曹輒調繕曹受事今其人何似耶公同舍郎亦有一歲九遷犯見邪躍金之忌身名俱敗者又何爲耶公七年不轉一官不進一階第以墨綬相往還亦足明職守無越畔之槷矣夫守職則節以制度技有餘巧集事之府也守職則廉而不劌辨而不爭常勝之謀也守職則不倖苟且之功不易難變之塞不狃目睫之規不試罔測之害崇高之藉也庇國衞民恒必繇之鼎司三事寧顧問哉當今黔禍中於楚而疆圉之職亦急在楚公其以司馬領中丞節樹羽建牙滅此而後朝食公工竣還朝尋且復出矣然吉甫之頌山甫也曰袞職有闕惟仲山甫補之公其在帝左右乎公出郎當入佐中朝矣古人謂宰相職在燮理陰陽

公斟酌元氣灌輸四宇泰山之雲不崇朝而霖雨天下吾衡其霑濡最先者乎然則公之德被功施詎祇是矯卓善職已哉惟是使節七年公不忘吾衡袞衣數載衡更不忘公截鐙還犢去留繾綣之間諸父老覽都人士望轅灑泣於是陳子探其意次第書之以代祖軷因以告人臣之越職局外懷二心者

歐陽文甫輿頌録序　陳宗契

予自爲兒時時從長老稱慕歐陽先生也里中豪長者故樹頤頷伸脊抗朧高氣岸目攝人其少年妬六博投壺鳴琴跕屣即裒然列賢書雅以鳴得意也公

負奇占雋又年最少日徒步行里中無諸少年好氣又清和如絛風里中兒益多公少年長者公爲文灑麗而好爲韻語儷句句又瑩警贍洽以其閒遊酒人洒徵酣輙出雅謔即豪長者每每拈公謔雜韻語和歌之刁刁翏翏金石宣貳參酛矣毋論識不識皆樂公易而公固不易也江干營一椽日杜門親魚鳥樓古文詞即郡邑長吏以問俗見則謝以居閒招致見則固謝予昔領鄉書步公塵公纔及強欲自試爲吏人謂以公才且背城角逸足於五父之衢乎公曰否否吾有所不足欲養也乃沾沾捧檄令蜀南部已倅

成都承思明逝顯矣會蜀撫以倖功敗中公自脫坐奪倅二偕人謂以公才僅比於下大夫以其銀緋隱乎公曰否否吾有所未盡欲用也乃上記補秦監正監故雜溺吏以非予之業業馬馬大息數用部使者薦晉思恩令人謂以公蹩躄廿年今始拾級上乎公曰否否吾有所有餘欲留也遂一日以予養投劾歸歸而行市中里中兒共指而詡之夫固昔之少年長者哉今長者而少年公益杜門如疇曩旦暮率其子長琉次珠季瑾三丈夫羅拜牽板輿供瀡瀡三子又修頎攻苦摛華如鼎彝在御公所謂留其留此乎公嘗掀髯笑曰吾廿年矻矻挾一令以母出今又軒軒奉一母以令入始終不失吾令亦不離吾母天乎予於令何求乎陳子曰公而令耶令於公已耶昔卓褒德吏三令以終身老矣上一旦寵之三公比於通侯即元勳鄧吳輩不敢望今上修明東京之業一旦而徵褒德節公不以易一日養而三公將焉避之公錬悉政紀所在以卓異聞巷歌之口具諸序頌中可伸紙按也余更不論政而論人明著懿履於篇俾景行者有以觀焉公諱炳文甫其字也一字元素

大司馬劉凝齋先生文集序

陳宗契

澤國皆水也其靈秀廹於欲盡而乃爲山衡山綱紀南條其爲氣砰磕泓灝其土風遒曠雄奇而其爲丹砂紫芝蠑文鳥篆干霄瘞虹之寶往往穴孕於中顧其含擢穎麝蘭風戛郢雪自羅君章曹枝書而後何僅僅也語云豐玉荒穀又云春華秋實貴與用文與質兼之難哉明興代有作者如劉御史嶶劉少卿穩伍大衆讓咸霞流雲幻蠙逐隼摩蓬蓬然土囊之央其口而揚露矣評者猶以爲貴矣不必盡用華矣不必盡實兼總條貫而雲雷敷而金石宣則惟曾宗伯劉司馬兩君子宗伯吾師也別有集余小子請窺測

司馬授簡焉先生天挺人豪早擢第起家令新喻用異等徵南諫議聲隆隆起數上章論事指斥權奸不少遜落職歸而掃軌杜門窮愁著書書自六代二京以迄今隆萬之際揚扢緒考又身置其間而衷之評左評史莊卽起諸子而今日慮無不功臣先生者國典廟彝比評水土平準之筴以及歷師星官風角小術人蹋五官無賸晷而先生饒辦之既數用薦頓起膴仕一切取辦囊中如寄也累階拾級總畱憲筦畱鑰巋然榮問休暢哉先生不自以爲今日之遇而益守昔日之窮卽天下高今日勒鼎之勳而益壯昔日

鉏奸之氣嗟嗟氣猶水也人遊於氣魚遊於水得其厚而磅礴於以潛躍隱見無之非是也跡涔而置尺鯉噞喁而枯木氣薄也唐文推韓子而同時有樊宗師文至七八十卷今學士家不能道隻字亦莫克舉其名而藹矣藝苑獨北斗四門則佛骨一表畱於氣者厚哉先生之文發以天倪右以物變沛然氣從溢而動也無所不極大都似韓而論說似充碑誄出東京五言出入沈謝七言賦行出樂府近體景龍雜以大歷葉葉翩翩可以傳矣公孫輿芝常言朱明南位也勝國信望氣言斬洩之以求尅先生鰓鰓根本之是慮累石爲梁以則百今上又絕不以語人豈非蓋臣用力懇致精微歟輿芝多識嫻詞幾適彌便以丸泥封白雲司儀如也公曾孫孟春與予游恂恂儒者而下筆夭矯嶄然露頭角昔中壘著書備七略而厄於國師公今東南之寶盡屬君家祖孫司馬之氣宏遠哉

鄧侯去思碑序

陳宗契

上三十三年豫章鄧公解比部郎來守衡三年奏最當遷會以高第疏公備兵蒼梧屢章不報明年又當計吏公遂銳然將以異計投劾歸歸之日衡人輿輦扶杖無慮百萬相與饋漿爇薌塡路遮車哭聲沸北

郭公不得發乃譬引勞慰良久乃別別而長年三老聚族而謀曰予山谷之耄百年內人也嘗垂髫送蔡公以下數良守相於今減及隆矣一人之身數見良守相何其多然百年之內纔三四見之又何少也余也髦不知政姑論記其效與最著者上所部挈令而行垂永賴者公五事也至今輪蹄何以不擾與差勑何以不費追呼與斗級何以不投閒右與兩運何以省萬緡與秦隴之材何以脫素封與和風灑灑道化蒸蒸一時官師肅衲雀下棫樸興肺石平獄市清鶻冠稅津梁與候人俱以至黃崗之鑛徒解於論撒攫

金之賡牒、照於燃犀豈不膾炙道路跨駕前修生聚之教誨之衮衣章甫猶當十世祀之曾是居而暐暐去而滅如也後有作者實應且愴以非予一二三子食土之毛能不怏怏乎哉密齋廖君、金簡曾君輩躍然躋其議樹辭石鼓之陽謂不佞當有詞屬麗生鐫之石因展卷讀漢水之詩漢曰永思江曰方思未嘗不歎楚人好思也故甘棠也畏壘也峴碑也皆楚人也皆楚繫思甚矣楚人好思也不啻楚也去後常見思在漢爲氾鄉侯何武史若以居無赫赫名少之愚謂所去見思政以其無赫赫也居而乳虎去而鬱陶者

下之爲術謡也然居而赫赫去而沒沒者上之爲味短也不見投竽吸綸不及飾餌而得陽鱎者乎其爲魚也薄而無味故爲人淺見寡識一覽都盡者是一陽鱎也焜焜燿燿令人目悸心飛久若嚼蠟若啗水盤之一陽鱎也公乎有是哉公原本道德湛露英華沉毅精覈不作尋常伎倆其爲乍見若不可親久交若不可解爲政始若蕩平而無奇久則淪浹而不可喻親若其裏口若其心政事若其學術人約盡於輿人之論且也、自爲輪囷不爲刻畫自爲悶悶不爲小補自爲平錞不爲利刃粤憲之選屢章不報意者其在是乎然以不外役其神完神完則味厚洪鐘之厚也梁麗撞之而不應其應彌遲其聲彌肆公之不爲赫赫名者乃其所以赫赫者也公介弟爲文潔公以文行魁天下實出公門公躬若茹澹嚼然不淄去衡行李蕭蕭乃以餘鍰給守藏吏曰吾懼若曹濡染以覆若宗耳嗟乎、官府以藏吏爲魚肉安有垂橐入里不爲飽其帑而鰓鰓一守藏吏乎文潔之潔公實成之然守藏吏事無知者予偶從他吏知之公之不爲赫赫名也大都若此矣公諱以誥、甲子鄉進士、南昌人、

全楚大會語錄序

邱岳

自餘姚俎豆學士祭酒鬧此道濫觴甚矣大都無能謝具眼人彈射由曩昔諳中古以降或灑灑洋洋然家櫛斐比或單辭隻義朗朗煌煌然亦率同天而可亦撫幽見而可亦綦越百餘世而可亦緊越百餘世載可載不可俛不可俛可此其丈夫兒皆有介介於衷也可不可聽之其視猶旦暮也皆未有若曉宋以來濫觴修辭林襲俚勦僞不足當示小兒可否龐然膺周孔而薄伊呂蓋不足博冷眼人齒頰主石然之餘或亶然濫經緯世道爾耶亦雅頌絕故秦缶鳴耶

余不遑恤余綿而恤國人之計毋患賢張患識匪孔
亮毋患毋沐賢患毋孔識邇乃得聆太虛先生之言
庶幾釋憂哉先生負憂時弘略不釋屨褐而營之祈
以補日月之末光心竊恥爲爾爾之說說徹有介介
於衷漢陽牧王公若以爲舊令衡陽雅聞先生之言
有裨於衡陽父兄子弟也自衞揮來守漢陽益欲聞
於十七楚父兄子弟也以丙午公車徵學士期迓致
先生爲日用之言士七城郭冠帶之士靡不聞孫谿
自公車來言其事因言先生之言余曰言若有介介
於衷漢陽公之嘉惠爲不虛是交盛也可以傳矣賜

進士第正階正議大夫南京禮部右侍郎兼提督四
夷館鴻臚寺卿奉詔存問九十翁黃岡邱岳譔

南嶽小録序　蔡汝楠

汝楠爲郎時雅願乞山水郡治之第乞則不能也竟
聽除歸德自歸德持服免歸三年謁除斯可以請遂
領衡州守南嶽比至衡吏事塡委三月弗暇登嶽忽
憶蘇子有云天畀我以形使我以心馭也適奏適越
其誰我禦心且不能馭形而況馭人乎遂命輕車上
祝融峰遍南嶽觀焉頗謂能馭形而快心獨按山經
并記舊聞搜覽遺志大抵磨滅則又嘆曰古今變態
陵谷不常煙雲洞霄之府或會爲荆棘瓦礫之場何
固求之爲甜憩南臺賦詩凡八章而還然性好古意終
不釋也蒲秩後謁分守監泉卜先生以小録授汝楠
汝楠閱過纂者乃唐人道流彼徒志夫黃冠紫録之
宇錫子褒勅之榮至於治水所經高賢所憩其他關
乎方輿者弗記也獨其事蹟名物嶽峰泉澗悉與今
本不同合且傳之以屬好事抑尚有藏之山中者或
繼此而出同僚諸君忻然校而梓之嗚呼登高作賦
之大夫名山栖跡之君子舉無所徵焉典籍失而求
之野此編之傳也固宜

送湛甘泉歸南海序　劉巘

嘉靖甲辰秋甘泉先生自南海來遊衡山是時翁年
七十有八居數月巘嘗爲文賦四詩送翁歸自後數
拜翁教札皆許再遊憶翁高年以至爲幸丙辰春翁
壽躋九十有一二月二十四日黎明忽鵲噪茅簷翁
高徒謝生報翁至未幾翁親枉寒廬巘再拜見翁視
聽聰明步履矯健丰采儀度一如宿昔知翁遐壽無
量也葢翁平日以理養心故心靜逸以志帥氣故氣
順適靜則精神內固順則道體安和此所以高年瑞
老能爲衡山之遊也山川增重草木有光豈非南嶽

一幸哉竊憶宋文彦博以八十任中書魏高允以九十相國事漢張倉君以百二十領度支唐李元爽以一百三十六入九老會翁年視文高已過其歷候德重望不當在度支之末即使世有白樂天則亦駕胡杲元爽光九老之會矣惟翁講明道學更事三朝歷翰院宮輔國子祭酒擢大司馬冢宰歷中外乃今引年間適於溪山煙雲之外鄙見以翁位端揆則手采凝俊可以表儀朝著參機務則運籌帷幄可以決勝千里任師表則廉頑立懦可以風動多士所謂國有老成人非翁其誰耶草野閒情毋懷此意爲用人者

獻也翁向南歸藪有詩茲再次顔字五韻送翁仙駕并續前序於左惟翁取其意而畧其詞云

衡盧心締序　胡直

予質駁境學所幸海内同志不鄙欲挈而之道然恒苦於合并之艱自予出補楚臬數年燕齊秦蜀數君雖尺書不及通何況晤言哉今計散在東南諸君欲圖終身麗澤雖可以指期又懼難其所也或謂莫近於衡廬二山艮然予茲登衡山因思江陵張伯端居正鄢縣劉朝重穩茶陵劉少衡應峰南城羅維德汝芳丹陽姜廷善寶奉新蔡汝聘國珍麻城耿在倫定向偕弟定力黄梅周子仁來蘇予同邑王有訓託歐陽文朝昌萬安周伸涵賢宜安福鄒繼甫善咸於衡廬道里適均予欲期諸君爲結屋計懼重爲累於是假衡僧圓寧西樓定爲會所因併扁曰衡廬心締心締者言雖未面訂而心已締之矣嗟乎古今能以締心者幾人哉所以締者果何爲哉予不俟言矣矧庸面耶或謂諸君子顯晦遠邇休戚各殊而欲均一朝集難哉曰不然以其便期焉可也奚必均耶且聖人之學本經世而予苦稔病又強以政學斯之未信吾將疾退長爲衡廬主矣抑諸君子豈無有先予以待

者子何拘拘睢睢焉憂之哉雖然以予之心求切琢於艮朋未嘗不望在諸君子之外而況諸君子乎第或以予寡劣見斥絶此所爲大恐也嗟乎予與諸君子所心締者亦寧止爲數人相締已耶異日登廬山假居扁不俟易名今圓寧者即名僧楚石門徒又予師念菴先生舊王人也

衡嶽志序　羅洪先

衡嶽南方宗山也舜之時廵也五載一至衡舉望祀之典南方諸侯咸受命焉夫望祀諸山則諸山之神聚而享於衡其諸侯亦以受命畢至是宗衡者所以

宗舜也文中子曰五載數矣何居儀衞寡而征求少也夫儀衞征求聖人之政所必察如其不節雖聖人不可以至衡是衡之宗與無宗則儀衞征求之俊也時變而周文之時𨒪跡於舜矣然諸侯之至者必有食邑以食邑供天子之事則其事不爲患於民及其後也求金索車不勝其困於是包茅不入於楚而王者之迹熄矣秦漢事封禪復湯沐之民而衡以險遠乃獨不與當是時也釋老者出向以神奸鼓其術以役民而又能竭已以終之故其居代明堂而恣專據以儒而得至者非羈旅之人則老而倦休者也彼羈

旅者既無力以自振矣若倦休之心則又絶外而厭勤其能久而有之乎夫問俗必之野登高而賦大夫之事也舒抑鬱局促之懷而蕩滌昏煩冤之疾莫良於遊觀巽時聞以職事至者縣官選車徒道置食率奔走數十百人是其勢自不可久也以其至之難而復不得久其瞻望不及者不已多乎夫上之不蒙王者之迹而下爲棄於秉風之吏其次多不遇於羈旅倦休之人則二氏之據而且專宜也然民困矣今二氏者亦無從而給之故其居亦隨以敗然則衡之宗者果何歟往予讀前令彭君簪所爲嶽志心慨慕焉二十年而始至考問其中所載若觀海日俯洞庭諸希奇事大抵本之騷人寓言無足怪者今令張君宣續刻志又因大學生陽績問序於予遂論次自舜以下因附已見若此使至衡者或有取於予言則可以求聖人爲政而去民所患其限於勢者能不惑於禹言而得其所以爲宗則亦何戚於其未至也哉

姚宏謨

重修衡嶽志序

衡嶽故無志有之自前縣尹彭子始而念菴先生羅文恭公序其簡端言近而指遠精義妙理溢於緗縑燦然與祝融紫蓋爭高競麗由是山中之一草一石

志中之一字一句藉以不朽何其幸歟顧板行滋久刻畫模糊不惟魯魚刺目展卷茫然而篇章淆亂多無倫次豈彼其時屬草初就亟於入梓未遑商訂耶抑續刻者隨時竄入而弗之究圖也縉紳大夫在在病之竟未有操郢人之斤者予分藩湖南二載於茲往來山麓何啻八九蓋嘗三執祀事一恣遊遨退而檢閱茲編見靈異之區淵於蕪穢不勝悵悵之懷及是新令尹毛子以重修請且曰衡嶽南條之宗天下之鎭非一方之表已爾而紀載弗稱司牧耻之典文者獨無意乎予曰唯唯子姑校其舛謬至於義例予

竊取之兹綜覽删綴者再越月而畢詩文以景附景以類分總形勝於多景之前補事記於諸卷之首斷自炎帝歷黄虞以迄昭代大禮備矣人文宣矣創設積物産聚而田租籍矣即山之雲霞明滅頃刻萬狀未易寫其形似而峰巒大都今昔文獻則具是焉矣問者曰所收詩文不已濫乎予曰不然編内諸作言人人殊雖其有工有拙有雅有俗而發明嶽靈之雄偉不群則諸篇咸有焉夫兹編也以紀勝也非選文也何濫之嫌或又謂今志校之舊刻所損十之三所益五之一而體裁爾雅則創自新意罔襲舊章若之

何其以編纂屬彭尹也予曰語有之始事者難爲功因人者易爲力彭剏其始予踵貪其功乎且非舊刻予何從而修之古人之祭川也先河而後海或源也或委也予惡夫見委而忘源者也遂授毛尹刻置縣齋願以就正於有道者

衡嶽志序　彭簪

衡嶽舊無志於縣志山川類見之夫天下名山大川雖古錫侯不以專封宜特爲志焉特志之尊嶽也且嶽在縣志中探奇尋勝者在在見嶽而不見縣各志之亦尊縣也昔者季氏旅於泰山孔子以爲僭衡猶泰也今制歲時之祭縣以牲帛行事焉則既以封内視之矣縣祭山川衡嶽在其中而必有特祭焉縣志書山川衡嶽亦在其中而必有特志焉君子曰斯志也遠不踰制近不叛禮可以信矣若夫七十二峰之勝巖壑泉石之幽亭館池臺之雅麗懸巖絶壁篆刻之奇古名賢寄寓之芳躅與方外之事可怪可愕之跡及佳木異草珍禽奇獸之錯産大畧具在志中而又有古今之雄文妙什足以闡幽而彰微也故不敢復爲之説惟敬書特志之意以告觀者

南嶽七十二峰詩集序　李恂

天地建子丑之餘而勢若漾沙者曰山山之高者曰嵩嵩高維嶽其别名曰峰夫固謂其矹硉巀嶪超然奪目者也嶽有五而楚之衡山居其一高凡九千七百三十六丈盤亘八百里奇羣峰環簇凡七十有二爭奇獻秀勢凌青霄生長伊邇者毋恨不能周歷覽矧兹登眺一時萬景盡收者乎偉哉全楚之雄觀也古今名賢不惜力愛時往來游衍幾世幾人矣所遺者僅操觚寄興音韻可考焉爾矣兹有七十二峰之詩也嘉靖壬辰珣歷事留都冬官署先自廷試厠後造始獲厥集匪惟蠹壞且魚魯帝虎殘舛可惜珣敢

賢以所聞補之正之題曰南嶽七十二峰詠捐俸壽諸梓用昭我衡嶽之秀之神將俾遐方仰止亦知天造地設奇蹤勝跡之不誣有如此固不事躬眺考問而已可想見於檢閱間矣且虛左餘以俟作者續采而録焉雖然相天地悠久者南嶽也相南嶽悠久者名賢詩也不能久傳者版刻也安得起南嶽之石鐫而不磨云嘉靖癸巳春王正月之吉

七十二峰詩集序　周宗休

七溪子昔遊泰嶽見泰松漢柏生層雲覽八極焉爾矣而未有峰也華嶽有甕肚峰蓮花峰嵩嶽有石室

三十六峰雞鳴峰而未聞其多也周禮荆山之鎮曰衡山山海經云衡山名岣嶁荆州記衡山有三峰柱詩有祝融峰而未聞曰七十二峰也嗣晤衡人昆山李子云其所補七十二峰之集七溪子乃信之則歎曰天開巨鎮地負佳名紫蓋駿奔朱陵日射其地顧弗秀乎其人顧弗儁乎詩曰維嶽降神言其地秀也生甫及申言其人偉也是故知衡之人儁衡之地秀也而當三峯之竦傑者庸詎能測其數耶念予併邇恒欲扳崖坐石往讀神禹之碑考古縱觀而且未果也其將有待焉耶夫物毀成有數失得有時昆山子生長衡嶽而得是集於留都補而敢之非數乎時乎是故微名賢七十二峯之名隱矣微昆山七十二峯之作毀矣其用心均曰勞哉

祝融峯高臺禪林詩序　羅洪先

明嘉靖乙巳冬江西吉水羅洪先同門人偕登祝融峯頂徧尋七十二峯至高臺寺遇僧楚石能解語心悅之甚留數月乃去是時天雨縱霽四望楚域惓惓不舍予亦憮然次日白雲薾山不復可望其菴居對煙霞峯谷中有鳥呼佛聲俗名羅漢鳥故詩中及之寺下數餘步即觀音崖雲泉煙石極山谿之美與大

夫名賢高俊收古今之跡愧吾無能嬾劾朝廷之志耳遊玩四野扶筇揮麈訪証禪機崖畔石壁稍磨捙松懸掛以培山趣葢茅篷刊碑於寺以爲念松亭自謂茲遊不負夙期矣

蓮峯翰墨志序　劉　陽

南山之留予與師泉劉君訥溪周君時對牀方廣任僧眞定持所藏聯菴南軒二先生暨當時諸賢先後所遺題詠欲爲山志以傳山中曰無俾茲山遺名賢而守之者顧落寞也亦斬於有續焉且將持此爲高答欲也予曰可也嶽之勝也高祝融深則蓮花或曰

高不可以久居深可棲焉高覽而深探嶽之勝也斯志也蓋具見乎深林窈壑爲深棲之勝者矣然在今距宋乾道蓋三百餘年何倏如昨日也宇宙寥廓俛仰今昔不有感於遊人者乎二翁遺響至今日諸賢可以指討焉何蹤跡希濶也豈曰花源路迷石梁雲隔者類耶言之可誦不一也而固有厭塵鞅者抒幽憤者適恬曠者肆遐覽而寄閎談者深探邃論皇皇爲身者營乎千古者知言者之於斯也察性情矣區人倫矣其道汙隆其時升降可以觀可以興然者矣然則君子之至於斯也可以資德矣登高而作賦獨

云乎哉茲山僧欵客奚止於茗具蔬盤亦奚止清泉白石煙樹雲蘿畢供其所有者哉亦奚止乎其巖棲堪寄爲不落寞也哉因書其簡且爲正其次第題詠也後志二賢祀典祠田并其寺業修復之跡云嘉靖壬子冬月長至日安福劉三峯序

蓮峯翰墨志序　周詒

壬子之夏予求師友於安成與師泉三峯二君子聚講數月秋復同入南山至是過蓮峯下謁晦菴南軒兩先生祠祠在方廣寺云兩先生嘗宿此故祠之感仰興懷旬餘不能去寺僧眞定葺裒集今昔諸吟詠刻梓以永兹山勝事三峯劉君爲次第而序之詳矣予於茲益有感焉恒言曰地靈人傑是以人之賢不肖責之地也人亦有言人傑地靈是亦地之章闡係於人也觀茲集焉辨矣南嶽之蓮花峯在崇岡絶巘中深入而幽潛入峯矯好若青蓮出水蜿蜒而亭立淨明奇麗嶽之一勝也禪修寂學者往往擇而栖焉宜其人之高潔遠俗世緣不能染也然惟傳梁之時有高僧惠海跡似影響嘉靖初有潔空者堅志苦行復興法門是興廢由夫人也名賢貴客選勝搜奇遊觀必至然惟宋之兩先生及近代諸君子數篇其

勝已煒然增輝視和璞白珩有光焉是章闡由夫人也觀茲集焉辨矣茲集誠兹山之墨寶乎寺僧能世修其師之志行不替兹山之輿而章也其有既乎兩先生不遠千里會友問學風雨冰雪淬志彌厲矣談詠歌箴規斯存其一遊一息一話一字人皆愛慕敬仰之不置也固宜後來君子遐心苦志時發泄於吟詠間非徒寄興於山水者茲集也可以尚友可以考德可以稽往可以知來覽者將有取焉予遇時荒學仰止前修負良朋而愧山靈也謹題末簡用記水懷云時嘉靖三十一年壬子冬臘月八日

重修衡嶽志序

鄧雲霄

蓋予於衡嶽有宿緣焉予羅浮山下人也史稱羅浮為南嶽佐命而九仙亦云衡嶽水簾洞與羅浮通羅浮號朱明洞天舊矣而朱明峯亦在衡嶽此兩山者實有瓜葛予所謂宿緣者徵是也予昔讀書揖仙樓與羅浮水簾相對匹練霏霏落在筆格予灑以浮提之汁時化作五色鳥飛去因思洞中仙蹻暗達朱陵風為馬神為御豈更駕哉每與到躡飛雲拍女肩肩輒遙獻祝融君一杯酒曰訂盟無寒予神往來於衡嶽者踰廿年宦海浮沈幾負尚平志矣然予不忘嶽

嶽亦不鄙夷予若有作其合者予由南垣出臬楚時病暍服餌野寺已誓唾雞肋而煮蓴絲白門諸詞客過慰藉蹴予肘曰湖南不惡祝融君在焉此不足為居停主耶域中五大是據其一丈夫筋力健不自騰踔垂老乃向臥遊圖討風景何浚浚也予蹷然起曰賴有此君病劇幾亡之汗欻欻下疾良已予是以有浮湘之興則霍然予者嶽也予則何以報嶽靈予通籍凡三仕矣皆占湖山吳門白下不乏名勝至今猶廓而大如顧長康啖蔗漸入佳境予則何以報嶽靈且予所取大者甘泉白沙兩先生蓋吾鄉之望也白

沙老病欲遊衡嶽而未逮甘泉大耋一再至詩杖屨亦蹭蹬矣小子不敏得及壯而遊尚饒濟勝具有天幸焉予則何以報嶽靈遊當夏之夜雲垂垂欲雨山僧勸且需予謂欲觀海日決霄征乃賈勇而上俄頃四天澄明祥飈不驚珠星璧月伸手可掇夫鬭雲霽雪久矣人口予偶然而遇孰為為之予則何以報嶽靈鄉者歲之不登也瘠瘼未起民且狼顧今錯藹澹菑雨暘若不稔豐蓋嶽實開石廩以粒吾民也予始得與民偕樂於遊於觀則又何以報嶽靈夫嶽坐離明平衡元化秩視三公古天子所時巡而加禮者也

楚泱泱大國茲為重鎮夫國且有史嶽可無志乎重志所以尊嶽實予司巡者責也夫徵文考獻纘在鑑來俾靈蹟昭宣勿壅勿穢所用報嶽靈無先於此者舊固有志已漫漶剥敝不可諦視魚魯襲譌掛漏滋多博處傷蕪約處傷缺嶽靈惡焉殆有意於予而授之簡乎先是曾金簡先生壯歲拂衣久栖衡嶽素留心於此道蒐羅考核函帙既富曠生祖詩丐得其秘藏生讀書嶽中者有年益漁獵所未備予官有餘閒鈴閣晝靜因字櫛而句讐之間出己見僭加纚削大都視舊志蕪者去什之三缺者補什之五至於訂疑

似析異同斤斤彬彬期足徵信而罔墮於荒唐穢雜則郡邑諸大夫及兩王生邊寧國泰劉生經筵袁生伯瓛相與殫力商榷始成完書蓋聚衆臼以成裘非予管見所敢擅也編成授梓予獨捐俸竣其事毋煩郡邑諸大夫蓋予神交者二十餘年而始獲此遊遊而欲報嶽靈者五而今了此願嶽靈聞之而後喜可知也雖然未既羅浮固嶽之佐命而岱恒嵩華亦嶽之薗昆玉季也予假羅浮爲紹介得奉筆札之役嶽靈其轉而紹介彼四君當次第曳裾其巔予顏雖禿尚堪爲四君作董馬其罔予靳予且宿春糧矣時萬

歷四十年壬子清明日

刻神禹碑序

湛若水

余來爲南禮部尚書之明年傳聞衡山有神禹碑發於地中即欲往觀而未能又明年爲嘉靖乙未之秋楚士有摹神禹碑來遺者快覩而諦觀之字畫奇古與後來篆籀手筆迥別而碑石復剝落雖習於古者僅能辨其一二字既不可識其中所云獨於碑末有楷小書古帝禹刻四字意者必後來漢唐人因此見碑必有所考據而題之及考韓昌黎岣嶁山詩云云而劉禹錫寄呂衡州詩亦曰嘗聞云云盛弘之荊州記云南嶽周迴數百里昔禹登而祭之徐靈期南嶽記云夏禹導水通瀆刻石書名山之高南嶽文云高四千一十丈由數說合禹貢而觀之則大禹由岷山導江歷湖入海過南嶽登祭而刻石此山即此碑無可疑者然韓劉二公蓋皆聞而不及見今余幸見之而其所謂科斗拳蘚倒披鸞鳳飄拏虎螭悉如此碑字畫之形象豈所謂道人之偶見者所流傳而碑末四字或即此時題之與至於二公所云秘文秘蹟則理固有然者夫宇宙內神物固當天寶而地藏之歲久則必復見而余幸當其數千載復見之會又獲觀

之則視二公之不得見而悲詫涕洏者顧不幸與

義聚館志序

王時槐

衡陽甯友叔虛過螺川謁予而問學焉予與相對於西原智度之間者旬有五日叔虛志切而意專端飭而清朗津津乎其慕道之勤勃勃乎其肩任之勇而外不矜馳中有獨詣誠可與共學者叔虛蓋嘗受學於密齋廖先生先生出鄒文莊之門其淵源所自本於王文成公則衡陽之學所從來者遠矣自隆慶倡會於石鼓繼卜地於宅西爲其學軒萬歷己亥始闢館於城南首捐倡聚者廖先生而多方經營贊勷稱

貸以力成之者叔虛也館堂之後中祀周元公而以宦寓暨鄉先進諸公晉祀此學者並祀於左右郡侯賓嶽徐公題其館曰義聚月二會歲二祀以爲常叔虛曰館宜有誌願一言序其端以告吾衡之諸士俾知學之不容已焉予不得辭則爲之言曰自孟子沒千有餘年而周元公出於楚元公固三代以下直接孟氏而爲海內斯文之鼻祖也元公之學本無極而二五妙合以至於萬物之化生故學必無欲而靜而仁義中正以至於百行之充周是堯舜以來執中而親睦以和萬邦孔門一以貫之之正脉也今衡陽闕

會館集多士倡正學而祀元公可謂學得其宗矣惟與斯會者必以希聖爲志正心誠意以全無欲之體篤倫愼行以達無欲之用則所謂靜虛而明通動直而公溥者庶其得之矣語曰百工居肆以成其事夫茲館也是學之肆也大匠誨人必以規矩學者亦必以規矩故師之教弟子之學舍規矩奚之焉是工之居肆者所當知也無欲之旨元公垂訓萬世之規矩也凡來會斯館志在希聖者其必敬遵無欲之訓以實踐成德而宜於家邦由此而會益客學益明多賢輩出衡陽之爲鄒魯也無難矣敬書請質於義聚同志諸君子且願共底於大成焉萬歷壬寅秋七月賜進士第太常寺卿安成王時槐拜撰

病餘存草序　　王　鍇

癸酉秋七月望日之中忽嘔血二升瞑瞀仆地肢骸靡滇獨此心炯然念身世無可戀惟平生吟咏是朋懷所寓而悉委墮不收不能無念既而不死從此自矢隻字不遺每有所得輒塞一小竹筒中匝歲幾滿然皆在爛刺尾廢牘背又醒時所作非醉不書點畫欹傾壓疊久之幾不自別雖曰不亡猶不存也去年八月向疾復作幸不至劇旬日便瘉念幸不可以屢

徼因倒筒出之淨寫一本幾及百首適被牽廹浪遊衡湘攜在筴中而是時流賊猖獗犯陵寢屠邑聚道路梗塞歸棹無期在衡陽僧舍作詩云風波盜賊五千里兄是衰羸近死身悔帶病餘詩一卷不將淨本付同人蓋恐其與此身俱沒也嗚呼平生自暴棄不收拾者莫過於余然每至疾病流離生死之際未嘗不拳拳焉固知羣毛象齒不惜其身而惜其所惜有不知其所以然也因題笈中所攜爲病餘存草上卷而彙楚遊之作爲下卷倘得歸偃園林徜徉歲月或便增卷帙而移甲乙未可知也

日酒後書於衡陽客舍

明紀野獲序　王夫之

藿園周子摭遺文擴稗說擴諏諮敘一代之典成通
紀野獲二十卷俾夫之而述其指夫之遂言曰韙哉
其可以俟來哲也夫竊聞之矣史之爲道也徵而顯
約而該舉大以挈小故春秋尚矣範圍作者而不可
越也雖然非有左氏之書殫纖芥毫毛之善惡則後
之學者欲以知聖人之指若無檝臨川而欲航滄澥
也奚從然則有其顯而後可徵有其該而後可約不
遺其小而後大者彰焉雖聖人且有所資而況其下

焉者乎司馬子長之作既有左氏內外傳世本戰國
策楚漢春秋諸編爲其名徵而所記幽隱曲折多溢
出於數書之外如封禪貨殖諸篇搜訪極乎委屑田
竇灌夫之傳曲繪其嚬笑要皆耳聞口授非有簡編
之足據故可紹素臣之嫡系而王仲淹廹求微約徒
貽優孟之嗤且傲聖言而夕成聖人之書何聖人之
易耶班孟堅陽攻腐史而陰用其教故能與子長相
鴈行嗣是而陳壽范蔡欲以精覈易其暢達譬之支
幹具而神理不屬象人也謂之曰人不可也陳壽之
書得裴松之而呴之使生六代南北史得李延壽而
吹之使鳴馬史而下斯爲愈矣貌山者秀以雲煙貌
人者靈以襟帶非禍心者所得與也司馬溫公立於
千載以下會通以成編年之紀受模範於左氏而不
敢伉聖經學海而漸至於海唯其不爲海而爲川是
以異源同歸川無非海溫公之渟瀠汪沛成區宇之
大觀者其尋源者遠也其爲書也鄭載書廚官供食
料隨其宦遊凡十餘年而始就故能於十七史之外
旁搜纖悉以序治忽以別賢姦以參離合以通原委
蓋得之百家之支說者爲多繇此言之顯其徵該其
約即小以舉大豈斷斷焉誦一先生之言可與前人

相覘面哉一代之史閱三百年而無可觀者鄭端簡
自命作者而一徃芟夷如耘莠稗竝艮苗而拔之乃
至南楊一傳但歷敘其官代而一言一行之無聞審
爾則南楊一尸位之具臣而又何稱焉李宏甫踵以
爲藏書益以阿私之好妄人也尤不足齒也舉凡大
政之因革如夏湘陰之治張秋朱誠齋之定條鞭
治丈量田畝之蠲減嘉靖釐定嶽瀆先聖之祀典以
洎石城寧夏閩海郴桂蔻毬之起滅或竟佚無聞或
括以數字酌海一卮而曰海在是也後之人能不以
卮爲海者幾何耶下而有陳氏之通紀其荒陋益甚

又下而爲沈國元之從信錄於嘉隆以後名亂致亡神人悲憤之大端如貴溪分宜之相傾華亭新鄭江陵長州之相軋高顧沈湯之氷炭相惡辛亥丁巳丙察之函矢相攻皆置不敢言如胡應麟以下第任生託夢說以詛典文者顧錄之以爲口實流行天下者且數十年俾一代鴻章曾不與十六國春秋南唐遺事同傳異代藿園之懲此而博採以資論定也其情貞其志遠其學不倦誠有弗獲已者故曰洵哉可以俟來哲也詩不云乎於以采蘋于澗之濱于以采藻于彼行潦澗之濱行之潦無所擇也而蘋藻非是莫

有舍此而求之寒泉一掬之中終年弗得而又奚以薦耶顧非其人孰與采者公侯之事豈蕁芳拾草以冶遊者之所與哉藿園以淵涵霞建之才謝世榮以孤遊歷燕趙吳越訪故家之藏書問遺民之記憶以起二百八十年九京之先進相爲把汪是編之成未能即問之世禹峰石稟應爲珍護又非但溫公之資鏡治原已也

史貫序　國朝 宜興人 學道 蔣永修

讀書不可以弗貫也讀書而弗貫猶弗讀也況史乎譬之樂有如纍珠譬之射有若徹札貫之爲義大矣哉然其所以貫者以理不以意意者一人之所爲私也理者天下之所爲公也意之所出天下有議其後者矣理之所起雖聖人不能易也何也作史之家之不免於議也若自古而然也而後起之裳議則又甚焉扶風議龍門矣而固之失足更烈華陽議班史矣而葉之喪身難言下此者無論矣夫作史者將以理斷古今之是非而其身之所爲已顛倒謬亂如此則起而作史不過妄意議評已耳不過逞臆論說已耳何信今傳後之有讀史者亦然讀史者能貫乎古人之心而後可以讀史尤能貫乎作史者之心而後可

以讀史而必不爲史所惑若是者惟斷以理而已矣理之所在歷乎勢歷乎時而有其善變理之所在又遍乎勢遍乎時而有其不變夫史者未有不合勢與時成之者也而勢與時恒參錯互異以成一代之世自非以理斷之孰能無惑此理之所爲不可以已也且夫窮理始於格物而史者其格物之大要也天下之物莫大於人事人事之大莫備於史其間天人治亂之紀倚伏變化之端或爲之前莫之致或爲之後莫之知而所爲賢人君子者益與僉壬奸僞之徒日轉旋於運數之中以俟後起者之論定而史家又不

能出其公是公非使古人無恨自非本誠意正心之學具上觀下觀之識窮事物之變態以求指歸之合畧覽大意妄謂有得不受欺於其人則受欺於其書吾未見其當也周子藿園讀書窮理有素其於書必求其可以貫者而後已則史貫一書吾知其於理有合也夫大史公南浮瀟湘縱目山水故一發其胸中之抑塞磊落而獨以深識遠覽爲千古作史之祖周子生洞庭衡嶽之墟不啻朝夕寢處而又旋修京洛停棹西湖一覽燕齊吳越之勝則其作爲文章必有開拓萬古推倒一切者其於貫之爲義不思過半乎

余別衡陽溯涪水嵐煙灘洑應接不暇每有所得輙取史貫讀之亦猶古人以漢書下酒也乃援筆而爲之序

奉常陳禠生先生文集序　　徐開禧 臨武令 陞編修

山川之作與天地並有若巨靈贔屓撝指蹴蹋蹤在埏顯氣單行雖排長河如措杯擘太華若破塊不足駭也衡居南條霞葩煙噴隱轔鍜軸上揖大清爰有宏文縟業之儒應期特立而山川靈鬱胥不自有其祕以彼心手相競高深互呈若動若藏變化翕忽非至神曷以有此禠生先生楚國一人也天稟茂異自其童肯鼓翅詞苑便有天漢扶搖意長而嗜學合沓縑緗午夜晨窗一燈千卷嗣讀中祕書歷躋華要而先生置身每半飛半沈操術亦半雌半雄其寓志於詩文也亦自造其適焉則已矣憶先生嘗告予曰言應心精披南史之直筆傳非書癖補東觀之闕文理不繆搖其枝故思裁而遠字無輕吐其藻故響逸而堅大雅扶輪小山承蓋子大夫惠而好我願作珊瑚爲君架筆先生亹亹論辯往輙破的謬謂余可與語者獎成惟恐不力雖然余則何能道先生哉先生所爲文出入盲腐二史間而獨鑄以心匠斤者斲刀

者削度其分寸而搆大廈咸就進退焉詩則漱玉蔵金唫龍翥鶴裒譏楮外攜報情中氣格超渾五七言律尤勝近日油腔拗體絕不犯其毫端也至夫廟堂指畫臚利病如列眉鄉國綢繆析與除若迴掌三寸非柔不畏強禦片言作砥無縱詭隨是則侃侃鑿鑿婉而盡致其立言皆可行可久孰謂文章非經國大業哉昔之言人雖在幽沈丘壑望之必曰如入宗廟琅琅但見禮樂器而逌大賓廷見主肅然修敬時又未常不語帶煙霞夢帶松風可見古之君子身當出處固自皎然而時以遠心玄度夷猶其間故知其所

持者異矣先生居宦三十年强半林間飛沈無跡雖雄知守未易一二爲俗人言也丑寅之際璫焰方張先生强項義不爲屈奉身而退無幾微見色而孝事母夫人既老猶如嬰兒里黨風之先生大節彪炳發爲詩文固有本之章而稱情之聞也湘岳靈氣篤生偉人金簡玉書之藏盡洩其秘以授先生非至神何以有此先生歿而介弟中翰君緝其集若干卷題書相示余每捧不忍釋稍加釐正序以復之夫予則何能道先生哉

送道士李皓白歸南嶽序　彭而述

順治庚寅客寓衡北之香水菴晤道士李常庚皓白者談方外事甚悉生青齊長遊南陽以今　上乙酉乃卜棲衡嶽之九仙觀修軀黃面風髩鬖鬖如澗下松着藍袍揮棕櫚扇神峯秀朗巖壑生眉宇間時天氣蒸暑流石爍金羣蚊成雷與道士談殊翛然不爲所苦爲出九仙觀圖說乞予言遂鐫之石予謂之日是名根也道士固介出世入世之閒者也聞方人爲予具言日往歲道士來衡時夷梗未闢民難方隆道士曾出死力以解兩家之爭視其舌尙在衡民迄今尸祝之是豈黃冠之流也哉爲人排紛解難飄然物表仲連之徒歟抑其功成身退爲而不有誠有合於道家守雌守黑之說矣若夫九仙觀自有說不必以此重累道士捜神記固知非於寶不作耳

重修麗公寺碑序　陽　晥

衡城南能仁寺乃唐朝麗居士修行處也居士以貴公子棄俗出家頓悟無生功程圓滿合家坐化雖迦葉之拈花微笑達摩之面壁九年不過是也其寺前面湘流後枕雁峯右東洲而左石鼓山川環秀暮鼓晨鐘發人深省何必西竺祇園始稱地哉哉但歷傳以來廢興不一歲庚申衡紳士請皇山高僧愼菴卓

錫於此僧見楝宇墻舍大半傾圮爰出己貲兼募衆姓捐助修整寺宇圍築牆垣新建前殿以祀關聖及山門東西兩廊齋堂客舍約費二百餘金不一載告竣寺僧邀余暨衆紳士樂儆蓮社羣推余爲文以記之余以爲天下惟有志者事竟成然非其人之才力不足以濟之今僧有修復之志而又具有爲之才力宜其煥然一新聿觀厥成其功何可沒哉即衆姓捐助美亦宜誌爰述始末俾鐫之石示後人無墜厥緒庶居士香火永斯萬年錫福無極矣是爲序

迴雁峯志序　守道　董廷恩　鑲黃旗人

天下名嶽有五而衡稱其南南嶽之峯七十有二而迴雁踞其首或曰雁斷衡陽余嘗行部郴桂躡粵之嶠亦會有雁但不似洞庭之野平沙羣集耳或曰峯勢如雁翼之迴蓋紀形也又昔人遇仙旣別復約信於迴雁使者繼走迴雁峯下得使者廟寄之亦雁帛往來之意也夫雁峯聲馳天下矗郡城之南南之門即曰迴雁儼然盤石金湯環城而居者煙火萬家四民安集登峯俯瞰繡錯氤氳林林總總遂不覺生聚教訓之惓惓於心也蒸湘淼茫石鼓蒼秀有浮屠北

峙亦名來雁疑有唱和之聲從雲間來其形勢遠接嶽峯周遭八九百里斷續俯仰如神龍然又似星列碁置藩服拱圍遙而睇焉正不必穿雲梯谷而千邱萬壑森羅雄衞則又殷然肅屏翰之思也至若峯下有池池名煙雨每雨至輒先煙霧迷濛峯頂上下又若雲龍噓吸縹緲爲霖爲雨其在斯乎工部餲萬里之吟荀鶴感春信之別凡學士大夫以及遷客騷人登是峯者莫不發爲歌咏而或悲與壯又不僅郡乘之釐然可頌也天下名山僧占最多自無量壽佛駐錫乎此遂稱活佛道場蓋自唐之天寶勅賜乘雲禪寺其來已舊

國初以來寺僧空且與理悉者募而新之亦幾秸据數十年而巍然煥然甍飛門闢象教尊嚴閒有絃誦伊唔聲出梵唄緇黃之精舍亦青紫之遊停耶郡人與僧集而志之余自庚午春監司楚南上遊値兵燹之後亟思還定靜與修文動爲偃武坐卧於迴雁峯前者十年餘矣承聞幸都人士讀法此峯之豐愛以志之序言請因憶今天子昇平四海遐邇晏如士於詩書之暇紀山川

之勝而孟鉢者流亦與文章不可謂非湘嶽之靈也嗟乎風景在目感觸從心寧概作遊觀論哉岳陽記憂樂之志滁亭壯豐樂之名以視蘭亭赤壁嘗何如也寧概作遊觀論哉即曰志峰也集而傳之彼搢紳嚴齒者其亦可以卧遊也夫

倡修石皷書院崩岸序　李拔

石皷當蒸湘之會突兀中流爲衡郡後衞如卧之有枕門之有鍵必不可闕非僅先賢講學古蹟爲育材勝地已也乾隆戊子秋杪署郡篆憫其頹廢集衆力

修治遂成偉觀方以爲快訖己丑夏五蒸水漲發冲崩兩岸時余校閱丞郡山長曠君屾嵝命其徒以書來諗余聞之驚念不寧亟爲敘遣歸持告郡人士倡議修護曠君乃與清泉學博高君集衆鳩工築土砌石逶迤層累頹岸稍復舊觀而庚寅夏復爲水冲刷勢岌岌不可支工鉅費多一時無濟美者越二年清泉令陳君來慨然引爲己任循舊緒而恢張之蕆事迺具圖告余既自誌其顛末且以余有經始之功求文以紀石余維是役也匪獨先賢古蹟可弗湮墜而山靈協應水德滋豐人物俊乂室家盈寧之美將與

衡人永賴於無窮顧余年來奔走湖南北回首舊遊心遐地遠雖昌厥先聲而不有陳君踵成之其不托諸空談者幾何哉夫天下事苟同心協力爲之罔有不濟者斯其一端耳陳君余鄉人將與之吉邃者人者不獨爲茲山慶也已

送郡伯李義峯序　　檢討　林學易　衡山人

陶士行刺荆州終日斂膝事無遺漏而筆翰如流伊川先生之言曰稽古愛民於爲政也何有蓋惟稽古之人仁民愛物不遺餘力正與運甓同意非伊川不能言非士行不能爲也我　郡伯李義峯先生起家進士粹然儒者以政最擢守劇郡洊歷閩楚所至惠政旁敷口碑載道乾隆戊子秋杪攝篆吾衡甫下車剔弊除奸興廢舉墜鉅細畢張尤以教化風俗爲兢兢每有規畫設誠致行三月之間聲馳七邑見者聞者咸鼓舞踴躍於不自知化亦神矣而公餘偶暇諸

所建置悉述以文根柢義理不以語言文字爲工視陶士行之書疏殆又過之而心勞撫字約己惠人惟日不足則又不但習勤而已伊川所謂惟稽古者能愛民非我　公其孰克當之乎惜莅郡未久遽攜琴鶴以去此則衡人士所臥轍攀轅無可如何者雖然賢人君子遊踪暫憩人猶欣慕流傳勿衰況公之雅化寶被吾衡善政善教歷歷可數則其所以留棠蔭而繫遐思者又曷有窮期哉當與士行之宦蹟伊川之著論並垂不朽矣

續衡州藝文志序　庶常 曠敏本 衡山人

蓋聞古之學者原本道德措之則爲事業而筆之則爲著述所謂本深而末茂也後世不辨此義經濟文章岐而爲二識者病焉我　郡伯西川巖峯李公研窮義理學有本源所著辨志論尋孔顏樂處說勸學箴等篇醇乎儒者之言不以文詞爲工其出而典郡也三楚入閩所至著循聲蒞吾衡僅數月拳拳於士習民風如建育嬰禁遊惰教樹畜嚴喪禮諸所設施皆教養大政七邑士民傾心向道翕然改觀莫知所爲雖古所稱黙化之神亦不過是而公猶夙夜孜孜

嘉惠罔倦者尤并力於石皷石鼓者四大書院之一也舊有禹碑在焉千古斡濟無如疏鑿文字奇古無如螺書嗣是武侯駐節韓柳留題朱張講學傳爲名蹟即一石皷而道學之標準監焉惟歷年既久諸多湮没公至即謀修葺重刻禹韓二碑凡紫張手書悉與表章今登其堂者隆隆石碣上下匾千餘年治法心源薈萃羅列若掌紋石皷道脉一綫不絕非公其孰綿之自今以往仕於斯者公餘省覽自得治己治人之本學於斯者瓣香景仰勉爲　國家有用之材皆公之賜也其人有造於吾衡豈一世之数哉衡之

衡州府志卷之三十一　知衡州府事豐城饒佺重編

藝文二

記

湖南都團練副使廳壁記　呂温

湖南七郡羅壓上游右振牂蠻左馳甌越控交廣之戶肅扼吳蜀之咽喉翼張四隅襟束萬里天下之安危繫焉聖唐理雖偃草制不去備消息變化必惟其時由是部分荊衡復古南鎮輕其兵徒而重其統帥易其將校而難其叅佐所以顯仁藏用明道晦權成

師於禮樂之中講武於文章之內雍容易簡四十餘年名宗風流冠於當代始則裴諫議虯以逸材奇畧傲視而靜荒寇次則趙相公璟以高標雅望鬱起而為國楨其餘馮郎中巖之之碩重房容州孺復之英達鄭評事冽張著作季文之美秀涓張和州惟儉盧侍御澥佐我先大夫宣慈明允寶有成績是皆卓乎朝論清在人謠者矣元和三年冬天子命御史中丞隴西李公以永嘉之清政京兆之懿則廷賜大旆俾綏衡湘威如秋霜無私凋惠如冬陽無私煦用人如止水無私鑑始下車表前副使殿中侍御史扶風竇君常字中行以本官復職於是監察御史河南穆君寂河內司馬君紓范陽盧君璠太常寺協律鄧河東薛君存慶前咸陽縣尉吳郡顧君師閔前太子正字隴西李君礎前太常寺奉禮郎京兆杜君周士前延陵縣尉同郡杜君賞羣材嚮附各以類至文雅之器歲餘大備錯金碧於晴壑綷孔翠於春林遐邇翕然稱為盛府中行感會知己竭其誠能黃鐘音韻調於嶰谷之竹大阿鋒鋩拭以華山之土其吟鸞鳳斷犀兕不足怪也竇氏伯季同時七人一居方伯二列華省四在諸侯之館名教之樂縉紳慕焉以温近守支郡且知故實得請連帥俾書公堂媿予不文安敢堅

讓元和五年七月五日

茅閣記　元結

乙巳平昌孟公鎮湖南將二歲矣以威惠理戎旅以簡易肅州縣刑政之下則無撓人故居方多閑時與賓客嘗欲因亭引望以紓遠懷偶愛古木數株重覆城上遂作茅閣陰其清陰長風寥寥入我軒檻扇和爽氣滿於閣中世傳衡陽暑濕鬱烝休息於此何為不然今天下之人正苦大熱誰似茅閣蔭而庥之於戲賢人君子為蒼生之庥蔭不如是耶諸公歌詠以

長之俾茅閣之作得系嗣於風雅者矣。

南嶽遊山後記

朱子

南嶽唱酬訖於庚辰，敬夫既序其所以然者而藏之矣。癸未發勝業，伯崇亦別其羣從昆弟而來。始聞水簾之勝，將往一觀，以雨不果。而趙醇叟、胡廣仲、伯逢、季立、甘可大來餞雲峰寺。酒五行，劇論所疑而別。丙戌至櫧州，熹與伯崇、擇之取道東歸，而敬夫自此西還長沙矣。自癸未至丙戌凡四日，自嶽宮至櫧州凡百有八十里，其間山川林野、風煙景物，視向來所見無非詩者，而前日既有約矣。然亦念夫別日之迫，而

前日所講蓋有既開其端而未竟者，方且相與思繹講論以畢其説，則其於詩固有所不暇者焉。丙戌暮，熹諗於衆曰：詩之作本非有不善也，而吾人之所以深懲而痛絶之者，懼其流而生患耳，初亦豈有咎於詩哉？然今遠別之期近在朝夕，非言則無以寫難喻之懷，然則前日一時矯枉過甚之約，今亦可以罷矣。皆應曰：諾。既而敬夫以詩贈，吾三人亦各答賦以見意。熹則又進而言曰：前日之約已過矣，然其戒懼警省之意則不可忘也。何則？詩本言志，則宜其宣暢湮鬱，優遊平中，而其流乃幾至於喪志。羣居有輔仁之益，則宜其義精理得，動中倫慮，而猶或不免於流，況乎離羣索居之後，事物之變無窮，幾微之間，毫忽之際，其可以熒惑耳目、感移心意者，又將何以禦之哉？故前日戒懼警省之意，雖曰小過，然亦所當過也。由是擴充之，庶幾乎其寡過矣。敬夫曰：子之言善，其遂書之以詔無怠。於是盡錄贈答諸詩於篇，而記其説如此。自今暇日時出而觀焉，其亦足以當盤盂几杖之戒也夫。

石鼓書院記

朱子

石鼓據烝湘之會，江流環帶，最爲一郡佳處，故有書

院，起唐元和間州人李寬之所爲。至國初時，嘗賜勅額。其後乃復稍徙而東，以爲州學，則書院之跡於此遂廢而不復修矣。淳熙十二年，部使者東陽潘侯畤德鄜始因舊址列屋數間，榜以故額，將以俟四方之士有志於學而不屑於課試之業者居之，未竟而去。今使者成都宋侯若水子淵又因其故益廣之，別建重屋以奉先聖先師之像，且纂國子監及本道諸州印書若干卷，而俾郡縣擇遣修士以充入之。蓋連帥林侯栗、諸使者蘇侯詡、管侯鑑、衡守薛侯伯宣皆奉金齎割公田以佐其役，踰年而後落其成焉。於是宋

侯以書來曰願記其實以詔後人且有[illegible]其學者則所望也予惟前代庠序之教不修[illegible]無所於學往往擇勝地立精舍以爲羣居讀書之所而爲政者乃或就而褒表之若此山若嶽麓若白鹿洞之類是也逮至本朝慶曆熙寧之盛學校之官遂徧天下而前日處士之廬無所用則其舊迹之蕪廢亦勢固然也不有好古圖舊之賢孰能謹而存之哉抑今郡縣之學官置博士弟子員皆未嘗考德行道義之素其所受授又皆世俗之書進取之業使人見利而不見義士之有志爲己者蓋羞言之是以嘗欲別求燕

閒淸曠之地以共講其所聞而不可得此二公所以慨然發憤於斯役而不敢憚其煩蓋非獨不忍其舊迹之蕪廢而已也故特爲之記其本末以告來者使知二公之志所以然者而無以今日學校科舉之意亂焉又以風曉在位使知今日學校科舉之教其害將有不可勝言者不可以是爲適然而莫之救也若諸生之所以學而非若今之人所謂則昔吾友張子敬夫所以記夫嶽麓者語之詳矣顧於下學之功有所未究是以講其言者不知所以從事之方而無以蹈其實然今亦何以他求爲哉易曰養其全於未發之前察其幾於將發之際善則擴而充之惡則克而去之其亦如此而已又何俟於予言哉

向公祠記　胡寅

郡守以撫養百姓爲職賢否於是乎觀不聞以能奉承大吏爲賢也昔光武戒任延曰善事上官無失名譽延對曰忠臣不私私臣不忠若務雷同非陛下之福帝歎息稱善以其時考之循吏得行其志海內之人咸安土樂業而誑上行私亂人之功罪者莫或肆焉其致中興宜矣歲在乙卯江南大旱衡陽燋灼於築城暴政之後遺黎懍懍尤甚會相臣督師平寇植

牙於潭知寇之本由民失其所也亟秘閣向侯宣卿有政材剡章上聞請使守衡制曰予恣往欽哉善撫吾民惟旣乃心毋怵於權侯頓首受命至府屬帥臣以民訴外臺大胥姦贓蠹害事下衡治無追證捕逮之煩三日而獄具厥徒震慄民情始得自通於是明曲直而申達冤滯振■矜寡而擊斷豪舉與民所便■捐其畏去華務實謹率憲章磨牙舐掌之徒肉視斯人禁莫能動方是時米斛爲錢萬有五千而衡境歡然仄無饑餓之憂官僚肅於廷士卒整於伍商賈集於市緣南畝者惟恐侯之報政而去隣於衡之人

則曰天子何爲不以向公而牧我乎其頌歎願望洋洋乎滿耳矣而方伯與部使者顧且傳致劾之曰向某以酷刑失民心民之畏之重足而一迹方旱且多盜又重以刑不亟斥之幾何而不名變嗚呼嬰而育者無怪乎指青爲黃孩而髦者無怪乎謂香爲臭人自非生而喪心則臧否好惡不至若是其悖矣侯既坐斥士民扶老携孺至犯雨雪涕泣屬道而送其能遠者衆資之使詣諸朝久而未報念終無以自慰乃卽城北青草佛祠爲堂繪侯像歲時合茄吹鼓舞其下以祈侯壽考而思其來也夫萬人之譽不可以非道干謂侯無以致此則民奚不從彼貪且誣者尸而祝之邪濟惟貫河人乃知其清松柏不過大冬與蕭艾未知其孰賢也然則謗侯雖深而所以榮侯者不旣厚哉哲后方覈名實考毀譽賞卽墨以圖治康而御史採輿人之頌爲侯明著劾奏之不然者宸旨寵煥擢畀使華士大夫盍知奉公守正之可爲讒邪不得而終困之不獨衡之人以爲喜也侯雖屢斥志意益勵力操反古令聞彌著則進爲世用以就功業不獨慰此州之去思必又有日矣詩不云乎樂只君子民之父母保艾爾後德音不已衡之人以是歌於斯堂也不亦可乎

武侯祠記

張栻

自五霸功利之說興謀國者不知先王仁義之爲貴而競於末塗秦遂以勢力得天下然亦遂以亡漢高帝起布衣一時豪傑翕然從之而其所以建立基本卒滅項氏者乃三老董公仁不以勇義不以利之說也相傳四百餘年而曹氏篡漢諸葛忠武侯當此時間關百戰左右昭烈父子立國於蜀明討賊之義不以强弱利害二其心蓋凜凜乎三代之佐也侯之言曰漢賊不兩立王業不偏安又曰臣鞠躬盡瘁死而後已至於成敗利鈍非臣之明所能逆覩誦其所言則侯之心可見矣雖不幸功業未竟中道而隕然其扶皇極正人心挽回先王仁義之風垂之萬世與日月同其光可也夫有天地則有三綱人類之所以別於庶物者以是故耳若奪於利害之中而忘夫天理之正則雖有天下不能一朝居此侯之所以不敢斯須而忘討賊之義盡其心力至死不悔者也方天下雲擾之初侯獨高臥昭烈以帝室之冑三顧其廬而後起從之則出處之際固已有大過人者其治國立綱陳紀而不爲近圖其用兵正義明律而不爲詭計

凡其所爲悉本大公曾無纖毫姑息之意顧皆非後世所可及至讀其所上表之辭則知天下之物欲舉不足以動之所養者深則所發者大理固然也曾子曰士不可以不宏毅若侯者所謂宏且毅者歟孟子曰富貴不能淫貧賤不能移威武不能屈此之謂大丈夫若侯者所謂大丈夫者耶侯既沒蜀人追思時節祭於道上後主用廷臣之議立廟沔陽使得申其敬去今千有餘歲蜀漢閒往往有祠奉祀不替侯之澤在人者深矣衡州石鼓山舊亦有祠按蜀志昭烈牧荆州時侯以軍師中郎將駐兵臨烝以督零陵桂

陽長沙三郡調賦以充軍實今衡陽是也烝水出縣境經石鼓山之左會於湘江則其廟食於此固宜考昌黎韓愈及刺史蔣昉詩碣祠之立有自來矣乾道戊子之歲湖南路提舉常平萬君咸象始以圖志搜訪舊迹得廢宇於榛莽中乃率提刑獄鄭君思泰知衡州趙君徙於高明而一新之移書俾栻爲記栻惟侯之名不待祠而顯而侯之心亦不待記而明然而仁賢昔時經履之地山川草木光采猶存表而出之以詔來世使見聞者竦然知所敬仰思慕當道術衰微之際其爲有益蓋非淺也惟栻不敏不足以推本侯胸中所存萬一是愧且懼焉

先賢堂記　湯漢

衡陽使君王侯有書來語余曰吾州故有五賓三賢之祠而又別祠鄒陳胡趙四公於花光西湖開禧之僧舍散越而弗倫吾爲此懼乃於暇日尚論古今人斷自文正李公而下得十六公之賢爰卽學宮之西偏度室而合祠之序位之列有若丞相李公昉張公齊賢靜春劉公淸之則嘗爲守臣於是邦者也若龍圖鄭公向文定胡公安國文肅李公椿則家於是邦者也若文簡向公敏中恭簡王公岩叟則其子孫家

焉者也若文定李公迪忠愍寇公準忠肅劉公摯元城劉公安世道鄉鄒公浩了翁陳公瓘忠簡胡公銓忠定趙公汝愚則皆謫徙而來或假道而遂終焉者也惟茲先賢皆天下偉人其名聲若日月懸空雖庸夫孺子亦知其爲烈者也獨龍圖鄭公者則濂溪先生實公女弟之自出先生少孤隨母氏依公以學而公期以遠器其命名之義類同於其諸子而使官仕焉夫先生繼往聖之絕學天實異之而毓其萌芽待之干霄蔽日者鄭公蓋有力焉吾是以奉而祠之使識者之有考也子其爲我記之余詳視其書而竊歎

曰士君子之出處用舍豈有常哉要其不朽而存則或以德或以功而一時之得失身之窮泰不與焉嘗試觀於此堂之衆賢方其進而撫世則功在社稷澤在生民而風采想聞於天下及其退而窮處或托之空言或抱器而不盡用或頓撼流落以至於死而巍巍煒煌至今猶有耿光故不特佳於此家於此一旦經行之暫片言流詠之所寄亦足以爲此邦重使人竹瞻鑽仰而不能已雖然學不可以不知本也苟惟無本而規規焉諸君子之慕吾恐樂其名而昧其實得於此而失於彼未見其有合也衡之士欲知學之

本乎則有文定胡公與夫張子之書具存其所以紹濂洛之統啟蘇湖之傳真開世之師也學者宜盡心焉余請以此輔侯之志侯名亞夫天台人所至以表前哲爲先務其治衡風淳俗美是以人皆願其亷察今遂以直指使本道必有慰民望矣景定甲子孟春中澣記

石鼓山記　范成大

十四日泊衡州謁石鼓書院實州學也始諸郡未命教時天下有書院四徂徠金山嶽麓石鼓石鼓山名也州北行岡壠將盡忽山石一峰起如大石磯浸江中烝水自邵陽來繞其左瀟湘自零陵來繞其右而皆會於合江亭之前併爲一水以東去石鼓雖踞要會大約如春秋霸主會諸侯勤王烝湘如兄弟國奔命來會稟命載書乃同軌以朝宗蓋其形勢如此合江亭見韓文公詩今名綠淨閣亦取文公詩中綠淨不可唾之句退之貶潮陽時蓋自此橫絕取路以入廣東故衡陽之南皆無詩焉西廊外石磴緣山謂之西谿有窪尊及唐李吉甫齊映題刻書院之前有諸葛武侯新廟家兄至先爲常平使者時所建十五日捨舟遵陸登回雁峰郡南一小山也世傳陽鳥不過

衡山至此而回然聞桂林尚有雁聲又云此峰與南嶽七十二峰之數然相去已遠矣

驂鸞記　范成大

衡山縣西望嶽山岩嶤半空湘中山既皆岡阜迤邐至嶽山乃獨雄尊特起若衆山遜其高騫者入日入南嶽半道憇食望雲亭夾路古松三十里至嶽市宿衡嶽寺嶽市者環廟皆市區江淛州廣衆貨之所聚生人所須無不有既憧憧往來則汚穢喧雜盜賊亡命多隱其間或期會約結於此官置巡檢司焉南嶽廟四向各有角樓兩廡土偶伏衛皆取則帝所正殿

獨一神座監廟與禮直官自上香火後殿乃與后並處湖南馬氏所植古松蒲庭殿後東西北三廊壁畫後宮武洞清所作紹興二十五年火發殿上延燒後廊壁本不圮官不時覆護漸爲風雨所壞帥司乃遣衆工模榻新廟成用模本更畫雖不復武氏章法然位置意象十存八九自宴樂優戲琴博圖書弋釣紉織下至擣衣汲井凡宮中四時行樂作務粲然畢陳良工運思苦心有如此者朶殿又畫嬪御上直奩香篝衣之事尤爲精妍廟史常鐍後宮門非命官盛服毋得擅入是爲記

題耒陽杜工部祠記　趙師古

余嘗讀工部文至聖封三代禮樂等賦歷歷然斌斌然知昔唐世之盛可與堯舜比隆應前賢述作匪垂空文誇耀於後蓋賢者之能事耳工部以文章獨步千古雖三尺童子皆知之此不復道晚遭唐室喪亂避地死葬於耒余按圖經未嘗不嘆息而後已湘楚開好鬼事無文之祀廟貌碁布牲牢之薦厭於神腹祝告之祠倦於巫工獨工部之祠缺焉苟以神言之則聰明特達英粹宏偉之士豈不能權禍福於非常之鬼哉何習俗之難移乎抑親民者未之化耶今河清君宰是邑以禮奉祀因爲志於墓肅庶使後之君子化民而祀之則豚酒之薦庶不專於淫非之鬼而亦被及於唐異人之祠墓焉淳化元年九月望日記

耒陽進士題名記　文天祥

衡進士姓名可考者自祥符省元鄭向始景祐八人俱擢第郡人傒爲偉觀將耒陽居其三嘉定郡十八人耒陽又半之閒歲往往多得士今邑人於靴洲之識翹乎其未慭也雖然科第之末不足爲儒者道天下事固有大於此者矣衡有石鼓書院朱文公實爲記其論世俗之書進取之業以爲志於已者所羞言至謂學校科舉之害不可以是爲適然而莫之救先生所以正人心破俗學者願乎其至也前輩之流風未遠學者之外內何所屬邑之士其得無所聞乎然則縣之此碑將以紀姓名也豈曰使人歆慕誇羨矻矻然爲務外之歸哉夫在上有師道則在下有善人修於家者有正學則天子之庭有眞儒宜令尹與凡邑之士兢兢終日而不能已者也若夫苟焉而學泛焉而仕冒爲而題則後人指之曰某也若何某也若何嗚呼是可不凜凜乎哉

石鼓學田記　黃淸老

石鼓山衡之附庸也奇崛聳拔中高而外秀烝湘二水左右環之既合湯湯浩浩同歸於洞庭書院當二流之交迴瀾渟淵遠嶂森列樓閣如在虛空中蓋湖南第一之勝地也唐元和開州人李寬中結廬讀書其上宋景祐丙子始賜額與四書院並稱於天下勉齋黄文肅公提舉湖南學校視芹藻地薄請於朝以公帑粥籍入官田在茶陵之哀鴿鄉者助之自是衣冠濟濟有上庠之風焉聖朝混一仍置學官王其地至元廿九年茶陵陞州宣閫以吾故田鴉鵲塘及彌勒庄悉畀其學士有辭乃中析之以彌勒庄歸我田

素號善地遠書院而邇靈巖寺無賴僧謂其名浮屠也可以力奪既鼓衆取其禾且置僞碑壟上曰崇寧八年某捨崇寧本無八年而聽者不能辨前山長廣信鄧大任番陽王復廬陵康莊相繼訟理暫得遄失久而弊滋案牘俱泯後至元丙子冬新安程君敬直來長是山諸生以告即誓曰所不復茲田者有如二水聞者壯之適分憲姚公子徵來按郡上書白其事公爲窮追故牘出於府之小胥家乃移郡定議既而南臺監察御史伯顔公九成甄公允中繼至又以白復得異時省委湘鄉尹張詢所擬成卷移文郴桂分憲指揮茶陵倅以田復且上其事所隸僧技窮賂主書者更遣官覆稽既至茶陵尹吳思義衡倅於守中均適以公至潭白於憲使郭公宋道閫帥沙班公皆爲分遣行人速成及履其畝乃得編戸陳自占名數其言佃石鼓田與簿籍參驗較著僧乃鉗口退伏至是行省命下完璧來歸凡三百九十有五畝有奇歲内租一百石自啟紛迄今六十有二年矣石鼓諸生謂春秋大復地不可無紀具本末來請予覩程君立志於初竭力三載卒酬其言固宜大書然有事伊始王張綱維率皆僉憲姚公之功而九成允中兩御史

繼之憲使閫帥二公成之斯文賴以不墜法應特書若憲司知事李公克温察院書吏王雝高絢贊畫於上路總管楊侯倬知事趙璧奉行於下其勞皆得書且石鼓之田有在衡之新城庄者素爲豪右所匿君發其蔀得糧二十石有在祁陽及衡山之紫蓋鄉者利歸富室行之八九君悉更地佃而租咸復舊亦宜附書

湖南安撫使李公祠堂記　宋　本

故宋朝散大夫、秘閣修撰樞密院副都承旨知潭州、湖南安撫使李公以至元十二年冬爲我師所圍城

守三閏月、隨方備禦、數戰無外救、不能支、明年正月四日城破、公不肯屈、曰、吾死固分、家亦不可辱於俘、乃積薪州治雄湘閣、命妻孥十九人登其上、名帳下沈忠曰、汝先殺吾家、次及我、然後縱火、忠不忍、強之始如命、忠感公義、自亦刭、事載宋野史、湖湘間父老亦能道之、公衡人、宅在郡西南、至元間、有司以爲學、建祠學東偏、置公畫像其中、奉之久、頗壞、天歷二年、校官劉似上言提舉儒學官曰、前政祠公號山主、謂學其宅也、是特細者、公盡心所事、一宜祠、衡爲公鄉校、鄉校嘗出忠義人、可增重、二宜祠、乞葺公故祠、塑

公像、且宜以故宋知衡陽縣穆君侑食、穆君諱演祖、初尉縣當憲宗皇帝之九年、十月、大將兀良合台以大兵由大理交趾入廣南西道、先鋒破永州衡守合亟、暨民皆走、穆公戍石灣、聞難還救、時所在盜充斥、穆君緣道捕擊、始得行、比至、先鋒入城、見民大去、餘空室、火之而退、十一月、穆君達城中、招散亡以守、閏十一月、兀良合台進駐青草渡、聚舟欲絕湘來攻、穆君提兵水東岸楊林廟、相拒七晝夜、募死士沈所聚舟、兀良合台遂舍去、衡卒以完、公薦諸朝、起七資承務郎知縣事、穆君公故吏、德同義比、衡民又嘗賴以

活、似謂公宜祠、穆君宜侑者、以此提舉官報行、乃修祠屋、塑公像其中、左以穆君配、工畢、似之父淳安縣尹壽翁、走京師、求予記、嗟乎、當歲己未、憲廟親幸蜀、世祖皇帝以皇弟帥兵渡鄂、將與兀良合台共會江左、宋人號幹腹之師、犄角擣虛、勢急雷電、穆君以一尉軍孤壘小、敢與之抗、克免於厄、艱哉、及淮南王伯顏受命南伐、郢之沙陽新城戍將嘗一再戰、及陽羅敗、岬岸江郡邑小大文武將吏降走、恐後、其降者或自言未賞賚、或又自言已雖得名位、子弟部曲未官、至或自言某郡某城、有已屋室奴婢資業身先未

降、時行營嘗謂若納款俟下其地、悉見還、今已克其所乞如向所許、可羞可惡之狀、百出、死城郭封疆者間有一二、求如李公之死之明白、儒特蓋鮮、累聖詔書郡國、及忠臣烈士之祀者、十九、公與君合食一祀信宜矣、然予又有告衡校官者、昔金將亡、其威勝軍節度使兼沃州管內觀察使右監軍行元帥府事趙慤、與天兵戰高邑被擒、怒罵不屈以死、其子嵩汝招撫使良貴孫十人長讜弟子忠勇軍提控良材皆以戰敗死、國事至元六年、慤次子良弼以秘書監使日本將行上奏曰、臣家世仕金源、死事者四人、嘗欲紀

其行實以事在前朝無禪聖代造次未敢謹昧死上聞乞聖慈矜憫上曰人臣各爲其主效忠於所事雖在前朝亦朕心所嘉況有賢子爲吾藎臣向嫌何疑不以立石哉命中書省傳旨翰林學士王盤撰文刻其贊皇家廟嗟乎世祖之心惟天似之今皇上神聖文明動法祖宗而學校淸議所根苟能援慤比若之朝曰公與慤皆亡國人慤家死者四人公自殘一家節不下慤乞褒寵如慤萬一開可勅詞臣紀其事則旣可爲公光耀又能作沈忠像其側以侍所勸將益廣而祠爲大備矣試思之公諱芾字叔章號肯齋先

生其先洛之永年縣萬頃鄉招農里人穆君字公有天彭人仕至湖北僉憲壽翁名彭壽郡人延祐二年進士於予爲先達至順二年七月一日記

府學記　李東陽

衡之學舊在石鼓山宋開慶間燬於兵徙今金鼇寺地元至正間學正吳綱中輩售城西南宋李肯齋芾故宅建廟及學復燬於兵國朝洪武三年知衡州府高從訓及杜文德輩於廟後建明倫堂進德正心誠意明善四齋久且壞成化九年知府徐君孚病其湫隘乃與郡人給事中劉君昊及訓導黎文劉翬謀徙於旁左隙地四十餘丈葢是學凡四徙而地益善中南鄉爲堂五間崇二丈六尺前爲路臺方八丈崇五尺左右爲四齋各三間如堂之鄉而名皆仍其舊堂後爲亭名曰光霽又後爲饌堂三間曰養源外爲大門及儀門以間計各三易櫺星門楹以石其崇三丈會徐君以疾歸未畢也十三年光山何君來知府事益修拓之以教授劉慶訓導李實王重檢校厖掄董其事徙其門鄉回鴈峰挹東洲桃浪諸水繪堂齋門廡皆用五采廟後建尊經閣爲間五崇三丈有奇閣之隙爲官廨五區各九間齊之兩翼爲號房以間計

者四十爲崇各丈有六尺而樓其上學之前衢建楔四左曰文逵右曰文廟其外曰賓賢曰毓秀越二年乃成蓋是學歷二守而功益盛前此未嘗有也學生朱奇貢京師教授君寓書於予請紀成事予聞而歎曰古之人蓬戶以爲儒陋巷以爲賢待教而興者謂之凡民待聲色而喻者謂之中人其學之篤有如此者今宮居而廩食董以有司誨以儒官歲試月課禮勤而廾怠數者亦且詳矣而士往往惰於學豈古今人固若是遠哉抑所以教之者異也夫使數者之政一有闕雖古之人不足以爲教獨其所爲教有不專

恃乎此葢必申孝弟敦忠信又必自其身推之官郡縣則端行操職師傅則崇德義淸源而正表則得於觀感者不患其不古若而况有懲勸匡輔之政翼而行之邪自法律書簿之政行學校之具亦弛不治身教之義葢無復論矣上之不教而專責乎士豈不難哉然爲士而不自奮於古之人姑以云有待乎上亦士之恥也何君幹力有惠政其在學校尤極致意而教授君輩亦惓惓不置其教可推而識也爲之士者固將踴躍振迅爭先進之爲快而况好學慕義出乎天性如衡人者哉予鄰郡人且君同年進士嘉君之績喜諸鄉士之且有請也作衡州府學重修記君名珣字廷瑞起家南京戸部主事遷員外郎陞今官

胡文定公書院記　李東陽

衡嶽之陰宋胡文定公之書院在焉歷勝國以來頹圮殆盡而遺址尚存宏治乙卯監察御史鄭君惟桓按視其地圖所以興復之者以屬於衡州府同知鄭君淮其經理之費又皆爲之區畫不出於官不擾於民乃上其事於朝如其請中爲堂祀公配以少子宏所謂五峰先生者而房廡庖庫之類皆備又擴地得舊址器若干葺而完之歲春秋則如儀修祀事又將

聚其鄉之學者居之其所以崇儒重道者至矣無何會兵部何主事孟春奉使過焉鄧君因寓書京師請予記按文定公本崇安人哲宗時舉進士爲太常博士提舉湖南學政事高宗時拜中書舍人以求去留兼侍讀專講春秋後以寶文閣學士致仕葢公初患居當兵衝徙於荆再徙於衡優游十五年以卒子五峰以蔭補官家居不調晚辭召命創樓著書二十餘年視公尤久此書院之所以由建也公之學以尊王賤霸爲本安夏攘裔爲用當金强宋屈之時朝野靡然附和議者爲識時論雪恥者爲生事而公引經議正色直言所以警君心而禆治道者至矣身旣不用其所爲傳卓然成一家言至今塲屋爲不刋之典使公用於一時亦孰若傳於後之爲遠哉若五峰雖未見於用而出處明决未嘗枉己以干祿深得乎家學之正矣古者鄉先生歿必祭於社而聖賢道在萬世則天下祀之葢視其功德小大以爲久近有不可得而誣者今公從祀孔子廟庭天子之所親視儒臣之所分祼天下學者之所尊祀也况其所居之地非游宦流寓之可比不特舉而祀之其可哉且及門之士私淑之人如孔氏之有顏孟皆有配享從食之列况

公作述之善有如五峰者出而成之徵諸南軒之授受考亭之論議又若是著也而可以無祀乎哉書院之作乃古庠序之遺制宋之初學校未立故盛行於時今雖建學置師徧於天下無俟乎其他而前賢往蹟風教之所關亦不容廢如茲院者是也夫祭者學之所有事也而其所以爲學豈獨粢盛俎籩儀文度數之間哉衡之學者讀公之書學公之學固將覩羹墻於廟貌思仰止於高山雖欲自畫於道而亦有不容已者矣湖南之地舂陵則有濂溪嶽麓則有南軒茲院者相距不數百里遺風流澤相望而不絕也東

陽世家長沙蓋嘗登嶽麓覓其所謂書院者問文定公之風而有感焉因爲之記以成賢御史及賢有司之志云

嶽廟記　商輅

南嶽衡山其高與泰華嵩恆相埒當星紀之次熒惑之位實南方巨鎮自虞舜巡狩朝諸侯於此舉望祭之禮秩視三公於是南嶽祠祀著於彝典歷代因之至唐封以王爵宋復易以帝號瀆禮甚矣我太祖高皇帝法古爲治謂神靈莫測豈國家封號可加凡嶽鎮海瀆宜以本名稱之故於茲山直書曰南嶽衡山之神而妥神之祠則擬帝居賜以金盒一於春秋祀享之日奉香以奠歲久祠宇頹毀正統壬戌藩臬二司檄衡州長沙二郡修建其高弗及舊五尺忽風雷交作白晝晦瞑至霽視其柱去基所半里官民咸慄謝過復崇制如初然物不能終壯久而復圮勢所必至前巡撫僉都御史西川王儉副都御史豫章羅篪累欲修葺而以邊方弗靖未果已而知府樂平鄭寬給事中郡人劉昊相繼請於朝雖部符報可未有能任之者成化庚寅秋巡撫僉都御史繁昌吳琛行縣祇謁廟下顧瞻徘徊慨然以修建爲己責於時叅政

稷亭甯瑛僉事雲間郁文博在行承命率衡州知府黃巖徐孚至廟計度資費因叩神從違乃得吉卜敬以白於巡撫遂相與定議出公帑白金二千五百餘兩命衡州衛指揮同知王綱往市川江巨木得四百五十餘章以爲梁棟之用餘材悉取諸近地工則餼江右之善者力則借倩衡湘諸縣附嶽之民時總戎李都督震聞之亦以白金三百兩來助餘皆知府徐孚從便區畫弗勞而辦仍命指揮王綱董其事而以素諳繕修謹愿僧人智能總匠役計工償值驗力給餉蓋勞者勞之而息者自警物無妄費而工用速成

經始於辛卯春三月至明年冬十二月訖事落成之數正殿九間高七丈二尺象七十二峰後殿五間東西廊房九十六間嘉應門三座中御香亭御碑亭各一西廊後神祠一東廊後宰牲房神庫次爲正南門周圍崇垣四角有樓外爲櫺星門飾以丹漆施以綵繪深邃崇嚴宏敞壯麗山嶽實爲增重工興之二歲水旱以時秔稌克牣民食用足咸以爲神功所致是役也巡撫倡之總戎助之藩臬協贊之府衛奉行之人不告勞而功倍於昔僉謂盛美不可無述於是左布政使杜銘以書來徵文竊惟國之大事在祀而五

嶽又祀典所先者方今聖皇御極事神治民誠通於天屢詔有司停不急之務罷無名之費而於祀典獨加之意蓋謂事神治民之本使祠廟弗葺何以妥英靈而致民福茲諸君祇承德意建此偉績自是對越無愧福澤有永其爲政化之助豈淺淺哉敬用述其始末俾刻諸貞石以示永久而復系以詩曰巍巍衡嶽封表自禹配德離明奠位南土秩視三公祀禮攸舉彝典昭然溢號斯去載經載營聿新祠宇深邃崇嚴度越前古惟君敬神惟臣奉主惟民劾勤惟神錫祜歲序和平海隅率附田穀豐穰吏民安堵皇祚萬年永昌徧祚於赫神功厥施茲普

重修石鼓書院記

周洪謨

古者黨庠術序之外閭巷有塾自秦焚滅之後漢始置郡國學而閭塾未建唐武德中詔諸州縣及鄉皆置學開元中詔天下州縣每里各置一學是以當時衡陽李寛中建書院於石鼓山蓋遵里學之制此石鼓書院所由名也宋至道間郡人李士眞援故事願以私財即合江亭故址造書院以居衡之學者景祐中賜勅額及田五頃淳熙中提刑宋若水再建於州學之南朱子爲之記開慶中火於兵移置於州學舊

址元至元中重建國朝永樂中郡守史中撤其故而新之舊制有禮殿以奉先聖及顏曾思孟像殿之前有櫺星門殿之後有韓退之張敬夫二先生左右有書舍凡六間一樓遊學者天順中今戸部尚書翁公時爲之守大加營繕今二十餘年日滋損漏今守何公珣以政事莫先於風化故篤意詩書禮樂之教既修郡學又新斯院易勅以艮易監以堅且謂朱子與敬夫講道衡湘乃入朱子於韓張祠內爲三先生繼於祠後建重屋三間扁曰仰高取高山仰止之義既畢工乃使人來求予記其事於平昔楚陳艮悅孔子

之道北學於中國故孟子稱爲豪傑之士今斯院者二李迭創於前諸公旣葺於後凡多士遊其間者不必如陳良遠游江漢以學於他邦第雍容於里閈之内親賢取友盡心較學則講明孔子之道如指諸掌葢孔子之道亘萬世槩四海人人之所共由者也自一言一動之微以極夫萬事萬物之變道無不在特以昧之而惑於他岐者則失之遠耳今卽遺經以講之明而踐之力父必慈而子必孝君必仁而臣必敬夫必義而婦必聽兄必友而弟必恭以至朋友之交共全其信處焉行之家出焉行之國則道之在我者可

以不離矣若然豈不可稱爲衡陽豪傑之士哉故予旣爲識書院梗槩而併以告其後之來學者

雁峰望嶽亭記　劉黻

郡伯六峰考郡志得望嶽亭遺址於回鴈峰命鼎建以復其舊旣落成嶽亭與客登眺其上乃歎曰偉哉是亭也南方之山以衡爲嶽與岱華嵩恒並稱於天下衡以祝融之外爲天柱爲赤帝爲朝日爲軫宿爲紫葢爲鳳凰爲芙蓉爲集賢與他峰之得名葢七十有二週廻盤踞八九百里可謂高且遠矣夫崔巍聳拔上凌霄漢下懸絶壑嶽之形也坐鎭居土示奠南服輿雲沛澤以福寰中嶽之情也苟得其情則不必穿雲梯谷窮奇越險而嶽已在吾胸次矣不則雖經年歷歲峰峰而登巖巖而數亦徒然也故孤峭軒拔勵吾廉介之操也拱北環峙展吾藩服之誠也至其盤礴深厚常示貞固則祝吾天子之壽欲萬年也森深潏阻杳不可見則憶吾昔賢棲隱之所憮然於懷也四時之候不同而嶽之爲氣亦異春而蒸潤思所以勞民勸農矣夏而敷暢思所以布德施惠矣秋而清肅思所以明刑弼教矣冬而凝結思所以裕民葢藏矣其或雲騰而雨澍其氣之不交政之缺乎風烈

而霧合其咎之豫兆而民之災乎於是重有警焉是不謂善取於嶽而得其情耶古稱諸侯爲方嶽禮諸侯祭境內山川衡壤地千里古諸侯大國也嶽在其境內長吏於分得祭之若望嶽而得其情則心與職盡矣由是禋祀嶽神之庭對越在上明德惟馨於嶽何愧哉且古之君子稽禮以飾官築臺以望祲祥書雲物以候歲豐登高賦詩以紓情思而紀成治葢皆有見於是也亭之成信大有功於民豈徒然也哉客曰因亭以知政因政以懷賢吾於六峰有遐思矣請刻石以告後來使無忘所自也六峰李姓諱循義字

時行浙之鄞縣人癸未進士由侍御擢今官公庶有惠政云

視岣嶁知生亭記　羅洪先

人之生也其必有所以者乎生者衆矣而知生者未始衆也人之死也必有所以者乎死者衆矣而知死者未始衆也人之出於父母也其必有所以者乎出於父母者衆矣知其所存而不忘者未始衆也夫何故以其視生死爲至輕而視其父母也至小今謂耳目身口之能視聽言動與否也爲以此非生死固不可然即謂之生與死也若是而已亦有所甚不可故

有生者有生生者生者死矣而生生者未始死也是之謂萬物之父母故父母往矣而吾之所當省者未嘗不存未始可忘也是以謂天下之大孝唯天下之仁人乃能爲天下之孝子言能自重其生與死故能大其父母之所遺也噫嘻知生生之說者果伊誰乎目而營然耳而閴然身而偃然口而囂然日喪其所有而不知所惜顧乃畏衰麻之色哭泣之聲惡塋兆之豫而諱修短之數噫嘻其孰知生之爲死與死之非生乎且夫視之翳者以爲目病聽之壅者以爲耳病言之蹇者以爲口病動之攣者以爲身病夫人皆知之也至於視不明聽不聰言不能執物動不能應世者其去死何若而人莫有爲慮者是尚以爲知輕重也乎故世人皆云愛生而不知其爲自輕也皆云惡死而不知其爲自信也皆云其出於父母而不知其戕其本也有能於視聽言動而不逐逐然者其知生之生也乎如是而生也如是而死也如是而歸吾父母也果伊誰乎念菴子年四十有九始喟然曰吾非昔乎昔非吾乎何今乃遺乎吾身而後知吾之昔所遺也岣嶁視子居衡山之陽公軒寬遠城市而身有末疾以書來曰吾行而蹣跚吾舉而連蜷人以爲

吾不善全也然吾且悠然而不爲憐吾將治廬於樟木之野虛其後之阜如者以俟吾歸不遠伊邇父母是依靖飭嘗言必爾不疑以此自畢或其庶幾乎念菴負暄休復之軒將書而出謂使者曰廬何名乎曰無曰夫子不以名乎曰否固將以吾請也曰無者不爲名名者無其廬其歸語夫子如是者其知生生也於是名曰知生綴其說而書爲之記

遊衡嶽記　顧璘

嘉靖丁酉姑蘇顧璘以都察院右副都御史建節撫楚維十有一月廵方問俗自長沙赴衡期謁南嶽屬

雨雪沍寒彌旬弗解至安仁始見日入衡乃霽照若春半廿七日厥明同按察副使姜君儀謁奠於廟訖事秉筍輿出中嶺登山過集賢峰麓望胡文定書院不及謁訪鄴侯宅皆無知者沿絡絲潭逶迤以上水聲潨然盈耳左右望天柱紫蓋諸峰揭在雲表諸嵂屼嶒崚如他方名山者支分疊出不可指數卽所謂七十二峰也問從行道士多莫舉其名從者持旌戟前後列行續續如行蟻漸陟霄漢人不自覺午至半山亭飰問所謂祝融峰者尚不可望再歷崗岑峰益峻絕夾徑多竹頭積雪披壓攓塞履危凡幾升降乃

見祝融兩尖猶未卽至盤旋半岨度飛來船石觀宋崴宗壽嶽大書再經觀音巖則巃嵸巢岢奇峭之狀蓋山之勝處在是也晡時至絕巔見石上唐宋人刻石甚多畧知李義山陳從古數公餘不悉記踏雪夅太陽泉凍結不流下循石壁題名過會仙橋立懸岨小飲而返宿上封寺勁風終夜震撼戶牖僧云四時長然雖盛夏亦擁衾當晝無汗豈所謂罡風者乎其高可想翌日黎明被貉裘登望日臺觀日出如火輪湧起水底遲回搖曳漸上高漢奇莫能狀凡此皆以晴霽得盡其勝至二十九日出方廣歸城中途而雨是後遂陰晦雪散連集矣或曰使此行前後一二日皆若此不獲遂亦可謂甚幸矣哉夫嶽五名山也歷人甚衆相傳爲故事者特鮮獨難其稱耳泰山以孔子小天下傳亦孟子寓言固非其實嵩山傳漢武三呼萬歲事頗涉虛誕亦著爲典蓋孔子大聖漢武天子也其尊大實重於嶽苟有寄托則交賴以爲勝故傳不朽何必事有無哉若衡山所傳乃韓昌黎開雲朱張霽雪二事其實亦偶然語耳今書林藝圃誇詡欣艷張爲七十二峰之藻色言必舉之不亦係乎其人哉璘今日之遊較三公之跡若猶有奇焉者然過

則泯矣實以璘莫爲之地也然則人士徵渺欲馳聲千載事豈在大要亦先修其大者爲之本乎

遊衡嶽後記　　顧璘

夫登山者貴知其情不在勢也衡嶽之遊不至祝融不足以知其高不至方廣不足以知其邃予初至嶽下道士指天柱石廩紫蓋芙蓉四峰導予望之仰面極睇排漢礙日若云可望而不可登危乎高哉既歷香爐道閒則四峰之椒皆與身等詫步履在空外及坐半山亭乃下指諸頂疑前舊見非是也至登祝融之巔俯睇四極蒼然一色山川雜陳瑣碎莫辯風白

遠來其力甚勁候與地下殊絕北曉觀日出海體象洞見近若疆中東餘滂氛浩漫無際限以扶桑其外尚遠乃嘆寰宇所周僅當天地之中耳再尋天柱諸峰皆培塿丘垤隤乎其在地矣記曰祝融去地二萬丈豈其然乎然靈岩怪石僧寮佛宇深者僅託澗阿林坳之間可一睹而窮未足言邃明日乃下西嶺歷南臺出諸險至平地迴望蒼鬱始若不可量復陟某嶺入山尋方廣之道峰迴澗折徑盡復通高下連嶂陰晴異壑有溪迢迢夾厓而出觸石澎湃聲自遠至中多菖蒲水草青被石上兩岸喬木挺生陰若洞房

日照弗入積雪縞地間有山茶雜生含蕚未吐自午達暮上下陂陀幾二十里許其狀如一入寺復極幽奧高山壁立類城郭狀有宋徽金書榜曰天下名山懸正殿額假榻閒房夜靜泉溜益喧聒僧云自此入西南山益深水益清幾不可窮矣夫然後知衡山之邃乃若此也

遊南嶽記　湛若水

嘉靖甲辰九月庚子至衡山縣宿於安保觀是夜沐浴以俟厥明行事由縣道夾松桂桂香襲人辛丑晨興詣嶽廟及午涖牲祭告於南嶽之神止宿於開雲堂壬寅經廟而西北出於廟後右過胡文定祠入門瞻像儼然二子致堂五峰配焉再拜而出興卜築之思觀其左有山一枝垂下如龍伏然道士曰此前衡嶽廢觀址也鞠為茂草久矣遂定卜為書堂為終老計遂退行就大路躋嶺而上而北右傍石泉泠泠出兩山之間道士曰此所謂絡絲潭也此祝融之泉來達廟下者也其上有峰高出於右方曰赤帝峰左方曰香爐峰赤帝之上右為紫蓋峰予曰名峰也盍登焉道士曰此峰直立無路可階可望不可即也問其西一峰曰石廩峰也又行而上度一石橋曰玉版橋

也又扶而上路稍平時風大作吹人欲躓予竊曰此豈祝融君以試我耶雖排山拔木吾往矣又前至所謂伴雲亭小憩焉有小橋曰此迎仙橋也浮雲薄散日光布爕又前而上道士曰此祝高峰也予曰此上回雁峰也人以衡州之山士大夫之東西過者便於登覽故謂迴雁峰道士曰祝高高與紫蓋等矣道左之坡有大石臥焉長可丈餘又扶而上篠竹蕭蕭奇花的的至一小寺問之則半山亭也又曰舊紫蓋寺也霧雨霏霏復作饌既須臾復霽日光下漏雲霧漸開則又從右而北過兩山一坂如橋然或曰此非昇

仙橋乎卽又北行而上山石一石如鼓爲小木之根所破予曰以桑破剛氣之力也又前而上則又霧雨霏霏役者曰此雲霧非雨也高山之常也卽又前者三叉路曰此湘南寺近修復之又從佛殿之左棧道而上方丈小憇焉時已在雲霧之表岡風作寒曰在矣卽引至方丈之右觀貫道泉泉出乎大石下旁有奇草葉如紫鳳之形問之曰山紫蘇也與世所産迥別下至叉路由右而上有大樹客林上蔽於天升降幾十里僧曰此入祝融可四五里從者拾蘭於道旁持以獻僧曰此過八月則不可食食則傷人抑又前

而上過獅子石石下有泉流出則又有三叉路焉一至祝融峰一至元明洞洞僧饋茶於叉路雲霧漸開午至祝融峰上封寺及暮宿焉元明洞僧楚石來見予曰元明洞何如駱君舉曰謂其前無障蔽耳雞鳴上頂見日浴癸卯晨與從寺後小徑夾篠竹雜黃白野菊行不能七里過望月臺題名於石道士又指其西一峰曰此芙蓉峰也下由叉路至元明洞大書二詩留刻石壁下過祝先兆率二寺小憇遙望二峰插天曰此天柱峰也又五里至南臺寺宿焉時則大霽與上方頓異是夜風鼓松杉聲如大海之濤甲辰下

南臺過飛來石下退道坡坡一百二十一級皆一石爲之石旁觀金牛跡是夕還嶽廟乙巳視沈都憲所爲白沙先生築書院未成之址是日重九遂登高於朱陵洞洞宫觀皆化爲田禾黍離離側足扶竿過石徑乃知瀑布觀冲退醉石作詩題名刻石乃下訪壽寧宮而還丙午猶定精舍之卜於衡嶽之墟厥明遊方廣以路險遠雞鳴秉炬而行良久旭日東升漸入嶮路崎嶇萬狀屈曲直如羊腸然必去轎易以竹兜予自備小蓋乃可行也役夫告難予曰行也行則不難又告遠予曰行也行則不遠初登山下若彼濯濯

曰此非以近人見伐乎又行而上而頂見大木參天曰此非以遠人而存乎至方廣寺則見寺坐蓮花峰如蓮心旁圍八峰如蓮瓣然曰幽矣遠矣盤鬱矣然而名曰方廣未見方廣其蓮花庵乎遂謁朱張之堂而坐焉大書其扁曰嘉會是日遂下宿於嶽廟辛亥遊黃庭觀道士指右旁大石曰此魏夫人坐石白日升天處也聞鄴侯嬾殘之居道士曰遠且榛塞無路曰明當訪之

遊南嶽記　　應良

嘉靖甲午夏四月良以進賀北上初七日次衡山故

人邑幸彭君石屋來訪初八日肩輿往君已待開雲樓同行三十里至嶽麓用香幣謁廟下禮畢雨復霽喜山靈之歆格也自麓出北厓而升中途有半山湘南諸寺湘南有僧閉關三載矣雲霧屢散屢合如銀海幸喜無雨凡三十里至祝融峰峰頂有寺老屋支拄前堂後寢皆佛像予曰宜立南嶽衡山祝融氏之神一牌位此蓋前代所必有而後漸湮缺也君以爲然稍北爲觀日亭稍西則大陽泉石檢引泉不啻百餘丈以給寺中饘饎尋泉之源凡一里則爲絕頂衡之高極於是矣西望武岡寶慶以盡羅施北則長沙

辰沅而洞庭猶漭滄可見東連江閩南撫入桂五嶺皆入掌圖中而七十二峰之景則取諸至近雖未窮極攀躋固在目中矣若衡山之所起則自岷峨滇黔至廣右象郡之北界桂林之西界經武岡寶慶自南以趨北湘江與鎮遠靖州之江夾從而來至衡陽漸起岣嶁諸峰峙爲嶽頂此天地陰陽之交會神靈之萃聚也然後散而爲湖南諸郡國以止於洞庭九江之西蓋南條之山一本萬殊之大槩如此翌日下山重過湘南寺而南臺獨幽奇清絕抵麓詣集賢謁羣公先正瞻辭嶽廟而出尋鄴侯幽棲張紫岩故丘文定五峰紫陽南軒講學處皆無可攷惻愴躊躇慨然興嘆又嘗聞南極入地三十六度不可見惟南都之觀星臺與衡頂可望見南極老人星誠願久留顧王程有嚴不敢稽也惟恆岱嵩華分統北直山東陝洛五省而衡嶽獨治十省蓋以南畿楚蜀江閩滇貴二浙二廣皆古全楚舊域地之廣袤迥絕不同宜乎物最巨而神最靈故我聖祖起自南服皇上龍飛安陸自古帝王唐虞夏周漢唐皆專擅北條之勝殷商趙宋則擅中條而南北中之勝惟皇祖俱乘而並擅之兼總條貫視古獨盛宜乎與天無極唐一行謂山河

兩戒則以大河之南北論然則衡之廣大亦可以明矣石屋曰嘻此未之前聞請以紀遊焉

遊南嶽記　李承箕

予往年常遊南嶽自與心約遍七十二峰每峰一日七十二峰必遍每峰不一日不還庚申十一月予還自白沙至臨蒸南望諸峰魂爽飛馳不傍身矣於是分治藩府涂半江憲府鄭大石彼此同襟神孚其契自是月之晦日禮神嶽祠祠南左爲雲開堂涂公居之右爲雪霽堂鄭公居之雲開左爲光嶽道院予棲焉會天宇新霽人人自覺形神快健由東北觀水簾

洞止壽寧宮半江曰此境隔世何謝桃源世殹心長吾不能明目極心醉而去由西南歷諸峰卽上封冰雪凝樹如甲馬聲冰片隨落葉下大石取而餐之予曰無乃冰齒乎大石曰此所以厲乎腸胃也上祝融峰下飛仙橋大石芒屩羊裘上下鳴軒半江曰登高臨深吾亦不能還止上封上封南十里許爲比和洞有王野人業篐桶大石使名來萎黃鬚髮單傚苧衣問之已居洞三十餘年又問汝何爲者見何境界耶曰非釋老不知爲善惡何境界見耶大石賜贈米帛曰夜來鞋脚公等知乎長揖而去侵晨躋霜菅觀初

曰於扶桑臺風泠泠四至兩耳若著針鋩進卮酒飲之西行度篁竹歷雞鳴岩馬祖菴菴西天柱峰有僧岩居食生菜百結衣如粟穗見人卽膜拜默默而已南行數里兩公肩輿如飈輪予不可追獨觀南臺寺故址嘆曰此非僧守澄之蘧廬乎南臺之南有紫■閣問諸道士悉不省夫靈源勝跡曾幾何時寥寥無聞見於人使復有率子燕輩醉卧其間又誰復識之耶爲之一長嘯諸所過不復磨崖題石厭近名也故凡峰巒岩洞大小奇怪高下之勝紀載於先民者悉畧之云

遊南嶽記

張居正

從山麓抵嶽三十里石徑委蛇盤曲夾以亂松老桂含煙裊露鬱鬱葱葱已不類人世矣從廟側右轉而上 徑縹緲石磴垂接懸岩巨壑不敢旁瞬十步九折氣塡胸臆蓋攀雲捫天若斯之難也半山亭在嶽廟十五里五峰背擁雲海盪漾亦勝境也復十五里乃至祝融初行山間望芙蓉煙霞石廩天柱諸峰皆浄霄插漢森如列戟爭奇競秀莫肯相下而祝融乃藏諸峰閒纔露頂如髻及登峰首則諸峰顧在屨底若揖若退若頫若拱瀟湘蒸江一縷環帶因憶李白

五峰晴雪飛花洞庭之句蓋實景也旁覩蒼梧九疑俯瞰江漢紘綖六合無所遺蓋下睇連巒列巘悉如培塿蟻垤不足復入目中矣觀音巖去峰頂可一里許夜視天垣諸宿大者或如盤盂不類平時所見也登上封觀海日初出金光爍爍若丹鼎之方開少焉紅輪湧於海底火珠曜於紅爐旋磨旋瑩海茫雲海之閒心悚神慴不能久留遂下兜率抵南臺循黃庭觀登魏夫人昇仙石西行四十里得方廣寺方廣在蓮花峰下重裹如瓣而寺居其中多響泉聲徹數里人如轟雷細若鳴絃幽草珍卉夾徑窈窕錦石斑駁

照爛丹青蓋衡山之勝高稱祝融奇言方廣然磵道險絕岩壑幽邃人罕至焉謁晦菴南軒二賢祠宿嘉會堂夜雨曉起雲霧窈冥前峰咫尺莫辨徑道亦絕了不知下方消息自謂不復似世中人矣止三门衡寥而下行數里所倏見青霄霽日豁然中開問山下人乃云此日殊晴始悟向者吾輩正坐雲間耳又從廟側東轉十餘里得朱陵洞云是朱陵大帝之所有瀑泉灑落水簾數疊挂於雲際垂如貫珠霏如削玉飛花散雪縈灑衣襟岩畔有沖退石大可徑丈列坐其次解纓濯足酌酒浩歌當此之時意愜心融居然

有舞雩浴沂之樂不知簪紱塵鞅之為累也

忠節祠記　朱廉

宋德祐丙子三宮北遷李芾以安撫使知潭州陳公億孫授參議為幕僚元兵圍潭芾守城歷九月將陷死之而公亦同死節焉公安仁人咸淳四年登陳文龍榜進士第三甲第二人惜乎秉史筆者書芾而略公不能無憾於千載之下自宋末及我聖朝泯然無聞者二百餘年成化乙巳提學憲副山陰薛公綱按臨考古為立祠於戟門之右手書木主以表其忠但祠仍舊貫狹隘陋敝屬郡守吉水鄧公淮行邑見而慨焉乃發贖米謀撤而新之吾邑令新安賀侯交曰是某之責也請任其事乃洎判簿古渝劉君經協心規畫相學西隙地為間者三中塑以像輪奐崇隆軼於舊觀既畢事涓吉祭以妥厥靈謁於職教宜有記夫天下之義莫大於君臣彼畏死而貪祿者一罹多難能不忘君事仇者鮮矣孰知死重於生禮重於食而有出於人心羞惡之眞者哉惟公持大節仗大義以全殺身成仁之美而使忠節之氣凛然與秋霜烈日爭光視唐常山之顏袁睢陽之巡遠異世同心其為人道之助大矣呂東萊曰白刃在前毅然賁育不

能奪此勇也義也若公者其所謂勇且義者與司馬溫公曰不可以智免不可以義擭舍死可以全其道若公者所謂全其道非耶今侯飾嚴貌像作祠泮宮俾承學之士朝夕瞻敬有所興起其所以表著前烈而激勵後人之功豈小小哉予謹述之以勒諸石

趙忠定公祠記　蔡汝楠

汝楠為衡州之三年訂定郡之祀典於是諸生曾喬等白故宋丞相趙忠定公名汝愚宋代之宗賢吾道之羽翼由薦再大儒朱文公先生忤權貴安置遐方道衡而逝舊有祠宇凡數處值雍藩封建大營府第

用其故址因廢不舉者四十餘年夫忠本令德衡則其忠而委命之處也而可無祠汝楠用其議爲之建祠而立碑於祠堂之左按忠定之衞吾道也是時文公罷祠呂祖謙蔡季通相繼竄跡禁錮之嚴過於元祐說者以慶元之理學方東漢之節義節義諸公别白清濁衆忌所歸一舉誅逐近倖反投吾隙激成黨禍卒之黨禁弛而漢亦危理學諸公惟重門墻衆望攸屬一時慷慨論列未會機宜亦罹禁網卒之理學伸而宋亦危孔子曰學易可以無大過東漢晚宋諸賢學術小大不同至於孔子之所謂無過何如哉悲

夫此唯哀之也至故其責之也盡爾太抵名節之於藩籬理學之爲根本吾人所以爲人之命脉與所以異於禽獸之界限辨之也不可不早因念藩籬之節不貴於自峻其防根本之學不貴於自豐其戸由民彝士氣之始而引之於進止消息之微裁之也不可無方意惟君子而後爲之謀也苟備論諸賢受過之地而不先辨其人品之正幾何非持君子舉措之失欲决裂名理者哉至於趙忠定者則又終不蹈於過者也何也忠定同姓之卿也其在當時寧拂太皇太后之微指而不忍蹈光宗於悖禮寧致嘉正有不安之處而不忍社稷之無主寧忤韓侂胄之貴勢而不忍言吾儒之棄逐寧死於黨惡錢鍪之手而不忍吾忠之不遂蓋危言其所不得不言危行其所不得不行君子哉尚德哉斯亦足以當之易明夷之旨人臣守貞恐其不能艱也於是乎欲其以艱行象之詞曰利艱貞人臣艱難恐其過於艱也欲其一利於貞爻之詞曰箕子之明夷利貞黨禁諸賢貞貴善守而忠定同姓不可不先守箕子之貞而徒效箕子之艱傳曰箕子之貞明不可息也一息其明如本心何哉此忠定之心所以尤不可不白也若錢鍪者何足道也

但羈離竄逐之臣幸有公議不在於朝則在於外故賢人君子不得伸於行列則退而見重於適國之賢内外迫蹙必使忠賢連蹇淪亡而後已此忠節之所以不勵而世態之所以可悲亦不可不著之以告來世也汝楠於一建祠之閒得參定論議使與於是者錢鍪可鑒忠定可則諸君子可原而論其毁藩籬撥根本外於名教者獨無感也夫是役也司僚二府袁子以下咸有助焉祠成汝楠既記而復爲銘詩蓋詩可以興云詩曰仕者以智躋顯榮趙公之愚獻其名手捍社稷扶其傾紫陽論道昭日星力排帝閽俾長

嗚由來誼重貴戚卿大易允合明夷貞趙公非愚乃其名忤權竄身道於衡公愛湘江水流清黨惡非能隕其生首陽餓死至今稱死作貞魂生豪英神豈徼于于自銘于豈徼神神自靈

滄浪亭記　沈鈇

石鼓之山蒸湘二水交會處也唐刺史齊映名其亭曰合江舊矣余觀二水一清一溷合而匯流竊取孺子歌滄浪之義上扁之曰滄浪亭下扁之曰濯纓濯足蓋繆以從善去惡之意冀都人士共之也客有訝之者云滄浪去武當山數千里書所謂嶓冢導漾又東爲滄浪水者茲石鼓也而以滄浪名得無贋乎余曰孺子之歌夫子取之豈眞是漢水滄浪哉凡水之清濁皆可以滄浪稱者如周郎赤壁原在嘉魚境上而坡者以齊安磯頭當之是石鼓滄浪也亦黃州赤壁類耳客曰滄浪之說敬聞命矣但水一也而湘清蒸溷其故何與余曰水之出於山也涓涓耳決之東西惟人導之清濁惟人引之匯流惟人湘水出於興安清流固矣烝水出自邵陽溷豈其性乎艮由霧氣薰蒸所發然也至會合湘流則與之俱化而濁者亦清矣人性之善何以異此

衡山縣文昌書院碑記　鄧國材

國家以經術登進賢艮士之績食上春官天子臨軒問之由鄉而升爲造士所藉手以獻者詎不以文耶第先資者用爲羔鴈而開以得魚兎而筌蹄之其在功令非程者擯不得錄於是乘時者致身青雲沈淪者仰首窮屋此豈異故從焚膏下帷以苦心博者什之五六若鹵莽而希冀於不可必者則百無二三矣夫人情靡不亟於進取豈其鹵莽是甘然逸樂薰心自奮者鮮輕有限隙光忘夫操習所以督而成者師師任也予治衡山之明年以學宮舊無齋舍士或艱於卒業始相地於城南古學基若干畝贖自民間爲屋而新之凡二楹前爲綽楔中爲講堂左右之爲齋者二十祀以文昌之神經始於歲之丁酉洎冬而落成乃與學博楊君熙袁君文炳集諸生讀書其中月爲課期試其藝而商畧之且曰諸生亦知今日意乎夫士於四民中業已受書遊膠庠其平居積念寧不欲起田間而爲廊廟用以致主宣猷顧時命殊遭咨有懷瑾受刖而徒然敝帚欲享千金則計之失者也假令業既精而猶不售然後歸咎主司人事足擅前茅然後乞靈造化此恒理也試觀百工羣萃州處

必相示以巧乃施於四方士固有巧在也不羣萃不相示而斬中程毋乃弃日中之糞而張鼠樸之聲乎請與諸生約自今伊始盡屏外營以一心志爲長白之甕盬而安其澹爲百原之燈火而忘其拘厲以責成若鷙鳥將擊而故斂其翼也需以歲年若將軍將戰而故養其氣也折脇之夫能以巧中宿瘤之女不以醜遺士奈何志伊周之事業而不講於董賈之章哉其相與勗諸

蔡白石先生講院記　　廖汝恒

余嘗稽郡乘論次前後二千石其以治理自表見者

豈不踔然殊絶乎哉至若長育人才綱紀世道倡絶學以正人心崇教化而厚風俗者其惟我白石蔡先生乎先生名汝楠字子木別號白石浙之德清人也少穎敏年十八成進士七歲從厥考夷軒翁師事陽明王先生聞致良知之學已又與緒山錢先生龍溪王先生爲同年二先生皆陽明先生高弟子先生日相與切劘密證深研超然獨詣歷官南北比部郎出守歸德以內艱復除衡郡先生治衡大較緣經術爲輔務在拊循與民生養休息一切飾知珫能規規簿書期會以博名高者薄不爲也所注意惟舊然以明

學成材爲任政暇　諸生於石鼓書院顏東西兩齋王靜定性條爲規約要以學文敦行辨志慎習篤倫常識仁體令諸士日以此相考質嘗諭諸士石鼓著名寰壞其書院與睢陽白鹿嶽麓並列而四是固爾鄉先哲之所遺而考亭南軒與今湛鄒二先生所嘗過化之地也流風未泯道待人行而絃誦輟聲學問不講將毋誘前修爲絶塵而苷凡民不若哉吾意諸士必不然矣諸士聞其言莫不凛凛思奮每朔望則令諸士分講五經有疑難質問者令條上先生反復剖析揭示指歸按條答問亹亹忘倦季試較士則評

隲其文兼採其行實殿最之乃大書品目某某以文行兼優某某以行稱揭於明倫堂以示勸懲一時諸士無問賢與不肖莫不感激淬勵彬彬向方矣風聲所漸郡之薦紳與諸文學咸修執弟子禮願與觀聽而自遠方來者吳子紹周蔡子制兒弟自寧鄉至江子應昂自攸邑至伍子典自祁陽至海內名公以職事過衡者如內江趙公大洲歸安茅公鹿門臨海敬所王公莫不延駐石鼓遍觀先生之教先生亦率諸士敦禮請致以所學互相質證印可乃已諸士列侍環聽少間鐘磬鏗如聲洋洋衡湘石鼓之上宛然一

鄒魯洙泗之風也先生尤負人倫之鑑所題品衡士或識之久蹶或識之髫年驗所究竟毫髮無爽己酉壬子兩掌場屋試卷所簡拔率時名碩其最著者江陵錢子錞崇陽胡子定蘄水朱子[illegible]湘陰李子廷龍後皆以勳業表見爲時聞人而錢子則尤以忠烈著至今三楚人士稱神鑑者率稱蔡先生云先生在衡歷己庚辛壬凡四載癸丑春擢四川憲副去之日又九年爲嘉靖辛酉衡諸父老子弟咸思慕先生不忘其門下生被服先生之教澤者尤深且浹僉相與謀曰吾黨之賴有今日也啓瞶發蒙開迷途而登之

覺路者伊誰賜哉微先生之力不及此語曰得其師爲吏生王子亦云通於夫子受罔極恩其吾黨之謂乎俎豆尸祝圖崇報先生之功德於永永者今日事也維時諸士有列爲縉紳大夫者有登賢書者有青衿者僉以爲然各相捐俸貲有差遂買地一區於郡城南乃鳩工爲前堂五楹曰敎思堂爲後寢亦五楹奉先生像祀之堂之前爲池爲中門其徑爲綽楔題曰衡湘書院蓋先生在衡著作有說經劄記衡湘問辨太極問答等書皆稱衡湘書院今從其稱亦先生志也工始於辛酉夏六月明年壬戌春四月落成祠田則嘉靖甲子諸生捐金所置而郡司理吳江鄒公崑以半功焉祠典儀節一準甘泉先生祀白沙先生之禮主祀則必以諸生之長者主之不佞則所得於需染服習者次第記之以識歲月

重修石鼓書院鼎建大觀樓記　鄧雲霄

宋時海內有四大書院而衡陽石鼓居一焉至今不廢夫石鼓一拳石耳何足大大以書院也海內爲書院者衆矣玆獨列四大大以人也然則玆院之興廢蓋道脉之絕續四方之觀瞻關焉余承乏湖南有慨於楚俗之剽悍而未易陶也推其故繇徼於士習夫

士者四民之表而書院者士之市肆也院久而頹講業無所絃誦闃寂學荒習媮蚩蚩近民且以吾儒爲詬病而況能式四方余甚懼焉會直指史君巡行至衡其致慨於楚俗剽悍猶余志也登石鼓而遐眺曰鑄士陶民其在是乎何其頹而險也士安栖矣乃指其巔曰盍樓諸又次第其殿祠號舍曰盍新諸已而又曰玆舉也爲鑄士以陶民也其毋煩我民我兩人其各捐俸爲守令倡于是醵俸庀材鳩工募夫不數月而樓成簷牙嵌空流丹若虹四面玲瓏言言窿窿殿祠號舍罔不完葺交映而鬱葱諸士可聚業樂羣

而紘論其中矣余請樓額直指曰宜大觀樓下有堂郡邑諸公請予額予曰宜迴瀾多士進而請曰樓堂之額其說云何予曰淺言之在境也深言之在心也又深言之則帝所以帝王所以王師所以師一以貫之者也夫登茲樓者揖衡嶽拱九疑襟覽三湘眼空七澤觀非不大也而非其大也予慨然弔古不下帶而道存焉而不見樓前廣陌非大舜南巡之轍跡耶望裏江流雲沙浩浩固神禹所謂訪龍威而壓蹤淪處也夫舜禹始而相終而帝王都豐食腴養尊而處逸可以自大也乃僕僕爲不憚周遊方嶽車殆馬煩

卒　身於荒服甚至股無胈脛無毛手足胼胝面目黧黑苷臣隸之作又何小也乃孔子稱之曰巍巍乎舜禹之有天下也而不與焉夫有天下而不與可以語大矣孔子登東山而小魯登泰山而小天下東山泰山非獨孔氏登也而孔氏獨能見其大以其心舜禹之心而不局其量也夫萬物一體六合同量故孔氏曰吾非斯人之徒與而誰與卒至轍環老死而不悔依然舜禹家法矣故小其身乃大其心以身勞天下者心載天下者也彼二氏者淪空躭寂其人之有亡曾不足當九牛之一毳彼自謂大耳曷大焉又況

乎競利於錐刀爭名於蝸角一居要津僅固榮寵不復顧天下國家之計此夫猶存乎蓬艾之間安知大爲何物雖然有所以大者也大之本在剛孰夫大者量也虛而圓剛而執者力也實而方世未有心不鎭定而能任道載天下者也而又不見樓前片石耶砥柱雙流力敵陽侯之怒狂瀾東倒障之而迴然後而可以石載樓樓載人人載心心載天下苟石齾而土虛蟻穴一決汩沒漂泆斯樓也當在歷陽之都矣尚能嵌空流虹言言籧籧而稱大觀耶故直指命樓取其大予命堂取其剛夫大者弘也剛者毅也大者主

識量精也剛者主定力一也故曰帝所以帝王所以王師所以師具是義矣多士又請曰今古游茲院者著而人矣孰能當此者乎余曰嘻茅靡波流滔滔皆是所謂舟中之人五色無主者也奚語大觀無已其近之王湛耶具體而未大也遠之朱張耶大矣而未化也夫酌水尋源登嶽循磴從數子而入可以不失道矣余不敏願與吾儕交勉以光勝地軼前人式四方陶蒸庶此非獨余志亦直指志耳是役也直指史君捐俸二百六十金余一百三十衡州府碭知府鍾英强同知有義許通判世卿羅通判三達李推官汝

登各二十衡陽羅知縣夢暘三十而董其役者衡州衛經歷郃士翼也直指諱記事關中人巡方劉蠡敷膏特重文教茲樓也其他年之硯石乎余何幸得紀其盛

衡山裁撤黃茅驛馬記　康元積

黃茅之驛馬非初制也自萬歷甲戌兩臺念衡孔道樊墺於役疏請建驛以舒吾民移安仁霞流驛之費歲輸以買馬於衡山湘潭兩邑泒足其數驛所轄馬三十疋上下兩縣之閒始未嘗不稱善也自安仁歲額愆期余邑人誤以夏稅與之更易中湘之馬由是

不至而余邑歲代湘人爲役矣又地距衡城八十里歲率數十人褁糧從事而馬之芻茭廄棧寄之中湘中湘之民歲責其直閒或馬足窺其田園不殺擊之不已馬之斃于役與斃於居民者歲且不勝紀也余邑人困無所訴故每歲新役相代如驅湯火勢不得不於官價外議私幇矣合每里私幇百餘金總其數歲浮費二千兩通計邑中額賦不及二萬而浮費於驛者踰於二千如是民安得不困又安得不以驛馬怨府哉原夫建驛設馬以兩利也豈其獨利於湘而羸於衡耶往者邑大夫暨士民喋喋陳說驛遞不便請復故法脣舌俱焦竟無若中湘何卽當道下牒兩郡議之僅僅築道舍耳不佞目諸生切齒其事計復兩邑徑遞之額而後已上歲王侯奉命令衡山余於京師一接見之娓娓邑中興除余以馬之害吾衡者具陳於侯侯曰唯唯食土之毛而無關於民恤惡在其爲民父母也迨下車目擊苦狀詳實而有所請於上適余奉命過里中侯語余曰曩黃堡之命可幸報塞蓋計其請而必得者於是以衡民困頓驛狀具聞當道乞賜裁撤憲使魏公嘉其議持之甚力會御史應公以巡察至集監司守令於堂問所疾苦侯獨稱

驛害侃侃力說詰難百折悉中窾要左右聽者相顧驚咋御史深爲嘉納欲如故事下兩郡議侯曰議者疑也利害疑則議驛遞之爲衡深害而宜去也寧須再計乎御史曰肰直從侯所請撤歸驛馬復兩邑徑遞之規原安仁協濟三百餘金以分解衡湘資其馬直著爲令旣而御史中丞命至先後一揆邑人捧檄驩聲載道侯更聚士民酌議其後以前驛馬之半移而應役於縣合新舊馬若干疋以待上下之乘傳至者邑人稽首稱善以書屬不佞俾紀其事於石使不忘侯之大德世世守其法毋壞也余謂王君誠賢者

也賢者治民視其害如痌瘝之於身剔之而後已今夫驛馬之蠹吾民無故而歲捐二千餘金代他邑爲役約之廢中人之產二百家也侯撤而歸之使歲無溢出其存中人之產者不啻二百家乎吾民無奸其法世世奉率積其存活蓋千萬於斯矣是宜邑人尸而祝之比於畏壘者也然惟余追維往事之失孰使我輕易其稅而以成安仁之巧耶孰使我獨受其勞而以遺湘潭之逸耶其爲此者實我民耳嗟嗟介出於上澤竭於下一二市猾窟據其中欲任不任欲釋不釋挾爲艱苦以恣中飽非遇神君懸大鏡以出照

挾神劍而議割安能力拔其害以垂長利哉吾民鑒此前轍無隳谿壑其念吾侯者安得不世世也昔黃帝問治於襄城童子童子曰夫爲天下亦奚以異於牧馬者耶亦去其害馬者而已矣侯用治余邑者出相天下天下亦猶之乎衡也侯名寅旹字趉東慈谿人登浙戊子賢書萬歷癸卯季夏穀旦

遊廻鴈峰記　董傳策

閏七月二十九日晦舟次衡陽之蒸江郡少府與其倅羅郭兩君來訪貽衡嶽志且謝緣簿不能從衡山之遊兩君因相顧語余曰在昔胡邦衡過衡山不能登以避人故而韓昌黎朱張二先生顧不憚凌雨雪遊焉公今病而遊遊而不使邑宰知殆兼之矣予笑曰遊適與耳奚必古今人同兩君去予翻嶽志即所遊景猶宛然在目顧獨以鈌登祝融峰爲障僧夢也復私自念當遊峻嶺時俯瞰塵寰漫若煙霧乃今浮生又涉此耶隨與吳子周山人李生登岸訪石鼓書院院爲唐隱士李寬讀書處宋淳熙間始建先師燕居堂蓋即七十二峰岣嶁峰之麓也即入謁先師像復從左而入有祠三楹中供晦菴南軒二先生左右供黃勉齋李寬及宋隱士李士眞諸像就其中拜而

出復從左而入有合江亭當蒸湘兩水合流處亭祀韓昌黎其上爲仰高閣面刻韓題合江亭詩南軒書予遽令摹得一本藏之舟中因對韓公及朱張兩先生像恍然悟僧夢之非凡抑三先生神靈固礱琢我耶援筆題壁而韜其名已乃移舟廻鴈峰下登峯入寺次張子壁閒韻蓋已先渡五六日云寺僧安正邀憩竹房殊清致因持册索詩許之而劉縣令復來訪致兵憲程君書（程諱秀民）亦獨以三先生期我也雖不及致語猶不旁引及異哉夜與吳子醉卧僧房周山人李生各爲歌一章時秋色皓然風颯颯響竹際忽有

嗚鴈聲予起坐顧諸予曰廻雁峰前聞雁亦奇事抑今鴈廻而征人猶萬里也宇宙無窮古今若旦暮迫渺天涯所玉成何事吳子為之撫然因披衣歷山級而下於時一望衡境咸收入顧盼中吳子遽以為勝觀而予顧渺然隘小之豈嶽峰景界猶未忘胸臆耶抑仙凡遠近即眞眸子亦自不同視也予以為可喻道乘與漫紀之遊記庶幾三先生其稽我焉

遊鴈峰及花藥二山記　王在晉

萬歷戊申冬杪予以梭閱駐衡州陰雨彌月臘殘見雪天始霽而予筆研亦已暇矣乃與觀察甘使君蘇

宇約躡雪為鴈峰之遊鴈峯距衡州城剛半里城南即廻鴈門也舊傳鴈不渡衡陽故名廻鴈今郴桂閒亦有鴈但不如洞庭張樂之野為鴈行羣集耳峰不甚高兩折直上嶺脊平夷鴈峰寺距其巔立山門遙望衡陽城如帶萬家午爨氣氤氳成雲積雪初晴露華映空晶瑩瀲灩峰巒環拱蒸湘淼茫天光下接水光上浮大壑中雲絮吹薄如哭煙萬道南嶽崔嵬矗起凌霄白花點綴如瓊樓玉案高下參差美潔鮮研又似芙蓉萬朵沁影秋波時或寒風拂拂凍玉霏霏錯落梅香褪冷依微蝶粉粘肴因憶回風吹散五峰雪往往飛花落洞庭之句眼前景似與太白相為屬和予不復掇拾唐人剩吻第念予家東海望不可見年來行徑支離廻翔於鴈飛不到之地牛羊日夕胡不遄下戀土懷鄉之思勃勃感奮酒罷歸來夜不成寐纔帖枕栩栩家山不知清夢之迢遞也會星沙李使君有閗即以是言寄之人在天涯諒不殊此意況耳詰朝郡迎春入甘使君招予偕賞衡人薄好麗劇裝賭勝結綵闢靡如大江以南賽神社會賭此益盛勞人三載不信江南有春助鴈聲而益之慨矣又次日習儀花藥山山距城里許舊有羽客煉藥五色禽

時集牡丹樹下名藍宏敞軒豁物力甚巨山門外團圞山纍差少煙霞樹色使君向予借無吳中人粧點此為缺陷予笑而不答此中無限景色業為吳中人收拾去所憾毛卿墨客不能繪寫見長恐為山靈唾去耳出寺天纔曙聊旋館憩息遲午為石鼓之遊

重修集賢書院記　曾鳳儀

衡嶽名勝故甲於天下過客往來瞻蒼翠冉冉出雲際輒心擬一登登即留連幽絕低回不能去蓋自唐李鄴侯、韓昌黎、宋朱晦菴、張南軒、跡最著近於客署顏之曰開雲存昌黎也顏之曰霽雪存朱張也朱張

業有祠祀方廣而李侯顧闕卽朱張歲祀不必之方廣第於野遙祭褻甚予竊慨焉歲癸巳從潁泉鄒公遊謁南嶽廟右、有集賢書院遺址故邑侯石屋彭公建祀唐宋以來賢有聲者盍新之爲遊觀者勸予應之曰有司傳舍其官念不到此此予地主任也歸與益齋伍公謀捐貲首其事諸縉紳聞而助者若干人已監司郡邑諸公聞而助者若干人合之得金若干兩以付募僧儲糧庀材後先營搆垂三載而樓閣堂廡告成餘貲買田二區大福源租二十四石麗公塘租四十二石俾僧性恒守之迎朱張神主祀其中益

以李韓及趙清獻周濂溪四先生設釋菜禮禮焉而後喜可知也夫羣賢足跡所至寄興須臾胡景仰之若是要以生平大節環瑋不羣規慨聖謨照耀今古屹然直與名嶽等登其山想見其人人與山交相重也祀山因以祀人也羣賢其吐之乎雖然集羣賢而祀之有司事也見羣賢而思齊非盡有司事也故由晦菴集諸儒之大成進之爲孔子集羣聖之大成是所望於後之君子

瀟湘浮橋記　　陳宗契

衡郡周面半水橫東郭門而水曰瀟湘受水之塗自陽朔而來十道委焉建瓴而下匯於蒸耒復逆激而上浸巨流悍夾流以居維杳如魚鱗東南人赴郡如壑勢所爲趨重以霖潦風雨又輕剽之徒趨捷而一葉每每覆溺或以死以其綰津要議梁之便而勢又不能以石議浮之便顧工奢費巨謀衆屢輟輟而能舉則故守胡公首尸之纔一紀而弛與輟者同自是緘口無議者而形象則爲郡如一掌中劃爲二澎湃滮漫非所以維血脈束筋骨劉公來守衡甫朞餘公肖清氣壯畧遠思沉神至而惠生色授而事辦慨然臨流不憚征繕爲四民噹矢維歲在卯月在巳日次

大梁梁湘輒告成事厥明守相帥官師庶士登壇而祝已禮三老先驅次諸相次縣大夫次諸博士結軌而行於時從者無慮數萬扶杖內履如在康衢乃喁喁合口爲相君壽相君懔然意下止輦而讓謝弗有三老側耳語謂大夫不愛手足以有今日祇今若涉河如跨析津屹然仙都縣圖勞之而不圖而黯黯明德盧相君之伐其以非人哉余小子則操不律颺言曰常聞巧者避事孱者避勞卽强有力者亦避怨三者橫一念郡國幾何其能集一利也先是小子偕劉比部際炎等以梁湘請相君力主之今應如響安如

堵相君其得人嘉靖乙卯胡守相勞之不卒虛六十年以待今日相君其得時備力課工以維形氣而使劃然如聯掌股相君其得地衡負嶷背霍冬徂初夏大半在滴瀝中今經始寅冬迄卯夏而竣兩師陽候斂鍔規成務相君其得天夫避無三而得有四相君之異政於是乎可書矣尤有異者梁湘之朝適有元鹿浮江而來望湘君之轂而止禮斗威儀曰君乘水而王其政平則北海輸鹿夫守工之相埒於君公今黿水而梁黿梁而衢平莫尚焉詩云敷政優優百祿是遒鹿者祿也相君卬不有神輸之矣是役也爲浮

舟七十餘上覆以版中維以鐵旁衞以楯修一百二十丈有奇廣可四軌東西壘石爲臺拾級而上可百武陽列兩捍楔額其上東曰湘東寶筏西曰湖右慈航西翼以亭亭三楹廣四筵而羨深稱之署曰來鹿周繚以石憑楹而觴可枕而漱也東植水神元君二閣閣旁有室布席箕坐時有欸乃入耳中主畫則守相劉君督成則郡丞尹公愉別駕陳公允問簡公懋爵司理牛公維赤令君蔣公鑒偃費金二千多得自節羨相君別有記橋名瀟湘相君名春閩惠安人丁未進士

遊南嶽記

金之俊

南嶽去縣治三十里余屏去輿從策蹇作山遊狀一路古松㕘列直挿霄漢大者可四五圍未登山一步已睹靈境是夜宿嶽廟次早修謁廟禮仰見廟貌巍峩明禋儼肅令人屏息斂容謁畢躡屐芒鞵曳竹杖遴道士之不惡遊者爲之津梁行五里許至玉版橋寶善庵石色如玉瀑布雷吼鳥語無聲一老僧從石罅出迎長三尺許狀如小猴詢其年八十有一把蘿如飛行二里許至坳嶺勢漸險峻又行二里至小竹高嶺有半雲庵斜望香爐峰冉冉雲端行三里許至

大竹高嶺與香爐峰對面揮扇觸雲俯矚平原中有白練一線道士曰此湘江也行三里許至半山亭輕雲覆足身在天半回視羣峰以次俯伏其昂首未降者可屈指數天柱峰侍左紫蓋峰侍右烟霞擲鉢金簡三峰嶙峋環其後此亭占地絕勝惜規制狹小時日近午山暑尚焦稍憩亭上前行至鐵佛庵相去二里秋花遶徑山栟殊艷題額者爲趙蘭谿先生書法遒逸可愛佛像多莊嚴僧亦差解人意行一里許穿竹徑至丹霞寺竹陰蔽天忽作深秋僧慧明出山蔬相供雖兼世法道味過半覺低回不忍別行半里許

過慧泉。泉水井美。不減惠泉。復行半里至湘南寺。步
步翠微。路徑過絶。寺前有石臺。規模宏敞。四顧豁然。
茶攸諸山。如几案平鋪。對面復有三小峰。一名小霞。
一名土木。一名巾紫。門足前崎。森若螺髻。寺左有貫
道泉。裂石而出。清冷異常。泉上石壁。有定林祖師題
詩云。身健端須飽此心。問山臨水極幽尋。待予書徧
湘南寺。却向鍾山老定林。風風雨雨幾。老春秋。而苔
蘚已古。筆痕猶鮮。真靈蹟也。寺後爲碧蘿峰。上有壽
星石。突兀奇聳。悵躋攀無路。出寺門左穿一小徑。不
半里、至隱松岩。岩石孤峭。欲墮深廣數丈。中有戒僧。

依岩作菴。菴有小樓。樓後有石壁線路。止容一人。傴
僂乃得上。復行數十丈許。直躡其巔。巔上一小石方
可數丈。嵩虚御風。恍惚與亂雲齊飛。僕夫皆股慄。余
亦心悸。下巖、北行一里許。至南天門、祖師殿。殿宇傾
頽。僅留一茅菴。遥望祝融峰。尚縹緲雲外。又行一里
許。至飛來船。大石横空。酷似船形。烟霞一起。舡浮波
上。有一蜀僧。蓬首赤足。攢眉苦行。傍搆一小菴。乞余
贈額。余曰、此飛來船。乃千佛渡世慈航也。因額曰、筏
菴。過此即講經臺。平廣數丈。石上有天上山中四字。
筆法奇古。不記何年。傳云梁海祖師説法處。行半里

許。至獨覺門。又行半里許。至獅子石。石下有一泉。即
名獅子泉。行二里許。至上封寺。寺遭回祿。殿廡無有
存者。近直指晋中、白公捐貲重葺。雖規制稍遜於前。
而景象聿新。山靈之廢而復興。洵有數耶。寺後有虎
爬泉。涓涓細流。滲自石縫。其流甚長。行一里許。至爛
柯巖。有石巋然。虎踞道旁。又行半里許。至會仙橋。橋
有二洞。長可三丈。深臨萬仞。横跨一石。即名會仙峰。
越橋登石。余亦飄飄欲仙。此石約容數十人。離丈許
又有試心石。石上有松四五株。碧如虬龍。聞此山絶
少松。而此獨穴石而生。不倚寸土。亦一奇也。橋側有

捨身岩。削立千宵。足蹟鱗次。慄慄莫敢仰視。尋東回
二里許。至天尺菴。週圍石壘。上覆鐵瓦。行不數武。爲
祝融絶頂。前嶽帝聖像。後開山大禪師像。皆以石壘
屋。時日方斜。春暮。色益霽。窮大旦地。盡入目匾。下睇
千山。蒼苔萬點。如湘波繡碧。叠浪雲湧。向之。昂首。未
降者。皆伏地。不起。觀至此。止矣。頂上得平石一塊。爲
望月臺。山風衝袂。淒如朔風。不能久坐。仍下上封寺。
行半里許。至望日亭。亭前片石與望月臺相似。且背
亭蔽風。遂賒以望。几坐少頃。夕陽歸盡。明月漸晃。凝
眸東望。忽有光如綫。起自地中。須臾光溯四野如登

嶽

遊南嶽記　　錢邦芑

往來湖南數矣欲遊嶽輒不果甲辰中秋谿武陵入中湘叅語嵩和尚遂訂嶽遊二十五日買小舟遡湘流而上曉霞散綺風日淡潔湘波澄碧蘋藻澈青水中沙石時作五采與波物日光涿不定舟子鼓櫂又若與秋波風色夷猶相得也余與語嵩顧而樂之命弟子古道枸雲煮茗共酌語嵩曰前之遊者多賦望嶽詩吾輩盍望之至招靈灘水急舟遲登岸望不見見遠山數痕甚踈秀土人曰此湘鄉諸山也古道曰即不必見嶽瀟湘山水已足移人情矣語嵩然之舟更進晚泊淦田有小山晚霞映波漁火隱隱村中人語與犬狺相亂不可辨是夜心懷嶽不成寐微風鼓波蹴激灘聲乍大乍細音響清越次早復開帆風日流麗亭午泊都石驛小岡隆起上有破廟製朴拙一僧貌瘦古不解迎客余與枸雲登廟後高埠冀望見嶽峰亦止見醴陵諸山排青展翠而已再進至朱亭始覩嶽於天外濃淡數峰彷彿烟雲停積也更進至樊田則諸峰隱見了然可辨矣薄暮輕烟一縷谿南而北橫映水面少頃漸濶是夕無霞遠岀平疇荒

洲淺渚漁舟牧笛俱掩映縹緲空濛淡碧非雲非霧波光搖漾天然畫圖始信評用晦湘潭雲盡暮烟出厥有以也次午抵清凉寺寺後竹院清深古樹十餘株埜鷹宿其上夜午後長鳴相和聲甚清遠寺僧遻此爲刻漏次早同語嵩入山沿途多古松清泉松皆具妍勢有奇絶出人意表者玩之不足遂忘饑疲行三十里至嶽廟崇魏鉅麗足起人敬而祭賽鄙褻難以理諭顧瞻歎息作詩二章責嶽神遂去宿長壽菴次早谿寧波橋上山石磴累折美材竹箭叢雜翔舞加以新霜欲下冊黃點綴步步增麗是日雖晴爽而微風曳雲聚散無定在山麓則雲橫半峰至山腰迴矚山下雲復遮映溪壑不辨來路矣細觀山勢三支齊落中皆石澗諸小水奔滙山行十里之上泉流漸急草石竹樹之閒無不泉者或隱或現或鉅或細或浸草閒漫道上或涌石隙穿竹樹林莽乍合乍分不可名定滙於大澗澗中怪石牙互林立驚濤斜衝怒波反跳擲雪飛花行者昔見昔沒高下望之狀亦屢遷至玉版橋則樹蔭泉合足娛人懷因植杖小憇僧三人自山而下見人直眎不語如野獸須臾去再上至半山亭亭圮廢不可居煮茶啜之下視溪山與田

疇村坊間雜映帶靑碧縈繞攢蹙累聚濃淡不一冉上則山勢漸出諸峰畢現指點所歷左右瞻矚有岡焉者矣有坡焉者矣有陵焉岫焉厓巒巔碧焉者矣少頃至鐵佛菴竹徑甚淨一僧迎客頗恭謹徘徊竹間外望福嚴寺及讓祖埨三生石衆人曰留以慰歸路遂上至丹霞寺門外南望山水奔赴雲物又變氣象渾闊令人神動又上至南天門則身在雲表俯臨萬壑下睞飛鳥皆見其背矣從此右折披荆榛窮微徑危厓臨空厓上石作舟形蓬帆宛具名飛來船癸卯秋迅雷暴雨厓爲之崩勝跡汞絶遊人猶指故處

憑弔焉稍下有說法臺意不欲往遂回又循石級數折至上封寺寺在祝融峰旁登峰頂則雲氣旋繞下臨無際東覿天宇明淨如洗西面白雲彌空山下雲氣漸起相接須臾徧滿上下長風鼓煽如濤雪亂湧谿西而東少焉東方亦彌漫如銀海六宇一色天風浩浩若身躡虛空不見塵界余恍惚不能言須臾雲漸收衆雲奔逐四去殘陽遙映餘霞弄采紫翠萬狀下視山後岡嶺縱橫羣壑互注寺宇隱疊巖穴深阻不能辨其向背矣時心目既厭天色赤暝會仙橋不語厓俱不能遊因就宿寺中鍾鳴後寺僧課誦余皷

語嵩起出寺左尋觀日臺望日出荆門費瞿如亦至重陰漸豁霜氣在眉東方白霧中一線霞裂作金黃色由南亘北直射萬里少時漸鉅炫爲五色正東赤艷尤鮮更待之一輪血紫從層雲底奮涌而起光華萬道圜繞炫耀大地豁朗心目俱爽復回至峰頂遍望七十二峯遠近出沒可辨識者三十餘峰耳然高下斷續起伏變化如波濤奔屬已極宇內奇觀矣初在半山上睇五峰若並尊登祝融則烟霞碧蘿諸峰又若兒孫羅立四望瀟湘蒸洣諸水微白如練帶明滅烟嵐外恍疑爲溝洫矣回視其下向所窮力攀陟

若不可升者皆培塿俯伏若蟻垤蚓穴與溪流厓樹凸凹相間岈然窪然繞白圜青近混烟霞遠際天碧雖蓮花巾紫馬鞍諸峰亦不可細辨又毋論回雁岣嶁矣眺望既極策杖下燕子厓止碧蘿山房老僧煮菜作粥啖甚美次日靜坐養足力午後閒步厓下看飛泉見老僧同語嵩默坐盤石余往就之對坐日影移二尺白雲從谷中起迷冥半山落日映飛泉厓上竹樹藤蘿紅黃交雜忽羅克生同智林携茶蔬就山房夜話因共談禪訪山中逸事過夜午山鳥起噪乃就枕明日克生去余與語嵩步杖出大谷下中山寺

一路皆古木怪藤泉聲淙淙迴旋杖履間不能識其去來次日雨阻次日稍霽乃入茅坪會喻葦大師吾鄉廣陵人也談論相得因止信宿乃往九龍寺由中山至九龍千溪亂聲萬石疊岫深林修竹怪樹飛瀑隱天阻日蒙霧搴烟最爲幽麗余與語嵩古道徘徊賞歎各爲詩紀之及至九龍則深溪匯流石橋橫蹊老樹重蔭巊嶂迴合到門小憇已令人意消矣夜宿寺中溪聲入枕清韻欲絶次日爲重九喻葦來就談竟日余以勞成疾卧三日乃瘳遊興遂懶近若禹城水簾遠若天台方廣俱不得遊語嵩率衲雲由後山

歸余與古道復尋前山故道再過丹霞時尚陰翳至鐵佛菴忽天霽風和回瞻五峰峰帶宿霧飛青縹碧又一景象較前登山時迥然大别下至半山亭回望之至玉版橋停杖又望步步回瞻步步另作一狀同此山水同此心目不知何故頓異前境大約前後相去二十餘日秋林飲霜丹翠變色木葉微脱厓壑露骨加以雲烟綠縟淺深縈帶故氣色殊異余因慨爲日幾何而山川之勝遂因時改觀至明歲重遊又不知作何狀矣大約宇内名勝非一時可盡亦非一人所當擅留其餘以俟他日併以供後人之搜索則意趣無窮矣柳河東詩不云乎誰爲後來者當與此心期善遊者之胸懷固如是哉

重建趙忠定公祠記　趙申喬

衡陽之有趙忠定公祠也以公謫赴永州道經衡州守臣錢鍪阿韓侂胄意陰中之暴卒殯於湘東開福寺旋得請歸葬而立祠焉者也兵燹之後祠既不存基地遂侵没於有力之家余過衡陽偕監司以下往勘僅有隙地數尺指爲祠基噫豈有儼然曰祠而基止數尺者乎因囑衡陽張令力爲清釐其受廛以居者則計值以賞之地既出乃謀建厥祠張令先捐五

十緡而余亦勉佐其不逮張令復請曰公祠告竣已奉主入祠矣第今日之舉非有以紀其事竊慮無以闡忠義而示來兹敢祈以數言勒諸瑱珉使先賢廟貌藉以不朽則卑邑榮幸實多也余惟國家之治亂視乎用人之邪正然正者少而邪者多正者之氣類常孤而邪者之聲援常衆北宋之蔡京南渡之韓侂胄其奸邪一也蔡京謫道鄉於衡州侂胄竄忠定於永州其嫉正一也道鄉過長沙而守臣温益逐客不容忠定過衡州而守臣錢鍪陰中以死其黨邪害正一也天下之正人原不多得幸得一二人以倡正言

扶正氣而又不使其旦夕立於廟堂之上貶斥不遺流離相繼徒快賊臣之志不悟國是之非宋之北安得不南而南安得不亡也余既改建道鄉祠於嶽麓而又重建忠定祠於衡陽二公蒙難一時未嘗不垂光千載則後之爲正人君子者亦可激厲其志氣而毋爲奸黨之所危懼也矣惟是錢鍪之惡浮於溫益似應做岳墳例鉄鑄錢鍪跪於階下日受觀者之笞辱以稍紓義憤並慰忠魂惜前未有行之者而今亦姑仍其舊也公諱汝愚字子直濮恭憲王七世孫居浙之嘉興擢進士第一僉書寧國軍判官召試秘書

省正字遷校書郎兼太子侍講除知潭州紹興二年召爲吏部尚書韓侂胄忌之安置永州慶元二年正月卒於衡州公既歸葬故里苗裔未有在衡者嗣此棟宇之時葺蘋藻之必虔皆有司事也爰書此貽張令俾鐫石祠中以期弗替焉衡陽令張君廷相奉天人實有勞於茲役不可泯也

合江亭記

蔣景祁

合江亭當蒸湘之會憑高瞰虛渺瀰無極昌黎韓子貶時嘗憩息於此其贈刺史鄒君有詩而南軒張子爲之書勒石於亭登合江亭者拊其碑讀其詩未嘗不徘徊而不能已也世多謂韓子之學不淳未入大賢之域且貶潮謝上表未免卑辭乞憐疑所信之不堅乎予謂不然夫人臣告君忠而不激怨而不亂方其指論佛骨譏斥主上可謂激矣及得罪而出刺南荒瘴癘之區雖不惜捐棄頂踵遠禦魑魅而回思朝廷之上宮禁之側誰復獻可替否以酬主上之萬一者言念及此其何以堪而尚肆爲感慨激烈之辭以自暴於天下而明其主之非是君臣之義絕也無乃亂乎故世人不足以知韓子也若夫楊墨之禍橫行於孟子之時而孟子以後歷千數百年未有能極言

高論大暢其說於韓子者故韓子謂孟子功不在禹下蓋其自處亦不敢避好辨之名以庶幾上繼乎孟子之意世之人尊孟子亦可以尊韓子矣宋之諸賢又繼韓子而起者也韓子爲之難宋人爲之易韓子爲之前宋人爲之後韓子當時李翔張籍數人而外無語言者而韓子特立不懼以視宋之諸賢後先濟濟羣扶聖道於不墜其力之衆寡爲何如也南軒張子宋室大儒與韓子幾四百年其所傳之詩不啻吉光片羽而重爲募倣其聲音流連其篇什托之於書勒之於石傳播至今豈獨以其詩云耳蓋三致意焉

子不能知韓子以張子之知韓子者知韓子或庶幾乎然則合江亭得兩賢可以記矣是爲記

重修石鼓書院碑記　崔鳴鷟

有天地則有山川山川之靈異關乎人物之開拓而振興之則留芳聲於奕世銘著述於無疆否則川徒嘆逝波山視同土壤耳衡陽之有石鼓相傳爲漢武侯督餉之處石鼓遂以勝地名又傳爲唐昌黎韓公宋南軒張公輩講道論藝過化存神之所因以石鼓書院名此數賢者皆前輩大儒而靈爽式憑千秋仰止至今其碑記

猶存後人踵韵不絕如縷知非獨遊觀宴飲之地謂山林蓊鬱聯絡於履舄之間魚鳥親人與觀於耳目之表已也余來守是郡每登眺其上西望雲母鬱鬱蒼蒼北瞻衡嶽芙蓉岣嶁各峰之奇乃神禹治水得金簡玉牒之祕於此也兩水合江東湘水北蒸水潆洄澎湃於巉巖之下隱隱如鼓聲也今

聖天子隆師重道表揚前徽自闕里而外凡屬先儒舊迹莫不加意興復忝在守土者不能仰體欽崇而徒賦詩飲酒如歐陽彬於青山白水中作風月主人豈不背哉余慨然有興復之志雖學憲蔣公捐金創修繼以前守令張公余君搜剔巖穴踵事增華然苦物力不足空曠一任牛羊蹂躪傖父狼籍於階除開毀瓦畫墁毫無忌憚棟宇榱桷旋與旋廢良有以也且中雜以佛圖位置鮮倫甚非崇儒重道之意余茲捐俸重修增其所未備煥其所已然周圍築墻高七尺許重門深扃擇人而守以司啟閉彼牛羊傖父豈復能踰垣而爲患哉功告成隨作閣移七賢神牌於中堂俾後學有所瞻仰方期督率師徒援

古証今析疑問難庶幾無虛負此山林汲汲乎恐未逮於前人也昔柳子厚守永謂楚之南少人而多石蓋柳子抑鬱遷徙如不終日之所云故著爲文章不過邱壑淵洞之奇知無足敷宣道學廣勵生徒余追踪先哲雅意作人竊有志於學道而未能云

重建瀟湘門城樓記　李壽愷

楚南之水有瀟湘自粵西陽朔會於石鼓以達洞庭羅君章云日月若出入其中洋洋乎大觀也衡郡城門有七惟東北門曰瀟湘噫門以

水名必有取爾也或曰南嶽位爲離宮湘水繞其下離上坎下有濟之義焉或曰門列郡治之左祝融巔其右其山鎮川澤殆爲郡之夾輔者乎獨是城創於周初圯於明末兵燹迭易惟斯門之樓缺如我郡侯王公邑侯高公蒞茲六載政通人和念郡之有城猶人之衣也城有樓人之冠也爰率僚屬割清俸以創建之丹楹朱檻雁峰峙其南石鼓砥其北藉是樓以擎其中而一郡觔如矣以譙遠邇至備也以嚴保聚至肅也以鎮湘嶽如帶而如礪也斯樓也其盤石之固溝洫之深金城湯池以佐今天子國祚於無疆也乎夫水之爲道其潔清也似滌蕩其灌溉也似惠澤二公有焉易曰王公設險以守其國險坎也水也瀟湘名門非他可概矣於其成也故記之

大石渡碑記

張五策

大石舊渡也大石何以有渡涉者衆也涉者何以衆其地爲豫粤二省捷徑也有渡斯有菴菴爲渡設也有菴斯有僧任此菴以司此渡僧亦爲渡設也僧爲渡設則利於渡者主之病於渡者逐之必然之理也先是菴有僧明性衆所招以司此渡者也時余公西崖王公文振袁公介生高公伊園先後宰斯土從士民之請爲之給示免其操舟者之徭役並其易覆者之漁船復共捐資斧置田種七石鋪地十間以爲飲食舟楫之費無非爲此渡計綢繆也逮明性死而其徒慧林淫酗寔甚揮霍租糧盜賣田園勾結匪類寔繁有徒遂大病於渡夫僧爲渡設而反大病於渡此慧林之所以當逐也乃此則一逐不已而再逐彼則一來不已而再來在慧林之意豈不曰菴爲吾師之菴而田爲本菴之田若子孫蒙祖父之業而可任我之變置也嗚呼此慧林之愚也不知菴爲衆建之菴而非慧林燕貽之堂構也田爲衆捐之田而非慧林高祖之壠畝也有渡斯有菴有菴斯有僧有僧斯有田皆爲渡設也利於渡者主之病於渡者逐之又必然之理也嗚呼慧林安得復萌覬覦之心耶夫彰善癉惡天理也懲其既往杜其將來人情不甚相遠也明揭其事使人人共知以垂永久慮事之周也戮力同心護持善事士民李長英等之公義也循天理順人情興利除害俾地方無匪類之患而行旅無病涉之嗟長吏之責也此余既逐慧林而復爲文勒碑著

其事之始末併刊菴田租糧之額於石使後來供渡之僧卽有不肖如慧林者亦屹不可動從士民之請亦盡長吏之職也

愛蓮亭記　　習　寯

天下州縣立學自宋始闡揚聖道開發端緒自宋濂溪周元公始衡陽縣學宮為元公之舅龍圖閣學士鄭向故宅元公少孤讀書舅氏後卽其地以為學景仰先哲追惟餘韻構亭於塘以志之曰愛蓮亭旋毁於兵塘歸豪右明司訓聶遜雖捐貲購復其地而興建缺於葭萌何孝廉

來宰是邑因前令姚學博李及紳士經始之迹而成之先葺學宮復建斯亭於泮池之前壯以崇閣俯瞰遠眺可資遊息且使邑人士之學於此者咸動仰止景行之慕時余科試衡州方竣學之生徒環列請曰前賢遺跡適覯厥成願有以昭示來茲余告之曰人之所以與天地萬物相流通而獨伸於羣類之上者惟性與情耳性情之所近形於嗜好發之為文章積之為德行措之為事業而當其悠然會心於一物之微有非可勉强矯飾而合者孔子稱知者樂水仁者樂山是其由中達外分見各得蓋有不期然而然故學者當先治其性情使胸中光明瑩淨超然於氣稟物欲之外生機活潑天理流行則行之著習之察推之天下無適而不得其宜故曰正其本萬事理濂溪先生寓意於蓮豈惟物之云爾哉其絶塵抜俗亭亭皎皎具有超越千古之志所以學成教立上紹孔孟不傳之統緒而下開數百載道學之淵源卽小試於政治至今卓卓可傳豈非性情之流露見之文章德行事業者尤大彰明較著與今

聖天子重道崇儒樂育英才以聖賢之學振率天下諸生生際

隆時幸親前賢之遺蹟陶淑於荷香清露之間以正其性情嗜好尋光風霽月之懷而追踪夫希聖希賢之學異日者庶幾為

國家正誼明道之儒毋徒視為賞心玩物之地也是為記

學院潘書原夫子教思碑記　　王　敔

皇上御極之四十一年親製訓飭士子文勒石成均暨府州縣學越今年甲申宣與夫子以太史校

文三楚孟夏涖衡謁先師率屬官博士子弟望闕拜訖登席宣講浹日不倦服衿之儔以及環橋門而觀聽者胥震動焉擇日開試雞鳴蒧事肅號斂卷晝夜校閱甫月而衡屬事竣其錄於學中者則匪怒伊教焉其収於學外者則有造無斁焉夫子進之座前懃懃懇懇惘厥蹻京㔾以孟晋由賓者汚不威而滌工謁者辱不言而緘譸張者幻不劊而懲宋玉九辯有云坎壈兮貧士失職而不平今遇我夫子而情莫敢不平矣夫潢汙之水不溢稽天哇吃之唱難諧鈞奏

然而君子教思無窮約稽其大有三焉天下文章楷模江左夫子初服而首秋賦壯歲而校秘書斯文山斗何俟仰譽惟是讀夫子之文則意其汗牛充棟而所以示諸生者簡之爲百餘藝又簡之爲二十六藝是文當思其眞也夫子之論文也以爲初學跌蕩繼好鍜練後慕雅馴醇而後肆異流同源乃夫鉛刀雜陳鎔器並列筆之縱者則嗇其才辭之飾者則卜其養氣之適者則收其度今日闢門明日示榜伯樂之顧在轉盼間而牝牡驪黃已判矣聞之獻者惟前朝

董文敏公有此神速而精鑒博識不啻過之是教當思其廣也夫在其下者莫不以公且明譽其上而上亦以公且明自喜至於校士每難言之一人曳裾百人向隅筊居心異盞底之銀花則課業仍衙閒之金氣王謝烏衣代揮塵壁欒郤阜隷誰憫轍魚惟我夫子清胄秀生朗鑑高耀使泛以公且明爲譽必以爲陳言而斥之盍體其情盍孚其性盍仰其天嶽嶽之概皎皎之操長劒天外氷心玉壺疇得而諼焉是立蓮當思其公也仲夏夫子將自衡之郴生輩受恩者

人懐百錢有不能辦者人五十匯日開計直金十餘兩議立石於石鼓書院之陽顏曰太史學院宜興夫子教思碑不日夫思而曰教思盍從跡有去留而至教無終極我夫子不日返虎觀啓龍門而生等之當奉爲模楷而思無疆者不異今日之䟽叉楚也謹勒石而述其情如左

重建合江亭記　李薇

烝湘之會石鼓峙焉先儒朱子所稱一郡佳處者也書院而前惟武侯之祠書院迤後則合江之亭記書院者考亭朱子記武侯祠者南軒張子題合江亭者

昌黎韓子而碑刻韓詩合江亭下者亦南軒先生手書也雍正己酉亭就圯而碑得全或有神物相之矣衡守陳君修己治人之暇興起廢墜復首建是亭而請余記匪爲衡人侈厥觀欲爲衡人正厥德也朱子書院之記曰諸生之所以學而非今之人所謂學則昔吾友張子敬夫所以記夫嶽麓者語之詳矣顧於下學之功有所未究是以講其言者不知所以從事之方而無以蹈其實然今亦何以他求爲哉亦曰養其全於未發之前察其幾於方發之際善則擴而充之惡者克而去之其亦如是而已矣後之學者信能

如朱子所述未發將發善與未善之間而得其所以爲善之實乎孩提之童無不知愛其親也及其長也無不知敬其兄也人人親其親長其長而天下平故曰仁者人也天地之性人爲貴人之行莫大於孝而行遠自邇登高自卑即以父母之順爲高遠窮理盡性窮此中之理精義入神精此中之義陰陽合德而剛柔有體以體天地之撰以通神明之德所體者此撰所通者即此德也天下一家萬物一體皆當於是乎遇之故曰生生之謂易是所以爲善之實而已發未發一以貫之者也吾願與衡湘人士共喻之且願與古今人士共質之也遂拜手而爲之記

重修合江亭記

陳沆

衡治合江亭在石鼓山前以其會蒸湘二水而亭臨其上因以名亭自昌黎韓公有詩道其勝而紫陽南軒兩先生亦講學於此韓詩又南軒手書勒石並朱張兩先生遺跡存焉以石鼓之奇拔橫截江流號爲佳勝重以前賢之遺跡不可泯滅於是茲亭屢圯屢復至於今不廢雍正戊申八月予來守衡州齋宿石鼓書院遍觀前後石刻唯時代近者差完好而合江亭韓朱張之刻石多剝落不可讀亭亦漸不支顧方

視事之始不暇改作次年己酉春延孝廉宋君席雲主石鼓書院講席稍葺左右廡居諸生之肄業者其他亭臺欄楯將以次修葺會予領咨文赴部倉猝未果及秋八月予復衡任則茲亭爲風雨震撼不復存矣觀風院憲李公山右名儒醇養篤行有河津先生之風適駐節衡陽登石鼓山尋韓朱之遺刻方埋沒覆亭瓦礫中爲之大息不已予乃出碑加拂拭立於舊址並謀所以新茲亭者選材於未得鉅木十餘株棟梁節棁皆稱計可支數十年其前環以石欄望之有鉅麗之觀復求李公之文刻石亭右覺悟後學因

竊自念幸生右文之代束髮受書垂五十年其於正
學之宗旨不可謂不窺其一二矣而備員守土又適
當前賢過化之地風流餘韻去人不遠顧弗能推闡
緒言俾衡屬之士感奮而興又方僕僕於吏事求如
近世新會吉水諸君子幅巾杖屨徜徉於蓮山道院
之開往復磨切都不可得愧何可言也亭成磨石記
重修之歲月亦謂修舉廢墜守土之責並以告後之
同志云爾

重修忠節祠碑記　陳流

李忠節公諱芾宋季以湖南安撫使知潭州守孤城

抗元師智勇俱竭闔門殉義事具郡志公衡陽人也
元時即公宅故址建祠後移之石鼓山與諸葛忠武
祠對峙列於祀典然而木主闇淡屋宇僅蔽風雨予
每謁公祠怛然弗寧竊念興起教化莫如表彰前哲
矧衡陽又公桑梓之地雁峰石鼓近在履舄皆公平
生所遊處公雖血花化碧坵壠無歸而英風浩氣與
三閭忠魂翺遊於沅湘澧渚間者安知不睠戀故山
往來棲托於此而廟貌不肅取具於墻壁非所以妥
神靈備觀瞻也辛亥春鳩工度材撤去舊屋更爲宏
明閟兩月而落成煥然改觀與忠武祠規制相等夫
公之鞠躬盡瘁以死殉國不顧成敗利鈍與忠武同
其俎豆茲土揖讓忠武不俟今日然必作而新之者
非獨致予景仰之意亦欲使衡之人士瞻公祠宇知
異代數百年忠義之氣耿耿在天地間不可磨滅相
與感奮興起勉爲忠藎則斯役也固亦振風化培人
才之一端也已勒於石以志之

重修煙雨池碑記　趙宏恩

衡爲五嶽南鎮當星紀翼軫之次位朱明而德
火正發育萬物福利楚疆迴環七十二峰如星
錯碁布而廻雁一峰崛起湘南昔所稱爲衡嶽

諸峰之首遥映祝融縹緲於烟霞出沒之際其
炎炎之德莫盛於茲矣余撫湖南歷今三載凡
切於民瘼者罔弗乾惕於懷思所以仰副
聖天子惠養元元之至意爰考郡乘而悉衡陽在昔
爲流寇殘燬民物凋敝我
國家定鼎以來多方撫恤漸復創痍甲寅吳逆叛
復罹兵革地方蹂躪一歲三徵民生幾不可問
蕩平後越今五十餘年上荷
朝廷撫綏愛育闢荒豁賦俾流移者復業上田開
闢比年以來宜其有生色矣乃昔之苦於兵者

近且苦於火往往當炎夏之間一罹焚燒蔓延多家未易止熄甚至民居甫經締造落成未久復成焦土民力幾何堪此困敝乎揆厥所由蓋緣雁峰之麓向有所謂焊雨池者有泉一泓澄豬於池形家謂水以厭火曩者祝融不熾良由於此歲久池堙漫爲平壤民且佔爲居址糞土汚雜匪獨無水以厭火而且褻神以瀆嶽惡乎可竊楚南一物失所皆余之咎矧衡爲郴桂接境滇黔兩粵之要衝苗黎蠻猓窺司肘腋扼吭南服官斯地者任綦重矣民生可不借乎城社

可不固乎寧恐以一池之廢而貽一郡之厄乎余於壬子春杪謀之羣職事爰發公費之餘買地一區以移居民清釐舊址復濬其泉仍其故地繚以石欄翼以虛亭圍以土垣樹以卉木向之糞土汚雜者今且清明而淑曠既弭衡陽之災且麗乘雲之勝不勞民力並省國計將見離明得既濟之用天乙廣資育之仁藐此一池洵大有益於衡民若以爲燕遊憩息之地則非余修復斯池之意矣後之君子其共勉之是爲記

遊石巖記　張榮倫

桑田九蓮峰後右行數折有石巖洞其下張氏田廬在焉佳木繁陰滌水鏡淨環山之右曲盤而上四矚諸巒周抱遠峰蒼翠出沒隱見林泉清淑之氣已曠然與人心相得洞口有大石屹立如屏不假追琢平整光緻若有待於書題者曩昔居民鮮少豺虎托跡里人過之且震怖土湮洞口之半乾隆庚辰夏偕同人燃炬匍伏而入下平上穹廣可坐數十百人仰頫嵯峨高極數仞無非石爲帡幪焉鬼斧神工不可端倪上擎若柱蜿蜒而下若垂天之雲嵌空玲瓏狀態匪一洎循窄峽入俯臨坎坷曲折復開異境舒曠崗

崒排空而上其左右石上側嶺橫峰之勢與前巖亦合亦分形勢崱屴闃寂陰幽驚心駭目至是杳然不復與人間事再進奧如豁如空淨開朗如前覆其上者平如石砥與前之巉險者異矣其高可舉手拂拭與前之崒嵂者異矣愈入愈奇俯瞰其旁尚有小竇卑狹纔可通人至此燃炬將盡肅然而恐慄乎不敢復進夫名山水即穆駿禹標跡不能徧高人逸士相與披荊斬棘攀危巢俯幽宮何地不爲蒐滌以顯獨茲山寥落不著豈地僻道左輪蹄罕至莫遭賞識歟抑山靈棲泊杳與世殊不欲激物色於塵寰而知音

者遂希歟退觀其上有瓦礫遺址焉是殆締構崖厂開者盛衰無常而巖之勝亦有時歟余生長茲土丌熟勝槩久矣至於老偶得一攬而猶有未盡殊悔牽於庳冗而負此景物多也則今之得窺秘奥而欣於吾神者豈偶然哉至洞初無名或曰桑田或石巖云

謁趙忠定公祠記　張玢

楚以南多唐宋以來名賢政蹟之風聲與遊覽之蹤竄逐之跡其磅礴山川而風起後人者百世如旦暮矣今年秋余過衡陽于九面數百里閒茀屑屑其煙

霞邱壑之細也寓耙城登石鼓倚合江亭誦昌黎之詩南軒之記知古人所以不朽訪二守三賢六賢七賢胡公庋公向公諸祠想見古人治道學術之不苟即或投閒散或際流離其愛君戀國之懷講學立言之事兩不廢且悖焉也而廟貌俎豆之或興或替或盛或衰已不一矣當耙瀟湘門內布政分司前今重修于湮没之餘者宋丞相趙忠定公祠也公與朱子處同學出同道經綸之優淵源之正與六七賢同其槩忠直不容數千里遠斥與三賢胡公同其事若地若夫怡然就道之後備蒙窘辱卒不免于錢鍪之手而殞命於一夕間也則惟公爲獨慘以烈故玢之來茲也咨嗟彷彿其夙夜鞠躬定策忘身之生平而流連於巖廊榱桷間其興懷憑吊爲更深以切耳公沒歸塟故里由宋迄元苗裔無在衡者明洪武間第五世孫友信來衡陽遂家焉至今已一十七世余茲獲與其裔孫仕鈊交見其緒業儒者行義君子眞不媿名賢後噫篤棐苦節之風其陶甄磨勵于無窮者能使百世而下之人興起又况其本之所自出脉之所自來者哉仕鈊方虔奉祠事經置土田倡其族人顧乃祖而興思明德修五常六行之事斯固

皇朝教化浹而民興行之符抑以見忠定公五百餘年之垂裕不衰而向往前修表章善士者所樂稱道也於是述其經過之所慷慨與展拜公之悃忱樂見厥裔之繩祖武而克開緒業於無窮也

清泉山記　劉良璧

清泉山脉發於郴委蛇千餘里至邑之零泉鄉而一峰聳出有泉環流蔭田數百畝雖旱不竭志地者往往述之而吾鄉人或不知也其上佛寺署曰古城先年殿宇輝煌不可得見所遺大小柱礎鏤刻工緻僧人掘地猶有存者考之寺

碑前明成化六年僧克洪因有古塔寺在城中金鰲山政建雍府乃移寺於此僧因名山曰金龍名寺曰古城皆不欲沒其舊而清泉之名至是而益隱山距城雖三十餘里而蕭涼幽阻罕有遊跡行道過者望見之亦不必問其名也今
聖天子二十一年分縣
特以此名縣而山名始彰邑侯廣陵江君必欲親詣其地因公跋涉凡側近之山捫蘿越險尋求殆遍一旦考究得之確切無疑徵論遠近童孺皆能指而名之矣蓋千百年地靈秉

國家景運而開非偶然也昨重建府學適有朱子書碑斷掘地而見亦江侯物色出之侯之勤求民隱虛心鞫獄固同此志哉余以衰朽得際其盛且樂吾邑新造之有賢侯也因記邑致仕中憲大夫福建興泉永道劉艮璧時年八十

建清泉縣公署碑記　江恂

朝廷至治百有餘年四海之大民物繁盛洽和醻樂無有不得其所
聖人世出而安天下天下既已安矣然猶日孜不遑兢兢於昔王之所云地廣則教化難周人衆則撫摩難徧以時敷誠於中外大臣乾隆二十一年　大中丞桂林陳公來撫湖南爲德爲民舉偏捄溢至悉至纖以衡陽縣地潤人稠懼字恤易遺爲堯舜病廼謀析而兩之西北隸舊割其東南隸於新邑土田澤粱民戶官居審度詳備以入告於我
后制曰可而又按其境內有清泉山縣是錫名清泉人於民監亦宜於水監蓋一時之懋舉千載之美談而令茲邑者可以即名而思也恂初奉

簡擢承乏常寧　大中丞陳疏還恂蒞此土薙草發石登登馮馮以築公廨計立堂廡卯于所厚其垣牆固其閈閎不以傳舍不愼焉至於梁桷板檻無取乎琱朱鏤漆而植以梧竹亦近於巢林鑿坏之民凡數越月而工竣其所爲屑屑躬親經營者誠不欲以崇侈導其先因開貪濁之風也夫邑令日與葦黎耳目相親天子所使以承流而布澤者民有一介之善不終朝而賞隨有一介之惡不終朝而罰及而矯虔吏轉乘勢以侵虐無他持身不清故苟若而可見利則逝

也夫士受國家爵禄尚復盡籛不飾日朘削於下身不清則胥徒得以伺其私而制其所爲法紀日隳姦回日起邑無問繁簡雖十室害可勝言哉恂以非才首膺兹任夙夜祇肅罔敢廢慢亦願爲

盛世清白吏以答

聖天子分縣命名之至懷且無負 大中丞陳公則所謂官清而民安者可不以自勉與昔吳廣州隱之飲貪泉而不貪於戲又何如鑒清泉而益清也請記此意諗諸後至之令清泉者時

大清乾隆二十二年歲次丁丑四月廣陵江恂撰

重修郡學獲朱子碑記　李　德

惟天篤生朱子於宋俾絕往開來倡明正學考其時五星聚奎千古傳爲盛事

今天子御極之二十六年正旦太史奏日月合璧五星聯珠而吾郡適以是歲修學修學而適獲子朱子手書之碑豈偶然哉郡學歲久有待修葺郡大夫饒公慨然率兩邑侯陶君江君暨各屬紳士鼎新之始經大成殿於四配座下得朱子所書碑莫爲嬰兒之態而有大人之器云云凡

■十■字益上蔡語也碑析而爲三豁拭出之大書深刻風神完好缺損才四五字其下小字題識爲明嘉靖太守李公循義所刻締玩之殆以真跡上石非搨本重摹洵可寶貴獨是郡邑志皆闕焉不載則湮沒于明之季世以至于今百年有餘矣諸生曰此正學法言精微廣大加以大賢揮翰信乎我郡大夫邑侯興學育材之盛心相感而致乎不則數世後且剝蝕泯沒矣是不可以無記余惟世運之有乘除神物之有顯晦也古聖王之世器車降馬圖出漢興而獲孔壁尚書唐興而獲岐陽石鼓凡物之神者要隨氣運昌隆而燦著在在有呵護之者不可磨滅此一碑也豈僅等古物奇器觀哉天實啟之

屬我多士俾聞正學也朱子以正學立朝垂訓萬世及觀察潭州與南軒張子來往于衡之石鼓山辨論講求祛僞崇正而揭之于書故遺蹟在焉今敬義二碑巋然于澤宮固爲後學科律而此碑所論大人天下之志理欲岐途之防俾學者去卑近以遊高明一如耳提面命莫不心神警肅所宜搨萬紙誦萬遍以爲郡人士典型

之奉庶免習俗之苟而爲入聖之階乎將見德成材備上膺熙朝休明之運我郡憲暨兩邑侯作人之雅化貽世而靡涘也故爲記

重建考棚記　饒佺

先儒有言治天下以得人才爲本今學宫肄業弟子員實爲人才所自出考棚者弟子員出身之地也衡棚擅江山之秀左蒸而右湘南雁峰而北石鼓稱勝地焉顧肇造之日或因就簡陋比届期一修又或飾故以爲新彌縫以爲完寖至榱桷陊剝幾不可支余下車覩其敝圮心惄

爲詢知前守舒公曾留捐貲百金益亦拳拳於斯舉也夫士子寸晷風簷殆其期刻又重之雨漂日炙坐不帖席何以舒性靈而攄發其文思欣逢聖主右文慎選詞臣星軺莅止多士翹瞻而官舍湫隘更非所以重天子使者之道又若長椠分校亦賴几窻明淨廊廡爽塏庶俾心神怡而鑒衡亦朗刺郡以來日殷殷廢墜之修舉修舉之宜急者無如考棚特以郡邑興作寧贏舉詘毋詘舉贏故遲焉歲在戊寅居試期與衡令陶君清令江君約名七屬紳士謀醵金襄厥役幸鮮不應者廼庀材僝工伐石陶瓦首堂廡次號舍不屑屑丹堊之彰施而惟謀其可久規制減於昔而堅實不啻倍焉曩者士子几類簷中支以竹篙架以松板今則置筩聯桌凳式固且廓兼爲施釘楠柱開便其衣冠食物之庋挂其所以瑣瑣躬親者念多士文章報國未敢鹵莽從事也而余乃得爲多士申言之古者取士六德六行論秀以升非徒文藝之謂而未嘗不自文藝始顧或筆口之所宣者

孔孟而身心之所倚者背之多士有志應不出此余因修棚之役得士子自修之道曰毋安簡陋毋事粉飾毋務彌縫亦惟是兢兢於德行之閒以不負聖明選造之至意進身而不由乎此是適越而北轅也由乎此而不永矢實踐焉是畫餅以療饑也多士勗哉是役也始戊寅夏訖庚辰冬費金四千餘兩因念舒公謀于其始而未就余營于其後又得兩令董厥役合諸紳士之力而乃觀厥

成其可無記載以示後爰臚端末俾泐之石

重修石鼓書院記

饒佺

石鼓爲名賢講學地當寰中四大書院之一起唐元和迄於今明季毀天下書院而此獨存其先賢靈爽實式憑之乎院有祠曰七賢院也而祠者殆爲院中竪之鵠俾瓣香殷嚮在也祠有屋三開雍正壬子稍稍營治今又三十載余蒞任先夕宿祠中顧祠宇庳狹且漸就圮而神龕後幅近庖湢滋不虔越三年就其址而廓之敞以危樓升主其中昕昔較崇煥今仲春之朔登樓四顧知水仁山洞心豁目所謂一郡佳

處者實其然乎祠舊額先賢祀韓子朱子張子黃勉齋李寬李士真合六人明季增祀周子更號七賢今祠無周子而有蔡豐川不詳其名余惟豐城爲余鄉里兒子歸試命訪之果有先賢豐川蓋正德間人諱釗號豐川以陳言得罪歸遊衡湘講學石鼓卒於書院嘉靖間崇祀有碑記衡人刻其文集並石鼓遐思錄蔡公本末詳具明史然予意先賢之宜祀於此者不必六七之斤斤謹案明萬歷間又祀寓賢湛甘泉鄒東廓程天津鄉賢祁岣嶁劉岳亭劉仁山王楚陽亦曰七賢祠久廢是宜更立木主分正配祀之石鼓

舊有仰高樓祠實故址今仍復樓額之舊既俾氣象軒昂允足妥先賢之靈而高山仰止即藉以起學者顧名之思而樓下之扁曰敬業堂使夫執經登堂者考德而問業焉堂前爲大觀樓樓前爲院門門居院東偏門西屋四開似於瞻眺翻碍規制亦疑未協今將移門於中而東西翼屋各二以爲學舍其位置亦較合門外舊有坊久湮乃謀重購新榜昭揭若曰是所以標也使四方學者望標而爭赴也而院之規模於是乎麤具是役也前守舒公有志未克就留捐金以去余乃捐貲合舒公資蕆其事而衡令陶君清令

江君寶董厥成爰紀其槩以告來者

重修府學魁星樓碑記

羅士坊

文章事業千古不朽。翊司命文章者乎然靈爽常新而棲神之所不無興替於是乎因創分焉韓子云莫爲之前雖美弗彰莫爲之後雖盛弗傳因固非易易翊因之埒於創者府學前有石臺上聳層樓崇祀文昌魁星二像爲一郡文運所係創自雍正八年教授方君宏博倡紳士醵金以成十一年教授歐陽君畹復治墻垣崇基遂閣允壯觀瞻然集腋爲裘衆擎斯易今春予承乏司訓見斯樓將就傾圮與同學馬君

芳齡陳君朝簡謀以重葺二君具道李生幹之祖英奇父南山曾諸羽士范法勳之募因未請于上官不敢擅舉李生至署以乃祖父意告予異其慷慨獨任爲人之所難爲隨請於大守饒公許之廼捐貲鳩工庀材六閱月而落成較前爲堅實華整約費頗贏乎將以其勞丐太守旌以額南山亟走筆于予請其家風樸遬不欲以此市名乎敬服之然名雖爲君子所不計而功勳亦烏可不紀況世人煥梵王之宮新老子之宇者俱崇碣豐碑以侈其盛若茲樓之增修是可聽其寂寂乎予僑員賚序目擊其事爰濡筆而壽

之石以爲樂善好施者勸是役也南山有友姓吳名朝紹英奇亦與訂志年來歷風雨寒暑代李氏經營襄贊例得附紀

重修衡州府城記　饒佺

郡城控蒸湘上游舊惟衡陽附郭自丙子歲奏設清泉版圖中分城如其邑隸衡者起南門文昌閣迤西至北門止長六百七十一丈高二丈八尺濶一丈六尺隸清者起文昌閣迤東至北門止長六百七丈其高濶視衡週計七里三分自明季增修後今百餘年矣風雨剝蝕半就頹廢所望於留心保障者當非一日歲辛巳奉文修葺衡陽令陶君易清泉令江君恂分肩其任共領帑金七千九百七十兩有奇衡計得五千四百九十兩零清得二千四百八十一兩零於是伐石鳩工相宜規度殘缺者補之荒頹者新之又估册之外衡邑增修西門甕城二處内外城七十一丈垜口九十七丈清邑增修東門內外城三十七丈一尺垜口五十九丈皆兩君捐俸爲之自夏迄冬越六月而告竣完固周密視昔有加樓櫓雉堞煥然改觀言言仡仡擬金湯焉易曰王公設險以守其國又曰其亡其亡繫於苞桑蓋言固也衡爲楚粤咽喉荆襄鎖鑰亦

南國一都會余下車以來念切茲城久矣頃掌各

上憲仰體

聖天子安不忘危之盛心爲百世不拔之至計嘉惠我衡奏請動項集事於戲厥功偉矣今爲登城周覽崢嶸綿亘樓閣輝煌俯湘流之奔注望迴雁之峨嶷而北門瞻嶽與石鼓爭雄炎鎮巡峙尤屬一郡巨觀爲陶君所屬意捐修而不留餘

力者其與余下車之初意均有當乎顧是役也工雖浩而令不煩事速成而下不擾陶江二君之經營才畧實有過人者余既親董其事而樂觀厥成也爰次其巔末而鐫之石

臨蒸書院記

李德

古者教士之地黨有庠州有序鄉有校國有學蓋地愈大人愈衆而教亦益廣云後世郡邑有學而書院之設實以佐其所不逮莫不因地而宜之其後世食其德則永永不廢然要非俗吏之所能為也吾邑陶侯齊魯之儒性貞骨介心遠才優莅衡五載修廢

舉墜人服其化有如風草尤加意學校廼舉郡邑兩學而新之次及石鼓西湖兩書院既葺既贍以育以教侯顧而樂之已曠然與思曰維昔之衡蒸湘同治今劃半分清邑衡之士處湘者少而居蒸者多石鼓郡學也西湖則兩邑共之於戲其不可不為蒸謀也爰擇郭西北隅有曠宇焉基敞以閑棟隆以堅侯曰可矣其直三百餘金出俸售之旁有屋數間復售之後有兩陂塘又復售之左右擴地數十武周以垣墻甓以磚石前樹櫥列楹額曰臨蒸書院堂曰惜陰樓曰景賢又建亭於兩沼之間題曰雙鑑廡牖塗塈備者一新重門嚴扃講者以靜不數月而告成將延名師擇邑士以與兩書院比命賓客置酒余在座侯曰衡故多佳山水而學舍近郭得毋少勝致乎昔人云心遠地偏信諸隨在皆知水仁山也余曰動靜者性命之徵若不事學日對山水奚益樂吾心之[illegible]水斯得之爾侯又曰蒸者衆也衆必有所比比而役工請形愧勵出予俸固不足給費適有樂捐官租二百餘石資膏火外羨以待試課拔其尤者而賞之示勸也石錯玉攻庶其有成詩云蒸我髦士斯其義乎予承之茲邑廣甦序以宏訓廸敢云移風易俗唯是體

熙朝作人至意以承流宣化爾余曰甚哉侯之有心於邑人士也簿書不遑惟此汲汲誠以學之為功與政相關者鉅也君子以成其德藝[illegible][illegible]以柔其血氣無人廢學亦無地廢學故絃歌誦[illegible]東魯禮教興於西蜀賢者端本崇化良有以也奢言麗澤俾就開蒸為羣萃州處計心固盛矣隨地建置規畫周詳士氣振士習端鼓之舞之有不蒸然趨風者乎易曰教思無窮容保民無疆侯之教澤亦如蒸江之波流瀠折溶溶浩浩而靡涯涘者歟因請書之於石

新建衡州府龍神祠記

王德

昔先王之制祭祀也法施於民則祀之以死勤事則祀之以勞定國則祀之能禦大菑則祀之能捍大患則祀之龍之爲神所謂能禦大菑能捍大患者也列於祀典不綦重歟衡之陽春秋諸祭壇宇咸備而龍神獨闕焉余奉

命守衡之明年乃聚郡父老而謂之曰祀國之大事也有其廢之莫敢舉有其舉之莫敢廢龍之爲神載在祀典固炳若日星者也茲之闕焉不備者何以故況夫史傳所載如滏口之龍祠湯泉之靈湫皆能興雲致雨立時應驗弭菑患於國

中則所求於龍者實多矣又何其宜祀而久不祀也父老曰衡郡龍神之靈異如黃龍岡青龍潭諸處不可勝紀而祈禱舊無專祠但聞廻鴈峰前向有一池厥名炯雨泉流涓涓經夏不涸天將雨則雲與池中望之如炯衡人以占晴雨自明季燬於兵而故址遂堙此池既堙而城南有山其色如火者往往爲祟於境內噫其信然耶余聞春秋左氏傳曰龍見而雩乃建巳之月蒼龍七宿昏見東方萬物始盛故爲百穀祈膏雨也又攷後漢書禮儀志云其旱也公卿官長以次行雩禮求雨閉諸陽衣皂與土龍此祀龍神之所由昉與且衡南方也朱鳥之精離明之象以火德王當以水德濟之則有潤物之功而無燥物之患又山海經云應龍處南極應龍在地故下數旱旱而爲應龍狀乃得大雨抱朴子云山中辰日稱雨師者龍也則衡南之祀龍神於祈禱也爲尤宜於是率羣僚捐清俸擇耙人之賢能者董其事度地之高曠者以爲基閱數日乃得之蓋即俗指爲火山者余曰異哉同一地也昔爲祟於境內而今造福於域中則是龍

之靈實應地而存者也令旱祟其祀煥其祠以妥以侑俾神靈棲託之安豈惟禦災捍患諸祟可以潛消而相予祀事之餘不待於今祭則受福矣爰用牲諏日建大殿三間設東西兩廡以爲歲時祭祀之所而郡之士民及往來商賈復醵金欽財爲亭榭以適遊觀一時輝煌壯麗儼如貝闕珠宮是歲也雨暘時若百穀用成民氣和樂僉曰此建龍神祠之效也余雖不敢有其功竊念龍神之祀天下皆肰而國典之垂昭然可紀況衡爲楚南巨鎮蒸湘廻環五峰聳峙此

神靈之窟宅雲雨之憑依當必有騰淵升天被五色戴三停薄日月伏光景爲

國家沛潤澤而大施功德於民者自今已往春秋有專祭祈禱有專祠昭事者矢匪懈之忱式憑者無不歆之祀萬寶咸登庶民其乂衡之人其長享其利乎欽哉欽哉世世守之毋怠厥祀事

衡州府署八景園記　　玉德

衡府署園內多隙地池塘竹樹之勝甲于一郡舊聞有亭館數處惜已圮廢而遺址尚存甲午冬余奉

命來守是郡迎養家大人在署晨昏之餘念無可以爲杖履逍遥之地每悵望者久之今年三月偶隨行周覽署東始命除治荒穢視其園則廣潤而溪邃觀其池則蕩漾而清虛更北行數十步升高而望則城郭山川羅列左右家大人顧謂余曰是園之舊信不虛美矣爰就其遺址于池南建水榭三間北置高閣而傍益以平臺東作長廊西結危亭既成之後每當春秋佳日朝夕退衙輒奉杖履游息于此一日置酒延客閑令之嘯如而與如者視昔爲何如耶客曰署之東園信美矣然不見署之北園猗猗而綠者有竹耶冉冉而香者有梅耶署之西園亭亭而並立者有雙桐耶使此園與西北通不更勝乎至秋杪乃令工於臺下闢一門開竹得一徑往北中建綠猗亭環之以池池外舊有齋傍梅一株與竹林相接補之以松爲三友齋而雙桐峙其西由是西北園所有之勝槩亦廓然成一大觀乃與客共擬以八景而品題之池之南曰水榭迎涼池之北曰北閣窺園池之西曰西亭待旭池之中曰蓮舫獨釣他如觀月宜於臺則以春臺

夜月名聽竹宜於風則以綠猗秋風名又有三友雪霽雙桐疏雨二者位置其中則秋冬之景四時咸備矣昔人云美不自美因人而彰況其美已彰於前人而可任其湮沒與使予於政事之暇得以娛親志承色笑順時序之賞心敘家庭之樂事蓋有深幸焉且因前人之舊而加治之非費也後之視斯景者毋亦有不能忘情於是予如能嗣而修葺之則又斯園之幸也已

綠猗亭記　　玉德

衡郡署後一園廣可四五畝修竹叢密望之蔚然惜

再進爲儀門上大書淸愼勤儉華匠和平八大字刻石分竪以助箴規門内兩旁爲吏晉科房再進爲大堂五間上顏額曰天理國法人情再進有川廊後爲二堂上顏曰寧靜致遠左爲官廳州縣晋謁暫憩處上有郡守題名碑嵌於壁再進爲五馬門有舊額字體疎古相傳爲康熙初石涙和尚所書不知者廢置他處余索之得於庫壁仍拄原處以俟識者珍重再進爲宅門有内外門房以處隸役再進爲三堂五間上顏曰仁恕左爲厨房右爲府庫余刻石曰足國裕民堂之西有月門門内書室三間上匾曰雙淸刻石

額曰無逸乃逸又有同官讌集疊真西山州亭諭屬詩嵌於壁前有方池澄澈可鑑中峙石山上甃磚爲垣刻石曰鑑池有鑑池跋又刻碑陰曰半潭秋水一房山其南爲墻墻上嵌鑑池觀魚詩三堂後爲内宅門門内住房五間上題曰家政嚴肅再進有樓五間中爲神位題曰敬天尊祖再進後門尚有閒屋二重閴無居人自雙淸軒而入有井欄井前有正側屋八間以居幕客再進有軒四間廓乎有容上額曰敬事再進一門有堂另爲一院典郡代卸於此暫住上額曰傳舍相禪題外門曰行甚門内有亭翼然樹木陰翳圜地寬敞上嘗習射於此刻石曰觀德亭亭後有堂刻曰内省有習射和韻詩嵌於壁其餘迴廊曲室尚難僕數嗟乎彤弓湛露所以報有功也廣廈坐擁退食從容忠愛之念能無油然自生乎哉

衡州府志卷之三十二

知衡州府事豐城饒佺重編

藝文三

詩

五言古詩

湘中作　張九齡

湘流繞南嶽絕目轉青青懷祿未能已瞻途屢所經
煙嶼宜春望林猿莫夜聽永路日多緒孤舟天復冥
浮沒從此去嗟嗟勞我形

南還湘水言懷　張九齡

拙宦今何有勞歌念不成十年乖俗志一別悔前行
歸去田園老由來軒冕輕江間稻正熟林裏桂初榮
魚意思在藻鹿心懷食苹時哉苟不違取樂遂吾情

入衡州　杜甫

兵革自久遠興衰看帝王漢儀甚照耀敵馬何猖狂
老將一失律清邊生戰場君臣忍瑕垢河嶽空金湯
重鎮如割據輕權絕紀綱軍州體不一寬猛性所將
嗟彼苦節士素於圓鑿方寡妻從爲郡兀者安堵牆
凋敝惜邦本哀矜存事常旌麾非其任府庫實過防
恕己獨在此多憂增內傷偏裨限酒肉卒伍單衣裳
元惡迷是似聚謀洩康莊竟流帳下血大降湖南殃
烈火發中夜高煙燋上蒼至今分粟帛殺氣吹沅湘
禍善理顛倒明徵天莽茫銷魂避飛鏑累足穿豺狼
隱忍枳棘刺遷延胝胼瘡遠歸兒侍側猶乳女在旁
久客幸脫免暮年慚激昂蕭條向水陸汨沒隨魚商
報主身已老還朝病見妨悠悠委薄俗鬱鬱回剛腸
參錯走洲渚舂容轉林篁片帆在郴岸通郭前衡陽
華表雲鳥埤名園花草香旗亭壯邑屋烽櫓蟠城隍
中有古刺史盛才冠巖廊扶顛待柱石獨坐飛風霜
昨者聞瓊樹高談隨羽觴無論再繾綣已是安蒼黃

劇孟七國畏馬卿四賦良門闌蘇生在勇銳白起強
問罪富形勢凱歌懸否臧氛埃期必掃蚊蚋焉能當
橘井舊地宅仙山引舟航此行厭暑雨厥土聞清涼
諸舅剖符近開緘書札光頻繁命屢及磊落字百行
江總外家養謝安乘興長下流匪珠玉擇木羞鸞凰
我師稽叔夜世賢張子房柴荊寄樂土鵬路觀翱翔

同王昌陵送族弟襄歸衡陽　李白

秦地見碧草楚謠對清樽把酒爾思思鷓鴣啼南園
余欲羅浮隱猶懷明主恩躊躇紫宮戀孤負滄洲言
終然無心雲海上同飛翻相期乃不淺幽桂有芳根

望嶽　韓愈

南嶽配朱鳥秩禮自百王歘吸飲池靈鴻洞半炎
邦家因祀典在德非馨香巡狩何寂寥有虞今則亡
洎吾隘世網行邁越瀟湘渴日絕壁出漾舟清光旁
祝融五峯尊峰峰自低昂紫蓋獨不朝爭長業相望
恭聞魏夫人羣仙夾翱翔有時五峯氣散落如飛霜
牽廹限修途未暇杖崇岡歸來覲命駕沐浴休玉堂
三歎問府主曷以贊我皇牲壁忍衰俗神其思降祥

石鼓合江館　柳宗元

九疑濬傾奔臨源委漾洄會合屬空曠泓澄停風雷

高館軒霞表危樓凌山隈茲辰始澄霽纖雲盡褰開
天地日正中水碧無塵埃杳杳漁父吟叫叫羈鴻哀
境勝豈不豫慮分固難裁升高欲自舒彌使遠念來

合江亭　韓愈

江亭枕湘江蒸水會其左瞰臨眇空闊綠淨不可唾
惟昔經營初邦君實王佐翦林遷神祠買地費家貨
梁棟宏可愛結構麗匪過伊人去軒騰茲宇遂頹挫
老郎來何暮高唱久乃和樹蘭盈九畹栽竹逾萬箇
長綆汲滄溟幽蹊下坎坷波濤夜俯聽雲樹朝對臥
初如遺宦情終乃最郡課人生誠無幾事往悲豈那
蕭條綿歲時契闊繼庸懦勝事復誰論醜聲日已播
中丞黜凶邪天子閔窮餓君侯至之初閭里自相賀
淹滯樂閑曠勤苦勸慵惰為予掃塵階命樂醉衆座
窮秋感平分新月憐半破願書巖上石勿使塵泥涴

自衡陽詣能禪師　司空曙

謫居窮炎壑孤帆淼不繫別家萬里餘流目三春際
猿啼山館曉虹飲江皐霽湘岸竹林幽衡峰石閣閉
嶺嶂窮攀越風濤極沿濟吾師在衡陽欣此得躬詣
洗慮賓空寂香焚結精誓願以有漏軀聿薰無生慧
物用益冲曠心源日閑細伊我獲此途遊道廻晚計

宗師信捨法擯落文史藝坐禪羅浮中尋異南海裔
何辭禦魑魅自可乘炎癘廻首望舊鄉雲林浩虧蔽
不作離別苦歸期多年歲

衡州登樓望南館呈房戴段李諸公　呂溫

天桃臨方塘暮色堪愁思託根豈求潤照影非自媚
胸挂青柳絲零落綠錢地佳意竟何許時有幽禽至

合江亭檻前多高竹不見遠岸花客命剪之感而成咏　呂溫

吉凶豈前卜人事何反覆緣看數日花郤剪凌霜竹

常言契君操今乃妨衆目自古病多門出幽獨

題劉相三湘圖　元

昔日醉衡霍邇來憶南州今朝平津邸兼得湘水遊
稍辨郢門樹依然芳杜洲微明三巴峽咫尺萬里流
飛鳥不知倦遠帆生暮愁涔陽指天末此緒空悠悠
杭上見漁父座中當狎鷗誰言魏闕下自有東山幽

題衡山文宣廟新學堂呈陸宰　杜甫

旄頭彗紫微無復俎豆事今甲相排蕩青衿亦憔悴
嗚呼已十年儒服敝于地征夫不遑息學者淪素志
我行洞庭野欻得文公肆侁侁冑子行若風舞雩至

周室宜中興孔門未應棄是以資雄才煥然立新意
衡山昔小邑首唱恢大義因見縣尹心根源舊宫閟
講堂非曩構大屋加塗墍下可容百人牆隅亦深邃
何必三千徒始壓戎馬氣林木森庭戶密幹疊蒼翠
有井朱夏時轆轤背階凡耳聞讀書聲殺伐災髣髴
故國延歸望衰顔減愁思南紀收波瀾西河共風味
采思蹤涉倦載筆倘可記高歌激宇宙凡百慎失墜

謁耒陽聶令　杜甫

耒陽馳尺素見訪荒江渺義士烈女家風流吾賢紹
昨見狄相孫許公人倫表前朝翰林後屈跡縣邑小
知我礙湍濤半旬獲浩溔麾下殺元戎湖邊有飛旐
孤舟爭鬱鬱僻路殊悄悄側驚猿猱捷仰羨鸛鶴矯
禮過宰肥羊愁當置清醥人非西喻蜀興在北坑趙
方行郴岸靜未話長沙擾崔師乞已至澧卒用矜少
問罪消息眞開顔憩亭沼

登南嶽　劉楨

文鳳集南嶽徘徊孤竹根于心有不厭奮志凌紫氛
豈不常心苦羞與黃雀羣何時當來儀將順聖明君

望南嶽　庾闡

北眺衡山首南睨五嶺末寂坐挹虛恬運目情四豁

翔翮淩九霄陸鱗因濡沫既體江湖幽安識南溟濶

巖下　謝靈運

衡山採藥人路迷糧亦絶過息巖下坐正見相對説
一老四五少仙隱不可别其書非世教其人必賢哲

别友人衡　范雲

孤煙起新豐候鴈出雲中草低金城霧木下玉門風
别君河初滿思君月屢空折桂衡山北摘蘭湘水東
蘭摘心焉寄桂折意難通

贈衡嶽僧方外　李白

衡山有開士五峯秀眞骨見君萬里心海水照秋月

大臣南溟去問道皆請謁洒以甘露言清涼潤肌髮
瀏海落天鏡香閣凌銀闕登眺餐惠風新花期啓發

南嶽　劉禹錫

東南地益卑維嶽資柱石前當祝融居上拂朱鳥翮
青冥結精氣磅礴宜地脉還聞膚寸陰能致彌天澤

嶽竹　陳子昂

龍種生南嶽孤翠鬱亭亭峯嶺上崇崒煙雨下冥冥
夜聞鼯鼠叫晝聒梟嚶聲春風正淡蕩白露已清泠
哀響激金奏密色滋玉英歲寒霜雪苦含彩獨青青
豈不厭凝冽羞比春木榮春木有榮歇此節無凋零

始願與金石終古保堅貞不意伶倫子吹之學鳳鳴
遂偶雲和師張樂近天庭妙曲方千變簫韶亦九成
信蒙彫琢美常願事仙靈驅馳翠虬駕伊鬱紫鸞笙
結交嬴臺女吟弄昇天行攜首登白日遠遊戲赤城
低昂元鶴舞斷續彩雲生永隨衆仙去三年遊玉京

石囷峰　劉長卿

前山帶秋色獨任秋江晚疊嶂入雲多孤峰去人遠
貪緣不可到蒼翠空在眼渡口問漁家桃源路深淺

祝融峰　朱子

衡嶽千仞起祝融一峰高羣山猥寀兀奔走如曹逃
我來雪月中歷覽快所遭捫天滑青壁俯壑崩銀濤
所恨無巨榼一舉了六鼇造歸青蓮宮坐對白玉毫
重閣一倚徙霜風利如刀平生山水心真作貨食饕
明朝看清徹再往豈憚勞中宵撫世故劇如千蝟毛
嬉遊亦何益歲月令滔滔起望東山雲茫然首空搔

風雪未已決策登山　朱子

披風蘭臺宮看雨百常觀安知此山雲對面隔霄漢
羣英匝寰區密雲渺天畔峩峩雪中山心眼悽欲斷
吾人愛奇賞遞發臨河歎我知沍寒極見睍今當泮
不須疑吾言第請視明日蠟屐得鴈行籃輿或魚貫

大雪馬上次韻　朱子

仙人喬嶽頂散髮吹參差喚我二三友集此西南垂
列筵命洛公侑坐迎江妃導之千羽旄投之萬璧璣
繽紛亦何麗晻靄難具知衆真亦來翔恍覺丹霄低
茫茫雲霧合一一瓊瑤姿回首謝世人千載空相思
吾衰怯雄觀未敢探此奇短衣一匹馬幸甚得所隨
天寒飲我酒酒罷賡君詩人生易南北復此幾何時

送劉學士知衡州　歐陽修

楊子懶屬書平居惟嗜酒一沐或彌旬解酲須五斗
淡爾輕榮利何嘗問無有忽憶四馬歸行爲一麾守

湘酎自古醇醽水聞名久簿領但盈几聖經不離口
湖田賦稻蟹民訟爭隴畝兀爾卽沈冥安能知可否
聊爲寄情樂豈與素懷偶藏器思適時投刀寧煩手
行當考官績勿復困罍缶

登上封寺　張栻

我尋西園路徑上上峯寺竹輿不留行及此秋容霽
磴危霜葉滑林空山果墜崇蘭供清芬深壑遞幽吹
不知山益高但覺冷侵袂路回屹陰巖突兀聳蒼翠
故應祝融尊羣峯拱而峙金碧雖在眼勇往詎容憩
絕頂極遐觀脚力聊一試昔遊冰雪中未盡登臨意

茲來天宇肅舉目淨纖翳遠邇無遁形高低同一視
宗惟元化功清濁分萬類運行有機緘浩蕩見根柢
此理復何窮臨風但三喟

望月亭　張栻

披衣凜中夜起步祝融巔何許冰雪輪睃睃飛上天
清光正在手空明晧無邊羣峯儼環列玉樹生瓊田
白雲起我旁兩腋風翩翩舉酒發浩歌萬籟爲寂然
寄言平生友誦我山中篇

遊南嶽風雪未已決策登山　張栻

人言南山巔煙雲聳樓觀俯看了坤倪仰攀接天漢
勇往愧未能長吟湘水畔茲來渺遐想風雪豈中斷
行行重行行敢起自畫歎我聞精神交石裂冰可泮
陰沴驅層雲杲日麗旭旦決策君勿疑此理或通貫

同元晦擇之遊嶽道遇大雪　張栻

驅車望南嶽羣山互參差微風忽南來雲幕爲四垂
炎官挾蓐收從此萬玉妃庭熒亦何有尺璧仍珠璣
奇貨吾敢居妙意良自知林巒倏變化轍迹平高低
喬松與修竹錯立呈瑰姿清新足遐寄浩蕩多餘思
平生湘南道未省有此奇況復得佳友晤言相追隨
茅簷舉杯酒旅榻誦新詩更約登絕頂同觀霽色時

合江亭　范成大

石鼓鬱嵯峨截然居滄洲有如古盟主勤王會諸侯
蒸湘伯叔國稟命會葵邱敢不承載書戮力朝宗周
混爲同軌去崩奔不敢留宜哉百谷王博大無與儔
氈毳背亂華車馬隔中州未聞齊晉勳包茅貴誅求
威文亦宏規尚取童子羞安知千載後但泣新亭囚
我題石鼓詩願言續春秋

卜築　湛若水

遙遙起天柱巍巍南臺下于茲結雲松以卜我精舍
芳鄰接五峯神明見中夜諸子來端居無玩亦無捨

祝融峯　湛若水

我年躋八十强半懷衡山于茲悵所願誰能不爲歡
霧行衣袂溼雲卧衾枕寒清高萬籟寂神明中夜存
一聲聞天雞紅日躍海門

答甘泉遊嶽　蔣信

秋風飄雲裾採藥過衡麓繡袍天上使攬轡來何速
一爲帝文曲皇皇宣化育一爲帝執法秉鉞鎭南陸
竝負鍾鼎姿不數連城玉開筵列嘉肴傾論倏前躅
朱輪故遲遲促席仍言宿迂疎髮已短啜馨固所欲
偶結山中懽渴襟豈應足

虎跑泉　李攀龍

大士始結構鑿空偏此丘二虎自南嶽掉尾從師遊
神威攫地脉佛力驅陽侯枯火迸石罅松根結綢繆
勢寧泱蟠去揮錫怒不休至今噴岩壑水猶咆哮流
酌言生壯心一嘯風颼颼海眼在其下潮汐故可求
不肰胡僧咒爭使波瀾浮穿壁吐長澗夾寺豬龍湫
疑作故山雨片雲駐岣嶁歸應出東林無爲惠遠留

炎陵齋居　尹襄

祇事徯良旦不寐坐清宵鹿原秋氣肅川谷何寂寥
虛堂爐煙裊明月似相邀予心方炯炯百慮一時消
懷彼厲山氏年代一何遙所傳惟數事如昏乃有朝
萬古立人紀神功詎可描思成欲彷彿高大侔穹霄

爲家大夫恭禱南嶽醮餘望赤帝峯書懷　管嗣裘

彤日盪秋旻峰精散虛泬寥然感茲生孤寄如蜎孑
納之崔嵬中高天淨月雪震動有夙懷長養自芽茁
嚴霜不相避稚弱誠衰竭恭聞粲炎精廼逆如肴列
麻吏不可爲清剛無乃輟寢丘有餘蔭生理無吝劣
鐘簴載此心冀與聡爽徹回瞻雙鶴飛遺音覬康耋

送樸菴遊南嶽　郭都賢

采芝莫尋根向洋罔測底天風吹海槎落花飛滿紙
時初晒以落花詩見投讀之未終篇冷水澆背起徐坐展楚遊
滌伐到毛髓嘔出一囊肝踏穿幾量屐咄咄使我疑
伊人胡至此豈其懷杞憂無乃躭禪喜五嶽已遊三
日四之南紀湘雲喚我來夢已先於此先有夢遊南嶽詩海
苫染湖光瞳人剪秋水九面芙蓉顏層層餉展齒一
日題一峯七十二日始嶽雲莊滿瓢歸來灌吾耳

望南嶽　楊基

我從匡廬來但覺諸山低嵯峨望衡嶽雲霄與之齊
下有赤蚍蟄上有朱雀棲仰瞻祝融技俯揖紫蓋迷

五嶺皆培塿三江爲涔蹄巍然南服會嵩霍相提攜
封秩崇君稱諸神咸朝隮丹書篆寶册萬里封金泥
百王重祀典赤紼藉玉圭自非精靈通牲帛勞焚瘞
予方向遠道無由陟層梯蒼蒼煙霞中喔喔聞天雞
緬思昌黎伯恭默開雲霓靈貺自昭格誠敬良可稽
斯人久云沒感念徒含悽

祝融峰　張居正

祝融羣峯表崒嵂萬古雄采虹挂丹壁邈若升蒼穹
舉手捫太微天關洞開通璀璨南斗星垂珠當我胸
俯瞰六合內洸漭煙雲重浩如太始初二氣涵冲融

須臾湧陽景倒挂扶桑東瀛海不復辨三山安可窮
寄謝泠風子吾將遊混濛

南嶽謡　尹臺

疇昔抱微尙五嶽志窺尋限身淸切禁安得諸夙心
恭承帝嘉命羣藩展圭琛炎方罔歷討因獲散冲襟
遂越三湘涌亦涉衡陽潯駕言謁靈后淸齋秉嚴忱
巃險谽幽巘朝景耀陽林長松三十里夾澗搖疎森
微飈度曲巘蕭颯笙籟吟危閣聳霄漢朱碧徼霏陰
羣峰儼翔會紫翠紛升沈聖人握元化峙流戶高深
皇皇朱鳥祀秋禮崇古今今惟德理南長養專調斟
再拜盼庭蕪肅穆懷居歆

流杯池　彭簪

吏事苦煩鬱索遊謝吾黨乘興出廓門四顧增慨慷
荒亭久寂寥衢路成榛莽緩步陟崇岡高歌振林響
桃李笑無言春光正駘蕩飛瀑噴玉雪跋石攀仙掌
分泉入曲池流杯恣情賞雜談忘爾汝一點動遐思
斯須非久計暫覺脫塵鞅憂樂古人心朂哉憑俯仰

出嶽路　譚元春

靈羽訖起止在山皆晴望意豈不忘歸歸心聞江漲
何以迎逐予青松同徵尙愛濤步遲遲人以爲惆悵

我則實不然方寸嶽萬狀

同語嵩登衡山燕子巖　失名

空巖無人聲飛流濺危石靜對久忘言精神自相適
松蘿高下垂猿猱時跳擲夕陽下空潭倒映千山尺
老樹飲新霜丹黃凝絕壁白雲冉冉來欲就山中客
氤氳修竹開向我分半席淡漠若可依山風復窮廹
搖曳渡前溪彌望蒼茫碧安得共吾儕一笑混心跡

步石鼓書院壁閒文公韻　鄒守益

宇宙一逆旅驅車慎無左鸞鳳乃膾炙豺狼或笑唾
卓矣卧龍翁抱膝覵王佐向非魚水歡犢玉豈易貨

督餉出三湘雲鳥時一過炎德雖未恢忠貞詎肯挫
後來子韓子古調亦寡和赤幟排佛老魏晉能幾箇
山陽與海潮百折甘坎坷廊淸評武事老態當道卧
南渡得朱張絕學最上課元氣天所培僞禁理則那
太極剖南山賁育鼓羣儒譬彼百畝苗憫憫勤種播
豈無來年積拯此洚水餓艾齒始嶽蓮逢奇輙自賀
懷古追千里中道敢云惰邦君時虛席羣彥燦盈座
九合器猶小千騶夢巳破稽首江漢波皜皜安可涴

憶朱張兩夫子　王守仁

客行長沙道山川鬱綢繆西探指嶽麓凌晨渡湘流

蹤跡復陟巘弔古還尋幽林壑有餘采昔賢此藏修
我來實仰止匪伊事盤遊衡雲開曉望洞野浮春洲
懷我二三友伐木增離憂何當此來聚道誼日相求

石鼓爲給事余守觀作　何孟春

郴山足奇變其水復淸瀉韓公稱吾郴此語非虛借
南州山水國山水名天下朱陵乃洞天蒸湘此分汊
先生家衡陽自號樂湘者斯人智者徒此樂天應假
萬古邑不壞丹書諒難寫四時音不改絲竹若爲把
風月從招呼賓朋任多寡來往兩城市流連幾罍斝
揭來籃金門夢寐猶鄉社扁舟綠淨間魚鳥忍相捨
翳予上遊士昔此長停駕歸築岱高亭期送老年蔗
造物無終極浮生少休暇舊盟今亦寒逋客世空訝
誰將許國身重辦買山價君鄰我卜居早晚歸田舍

石鼓書院懷諸葛武侯　管大勳

絕代有卧龍長嘯南陽曲生丁炎運微羣雄紛角逐
三顧識帝冑歡如魚水遊督餉鎮蒸湘經畧始南服
分荆制吳魏與劉定巴蜀義旗颺祁山賊臣膽先戮
傷哉伊呂儔王業竟鼎足兩表出師心千古仰芳躅

懷昌黎文公　管大勳

聖賢久不作叔世崇佛老倬彼昌黎子力排著原道

摛文振頽靡抗節秉孤矯寥寥千百年煌煌元和表
寧逃至尊怒頓爲迷俗曉慷慨辭金門赴謫潮陽島
行行過南嶽陰雲爲誰掃逆旅寄交歡閒亭誰麗藻
貞珉固不磨山斗以爲寶

懷晦菴先生　管大勳

吾道在南州考亭宗尼叟正教衍淳熙名言記石鼓
崇臺幾廢與豐碑麗今古國步値艱難世俗多聾瞽
獨以生平學抗論悟人主立朝蹤巳危乞祠心獨苦
白鹿垂芳規嶽麓存聖矩至今蒸湘間猶然等鄒魯

懷南軒先生　管大勳

人心皆孔顏湛寂元無滓利義分毫茫誰能晰其旨
緬仰懷先民蚤歲悟至理卓卓趨高明仡仡事踐履
承家願不違許國死後已所以宋諸儒雅推南軒氏
足迹徧潭蒸師友契蘭芷勝遊壽嶽雪涉趣詠沂水
試讀武侯碑令人空仰止

拜朱張二賢祠　湛若水

二賢並世生于此際嘉會七日與朋來酧言固尙在
我生何不辰獨立無朋輩憶昔陽明子相期將有待
時勢倐變更至今有遺悔二賢祠下樹勿剪以勿敗
勿使我心傷心傷重感慨

望嶽亭　王心

宿宿湘浦雲惻惻雁峰雨美人遲不來寂寞誰爲語
南風開翳陰賞心盼晴雨欣然見南嶽廓哉忘羈旅
七十二奇峰歷歷槪可數吾聞最上峰重華豈遊處
祝融豈不高俯侍不敢侮遺廟多芝蘭芬芳冒下土
緬想夔龍徒靄靄結纓組我欲往求之山靈澹容與

夏日時雨堂作　蔡汝楠

夏日黍苗長經旬坐憂旱山城晝漏寂忽見雲物變
屏翳吐層陰紫冥爍流電水氣衣上生雨足空中散
井梧高葉鳴園柳凉蟬斷翳予庭澗觀從識湘流滿
簷樹溢華滋嘉禾計無患夕景更澄霽翠黛峯文亂
方屬訟堂閒褰簾捲幽玩耳目既無擾卽事堪怡衎
豈絕餘務牽偶爾得所遣

答嶽麓隱者　蔡道憲

蹴碎嶽麓雲剪斷湘江水楓冉染院深高飄菊衣紫
竹露垂朱霞霜華佛劍齒聞君多苦心中夜嘗歎起
敲火作長吟山鬼驚傾耳持寄素心人虹捲異緯裏
蚤晚欲行尋相將索奇字

霜度嶽徑　王夫之

墜葉滿行衣徑草試霜色何知山川想足敵風塵力

初瞰峯紫搖浮空夾蒼楂似可就奇光問之求羽翼

禹碑亭　胡景會

翳昔發河洛天地衍大文回瀾一畫初混沌從此分
昏墊苦未除方割憂正殷高山大川開荒度八載勤
元圭迄告成績勒南衡君蝌蚪七十七亭虛翕氤氳
自是疏鑿理篆法流水紋糾蟠掣蛟螭剝落老烟雲
靈奇斯可怪劈闢雷電破旁泐留詮譯豈義如所云
如何紫霄峰六字僅有聞

合江亭同毘陵毛子霞次韓文公韻時予重擕

石鼓書院成　張奇勛

湘江石鼓右蒸江石鼓左一亭看雙流九天發珠唾
江山既爭雄烟霞復相佐不朽留文章不測輕殖貨
昌黎有遺詩朗誦堪百過光燄時照人何物能摧挫
遊屐重留連往往多酧和章碣已周遭並驅能幾箇
氣象喜崢嶸時命憎坎坷我來郡事稀眞堪閉閤卧
黽勉營重樓慇懃督士課人事亦何常乘除本無那
敬業貴精専樂羣戒庸懦一朝快風雲榮名天下播
利濟及蒼生豈復甘窮餓吾友毛君來抵掌欲稱賀
劃然發長謠藻黼驚繇惰還予飲江亭歡笑盈廣坐
豪氣都未除寒慳竟已破好句琢青瑤肯教泥滓涴

合江亭同張松公太守次韓文公韻　毛會建

石鼓控雙江湘右而蒸左一亭簇其巓隱隱石花唾
亭不任爲主江不任爲佐風水相吞吐蛟龍居奇貨
洞庭險不如匡廬高莫過昌黎巖畔詩佶屈饒頓挫
安得青瑤鐫多爲玉雪和以我髭數莖而易字一箇
無殊貧家兒拮据終困坷還思少小時山中東書卧
鹵莽昧良圖雕蟲荒正課今日老天涯悲嘆知無那
太守予故人高風起頑懦京兆桴鼓稀魚陽須聲播
慮以口腹祟閉門日窮餓太守笑謂予可弔亦可賀
寂寞生精神磊落記啙惰爲予濯瓮樽絲竹紛滿坐
山川一倍收風月平分破題處石磨空庶無塵土涴

丁未春同余西崖唐十泉曾蘇門兄只山飲合江亭步昌黎先生韻　車萬育

石鼓砥蒸湘雙流出右左孤亭瞰一潭俛仰愼咳唾
昔者昌黎公才高罕儔佐詩碣峙古今長存即信貨
山川經品題範圍而不過精靈感神鬼護惜防折挫
剏託張子書千秋付誰和逝水去年年汀鷗閒箇箇
人生能忘機何必嘆坎坷綣彼南陽叟頻顧飄龍卧
曾玆督千艘揮羽饒糧課兩朝只此心三分志豈那

臨水弔忠貞聞風起頑懦一搶橫江來江光相盪播
洋洋乎大觀可以樂饑餓我常際清晏賦作昇平賀
丈夫懷四方遂敢耽放惰酌酒且同人拾將春滿坐
醉後發狂歌魚龍驚浪破岸柳自舒容脩然絕塵涴

合江亭次昌黎韻　潘宗洛

危亭倚朱陵湘流納蒸左千古傳絕唱綠淨不可唾
我思貞元朝嶽降中興佐胡爲竄炎荒遷逐隨賈貨
廟廊心事違此地高軒過吟咏何激昂泉石爲頓挫
南軒書其詩拱手未敢和後人好題名刻竹逾萬箇
極目俯浩淼攀蘿歷坎坷帆檣落風湍衣裳冷雲卧

步武淩滄洲流沫媿清謀泰山誠難撼棄甲奔則那
嗟哉昌黎公名節勵頑儒詩篇特餘事到處獲揚播
石鼓諸書生志勿患窮餓誰當爲張籍誰當爲李賀
焚膏以繼晷學業荒於惰不見七賢祠首列公高坐
摸稜誠足悲刻方亦易破學韓期如韓拂拭韓碑涴

遊石鼓山和昌黎碑韻　范秉秀

湘水山之右蒸流山之左合江委清絕詩成豈三唾
緬彼諸葛君漢室眞王佐名士舊風規澹寧絕利貨
督師兼儲糧鞠躬嘗引過據蜀心孔瘁吞吳氣不挫
吁嗟昌黎公後先來倡和有漢能幾人有唐僅一箇

渡瀘與涉湖而不悲坎坷南海鱷已遷南陽龍豈臥
還傳處士風讀書勤日課避世更避人堅隱不可那
悠悠逐榮膴何堪較强懦石鼓非終南肯把虛聲挫撦
千古首陽山幾輩夷齊餓吾道殊艱難朱張得承賀
遺書本原道主敬無懈惰攜手磨古苔長嘯危樓坐
朱陵洞欲開天驚石亦破雲林畫裏看白雪終難涴

宋席雲東邀偕修邑乘卧痾石鼓山下和昌黎韻述懷　王　敔

良史冀麟經千秋稱國左班馬繼後塵魏姚拾殘唾
嗣起六一公可稱參貳佐直洗百斛塵不重千艘貨
南宋與金元企望孰能過如何墨瀋餘能免筆鋒挫
晨華經夕萎于唱喁和猖蹤沙畫梅雞蹋泥印个
文心無曲折琢字成磊坷黑夜幻鬼形白日令人卧
可知鳴豫窮未受擊蒙課洗硯不能淨含毫遂無那
我生虛歲月垂老益衰懦惡乎名可成甘爲世所播
蘧戾早戒寒吐棄甦成餓以此老焉唐貽嗤少李賀
吾友志砭庸疊茂促警惰食肝安邑館攜杖明府坐
楚杌敢修明晉乘理殘破如浼不努力汗浹苧衣涴

卜隱九仙觀後張三峯祖師鍊丹處　王澤宏

客居殊靜適百感從中縈一坐四五起有若波浪驚
默察本無端胡乃心自生我昔遇師授內視除其萌
所嗟世染深觸物多移情未老今預防忍嗜息所營
遂卜紫蓋境體素全堅貞沖舉凌九霄翺翔遊玉京

祝融峰天尺庵　彭　齡

兹山不可量招提胡以至詎有葛陂龍浩然此游戲
濟勝有何奇孤情夙所寄巃嵸日月親凝望天庭閟
何煩章亥步昂首十二次芝草可採擷吾于此攸墍

回雁峰再用昌黎韻　楊　瑛

我舟抵蒸湘登嶽願已左山靈咄俗生吾面適可唾

幸有回雁峰祝融之儔佐指點心已馳如賈三倍貨
結侶失一遊且以旌吾過十里入嶺塵同人午半挫
齊心得林子一倡而一和攜手曳芒鞋相看人兩箇
取徑歷紆迴入寺陟坎坷金身丈六趺古鼎千秋臥
樹色上斜陽磬聲報梵課逸興饒有餘客心清無那
蟻盤定堞卑帶遶湘流慪歷歷萬家煙隨風自騰播
天空鴻雁稀水涸魚龍餓北向對衡峰再拜謝且賀
瞻仰慰懷思登臨愧偷惰歸册欣有得後談矜衆座
乃知勇猛心足使拘牽破看予衣上雲不比緇塵涴

回雁峰　萬承蒼

少年未知學釋典浩盈几嘗採其要言判以六經旨
惟無量壽佛郴之周氏子賦形怪而厖奇師徑山裏
觀海悟自性含德培厥址閉歸省其親殺雞酌甘醴
舉箸啖之盡不忍逆親指屬當會昌初緇流道危否
改服避禍羅事過旋復始謂心能無私起滅兩忘矣
動靜皆一源往復泯涯涘廓之天地閒萬物爲同體
其言雖過高詎乖聖人理頗疑曹谿初遇母正衰齒
少酎以白金棄之不再視石頭亦有云會萬物在已
而復言無象身與物均此是殆徇虛空茫不見根柢
此身既無有安能推諸彼試觀湘山老百三十乃死

藏身一龕中至今仍未毀彼豈執有者道固由身起
修塗縱云殊要各成其是峩峩廻雁峰古寺接雲畤
喬木交清陰靈池漾其趾載披南嶽記湘山昔經此
驅叱土木怪擔簦渡江水衆僧盡驚愕環跽攀杖履
云後五百年駐錫當可竢大虛聚爲氣既散則終已
斯言類福巖三生徒妄擬或者姑戲之示不忘鄉里
我有驂鸞行星軺爰止捫蘿陟幽巖一覽山川美

巘月登合江亭次昌黎韻　朱佩蓮

韓公箕斗星昌言君聽左被謫走衡陽九天落珠唾
偶憩石鼓山廢興思王佐蜀吳紛爭時居此爲奇貨
諸葛督軍儲翩然麾羽過一磯枉中央江流爲頓挫
而北瞰蒸湘兩江如倡和剪林架紅亭千章復萬个
齊映初經營未久成壞坷補葺有鄒君復念隆中臥
聞公耒陽來欲招尋詩課中秋挂半奩桂宮開阿那
同泛月浪中公竟鼓襄懦追念魚水懽時艱猶遷播
我亦人中龍何妨歷寒餓可記奔竄初何人送臨賀
不圖邪君賢客禮無傲惰探勝遊廣寒浩淼凌虛坐
看舞雙霓裳高吟欲驚破客中仰英風猶足洗塵涴

合江亭步昌黎韻　吳鴻

虛亭倚江皋泉源別在左傳蒲鏡春流紺碧漱清唾

傳聞南嶽君羅浮遠輔佐穿江導靈脉光怪聚百貨
石鼓象偶成鄒元汪已過本非桐魚音誰與發頓挫
卓哉昌黎公絕調寡羣和拂壁二百字錯落珠千箇
上言輿廢由名山亦坎坷下言風景別雲樹供餐卧
異代萃儒流燕閒理清課深碑重剜剔健筆舍婀娜
繼聲賴吾儕摛詞幸無懦懷賢心仰止詎等柳與播
南陽久寂寥杜陵老寒餓斯文星斗垂應爲茲邱賀
清揮紛滿眼絃誦亦未惰即今任山人長擁皐比坐
雨過春蘚滋月上江烟破題名看幾輩惜此蒼崖涴

合江亭次昌黎韻　任浩基

昔泛臨平湖今泊湘江左石鼓共一名豈日拾殘唾
張華久不作扣擊誰相佐嗟哉水濱閒直等棄地貨
韓公貶陽山雲開此一過題詩記顛末墨吏氣爲挫
詩內有中丞黝函那語碑同淮西傳曲絕郢中和灣環水一曲
蕭瑟竹千箇名賢再經臨謂新安廣漢地運起坎坷峰掐
同雁回祠弔卧龍卧鬱鬱松桂林髦英萃講課名材
培楩楠珍果儲李柰文攀屈宋高詩薄齊梁儒江亭
面重開山石句長播緊余湘中行異彼耒陽餓雲龍
逐孟郊錦囊隨李賀偶作賈胡留勉策筋力惰穿林
覓舊碑載酒陪廣座信知所歷妙頓覺閒愁破懵無
石鼓文翻令岣嶁涴

次昌黎合江亭韻　陸龍池

地軸闢雙江襟帶列右左忽合蒼崖根縈抱石花唾
一亭敞瓏璁篆未斜敷佐下俯千檣低舟集環賈貨
嵐收七二遙帆轉雨三過林樾蔭清幽棹歌嫋頓挫
勝蹟時有人行唫互酬和撫景詠二流題竹刻萬箇
豈知古人艱適此凜坎坷南陽守蘧廬三顧起龍卧
舳艫巴東來軍國重糧課跋涉羇衡陽盡瘁事則那
又若昌黎韓闢學振柔儒斷斷擠異說坐此遠遷播
嗟哉士夫心所患豈窮餓一本扶大廈要使燕雀賀

睇彼哲人迹可以起庸懦紛吾百感使元然憩危坐
浩歌山風生長嘯水雲破嘯詠一以清江影濯塵涴

望嶽　彭士商

遙望祝融峯近望忽不見羣峯拱其前深居殊清晏
朝霽白雲升蒼穹懸匹練更疑雲是山雲動山亦變
蒼翠感遙襟巃嵸匪近玩稽古迹僅存駭奇目易眩
下土萬斛塵赤帝邈霄漢庶幾幸于廉與余一覿面

同曠魯之太史暨諸同人遊南嶽　江昱

嶽勢非衆山巍赫當炎陬起伏動千仞不類壡賁坵

一水一石妙曠覽何暇撥散布琳宇荒風雪老樹遒
登陟極高險初若無所酧作氣造峯頂頓豁雙塵眸
萬山盡偃伏惟有風颼颼屈彊紫蓋峯未始躬不僂
山僧指近遠導攬諸奇幽蔗佳貴漸入美酒乃在頭
文章有大觀非可字句求向非具壯槩曷長南諸侯
平生所到處刻圖聚一杯偉望韓太尉傾企勞子由
五年兩趨謁漫刺不見收先容藉太史拾級章縫摳
盪胸發奇氣不負湘中畱題詩繼朱鳳燕雀徒啁啾

步昌黎先生韻示石鼓肄業諸生　劉艮璧

石鼓何嵯峩蒸湘環右左古木緣石磴殘碑畱餘唾
江風與山月主者賴賢佐今古有名人聲價倍百貨
憶昔昌黎公雲開軒車過迢迢路八千忠勤志不挫
後死者朱張唐宋遙唱和蝌蚪懸壁閒精悍猶筒箇
一祠萃七賢吾道無坎坷屹屹南陽廬抱膝憶龍臥
卓哉趙中丞觀兵兼督課焚膏繼短晷荏苒悲無那
坑顏慚腐儒無能起頑懦芸窻苦績學譬農勤種播
諸生無謂貧詩書療饑餓中朝急俊民連茹佇相賀
不鼓如懸鐸振響醒慵惰試與登樓眺神爽江亭坐
逝者常如斯萬里長風破爲告同心侶無俾塵滓涴

上封觀日出　賀　琛

忽聽晨鐘催披襟出蕭寺寺旁有石臺臺高觀日出
山嵐次第收殘月從西墜隱隱吐炎光矯首向東企
海島擁車輪雲霞列旂幟欲出復徘徊恐令覩者悸
注目不敢停肅容齊拱侍倏忽扶桑騰飄飄生翼翅
大地映玻璃千山萬山翠精氣盪心胸魑魅咸趨避
入遊化日中朝朝與日比數見不知奇特觀乃見異
倘爲陰霧遮相視能勿懟誰知神物心顯晦原無意

步韓昌黎合江亭韻　曠敏本

孤峰敞祠亭祠賢列右左岣嶁一瓣香摳謁愼噓唾

少小輕千載爲邦憶王佐遺編恣盜竊得句乇奇貨
吳越燕齊閒航轍騁隙過雄心困不降傲骨老莫挫
叫叫雲閒鴻肯許壁蟲和却思大天地撐擎只幾個
此事論賢否榮遂輸坎坷諸葛成何事悔不終身臥
昌黎國子師奔竄抛誦課紫陽丁趙艱筮遯竟無那
仰惟百世師流風起頑懦敻哉魯中叟救世洪仁播
不療腹中饑但軫眼前餓今年逢大有走向田夫賀
民生生在勤痼疾莫如惰颯颯秋風生皐比懸上坐
靈龜一拳寶奇書萬卷破浩月臨蒸湘澄空絕點涴

合江亭步昌黎韻　林學易

石鼓聳奇觀右有亦宜左一亭瞰蒸湘寥落九天唾
結搆儼神工恰得風水佐勝地足掄等不售詎可貨
昔賢多遊賞當前肯放過來往此徘徊沈吟發頰挫
山斗昌黎公絕唱屬誰和石壁森琳瑯古字添箇箇
山陽與潮州茲焉忘坎坷豈惟樂閒曠却對雲樹臥
茫茫千載心一啓盧無課後來景芳躅人往知有那
遺韻炳琅琅聞風起頑懦綠淨早題閣名共江流播
我喜讀公文忘餐不知餓譬如蠟屐遊覽奇聊自賀
聱牙苦佶屈偏能醒慵惰茲亭得公詩眞堪面壁坐
期與素心人相看碧雲破雕蟲步前章多恐塵土涴

石鼓山 饒佺

巨石形如鼓屹然立江滸雄秀本天成靈響祕
終古減汨合蒸湘雙流借砥柱北望拱
神京南服鎮荆土洵哉一郡佳紫陽非夸詡眞儒
六七過曠代如接武渟峙灑清風文物留高矩
更聞景祐閒表院廓庭戶囊笈滿蘭阿琴書繞
桂塢遷延歲月久名境或榛楛元明歷創搆湫
阨不足數我
朝建鼎初蔚炳光祠宇重開後學基永妥先神主
舒君前守邦捐貲備葺補倏忽意未遂籌畫心
艮苦余來膺
簡命依然念堂廡飾閣層三階築室仍百堵崔嵬臨
飛闥下看秋風觴彬彬值多士英才相鼓舞況
逢名太史嚮蟆播時雨在昔唐宋賢駐跡垂訓
詁迄今已千霜芳徽若親覩地固以人靈人亦
因地聚幽谷懷春鶯空山問艮賈仰止奮修途
恍猶見鄒魯不覩巖上碣勝跡堪覼縷

赴粵過衡陽賦別陶大令 鄭虎文

昔君治益陽我來歲方宴醉心飽夙聞握手恨遲見
今君治衡陽我去日納餞重諧故人歡趁此入粵便

念我乘輶軒經歲周楚甸急裝避危灘徧歷煩驛傳
倣吏或偶逢草具亦時薦惟君誼薄雲每過被深眷
歡聲到輿僮瑣節及賤膳車徒遠勞將役吏罕中倦
情文安居行威令肅卑賤即此一節奇已識百事練
昔聞羊裘翁說君有餘羨云得公等賢落落布州縣
天下不難治獨惜少此彥吾懷亦謂然即遇感物變
依依冬旭溫摵摵霜葉戰離顏復如何西風皺江面

雨後行馬嶺諸山 江恂

南山曉如沐的的靑瑤簪好風散炎鬱暢然披我襟
禾稼既云茂百卉具欣欣山泉添逸響禽鳥增華音

摳衣陟崇巔石蹬遶百尋高空衆喧寂松吹清人心
迴瞻最高峯雲意還沈沈抽琴發幽操曠然懷古今

七言古詩

送陳郎將歸衡　李白

衡山蒼蒼入紫冥下看南極老人星回飇吹散五峯
雪往往飛花落洞庭氣清嶽秀有如此郎將一家拖
金紫門前食客亂浮雲世人皆比孟嘗君江上送行
無白璧臨岐惆悵若爲分

岣嶁峰　韓愈

岣嶁山尖神禹碑字青石赤形模奇蝌蚪拳身薤倒
披鸞飄鳳泊舞蛟螭事嚴跡秘鬼莫窺道士獨上偶
見之我來咨嗟涕漣洏千搜萬索何處有森森綠樹
猿猱悲

祝融般若禪師　劉長卿

般若公般若公負盃何時下祝融歸路却有飛鳥外
禪房空掩白雲中桂花寥寥閒自落流水無心西復
東

謁南嶽廟遂宿嶽寺題門樓　韓愈

五嶽祭秩皆三公四方環鎮嵩當中火維地荒足妖
怪天假神柄專其雄噴雲泄霧藏半腹雖有絕頂誰
能窮我來正値秋雨節陰氣晦昧無清風潛心默禱
若有應豈非正直能感通須臾靜掃衆峰出仰見突

兀撐青空紫蓋連延接天柱石廩騰擲堆祝融森然
魄動下馬拜松柏一徑趨靈宮粉牆丹柱動光彩鬼
物圖畫填丹紅升階傴僂薦脯酒欲以菲薄明其衷
廟令老人識神意睢盱偵伺能鞠躬手持杯珓導我
擲云此最吉難爲同竄逐蠻荒幸不死衣食纔足甘
長終王侯將相望久絕神縱欲福難爲功夜投佛寺
上高閣星月掩映雲朣朧猿鳴鐘動不知曙杲杲寒
日生于東

祝融峰　韓愈

祝融萬丈拔地起欲見不見輕烟裏山翁愛山不肯

歸愛山醉眠山根底山童尋著不敢驚沉吟爲怕山
翁嗔夢回抖擻下山去一逕蘿月松風清

題耒陽杜工部祠　韓愈

何人鑿開混沌殼二氣由來有清濁孕其清者爲聖
賢鍾其濁者成愚樸英豪雖沒名猶嘉不肖虛死如
蓬麻榮華一旦世俗眼忠孝萬古賢人牙有唐文物
盛復全名書史册俱才賢中閒詩筆誰清新屈指都
無四五人獨有工部稱全美當日詩人無儗倫筆追
清風洗俗耳心奪造化無陽春天光晴射洞庭秋寒
玉萬頃清光流我常愛慕如饑渴不見其面生閒愁

今春偶客耒陽路淒慘去尋江上墓召朋特地踏煙
蕪路入溪村數百步招手借問騎牛兒牧童指我祠
堂處入門古屋三四閒草茅緣砌生無數寒竹珊珊
搖晚風野蔓層層纏庭戶升堂再拜心惻然心欲虔
啓不成語一堆空土煙蕪裏虛使詩人歎悲起怨聲
千古寄西風寒骨一夜沉秋水當時處處多白酒牛
炙如今家家有飲酒食炙今如此何故常人無飽死
子美當日稱才賢聶侯見待誠非喜洎乎聖意再搜
求姦臣以此欺天子捉月走入千丈波忠諫便成汨
羅底固知天意有所存三賢所歸同一水過客留詩

千百人佳詞繡句虛相美墳空飫死已傳聞千古醜
聲竟誰洗明時好古疾惡人應以我意知終始

楚觀歌（楚觀在湖南憲副湘春樓在楚觀之後）　趙汝燧

吾聞楚鄉江山多勝處入之楚觀尤得江山趣萬象
排撥索應酧丹青閣筆無所措大則湘水小臨蒸衆
流合派銀河傾陶寫秋氣侵明月夜波爽透百雉城
右則鴈峰左石鼓雙屏競秀蒼龍舞吞吐嵐光飛亂
雲凉風嗔送兩崖雨江山之趣於此無不宜朝暮變
化愈出而愈奇最愛鷗鷺甘洽澹占斷汀渚供娛嬉
東塗西抹晚煙翠漁父歸舟卷釣餌鼓櫂而歌倚半

醉中有滄浪濯纓意杜若一片迷芳洲憑欄懷古生
新愁更上崔嵬千尺湘春樓縱目乾坤盡見衡嶽秋

太平寺慈氏閣　黃庭堅

青玻瓈盆插千岑江湘水清無古今何處拭目窮表
裏太平飛閣暫登臨朝陽不聞皂蓋下愚溪但見古
木陰誰與洗滌懷古恨坐有佳客非孤斟

浮湘行　范成大

湘山中開湘江橫綠蘋葉齊春漲生盤渦浤浤去無
聲吾乘桂舟溯中泠揚波擊汰雙櫓撐轆轤引笮如
牛鳴篙師絕叫疊鼓轟潛魚跳奔乳猿驚暖煙浮空

晝晉騰山長水遠天無情吹簫掛瑟弔湘靈水妃風
馭續來迎問客良苦遠征行非者斧鉞下青冥命我
盡護安南兵嶺海一視如王庭布蕩陽春濯腐腥玉
事靡鹽來有程匪躬之故惟爾毗芳洲杜若空青青
九歌凄悲不可聽願賡楚辭歸和平

禹碑歌　楊慎

神禹碑在岣嶁尖祝融之峰凌朱炎龍書傍分結構
古螺畫匾刻戈鋒銛萬八千丈不可上仙扃鬼閉幽
以潛昌黎南遷曾一過紛披芙蓉褰水簾天柱夜看
星辰下雪堂朝見陽暉暹追尋真載赤石峻封埋古
刻蒼苔黏拳蚪倒薤形已近鸞飄鳳泊辭何纖墨本
流傳世應罕青字名狀人空瞻示叔明誠兩好事集
古金石窮該兼貽刻箴銘暨款識橫陳斷體和釜鬵
胡爲至寶成棄置拓撫磨蟻損烏蟠叉閱朱張遊嶽
麓齊雪天風飄佩禱搜奇索秘跡欲徧春唱擅和詩
無厭七日崎嶇信有覿一字膏腹寧忘括非關嵽嵲
阻登陟定是藤葛蘢窺覘好古子生嗟太晚拜嘉君
貺情深恢老眼增明若發覆尺喙禁斷如交箝七十
七字挐螭虎三千餘歲叢蛇蚓憶昔乾坤漏息壤蕩
析蒸庶依岑嵾帝嗟懷襄咨文命卿佐滌洞分憂惔

洲並渚混沒營窟鳥迹獸蹄交門藩揭來南雲又北
夢直罄西被仍東漸黃能三足變鯀服白狐九尾歌
龐衲後乘包湖按玉牒前列溫洛呈疇鼇示奔竄舞
那辭胝平成天地猶垂謙華嶽泰衡祇平定鬱塞昏
徒逃喝喩文章絢爛懸日月風雷呵護環屏黔君不
見周原石鼓半已泐秦垌詛楚今皆殲此碑雖存豈
易得障有嵐霧峯崖巖嶝音迴絕挂藜藿弔影颼瑟
森櫹椈湘娥遺珮冷斑竹山鬼結旗雲翠蔽造物精
英忌泄露祇恐羽化難留淹欲摹古本鐫巖壁要使
好事傳緗縑著書重訂琳瑯譜裝帖新耀瓊瑤籤題

煤輕翰蟬翅楓。煩君再寄西飛鵝。

石鼓山大觀樓歌　鄧雲霄

縱橫千里目浩蕩萬古心乾坤何寥闊山水自高深
樓頭縹緲諸天近玲瓏八面祥飈引謳言新城來賀
燕祇恐孤鶱如結蜃披襟臨水攬蒸湘揮手憑空捫
翼軫遨遊絲搖曳扇微和城郭郊廛樂事多正看晴景
浮烟樹又送春聲入棹歌棹歌殘漁歌起紫蘭落遠
洲斑竹垂清沚白雲片片自南來借問蒼梧何處是
微茫七澤盪心胸凭欄一笑生雄風我欲挾赤帝鞭
赤龍劃長空而倚劍蹴天山而挂弓平生慷慨羞懷

土去國懶裁王粲賦平生散慢忝毫狂興來還踞庾
公床世上人空老壺中日自長爭名與爭利臧穀俱
亡羊君看醯雞不出甕亦有鵬背磨青蒼誰是誰非
圖吏夢無憂無喜麴生鄉我爲登樓歌高聲振林木
會聞芥子納須彌肯道吾身同一粟幕天席地無邊
幅倦來且把希夷宿

丹霞寺　失名

丹霞本是南陽山如何移作南嶽寺寺中遺僧爲我
言南陽始祖開此地此人姓鄧名天然長安詣舉艮
不第擔簦裹糧過洞庭卜地南嶽棲神智曾于腳底
踏聖僧更向木佛燒舍利自從祝髮任空山至今石
塔猶巋巋後來歸去老丹霞此間猶傳丹霞字此事
去此二千年南嶽有圖字無記揭來我亦南陽人四
年兩作楚國吏一葉幾渡瀟湘濱策杖一拜祝融位
不知丹霞是舊山瞥眼桑梓良可媿今者僧出篋中
書咄咄反驚爲怪事分付他年住山人此事當入衡
山志

湘江風雨望衡嶽僅露半山次昌黎謁衡嶽韻　李毅

雲開衡嶽謁韓公輕橈疾下湘江中先心三日

急遊嶽駕天高浪來何雄濃雲暗雨失山脊茫
茫一氣青無窮春寒尚覺朔風烈諒哉不競識
南風濁流驟變清湘色洞庭九派山澤通維舟
野岸不得進蓬牕孤吟杯杓空霪霖日久火維
晦毋乃元冥欺祝融碧霄阻絕雁飛路丹霞想
像朝天宮檣燈不發燧烟滅唯見西巖漁火紅
若云正直足感格嶽神應未明愚衷平生獨立
頗自信早謝髋骸餘直躬作唐一經洵未逮擬
韓一節將無同豈疑信道或不篤欲堅吾守持
初終抑以霧雨教發晦刊落習吝勇功不然

避客竟何事七十二峰徒朦朧王事有程簡書急扁舟明日瀟湘東

遊南嶽行　陳浩

維南岣嶁雄楚澤高踞洞庭爭八百端拱羅垣赤帝邠鶉尾之精軫宿魄瑤芝朱鳳繞重岡金簡銀編貯靈宅九疑五嶺鬱嵯峨岷山騎田通地脉有虞巡方拜秩宗百王典禮尊顯赫吾　皇宸翰疊飛臨冕旒章服榮玉帛巍巍廟貌逼雲霄堂堂公府崇侯伯暮年官拜古長沙執掌皇華勞杖策侵晨發興登頂巔去地何止九萬尺雲堅風泉到處飛百千僧寺飡瓊

液祝融峰上八月寒凜冽披裘向曛夕俯瞰羣邑小於盤瀟湘支派紛絡繹迴環指點七二峯遠近森羅如列戟安得冥搜徧探討使我心胸頓開闊星言稅駕迫輶車一官束縛良可惜吁嗟乎如髯奇遇不可求何日來從華蓋遊人生不懷向平志茫茫身世空白頭

禹碑　阮佳琰

岣嶁山頭雲迷離祝融峰下猿猱悲南陽老子費搜尋南軒晦翁復繼之龍螺畫書不可見摩挲嶽麓者爲誰六丁巳戹夔州觀樵子重來發衆疑神物何處人今古白霧漫漫自護持

清泉行爲蕉畦大令作　鄭虎文

我行清泉道爲賦清泉行清泉在山山以名因山名縣清泉清凡泉名清名亦允考實徵名亂難準山多泉多不見泉不見泉見清泉尹　問尹家何方岷江入海天蒼茫問尹姓何氏笑指門前如練水生平愛飲江心泉滌除凡骨稱閒仙偶然仙音叩冰雪再叩帝瑟飄朱絃偶然仙鳧逐鴻乙峯登迴雁摩青天看君循宇映湘竹知君吸盡湘江綠餘波洗盡宦途塵深澤濃霑楚民福清泉心跡稱清泉清泉合藉君家傳

將泉比君泉不足出處兩江君占獨他年粵使若重經爲君更賦清江曲

岣嶁石鼓歌（山上有禹碑亭明宏治中尚存）　曠敏本

自有天地有此山此山之名誰錫予昌黎昔作石鼓歌此處石鼓歌待補幾欲作歌付此山岣嶁石鼓尚煩剖我昔曾繙山海經衡山統名爲岣嶁山即山即爲南嶽當年郭璞亦細縷董子傳策記此山山名岣嶁無鉏鋙却緣山下有響石山遂更號作石鼓太平日久鼓不鳴空傳石如共人語一自書院稱四大石鼓聲洪震寰宇茫茫滄海易桑田忽忽白雲變蒼狗

衡峯署號增七二要皆峋嶁峰所部譬如設官列三百東曹西曹歸總府又如黃帝之苗裔得在十四分諸父山川厥初無名氏呼喚往往隨人口峿臺浯溪並居亭總字曰我自我取山上有亭顏合江韓子畱詩名始巨何來亭中和什滿冀附公詩藉不朽合江亭已韓氏占寄名何須我與汝不見風流羊叔子一朝登眺躡峴首不見銘功杜征武一石崖頭一沈游朱張後先此過化此地遂教成鄒魯朱陵洞裏仙跡杳願與曩哲訂同講古往山川今來人九京有知其我許峋嶁自昔王衡峰肯容我爲峋嶁王歌成明月

出山間泠然欲生淩風羽

衡州石鼓山并諸葛公遺像　唐鍾毓

一山岌嶪名石鼓蒸湘夾流緣堪飾雄樓傑閣剏何年風雲盤鬱常守護中有卧龍公委形綸巾羽扇垂儀型巋然天人亘萬載至今地脉擁百靈驅兵舊跡瘁心力著著時已厭漢德吞吳滅魏恨已遺鼎足憂尚見顏色賤子瞻依感倍深憑欄一表重朗吟古樹修藤聲共壯翻笑范蠡越鑄金

水簾洞　彭齡

奇峰鋭劃銀河漏半天瀉下飛濤吼泉聲石勢天馬行電掣雷轟老蛟鬬可憐龍女長寡棲纙絲愁聽烏夜啼鮫綃一幅挂洞府洞口明月照琉璃

觀日出　江昱

祝融之勝在絕頂奇觀尤在觀日臺拔地九千七百丈縹緲東望逾蓬萊元氣混茫滿谿谷仰視星斗猶懸杯寺無鳴雞更無漏但占月落僧傳催是時秋深夜露重不雨簷溜喧空階茸栗大帽陟臺上目極天海無纖埃遙計嵩恒岱華頂幾人矯首猶吾儕須臾東方遠作色淡白漸轉紅玫瑰其下蒼蒼若溟海衆目共注紅雲隈誰知近從海底出一時驚見齊喧豗

纖痕如眉突半璧左右不定搖金簁初由咫尺向東去突上紅處如推排煙飛霧散現全體光明大放寰宇開聖人有作萬物覩昭融歡暢翔九陔我昔經過未得上一旦瞻仰眞幸哉九闕果不隔蠛蠓太平有頌陳麻騤

南嶽道中　江恂

松鼠穿籬散啄木菖蒲出葉蘆茁芽東風掃徑無一客四山閙遍青橙花

登祝融峯　石文成

岷峨遠脉趨炎方靈氣團結千仞岡紫蓋孤擎背

峯立天柱拱揖山之陽芙蓉石廩各羅立森森環遶於四旁其餘衆峯自成列或起或伏相低昂九千七百三十丈巍然端拱天中央聖王典禮重秩祀三公配位生民康殿陛森嚴茂松櫟豐碑列代輝宸章老僧翼我短藤杖扳蘿度險如康莊下嶺上嶺嶺重疊出雲入雲雲蒼茫絕頂風高夙霧散登巔眺望如望洋洞庭三萬六千頃冥濛一氣空青蒼左右衡湘辨郡邑煙外九嶷爭騰驤急雷遠鬬銀河圻寒濤百折奔石梁須臾白雲布萬壑琉璃片

片成胡霜半山昏黑下方雨上方杲日晞晴光人生婚嫁苦羈束五嶽有願何年償豈似三山不可到風塵鞅掌徒奔忙畱連薄暮下山去沿路觸鼻芝草香不須丹臺問寶鼎松龕夜靜心清涼坐憶經行犖确徑身世恍在虛無鄉安得吹笙控飛鶴浮邱子晉同徜徉

過衡山雨中未及登而奇峯名剎訪聞甚悉長篇紀之　王樫

衡山七十有二峯五峯最峻推穹窿祝融首出爲領袖眞君棲息尤奇雄女丁婦王配火德朱旛赤羽開離宮作礪南方鎮南嶽頡頏泰岱恒華嵩殿藏巖際千萬仞路轉山腰三百重雲迷鷲鷹竇修竹風生餓虎鳴寒松登封久已載祀典五年一舉陳黃琮曾有道人號鐵脚夜半登此觀曈曨仰天瞪目忽大叫雲海直盪吾心胸愧余從無濟勝具追陪一望扶桑東迤邐蜿蜒八百里南來直與棲眞通武陽洞人遇一老白毫破體稱仙翁自言服食惟蒼耳童顏鶴髮如韓終煙霞亦有懶殘子撥火煨芋僧家傭獨識鄴侯十年相具眼自是雙方瞳域北一峯名岣嶁蒼水使者藏其中金簡玉牒付神禹決排疏瀹成元功遺文

盡是蝌蚪字巖竇鬱律蟠蛟龍神禹壽已四千載鬼物守護煩天工欲讀渾如箝在口點畫漫漶蒼苔封天柱峯頭有石室李叟避世凌秋冬名山三百六十柱此爲第六撐晴空神仙之說究何有偓佺底處神靈縱劉安雞犬涉誕怪彭籛年紀徒啺哃舟過衡陽帆初飽山頭剛打午時鐘遙看千山動鱗甲靜聽萬谷酬笙鏞臥遊何必躡屐齒雲霞早已收筠籠山情客意兩惓戀回首北送孤飛鴻

五言律詩

送薛天師往南嶽　唐元宗

洞府修眞客衡陽念舊居將成金闕要願奉玉清書
雲路三天近松溪萬籟虛猶期傳祕錄來往候仙輿

南嶽尋道觀　王勃

栈壓光岃野蓬闕盛規模碧壇清桂闕丹洞肅松樞
玉笈三山記金箱五嶽圖蒼虬不可得空望白雲衢

自湘水南　張九齡

落日催行舫逶迤洲渚閒誰云有物役乘此更休閑
暝色生前浦清暉發近山中流淡容與惟愛鳥飛還

夜下湘中　張九齡

洞庭人夜別孤棹下湘中露洗寒山遍波搖楚月空
竄林飛暗狖廣澤發鳴鴻行値揚帆者江分又不同

衡州送李大夫七丈勉赴廣州　杜甫

斧鉞下青冥樓船過洞庭北風隨爽氣南斗避文星
日月籠中鳥乾坤水上萍王孫丈人行垂老見飄零

歸鴈　杜甫

萬里衡陽鴈今年又北歸雙雙瞻客上一一背人飛
雲裏相呼疾沙邊自宿稀繫書無浪語愁寂故山薇
欲雪違胡地先花別楚雲卻過清渭影高起洞庭羣
塞北春陰暮江南日色曛傷弓流落羽行斷不堪聞

衡南夕望　杜甫

百丈牽江色孤舟泛日斜興來猶杖屨目斷更雲沙
山鬼迷春竹湘娥倚暮花湖南清絕地萬古日長嗟

送衡嶽知與上人　賈島

久在巴興寺如今始拂衣欲臨秋水別不向故山歸
錫挂天涯樹房開嶽頂扉下看萬里曉霜海日生微

貽南嶽楚霄上人　曹松

在秦生楚思波浪接禪關塔礙高秋鳥牕藏白日山
樹陰移草上岸色透林閒樓內譚經徹空擕講疏還

曉泊湘江　宋之問

五嶺恓惶客三湘憔悴顏況復秋雨霽表裏見衡山
路逐鵬南轉心依雁北還惟餘望鄉泪更染竹成斑

衡州送李十一兵曹赴浙東　呂溫

慷慨視別劍凄涼泛離琴前程楚塞斷北恨洞庭深
文字久已廢循良非所任期君碧雲上千里一揚音

將至衡陽道中作　張祜

萬里南方去孤舟泛自身長年無愛物深話少情人
醉卧襟長散閒書字不眞衡陽路猶遠獨與鴈爲賓

贈曹松先輩　張祜

今歲赴春闈達如夫子稀山中把卷去榜下汪宮歸
楚月吟前落江禽酒外飛閒遊向僧寺卻看白麻衣

送衡州薛從事　　鄭　巢

吟去望雙旌滄洲曉氣清遥分高嶽色亂出遠猿聲
楚霽雲連寺湘寒浪浸城孤猿不可聽一任白髭生

述懷寄令狐相公衡州　　李　益

調元方翌聖軒蓋忽言東道以中樞寄心將外理同
白頭生遠浪丹葉下高楓江上蕭疎雨何人對謝公

石鼓書院　　宋　范成大

古磴浮滄渚新篁鎖碧蘿要津山獨立巨壑木同波

俎豆彌天肅衣冠盛事多地靈鍾俊傑寧但拾儒科

祝融峰　　宋　朱　子

今年緣底事浪走太無端直以心期遠非貪眼界寬
雲山于此盡風袂不勝寒孤鳥知人意茫茫去不還

湘江留别　　文天祥

瀟湘一夜雨江海十年雲相見皆成老重逢便作分
啼鵑春浩蕩回鴈曉殷勤江闊人方健月明思對君

幕客載酒舟次即席離别　　文天祥

故人滿江海遊子下瀟湘夢載月千里意行雲一方
櫓聲人語小岸影客心長總是浮萍跡飛花莫近檣

合江亭　　文天祥

天上名鵝化人閒說虎頭春風千萬岫合水兩三洲
客晚驚黃葉官閒笑白鷗雙江日東下我欲賦偏舟

送徐石泉僉憲衡州　　杭　淮

瀟湘他日夢今上合江亭天闊浮吳楚山青入洞庭
鷓鴣聲淅淅斑竹雨冥冥舟楫雲中見依稀帝子靈

花藥山　　許宗魯

花藥經行處雲霞坐卧深談鄉逢白足掃地布黃金
竹抱高僧館蓬開靜者心何須訪廬岳即此是東林

回鴈峯二首　　許宗魯

翠巘穿雲上青山回雁峯江流分楚粵風日勵秋冬
野望隨天盡鄉心對酒濃雲霄羨陽鳥無翼爾相從

近郭山林僻浮空竹樹間瀟洲縈素練雲物護丹臺
歲晚攀芳欲天長旅鴈廻遠遊思擬賦真媿屈平才

觀音閣同毛建吾玩月　　邊維垣

日晚共登臺浮雲萬里開雁峰天外落蟾影海邊來
玉露團秋草銀河入酒杯相看幽意愜不必問蓬萊

月下共飛觴峰頭夜氣凉微風吹木葉零露濕衣裳
萬象懸空闊長天盡渺茫追尋今日好何用話行藏

朱陵洞　　劉堯海

貫熟山前路行吟人不疑硼廻青嶂合雲湧碧簾垂
石髓浮春酌金光動曉曦元虛不可覔欹枕問希彛

遊紫玉園　曾朝節

市遠東林道深幽曲塢西竹籬扃院落草樹隱山蹊
曉襲紅芳度春饒紫霧迷撲人如百和渾似武陵溪
晝閣擁蒼屏松髯萬樹青高標常颯颯遠望故亭亭
似幄連雲氣如人下月庭閒思盟歲暮將著太元經
山靈豈無意圖畫到今開深護水流處巧當門外來
薜蘿還匝路風雨正登臺應好尋佳侶閒心付酒杯
谷口四山合掩扉烟雨中偶然窻上月暫爾坐看峯

樹杪來高岫尊前盡遠空祝融翠堪把吾擬駕長虹

石鼓書院　陳宗契

未討金科蹟先探石鼓文千峯林外暎二水檻前分
古碣餘秦篆荒臺滯楚雲西窻青一帶嶽色遠氤氳

題歐初暘别業後洞　伍定相

到來岩壑美仙洞亦桃花節候秦風物衣冠晉世家
石房蟠赤豹松牖拄青霞何必三飡返真源路不賖

湘江雜詩　王鏳

落帆偎草任邉漳上山行湘北千峯雨衡陽半壁晴
雲頭埋鄂渚日脚洞南溟異境眞堪賞無錢取醉醒

上封寺　羅洪先

絕地傲龍宮千峯擁祝融烟雲遙泛海樓閣盡懸空
檻俯湘中樹牕來天際鴻不須談棄屣雙鳥正乘風

祝融絕頂石　羅洪先

雲路轉高寒秋空入大觀石從銀漢取樹傍白榆看
忘語天休問齋心露可餐不因遊象外那解出塵難

大雲山莊居雜感　鄒統魯

偶出初非謝歸來不擬陶和雲植稼莽繫月釣江醪
紙筆隨兒好蕪菁信客挑莫教薄吏至風雨詩蕭蕭

又

哀集幾千戶徵符已萬封江湖愁漫叟壠陌咲貪饞
黃犢涼颸散白扉晴草濃可憐梁伯子累宿不聞春
古道使誰履孤郵青自憐稻粱逐野鶴車笠潤長天
月影尋阿曲蟲鳴藉草圓蘭蕭無一是閉戶索莛篿

桃花園　李國相

嘗聞此地邃爰入古松園不惜閒中屐來窺靜者機
山花隨意放谷鳥趁人飛坐看爐烟細微茫何處歸

方廣洗衲池　王介之

樹靜雲初合泉高水自潔寒花凝白乳落葉隱流聲
苔影百年寺霜空一磵情遙知洗衲意夕磬出林清

諸葛武侯祠　郭鳳遷

徐步城西路人傳諸葛營岡峰存舊壘歲月禰新杭

開濟勞王事天威試遠征槃瓠今遺種心銷漢相名

回鴈峯　上官鉝

北去關門地雙雙逐嶽磯沙明驚歲晚日暮嘆音稀

不怕雲峯峻但愁鄉國非歸心到此切不忍更南飛

鴈峯寺　袁奐

蘿薜烟光紫仙陀載酒登黃金千葉佛白髮六朝僧

樹缺西山湊江寒部水蒸鷓鴣春色裏落日照朱陵

謁南嶽廟　江有溶

拜望當澄霽乾坤一故宮百神俱廡下萬古在山中

香火峯巒護亭碑帝製隆天南多少大心眼不期空

九日袖杜詩獨登石子嶺　鄒章周

羣醉高樓日懷詩獨野遊自堪孤影度不與衆山謀

秋興誰懷賦杜陵欲證愁狂歌驚落葉隨意憩椒丘

嶽館　沈雲卿

洞壑仙人館孤峯玉女臺空濛朝氣合窈窕夕陽開

流澗含輕雨虛岩應薄雷正逢鸞與鶴歌舞出天來

謁朱張二賢祠　駱堯卿

夙駕初登嶽從師几杖新江山開地軸溪澗邈天鈞

採藥雲迷路扳林月在身晢人應識我不是浪遊人

南嶽山中　吳開運

山中別一天井竈雜雲烟入月秋能老三時夏不然

泉鳴晴若雨竹密坐兼眠曲水穿廚入苔痕日日鮮

嶽寺鐘聲　李璨

何處鐘聲落依稀隔寺聞煙霜和韻濕星月度宵分

夢破增深省更殘滅宿醺名山棲隱客清夜許同聞

從張鹿牀先生遊學巖和韻　殷銘

何處臨流好無如頻璧東題名依石丈餘事託詩翁

水曲青楓外天容碧漪中多公能濟勝勁筆幾人同

道南今五載似邑泰山東笭箵倚漁父卅巖識醉翁

龍門窺頻左石室扣天中佳境埋煙雨經題便不同

前題　崔彌

古窟靈根合巍然學舍東憑欄無俗士題句賴仙翁

笑傲煙霞裏徘徊石鏡中風流千載事相繼有誰同

前題　劉綸

雲古幻爲石棲遲璧水東山川開子厚風物待文翁

灑酒花光外停橈夕照中嶽帆雖九面景止將無同

草市廟　張治

登臨猶不倦倚杖更山扉舊壁龍蛇落空堂蝙蝠飛

雲香流別澗樹影動深磯便欲招仙侶青天振羽衣

衡陽縣署後有池一區渟泓清澈前邑令因事去官池遂爲闤闠所有悔軒明府捐俸錢搆歸作軒其上顔曰買池同人爲詩詠其事余亦有作　吳鴻

誰作閒田棄重煩問水濱樓臺新得月魚鳥舊親人

壁假原非王珠還合有神澄清覘化理不爲狎垂綸

運甓朝多暇重門設亦關碧添新漲水青入隔城山

枕檻羲皇上分流廉讓開何如山簡馬空醉習池還

聞有池塘句風流屬謝家（君之二子皆有詩名）空明閒院月澄

淡曉秋花湖色浮杯澗樓光蘸筆斜（署之東偏新建崇文閣）便

應題綠淨留作合江誇（合江亭有綠淨閣取昌黎詩句）

衡州道中九日　曹一誠

十年冰署客幾度涉三湘髮在他鄉白花如故國黃

有詩偏逆旅無酒亦重陽雖負登高約猶懷吹帽狂

湘東　戴祁

湘東春氣早冬仲嶺花開霧客青生菜溪寒白放梅

壤童歌且歇江鳥沒還來未得遲舟楫等閒掛席回

花藥山相傳何仙姑采藥處　施閏章

杖策尋仙蹟乘春醉羽觴藥鑪青嶂遠環珮白雲長

巢鶴依山寺林花發野棠孤亭面衡嶽北望正蒼蒼

題雁峯詩稿　李愼修

活活湘江水高高迴雁峯法堂千佛語清淨一聲鐘

喚醒迷途遠驚回客夢濃題詩當棒喝轉念即眞空

寒霧連江暗流雲入寺深等閒來說法片偈可明心

千劫從來在空山自古今回頭黃葉落蹤跡竟誰尋

葉世穎重之中湘茅屋行後有寄　陳恭尹

楚國木葉下西風行有霜憂離在湘水古邑滿衡陽

幾日歌蘭棹此時開草堂山川敎兒子指點洞庭旁

近有（哀故人略亂而死也）　王士正

近有湖南信淒然老淚流冤魂旁湘水孤櫬寄衡州

妻子還軍壘豺狼滿上遊（時滇黔尙未平）首邱今已矣萬一

望松楸

回雁峯　吳光

瘴海知何地冥飛也自猜蕭條歸客意長共雁爭廻

葉亂風江急林胡霧岫開故人愁望遠應悵一書來

黑沙潭祈雨山行　黃宮

崩谷紛交互螺旋地勢成命懸輿卓力人試鳥蛇行

驟首神靈鑒希心溝澮盈問途剛百六徃返爲蒼生

清泉山　江恂

好山初識面，乘暇一來過。精舍依巖小，寒松傍嶺多。
雲陰長不散，泉味近如何。定有山靈笑，塵心負薜蘿。

觀音巖　于塒泰

既歷清虛地，還尋自在天。攀蘿入鳥道，扶杖下雲巔。
騰攪喬松古（羅念菴先生手植），離奇怪石懸（巖石傾飾如墜）。昔賢棲止處，從此契真詮（高臺寺即羅念菴讀書堂）。

夜宿東屯寺　石文成

老僧披衲出，卻訝客宵來。問俗曾何濟，飄蓬愧不才。
戍笳寒轉急，孤鴈夜偏哀。纔結禪牀夢，霜鐘又早催。

登迴雁峯（七十二峯回雁稱首，其下烟雨久塞，屢鑿不得，古跡覽志有感）　李德

獨占衡峯首，疑高萬八千。徒驚南去鴈，不見古來烟。
遶郭雲中樹，浮空鏡裏禪。回頭看七二，北向思悠然。

游天聖巖　尹光

百丈靈巖迥，籃輿欵欵行。仙人留履跡，野衲度經聲。
拔地長松古，通廚曲筧清。憑高無限意，一覽暮雲平。

鄴侯書屋　曠聖元

多書傳李氏，渠但詫盈車。厥考惟耽籍，再見遂克家。
長疑堆卷軸，千古貯烟霞。手澤人人有，何曾讀一些。

雁峰烟雨　劉宗珙

合沓橫天半，依稀雁有聲。池涵湘雨潤，寺隱嶽雲平。
弔古欣新闢，懷賢訪舊名。暇時駐五馬，清絕碧烟生。

觀音巖　江德堅

幽尋興不已，谷口趁斜曛。曲磴下黃葉，空巖餘白雲。
松經塵刼秀，泉過石橋分。半席能容我，何須梵筴文。

惜陰書屋（衡陽署中）　陶曾履

羲轡由來疾，分陰劇所珍。常將運甓意，及此聞雞晨。
萬古幾過甲，一朝不再寅。韋編看架上，蠧衛敢辭辛。

登南嶽　段梧生

放懷縹緲峯，一目五千里。衆派繞如絲，羣山堆似米。
晴雷春半腰，早旭磨前嘴。咫尺接瀛洲，飛身過弱水。

石鼓山　曠大中

攬勝到衡州，應輪石鼓幽。疊巒縣七壁，虎踞闘雙流。
北望長安遠，南來吾道悠。會偕仙洞侶，聯步入瀛洲。

買池軒四首　陶易

林塘三十載，失去始歸來。逕已緣籬改，門須向水開。
本無多布置，却喜絕塵埃。但得簿書暇，池邊到幾回。
時抱素餐耻，寧爲邱壑榮。三間成小築，一水足平生。
豈戀烟霞趣，聊教心迹清。憑欄感興廢，一往有深情。

退食移時坐涼生小檻邊魚浮瓜蔓水鳧泛藕花天
嘯咏無虛日風光勝往年偶然分薄俸慚愧頌聲傳
直侶野人居臨流草結廬客來花放後賦就酒香初
風雅脩偏賞林泉景不虛彩雲箋蕭璧一一是瓊琚

七言律詩

至衡州酬郭十五判官　杜甫

才微歲老尚虛名臥病江湖春復生藥裹關心詩總
廢花枝照眼句還成只同燕石能星隕自得隋珠覺
夜明橋口橘洲風浪促繫帆何惜片時程

杜員外垂示詩作此寄上　郭受

新詩海內流傳遍舊德朝中屬望勞郡邑地卑饒霧
雨江湖天闊足風濤松醪酒熟旁看醉蓮葉舟輕自
學操春興不知凡幾首衡陽紙價頓能高

送李敖南嶽書記　郎士元

憐君本與阮家同掌記能資亞相雄入楚豈忘看泪
竹泊舟應自愛江楓誠知客夢烟波裏肯厭猿啼夜
雨中莫信衡陽書不到年年秋雁過巴東

贈南嶽隱禪師　司空曙

擁褐安居南嶽頭白雲高寺見衡州石臨湖水搖寒
月楓樹猿聲報夜秋講席舊逢沙鳥至梵經初向竺
僧求自知身老將傳法因下人間遂此遊

送曲山人衡州　司空曙

白石先生眉髮光已分甜雪飲紅漿衣巾半染烟霞
氣語笑兼和藥草香茅洞玉聲流暗水衡山碧色映

朝陽千年城郭如相問華表峩峩有夜霜

得盧衡州書因以詩寄　柳宗元

臨蒸且莫歎炎方爲報秋來鴈幾行林邑東廻山似戟牂牁南下水如湯蒹葭淅瀝含秋霧橘柚玲瓏透夕陽非是白蘋洲畔客還將遠意問瀟湘

授連州至衡酧別　柳宗元

去國十年同赴召湘江千里又分岐重臨事異黃公相三黜名慚柳士師歸目併隨廻鴈盡愁腸正遇斷猿時桂江東過連山下相望長吟有所思

哭呂衡州　劉禹錫

一夜霜風凋玉芝蒼生絕望士林悲空懷濟世安邦略不見男婚女嫁時遺草一函歸太史旅墳三尺近要離朔方徒歲行將晚欲爲君刊第一碑

送李秀才歸湘中　僧齊己

詞客攜文訪病夫因吟送別憶湘湖寒消浦溆催鴻鴈暖入溪山叫鷓鴣僧向月中尋嶽麓雲從城上去蒼梧君歸爲問峯前寺舊在松房鎖在無

送泰禪師歸南嶽　齊已

石龕閒鎖白猿邊歸去途程半在船林簇曉霜離水寺路穿新燒入山泉已尋嵐壁臨空盡卻看星辰向地懸有興寄題紅葉上不妨收拾別爲編

宿南臺寺同朱元晦作　張栻

香閣珠林倚半天兩人相對嶽峯眠老村秉燭翻疑夢紱嶺乘鸞似下仙雲伴瘦筇過絕壁風傳清嘯隔蒼烟攸江亦有山陰興莫使虛回半夜船

送劉學士知衡州　余靖

朱旛新命漢諸侯地扼蒸湘占上游醽醁水聲侵古堞祝融峯色入譙樓晝垂三組鄉枌過春擁雙旌嶽寺遊番直星垣歸緩步謫仙通籍著瀛洲

湘江舟尾快風挂帆　范成大

船頭雪浪吼奔雷十丈高帆滿意開我自只憑忠信力風應不爲世情來兒童屢借峯巒過樓士猶敎鼓角催明日祝融天柱去更煩先捲亂雲堆

湘山禱龍　牛良佐

當年誰辨媧皇手培塿千山出此峯山鬼效奇開佛觀野僧尋隱得靈蹤雲寒上界低行雁歲久何人見老龍舊習澌消清夢靜夜深虛壑一聲鐘

臨蒸縣官詩　明太祖

臨蒸邑治統殊方。巍業重山碧翠行。溪曲半。腸嵐雜。霧。樹蟠。龍。體。雨。飛。霜。黑雲。隙處。天。澄。水。茫海。空。中。日。

瞿。陽。好把存心問民瘼。常遷離瘴任瀟湘。

弔李忠節公祠　薛綱

慷慨殺身隨處有潭州慘烈更誰同千金首共孤城碎數口家隨巨燄空從絕一時皆義士敗降諸郡盡彝風古今無限英雄淚半哭明公半沈忠

送耒陽謝御史　羅倫

曾見湖西枉史歌長歌三日遏雲和雷霆白晝果在地牛女淸秋無渡河淮西木本邑不改衡陽花柳春何多幾時攜取陳夫子白沙先生淡月疎星醉碧蘿

贈謝御史　劉大夏

手持鐵簡氣如雷獨立當前不可迴三疏忠誠皐泰華九天雨露隔蓬萊孤帆半落吳江樹疋馬還瞻郭隗臺莫道此行身便了百年事業待重來

贈謝御史　李東陽

仕路逢人嘆陸沈爲君眞不負朝紳平生恥學藏名粥獻納惟知報主心白日驊騮辭曉仗高秋鷹隼下靑冥贈行詩句多如雨獨有劉郎意最深

元旦坐花藥山閣　僧正晦

樓閣門開祇樹林早春花藥尚蕭森雪消嶽嶺千峯近雁斷衡陽萬里深歲月不停今古客乾坤無住去來心風旛寂寞寒燈外何處孤鐘起梵音

湘浦有懷　李咸用

鴻鴈哀哀背朔方餘霞倒影盡瀟湘長汀細草愁輕浪古渡寒花倚夕陽焜火夜分千炬火漁舟朝卷一蓬霜儂家本是持竿者爲愛明時入帝鄉

花藥山梅雪堂　顧璘

城隅蕭寺倚雲隈駐馬因過問野梅雪嶂逢春偏目媚藥欄傍雨爲誰開禪心見月時初定逸興看山日幾迴東閣何人復相憶陽春一曲轉難裁

望嶽亭　陳塏

秋來無鴈過峯前萬丈衡山隔楚天人事炎風兼朔雪功名銅柱復燕然漫憑兜率三生石遙望滄洲一點烟愧爾山靈豈相笑東歸已買洞庭船

花藥寺　蔡汝楠

雁峯不盡城南勝咫尺藂林尙可攀藥徑盤回初入寺禪房行遍又看山開簾鳥下窺經室掃榻風歸閉竹關自是俗情牽簿領白雲長日共僧閒

望嶽亭　蔡汝楠

一峯南峙出平原禪閣虛空啓四門粵嶺遙看連嶽寺蒸流近帶引湘源歸鴻幾達天涯字芳草曾傷楚

客魂日暮倚欄愁騁望淡烟疎樹雨中村

南嶽　蔡汝楠

五峯高插紫冥開南極星辰入望廻緣字倚晋神禹碣瑤函仍秘上封臺席前林靄千層碧山外江流百折來最是平生葵藿志夜深觀日倚徘徊

萬里清秋望楚疆郢中潛郯協靈昌形連交桂炎荒外星應璣衡百尺傍嶽郡自憐依寶地帝鄉猶似近龍光寧如在代浮湘客江畔離居緫碧芳

曉晴已到開雲處書靜疑聞鼓瑟歌湘水英靈終縹緲潮陽道路此經過乍憐出郭煙塵斷翻爲登山感

慨多更說秋風破南嶽蕆難朱鳳欲如何

宿開雲堂　顧璘

難逢魏母彩鸞車聊試爾明石鼎茶翠羽金支雲縹緲紫崖丹洞石谽谺五峯黛色消晴雪萬木靈暉散晚霞願借雙公元鶴羽月明騎上太淸家

石鼓書院　黃廷用

何處支流同拱北萬家烟火半橋西中原落日愁多夢上國浮雲望欲迷楚漢山河渾割界韓張瑰琰尚留題含情讀罷風吹雨更上高樓百尺梯

南嶽　黃廷用

岷山迤邐開南嶽端拱重華此帝鄉廿載摛文青玉案一朝分檄領衡陽登臺載酒天花舞勒石留詩礀草香芒屨閒從危磴上境非蜀道亦羊腸

秋後登回雁峯　管大勳

山盡衡南過鴈稀天高露冷薄征衣江流萬里魚同杳木落三秋人未歸陟巘有懷朝赤帝采芳無處弔湘妃可憐潦倒常爲客愁覩寒雲海上飛

嶽亭晚眺　管大勳

廻鴈峯前祇樹橫合江亭畔野雲平環山拱嶽晴嵐斂飛閣凌空夕照明烟火萬家臨遠水漁鐙數點隔

層城不禁離思因風起寥寂川原代幾更

集鴈峯方丈　沈鈇

禪林深鎖碧烟重有客相攜扣玉封三徑尋春寒薜荔諸天飛翠濕芙蓉譚高磊落曇花雨社遠風傳石室鐘最羡振衣凌八極楚雲何處躡行踪

飲餞搶寺　劉穩

建牙吹角下樓船急管嬌歌對別筵繻弃終生原慷慨盃逢袁紹且留連春風兩岸花香滿夜月諸天塔影懸三畧定傳軍閫外一尊重醉佛燈前

遊棲霞寺　劉穩

夢入名山已十年登臨今日興悠然層巒秀結青蓮萼曲水斜通白鹿泉柏影蕭疎含晚照嵐陰廻合澹秋烟禪房聽說無生話媿向長安索米錢

合江亭 劉堯誨

隔水林皐送晚愁半空蕭瑟入江樓寒烟樹色千帆度落照城陰二水浮檻外雲山皆北鄉尊前日月看西流若磯自適江湖遠猶有風塵接素秋

衡山道上 祝允明

渺渺青山日欲晡冥冥短棹宿黃蘆斷橋流水無人渡野店新醪有客沽澤國暮烟連海帶戍樓寒火隔

雲孤詩成縱目江天外風景依稀一畫圖

秋日登魏夫人黃庭觀 伍讓

與客尋眞到翠微山花寂歷映秋衣石壇舊隱丹爐在仙子凌空白日飛古殿半歆荒草路寒雲獨掩薜蘿扉元都自有逍遙境華表千年鶴未歸

上封寺 伍讓

憑空直躡最高峯野鳥啼烟紫翠重瀑布晝飛千嶂雨秋聲夜動半山鐘珠林有路通仙界玉檢何年自上封便欲餐霞生羽翰山靈應恐笑塵蹤

過花藥寺梅雪堂遜菴宗師故居 僧德清

梅雪堂開骨更清齋餘閒步一經行香浮石室花初放影入冰壺月倍明斷臂巖前留舊跡懷人簡裏憶新聲只今若問西來意隻履誰能識去程

鴈峯寺 汪淵

古寺雲林碧水陰遊人登眺灑塵襟癯僧芳草蒲團坐野老閒鷗海月心仕路崎嶇行處變異鄉花木客懷深殊方風景多遷易鐘磬清餘隔樹音

西湖蓮船 胡文璧

西郊清景說西湖水色山光勝畫圖風捲笙歌盈翠

袖香飄荷芰雜青蒲虛傳佛界天花雨不識仙壇露掌珠二十年前遊賞地多情猶憶酒家壚

祝融峯 朱維京

獨立蒼茫有所思江涵秋影鴈來時直從七澤窺三峽俯看千峯入九疑檜柏自深嶽帝廟風雲常護禹王碑石橋一線通天路咫尺仙蹤不可隨

祝融峯 陳宗契

拔地芙蓉月下看蕭森落木萬峯寒嘶岩煑石和雲咽絕澗鳴泉帶雪彈夜榻只緣搔背好秋風非爲折腰難生來不具平章骨半夜何心問嬾殘

鄧虛舟公祖招飲廻雁峯　袁子讓

靈鷲高蹲絕勝臺仙槎有約幸趨陪雨餘嵐翠南山落星底樽罍北斗開石鼓江聲當夜寂河淵桃浪帶春來于今鄒衍方吹律鴻鴈應知處處回

輓周烈婦　陳周行

惜身懸帨不懸弧遇賊憑將寸舌誅玉貌豈輸白刃色朱顏肯受赤眉汙閨心詩禮綱常重抱節肝腸冰雪俱千載幽魂明月照何須義日及黃鑪

輓朱烈婦　陳周行

深閨寒月鎖窻紗水國蛟宮共作家墮海只知珠有

泪泥塗詎識玉無瑕碑非幼婦題黃絹節共蕭娘赴白沙子母三魂悲岐路朔風吹淚冷蘋花

雨中登小雲山　劉象賢

不知骨肉化靈飛遂透高烟出翠微乞我山靈三日雨釀成新綠十分肥雲尖小露諸峰淺晴隙初逢片鳥歸欲借鳳笙吹宿霧空青極目碧天圍

登衡嶽　鄺埜

千丈芙蓉帶露看紫雲丹壑並巑岏烟光洞有雙珠坼嶽色秋臨九塞寒岐路車塵行轂老瑤壇石髓待誰餐驅馳莫道無靈氣天柱西風好挂冠

尹尊子讀書衡嶽詩以答之　蔡道憲

嶽雲未隔幾重山君渡湘江費往還識面何須心便苦多情自悔夢難刪千家雨後花猶濕一片霜中石已頑爲我躊躇峯頂望薜蘿有路總應攀

丹霞寺　張同敞

舉足平登似有神可知山不負遊人欲從雲霧穿千竅纔脫風塵未半旬線線碧流泉到戶層層丹露樹疑春飛吟嶽頂須臾事幻我東西南北身

冒雨遊方廣中道喜晴　堵允錫

危磴垂蘿人境少盤蹊覓路鳥聲呼滿頭薄霧通天氣一背初晴負畫圖萬壑中開雲樹暗四山層簇雨

連孤千年澗裏潺潺水流到人間聽有無

殉難詩　劉熙祚

倥偬軍旅已逾年家室迢遙久別顏南北骷髏同作壘湖湘宮殿倏成烟鵑血不成無塚骨烏啼偏集有孤阡死生遲速皆前定堅此丹心映楚天故園隔別又經年今顏非復舊時顏山川草木俱含泪貓虎旌旗盡作烟老婦漫勞尋蝶夢兒孫切莫種書田蓑卯化碧非豪事耿此孤忠向九天

古城舊治　王元壽

蕭條縣郭轉平沙禾黍離離過客嗟廢宅草青迷故里遠村烟白識人家霜寒官舍縈荒葛烏集孤城帶晚霞莫道棠陰無處覓春來賸有舊開花

茅龍山　李文華

茅龍崒嵂聳層巒獨鎮城西俯大觀天靄青松餘咫尺日離滄海僅三竿仙蹤縹緲涼颸爽野徑瀠洄亂戟攢坐擁九疑堪嘯傲憑虛更欲望長安

宿耒陽福慧菴　袁伯瓛

客船何處到鐘聲古岸疎林隱化城碑額細鐫前令託卷頭舊識上人名洪荒以後纔初闢陵谷于今任

變更一瀉郴江留片榻風波不攪夢魂清

直釣巖　陳紹夔

山容水態任淹留遙望仙巖幾度秋亭傍石窩爭礙日樹依風穴巧當樓丹丘竈冷烟霞古絳嶺楙高猿鶴愁不遇忘機江上客黃冠何處覓沙鷗

謁三閭祠　鄒統魯

含辛獨拜大夫平風草栖栖莅自勍豈少玉英尋正氣翻懷沙石應嘉名春秋欲絕全騷繫江漢長滔一汨橫斐只今沈絲竹裏南大舊有杜鵑聲

送憩菴遊南嶽爲邛公寫法華搭　江有容

楓林葉葉下湘干杖履南遊嶽路丹到寺應知由月近閉門長耐衲霜寒塔中舍利揮毫現海上扶桑洗硯看撚指三年功行滿壘香薰染盡旃檀

同歐子直劉庶先登小雲山　王夫之

青天一鏡倒晴空戰壘仙壇碧萬叢終遣屈平疑遂古誰從阮籍哭英雄大荒落日懸疎檻五嶺孤烟帶遠虹獨坐上方鐘磬裏消沈無淚灑羊公

重過蓮花峯爲夏叔直讀書處　王夫之

山陽吹遂不成音淒斷登臨舊碧岑雲急步廊春神

濕燈寒殘酒夜鐘深河山槭折延陵劍風雨長逃海上琴聞道九峯通赤帝松杉鶴羽待招尋

衡山清涼寺　失名

村郊竹樹帶橫塘百寶誰裝選佛場欲向蓮花求寂樂先從城市得清涼山開衡嶽千峯擁江引瀟湘九派長欲問前賢禪化寺（寺爲唐隱峯靜修處）豐碑斷續倚繩牀

登南嶽絕頂　失名

捫參歷井討幽奇玉牒丹書似可追日月發英恒沐浴岣嶁遺篆半離披西蟾雲夢吞三峽東指蒼梧歷九疑猶喜南山未封禪百王空樹岱宗碑

茅坪寺　失名
女蘿叢桂隱溪光蘭若情深與世忘定後老僧談往
事夢同山叟煮黃粱饑猿乘月窺香積野鹿聽經下
竹廊此地廢興曾幾度古碑橫砌草蒼蒼

酃江舟行　常默
千峯夾水一舟行雪浪銀濤樹杪生花發不知春蚤
暮人歸時問虎猙獰崩灘入耳湘鮪躍苦竹㶚江夾
火明即是南天風景異山川無負老龍耕

和張鹿牀明府過義山見訪　僧淨訥
十笏草堂綠樹西瓦鐺竹筋不堪題蒙頭破衲灰三

斗洗鉢寒泉月半溪客到不須燈借座雲還依舊石
留榻同遊二老今辭去未識先生肯共攜

和常寧張鹿牀明府見寄　僧智纘
天竺先生復是誰無絃妙曲想鍾期舊來好事何人
記老去深恩祇自宜磯畔閒行垂釣早花邊適意倚
筇遲新詩寄我添微笑只似山中把臂時

輓周烈婦　何履仕
大地風吹水立時健兒結習盡潢池窮鄉打草驚封
豕貞女離魂化子規閨閣也知存志節丈夫應媿剩
鬚眉忠經有字人難識揮淚徒爲義烈詩

甲辰徂暑阮天培招同余西崖廖雲升集于東
洲因賦　張芳
驕陽殊不礙躋攀地主居然似客閒夢裏中泠杯杓
現機前半偈拂稚栅輕舟日永當三伏古殿風清占
一灣雙樹玉蘭何代植山僧可記鶴飛還

鴈峯晚眺　廖聯冀
危峯濕翠控城邊俯眺崢嶸第一巔湘水近流蒸野
月衡山遙劃楚中天帆浮影去隨孤岸鷺振霜飛破
暝烟清磬一聲諸界寂隔江星火動漁船

張松公太守重建石鼓書院成予適至紀典一
章　毛會建

石鼓巋然障百川蒸湘合股到溪前坐收天外清寧
氣別有寰中山水緣萬里風濤待宗慤九霄星斗識
張騫只今精舍連雲起好作元和勝事傳

石鼓書院落成　余天溥
蒼涼壁立舊蒸湘石鼓依然任徜徉里巷絃歌棋一
局溪山詩賦薛千章眼留南嶽孤峯雪鬢染衡陽十
月霜還問昔時賢父老年來經過幾滄桑

登南嶽白石峯　鄒章周
白石翩懸黛影重青天斜倚彩雲封尋常轉說窮千

嶂二十今纔歷一峯雨使苔文題絕壁泉飛笙響答
孤松山靈長許分幽賞碎踏花陰入露濃

嶽遊　袁伯瓛

青鞵白袷自飄零那識風塵隱歲星費杖有緣消刼
後奚囊無句答山靈雲開蜃閣層層紫雨洗蓮峯瓣
瓣青身在冰壺清絕處啜茶呵手寫黃庭

曉發大陂舖　張　芳

二月春寒草未黃深林衡曉不聞雞山巾吹去能爲
雨雲絮飛來併作泥身是馬牛呼即應夢爲蝴蝶悟
皆迷湖南花信無聊賴觸忤愁人是鳥啼

湖山寺迎春　歐大生

盈盈歸信聽江梅爲識湖山一面來客到鐘聲昨夜
夢花含林影隔年胎分陰漸惜千金價初地新飛億
刼灰白雪幾人餘古調青陽此日報香臺

登祝融峯二章　僧　來復

石柱盤盤紫蓋東斗衡垂耀亙天中水通巫峽三湘
潤地接炎荒五嶺雄別洞龍歸雲盡黑下方雞唱日
先紅一邱終老從吾願何待黃金布梵宮

鎮鎖高居紫翠開上方樓殿壓崔嵬風鳴虎錫神僧
定日射龍旗赤帝來四邑蓮花從地湧萬年松樹倚
雲栽虛游身在鴻濛外一覽浮青遍九垓

宿上封寺用昌黎望日臺韻　潘宗洛

路入雲梯望日臺力衰惟仗瘦筇來正看葱鬱嵐初
合忽變蒼茫霧不開未了世緣奚有是甍眠僧榻亦
悠哉拈花默向山靈禱絕頂終須到一回

大觀樓懷古樓前武侯祠後七賢祠即石鼓書院　楊亦溥

畫棟巋然依郡城先賢俎豆不勝情從容田海閱千
古蘇炳勛名在八紘嶽色遙連雲靄靄江流渾合水
盈盈仙蹤縹緲知何處夢裏朱陵鐵笛橫合江亭旁朱陵後洞

別石鼓書院二首　吳　炯

城北丹巖老樹蒼書聲斷續雜幽香雙旌憶溯紫陽
舊一日恨無同甫長昔陳同甫謂於諸儒差有一日之長予自中丞趙公過此委督今十一年霧鎖祠前朝雨裏煙生洞口暮雲涼驪歌愧受
羣生餞十一年來鬢早霜

泛宅從前俯碧流予昔移居此山分曹角技傍層樓談深移
榻依雲靜坐久看山待月浮應有斯文歸大雅還期
絕業繼千秋今朝短棹歸帆速何日重來話舊遊

春日雁峯遠眺和韻　羅　沛

春光無價不須賒緩步閒吟過水涯插漢遙峯都積
翠烘雲落日半成霞煙籠古寺藏深樹潮過羣鷗宿

淺汕指點山前還自笑一瓢陋巷是吾家

石鼓書院懷古　劉正心

鬱葱青翠護層陰仙洞危樓半出林萬戸曉煙明夾岸兩江流水抱孤岑夏王木剖金泥蹟蜀相堅依玉壘心千頃波瀾誰作砥蒼茫入望古猶今

丙申九日讌集郡城南樓漫賦二首　王大經

高樓抱郭俯清湘緩步登臨引興長妥坐無愁烏帽落傾樽好泛紫萸香煙浮萬井含晴旭翠擁孤峯送暮涼佳會明年誰是主一樽且共醉斜陽

令節招尋處處同不堪回首問秋風十年夢冷驚霜鬢幾度花開醉菊叢作賦當年才自異題糕此日韻誰工一聲嘹唳遙天外目送殘雲帶片鴻

謁七賢祠　王家楹

山形如鼓砥迴瀾綠樹陰中舊講壇異代德馨綿俎豆千秋道脈溯朱韓春風時見披庭草夜雨今猶長晚蘭墜緒茫茫勤仰止絃歌聲繞暮煙寒

重遊巨庇峯　周歷遠

四十年前曾此遊寒香霜葉向人秋重來景物都如是當日朋儕半在不斜磴高懸同鳥道羣山亂點似浮漚芒鞋踏遍諸峯頂挈黛湘清一杖收

遊石鼓書院謁七賢祠　岳宏譽

山形如鼓峙江邊舊有朱陵洞口仙勝地蒸湘雙水合眞儒唐宋七賢傳雲中雁寺迴靑嶂樹裏虹橋隱畫船千載淵源勤仰止登樓一望意悠然

春暮遠遊道經蒸江寫懷　海鳳翥

扁舟昨夜唱驪歌今日蒸江載酒過半櫓輕煙縈岸轉一帆細雨帶風多閒情漫數平沙鳥逸興還看碧澗莎一曲伯牙流水調知音前路遇如何

過衡陽口占　黃利通

天涯薄宦賦南征萬里風沙月再經路口春禽啼古木山腰草屋作郵亭扶筇笑度將軍嶺顧影眞慚處士星會見白雲高卧者寒潭長照鬢毛青

石鼓書院陪周令公袁平仲兩同年　費思居

佛火青燈古殿幽同心相見坐新秋身經多難輕離別道在深山重塞修我輩放歌增白髮古人遺恨總清流合江亭畔張韓跡蒸水滔滔去未休

賦得望衡九面　吳國瑜

倚天拔地插晴空遙映湘流處處同年望恍逢眞面

日旋瞻疊現勢崇隆黃河有曲疑相應蒼嶺多疑欲
遜雄江上青峯人共羡雲開衡嶽仰韓功

峋嶁覽勝　鄧泌科

長沙隔岸一峯斜命僕泝湘踏紫霞曉日晴嵐封萬
壑暮雲春樹澗千家枝閒鳥語憑風寄嶺畔書聲傍
晚賒百尺崖頭頻眺望山南到處放宮花

九日登巨庇峯讀前監司邊少微郭草堂兩先
生石碑詩敬次原韻　失名

嶽壼處處見崚嶒一岫飛來濕翠凝龍隱天池秋水
靜花藏石洞暗香增登逢九日人偏韻嶺過千層勢

若承遍索前賢題詠在銘碑直欲壽岡陵

石鼓書院懷古　失名

杉香竹氣兩蕭疎堪憶當年處士廬絃誦都緣灰刼
變栝檜頓卻少微虛登樓有客來舒嘯倚洞何人再
著書禹碣韓碑摇落盡閒雲長伴老僧居

登回鴈峯　鄒定周

北去羣巒獨殿行雲鬟湘塔共蒼蒼當峯日落殘宮
苑隔岸風清舊草堂春鴈多傷遊子屐晚煙自滃老
僧裝勝情不爲沽錢盡搔首青天句一囊

題開福寺　趙忠定曾殯于此　儲大文

入葉仙源譜未凋龍飛遺事此鴟鴞壽皇殿裏空宵
漏酉相江邊待午潮引得綠衣中使淚揞來白髮講
官朝茂陵楚邸無窮恨只在宮花一樹飄

舟夜過石鼓書院　李穩

石鼓空清似鏡中亭臺連倚畫橋東一團山影江邊
綠幾處燈光樹裏紅賣酒船逢前渡雨讀書聲送隔
樓風孤蓬日夕天涯內高詠帆檣起夜龍

梅亭　李杜

北涉蒸流十里程亭成不用望梅林何人得識調羮
手此地聊存解渇心香滿三冬林下雪人分六月道

中陰能消一路炎凉恨秪樹何勞遍地金

雁峯寺　吉士

峯勢南來晚欲飛峯頭古寺帶斜暉將同城郭千年
在不共煙嵐一瞬非山色葱蒨春可任波聲瀟洒暑
無威忽聞淸磬催黃葉又見秋風旅鴈歸

登大觀樓　周逢祚

湘上樓高號大觀屏山不礙四圍寬雲封丹穴蒼梧
隱烟鎖黃龍雨母寒廻雁峯平低堵牢蒸湘水夾繞
欄杆橋西不見人吹笛留得青山只姓桓
樓聳湘皐似著冠朝登還可晚來看雲山一望收川

粤人物千秋亥李韓伊呂功名歸故蜀魯鄒嫡系屬
新安不須更問天涯事回首從前已大觀

甲戌春
命守衡憶丙午歲春曾來是郡屈指已二十八年
矣賦此誌感　張泇

二十年前偃榜過雁峯花藥記吟哦親交回首晨星
散時家岳克協公協鎮此郡鬢髮重來霜雪多郡內爭迎新太守
眼中猶識舊山河韶華一霎眞蕉鹿浩浩湘江歎逝
波

過衡州　朱佩蓮

南嶽勢趨全郡急東洲力抱半城憑千帆湘水綠裙
曳萬笏衡山紫蓋承浮動樓臺江上月通明簾幙雨
中燈但知杭越誇元白靑草橋頭試一登

冬暮同日峯七兄過花光寺　丁一燾

亭午攜琴弟與昆淸風薄暮叩禪門煙凝碧瓦燃松
葉綠滿丹墀掇茱根雲外鐘聲山自靜眼前棒喝語
無痕肯將石上茶瓜趣輕付詩人許共論

赴粤過衡州　閻循厚

臨蒸直上祝融西嶽色平分廿五溪嶺外不勞題雁
字湘中只合拜鵑啼煙藏江戍猺村小雨壓山城蠻
市低重險遮人天亦逈衡雲今並紫峯遣

衡山　趙三騏

嵯峨南盡楚江天七十餘峯路幾千銅柱挂雲堆漢
表祝融看日起山巔金書玉簡從誰得石鼓朱陵不
似前極目衡陽千萬水每聞鴻雁一凄然

岣嶁碑　江昱

幽深何用導樵夫鳳泊鸞飄手重摹文字猶堪窺二
代形聲未許測諸儒不隨九鼎淪波底長共南山壽
楚隅神物果因時顯晦轉欣生晚是吾徒

上封寺步月　江昱

峯頂霜高萬籟澄早看皓月上觚棱四山虛白疑瑤
海一杖蕭淸共衲僧絕巘光寒松澗鶴疎林風暗石
樓燈應知下界紅羅夢迴隔瑤臺十二層

耒陽　江昱

城樹籠烟帶遠村扁舟行處重銷魂蘭凋故宅東風
冷草暗空墳落照昏千疊雲山連粤嶺一川春漲赴
湘門漢亭舊俗誰能問卧理悠游想士元

衡陽陶明府悔軒屬題署中崇文閣　曠敏本

榮光一道射三能競詫琴堂有別裁但願是邦變鄒

魯豈他無地起樓臺先生自此升何慕後世師吾儉
也該廣厦萬間難猝辦且欣寒士荷栽培
新懸華扁吏喧嘈署合祀蕭並祀曹經術誰知堪飾
治刑書畢竟苦吹毛催科冊進慵頻覽問字人來許
幾遭樓上有靈應作喜排衙從此屬英髦

回鴈峯　　席綺

嶂埒芙蓉萬仞巍排空作陣此停機且投寒渚棲黃
葦不逐秋雲度翠微鳥自有情知息羽山初無意阻
高飛獨憐嶺外飄零客隔斷霜奴信到稀

石鼓書院　　陶易

曠代儒風喜未頹一時講院盡英才雙流環繞宮牆
肅喬木陰森士氣培祀典已崇新俎豆詩篇長煥舊
亭臺自今遊屐休嫌擾綠竹西谿一徑開

南門城樓落成　　江恂

城南形勢冠連甍傑構凌霄不日成長晝風雲屯粵
嶂三秋鼓角靜江聲浮空遠近千畦綠照檻高低列
岫明敢道庾公清興劇銀蟾還瞰海東生

登祝融峯　　賀琛

南藩雄鎮勢嶕嶢拾級攀躋上碧霄萬里關山浮眼
底九天雲霧鎖峯腰中權赤帝端高拱列服諸侯盡

歘朝長嘯一聲陵谷震塵心到此已全消

花藥春溪　　周世宅

名山何事遠窮搜出郭蒼蘿護古邱石榻枕餘流水
靜梵鐘聲帶夜泉幽乍經淑氣會先動一段輕煙象
外浮洗鉢而今傳勝蹟野僧可是遠公儔

嶽亭避暑登眺　　馬如璜

嶽亭屹屹枕江潯永晝同人展齒臨雨霽遠峯添翠
色花叢好鳥弄輕陰新詩好共溪頭就淡茗烹來樹
裏斟好景未容塵客戀風生兩腋沁人心

登回鴈峯　　蕭智如

碧落初收積日陰峯頭獨自快登臨江光雨後晴非
淺樹色霜前紫未深鴻鴈當空裁錦字菊花向曙吐
黃金相思歸去陶元亮醉倚東籬幾度吟

石鼓山　　饒晊

怒瞰雙流勢若摧天然尺幅畫圖開大觀誰搆危樓
出小憩人探勝跡來仙洞已封通嶽路白雲長護讀
書臺躑躅別有興懷處春近前峯鴈影廻

雨母山　　左修位

雨母名山蹟久湮晴嵐濃處望嶙峋俯臨湘水開圖
畫遙與衡峯結比鄰六御時巡傳大舜千年廟祀重

高辛赤松壇在仙蹤杳矯首雲天感慨頻

江亭晚眺　賀　燕

極目江天日正斜蒼凉雲樹渺無涯晚隨返照搖空碧人泛輕波帶落霞却羨宿崖有釣客為憐倚岸有殘花凭欄欲寫傷春意亭外蕭蕭噪暮鴉

登來鴈墖　曠　慧

登臨絕壁俯長空芒屩詩瓢興未窮西極關河浮劍外北原天漢插崆峒秋聲雁帶蘆花白日落霞吹楓葉紅獨有鐘聲來石鼓一燈湘水月明中

湘中春遊　饒　泰

遲日晴暉迓楚郊江行隨意趁良朝天邊翠草平如剪雲外青山淡可描獨向畹田憐蕙茝還從湘浦憶旌橈低徊無限興懷處逍遙春風步屧遙

望開福寺弔南宋趙忠定公　朱佩蓮

哀郢千秋鼓怒濤又憐忠定放江皋升天無力投讒鼎入地何心避笑刀少主原來忘顧命大儒從此詘離騷講筵一撤興鈎黨忍見湘東廟貌高

題衡陽陶大尹買池軒　朱佩蓮

舊時綠水泛芙蕖廢作桑田百姓居官廨買回三徑內夜廳補惜寸陰餘瀾抽書帶縈經草香染墨頭食

字魚應笑出門歸酩酊自臨池上映清虛

南嶽　饒夢銘

南都巨鎮矗靈蹤險峙雄關百二重㑹畫岣嶁神禹跡壇藏寶露古虞封橫臨楚澤廻征鴈倒插湖天起卧龍我欲祝融觀日出海雲已覺盪心胸

夏日登石鼓山合江亭　饒夢銘

石鼓無聲夾岸流江天縱目此雲收蒸湘清濁東西水吳粵颿檣上下舟梅雨洗成千嶂畫船風吹落一亭秋畹蘭何必思公子禹碣韓碑讀未休

五言排律

迴棹　杜甫

宿昔試安命自私猶畏天勞生繫一物爲客費多年衡嶽江湖大蒸地疫癘偏散財因薄俗有跡負前賢巾拂那關眼缾罍易滿船火雲滋垢膩凍雨裛沈綿強飯蓴添滑端居茗續煎清思漢水上涼憶峴山巔順浪翻堪倚迴帆又省牽吾家碑不昧王氏井依然几杖將衰齒茅茨寄短椽灌園曾取適遊寺可終焉遂性同漁父成名異魯連篙師煩爾送朱夏及寒泉

望嶽　羅沛

五嶽衡山峻凌空絕拔垣乾坤需作鎮今古藉爲藩金簡神人秘石糧舊迹存雲開懸夕照霧斂吐朝暾俯瞰千峯小仰看萬仞尊有靈通帝座無路躡天根絕頂容人到星辰定可捫

江明府以重開西谿磵道試士道即明府伯仲開也漫賦　曠敏本

一郡稱佳處茲焉景更嘉三年前此地今日覺增加允矣開山者賢哉江令家向西行迤邐出谷喜谽谺桃李欣春日栽培徧水涯梯危懷劍閣欹足憶褒斜迹往名猶舊碑殘手自爬從教成大道便擬泛仙查曳履生雲氣環亭沸筆花漁歌喧兩岸雁影落平沙踏徑樵來詡罔奇可許芭招攜由是路那復汝疵瑕

縣齋新竹　江德堅

玉筍衣初解森然拔地新似爭花縣麗宜與竹鄉鄰照戶清光滿臨窗粉膩勻寒時雖未歷勁節已先伸漸使斜陽碎將看碧漢親詩人誇有斐禮器美如筠侵曉催僮灌當風拂鳥馴分陰能護惜共此絕囂塵

江亭晚眺　張時

江亭舒秀色日暮一望同疊嶂千層靜雙流夾岸豅雲浮天意淡月上柳梢融棲鳥聲還寂漁舟樂未窮

殘霞離郭外風氣有無中晚眺多幽興怡然識化工

五言絕句

衡陽早春　呂溫

碧水何遠遙東風吹沙草煙波千萬曲不辨嵩陽道

病肺不飲酒傷心不看花惟驚望鄉處猶自隔長沙

送人遊湘中　杜牧

買得松醪酒秋來美更香憐君片雲思一棹去瀟湘

題花光山僧畫　黃庭堅

湖北山無地湖南水徹天雲沙真富貴翰墨小神仙

拜嶽石　趙抃

片石倚中天雲深鳥道開人多祝堯壽登此拜南山

衡陽道中　范成大

桑下蕪菁晚高花出短籬茅簷少春事誰記浴蠶時

黑豭鑽籬破花猪突戶開空山竹瓦屋猶有燕飛來

送人遊湘中　高啓

離恨挂帆檣隨君遠入湘飛花蕩春影江水不勝長

衡山朝陽山房　秦臺

山轉疑無路雲開忽有天浮沈渾隔世直欲挾飛仙

祭告南嶽　高珩

行人到武昌已作半途喜那識武昌南煙水五千里

兩岸層層嶂孤峯面面山橫襟憑一葉聊睍洞庭間

未入衡州郭先見衡州城城門垂薜荔大抵似巴陵

綠淨不可唾此語足千古天水澹相涵中有數聲艣

花放不知名稻秀猶能長芳草隱清流但聽清流響

幾月舟行久今朝倦眼開萬峯飛舞處一片大江來

南嶽雲中盡東流海上忙他年圖畫裏著我在瀟湘

七言絶句

自江華之衡陽途中作　呂溫

孤舟遲遲悵有違沿湘數日過晴暉人生隨分爲憂喜廻雁峯南是北歸

寄楊衡州　韓翃

湘竹斑斑湘水春衡陽太守虎符新朝來笑向歸鴻道早晚犂飛見主人

過衡山　柳宗元

故國名園久別離今朝楚樹發南枝晴天歸路好相逐正是峯前回雁時

寄李衡州　權德輿

片石叢花畫不如花身三徑豈吾廬主人千騎東方去惟望衡陽鴈足書

送賀休上人歸衡　劉昭禹

草屨初登南嶽船銅瓶猶貯北山泉衡陽舊寺春歸晚門鎖寒烟幾樹蟬

伊山　張祐

晉代衣冠夢一塲精藍在是讀書堂桓伊曾弄柯亭笛吹落梅花萬點香

湘中謠　崔塗

蒼山遙遙水瀰瀰路傍去盡沒行人王孫不見草空綠惆悵渡頭春復春

烟愁雨細雲暝暝桂蘭香老三湘清故山望斷不知處鵾鳩隔花時一聲

題湘上草堂　僧皎然

山居不買剡中山湖上千峯處處閒芳草白雲留我住世人何事得相關

辭名　僧懶殘

三十年來獨掩關使符那得到青山休將鎖束人閒事換我一生林下閒

夜泛　衡州舟子

野雀灘西一棹孤月光遙接洞庭湖堪嗟廻雁峯前過望斷家山一字無

解印歸衡山　五代廖凝

五斗徒勞自折腰三年兩鬢爲誰焦今朝官滿重歸去還挈來時舊酒瓢

回鴈峯　陳乎

回雁峯前一棹孤平波如鏡浸菰蒲楚天日落碧雲合山北山南聞鷓鴣

西湖寺　宋嶽宗

帝遣名山護此邦千家琵琶嵌西窗山僧乞與山前
地將客先開四十雙

題花光山僧畫　黃庭堅

花光寺下對雲沙欲把輕舟小釣車更看道人風雨
筆亂峯深處是吾家

祝融峯　朱子

我來萬里駕長風絕壑層雲欲盪胸濁酒三盃豪興
發朗吟飛下祝融峯

蓮花峯　朱子

月曉風清墮白蓮世間無物敢爭妍如何今夜峯頭
雪撩得新詩續舊篇

和元晦蓮花峯韻　張栻

玉井峯頭十丈蓮天寒日暮更清妍不須重詠洛神
賦便可同賡雲錦篇

水簾洞　畢田

洞門千尺挂飛流玉碎珠簾冷噴秋今古不知誰捲
得絲蘿爲帶月爲鈎

渡湘江　文天祥

萬頃澄瀾碧玉寬笑乘一葉自輕安穩簑從此關心
事待向烟林乞釣竿

過衡陽　解縉

欲上衡山看洞庭往來無暇不勝情秋宵跨鶴持雲
下歸路猶堪借月明

憶衡山　陳獻章

身輕何處謝吹烟石洞松脂不記年只牘已過南嶽
王一九還有白龍仙

花藥山　黃廷用

南嶽千尋雲萬尋丹青難寫夢中心人閒鐵笛無吹
處又向秋風寄此音

舊傳仙子丹成日花下常棲五色禽藥鼎已侵芳草
地松陰空鎖白雲岑

湘江雜興　胡安

百丈牽風浪作山别情何必恨陽關蕭蕭客坐依燈
影知是瀟湘夜雨閒

朱陵洞　湛若水

石頭路滑不可渡我來跨鶴馭天風噴泉九月飛霜
冷舉袖擎天曉日紅

耒陽舟中　湛若水

有鳥翩翩貼水飛掠舟歷歷度斜暉探看何處神君
使碧玉爲髀白錦衣

飛來船　張居正

石艦飛來幾閱年半落不落雲中懸何當棹向銀河去直取支機下九天

朱陵洞　王在晉

琴華掩映玉玲瓏一片空明斷太濛洞裏瑤光應不夜步虛人入水晶宮

天聖巖　伍讓

仙人樓閣倚青霄躡磴穿雲度石橋獨坐靈巖無一事憑欄忽聽鳳凰簫

芙蓉峯　李義莊

萬朶芙蓉秋正開碧天如水鶴飛來憑誰借我芙蓉杖直到峯頭不擬迴

鄴侯書　沈鉄

一枕煙霞石作縈峯頭片片自嶙峋牙籤萬軸今何在石室平蕪玉簡殘

祝融過方廣　陳宗契

祝融方廣恣高深半欲摩天半欲沈撩霧穿雲憑寄任芙蓉巔頂藕花心

花藥山二絕　王在晉

白雲深處問仙家滿砌靈芝長玉芽一自彩禽飛集後道人終日去栽花

輝輝百萼應春開鶴舞松煙鹿黠苔疑是花神漏消息羽衣五色日飛來

夔題杜陵　謝如珂

搖落荒林樹色秋瀟湘江上思悠悠知公時有憑軒淚淒斷天涯萬古愁

過太平寺和吳少參韻　張勛

啼鳥聲中景色和太平蕭寺此迴過倦行老吏頻來往日影千山下薜蘿

西橋夜月 宜陽八景之一　周祉

闘將一賦詠蒹葭月色凌空漢影斜滿地琉璃堪踏碎問仙疑是泛虛槎

回雁峯　孟洋

回鴈峯高起夕嵐孤舟落日繫江潭雁知瘴癘愁南度逐客明朝路更南

奉檄踏衡陽水災　張應星

篙首青天赤日流洪波消盡見田疇肩輿衝暑尋阡陌五月翻疑是九秋 曉出郡西門

萬山深處見天低峭壁千尋削紫泥日午陰陰聞鬼嘯桃花誰認武陵谿 岐山

天開法界聳呆山盛暑猶來叩竹關聞說毒龍藏鉢神偏生波浪到人閒 呆山叢林

一葉扁舟在樹巔平浪十里迴無田爲巢爲窟當年事誰哭堯天有二天 書所見

歸來坦道一襟風屈指句餘烈日中眼底有情書不盡繪圖還欲倩良工 歸自集福寺

李晙白來衡山隨筆 失名

食盡蹲鴟兩鬢蒼祝融紫蓋霧茫茫繩床丹竈白雲裏不把長生授始皇

雨中重過衡郡 張洳

不到衡陽又四春無端父老待爲賓兒童不必驚前導我是當初舊主人

山城如故鬢毛新舊雨飄零獨愴神一載未能周教養重來慚愧對斯民

雨意風情汨上舟水聲汨汨拍船頭千家兩岸煙雲裏迴雁峯高認舊遊

丙子六月歸廣陵舟過合江亭題寄蕉畦 江昱

綠淨雙[illegible]山紅亭鎮日對鷗閑再來不願東軒任乞我重編向此閒

知衡州府事豐城饒佺重編

藝文四

疏

待詔公車疏　　谷永 漢人

陛下秉至聖之純德懼天地之戒異飭身修政納問公卿又下明詔帥舉直言燕見紬繹以求咎愆使臣等得造明朝承聖問臣材朽學淺不通政事竊聞明王即位正五事建大中以承天心則庶徵序於下日月理於上如人君淫溺後宮般樂遊田五事失於躬

大中之道不立則咎徵降而六極至凡災異之發各象過失以類告人乃十二月朔戊申日食婺女之分地震蕭墻之內二者同日俱發以丁寧陛下厥咎不遠宜厚求諸身意豈陛下志在閨門未卹政事不慎舉錯屢失中與內寵太甚女不遵道嫉妒專上妨繼嗣與古之王者廢五事之中失夫婦之紀妻妾得意謁行於內執行於外至覆傾國家惑亂陰陽昔褒姒用國宗周以喪閻妻驕扇日以不臧此其效也經曰皇極皇建其有極傳曰皇之不極是謂不建時則有日月亂行陛下踐至尊之祚為天下主奉帝王之職以統羣生方內之治亂在陛下所執誠留意於正身勉强於力行損燕私之閒以勞天下放去淫溺之樂罷歸倡優之笑絕却不享之義慎節遊田之娛起居有常循禮而動躬親政事致行無倦安服若性經曰繼自今嗣王其毋淫於酒毋逸於遊田惟正之共未有身治正而臣下邪者也夫婦之際王事綱紀安危之機聖王所致慎也昔舜飭正二女以崇至德楚莊忍絕丹姬以成伯功幽王惑於褒姒周德降亡魯桓脅於齊女社稷以傾誠修後宮之政明尊卑之序貴者不得嫉妒專寵以絕驕嫚之端抑褒姒之亂賤者

咸得秩進各得厥職以廣繼嗣之統息白華之怨後宮親屬饒之以財勿與政事以遠皇父之類損妻黨之權未有閨門治而天下亂者也治遠自近始習善在左右昔龍筦納言而帝命惟允四輔既備成王靡有過事誠敕正左右齊栗之臣戴金貂之飾執常伯之職者皆使學先王之道知君臣之義濟濟謹厚無敖戲驕恣之過則左右肅乂羣僚仰法化流四方經曰亦惟先正克左右未有左右正而百官狂者也治天下者尊賢考功則治簡賢違功則亂誠審思治人之術歡樂得賢之福論材選士必試於職明度量以

程能、考功實以定德、無用比周之虛譽、毋聽浸潤之譖愬、則抱功修職之吏、無蔽傷之憂、比周邪僞之徒、不得卽工、小人日銷、俊乂日隆、經曰、三載考績、三考、黜陟幽明、又曰、九德咸事、俊乂在官、未有功賞得於前、衆賢布於官、而不治者也、堯遭洪水之灾、天下分絕爲十二州、制遠之道、微而無乖畔之難者、德厚恩深、無怨於下也、秦居平土、一夫大呼、而海內崩析者、刑罰深酷、吏行殘賊也、夫違天害德、爲上取怨於下、莫甚乎殘賊之吏、誠放退賊殘酷暴之吏、錮廢勿用、益選溫良上德之士、以親萬姓、平刑釋寃、以理民命、

務省繇役、毋奪民時、薄收賦稅、毋殫民財、使天下黎元咸安、家樂業、不苦踰時之役、不患苛暴之政、不疾酷烈之吏、雖有唐堯之大灾、民無離上之心、經曰、懷保小人、惠於鰥寡、未有德厚吏良而民畔者也、臣聞灾異、皇天所以譴告人君過失、猶嚴父之明誡、畏懼敬改、則禍銷、福降、忽然簡易、則咎罰不除、經曰、嚮用五福、威用六極、傳曰、六沴作見、若不共御、六罰既侵、六極其下、今三年之閒、灾異蜂起、小大畢具、所行不享上帝、上帝不豫、炳然甚著、不求之身、無所改正、疏舉廣謀、又不用其言、是循不享之迹、無謝過之實也、天責愈深、此五者王事之綱紀、南面之急務、唯陛下留意、

請回鑾疏

明監察御史 甯欽 衡陽人

題爲力寢西幸以安地方事、臣正德十三年六月十二日、據山西布政司經歷司呈、爲欽奉事、奉使司劄付、今年六月初五日抄蒙欽差鎮守山西地方兼提督鴈門等關印綬監太監吳經案驗、本年六月初四日、該錦衣衛冠帶舍人吳玘齎捧司禮監揭帖、內開本年五月十四日、本監太監蕭敬等於武英殿傳奉聖旨、恁司禮監寫帖子去說與山西鎮巡並三司等

官太監吳經等知道、今着你每公同措辦合用一應錢糧物件、並多打造過河船隻、務要寬平深倉、一渡不下三五千人馬、二三時中可渡萬數、倘或窄小不多、未免遲悞軍務、其軍中糧料草束、多行預備、一應臨時之用、本地方官軍人馬、不時操習、專待有警聽調、及織造各色改機等紬絨氈等件、不許糙毛稀鬆、務要如法、其餘各項事情、便都上緊處置、毋得稽遲怠誤、如違責有所歸、欽此、欽遵、本監今將奉到欽依事理、備云前去、山西鎮巡並三司等官太監吳經等、欽遵施行等因、奉此擬合通行、爲此仰布政司抄案

回司着落當該官吏卽行清軍監察御史一體欽遵
施行等因奉此臣竊聞昔者太宗文皇帝北征
先詔誥天下諸司及各處鎮守總兵官知會祭告天
地社稷太廟又册立皇太子皇太孫南北兩京監國
凡在京文武衙門遇有內外軍機及王府切要事務
悉奏請處分仍奏聞行在所凡遇享大廟祭社稷等
神勅皇太子攝祭是故朝廷有攝政之主行在無內
顧之憂人心以繫宗社以安此蓋出於不得已者而
非無事慢行今陛下行幸山陜地方誠爲事出無名
臣捧頌之餘非特臣等愕然驚惶落魄而軍民男女

老少聞之無不惆悵爲者且臣奉命清戎於此民情
土俗備訪周知姑以民言之地瘠民窮賦役繁重節
年逋稅動計百萬天下疲困莫甚於此以軍言之地
切邊關輪番守備壯者差操弱者守城各該衛所名
伍多是空鈌以錢糧言之流賊屢寇邊關鈌食俻經
那借接濟而司府倉庫悉爲空虛以道路言之羊腸
千里懸巖百尺人從地竇中往來正古人謂車不得
方軌騎不得成列者是也至於黃河波涌如沸水急
如箭深不可測險不可濟中國恃此以杜外釁今欲
多造船隻二三時中可渡萬數此非特決不可爲抑

或啓釁而貽他日之禍也陛下於此獨不思周昭王
巡狩返於漢濟而遭溺舟之禍乎陛下何爲者哉而
亟幸此地方以冒此險也臣伏讀皇明祖訓曰凡每
歲自春至秋此數月猶當深憂憂常在心則民安國
固蓋所憂者惟望風雨以時田禾豐稔使民得遂其
生如風雨不時則民不聊生盜賊竊發豪傑或乘隙
而起國勢危矣欽此今陛下當此時節四方水旱相
仍災異疊見正當邃居九重深憂以望時和年豐安
民固國可也夫何無事慢遊以厲地方也耶又祖訓
曰凡古帝王以天下爲憂者唯創業之君中興之主

其守成賢君能之其尋常之君將以天下爲樂則亡
國自此始何也帝王得國之初天必授以有德者若
守成之君常存敬畏以法祖宗憂天下爲心則能永
受天之眷顧若生怠慢禍必加焉可不畏哉欽此今
陛下爲守成之主當此疲病之時正當法祖敬宗不
以天下爲樂而以天下爲憂正位凝命以修聖德以
膺天眷可也顧乃淫於遊畋肆無敬畏如此則禍或
不測也臣爲此竊爲寒心者屢矣又祖訓曰凡帝王
居安常懷警備日夜時刻不敢怠慢則身不被人所
窺國必不失若恃安忘備則姦人得討身國不可保

矣欽此今陛下春秋鼎盛前星未耀儲位尚虛內無監國者以繫屬人心顧乃恃安忘備遊幸無度出入無時而漫無內顧之心已爲痛慮茲又欲孤身長驅萬里臣恐聖躬爲姦人所窺而或變生肘腋是非特兩宮孤處深宮拭淚悵悵而已而九廟在天亦未必不爲震驚而痛哭也又况太皇太后大事未舉小祥未及餘哀未釋陛下以孝治天下而顧若是歟夫臣於此蓋有以仰窺聖心之微矣夫陛下以爲臣民在下恒謂南海子不可幸然幸遊數次無虞也恒謂宣府不可幸然幸居數月無虞也恒謂密雲等處不可

幸然幸觀殆遍無虞也雖然臣愚以爲昔之所幸者近今之所幸者遠近則可以遄往遄復况上賴兩宮鎮定之福內賴中貴防衛之嚴外賴文武大臣百官協心保護之周大抵固無虞也抑或偶爾倖爾茲以孤立當萬乘之尊又欲單騎幸萬里之遠往返動經半載一年非但慮禍或起於蕭牆又恐四方或有睥睨神器者乘隙而起或距要津或抗咽喉雖祖宗在天之靈默加護庇國家平日畜養人心固結斷不可奪而金甌或可幸無事然天下自此多事矣臣等萬死固不足恤其如天下蒼生何陛下於此獨不思夏之太康一犯祖訓禽荒之戒而竟以失國者乎夫今祖訓昭然若在面語陛下漫不庸心而所以亟欲巡幸焉者臣又有以仰窺其微矣蓋天下之事其本在於一人而一人之身其主在於一心故人主之心正則事莫不正否則放心邪氣皆得以溺焉而不知返是故孟子曰人有鷄犬放則知求之有放心而不知求者然則陛下於此當何如孟子又曰存其心養其性所以事天也夫事天則敬天敬天則法祖法祖則天命永凝而天祿永終伏望皇上上體祖宗神器之重下恤地方軍民之苦俯納臣芻蕘之言擴離照以

燭未萌之禍奮乾剛以寢西幸之旨御經筵講學以正此心臨朝聽政以嚴此心又寵御鷄鳴之聖后眷耳之賢妃警戒相成以養此心則此心將自斂於一揫而萬僞千邪自不可誘是即敬天法祖克承天命克享天祿於悠久矣夫然則豈特山陝地方軍民安堵及臣等幸甚而已而天下幸甚祖宗幸甚

摘陳初政疏

明陝西布政　朱炳如　衡陽人

題爲摘陳初政關係理治之漸以備采擇以隆聖業事竊聞忠臣之愛君必防其漸漸者其幾隱其端微其事若不足介意而深足爲隱憂苟因循玩愒阿比

雷同則始之一線終於滔天後將有不可捄正之虞矣易曰履霜堅冰至蓋言漸也又况君心之敬怠行政之得失用人之當否皆因之而國家理亂實於此乎繫也臣可終默而無一言爲皇上獻乎臣先蒙世宗皇帝差在巡按廣西地方一年又踰六月於玆夙夜兢惕圖惟稱塞協同都布按三司各守巡𢀛備府州縣等官隨時調停每事振刷然不過一方輿華耳而無關於四海生靈之休戚一時利害耳而無與於萬世社稷之安危臣固不敢冒以塞責而自諉其庸庸保祿之罪也但廣西去天萬里每差齎奏官承動

經數月故於邇來朝政重大皆未有聞雖擬列欵數陳少效犬馬之忠緣一時內閣部院大臣及省臺諸臣凡有切於皇上初政如定志保位畏天法祖愛民從儉攬權用人接下聽言先該輔臣陳以勤言之備矣而其疏具在也臣何言哉如重延納廣聰明勤初政御便殿議典禮慎工作舉遺逸振賢科定額貢絀心學務受言重命令廣親親除近例定經制裁冗費汰冗食去宿弊禁擾民實邊餉預儲畜慎舉動親賢輔遠近倖講明聖學諮詢時政省覽章奏信任耆舊又皆省臣胡應嘉魏時亮王治馮成能張鹵曹當勉何起鳴周世選孫枝張齊先後言之備矣而其疏具在也臣何言哉如宏獻納慎治體資輔弼務從諫重詔令慎爵賞復報奏重選舉沃聖心重聖孝慎舉動止行幸體解納出宮女去奸政鐲災傷又皆臺臣龐尚鵬陳聯芳耿定向王好問成守節張櫝王原相先後言之備矣而其疏具在也臣復何言哉諸臣荷聖德謙虛各賜嘉納多奉俞旨無非擴虛受廣忠益以裨初政遭際盛明之朝眞千載一時也臣誠舉手加額欣躍無任然亦未免有私憂過計不能自已於言者謹爲陛下陳之大學士高拱在先帝朝中外莫不

知其陰險奸貪既經南北言官十三奏疏論列具有指摘實跡葢非偶一風聞者比而左都御史王廷又備言其恣肆無恥之狀尤爲可據去邪勿疑此陛下當斷然行之矣顧屢勤溫旨特加諭留若戀戀不忍舍者夫言出一人或未可據以爲然今南北交章至十三疏矣而總臺如王廷素稱鯁直之臣縷縷備言之尚非公惡公論耶陛下乃猶豫未決不即罷斥偶四御史王嘉言設喻之詞誤中聖意專差行人護送馳驛回籍更優以銀幣豐膴之賜臣恐大臣罔上行私不復顧忌揣度聖心不忍擯斥而益加優厚凡可

以自遂其私何不爲也幸今講讀諸大臣如郭樸陳
以勤殷士儋皆素稱忠亮使皆高拱其人陛下之恩
可常繼乎此大臣奸欺無忌之漸不可不妨也大學
士徐階在先帝朝中外莫不稱爲忠勤廉慎在昔嚴
嵩柄政多年縉紳皆貪婪公行鑽刺無恥宇宙幾不
可撐持矣及階一代首輔躬率百僚以禮義廉恥之
行中外之臣雖欲望門多投一刺恐爲階所鄙薄况
敢以故套輕瀆乎一時海內莫不鼓舞稱慶以正人
柄用社稷蒼生之福乃有異常憸邪不顧公道如齊
康者朋奸助惡横肆詆毀忍以納賄誣階階冰玉清

操京師五尺之童皆知之固不待辯而自明此皆高
拱手授齊康康欲取悅於拱以爲他日之地故不度
常理依樣謄寫一字不移有臣如此黨邪害正關係
治道匪輕不即重究固陛下天地之量然止薄示降
用而復冒寧遠縣丞之官寧遠之民奚罪焉且非所
以安元輔之心也今閱邸報四乞歸休矣荷蒙陛下
眷留懇至但恐心既不安終不能從容密勿如昔之
處大事决大疑而直以天下事爲己任也夫君子小
人志向不同拱被論先後二十一疏而後决小人沉
迷富貴絕無羞惡之心也若君子偶蒙求全之毀反

己自修固不敢自恕抑豈能盡釋然而無介於懷耶
萬一階决於去而陛下嗣服之初誰與共理乎康之
罪眞不可一日姑息亟當罷斥以從中外臣民公惡
之心此言官黨惡無忌之漸不可不妨也臣又閱邸
報御史成守節疏乞聖明愼舉動以重宗社以全大
孝事奉聖旨這本全無影響成守節本當重處姑從
寬罰俸二個月該部知道欽此臣惟言官之進諫于
君也必先自盟其心出自忠懇無一毫身家顧戀之
私然後敢觸冒忌諱以干雷霆之威稍有意念猶豫
雖藁十易而未敢上也雖公論激發之而亦未敢上

也此無他保祿之念十之一二保身之念十之八九
均非純心以事主者也成守節懷忠懇之心而有愼
舉動之疏中間詞涉過激事未的確偶出於傳聞之
誤陛下當亮其無他而姑假溫詞以優容之啓其源
源進言之心作其蹇蹇匪躬之志陛下顧示以罰恐
諸臣聞之而解體也在純心報主之臣固不以此而
爲之進止若素非眞志而偶遇明主優容各攄所見
以塞責者皆箝口縮舌而不復言矣乃若戶部主事
李齊芳於陛下登極之日有重名器愼初政以圖極
治之請今覽其疏一念忠懇言多可采未幾部院考

察偶在降調外任之列臣素不識齊芳一面亦未悉其平日爲何如人誠如廵按河南監察御史李文續所論則可槩知輕率矣據其平日而公擬之未爲不可但四海之遠萬民之衆先聞齊芳首有此疏矣俄報齊芳降調外任皆不知爲部院考察其平日而止疑其進言之迹皆日李齊芳因首疏而被斥矣非惟庸夫俗子未之知雖少知章句者亦未必盡亮焉此亦當曲處以釋羣疑以全大體者也此又言路阻抑之漸不可不防也凡此三漸皆於邸報摘其最要者條列以備聖覽如果臣言不妄乞於高拱明示擯斥

勿更猶豫以生權奸窺伺再進之端於齊康仍加罷革勿更姑息以滋憸邪播惡生靈之禍於成守節稍易其嚴切罰戒之旨以安言官恐懼退縮之心於李齊芳乞勑下吏部或名還原職或量賜遷轉以釋遐方淺見之疑至於陳以勤未入內閣而先陳十事此皆有裨君德關繫政體陛下當命中書官大書一帙置諸座右時復細閱而紬繹之有一事未當聖意即名以勤面問之使之敷陳詳細務得肯綮至於臺省諸臣先後章疏則命輔臣徐階李春芳郭樸陳以勤會同商確摘其最關君德政體者總若干條删去浮詞提出緊要事實大書一帙置之座右時亦細閱而紬繹之令事事句句字字與有一事未當聖意則名臺省諸臣面問之使之攄吐悃誠務令盡言庶陛下之樂取羣言可爲初政之大助而諸臣之條列忠欵不爲無補之空言矣臣不勝隕越仰祈之至

申明謚法疏　　御史　謝文祥　耒陽人

臣聞天道至公聖人奉天亦至公公者所以平賞罰而昭勸戒也故公賞則賞一人而千萬人勸公罰則罰一人而千萬人戒檢士行扶世道固國本無不於是乎在然則賞罰嚴也可警於一時賞罰重矣難及

於後世聖人於是復制之謚法以善善惡惡所謂是非百年而後定也竊照太子少保禮部尚書兼文淵閣大學士陳文猥以陋儒遭逢盛世直經筵則學術空疎而無以格君心秉史筆則是非顛倒而無以信後世論思不根於仁義代言未協於典謨營營趨利默默尸位上豆鹽五萬引而黷貨之無饜施棺木三千餘而市恩之罔嫌張岐貪虐小人也納賂而引置憲府既又爲之起復賈銓老儒庸夫也連姻而保陞都副寧復私之美謚贓官罷職律有明條孫瓊畏罪在逃受其賄而仍復前官詞臣論思官有常職章懋

上疏納忠忤其意而遂改見任異端正學之蠹也妄死而建佛事者累旬太學賢士之闕也子入而縱其畜淫妓者成隊囑託公事陳俊之足跡遍於有司貪圖財利蕭斌之泉布通於私室一恩誥之頒也則衒於衆而歸功於己一嚴法之省也則辭其責而歸怨於上其餘不法不公作威作福之類雖擢髮不能數也使其生一日則貽朝廷一日之憂生一年則延生靈一年之禍幸而祖宗在天之靈稔其極惡大罪而降罰厥躬乃陰相陛下除此奸蠹以綿億萬年太平之業也當跡其行實之惡加以應得之諡曰醜可也曰繆可也曰此已荒無不可也豈其諡者意欲爲己地不思夏竦雖諡以文正而於竦之奸佞何掩秦檜雖諡以忠獻而於檜之傾邪何益乃敢朦朧妄擬諡曰莊靖兼以陳文在日深情厚貌足以匿其非秘計奸謀足以蓋其跡陛下聖神偶不及此輒從其議夫睿通克服曰莊慎以處位曰靖蓋諡之美者也陳文之爲人天下臣民之所共知何者可謂之莊何者可謂之靖以此諡之非惟不稱其情俾繼之者必曰立心之不臧如文制行之不檢如文貪墨之不法如文極天下之醜惡莫如文也而猶獲此美諡或慕而效之敢於肆行無忌則天下國家之大尚何賴耶

保泰疏萬曆三十六年正月疏　太常博士康元積衡山人

奏爲履端伊始聖治宜新謹陳保泰之謨以贊隆平事臣聞古者每歲孟春遒人以木鐸徇於路官師相規工執藝事以諫以此知聖王之世雖百工賤役皆得畢獻其愚其在孟春正月則體元居正始象方懸故聞言尤亟亟焉臣考正月之卦其名爲泰臣常取易泰卦反覆玩味未嘗不嘆聖人於保泰持盈之際何其惓切而著明也臣不敢妄有所陳謹以泰卦象象六義謬繹其旨而推以今日之事敬爲皇上詳陳

之泰之卦辭曰泰小往大來吉亨臣考易書貴陽而賤陰故陰爲小陽爲大此卦陰往居外陽來居內陰慝消而陽淑長鼓鬯休明爲吉祥善事之符有吉亨之象焉臣以是推之陰之小也其於人也爲小人其爲事也爲誤主爲蠹國爲禍社稷病蒼生凡公行敗類陰賊忮害作不善施不恕者皆小也皆泰道之世所當往者也陽之大也其於人也爲君子其於事也爲匡贊爲容賢爲庇國爲福社稷利蒼生凡正直忠厚勁氣亮節攄肝膽而同肺腑者皆大也皆泰道之世所當來者也故迎而不往不可言泰來而不來不

可言泰自古雖唐虞之盛亦有小人雖夏商之季亦有君子顧往來之機謂何耳皇上試以泰卦之旨别小大之品審往來之用則所謂吉亨者可坐收矣此泰卦之大較也泰之象曰泰小往大來吉亨則是天地交而萬物通也上下交而其志同也內陽而外陰內健而外順內君子而外小人君子道長小人道消也臣考泰卦天道下際地道上升有相交之義焉在造化則天地既交而乾坤之氣欣洽敷榮萬物之所以通也在世道則君臣上下有魚水之歡無釜鬵之閒志之所以同也天地既交則內陽外陰內健外順

矣上下既交君子必內而其道長小人必外而其道消矣臣以是推之上下之間不交則異異則離跂壅塞其勢必鬱而爲否交則同同則融結孚達其勢必開而成泰否泰之機係於上下之交與不交同與不同耳今日廟廊之上以爲不交不同耶則皇上十數年來於二三元老所體貌甚隆所賚予甚厚所信任倚重者甚專且久即偶被指摘立罪名者亦曲爲解免所慰藉彌縫者甚婉切而篤至此千古所未有也以爲交而同耶自皇上靜攝二十餘年朝講不御召對無聞辰入酉出以爲盡瘁傳發票擬以爲筆札安危利病之故上何嘗吝一疑發一難閔閔焉以久安長治者熟計於元老下何嘗矢一謨陳一畫皇皇焉以守成保盛者孰陳於皇上使天下之大悠悠泛泛如無柁之舟大小之政日趨於頹靡而寖失其初大小之官日趨於苟且而盡忘其故臣竊爲盛世惜之臣請自今獻歲發新之時願皇上慨然更始進二三輔臣而問以今日之國計民生其登耗休戚者若何官方吏治其通塞虛實者若何務求所謂繫苞桑而鞏磐石者斯下交之道也亦願二三輔臣時以憂危苦詞進於皇上而告以國計之日詘也民生之日蹙

也官方之塞極而宜通也吏治之廢弛偷竊相襲相蒙而不可不覈也反覆諄切務求所爲回天聽而固金甌者斯上交之道也泰之象曰天地交泰后以裁成天地之道輔相天地之宜以左右民蓋言交泰之世天地之道固以渾淪后于是爲之裁成以妙其用天地之宜方以宜序后于是爲之輔相以順其施裁成輔相而民生之休養安全者若聖人左提而右挈之故曰以左右民臣以是知元后者天地之心生民之命也皇上爲天地生民之主則所爲裁成輔相以左右民者可漫不置意乎况今日之事又大有可言

者古者以六曹之官擬於天地四時則裁成輔相計未有大於此者臣不敢泛濫廣陳試以六官之事宜於今日略陳於前以天官言之在位之累資而不得遷者凡幾去位之空缺而不得補者凡幾郎署之馮唐已老郡邑之龔黄久湮孝廉明經嘆桂玉於都門每踰歲而無官吏胥雜流倚錢神於巷伯輙旦夕而得遷則吏部之當裁成輔相者宜急也以地官言之太倉無二年之貯邊軍缺半歲之供稅使橫征之入旣朽蠹而不得用有司惟正之常又困罷而弗能支則戶部之所當裁成輔相者宜急也以春官言之自

郊廟習遺代之常而享帝享親僅同於歲事自臨御奉傳免之常而鹵簿儀衛不及於綿蕞以至俗流失世敗壞民競於偸士競於躁縉紳競於門戶文章競於纖靡奉釋奉老之徒競於供養莊嚴則禮部之所當裁成輔相者宜急也以夏官言之京營之戎伍濫冒而不可校錦衣之緹騎冗蠹而不可汰武弁世胄施韎韐於白丁不過一方之土偶邊徼債帥累崇級於靑蚨奚望千里之折衝苟安者或剝軍以養寇幸無事而已掠而爲功忮僨者或弄兵以修隙卒有患而已不任其禍則兵部之所當裁成輔相者宜急也

以秋官言之橫璫釀三秦之怨毒惡貫已盈而三尺不加奚啻吞舟之漏網茂宰作百里之保障艱危已甚而繫囚不釋可謂戴盆之無天加以累年沉滯論奏已明先登鬼錄者永號長夜之寃見在囚籍者尚抱圜扉之痛臣惟頃歲皇上恩詔矜赦已又慮繫囚久淹鄉刑之使分道四出乃今輦轂之下皇仁未暢則刑部之所當裁成輔相者宜急也以冬官言之三門工程尙無完局福王公主府第方新內供之額辦仰屋無策而不能實漏巵河渠之開塞經費無算而不足塡逝波頃者奉旨報商明禁甚嚴乃報者幾經

審論曾焦脣而得之被報者一經請託遂緩頰而免之憐之子勤穡事殳匱擾鉏此何以示後世乎則工部之所當裁成輔相者宜急也諸如此類更僕未數臣姑舉近事以發其槪皇上試於此月以往嘉與中外臣工維新庶政次第舉行將民獲左右之福而元后之責塞矣泰之初九日拔茅茹以其彙征吉象曰拔茅征吉志在外也蓋言陽德方亨天下之賢萃於朝廷如拔茅之茹連彙以起共致太平吉孰大焉何者羣賢彙征則志在天下不在一身故以其征爲吉也皇上今日開泰之治所當拔茹而進朝徵夕吉計

無有先於考選諸臣者彼其取於民譽採於人望閱歷既久籌策素具耳目楨幹於是乎在皇上何不以三陽之時渙發德音令之布列在位於以資繩糾而重彈壓師師濟濟各擄所長其能贊裁成輔相之業者必此輩也皇上何靳而久不發臣之所未解也泰之九二曰包荒用馮河不遐遺朋亡得尚於中行象曰包荒得尚於中行以光大也蓋言泰寧之時所患者刻覈故宜包荒所忌者猶豫故用馮河所貴者周悉故遐不遺所戒者偏比故朋宜亡圖者各適宇宙之內清和咸理故曰得尚於中行要知四者之中惟

包荒最難何者爲於可爲之時得之精明失之渾厚苟其包荒合於中行光大之業端在是矣臣以是四者推於今日不能不有望於皇上焉頃者江西叅政姜士昌一疏彰往察來反覆數千言慷慨叩閽詞雖繁費意實忠懇未幾御史宋燾痛士昌之被謫感慨憤激抒爲廹切無諱之談義形於色至欲與忠寃同遊語雖大過肝膽甚烈乃皇上盛怒切責既於姜士昌宋燾先後咸加顯斥甚矣復因燾之疏再斥士昌抑又甚矣咸寧知縣滿朝薦出萬死不顧一生之計爲秦民捍禦橫璫垂餌虎口可謂鐵漢梁永殺人劫貢之語其計畫無聊之狀亦可想見皇上明知永之不法奮然取回乃又介介於强項令而械繫幽囚此何爲也頃者李禎國所具情詞其順逆昭然而朝薦至今不蒙釋放又何爲也則泰之所謂包荒意者其當講乎古人謂決爲事之成需爲事之害今皇上之所當決而需者有三事焉如礦稅之斂怨而當亟罷也亦既明知之矣乃一則曰自有停止之時再則曰自有停止之日今爲時凡幾爲日又凡幾而卒不見其停止也如省署半空臺署九空考選諸臣已論定則當亟下也亦既明知之矣乃一則曰少俟檢發再

則曰少俟檢發俟而又俟累少爲多而卒不見其檢發也如九卿大僚皆心膂股肱之寄毋論綱紀所繫抑亦國體攸尊今堂堂盛世而九列不備有如晨星其當補也亦既明知之矣乃一則曰再推幾員再則曰併原推寫來今推者屢矣請者屢矣而卒不見其點用也據此三者當斷不斷則泰之所謂馮河意者其當用乎自諸臣以論事觸忤先後擯斥者若而人今淪落有日彼其江湖魏闕之思豈常須臾忘哉皇上竟置之若遺遂使賜環無日傾葵莫效則泰之所謂不遐遺意者其當念乎自一二相既去之後南北競

求爲[illegible]意見各執[illegible]遂分偏執之極角距橫生得勢而一羣華膴如寄失勢而爭摧抑隨之三季之戎可爲寒心夫天下一家大小臣工共惟帝臣請自今開泰之[illegible]渙小羣成大羣銷落成心咸布公道以成蕩平之休是在廟廊之上建中和以倡之耳則泰之所謂朋亡意者其當講乎泰之九三曰无平不陂无往不復艱貞无咎勿恤其孚於食有福象曰无平不復天地泰也蓋言天運循環世無常泰不可恃也吾恃其平而平易陂矣計所爲安其平者宜何如吾恃其往而往易復矣計所爲保其往者宜何如惟艱惟貞

庶幾免於咎乎如是則數之孚者可勿憂而変泰之福可長享矣何者往復消息爲天地之際圖之則可挽蔑之則遂成際之爲言間不容髮蓋可忽乎哉臣以是推之今日則平陂往復適當其際矣自皇上踐祚以來何福不臻何威不暢何令不行何所摧而不磨滅何所求而不輻輳盛矣極矣然造化無常泰之運今乃狃久安之勢而帖然不虞其後臣竊以爲過矣不及今開泰之時聖君賢相咨殷鑒夏以平陂往復之必至者動色相戒以艱貞食福之可爲者焦心其豐一旦數極勢成卒有不可言者乃始駭而圖之其將有及乎泰之六四曰翩翩不富以其鄰不戒以孚象曰翩翩不富皆失實也不戒以孚中心願也蓋言泰已過矣陰且乘矣羣小欲進之勢無翼而飛者翩翩起矣莫或富之而相爲鄰矣莫或戒之而相爲孚矣彼其翩翩而鄰者安歸乎歸於富厚也而曰不富則失實矣彼其鄰之不戒者孰迫之乎迫於中之所同欲耳而曰以孚則中心願矣今日廟廊之上休容在列羣賢畢集矢志效忠固萬萬無六四之儔萬一有之則所爲翩翩者臣懼其附之翼也所爲鄰者臣懼其得宮而益親也所爲孚者臣虞其黨同伐異

而爲善類戕也所願皇上別陰陽分邪正毋惑於左右之口將正朝廷以正百官何憂乎驩兜何畏乎巧言令色孔壬譬之雨雪瀌而見晛消矣泰之六五曰帝乙歸妹以祉元吉象曰以祉元吉中以行願也蓋言五爲保泰之主降其尊以順陽德之君子有帝乙歸妹之象焉則羣策舉而理道昌是以爲祉元吉然非執中獨運素願不移則讒慝所間羣枉所淆能必行乎故曰中以行願也頃皇上爰立之詔一日而罷四輔僉謀之外思及耆舊蓋穆然有秦誓黃髮之詢爲天下之人引領拭目瞻仰此舉今二輔先後入閣

辦事遠者踰再時近者踰一時尙未見皇上召見延訪所商確者何事所爲更化善治者道將安出令二輔何以攄所懷來而愜天下之望意者皇上之所謂中者或非由衷而所行者徒虛願乎以祉元吉臣竊望之矣泰之上六曰城復於隍勿用師自邑告命貞吝象曰城復於隍其命亂也蓋言泰極成否積累之基還爲崩隤城且爲隍矣斯尙可以力爭乎卽告命徒勤名義雖正而補苴無及亦以吝矣蓋臣讀易至是而不覺撫卷太息也嘗試思之隍以成城也而何以復爲隍夫善建不拔有基勿壞意者版築之弗良

而俾城斯壞乎百足之蟲至死不仆扶之者衆矣意者夾輔之無其人如累碁之不可居乎居安思危有備無患意者戶牖之綢繆不具而侵剝於陰雨乎城狐不灌社鼠不熏意者依附窟穴勢極莫返乎今者金甌磐石之業有過歷而無不及本萬萬無虞惟是思亡則恒存思亂則恒治念及於師之不可用告命之徒勞則二三輔臣所爲圖回豫防以副皇王維城之倚者信無然泄泄矣臣皮覆泰卦以君相之交爲綱以君子小人之內外爲紀以裁成輔相爲事泰之始由於君子故拔茅於初志喜也泰之否由於小人

故翩翩於四志憂也泰將極則曰艱貞言人定能勝天也泰之極而否則曰貞吝言天定能勝人也要之有帝乙歸妹之六五則必有包荒光大之九二何者天道下際地道自當上行此九五之相應而泰交之象也則今日之輔臣有不得辭其責者矣臣觀皇上於諸臣之言無所不疑獨於輔臣多委曲以示信於諸臣之言無所不輕獨於輔臣多改容以示重如是而猶曰非歸妹之主乎輔臣居九二之位遭尙主之遇所爲股肱忠貞以應皇上宜何如者如臣所稱包荒諸事惓惓望於皇上者自非輔臣將順其美多方

開導必不能得而正已物正惟繫於輔臣之身蓋輔臣休休有容則所稱包荒也以此靖獻而皇上之量自廣矣何忠直之不容輔臣斷斷無它則所稱馮河也以此靖獻而皇上之行自決矣何弊政之不更輔臣集思廣益則所稱不遐遺也以此靖獻而皇上之慮自周矣何幽隱之不徹輔臣開誠布公則所稱朋亡也以此靖獻而皇上之念自平矣何偏黨之不化輔臣無作好無作惡則所稱中行也以此靖獻而皇上之向自端矣何先入之爲累夫使遇巷無時自牖無機猶不得諉於無如何況今遭皇上之隆遇其爲

巷也大矣遭皇上之英察其爲孱也多矣我實納約無術遂以無可如何委之皇上而號於人曰吾以去就爭之不得以死生爭之不得臣聞輔臣言去就有之矣未聞其以去就爭何事也言死生有之矣未聞其以死生爭何事也斯不亦虛翘主過以愚天下乎故臣嘗謬論皇上有總攬之名而無其實輔臣有誤國之實而無其名冢臣有統均之權而無其用此皆世事之大可慮而保泰之時所不可有者故臣徹闡繹此卦以爲皇上履端更始之助而未復於輔臣三致意焉誠見皇上年來所倚任者在此天下所跂望

者在此後世史冊所公評者在此且夫天下之大自皇上而下提綱挈領更屬何人不於輔臣之望而誰望耶伏惟皇上鑒臣之衷憐臣之愚深維交泰之義嘉與輔臣志同道合除舊布新計所爲裁成輔相而左右斯民者將萬歷之運與天無極矣

省災撤稅疏　巡漕御史　陳宗契

題爲省災撤稅以隆盛治以光萬壽事臣荷蒙皇上不次之恩置臣庶常稱說詩書幾年矣更拔置言路巡視漕運又六月矣然庶常五年皆依依闕下每於嵩呼之節常厠獸舞之班一銜王命遂爲四方之身矣血氣皆識尊親犬馬豈忘戀主謹於庶常章句之所聞與今日四牡馳驅之所見掇拾塵覽明知諸臣所常談主上所厭聞然而壽國綿祚實不出此雖不足廣耳目於金鏡亦聊以薦服食於昌陽伏惟皇上垂聽焉臣聞周臣之以福壽頌禱也曰如月之恒如日之升夫日月君德也曰恒曰升皆言始就明也惟其在天也君德之臨蒞也惟其當陽也故舜之對堯曰天德出寧日月照四時行夫日月照而後四時行臣未見皇上不臨朝而百官能就理也臣常備員侍從望見乘輿於上徽號之時爾時百官初見睟穆不

覺歡呼動地皆稽首言曰顒顒昂昂眞是萬年天子然卽以詢十年前視朝之典名詫爲異事於情似拂靜攝世宗晚政也當鼎盛而取効晚年舉動於各欠佳矧萬歷之祚綿綿無疆從今日計之不知幾十世寧有歷幾十世不一延見羣臣天下又寧有歷幾十世不一望見天子此之爲情理可思者臣願此聖節暫一肆朝受賀嗣後每月或間舉數次至於先朝便殿召對之典則斷斷乎不可已焉蓋大明當空羣魑自屏正人遠朦讒慝自消煬灶者無所售其上下指黜之私夤緣者無所試其旁蹊竊伺之計此商宗之

不敢怠遑而虞舜之正南面皆是道也臣聞召公之告成王曰爾受命長矣茀祿爾康矣卽繼之曰有憑有翼有孝有德雅詩曰濟濟多士文王以寧又曰周王壽考遐不作人由是觀之陛下以弱齡握眞人之籙而世必洽王者之仁卜年卜歷不知底極受命不啻長矣壽母正位於中聖子問膳於側神孫羅列於前天下嬉嬉號爲三十四年太平天子茀祿不可不謂康矣乃求所謂憑翼孝德者果藹藹其羽濟濟於廷乎不爾則皇上毋乃各作人之化而不自求厥寧也夫庶人之壽亦欲手足彊健耳目聰明乃陛下所

謂手足者何在部院半空其曹老成不得其職彼言者未必去聽去者未必言其去其留總拂人心手足幾成痿痺此子輿有空虛之譏郭泰有殄瘁之感若論耳目則益可聾瞽矣十年剝蝕存者如星辰也而一鳴之斥何易十年壅滯待者如積薪也而半通之詔何難況行取候旨之臣皆以卓異之望英邁之年果銳之氣蒸蒸向用於時陛下乃以愼重之故過爲磨礱磨礱之過險爲摧折臣以爲人生只此歲時耳自少而壯自壯而老人生只此意氣耳一鼓則倍再鼓則衰今不從其壯且倍者用之而使之落落閒曹

悠悠卒歲以致勞者大勞逸者大逸未用者不用已用者不聽不惟不聽而且徒隸御之泥沙棄之爲有緩急誰相告報臣願皇上自爲社稷計重校卜簡大寮下行取充臺諫庶使雝雝喈喈以成奉菶萋萋之盛不然冠佩之臣稱觴於列朝貢之使稽顙於廷而糾儀導駕之無人大寮庶班之落寞亦豈所以壯太平之觀也臣又讀史至唐之太宗曰朕生日不爲樂解者曰太宗思其所自生故不樂臣以爲非也彼以爲我爲樂人必有逢我者我樂而民則憂奈何言樂此太宗意也故晁錯曰人情莫不欲壽三王生之而

不傷驕子之告成王曰聖王在上使民盡其四生今陛下於民生果生之耶壽之耶無疆履如之時果爲樂耶不爲樂耶臣頃督漕歷吳楚之墟經徐邳之界達齊魯之境徧三輔之郊足跡幾半天下矣但見莽蒼千里家家告空豺虎關梁處處告急而所謂稅使亡命之徒驕虐如故也磨牙如故也剝膚見髓敲吸未休復又斂民怨以嵩呼假孝順而獻寵術籠勢刼攫取既極其恣橫雲擁蜂屯驛遞又極其騷擾故筐篚庭實金山都是肉山而蟒玉褒加罪首反爲功首幾何不以一生戕萬生而以百憂博一樂乎臣聞甚

宏之血三年化而爲碧今充牣皦階者皆民血也臣恐其有所化也此一喻也臣又聞饕餮者之過食也不盡吐則胃爲梗盡吐則胃爲傷今如祟如墉者皆饕餮之餘物也臣恐其欲吐也臣恐其吐之而傷也此又一喻也而不止此也臣聞春秋日聖王在上無雹而今冰雹降於新秋王者德至天卽風雨順而今迅雷轟於朝日德至地則嘉禾生而今螟蝗飛於畿輔兼之京商殘而根本撥太倉掃而腹胃虛京兵空而榮衛弱物物見祟種種皆憂獨是黃白山封瓊林露積自以爲措之不涸之倉不竭之庫而不知外虛

則人有易心內實則人有覬心擣虛垂涎事在眉火臣前所稱兩喻要未可晏然已也臣願皇上急却諸稅使孝順擮物勿使黷染休明而後掣使之詔發府庫之令旦夕下焉庶乎財散民聚災去福生各與天壤並壽與喬松期萬壓之紀永永無窮萬年之觴永永長進矣

陳情疏　太常卿　陳宗契

題爲思親成病勢極阽危懇恩允放以慰子情以沛皇仁事臣通籍二十六年林居一十七載自丁未還里至天啓四年始以左通政就列纔七越月又以母思乞差歸矣今春倒復命臣以母年八十有餘泣留不肯行母以大義責之乃逡巡就道雖勉爾絕裾纔離一舍已寸腸百結矣四月內幸逐鵷行陛見爾時仰而加額三祝聖人之多福退而心折又未嘗不聰念小人之有母也況形影孤單已無感而自慨夢魂飄泊又併日以多驚先是王恭廠之灾臣寓就傾不委泥沙者倖耳繼而地震雨露之患臣屋如淫處漏舟者久焉夫憂思已自傷神驚怖又能奪魄重以濕欝益之炎蒸金石猶爾自銷蒲柳何能不萎故近伏以來不思飲啜者一月雞骨猶在不廢朝參乃自閏

六月初六日再接臣母家音有輿嗟於遲暮寄慨於遠遊等語夫萬里白雲不斷倚閭之想數行尺素又急嚙指之情臣展讀未竟涕泗交流寸念狂飛五體墮地連日以來沉綿益甚滴漿入口不納兩足腫浮難移家僮扶掖相向失聲自顧面孔都無人理延醫楊嘉祚等診視皆謂積思所傷非旦夕能瘳也臣竊惟一介豎儒遭逢明聖擢置三品已二年餘矣陛下未嘗棄臣家臣亦欲用臣無奈福過灾生而臣病矣不能旦夕支矣惟皇上以堯舜治天下都城灾變皆有重賑聖主之不遺顛連困苦若此況臣以祝史隸

將相陛下稱禮樂之臣而忍令欝死輦轂臣不足惜如臣黃髮之母何亦皇仁所必彰也用是直攄病苦泣血上請伏乞皇上勅下該部准臣致仕萬一微殊幸獲保餘生以歌康衢臣母子之榮也陛下錫類之恩也不然即一得母面而塡溝壑有餘光矣臣無任屏營待命之至

稅璫蠱毒憲臣疏　陳宗契

爲稅璫暴虐非常蠱毒憲臣有據懇乞亟逮正法以申主威以振國紀事臣聞御天下之術有二權與法而已一人能遙制四海權在故也四海而不敢不聽

制於一人法在故也法借權而後行國家有不必收之權則柄落而法愈玩權借法而後神而天子有不必行之法則法絀而權不尊故國家相生相養承平二百餘年獨恃權法二字互以爲重乃今接邸報見有陝西巡按御史余懋衡所參梁永樂剛蠱害一事滿朝臣工莫不錯愕咋舌而亦未嘗不嘆虐璫之流禍小人之無極國家之法紀蕩佚澌沒一至此也蓋梁永之虎噬鯨吞吸指敲髓其爲秦民荼毒已非一日所見於諸臣參劾者亦非一疏矣在梁永恨不欲剗盡秦民在三秦亦恨不欲即收梁永所恃御史余懋衡入關以來持斧斷猾疏膏暢澤秦民所爲傷心欲動者亦庶幾謂控訴之有路遷延旦夕以不即及於亂耳然三秦各爲慮懋衡不可一日無梁永自爲慮懋衡不可一日有遂以樂剛爲腹心又以張永禎李可利爲牙爪賄毒布置乘閒連發雖其覺路適有天幸而懋衡之就死地者危乎間不容髮矣夫奉尺一之詔巡行郡國爲天子賞善罰惡揚清激濁者御史也御史代天省方號爲命吏而永等敢以魚烋之勢取天子之命吏而毒殺之夫目中無天子之吏是無天子之漸也禍莫大於殺使罪莫大於無君梁永

樂剛宜加以何刑也臣常讀律文曰凡造蓄蠱毒堪以殺人及敎令者斬釋文曰堪以殺人則已殺未殺皆坐此律今懋衡雖未死乎而殺機具矣殺形成矣毒物見在招証確然樂剛之爲敎令也明矣然敎令李可利等者樂剛也而敎令樂剛者又誰耶樂剛飛而食人事事皆聽命於永而成此大謀謂非永所指使焉剛必不敢也剛不敢而永禎可利又誰敢乎故今日誅永禎誅可利誅樂剛而不誅永天下必不服也其爲可利諸人亦必不服也陛下乃留中未即行法者豈未聞漢文帝之誅薄昭耶薄昭殺漢使者文

帝終不以母后故廢法而漢治之美到今爛焉夫同一殺使者也文帝不庇一親母弟而陛下獨遲疑一强奴悍僕其何以訓天下後世乎且御史孑身事王萬里閒關所恃者一己之意氣天子之靈爽耳此璫不去則益長後來竊伏之禍而法官之意氣必衰益摧使臣任事之心而國家之靈爽愈弱何也御史所行之法陛下之法也陛下之法既不能衛一執法之御史則御史有不敢執之法敢執而御史病不敢執而國病矣陛下之法又祖宗之法也祖宗之法而不行於骫法之虐璫則祖宗有不可信之條法不可信

是謂無法無法之國國非其國矣陛下何如主陛下之御史何如官陛下之梁永何如人而以彼其重若此其輕如此哉語云嚴家無格僕整飭之勢使然也事在必誅斷而弗疑陛下亦何愛一埽除賤隸以壞祖宗二百餘年所自立之制度耶伏願皇上燭照狐貍豺狼之奸分別造謀假手之律將梁永樂剛一體正法或馳緹騎系於京師或遣法司勘於彼地庶巨奸無不糾之慝國律無倖脫之條天子明見萬里之外普天率土加額頌歌而我皇上磐石之業永永無極矣

重修石鼓書院疏　國朝巡撫　袁廓宇　富平人

題爲名賢教地久湮多士文風漸靡臣捐貲修舉以崇先祀以引後學事竊惟教化倡則人心正文明盛則奸宄消蓋自古以來嶽瀆加封名賢賜祀原以制一代祀典之隆兼以昭萬古倫常之極今我

大清建鼎制作維新章程憲古事事改觀矣臣在遐荒思維鞏固

皇圖宏開景運苦臣愚昧少所俾臧適當竊剿衡陽楚地上游湖南衡要東連兩粵嘯聚無常西逼滇

黔烽煙時警諸凡防守稽察繕器修城不敢不兢兢修飭猶恐大義未明以致宵小竊伏深維其故非僅師武臣力也是必大明學術丕振人心使君父之誼忠孝之性曉然於人心庶詩書之澤反側傾心而干羽之風苗頑漸格謂非文德懷柔之効歟臣謹披閱圖記城之東北二里許有石鼓山書院一區當蒸湘衡水之交雖存漢唐數代之芳踪昔諸葛武侯駐節臨蒸調兵充賦後世因以建祠及唐則郡人李寛結廬講學宋則朱熹張栻再闡儒風考其由來書院之剏修在唐元宗之甲子歷

二百七十餘歲至宋太宗而一新又二百八十餘
歲當元世祖而復振碑稱宋景祐中賜額石鼓書
院有韓愈朱熹張栻三名賢後增李寬李士禎黃
幹周濂溪共七賢焉併賜田廬以贍庶士沿及明
初無不鼓勵重光厄於明季禍起羣兇煨燼之餘
禋祀不舉及今諸士散伏誦讀無聲臣職是土目
切圖維必使一道同風向爾修明用是會同鎮臣
南一魁巡道臣吳甲周協守臣高成旦知府臣范
明宗通判臣張思房推官臣劉夢輿知縣臣薛兆
晉共捐貲重委候選通判孫應賡知縣余天溥相

度經營起工於去歲仲冬落成於今年仲夏中堂
妥侑武侯兩廡各爲書舍前堂謹祀七賢共費値
六百餘金而郡都人士相慶重新復集諸生歲時
課藝以敦教化之本續先聖之緒使之修身論道
貞忒咸歸非奉
皇上寵靈則祀典不光風猷有梗臣敢冒昧上
請者不第起諸賢之故事實所以綏德懷來鼎振
風俗有關於世道人心者也伏乞
勑部諮訪舊例仍
賜祀典以光先賢以鼓後學永誌
皇慈於不朽矣
順治十四年八月具奏奉
旨禮部知道部議看得衡陽石鼓書院祭祀漢臣諸
葛亮及唐宋臣韓愈朱熹等諸賢而聚生徒課藝
講學其中歷唐宋元明不廢誠盛事也偶以明末
兵火傾圮祀典湮墜今撫臣袁廓宇等倡率鎮道
府縣捐修重新表章前賢典起後學請復禋祀相
應　勑下該撫察照舊典照常致祭本部具
題奉
旨依議
行

直陳民瘼疏　府府高　珩　清宗　丞　人

題爲直陳民瘼事項承
諭旨下詢芻蕘仰見我
皇上加惠黎元至意務期四海九州之大無一人不

安居樂業而始慰也敢以生民疾苦見聞眞切者
爲
皇上陳之臣於康熙七年奉命適湖南致祭
炎帝　虞帝之陵至酃縣寧遠兩縣境中士民之以
困苦控訴者將數百人酃縣之訴苦者則謂衡州
一府州縣凡十其上則田稅衡陽衡山二縣每畝
四升有餘常寧臨武二縣則五升有餘安仁縣賦
稱最重矣亦至八升而止獨酃縣科至一斗十一升
餘其地視鄰邑最瘠而賦視鄰邑最重且連年兵
燹逃亡縣官竭力招集僅一千二百丁至順治十

四年疾疫虎狼叠災頓斃三百八十餘人人亡而丁銀未豁田荒而田租猶存皆係合縣賠補此鄖縣疾苦之狀也寧遠之訴苦者則謂永州一府州縣凡八其止則田稅零陵道州二處每畝四升有餘永明東安二處則三升餘祁陽江華二處則僅二升矣而寧遠縣科至九升餘是諸邑皆以二三十畝派糧一石而寧遠獨以十一畝派糧一石又明季九釐東餉各縣皆按畝九釐而寧遠獨按糧九釐以糧浮於田而餉遂浮於糧寧遠縣計畝算則一年之中多科銀一千七百餘兩此寧遠疾苦

之狀也臣以鞅事偶至衡恐控訴不眞事竣比至長沙叩之撫臣周召南備苦累最確已於康熙六年應

詔上疏通政司以日月已久未及封進臣卽索疏觀之其中仍有安仁一縣苦於寧遠相同是於萬物得所之時獨抱一夫向隅之痛者也民不聊生地愈荒廢亟須拯救甦此孑遺庶

聖慈不遺於荒遠而疲癃立甦於春陽矣伏乞

睿鑒施行

奉

旨此該部議奏部復以鄖縣賦役全書內上則一斗二升中則九升五合並無至一斗二升九合者況楚亦有同此者甬承高條奏俱無庸議也奉

旨依議鄖縣寧遠二縣地糧賦役全書內雖分別上中下徵收及九釐遼餉按畝計算恐地方官不照此例遵行借端混派致民困苦亦未可知爾部仍嚴飭通行

劾貪婪撫臣疏　衡州府同知　明　沈鈇

題爲貪婪撫臣被劾回籍垂涎十五府庫藏盜括逾萬餘金懇乞追贓正法以肅吏治以濟全楚生靈事臣聞周官六計廉善爲先漢室四科淸白爲首迺督撫大臣坐鎭一方尤郡邑吏觀法攸繫也故大臣法小臣廉治道恒必由之我皇上御極獎廉黜貪於撫按官特加勅諭令其正己率屬奚啻三令五申近有巡按江西御史祝大冊聞訃括金千兩卽令錦衣衛

官校逮赴闕下遺戍無赦大小臣工爭洗心操行勉副德意何意有被劾回籍巡撫湖南都察院右副都御史秦燿者其貪肆之狀試爲皇上言之夫秦燿何如人哉縉紳自有公論臣非言官不可言也當萬歷十八年十一月內該御史郭實論列乞事吏部尙書宋纁徑覆回籍盖纁剛正人也固知燿之邪佞不可容於盛世猶未悉其貪狀也此奉旨聽用此盖有從中私庇之者而燿之心自揣爲死灰不可復燃矣就於本年十二月初八十九等日差承差劉名望等賫票至衡永二府共取銀八百兩崇云送內閣申內閣

許內閣王各二百兩桂陽州郴州道州共取銀三百兩票子送兩廣軍門劉廣西總兵李各四十六十兩不等耒陽衡陽祁陽零陵等縣各取銀八十兩安仁臨武常寧衡山藍山寧遠江華永興等縣各取銀六十兩票云送兩廣軍門劉廣西撫院蔡總兵張等官且所送之人只有姓而無名其票又云原銀徑給來役領送仍將前票具由併付本役繳查毋得另文申繳致滋延緩此府州縣見抄在案也彼時兩府州縣正官俱以考試生員會集衡州相顧錯愕僉云此必秦燿假餽送之名爲充囊橐之計不然何兩廣軍門

之禮既行一縣又行一縣廣西總兵一人耳既云姓李又云姓張各官已竊笑其貪且詐矣特承差催促甚廹不得已在府則差官觧赴中軍官畢從朝收進在州縣則經付承差劉各望等領去只抄票文存卷今年二月二十五等日秦燿又票發銀三十兩仰衡陽縣買細葛一百疋發銀三十四兩仰常寧縣買上葛三分之一中葛三分之二後衡陽縣只用銀二十兩買葛八十疋退還銀十兩常寧縣將前銀稱兌只過銀兩裒多益寡屈指楚省爲府十有五每府支銀四百兩便該銀六千矣爲州亦十有五每州支銀一

百兩便該銀一千五百兩矣爲縣一百有七每縣支銀六十八十兩便該七千餘兩矣此舊歲十二月與今歲正月內所取者已逾一萬五千兩則前此兩載中其旨支者不知幾萬也所取者皆府州縣庫貯銀兩則燿所批全省紙贖所退全省軍餉其侵尅者又不知幾萬兩也湖省百萬生靈之膏血燿皆吮吸盡矣然各省撫按尚有交際而內閣大臣近鮮餽遺燿恐人之議已也於三月初六日票發衡永二府將前支送內閣禮儀改作給發武昌府刊刻奏疏荒政錄及補還透用公費之數此燿欲以塗人耳目者不知

人已見其肺肝矣且奏疏荒政二册所費不過數十金查武昌府只於二月初三日發下永州解銀三百兩三月二十七日發下辰州解銀二百六十兩其辰州銀係補先借武昌庫銀分送王府宗室與鄉宦各位禮儀之用永州銀於三月某日票支分送操江都院陳總漕周應天撫院李鄖陽治院蕭南贛撫院王有二十五兩尚欠九兩代買葛百疋解訖而縣官之賠償鋪行之貽累難言之矣但臣目睹其票未知各郡縣所支何銀也近奉委查盤各州縣倉庫錢糧據送查循環簿册內開奉燿票文動支庫銀與前票相

同其所支者皆各年貯庫官銀非撫臣紙贖也其間亦有不支庫銀私自賠送者則知燿盜支庫藏彰彰矣但此特衡永郴二府州縣耳比臣以科場之役奔走省城道經長岳等府湘潭善化湘陰巴陵等縣而各府佐州縣止官供役籬內外事嘖嘖談燿假餽送支庫銀者如出一口如荆州寶慶等府則各取五百兩襄陽承天德安黄州常德鄖陽等府則各取四百兩夷陵荆州隨靖郴均沅等州則各取一百兩石首公安湘潭善化等縣則各取六十八十兩其票文皆云送各省撫按等官者而江陵一縣獨取二百兩則

倍於諸縣矣麻城縣發銀八十兩買土葛三百疋巴陵縣發銀百餘兩買黄絹二百疋潛江縣發銀百兩買棉布三百疋沔陽州發銀十兩買裁刀三百把則賠累賠償不減衡陽常寧二邑矣臣將各府州縣支閱邸報兵部因江西盜平偶爾叙及奉旨秦燿遇缺推用此在京閣部大臣蓋未諗燿狠貪至此猶用之他省其受害寧有紀極耶燿之贓十倍視大舟而撫臣視按臣尤重大舟伏辜而燿尚無恙蓋以楚省撫按二臣俱未入境兩京臺省遐不及聞未有以燿穢狀達之睿覽者然全楚郡邑各官則拊心不平久矣

顧官係轄屬人非言責欲言之不敢也臣則以錢糧所係國法所關故不避斧鉞直陳之皇上之前冀垂聽焉臣與燿素非知交絕無嫌隙當臣謫官入楚燿待臣甚厚也比燿被論例不舉劾又揭薦臣於内閣部院且優奬之其語甚爲溢矣臣即不敢當其褒詞亦可謂知己矣而終不敢以私情蔽公論者實爲皇上惜楚省萬餘金之財而洩十五郡官員不平之忿也臣斯言也脂韋浮沉之夫不曰沽名則曰詭遇世情或不能免而直道豈終泯滅耶或云臣府佐也燿撫臣也以府佐劾撫臣似爲過舉而庫藏錢糧互相

覺察律不禁也不見順天府通判周弘禴之劾李植者乎植之才品視燿且霄壤矣弘禴劾之未嘗以管馬相屬辭也則臣之爲盜庫藏劾燿又奚避乎伏乞宸斷勅下部院再加查訪如果臣言有據轉行撫按二臣或別差科部風力官員嚴取楚省一十五府一百一十八州縣支銀卷籍逐一清查諭府縣官從實開報不致波及便按籍追燿萬餘之贓照例懲燿侵漁之罪仍追前銀以濟軍餉其有裨於國計豈淺鮮哉臣豈不知燿之財可以役使人燿之勢可以生殺人其言出而禍必隨之念聖明在上方嚴貪贓之禁

大廣求言之門臣固恃以無恐者仍願皇上察臣之戇言先褫臣之微職一以謝柄權之妒口一以明臣心之匪他則臣雖退伏林壑又奚悔焉

議

治河議上　南京兵部尚書　劉堯誨

國初宋公禮開會通河沿元人舊渠自安山以北入於天津渠道尚可循所有功力不費禮之功在漕河者唯南旺湖及濟寧天井閘以南而達於淮其利益國家而功倍於故元者初元人止導汶水而障堰之西南行耳禮引沂水洸水入於泗以會於漕又引鄒縣之淵源泉九引泗水之下莊泉三十入於泗引蒙陰之官橋泉四引曲阜之柳青泉十八入於沂達於泗同匯天井閘以成漕渠又開潳南旺湖周迴百五十里滙平陰泰安東平等泉百而設南北閘以分流之北入安山舊道南過濟寧會天井閘諸水下徐呂同爲淮河入於海故我朝漕運止藉由東諸泉而不敢引大河以爲利也山東諸泉亦自足以潤徐呂而成漕渠可以不求濟於河也至正統戊辰黃河決張秋害及運道以後漸宏河入徐沛弘治六年河徙黃陵岡決張秋奪汶泗之水東行而運道阻絕當時議者主於上流分殺河勢既鑿孫家渡口導河南入於淮又開趙皮寨口導河入亳泗歸宿以會於淮又疏賈魯舊河由曹縣梁靖口出徐沛入運河過二洪以

會於淮於是二洪藉河勢而爲厲也第上流既分大勢自弱徐沛之閒雖有河患不甚以後治運河者漸失國初作者之意導口既塞而支流未分會全河之水以入於徐泗而議者乃曰治運河亦過矣夫運河何憂不治也我成祖亦未嘗以其憂貽後人也導河入徐呂而數逢其害此是後人失策今唯求其所以害運河者而遠之固所以全運河也又何治焉近者工部朱尚書以黃河侵嚙沛縣切近運河乃徙運河而東五十里以上接於濟而下通於徐其意主於遠黃河也可不謂知耶然愚以爲當以黃河遠運河不

當以運河遠黃河以運河遠黃河則凡黃河之所能至者皆當遠而避之此不東走海南走山耳故以起膠萊之議而有泇口之役也矧所避者止沛縣數十里耳而徐邳四百里之河患固在也以黃河遠運河則上流歸德蘭陽趙皮寨口原係河流入渦淮故道去其淤積排決之耳無有泇口之斬山焚石也順其去勢利道之耳無有膠萊之穿渠亂海也計不出此而亟亟壘隄以障河愚以爲黃河至於徐邳如大軍既敗而潰雖有善將勢不能制約雖有銛鋒淬刃勢不能使之就行伍也故令之築隄以防河無以異於

銜木以塡海盡南山之木無益於海則盡徐淮之土亦無益於河且所築之隄基廣二丈崇七尺勢不能加矣徐邳每至伏秋之時白浪如山拔地數仞雖奔雷倒海不足以喻之奚但懸水流沫而已則丈隄土實以決其怒而恣其暴也昔師丹有言按經義治水有決河深川而無隄防壅塞之文是得禹貢遺意而於今尤爲對病要語

治河議中

今議開趙皮寨口將導亳泗歸宿故道以分殺河勢難之者曰河入趙皮寨經歸帝出宿遷會於淮而同

入於海恐河勢趨南之便而東流入徐濟之路艱將來二洪淺沍則運道爲梗又曰將不免爲鳳泗諸陵寢憂此皆臆說也夫鳳陽即古塗山荊山地形勢最高而府北鳳凰山一帶皆阻山爲險自有淮水以來所經歷鳳陽境至今陵谷不稍變遷此其彰彰者也況皇陵在府城南又二十里當洪武二十四年河決孫家渡由中牟項城入鳳陽界過潁州潁上至壽州合淮水歷懷遠以達於泗是以全河灌鳳陽背城而下當時未聞波及爲害以危動陵寢矧今分流入歸德過宿州符離集出宿遷口遠者二三百里近亦不下

百餘里此事之必無慮者而以勤當事者之憂豈非聖祖之念皇陵也不若後人之異甚耶乃若泗州去宿遷止四十里黃河由淮以入泗與夫由泗水以會淮一也所慮寨口既開大河南下歸宿遷有二洪淺閣之虞是以二洪待河而轉漕故愚以爲失作者之意也先時總理河道劉公天和有云漕河本不用黃河之水自淮達濟一路隄防正恐黃河衝入爲害今徐呂二洪以下一向反用黃河之水而忘其故及水不來則用工挑濬以引之來此即所謂以病爲藥也如酒本傷人之物而耽酒者一向沉溺於酒反以酒

爲生一不飲酒如欲斃矣此剴切善喻是究極宋公本意者豈近時治河諸公未之聞耶乃若所以爲二洪盈竭者責在山左諸泉而宣節泉流者又責在理漕諸吏國初浚會通河而開拓南旺馬腸諸湖正欲廣受深貯以待旱乾不時之變故南旺湖周廻一百五十里濬深者丈餘淺亦不下五七尺內築長隄者三漕渠貫其中西隄開斗門以時蓄洩號曰水櫃每二年一大浚役夫萬餘名而以爲常此不特爲涸竭之備雖伏秋淫潦諸泉暴發得湖以爲壑則不至溢四出以爲東土之災厚積而徐出之又自足以平二洪之勢計亦周矣百年以來既浚不時湖勢日覺高者爲坡阜下者長洲渚不復有所謂昔日之全湖矣抑且徂徠諸山厲禁漸弛各泉溝道率皆填壅不治每遇水潦則平地盡湖而無專受之壑稍亢陽徹期則湖底飛黃埃也議者不原其始而遽以山東諸泉謂不足以潤二洪而必藉黃河以爲利人之識度豈不大相遠哉且運河設閘壩各有淺夫若干名以淺名夫何也近時有事漕河者皆利於築隄而不利於浚淺蓋高可以僞增而深不可以僞及故隄日高則湖日淺水無所受勢必潰隄而出隄潰而委之於湖

則築隄固所以塡湖也且非獨此也凡漕渠皆然今高郵寶應諸湖隄內高於水者不滿五尺而外高於平田者則八九尺三百里大湖如支閣在地上稍一搖涅則崩潰而不可禦所以淮揚多水患而說者以爲天數豈非妄哉愚嘗周歷於徐淮梁宋之間而以中原之地勢測之大抵河之南岸高於北岸歸德蘭陽之間又曹單徐沛之上遊也宏治開河決張秋奪汶泗以東行當時諸臣議築塞唯荊隆口隨築隨潰於是開孫家渡口開趙皮寨口又鑿賈魯河皆導河使東南行也如此則河勢分殺而安流矣明年秋水

濮發河仍趨北而勢將復犯張秋故都御史徐恪以爲言乃從荆隆口至黃陵岡之北築隄二重各長二百里以護決口而劉公大夏等得以成安平鎭河功而全運道豈非河地南高之驗耶嘉靖甲午年間黃河徙蘭陽寨口直趨亳泗歸宿不復入於徐以致二洪淺涸不可漕後之理漕諸臣乃一意開梁靖等口導河而東並出於徐沛之閒又鐫廣二洪隘石而平之以便漕故河勢東下之利合流傾注於徐沛而趙皮寨等口以漸湮塞河不分流而亳泗歸宿之故道失矣嘉靖壬子間都御史詹翰復請開趙皮寨口不果行明年又申前請遣使視河上而以工費鉅大爲辭陵彝至於今日其計無復之矣夫河性至湍悍必有以豬之則緩其性而不爲暴有以分之則殺其勢而不爲暴古今治河無出此二者故漢人有言河南岸强則攻北岸北岸强則攻南岸南北俱强則下流受傷今日之治河正犯此戒弘治間以黃河之北犯張秋也故强北岸而障河使南嘉靖間以黃河之南徙歸宿也故塞南岸而障河使東今南北俱强矣所以淮邳上下毒遭全河之害而爲運道憂也夫漕單鄆濟之閒如鉅野梁山泊等處汙澤窪下昔人於此以豬河也自荆隆等口重隄以障之則河水不得上溢於鉅野梁山之閒而有所豬矣孫家渡及蘭陽趙皮寨昔人於此以分河也自決口塡閼棄而不治則河水不得南入於渦淮而有所分矣旣無以豬又無所分洪河萬里又會番漢川澤之流而廹東於二洪之閒以激其怒此不盡呑邳淮化而爲溟渤者未已也故今日議治河不開趙皮寨口不濬亳泗歸宿舊渠雖使大禹臨河亦不能救徐邳之害而賈讓谷永諸公但崇空語耳亦何爲耶

治河議下

夫河北數十水而沁爲最大河之南數十水而汴爲最大汴水出大周山會須水索水京水鄭水入祥符東南會蔡河以入於泗宋人於此開渠以通淮泗曰通津渠亦曰會民河是宋以前河東北流而不受汴水也沁水出綿山合大原蘭水丹水白水蘆水出懷慶濟源元人郭守敬於此開渠引沁過新鄉歷胙城至汲縣入衛河以達於臨淸曰御河是元以前黃河東南流而不受沁水也今汴沁皆入河矣宋自熙寧河始分爲二其南入淮水者受少半耳今考黃河入淮之路一自中牟過項城入鳳陽而下卽洪武閒河

次孫家渡口之路也一自開封蘭陽至虞城經徐州而下即今河出徐沛閘之路也一自歸德過宿州符離集出宿遷而下即今趙皮寨上下之路也自宋以來五百年黄河入淮雖轉徙不常總之不出此三路而欲分殺河勢者亦不出此三路乃若合全河之水又會山東諸泉而盡輸於徐呂以會於淮此則從古未有事也孫家渡口自正統以來凡十餘浚矣隨復淤塞故今議分導河流討無便於開趙皮寨而寨口所從之路唯宿州符離集為正道且自宿遷出口入海不復過鳳陽泗州矣汴泌故道可以講求而復汴

泌復故道是隳黄河之內應也而泌水去河止四五十里萬一徐邳道梗則由江之淮由淮之汴由汴入河過泌放流而下達於衛會於臨清此一轉漕一奇策也淮水由泗州導之南過盱眙經天長界至六合出瓜步口會大江尤徑易在昔隋煬皇開引汴入淮通邗溝及唐人魏景倩開直河引淮至黄土岡通揚州今埠岸道里皆可訪求得淮入江則中原徐鳳千里之間永無水患而因山川自然之勢於運道尤可久也且省淮揚高郵寶應一切閘壩湖坊官民之費而以二湖給民田多穿渠道南北分流之則淮揚亦永無水患也此皆按地形指畫據所嘗陟歷以考證今古豈以窈冥決事亦豈以疑事嘗國家也耶然愚又有慮焉國事以民為本今所治在運河是不免以中原徐淮之地為壑而諸臣之有事於漕運者一隄之外皆鄰國矣此非唯不足以慰民志尤非所以上答天心水之為災也固宜昔漢武塞宣防躬自沉璧而諸臣親負薪者凡以為民也今即使運道通利而徐淮萬姓之墊溺中州千里之汙萊將聽之耶況運道原不煩治能疏導河流使民得宅土處業則運道自安流也第緣近者膠萊河之議泇口之役初或未

審諦言出而竟阻抑不行恐後之抒謀任事者不敢自必也蓋土著之民多不利於其鄉有此功而守土之官尤憚以其身而受此役其餘徼天幸以待遷者槩今之人而不隣視國家者幾希孟氏有言及是時修其刑政夫政之大者孰有過於漕事乃若其時則無復有暇於此者失今不亟圖之一旦不偶則轉餉艱危徵發旁午當此之時雖欲定計舉事可得耶

書

上史丞相書　宋趙范 衡山人

淮東之事日異月新然有淮則有江無淮則長江以北汊港蘆葦之處敵皆可潛師以濟江面數千里何從而防哉今或謂弭辭厚惠可以陷賊而不知陷彼疑兵之計或謂斂兵退屯可以緩賊而不知成彼深入之謀或欲行淸野以嬰城或欲聚烏合而浪戰或以賊詞之逆順而爲喜懼或以賊兵之進退而爲寬緊皆失策也失策則失淮失江而其失有不勝諱者矣有過寇之兵有遊擊之兵有討賊之兵今寶應之逼山陽天長之逼盱眙須各增戍兵萬人遣良將統之賊來則堅壁以挫其鋒不來則耀武以壓其境而又觀釁伺隙時遣偏師掩其不備以示敢戰使欲深入而畏吾之擣其虛此過寇之兵也盱眙之寇素無儲蓄金人亦無以養之不過分兵擄掠而食當量出精兵教以勇敢募土豪出奇設伏以勦殺之此游擊之兵也維揚金陵合肥各聚三五萬人人物必精將校必勇器械必利教閱必熟紀律必嚴賞罰必公其心術念慮必人人思親其上死其長信能行此半年可以強國一年可討賊矣賊既不能深入擄掠復無

所獲而又懷見討之恐則必反而求贍於金金無餘力及此則必怨怒吾於是可以嫁禍於金人矣或謂揚州不可屯兵恐速賊禍是不然揚州者國之北門一以統淮一以蔽江一以守運河豈可無備哉善守者敵不知所攻今若設寶應天長二屯以扼其衝復重二三帥閫以張吾勢賊將不知所攻而敢犯我揚州哉

再上史丞相書　時知揚州事　趙范

今上自一人下至公卿百執又下至士民軍吏無不知戲賊之必反（時李全反形已見）雖先生之心亦知其必反也衆人知之則言之先生知而獨不言不言誠是也內無臥薪嘗膽之志外無戰勝攻取之備先生隱忍不言而徐思所以制之此廟謨所以爲高也然以撫定責之徐晞稷而以鎮守責之范責晞稷者函人之事也責范者矢人之事也旣責范以惟恐不傷人之事又禁其爲傷人之痛惡其爲傷人之言何哉禍賊見范爲備則心忌而不得以肆其奸它日必將指范爲首禍激變之人刼朝廷以去范先生始未之信也左右曰可卿大夫日可先生必將曰是何惜一趙范而不以紓禍哉必將縛范以授賊而范遂爲宋晁錯

[illegible]以范授賊而果足以紓國禍范死何害諺曰護家之狗盜賊所惡故盜賊見有護家之狗必將指斥於主人使先去之然後肆穿窬之奸而無所忌然則殺犬固無益於弭盜也欲望矜憐別與開優差遣（彌遠不聽李全果叛）

請裁黃堡驛馬弊書　衡山鄉紳　明　康元積

衡山蕞爾下邑水陸交衝土瘠民貧俗陋人愚長於奉法而短於避禍惟是黃堡馬驛一事遺害已極被困不堪一路之哭酸辛靡控敬具陳巔末代爲請命惟當道大人少加憐焉竊照衡湘二縣自國初以來

各就長馬上下徑遞行之二百年矣未聞所謂馬驛者馬驛之設蓋自萬歷元年始也緣長民者偶觸力役之疲當道者欲疏壅滯之虞不知法久必弊役久必玩就中稍加振刷豈無善道而謬爲更張議將本縣霞流水驛改於湘潭之黃茅堡以爲馬驛而名之曰黃茅驛夫設驛馬三十匹內衡山議編九匹湘潭議編八匹又將安仁原編霞流水驛站力工食三百一十餘兩准馬十三匹三縣共三十匹各縣各當彼此無混驛官苐取辦供應而已不爲轄馬也顧馬雖三縣共遞驛則湘潭地方而驛之官吏乃屬衡山先兩縣違悞者必責償於衡後因安仁閃躲接遞不及致使上司嗔怒責令衡山替役令安仁止認解銀然官價走馬實不能敷而安仁里甲亦於價外倍幇本縣雖替役尚堪支也至萬歷九年奉文裁革里長於二十四兩之外毫無私幇而馬始困矣其後安仁日益玩視並官銀不依時解致馬戶賠累告擾當事者誤聽奸猾某某乘機賄蔽遂將本縣夏稅銀兩與之撥換於是安仁代衡山解夏稅衡山代安仁走馬自後安仁所編本驛腳馬無其實並泯其名矣萬歷二十年更定全書復派衡山加驛馬三匹而於湘潭縣

反減三匹於是衡山驛馬增至二十五匹湘潭漸減至五匹此日困日增彼日逸日減不知官長何所甚愉而獨困此一方民也後又奉議將本驛馬裁革六匹衡山存二十匹湘潭存四匹湘潭名雖四匹其實抗頑多不赴役而往來馬遞其責盡屬之衡山矣馬戶力不支而小民之私幇愈增至今每馬一匹除官價三十兩之外民間私幇增至一百二十五兩合二十匹其私幇銀二千三百兩破家蕩產鬻妻賣子以償此額外無名之役今民困已不聊生而馬戶半歲之外尚多逃竄又不得不責償於小民縱欲醫眼前

瘡而百姓心頭已無肉可剜矣細思此驛之設於事
理之不均者四小民之受害者四馬戶之不便者三
請得而終言之自湘潭縣八十里而至黃堡驛又五
十里而至柘塘鋪而至衡山其屬地方纔三十里耳
道路之相去可謂懸殊今以一百三十里者出馬四
匹而三十里者出馬二十匹多寡輕重倒置如此其
不均者一也衡山路當孔道南走兩廣北走荆襄又
有醴陵攸縣安仁湘潭四處小路不時卒至又有南
嶽祝融遊覽紛沓諸如此類車馬絡驛靡有息肩今
編驛馬九匹猶云本縣應供耳乃未幾而責使代安

仁之十三匹又未幾而責使代湘潭之三匹夫二縣
咸蒙軫念衡山獨可重困其不均者二也自驛未設
之先兩縣長馬徑遞此往彼來未有差等今驛在湘
潭之地官吏應屬湘潭即不然亦當調停適均毋使
偏累自官吏屬衡而廚傳之供億館舍之修葺無不
屬之衡者以兩縣供應之役而損一縣之物力以殉
之其不均者三也既設黃堡馬驛下之接遞湘潭上
之接遞衡山馬之應役與縣無殊今驛馬裁爲二十
四匹而湘潭四匹又不用命則驛馬既不能當縣馬
之半矣而縣馬之至於驛者照數對遞其多寡又復

不異剡該驛去縣遼遠所過不良使差勒索借馬等
銀數倍於縣莫敢喘息而當道不察猶議裁而不議
增其不均者四也若夫衡民之所被四害則讀之猶
可酸鼻矣自衡山誤以夏稅銀兩更換安仁馬價今
共三百一十餘兩者纔足供兩馬之用耳而每歲所
賠安仁者計馬十一匹約銀一千五百九十餘兩此
害之大者一也其代賠安仁者猶曰作俑於夏稅之
更換耳乃減湘潭之三匹以加於衡山則不知其解
矣當道大人曲狥一時之情遂爾上下其手不知衡
山官價與私幇每歲賠銀四百四十兩誰作厲階至

今爲梗此害之大者二也自驛馬既徵一縣當三縣
之役馬戶以驛爲阱一遇僉報刑驅以往如赴湯火
復有無賴棍徒藉口重困故相推委編戶之家懼其
往役寧倍加幇貼與之而此輩所領公私馬價先已
花費蕩散其十之八九僅以其十之一二者祇買二
三瘦弱欵段之馬抵塞過客每至八九月馬斃囊空
揭借無路遂至逃竄則縣官坐令編戶之家重賠顧
募以畢前役一之爲甚豈可再乎此害之大者三也
馬驛未設之先我往彼來上下中火兩縣各任自有
此驛而一切供應盡歸之驛如曰本縣原編費流水

驛之費足以充之然黃堡陸路之衝十倍霞流其所編增諸費皆小民額外之膏脂也至於公館司宇置自衡山者彼土之民折損盜毀雖有看司門子異縣之地軍民紛錯莫敢誰何本縣每年修理一竹一木一磚一瓦匠斲之屬咸自本縣負運以往縣官豈有神輸皆驅民之力取民之財築愁築怨控訴無門此其害之大者四也若夫馬戸之不便於驛者三此亦有足念者黃茅堡地瘠不毛野無茂草山麓田畔有草之區湘民立界稱主非有價易毫不敢犯方春稼時豪民厲禁約曰衡馬兩足下田者賠穀五斗四足

下者倍之或不認賠則縶其馬以爲質甚則重棍繫之送之遠方而馬沒入不可返矣芻牧孔艱所在爲阱一不便也黃堡地屬湘潭衡民越八十里而往役立錐之地一椽之棲賃土僦居計日而酬稍有朽毀立爲修葺矧驛地原係軍衛屯所軍民龐雜囂陵訴誶山藪萑蒲寇盜充斥往往被盜失馬不可究詰二不便也馬戸一名除正身答應上官外若背包若芻蕘若炊爨若往來探聽多者八九人少亦不下五六人日用酒米鹽茶供給皆運自八十里之外一遇風雨冰雪連旬接濟不及湘民坐索倍價三不便也原夫設驛之始固曰裁不急之水驛而改設於衡湘之閒庶幾以驛供官而取驛役之費供馬以佐二縣之不逮豈不謂官民長利無踰於此顧行之數年便成沮格行之十餘年而衡民大困至今僅二十餘年而衡民無不嚬指蹙額咨嗟太息若不能以須臾矣夫昔年以兩縣長馬徑遞至二百年而始敝則其法之可行斷可知也今馬驛之設不三十年而數變數困以至於毀壞則其法之當罷斷可知也今日衡山之事編戸與馬戸重困民力與馬力俱盡不止昔人所稱東野之御設今不改日甚一日不至驅衡山之民

而逃竄流移不已也茲若不廢馬驛而官民胥便則當酌於事理之公平庶通變而可久請於驛馬仍照初設三十匹之舊而議衡湘二縣各出十五匹衡山之十五匹隷之驛官凡由衡山而下者驛官以衡山之驛馬接遞之其自湘潭而上者無與焉湘潭之十五匹隷之堡官凡由湘潭而上者堡官以湘潭之驛馬接遞之其自衡山而下者無與焉各縣各馬各縣各遞以省長馬徑遞之勞至於供應下程仍照舊例付之驛官竊以爲均兩縣之差而甦公私之困無踰此者萬一湘潭以近例多寡爲辭則請有以折之夫

此驛未設之先衡山之馬徑遞湘潭矣湘潭之馬獨不徑遞衡山乎其徑遞衡山也亦有他縣爲之協濟者乎共食王土共服王事偸逸二十餘年以偏累衡山人窮反本尙安所藉口也如其堅持不下請仍復國初以來二百年之舊令二縣各以長馬徑遞葢計程一百七十里非有甚遠夫役可行馬匹尤其可行何易於人而難於畜也矧以三十年重困之新法而較二百年久安之舊法其因革之勢旣已較然卽以新法調停而使兩縣之聚訟議論之不決則莫若使之各照舊額一彼一此不復相牽庶可服二縣之心

杜偏執之口而息衡山之困也至於驛官原管支應而不管馬匹矧數年以來差使鞭笞葦楚無管馬之名而被管馬之害今馬各撤回可以全民亦可以全官而差使逼勒之害亦少息乎若夫安仁銀兩原係協濟本縣雲流水驛者似當仍歸衡山以濟馬驛之衡疲而幇馬驛之供應似亦公平之論倘湘潭以爭幇爲辭則馬驛未設之前原無所謂私幇者旣各復舊則協濟非湘潭之所得與明矣某目擊桑梓之困熟悉馬驛之害憂徙激衷愛不能助謹條陳顚末代爲本縣父老子弟控訴於大人之前伏乞詳覽洞察賜矜惻悉罷新法准令各依舊制走遞俾財力不致偏累邑里稍蘇息矣

與守憲議排山驛遞書　明陳宗契衡陽人

衡陽負郭孱邑也封域不廣於祁而膃脫沮洳居半甲子大歉自冬徂春塡溝壑者又半矣加之剪桐大建臘皮及骨初猶軫念免二運三年今又京兌二重役仍舊科解矣黔遼之餉率土皆然唯是瘡痍之衡衣薪剝爭之困京猾之虎視京匠之狠噬市魁之採辦王夫王馬之驛騷三空四盡衡之爲衡亦可憐憫矣大聲疾呼方不擇音於鄰之仁人君子一手援之

乃有秦越祁民輒乘其懲弱而中之於是舉排山三股之馬以均半告矣又以撤驛告矣夫驛撤則祁順流而衡逆陸難易之數可不可之較尺豎知之不辯知也唯是三股之議遡源有自祁人未之深考耳蓋沿成化間衡邑以一千兩協濟襄陽呂偃光州嘉靖間又以四百兩協濟湘潭之黃茅又以三百兩協濟府屬之安仁夫子立一衡陽協幇四五於是祁陽之排山不得不議三股矣祁人獨見今日並齒之衡何以不均遞而不自思昔日堂堂之祁何以不呂堰黃茅也等濟也昔年當事亦曾經幾人告幾人議以有

此定局相生相守底於今日也若祁人舍定局而不守私一牒以熒聽必欲衡陽均派則必盡除衡陽之呂堰光州安仁黃茅幇協而後可當事肯任乎哉不肯任則衡有死不受也某等率三老盥濯焚香外復絮絮作此質語蓋天啓壬戌年會對簿陳詞而蔣知縣之條議舒按院之批允見今奉爲蓍蔡者也某無任待命懇禱之至

與撫按並藩臬公書論桂府王莊　陳宗契

捧憲檄有桂藩二萬項之令續蒙老公祖寬政業許衡屬供五千項此宇小盛心也荆衡雖併藩然荆大

而衡小衡邑額賦歲止萬石居恒供不及格且城大僅如掌使者執荆藩成例多斂民居擴之衡幾無城矣而王夫王馬之役剷窖豎廠之費採石徵木之煩重以刊山竭澤狐兎丘壠雖有道府極力安集無奈盡邑而夫盡山而童盡川而涸盡人而骨立嗟嗟室九空猶有室也家四壁猶有壁也鞠爲茂草猶有草也今府無市市無居野無地地無毛安得不慟哭哉然則五千項竟何結局不佞謂衡陽之小十於江陵江邑以免派固有監利石首之三千項在而子立衡邑獨不可引例耶衡之雍府田產嘗已變價入景府二百年之事無隙可問問徒滋擾無已請歸福潞兩藩之贍金六百餘兩乎無已請拓衡之絕產百餘項竟入抵數乎無已請洒派衡之屬邑乎無已請自台裁於衡屬五千項議減而分之鄰郡乎然所謂衡之絕產非眞絕也孰絕之名勉括軍民以答明旨議者謂但可徵課不能管業勿論畸零雜碎箕斂堪羞亦蚕食鯨吞虎冠駭聽安在不有哉事關地方眞切一宇一血忘其固陋合詞以請惟老公祖斷力主持幸甚

上兩粤沈中丞司馬書公諱猶龍華亭人　鄒統魯字大系

某讀書論世務常妄言詩與春秋之不同治也詩十五國之貞淫奢儉不相謀惟聽治於成周春秋則列國分災恤患如赴左右手其用固圄者不敢言固吾圄而已也蓋詩以分治世治之治也春秋以合治世亂之治也無詩之治則降爲春秋無春秋之治則降爲六國其已事也今兩都采風獻職彬彬有成周詩治之文而秦晉楚豫之滅裂很狽勢豈能置春秋不道哉何言之獻寇初發難於楚及蔓至豫而楚不聞闖寇初發難於晉及蔓至秦而晉不聞楚之撫帥曰吾固吾楚以無罪也及豫糜爛而楚亦莫支矣晉之

撫躬曰吾固吾晉以無罪也及秦糜爛而晉亦莫支矣此昔六國之所解從以坐待強秦今晉楚更蹈其轍而取覆者也某冒死言今之粵竊岌岌有類於晉楚而私冀其不類者則惟恃有明公兼恃有粵在也粵之魚鹽贍異楚粵之財賦士卒金革火器甲東南粵之文武官吏皆萃一世之人物北則三邊南則兩粵如明公之連帥重寄勢侔桓文者天下惟此兩任海平劉香山平八排如明公之方畧雄才名擬管葛者天下不過數人此某之所以捐父母妻子晝伏夜行而爲南楚籲命於明公也計南楚之紳士編民陷

溺寇中者已一月有奇矣賢者不過如值夢魘求苟活於俄頃不肖者則如飲狂藥競立功名於來茲凡粵之鎮守監司郡邑寇皆部署其人無不懷符組候時月於楚粵之境豈不旦夕眈眈視粵爲幕燕釜魚哉而粵之人懵如也愚者自狃曰吾粵山川足恃也智者則過計曰一隅一日之粵與積地積歲之寇形固較若鄒楚也嗚呼陽山風門湟水三瀧之險豈險於長江洞庭南嶽哉彼愚固不足道矣若智者之過計使某無說以處此則某亦自哂其誕也聞寇一隊巳至吉州不旬日即罷歸星沙其錯置湖南者皆湖南市井饑寒不得志之人以某料寇不走蜀則走黔有饞焉不能終日之勢然湖以南十數萬市井饑寒不得志之人進貪功名而退怵罪罟安保蛾子之銜不終視爲似我耶以此十數萬而危粵有餘矣思及此而車齒之亡依辨膚之侵剝猶不足喻而明公猶畫疆而守不毅然專大夫出疆之利行先發後聞之義也得乎惟明公西檄桂林一旅出永北檄虔一旅出郴東檄閩一旅出桂悉東粵之師出郴桂之間縱不能使十數年之積寇殄於一旦而以華楚南十數萬無賴之面目使仍返諸執經負耒焉而無不足也

楚南平而兩粵已固矣曩明公面諭援楚適聞粵帥皆欲按兵境上止云固粵嗚呼不援楚而能固粵某知其斷斷不可也春秋書救則善書救而次則譏不救而次尤非春秋之治也孔子之春秋惟托諸空言故終於狩麟明公能見諸實事撥亂反正則爲成周之治矣孔子曰吾其爲東周舍春秋奚爲哉某作書既畢抑又有不倫之擬焉趙佗不過一狙猾之尉阻山海之富耳豈眞有桓文之勢管葛之才率仲尼之道如明公者哉彼既能藉偏粵以抗全漢茲亦可藉全粵以完偏楚某誠未見其有難易利鈍也古今治

亂順逆之理自可反讐而喻勿使千載下議明公於
春秋南粤之間可也某惶恐再拜

頌

康熙十一年代衡紳士謝川湖總憲　蔡公疏

鐲捏埊頌并序　鄒章周

今上嗣登大寳之十有一年海宇康乂越在衡藿之南湘東故郡葢二十年所戰壘牧區也洎於今秋國人羣喁喁焉如傴欲伸躄欲起北向拜且頌噫嘻果何爲而臻此哉維時

天子誕眷西南緊楚暨蜀曠居僻左墝納版圖軍用滋繁嗟此邦族曷有寧止而嶽峯湘渚開舊傳雁斷往往歸飛過上林歷禁苑肅肅嗸嗸聲聞天宇驚龍

池之鵷鷺告中澤之無棲

帝曰命哉惟朕有碩臣世爲國輔乃礪乃楫朝夕是資毋寧爲朕保釐南陲兼綏西徼凡庶尹二千石以上暨牧伯其胥受裁焉公拜稽首於是開府江陵作屏西南遘三秋矣　公曰楚蜀之倩我其夙聞之蜀自流氛竊據憑三峽九折之阻王師旣臨如傾渤瀛而沃熛炭故軍不再舉而民不再勞若楚諸郡兵凶互仍所在是熾而惟蒸陽以彈丸地始闢於丁亥再定于己丑終收于壬辰守于斯戰于斯悲風迷晝茂草横雲燕鳦託巢于林木豺豕充斥于闤闠生民之

禍昔所未有旣而黃鳥始復綠野蕭然而䰡復虐之
澇復溺之蝱螟復戕之是天之未欲悔禍也爭又以
西山之師重益爾租庸勞爾輸輓諸郡畢赴汝豈獨
遺民之集枯無逾此者今國家底定垂三十載凡京
畿省會方共慶昇平　而楚蜀則尙介草昧之餘
然三巴七澤亦漸逕盈寧　而衡湘則獨仍疾苦
之舊此其故何哉曩者監司某　奏墾糧七千餘石
蒸湘間名曰揑墾彼奏者之意不過希速其功名已
耳而孰知虐民傾俗至此極乎逋者未復矣而復者
又逋蕪者未辟矣而辟者愈蕪此則萃天人之怨而

益其疾也譬諸沉痾然醫者茍洞垣而燭其所苦又
客以刀圭之施弗可也幸余獲悉民隱茍匿不以告
職誰之咎公于是移檄南撫軍盧公俾躬履田閒㢘
其實卽馳疏以狀聞固請蠲復迄明年有
旨報可聞命之日國人犨喁喁焉奚啻如傴者之侍
伸躄者之待起也噫嘻其何以爲公頌耶民曰君子
之德吾其永懷之自揑墾旣奏而責課孔亟榛莽所
植供賦在焉糜粉所藏力役出焉使我日守敝廬而
顑得轉徙日服先疇而顑啼饑莩日勤杼柚而顑慄
寒威冉冉及今匪深我以堂奧而安且吉匪畀我以

衣食而燠且飫何今昔之有殊歟則損益之異道也
易曰損上益下匪徒謂乾爲巽而天如施之坤爲震
而地如生之也抑六四之中行密邇九五之孚惠故
能上沛陽善而下被陰過使今日者非世懋邊圉之
勳咸有一德翼贊而撫柔之則　九重之修峻雖有
惠心亦烏乎孚厥德而光厥道哉故漢文三什稅一
而天下刑措非盡在廷絳灌之力可知也惟公之聲
望赫奕中外亶尊矣而于衡則似父若母之親也抑
今楚蜀而匡造之又亶公矣而于衡則似家若室之
私也此在畏壘之尸祝有然而公豈顧畫然而智挈

然而仁者乎越昔蔡仲文之昭也克肅祇德以康濟
民其後以封爲氏逮傳至襄轉運閩海奏罷閩人五
代時丁口稅之半又以萬安渡絕海而濟厲者苦之
爲立石梁三百六十丈閩人爲勒碑紀德若公出衡
人於淪溺之中度梁麗茹千億計而所全戶口尤非
僅半爾也自是租庸平而文教可興士穀又而邊陲
以肅又奚羨夫文翁之治蜀比俗齊魯羊叔子之督
荆襄表德峴山耶爰作頌曰
煌煌旄鉞悠悠湖川汝翼汝弼來旬來宣惟天眷德
世有雋茂仰彼山南府開江右載赫厥光七儲是總

帝嘉乃勛仰席休寵爰迄今茲先烈式肖忠爲國欽
慈爲民煦綏蜀懷楚膏雨攸同遠非彼裔近若我豐
粵予烝陽昔經戰燼田已卒萊賦猶日浚禍緣蒼鷹
僞以墾聞俾我邦族逋竄如雲賴公遠馭睠焉神側
馳檄湖南拜疏燕北春秋再紀詔乃自天僉荷錮復
伊誰之賢我有田疇我有家室云何弗歸今其安吉
危機多伏驚禽易畏勿疑反覆自貽憂慽崔巍衡嶽
清浏湘水公實似之憑以終始維屏與翰宗社是依
我昏不察愛德忘威何以將愛晚秫旣秀乃刈乃釀
酌爲公壽願言紳搢申以多慶保有珪組錫及子姓
名我郢客暨彼巴人予唱汝和試爲公陳勿慙下里
聊用志喜惟德堪歌樂且如何

文

禱雨文

宋知軍　陳傳良

維侯所宅桂陽之望風雨不時于是焉禱其諸古之所謂名川歟茲者嘉澤弗周烈風薦作菽粟幾空禾且就槁固主物者所以謫吏而侯亦豈遂忘此土也遣官乞靈齋宿以竢侯不督過而辱需施之某雖無以愈人猶足以伐石譔詞貽示後來永永無怠

祭南嶽文

羅洪先

某自有知聞世有五嶽地之鉅者也及知有所嚮則聞覩五嶽者人之達者也已而仕于朝始聞五嶽之事甚嚴而南嶽獨爲最遠非有天子之命雖王公大人不可以往非有禱謁之事雖牲帛不可以獻惟不仕于朝則又拘于地限于力或有幸而得至必其時之偶者也某今爲田野之民于分無所嚴隣南嶽封壤越八百有餘里載跋涉歷旬朔而後至又不可謂偶蓋于達人之觀竊有志焉未能也夫天垂象地示形至敎莫加焉嘗聞人言南嶽祝融峯之上獨立無伍人之仰日月者至此則見其出入海簸如彈丸跳躍于肘袂其雲霧坌涌風力剛烈扃戶不密卽几席皆莽瀁之區而又千岩萬壑突見崩出斬絕深伏臨

之使人心眩而胆悸夫積不厚則所出不奇蔽障不盡撤其所見不極遠自古聖云亡至教日墜不可易者惟象與形耳今將徜徉七十二峯之間求所謂厚積者賑培塿爲何若而極其所止窮其所變以及吾身之所有者果同耶異耶聞之與見果盡耶未盡耶抑未盡者將陰啓而默授之必有待乎其人則某豈所弃乎是故雖非牲幣亦可以獻矣

祭南嶽文　翰林院編修　廖道南

維神乘炎德之精負離明之位粤九頭以前爲祝誦氏苟天鴻寶者七十二君迨三皇以後爲祝融氏翊立瑤樞者百千萬歲含靈履哲豈非司火正之權宰

化成功實乃握乾符之籙厥庸茂矣自古爲朕上躔翼軫天柱高而峠嶁盤下鎮瀟湘地維列而岣嶁列具官祗承天王之命用展藩國之封螭節南旋聊致匍匐之敬鳧舟北上再申蘊藻之忱韓昌黎之開雲豫期來日朱紫陽之霽雪擬度茲宵今古同心幽明一理維神有知尚其鑒止

御祭　炎帝文

維康熙七年歲次戊申六月戊辰朔越祭日庚辰

皇帝謹遣宗人府府丞加一級高珩致祭于

炎帝神農氏自古歷代帝王繼天立極功德並隆治

統道統昭垂弈世朕受

天眷命紹纘丕基庶政方親前歲是景明禮大典亟

宜肇修敬遣專官拜將牲帛爰昭殷薦之忱聿修

尊崇之禮伏惟格歆尚其鑒享

贊

石鼓奉詔圖贊 並序　明　王添表

石鼓奉詔圖者何豐城葉子之所作也葉子所作者何所以圖廼翁豐川先生奉詔於吾石鼓也先生以明經第進士官刑部每訊獄必執法以此中貴誣奏逆瑾得逞私忿先生遂解官西歸賴平生忠義表表在人幸得不即死公既歸田蓋將終老雖無心於世而有心於人正德庚午春遊衡湘慨慕朱張夫子高風登嶽麓之堂坐於石鼓闡明遺經一時學者瀚然雲從凡出其門者後皆爲名士未幾瑾既伏誅公道

亦明以是年八月二十四日公奉詔於石鼓時郡守海寧愈公雅重公爲公具冠帶服色率僚屬親詣書院朝士齋詔捧讀先生光膺寵命東向再拜兒童走卒奔徃樂觀而斯文亦大增色會吏部尋亦薦公爲儀制郎九月命下而公卒於書院已七日矣且公以直道不爲世所容遭時遘難剝之殆盡高蹈遠引如碩果不食然道不終廢有命自天斯正一陽來復之候而公遂以不起俾得大究厥施是可傷也然愚聞之先生資稟既高聞道又蚤雖易簀僅四十有三而於此亦可無遺憾矣長子香以孝行聞已殂世惟次

子秩時尚在襁褓既長每痛念廼翁生長存殁之所與夫生平事功論述不忍淪喪乃以嘉靖戊戌冬告於慈闈遠尋於衡居逾月延訪先生門人故友得其家藏所著遺稿若干手錄以還方且命工畫其形容繪其衣冠以存儼思之意擬題曰石鼓奉詔圖蓋不忘其地且以識寵榮也圖成特命添表序其事慼而言曰孤之於先君所可傳者心所不可見者形圖之克肖與否孤不可得而知也亦惟儀刑於彼永懷於此庶幾夙夜以少盡吾心焉爾終天之恨豈圖所能盡乎嗚呼孝子仁人之用心固如此邪愚生雖晚安

敢以不敏辭姑以平日所聞於師者掇取先生宦游大致序數敷語以應吾子之求如此若先生入朝奏議居家著述與其政事文章諸各有在異時當採於太史刻於金石傳誦於四方賢士大夫之口以垂不朽此則愚可畧也矧又有吾子之賢爲先生克家乎其纘承先業固有辭於永世奚待愚贅言贊曰磅礴乎堪輿之浩氣淬磨乎武士之干將充之而無所不至遇之而莫我敢當殆從容而中乎義理豈矯激而徒恃乎剛彼人之委靡雖苟容於一時視夫子錚錚名節至於今有耿光讀孟軻氏之書已嘗登山而觀

海振太史公之屐亦既逾嶺而浮湘魏乎凜然登嶽麓而坐石鼓執經問難多士濟濟以升堂匪直考德問業成就乎及門之士而人之願見者獲聞緒論尚多私淑乎吾黨追考亭南軒之芳躅眞無愧乎寓賢之配饗噫衡山蒼蒼湘水泱泱居焉以游息焉以藏豐川桑梓之墟魂諒返乎故都而公之神在斯地也則囧髣髴乎洛沂風雩之郷嘉靖己亥春正月旣望之吉衡郡後學王添表拜手撰

說

禹碑說

明王世貞

禹碑在祝融峯重刻者有二本而隸釋亦微不同大抵多以意會耳非必盡能識之也按昌黎歌科斗拳身薤倒披鸞漂鳳泊拏虬螭是書形勢亦誠有之及讀盛弘之荆州記劉禹錫寄呂衡州書此碑流跡已久不當叅以蝌蚪之足但銘辭雖古未諸聖經極類汲冢周書穆天子傳中語豈三代之季好事者托大禹而刻之石耶然宣王石鼓文亦多類是似更有不可曉者予直以爲鄒秦以前文猶勝作西京後人語

而用修所謂龍畫傍分螺書匾刻不啻倍屣嶧山瑯琊也畱此以冠諸刻

衡說

湖廣衡院 丘兆麟 字毛伯 臨川人

衡嶽位離而星熒惑夫故以火德王南土也火性燥暵假使其用尊特勁直而壹其于萬物必有熱而無生而衡左右適當洞庭彭蠡之所蓄潴長江帶焉火得水以爲制火斯不爲霸而爲王粤稽三苗正當其地攖而弗馴豈火性卤烈之驗歟然不能不華於兩階干羽之既舞葢自有虞氏至今闇曶光文明盛萬物相見無能踰此葢火得水制光明齊潔有時有德

有位賢明諸侯之象也乃王元美氏因有衡嶽不如武當之說文士信之庸詎知武當高而弗大匡廬大而弗高兄又區區餘分閏位火不歸垣而光旁熠佐命之烈固應遜于專制之功而乃云不如是未暏于其時其德其位也外是如潛如霍弗高弗大附庸於楚之東偏又漢武之所謂南嶽非自古帝王之所謂南嶽也武帝時方專意北征是其沴在水見火而遁其應固然然天子乃自替尊上之勢于臣下以冠葺履僭端見矣厥後王氏之禍何莫非武帝之自啓之此其際微矣當亦察幾之士之所務白也而兄衡更

有隱德四時雲氣常合其巔嶭之火蘊于石傳于薪不當萬物之用常有所秘惜而不以其光輕試此先靈之所爲寵宅而神聖之所爲遨遊自古至今不可勝數也昔人五嶽之遊止缺其一任爲自歉而予去歲如登嵩高今纔及此是于五嶽之遊不啻行百里之初步其任歉不知當何如然外遊目中事也內遊意中事也若以予意中敢自謂一觀于衡而天下之觀止矣有時有德有位觀衡者必以此觀之乃爲善觀衡者乎

南嶽蓮華峯說

王夫之　郡人

凡入蓮峯觀其簇立疊瓣𢺶根知名之自立也凡入蓮峰四山向拱之天台揖之兩岣奔之觀音翼之前曠後窈知形之自來也凡入蓮峯亭午見石狂飈見風或屏或障或控或扶坦焉中開知寺之自棋也凡入蓮峰山見幽水見咽林見未得之樹馴不畏人見猿鹿人靜道生知兩夫子之有樂乎此也山勝蓋備矣

留待軒說

李　拔

留待軒者余守衡州時所作也石皷書院講堂後舊有隙地蕪穢不治廢爲溷廁余初蒞任校試諸生顧

而樂之曰此名山奥秘何無以發其覆乎爰命有司鑿石爲臺作軒三楹周以疎欞翼以廻欄顏其額曰留待從倚之下玲瓏八面爭齊獻秀不可枚舉昔朱子謂石皷爲一郡佳處論者以合江亭爲勝昌黎已先得之今作此軒其勝又不在合江而在留待惜考亭諸君子未及見耳厥名留待者何諸生之言曰自朱張合講於此絕響久矣吾子昌明正學留贈後人意在斯乎余曰是說也夫何敢盖嘗登覽而領其趣矣軒之景非一以月爲最月之景皆同得水而神蒸湘交會於前汪洋無際每遇皓魄東來波光燦爛如

萬頃玻瓈盪人心目不覺塵念爲清當此之時余心樂甚每公餘日夕留此待之旣望以後待之彌久其景彌佳至於更深漏盡萬籟無聲冉冉當軒而起意與俱隨如入廣寒宮中一派清冷不知身在石鼓山也大快叫絕邀人共賞而廻顧無一人在者因欲留俟異日此軒各所自起而爾何易其言也雖然頤欲即是以言學其說又有可通者夫心之與理亦猶水之於月也水映於月理涵於心月落萬川面面皆圓而不知止此一月也心藏萬理頭頭是道而不知止此一心也然水至清廼能照月心至清乃能燭理假而雲霧障之物欲戕之譬猶反鑑索照而欲盡其能也不可得矣有能遊而知其意者即謂留此以待之也亦無不可

銘

衡山九眞觀鐘銘　唐明皇御製

鑄于郡縣於觀天長地久福無算

青霞觀銘　元虞集

祝融之墟炎帝所理百神引從以作民祉若火之明無隱弗彰敬祀不怠謂之福鄉雲陽之仙神嶽來輿雲氣上騰茶源百出揚淸挹和鬱爲望州神人接居孚惠則周饒君之輿推擇爲吏觸事犯已懲僞恥利恭默自返通乎神明符章之獲寶彰厥誠嗟彼考文鬼役蠡蠹覩于天眞霄壤千古是其有心與天爲徒以善我民豈不永圖胡君之神亦皆孔著帝命來錫皆節蕃惠鬱鬱青霞奠於此方民之依君千載相望我聖天子視遠如邇無小無大降福穰穰新宮之成才力孔宜皇上有聞錫命不遲咨爾嶽祗辨方受命祇祠有聚罔敢弗正日下紫微仰瞻不違率職以行有安無虧史臣分書載必有誌增益綏保以待來世

嶽廟鐘銘　李琳

陰陽炭天地爐玄橐籥神箠模鑄成大器鎮仙都縣廣法音徹霄衢綿億萬年福寰區

南嶽井銘　亡名氏

有冽者泉冠于衡麓汲之不窮與海同腹以澤塵襟
以薦公餗于萬斯年並受其福

峋嶁書堂銘　明湛若水

峋嶁書堂者衡州祝黄門訪之所居以俟異日同甘泉子居之也峋嶁在衡嶽五峰之外其趾隆然實高出于五峯衡陽之勝於斯爲最祝子請予作銘歸刻之崖石爲銘曰

高高衡嶽祝融之墟紫蓋青玉可卜我居爰有峋嶁祝子治之左右雙泉匯爲前池維彼峋嶁隆趾銳巔五峯拔地高卑轅然堂開高曠坐收洞庭俯瞰湘流

仰摩列星磨崖勒文以定我卜祝子從予振衣濯足

郡樓鐘銘　失名

爰作衡器晨昏以啓紀三平六式和風雨實大聲宏協諸鯨齒嶽湘永奠睎此荀虡

雁峯鐘銘　鄒統魯

晡澤鏦精梟氏程瀉銑閒鼓閒不窕不摦物和成嘉萬靈贊化

碑文

衡山九眞碑　梁元帝

蕭鼓騰空煙霞相接星辰奪采燈燭非明風驅雲梁千門萬戶樓施九枉已同瀨鄉之地山帶五城復類元洲之所玉版之經猶藴金丹之處存焉上月臺而遺愛登景雲而忘老欣欣然不知所以而然日暉石瓦東眺靈壽之峯月蔭玉牀西瞻華蓋之嶺竹類黄金既葳蕤而防露木似紅蓮且芬披而拂日杯傳九醞隱淪之車晨至堂開四扇鹵盈之鐘夜響

葉豐川從祀石鼓書院碑文　明徐南金

豐川葉先生豫章豐城人也諱釗字時勉□顈不羣稍長即知另自傷厲不騖浮華務□實弘治辛酉江西鄉薦第二人明年壬戌賜二甲進士授南京刑部廣東司主事歷員外司故轄應天訟牒叢集豪家貴戚在焉動多格礙先生至覽稽成牘决摘淹滯事干貴戚一裁以法豪奸故摭以飛語不爲動其所治獄悉敏斷無留時守備中貴有奪民蘆州以擅利者廉得其實即判歸之民甲子南畿災上四事一修君德二上盜源三禁民害四清刑罰乙丑應詔上八事一正君心二選將材三擇權要四用讜言五守成憲六

崇大體七絕異端入華冗員其曰守成憲則欲令閹
寺復掃除之役而禮部提督之其曰絕異端則辨張
元慶之謬妄其曰華冗員則欲汰武勲之濫受皆援
古義切今獘而守成憲　疏尤忤權璫會訊鞫功臣
家事有婢妾執詞誣謬稍懲之即歸自經死守備中
貴以嘗奪蘆洲銜宿怨欲令詣謝即已否則以聞人
或勸之往先生固不聽遂撫以誣奏竟逮至京師下
錦衣衛獄時逆瑾用事亦嘗以疏斥已乃杖廢爲民
先生既得命暮歸宿舊館酣臥自若無少望太史部
公銑稱其爲夫子所未見之剛焉先生解官以爲出

處一致惟義之安或悖於道義彌甚惟學不可以已
於是銳然有四方求道之志乃涉洞庭浮沅湘登祝
融之峯息嶽麓之野過石鼓覽晦菴南軒二夫子遺
蹟顧瞻徘徊因留止者二歲時衡湘之士有知先生
者皆來受學執贄北面而師事之先生爲之講聖賢
身心之學道德性命之旨剖晰疑義闡發幽微聽者
亹亹所著有人銘根本子思孟子之論謂學者必踐
形盡性人道乃全有西銘說格物致知說遺書辨服
制辨疑太極圖說學則黃鍾說五經議探賾鉤深廓
前賢未發之奥踰年瑒詠以吏部薦詔起北禮部儀

制司員外郎命下而先生卒已七日矣聞者爲之悼
痛先生事繼母孝有疾必扶護唾穢必親童穉時每
飲食未嘗先母其好學雖在部署公退必觀書至夜
分隆冬盛暑冠服不廢徵士康齋吳先生江西大儒
也嘗私淑其門人熊氏每有問對多與康齋語合其
篤信同故其見解冥契若此爲文務造理刻削浮艷
詩尚渾澹以宣性情嗟乎學者窮居能自淬勵奮往
不徒飭詞章以攫聲利必以聖賢爲可師出而持法
守正不撓不回比其去也能脫然於寵榮得喪之外
卒以仁義道德爲歸以淑其身以傳諸其人若先生

亦可謂始終有得於學無愧於聖賢之道者矣嘉靖
二十四年乙巳予以御史按河南還報命先生之仲
子秩謁予黃州之署曰予先君不幸卒且數十年矣
門人給事祝君岣嶁詠别駕王君珣鄉貢進士歐陽
君遷德先君未有忘乃率庠校諸生請於提學副使
滇南孫公繼魯□昌應公櫝知府順德何君彥以先
君從祀於晦庵朱子南軒張子勉齋黃子之側今已
得享春秋祭矣我公邑人也其爲我志之予諾焉明
年予復按廣西道出衡湘覽登石鼓顧謁四先生肅
然其上拜貫以去頃予叨轉楚藩左使秩復以文來

請予曰表揚先哲俾令聞弗隕以式是楚之人是吏於土者之事也復何可辭於是以質於今提學副使華亭楊公豫孫兵備副使海鹽徐公鴿咸嘉其事乃檄衡州守金君立愛爲之修葺祠宇歲時展祭必虔勿懈而復令樹石載其行事庶有表於來世先生有子二人伯香事母以孝聞詔旌表其閭仲秩彊學厲行能益振其家聲銘曰節彼衡嶽兮湘流瀰瀰鴻鵠翺翔兮增繳安施君之來兮驂兩螭辛夷車兮桂旗升祝融兮路逶迤弔英皇兮歷九嶷採芳蓀兮擷幽蘭紛雜佩兮貽所歡顧天閽兮扣九關時不遇兮胡

浩嘆繹墜緒兮紹前謨蹈賢軌兮窺聖途既碩以武兮洵美且都人之好我兮以遊以娛有位秩秩兮肅肅其靈薦蘋芷兮潔粢盛永歆歲祀兮其德孔明遺芳矩兮爲世程嘉靖四十二年三月吉賜進士嘉議大夫巡撫湖廣等處地方兼贊理軍務都察院右副都御史前奉勑提督京畿學政監察御史翰林院庶吉士徐南金撰

祭文

祭呂衡州文 呂衡州名溫元和間刺史見秩官志　柳宗元

嗚呼天乎君子何厲天實仇之生人何罪天實讐之聰明正直行爲君子天則必速其死道德仁義志存生人天則必夭其身吾固知蒼蒼之無信漠漠之無神今于化光之歿怨逾深而毒逾甚故復呼天以云云天乎痛哉堯舜之道至大以簡仲尼之文至幽以默千載紛爭或失或得倬乎吾兄獨取其直貫乎化始與道咸極推而下之法度不忒旁而肆之中和允塞道大藝備斯爲全德而官止刺一州年不逾四十

佐王之志沒而不立豈非修正直以召災好仁義以速咎者耶宗元幼雖好學晚未聞道洎乎獲友君子乃知適于中庸削去雜邪顯陳正直而爲道不謬兄實使然嗚呼積于中不必施于外稽乎古不必諧于今二事相勘從古至今至于化光最爲太甚理行第一尚非所長文章過人畧而不有夙志所蓄巍然可知貪愚皆貴險狠皆老則化光之夭厄反不榮歟所痛者蚩蚩之民不被化光之德庸庸之俗不知化光之心斯言一出內若焚烈海內甚廣知音幾人自友朋凋喪志業殆危唯望化光伸其宏畧震耀昌大與

行于時使斯人徒知我所立今復往矣吾道息矣雖其存者志亦死矣臨江大哭萬事已矣窮天之英貫古之識一朝去此終復何適嗚呼化光今復何爲乎止乎行乎昧乎明乎豈蕩而爲大空與化無窮乎將結而爲光耀以助臨照乎豈爲雨爲露以澤下土乎將爲雷爲霆以泄怨怒乎豈爲鳳爲麟爲景星爲卿雲以寓其神乎將爲金爲錫爲圭爲璧以栖其魄乎豈復爲賢人以續其志乎將奮爲明神以遂其義乎不然是昭昭者其得已乎其不得已乎抑有知乎其無知乎彼且有知其可使吾知之乎幽明茫然一慟

腸絕嗚呼化光庶幾聽之

祭朱白野方伯文　明　茅坤

嗚呼公之立朝本末矯然古之素絲羔羊之風閒已見于贈文公之孝于親篤于閭里其細行若櫛髮其病且沒若深山面壁之僧也則又揭而書之宿草之墳嗚呼公與日月俱遠矣而予家內外姻族公所按節而覆之者則生不能報沒所不敢忘予又何以絜欷于衡山之雲嗟乎五湖之曲三湘之濆其相去五千里而遠也兄予衰且髦不能如徐孺子之炙雞漬酒以奠也已而向風流涕則又或與七十二峯之山靈若降若登若遠若近與公之神相爲太息而氤氳嗚呼月照兮空流光猶鳴兮空悲羣湘纍之在江上不知能助予之訴且泣否而公其聞乎無聞尚饗

祭誥贈中憲大夫名宦薛公神主文　國朝總臬　馬斯良　奉天人

惟公關隴名家西州碩彥射策端門服官楚甸協襄劇郡才猷敏練望重題輿風高花判玉潤冰瑩曄然孤狷典司漕儲抑絕浮羨攝政宜陽復操教篆晋犢掛床丰稜益見萑苻伏匿羣偷相煽聞公代捕買牛賣劍惟楚有材南金竹箭公偶試之劇羅罔倦一經

品題邦國之選酉歲課士物色殆徧獎厥譽髦棘闈首薦（崇禎癸酉公季考衡陽諸生以歐陽瑾壓卷是科果掄楚元）考績再行名書漢殿加秩賜服寵榮亦洊米邸初開中涓董繕庶僚諂之手版是搢惟公抗詞長揖靡駒鳳陵羅毀鳩工嚴十樓栟之楨蜀川乃擅當事借才徵公莫辦涪江萬里窮山緣棧我勞惟賢露宿星餐王事多埤遑云擇便僕僕征車二豎爲患宵矣魂搖告終旅館白旐迢迢止于淨院楚娑羣歌度州越縣于今歷載桑海幾變遺愛猶存久而彌戀青青子衿爰申月旦俎豆煌煌登公名宦七世觀德斯其良鑑予適茲土廟貌

魏煥惟公有位儼列壇坫明德馨香奕世永奠公之家子寅恭之冠燕天昌後又其左驗昔漁章恩予階中憲生有令聞沒亦華祠瞻公之主載諏載盥明水一盂伸予繾綣神其式靈咫尺顧盼

薛公諱之奇陝西延長人崇禎間任衡郡別駕筦督漕自抑絕浮羨代攝捕務聲僉屛息課士于庠鑑衡不爽賞拔皆知名士癸酉省元其一驗也嘗署常寧郴州兩篆清惠之政一如在衡時當日民咸稱日薛青天其循廉之蹟畧紀之秋官志中茲文亦舉其大畧云

傳

酃縣譚烈婦傳

何履仕

昔歲在戊子湖以南所在輒聞鳴鏑聲兵抄冦掠杳無虛日余時避郴桂萬山中炎陵周令公一夕見過爲垂涕言其女弟盡節于某帥之亂卒備言主者及所部之姓名與女弟所以盡節狀且詳述夙昔大畧暨生卒日時謂余曰世方亂無表彰者子曷爲我傳之余時有殤子之慟辭不能爲爲賦詩四章答其來意而去已而東鹵抗手不相聞者十四年辛丑余再至衡陽令公復走銀鹿持尺書屬余爲其邑譚烈婦作傳畧曰炎陵掌地何節烈之可傳者後先不絕如此也夫邑有可傳之人欲爲立可傳之傳此其意甚厚朕欲立可傳之傳者當求之可傳之筆令公乃從而余告則何也就令告余亦當于盡節始終之外備敘及逮事舅姑與否媚睦親屬何事或賦性夙毅而臨事不撓或居常恂恂而大節不奪生于某年卒時幾歲其羣盜之主者姓名維何俾余得據事直書爲異日邑志家乘所稽考乃令公皆闕而不及昔之言女翁者甚詳而今之言烈婦者甚畧又何也觀令公來書但言順治九年七月二十三日賊壓城婦同夫

羅與恒暨子出城五里許地名石圍賊掠婦並其子將子置烈焰傍以脅婦婦罵賊赴水死子遂爲賊焚事聞朝廷命暨坊旌異之此外無一語也夫以寥寥數語而欲爲立傳此郡縣志中紀畧之例非單立傳之例也令公蓋讀萬卷書者夫豈不知而以此見屬或者令公不以余不肖自能推情致深以爲烈婦立傳無用多言爲也但告以死難之日而不及其始生之日或者以順治九年七月二十三日以後烈婦之靈爽精英從此千年不滅死之日正爲其生之日而始生之日可不論也但告以從夫而有子而不及其

于歸曾幾時及難時年幾歲或者謂國家之例年過三十者不在旌表之列烈婦既已旌表矣則以少艾而拒狂且年齒自可髣髴而于歸之歲月年壽之幾何可不論也但告以盡節之一端而不及其生平之大略或者以人之所重莫過一死當白刃在前之時而能忍愛全名舍生取義則其平日自能中外不閒于人言平昔無殊于造次而其淑慎之令儀幽閒之細節可不論也但告以賊之壓城而不及壓城之何賊或者以女子之遇賊與男子之遇賊不同男子遇賊惟守土任事之臣則義不可反顧至于鄉城之賤者何妨身陷賊中徐計求脫其勢不得不必需惜口爲時既久則耳中亦瀕聞其子將偏襯之姓名若夫女子相値于卒然之間稍涉依違而此身已不可問追詢其爲亦猾爲青犢而後從事乎蓋作國書者須記僂鄙邑者之何人而紀節烈者惟知犯烈婦者之爲賊而其爲誰氏之與戎何方之部署可不論也夫令公之告余既如此其略則當無所不畧也乃既言其死而謂其子亦被焚不無傷烈婦之心乎夫天下之人無不愛憐其子而婦人尤甚欲著其節而反傷其心似非立傳之旨也且不然蓋節烈者奇行也究

論之實中庸也今湖南之雲擾者廿年矣荷戈之子怯于爲兵而勇于爲盜氣數之變人易其主而女易其夫每見朱門華屋之中帷幬閨房之秀其間豈無保抱携持之子愛之若掌珠而捧之若拱璧者一旦軍聲四起揉戈入門驚之若鳥獸驅之若羊豕迫辱摧殘且無端不至試問其懷抱中物猶有存焉者乎烈婦蓋灼知夫雖辱其身而子不我有也故先以一死謝其子也烈也而不失爲慈也雖其子方嬰孩無所知曉然以大義裁之與其辱母身而終死于棄擲不若全母節而先死于焚焰前後等死何容較量焚

也而實成其孝也此或者皆令公告余之意非令畧
於烈婦而晋詳于女弟也余故推廣令公之意而立
傳且爲之贊云

贊曰嗟彼烈婦遭際其屯身赴于水于羅于焚爲間
河伯何其不仁蝦蟹有卒蛟龍有靈不救乃死以全
厥生兼灑清泠沃其子身河泊笑語予胡不明婦烈
如火蝦蟹畏烹婦心如鐵蛟龍避辛婦之及溺吾時
弓津不敢援手竊恐其嗔况母與子神一形分死生
開隔益增葛藤吾意如此祝融亦云煉形水火轉劫
刀兵伊母伊子千載其存

墓誌

永州軍判官鄭君墓誌　宋　歐陽修

鄭君諱平衡陽人也少倜儻有大志舉進士中天禧三年甲科爲郴州軍事推官監潭州茶場坐茶惡免官久之試秘書省校書郎知連州陽山縣爲道州軍事推官丁母憂服除調永州軍事判官監衡州茭源銀治以疾去官慶曆三年七月某日卒於家享年五十有一以某年月日葬於某所曾祖諱某永州祁陽令祖某江陵府建寧令父某道州軍事判官君娶孫氏贈尚書工部侍郎冕之女子男六人綯總紀經維

綏絢早卒總舉進士出身亦早卒孫七人皆幼君世仕不顯少孤而貧母夫人某氏賢母也教其三子以學皆有立君與其兄本弟華皆舉進士及第君初監茶場茶實不惡上官挾他事以罪中之君不自辨竭其貲以償解官而去無慍色及爲陽山有善政民甚愛之其既以疾廢慨然歎曰吾少力學而不幸廢以疾吾終不用於時矣安事空言哉即取其平生所爲文稿悉焚之嗚呼君之志可哀也已自三代詩書以來立言之士多矣其始無不欲其言之傳也而亡散磨滅泯然不可見於後世者何可勝數或暫見而終

沒或其言雖傳而其人不爲世所貴者有矣惟君子有諸躬而不可掩者不待自言而傳也君之不欲見於空言其可謂善慮於無窮者矣其志豈不遠哉雖然君之志旣不自見於言而宜有爲之著者銘所以彰善而著無窮也乃爲之銘曰夫惟自信者不疑知命者不惑故能得失不累其心喜慍不見其色嗚呼鄭公學幾於此斯可謂之君子

太常寺正卿陳景元先生墓誌銘

知臨武縣歷編修　徐開禧字覺山

士大夫出處進退之際不言而深心存焉未許戶外

者窺其藩不幸祿弗酬德賫志長往埋玉之痛千古傷心況立程門之雪者乎小子禧愧不文辱先生介弟中翰祇生以片石之役請不肖何敢辭吾景元先生之誌也遡陳氏自太丘公子叔清從吉徙衡凡八傳至通政贈君廷策公生丈夫子四人先生居其次齠齔能文矢口成新荷赤箭摩天句穎同日對矯雲凌贈公知先生非池中物詩書業忠孝事一以授之未嘗就外傳萬歷甲午舉於鄉猶勤鯉對如初辛丑釋褐南宮讀中祕書試輒居首館例試首者留因疎請謁失時相意爲有力者攘去先生以二尊人春秋高願奉滫瀡殊不以楚弓介意乙巳臺命下矣先生感憤時事毅然以彈壓自矢所叅劾皆臺閣重臣一時直聲震都下迨按漕則剔宿弊開泇河舳艫啣尾進爲期最早京儲倚重焉丁未秋奉璽書按兩浙忽贈公以疾音往讀未竟齒顫肝裂單騎馳歸路遼馬不前先生踉蹌躄躠且泣且行抵家猶聞易簀之言哀勞病目經時方解淹里中者數載癸丑有旨覩學燕臺檄下如雨而先生服輿情切甲寅春始就道則捷足者先之矣先生自喜得遂初志暫遊元岳覽勝而歸辛酉刷卷留都轉叅銀臺兩載石頭城日飲中

泠水飽看孝陵紫氣踏碎秦淮夜月而先生方蒿目時氛抗章直上纚纚千言大意謂有君無臣有臣無法亟請尙方劍斬辱國喪師頭懸之藁街今讀其章凜凜有生氣嗟乎他人炎炙處先生獨有淡情他人冷寂時先生偏吐熱血悠悠蒼天此何人哉甲子乃拜容臺之命時逆璫用事承望風旨者蟻附令當日稍貶受璫一揖取孤卿如反掌而先生介介不少遜請告一疏寧獨白雲問[illegible]嗣聖當陽冰山消現人始知先生意之所在而先生絕口不談輦下事夢穩雲窩味甘豐草其奉母至孝家食多年皆因愛日旋

赴闕旋乞差一意牽與不離跬步眞三公一日之養不易難進易退之操益堅舞班萊而蘐田荆者六七載日惟怡情花鳥點染烟林與二三知己縱横剝啄不知星斗之亂而玉磬之寒也每花晨月夕艮朋雅集琴樽並舉一吸浮蛆數斗玉山恒峙吟醉頻酣落紙雲煙又不犯綺語戒病中猶著醒耳吹一卷津梁愷切言言灌頂醍醐豈獨班香宋艷駕兩漢掩六朝也哉先生通籍三十年强半林泉負東山之望未竟厥施其它若定藩基復鄧糧減膳田仁里睦族䘏孤賑貧御下以嚴飲人以和種種懿嫩筆不勝收一任

雁峯湘岸叟老子翁自謳自吟自泣自慕予獨詳先生出處大節無忝贈公詩書忠孝之教云猶憶屬纊前三日禧以公事抵衡謁先生珂里先生爲予握手談心大快生平有知己詠諧嘯傲神理如常詎意三日以後遂溘然逝也每手遺編不勝車過腹痛之感俄而佳城既啓馬鬣斯封延陵一劍早許先生永掛樹間若泉臺片石以勒琬琰宜以譔當代名公巨卿而予小子漫然承之者則以托門下士之末知之最深不敢辭也銘曰生存華屋疎柳長槐零落山丘青泉白石靈其來思以永茲適古今同悲公乃愉懌降嶽千秋騎箕一夕隆隆起于山阿者太常先生之魂樓而億萬年永閟者景元夫子之窀穸

提學參政陳九崖先生墓誌銘

太學士　賀逢聖

嗟哉九崖公乃遂溘焉逝耶憶余與公同鄉舉而獨以戴經首公是時年向髫才已雄楚望余心折焉引誼綦摯暨公癸丑成進士乃未撤闈而旋丙辰余始獲第公又與余同廷對兩深氣誼莫逆之情洵非尋常世講若也既緣隔科次傳臚且虛中祕席以待而以時議沮未舉公是以遂有南中之行也居南駕部

未幾輒請告越數年起補南儀曹歷滇江藩臬參知黔學政乃遂以讀伯翁大人之禮還還郎無再出想則以前所遊趾者皆有遺蹟迫而肰耳以故服訖余與白侍御諸君交章薦弗起其志不在簪長青軒而後決也肰余亦癖好靜退雖時出入承明而强半居里性與公實相近故神投意翕亦不屢闕兩誼之綢繆已耳余枕石鴿磯公駐泌湘浦相思之懷政盈盈不隔胡天不憖冢君賓俊抱黄公述公狀來委以誌銘嗟哉九崖公乃遂溘焉逝也想像顏色在屋梁月落時如夢如晤寧辭不敏而弗以寫九原耶按狀公

系自太丘而後有諱仙者繇宋建隆閒官衡遂占衡之金蘭鄉世居焉繼偉人鵲起代不乏人迨洪武首科有諱泰官給諫者則我朝陳氏之先祖也數傳而爲公曾祖廣文公諱文謨别號畬田祖郡丞公諱宗凱别號光畬父則刺史伯翁諱孔珪别號台玉也如畬田夜讀而媿過門之盜時稱長者光畬居宦署壁聯有云肯將國事如家事誰謂今人不古人此亦可徵其品台玉翁髫齡嶄豎三楚蜚聲常棘戰緣房王兢薦而落乙榜世惜遺珠竟從鄉貢起家歷郡駕州刺品績具本誌中未易更僕以此仰溯世德淵源如

陳氏者眞罕儷矣公丁盛際欲弗昌熾弗已者公生而多異徵母楊恭人爲衡山吳大叅公紀外孫太學生楊仲秋女秋止舉一女愼厥相攸私識公爲非常人歸之當孕公時恭人夢有龍繞帷暨誕夕翁又夢文昌來臨且視産室中果藏有故穴得石梓君像以是兆而命名梓生迨總角時即以胸涵八斗文藻富麗每試輒冠諸士爲學使周公應昌賞公子爾所器重癸卯同衆友擢舟赴鄉闈友有善音者賡句索公續之猝應曰此際鹿鳴消息好歌喉先發楚江濱時尚未冠衆咸稱異以爲佳兆及榜發果以戴經掇魁

其房師爲宜城令先是翁以兢薦落乙榜其房師亦爲宜城令此科即誕公年也蓋先不得之翁者而後乃得之公其事奇合如此抑一異也嗣是常耽涉內典解悟異常志已不汲汲功名宗宿見之咸以爲佛現宰官身及成進士廷試壓於例館試又格而弗行賦歸之念愈激至勉就歷官皆爲翁廹之而非其本念也官留都如軍容禮樂事事精辦在南瑞代糧庖往例有樣米銀千金以供挽運度淮之需嚴拒之有逋者倖代之極爲諸部臺推異督黔學較試不數月而周所羅才俊無遺其賞識士登藥榜者五六人如

萬任扶綱李覺先孫順丘懋素皆以冠試而獲雋者也聞伯翁訃歸枕塊盡哀少閒築長靑軒以終養太恭人丁丑太恭人卒哀慟不能勝語人曰吾母卒不久當從相地下且曰此吾夢有先告之數已定矣明年戊寅果卒憶公著金剛臆有堅固知慧到彼岸說叅破疑關故其卒也作夢等觀亦異徵也公之生卒何了了如是哉夫居恒恬靜寡欲服官淸愼無營事親祗敬盡志固也他如兄弟篤於友丁課姪董以勤勉居林下不投刺闗白公事聞有鰥嫠貧困者極力周䘏之會通三教羽翼宗風皆出乎性中自肰慈惻

至作成後學尤是聖賢心體畢中堂設館塾以穀四方士如毛生宗德劉生善八羅生鳳鳴數十徒皆門牆佳士日進而問奇談藝博洽者遊斯夕靡倦有清白延集行世將易簀唯命冢君以未及封太恭人墓爲欽事囑之成志嗟哉九崖公溘焉逝矣善狀纍纍不泯媿余不文第銓其大端如右

鄒君蘭如墓誌銘　　春坊郭之祥 吉水人

鄒易于邾邾泝于曹曹派于陸終帝顓頊之苗裔也斷自元弗論有明自江西遷楚鄙傳若干世至文林郎諱海以高等擢天長令歸里于姓籍盛天長公次

息諱思義乃遷衡既相既度逐湘翼湖今其居畝秀林裔以授我蘭如又四世矣君顯考碧江府君諱希閔授將仕郎妣謝氏生君伯仲七人君諱承芬蘭如其字也性孝友謙謹溫文恂恂無矜色人見之顧起畏里中浮薄者拜座下則汗出退革所爲又頻嚴厲然而君顧恧然懼傷其心故所至人亦樂親之先時碧江公有子方冠從公弟孝廉古直公授學不謹殤于水碧江公以是不協其弟君長矣猶介然君開進曰入人幸有不肖嗣者似不宜以亡易存者之懽也力解久乃釋如初既而碧江公病革呼曰某兒洵孝

不俾我失兄弟者是直佳友厠牏浣拂之間尤其末矣已而曰予有子七人某兒嫡冢且孝所遺者中分之君涕泗垂頤不能對良久應曰諾受命碧江公瞑君理之三年乃七析之而碧江公治塋之事纘麗甲湘上君獨費不以爲言君弱冠以文學補鄙博士弟子屢高等性獨馴雅不炫名譽文會酒湧止自樂也中歲得長君次君皆餼于邑遂脩然辭去蒔藥種花若將老焉性約素徒喜文字客長君次君問字逆難宵深月沉溫茗酒以佐之不倦次君統魯乙亥首拔薦于廷壬午出予門掄高第君入門訓昭質佐予所

縣會流氛逼楚衡爲賊陷株求紳士綱益急公謂次君曰賊且購汝而不疾去且及次君泣以君辭君作色曰兒直謂我非人也吾有舌有足鴻飛非冥將破畢罕以睨大虛賊其如我何茲次君逸入粵君果以奇免君素有厚聲嘗活囚七人不受絲遺焚碧江公責券至數百金或以爲積行所感然沈勇謀中談笑却寇實非但得全于天也既又密札開道促次君請制府沈公發卒萬人恢復郴衡久之君見天下事已裂帥媮兵譁湘上尤浮靡有亂心慨然欲去之入粵止于曲江今年夏席京纔陷粵且震君雖沈厚不形

於邑頓憤然曰予且願以此骨歸父母之鄉將卜返于楚不克至仁化無疾頫坐而終君之嗣反葬于衡禮也系之銘曰

衡嶽之陰翠激蒼森君子之宮息以深百世而下如見其心

墓表

南太僕寺少卿劉公穩墓表　胡　直

公上世出永新劉楚公沆五世徙茶陵石陂又幾世徙中谿後割創鄙縣遂稱爲酃縣人傳至諱祟者以禮經領貢授縣令不赴則公曾祖也祟生灝灝生一峰翁泰一峰以貢丞嘉善服除補合肥娶孟氏母有淑行先是一峯翁夢鹿鳴于堂已而公生警敏殊羣兒稍長習春秋爭改讀易邑令試之屬對合讖姗公對亦諷令令大驚改容器之年十六補博士弟子員督學使者至試輙高等癸卯舉鄉書時衡守德清蔡

于本有文名獨偉公而公名益著丙辰第進士當時四方赴公車者類多名士公既喜交遊而四方士亦多傾服公于是始折節卬聖賢之學從太僕何公遷退而究異同于友人羅惟德鄒敬甫耿在倫偕予三四子而識者已覘公幹濟才乃除公南京兵部武選司主事歷職方員外郎車駕司郎中時大司馬始未相知已而熟公行事乃獨才公公常以徵科奉檄行江西湖廣閱抵吉州謁羅文恭先生北面稟學又之安成謁鄒文莊公叅司學旨然後渙然當于心曰道在是矣往復書問具見文恭集中公官留都凡四禩

最莫逆運江吳公暇則偕之燕磯牛首鬬吟嘯若遺
世然秩滿蒙恩贈封父母如其官尋擢廣東僉事備
兵南韶時猺賊負固恣睢民習苦之公按部咨禍本
過在鹽禁而猾商遂鼓煽爲亂公不謀衆單騎突入
賊穴諭以吏禁之過今皆貸不兵許自新各猺賊始
愣眙繼相感泣羅拜聽公約束不復亂山寇馬五陳
倫盧本清等剽掠爲患衆頗虞之公悉以計擒不戰
而服迄無喋血兩廣總督南贛軍門兩吳公（總督吳公名桂芳軍門吳公名百朋）偕繡衣使者咸偉公疏諸朝就陞南韶兵
備副使仍理道務公感奮曰諸寇幸夷獨貍賊官祖

政者爲羣寇雄長不殄戕之是翊于諸寇爲暴者也
乃陽爲不問狀以懈其防密令祖政妻舅何某圖之
故泄其事于祖政馬夫口于是二賊生猜互相格殺
部落死者幾六百人公曰事可舉矣乃上書督府題
請大征分兵六哨夾進督翁源哨追殺祖政于黃崗
俘回被掠男婦幾千數餘黨撫化不爲窮治羣黎權
呼震地至今翁源與黃崗各肖公像建祠祀焉又以
英德邊各賊巢相地增築外城屹爲巨障韶郡故有
明經書院公爲修葺萃諸生督課之延宿學者一二
導以正學昕夕樂育雖兵旅劻勷中意藹如也公體

如癯以是積勞感疾遂愸然有歸志聞之兩臺兩臺
與士民固留不可得乃爲代請得旨暫還調理疾痊
起用尋以前功蒙欽賚者凡二公既歸勑家事勿關
白棲跡祝融南臺閉復構精舍于雁峯之麓鑿石爲
洞常嘿坐其中中丞汝泉趙公問俗湖南造訪題曰
龍雁書屋公因稱龍雁山樵常偕友人遊太和山從
止一僮遇意會處輙裴徊詠歌以寄獨往之意相繼
撫楚者疏薦靡不首公隆慶辛未省臺大臣以下應
詔咸交口推公於是起補廣西副使兵巡桂林道公
聞起愀然曰吾病骨豈堪驅策擬乞罷而當事者力

止之公不得已戒行會予亦起畎畝從楚臬擢廣西
藩參蓋與公同年同門又同治一道喜不自勝時古
田甫平尤艱善後撫臺殷公（正茂）獨信任公凡一切經
公畫者輙抵掌稱善亟行恐後予亦感公相得感不
忍夷其民也相與撰粵嶠俗諭以開其迷謬正其瀆
亂猺民至今誦焉西粵靖江王府故貪殘自失勢不
能制諸宗室宗室中多鷙悍如圉奪齊民挾持有司
甚則擁入縣廨鎖吏無敢訶又常手劍逐方面官走
署邸以是益得氣不可誰何予至會一宗室殰二尸
當分司孔道予入司念紆境非体而以謀諸公公乃

劊殯室郭外遣兵卒移其殯殯焉已而公與予出則宗室子婦咸扳號且譁且詈時予已追攝其姻戚撥置者施之桁楊而扳號者始戢自是宗室暴民者各司輙罪姻戚而西粤強宗掃跡矣時府江分憲員缺公兼署其事公以府江爲兩廣襟喉而各獞憑險出沒戕殺官吏刼掠民商有日若不芟獮禍亂無已時寧獨古田耶議上三院是之合疏題請大征會東廣缺海道副使銓部難其代遂附近調公補職典夷市凡南夷賈舶極天下之珍奇萃焉前者雖名人猶有黷公立法旣簡又請同藩司官共閱而彝人莫不忻

其便服其公爲天子篤念邊臣加恩贈一峯翁如其官母爲太恭人尋晉公叅政仍兼憲秩領海務公益殫心甙期清海氛巨寇林道乾朱良寶依踞島嶼跳梁勢益熾而殷公時爲督府公則時時爲殷公畫策以是良寶就擒道乾遁海外餘黨解散他如增戰艦剏縣治設叅將諸所條画殷公悉采納題請施行且寓書政府屬公爲已代又以廣西府江征勦捷聞而撫臣郭公疏曰原任分廵桂林副使劉某倡議請兵銳情討賊凡諸機宜悉有成画尤應優敘爲用事者勸于是銓部采兩省功最陟公爲南京太僕寺少卿

蓋暫假優閒託寄重大之意公至任得見峯王公明宇韓公爲僚無不相契許暇則追先喆歐陽公王陽明先生舊遊而公方新脫戎馬遨神散局足稱吏隱乃不謂公拜表入南都宿疾復作竟考終于太僕行臺之邸蓋萬歷乙亥之十月某日也得年五十有七當疾革時公自知不起索筆爲書貽其子時舉等惟孝友語畧不及家南部知厚爲買棺視殮亡何復以廣東功業恩晉一級而公已不逮矣公孝友出于天性教育異母弟不後其子與人交不設畛域開口若出肺腑有急輙爲出力罔恤其它而友誼之篤遂聞

天下居鄉恂恂喜利濟睦宗敦故無間賢愚又多奬借後進口不臧否人以故人樂爲親食其德者不勝爲諸生時受里人侮至入仕未嘗齒及郎加侮者服其量談學必先事功蓋亦日不如見諸行事之深切著明也生平貌不勝衣至其憂國奉公有萬夫不奪之勇天下名賢屬望以爲總文武憲萬邦者必屈指公孰謂公遽已矣則謂天之不弔非耶

陝西左布政使朱公炳如墓表　茅　坤鹿門

予友人蔡司馬之守衡州也聚諸生八十餘講業石鼓書院予適吏南粤過之司馬公觴予于其堂且手

指朱公炳如而曰茲生也衡之雋也乎其文而讀之翩翩乎經術之深而上下古今者已司馬公復口畫公事父母孝與弟悌其守父竹亭公之家學而以道自亢殆庶幾乎古之篤行者又曰茲生貧故教授衡州諸生圖書四壁立前太守及他佐貳禮爲上客或假關說他事而饒之金以爲助輒謝不受當是時公未第而以學行名楚之南服久矣予頗奇之已而公舉進士授行人及由御史按鹾淮南司馬公歸若上其予指次當世奇士輒首指公時國家南困倭北困邊費且不支公乃首括淮南諸州郡所籍鍰贖三萬

金而羨並牒漕司以轉邊餉中外異之按公于嘉靖四十四年巡視淮鹾上言工本之奨謂工本不罷不惟無益邊餉將併往年正鹽常例一切失之戶部尚書高燿乃請斷自明年爲始兩淮所增工本三十五萬引盡數停罷事載沈越嘉隆聞見大紀受代去僅圖書數卷與故時衣服一篋而已州郡吏無不色嗟而太息者已而出巡粵右粵予故所提戈處也粵之人時時過予口次公之按節所向督文武吏士措藩封平刑獄及他經畧諸山砦撫勦事宜並中劈畫未幾公抗疏劾副將及監司諸不法且併忤新鄭于是出公守泉州矣欣然携一蒼頭單騎赴任特列一榻于郡之堂與蒼頭共卧起蕭然若禪僧也封以內吏

民及縉紳過之無不人人推誠務爲便安而亦人人推誠相翊戴如父子骨肉也其約束僚貳及諸屬縣吏才者嘉之不能者矜而督帥之閒有一才令與郡丞相齟齬甚且互爲飛語訐之當路當路兩摵之公入以解于當路出則欷歔流涕以欵丞與令兩人卒並釋猜嫌補尚書郎爲顯遊公于薄書暇所注心者躬爲諸生讐經校藝大畧採蔡衡州所卜石鼓書院科條泉故有舊河通城中如八卦画而圜學宮稍稍淤且盡公廼躬操畚鍤以濬之河既通而明年庚午隆慶四年所錄而升之禮部者五十八人首解額者二人

益海以內異述也占者指爲河工大衍之兆云適新鄭再相而公又以舊怨徙兩浙都運矣按西湖志公爲運使時緣兵變後蘇公提桃柳研伐殆盡公命更植燦然更新乃萬曆二年也尋轉叅知部嘉湖明年入覲吏部所上公考爲天下治行第一天子賜尚方食及寶鏹如例改按察使徙河南右布政使復晉陝西左轄所當藩封祿米及諸邊餉困甚公內庸冰蘗外謹筦鑰以節縮于其闕陝之吏民無不人人願公節鉞陝而公坐不附江陵輒以老罷矣嗟乎若公者予故嘗于按察予浙也間爲文論次當于國家爲重臣其所躬涖羔羊素絲之風與典型耆蔡之望

衡州府志　卷之三十三藝文墓表　百四

图书在版编目(CIP)数据

衡州府志/(清)饶佺修;(清)旷敏本纂.—影印本.
—长沙:岳麓书社,2008
ISBN 978-7-80761-120-2
Ⅰ.衡… Ⅱ.①饶…②旷… Ⅲ.衡阳市—地方志—清代
Ⅳ.K296.43

中国版本图书馆 CIP 数据核字(2008)第 203550 号

湖湘文库

湖湘文库编辑出版委员会

(乾隆)衡州府志(一、二)

修　　者　〔清〕饶　佺
纂　　者　〔清〕旷敏本
责任编辑　曾德明
整体设计　郭天民
出版发行　岳麓书社
地　　址　湖南省长沙市爱民路 47 号
电　　话　0731—8885616(邮购)
邮　　编　410006
网　　址　www.yueluhistory.com
印　　刷　长沙健峰彩印有限公司
装　　订　长沙健峰彩印有限公司
版　　次　2008 年 12 月第 1 版第 1 次印刷
开　　本　960×640　1/16
印　　张　51
字　　数　640 千字
书　　号　ISBN978-7-80761-120-2/G·682
定　　价　150.00 元

ISBN 978-7-80761-120-2

9 787807 611202 >